国家社科基金重大招标课题

中国社会科学院创新工程学术出版资助项目

新型工业化道路与推进工业结构优化升级研究

THE NEW PATH OF INDUSTRIALIZATION AND THE OPTIMIZATION AND
UPGRADING OF THE INDUSTRIAL STRUCTURE

吕 政 等/著

经济管理出版社
ECONOMY & MANAGEMENT PUBLISHING HOUSE

图书在版编目（CIP）数据

新型工业化道路与推进工业结构优化升级研究/吕政等著. —北京：经济管理出版社，2014.9
ISBN 978-7-5096-3392-2

Ⅰ.①新…　Ⅱ.①吕…　Ⅲ.①工业化—研究—中国　Ⅳ.①F424

中国版本图书馆 CIP 数据核字（2014）第 225641 号

组稿编辑：申桂萍
责任编辑：申桂萍　梁植睿
责任印制：司东翔
责任校对：超　凡

出版发行：经济管理出版社
　　　　　（北京市海淀区北蜂窝 8 号中雅大厦 A 座 11 层　　100038）
网　　　址：www. E-mp. com. cn
电　　　话：(010) 51915602
印　　　刷：三河市延风印装厂
经　　　销：新华书店
开　　　本：720mm×1000mm/16
印　　　张：36.5
字　　　数：715 千字
版　　　次：2015 年 1 月第 1 版　　　2015 年 1 月第 1 次印刷
书　　　号：ISBN 978-7-5096-3392-2
定　　　价：198.00 元

目　录

第一篇 中国工业化的进程与新型工业化的任务

第二篇 资源、环境约束下的新型工业化

第三篇 投资、消费与新型工业化

第四篇　产业结构调整与优化升级

第五篇　经济全球化与中国工业对外开放

总报告

工业化是指一个国家的经济形态和产业结构由以手工劳动为基本生产方式和以农业为主导的社会转向以机器大工业为主导的社会经济发展过程。衡量一个国家工业化水平的指标：一是人均国民收入水平；二是工业等非农产业在国民经济体系中的比重；三是全社会从事经济活动的人口在非农产业就业的比重；四是城市化的程度。按照这四项指标来衡量，2010年我国人均GDP为4400美元，在国民经济构成中，非农产业的比重为89.9%，非农产业就业的劳动力比重为64%，按城镇常住人口统计，城镇化率接近50%。这些指标表明我国已进入工业化的中期发展阶段，但工业化的任务还没有完成。要使超过13亿人口的大国基本实现工业化，它所面临的矛盾也是前所未有的。走新型工业化道路，就是要贯彻落实科学发展观，转变经济发展方式，更有效地解决我国实现工业化的资源供给约束问题、产业结构调整与升级问题、技术创新能力问题、区域协调以及城乡协调发展问题、环境保护问题、在国际产业分工体系中的地位与竞争力问题、工业化与信息化的融合问题。

一、新中国工业化的历史进程

1949年10月新中国的成立，开辟了中国工业化进程的新纪元。新中国的工业化从1950年起步，到21世纪中叶的2050年将全面实现现代化，我们可以用12个字来概括这前后100年间中国工业发展的历史进程，即从无到有，从少到多，从大到强。新中国成立最初的30年，通过全国人民的艰苦奋斗，奠定了中国工业化的基础，实现了现代工业从无到有的转变。主要表现在：①初步形成了门类齐全的现代工业体系：在煤炭和石油开采、钢铁、有色金属、基础化学工业等能源原材料工业的生产能力大幅度增长的同时，还从无到有，建立起一系列的机械制造部门和现代新兴工业部门。这一时期兴建的几千个大中型工业企业，在今天的现代化建设中仍然在发挥着重要作用。②工业产值迅速增长。按可比价格计算的工业总产值，1976年比1952年增长了11.7倍，平均每年递增11.18%。

③工业布局有了明显改善，内地国有工业的固定资产占全国国有工业固定资产的比重由 1952 年的 28%上升到 1976 年的 57%，在内地的中心城市，形成一大批新的原材料工业机械、电子工业基地。④建立了独立的并具有一定水平的现代国防工业。到 1976 年，已基本建成从常规武器到尖端战略武器的科研和生产体系，奠定了我国航天工业、航空业、电子工业、兵器工业和造船工业的基础。

新民主主义革命的胜利，为中国实现工业化奠定了社会和政治基础。但如何实现工业化，还需要在实践中不断探索。回顾历史，我们可以看到，我国社会主义工业化所走过的道路，既有对苏联经验的借鉴，也有对苏联经验的扬弃。事实上，毛泽东同志力图寻找一条适合于中国国情的工业化道路。1957 年以前的探索基本上是成功的，只是在局部问题上出了些偏差；1958 年以后的探索则出现了严重的、带有全局性的失误。

1978 年 12 月召开的中共十一届三中全会重新确立了实事求是的马克思主义思想路线，全面认真地纠正"文化大革命"及其以前"左"的错误，并做出了以经济建设为中心和实行改革开放的战略决策。在中共十一届三中全会确定的路线、方针指引下，30 多年来，在建设有中国特色社会主义的进程中，我们不断探索工业化和现代化的新路子，调整和完善经济发展战略与政策，极大地促进了我国社会生产力的发展。中国经济实现了从商品严重短缺向工业生产大国的转变。按当年价格和汇率计算，人均国民收入由 1978 年的 200 美元上升到 2010 年的 4500 美元；2010 年工业增加值比 1978 年增长了 31.61 倍，年均增长 15.04%。目前已有 220 种工业产品产量居世界第一位，工业制成品的出口额由 1980 年的 90.05 亿美元上升到 2010 年的 14960.69 亿美元；货物进口额由 1978 年的 108.9 亿美元上升到 2010 年的 13962.4 亿美元，我国成为推动世界经济增长的重要力量。在工业产品产量快速增长的同时，工业结构也发生了重要变化。在工业增加值的构成中，资本和技术密集型重工业的比重由 1978 年的 57%上升到 2010 年的 70%，其中以电子通信设备制造、航空航天设备制造业为代表的高新技术产业的增长速度超过了传统产业的增长速度。工业生产技术水平与世界先进水平的差距由 1978 年的 20 年以上缩小到目前的 10 年左右。在企业组织结构方面，资源、资本密集型行业呈现生产集中化的趋势。在世界 500 强企业中，中国工业企业的数量逐步增加，竞争力不断增强。改革开放以来，随着工业的高速增长，我国城镇化的进程也逐步加快。城镇常住人口由 1978 年的 17.92%上升到 2010 年的 49.95%。

未来 40 年，中国工业发展的主要目标就是实现从工业生产大国向现代化工业强国转变。其基本含义是，中国不仅要在工业生产能力和主要产品产量上保持世界前列的地位，而且要在产业结构、科技水平、资源利用效率、劳动生产率、工业国际分工地位和竞争力、14 亿人民分享的工业发展成果以及生态环境质量等方面，全面缩小与工业发达国家之间的差距。要实现这些目标，必须转变经济发展方式，走新型工业化道路。

二、中国工业化面临的主要矛盾

（一）农村剩余劳动力向非农产业转移的任务艰巨

改革开放以来，党和政府调整了传统工业化的农村政策，加快了农村非农产业的发展，取消了对农业劳动力流动的限制，促进了农业劳动力向非农产业的转移以及农村城镇化的进程。20世纪80年代到90年代中期，农村劳动力转移的特点是就地发展乡镇工业，农民离土不离乡。实践证明，发展乡镇工业并没有解决农村人口向非农产业和城镇的转移问题。在后来的市场竞争和产业布局调整过程中，一大批乡镇企业倒闭，还有一批企业转移到中心城市。90年代中期以来，农业劳动力转移的特点是离开家乡外出务工，但是外出务工的农民并没有真正离开土地，离乡也没有真正融入城市。转移出来的一亿多农民，大多是游离于乡村和城市、农业和非农产业之间的群体。他们不能够与城镇居民享有同等的社会保障、医疗和教育等服务。这些人口虽被统计为城镇人口，但并不是真正意义上的城市化人口。

（二）资源性产品供给不足是制约我国工业化进程的"瓶颈"

我国人口众多，人均占有的自然资源低于世界平均水平。虽然幅员辽阔，国土面积在世界居第3位，但是人均国土面积0.8公顷，人均耕地面积0.11公顷，人均草地面积0.33公顷，人均森林面积0.1公顷，分别为世界人均水平的29%、40%、50%、17%。我国水资源总量为28124亿立方米，占世界水资源总量的6%左右，人均水资源占有量只相当于世界平均水平的30%。2010年我国石油进口量已超过国内石油消费量的60%；我国铁矿石的品位平均为34%，相当于澳大利亚铁矿石品位的51%，进口量已占国内需求量的60%以上；进口的铝土矿占国内需求量的比例为40%；进口的铜矿占国内需求量的50%。资源性产品对国际市场的依赖程度不断上升。

（三）产业技术的自主创新能力弱

我国关键技术的自给率较低，对外技术依存度达50%以上，而发达国家均在30%以下，美国和日本则在5%左右；在我国的设备投资中，进口设备占投资设备购置总额的比重达 60% 以上，一些高技术含量的关键设备基本上依靠进口；我国每年的发明专利数占世界的比重不到 3%。我国与工业发达国家之间的差距，主要已不是工业生产规模方面的差距，而是工业结构、生产技术水平和产业组织方式上的差距，是研究与开发投入水平和科技成果转化能力方面的差距。

（四）区域经济发展不平衡，东西部地区间经济发展差距还在扩大

我国区域经济的发展格局主要表现为东部沿海地区与中西部内地之间的经济发展不平衡，即生产要素和经济活动不断向经济繁荣的东部沿海地区集中，而中西部欠发达地区占全国经济总量的比重不断下降。在市场竞争机制的作用下，生产要素不仅向优势企业集中，而且向优势地区集中。生产要素集中化趋势将进一步加剧地区经济发展水平的差距。

（五）在扩大开放条件下提高国际产业分工地位面临的外部压力

我国逐步融入了国际产业分工体系，成为承接国际产业转移最重要的国家之一。由于目前发达国家的大型跨国公司控制了产业价值链的关键环节，我国在国际产业分工体系中大多处在产业链的低端，并在一定程度上削弱了产业成长与结构调整的自主性。同时，在以要素分工为主导的国际分工格局中，尽管发展中国家的优势资源与外来要素结合的机会增多，但参与国际分工的风险也随之增加。

三、新型工业化道路与传统工业化道路的区别

走新型工业化道路，既要遵循发展中国家工业化的一般规律，更要认清我国工业化进程中的特殊矛盾，认清新型工业化道路与传统工业化道路的区别。

第一，在所有制结构的安排上，我国传统工业化采取单一的公有制形式。新型工业化的道路必须坚持公有制为主体、多种经济成分并存的方针，鼓励非公有制经济的发展，发挥亿万劳动群众从事生产经营活动的主动性和创造性。

第二，在经济运行方式上，传统工业化实行高度集中的计划经济。新型工业化的道路必须发挥市场在资源配置中的决定性作用，通过市场供求关系、价格杠杆和优胜劣汰的竞争机制，优化生产要素的配置，以提高资源利用效率。

第三，传统工业化道路片面强调优先发展重工业，并以牺牲农业和消费品工业的发展为代价。新型工业化道路追求国民经济协调发展，基础产业和加工业制造业都能够不断满足人民群众日益增长的物质文化生活需要，劳动密集和技术密集相互协调，在积极发展高新技术产业的同时，用高新技术改造传统产业，在强

调发挥劳动力资源丰富和工资成本低的比较优势的同时，努力培育各个产业的竞争优势。

第四，传统工业化的道路过分强调经济增长的高速度，因而导致经济增长过程中的大起大落。新型工业化的道路坚持实事求是、解放思想的方针，既积极进取，又量力而行。在遵循客观经济规律的基础上，实行有效的宏观调控，努力实现国民经济持续、稳定、协调和适度的快速增长。

第五，传统工业化的道路以资金的高投入和大量消耗自然资源为代价，新型工业化的道路将高度重视科学技术进步，重视人力资源的开发，通过自主研究开发和引进，消化国外先进技术，努力缩小与工业先进国家的差距。在科技进步的机制上，坚持以企业为主体，以产业化、市场化和增强国际竞争力为目标，从体制上和运行机制上改变科学技术研究与生产和市场脱节的状况，在人力资源的开发上，既要重视发展高等教育，也要重视基础性的义务教育，既要重视培养高技术人才，也要重视掌握操作技能的熟练工人的培养。

第六，传统工业化通过行政的手段，限制农村劳动力的流动与转移，并通过工农业产品的剪刀差，为工业发展积累资金，进一步加剧了城乡分割的二元经济结构，延缓了城镇化的进程。走新型工业化的道路，必须正确处理工业与农业、城市与农村的关系。在经济发展的基础上，在遵循市场经济规律的前提下逐步做到工业能够反哺农业，在坚持农村家庭联产承包责任制的同时，发展农村的专业化、社会化分工体系，把分散的农户与大市场联结起来，促进农业的产业化和农村人口向中心城镇的集聚。

第七，传统工业化道路片面强调自力更生，加之当时东西方冷战的环境，限制了对国外资金和技术的引进。新型工业化的道路在发扬自力更生、艰苦奋斗精神的同时，要抓住当今和平与发展的有利机遇，积极扩大对外开放，广泛参与国际分工、国际交换和国际竞争，尽可能多地利用外资，学习和吸收国外的先进技术和先进经营管理经验。

四、保持工业的适度较快增长

从总体趋势上考察，我国经济继续保持较快增长具有客观必然性。一是我国工业化、城镇化仍处于加快发展的阶段；二是积累率仍能够保持在35%~40%的水平；三是2010年人均GDP超过4000美元，在世界上属于中等偏下水平，提高人均收入水平有较大的增长空间；四是国内市场需求潜力巨大；五是缩小城乡差距和区域差距的任务艰巨；六是社会事业发展将成为拉动经济增长的重要动力；七是产业结构的多层次性决定了我国在保持劳动密集型产业比较优势的同时，技术密集型产业的竞争优势将逐步增强。

然而，也必须看到，未来 5~10 年我国经济已经不可能继续保持过去 10 年 GDP 年均增长 9.5% 以上、工业增加值年均增长 12% 以上的高速增长局面，经济增长速度的回落也是必然的。这是因为我国经济发展的国际和国内条件发生了变化。主要表现在：资源性产品供给不足的矛盾更为突出，特别是能源供求矛盾仍是制约我国经济增长的"瓶颈"；劳动力成本上升是必然趋势；市场供求关系的变化，除少数资源性产品供给不足外，大多数制造业生产能力相对过剩；国际贸易条件的变化，包括人民币升值的压力、贸易保护主义抬头、世界经济复苏和增长的不确定性等。

基于以上分析，在规划经济增长速度时，既要积极进取，也要实事求是，量力而行。"十二五"时期，国内生产总值年均增长 8%，工业增加值年均增长 10% 左右，第三产业的增速略高于第二产业，到 2020 年经济总量比 2010 年再翻一番较为合理。在经济增长速度问题上，必须改变以 GDP 增长为中心的指导思想，而是要努力实现又好又快增长，即有效利用资源的增长、各项比例关系协调的增长、城乡协调发展的增长、不以牺牲环境为代价的可持续的增长、依靠技术创新的增长、注重民生并使人民群众能够得到实惠的增长，以及不同的社会群体都能分享发展成果的增长。

当 GDP 年均增长速度从 9.5% 以上回落到 8% 左右，工业增加值增长率回落到 10% 左右以后，要保证企业利润、居民收入和财政收入的较快增长，关键是降低转移的物化劳动成本，即降低能源原材料的消耗。在目前我国工业产值构成中，工业增加值全国平均为 26.5%，转移的能源原材料的成本占 73.5%，比工业发达国家至少高出 15 个百分点。2010 年我国工业增加值达到 17 万亿，如果我国工业总产值的物化劳动消耗降低一个百分点，在总产值零增长的情况下，一年就可以增加 1700 亿元的增加值。应当争取在"十二五"期间工业增加值率每年上升一个百分点，到 2015 年全国平均达到 32% 左右。这样既可减轻资源性产品供给不足的矛盾，又能保证国家、企业和劳动者收入的较快增长。

五、正确处理积累与消费的关系

2005 年以来，我国积累率平均在 45% 以上。积累主要是由以下四个途径聚集形成的：一是企业利润转化为投资，进行扩大再生产；二是企业从资本市场上直接融资；三是银行将居民储蓄通过贷款转化为投资；四是政府投资支出。降低积累率，提高消费率，需要从积累的源头上找出路。一是在国民收入初次分配的层次上，应提高劳动者的报酬；二是改善居民消费预期，适当降低储蓄率，增加即期消费；三是保持资本市场的平稳运行，抑制资本投机行为；四是约束地方政府的负债投资行为。

根据经济增长的一般原理，经济增长速度与积累率或投资率成正比，与投入产出系数成反比。投入产出系数是由经济发展阶段、产业结构演变趋势和投资的有机构成决定的。1980~1995 年的 15 年，我国固定资产投资的主要方向是支持有机构成较低的消费品工业的发展，这一时期的投入产出系数在 3 左右。从第九个五年计划开始，我国重化工业再度进入加快发展的阶段，投资的重点也转向重化工业和基础设施建设，投入产出系数显著上升，平均为 5 左右。

作为仍处于工业化和城镇化加速发展阶段的发展中国家，保持适度的积累水平是必要的。从理论上测算，"十二五"时期要实现经济平均每年增长 8%的目标，在投入产出系数为 5 的情况下，积累率保持在 40%的水平上比较合理，比"十一五"期间降低 5~8 个百分点。2015 年以后的积累率再进一步调整到 35%左右。

降低积累率、提高消费率的关键是要调节收入分配关系。决定和影响消费需求的主要因素，首先取决于城乡大多数居民的收入水平，其次取决于社会产品的分配结构，最后取决于城乡居民的消费预期和消费文化传统。

扩大消费需求的难点首先在于农民的有效需求不足。2010 年我国农民人均纯收入为 5915 元人民币，其中 50%是农民产出的实物折算的非商品交换收入，另外 50%，即 2900 元是现金收入，其来源包括农民出售农副产品的收入、外出务工农民扣除生活消费后剩余的工资性收入，还有是少量的赠予性质的收入。9 亿农民实际的现金收入只有 2.655 万亿元。假定全部用于购买消费品，也只占当年全社会消费品零售总额 15.6998 万亿元的 16.9%。农民占有的生产资料少、劳动生产率和现金收入低是我国消费需求不足的主要原因。所以，增加农民收入是扩大国内消费需求的着力点。

调整收入分配关系，提高低收入群体的收入水平是扩大消费需求的重要途径。调节和理顺收入分配关系的重点是调节国民收入初次分配，建立和谐的劳动关系。由于所有制结构的变化，事实上存在着劳资关系问题。必须从提高法定最低工资标准，工会参与职工工资协商，完善失业、养老、医疗等社会保障制度和机制，通过劳动力市场供求关系等多种途径，努力提高包括农民工工资在内的劳动报酬在初次分配中的比重。理顺不同行业的分配关系，调节垄断行业的过高收入。办法是推行国有独资和国有控股企业的复式预算，即这些企业既要交税，也要上交一部分利润，使因垄断而产生的超额利润归国家财政，还有就是加强对垄断行业的工资、福利待遇的监管。

六、正确处理虚拟经济与实体经济的关系

2008 年爆发的国际金融危机使人们重新认识美国的经济结构。美国金融危机的深层次原因是实体经济增长乏力，剩余资本找不到出路，于是集聚到华尔街的资本市场进行投机活动并形成虚拟经济的泡沫。鉴于这一教训，工业发达国家提出了再工业化战略，开始重新思考实体经济与虚拟经济的关系，重新认识到以制造业为核心的实体经济才是保持经济健康发展和国家竞争力的基础，力图在新能源、环境保护、生命科学等新兴技术和新兴制造业方面，着力打造低碳经济发展模式，并力图在制造业领域重新建立对新兴经济大国的竞争优势，以保持在未来全球产业发展中游戏规则制定者的地位，抢占新一轮产业革命的制高点，继续掌控全球经济的主导权。美国再次确认制造业是美国经济的核心。要优先支持经济社会发展急需的高技术清洁能源产业，大力发展资本密集和高生产率的生物工程产业，保持航空产业的领导地位，振兴钢铁和汽车工业（重点是电动汽车），积极培育纳米技术产业。此外，大力发展智能电网，并实施低收入家庭房屋节能改造计划，加大力度推进房屋节能改造。

虚拟经济是在金融与证券资本市场中实现资本交易、清算与流动的经济形态和经济活动。虚拟经济的本质是资本价值形态的独立运动，是在实体经济基础上衍生出来的价值运动体系。马克思在《资本论》中指出，虚拟资本是在借贷资本、生息资本和银行信用制度的基础上产生的。虚拟资本本身没有创造价值，但是可以通过循环运动产生利润，获取某种形式的收益。实体经济的商品生产过程是 W-G-W′，虚拟资本运行过程是 W-W′，即虚拟资本可以脱离实体经济的再生产过程而相对独立运动。资本市场上，一些投资者的盈利可能是由另一些投资者的亏损转化而来的。

虚拟经济的经营主体无不试图通过短期投机以赚取暴利。现代电子通信与网络技术使虚拟资本的巨额交易、划转和清算可以在瞬间完成，为虚拟资本的高度投机创造了技术条件、提供了技术支持。少数金融精英获取的暴利诱惑投资者进入资本市场，降低了企业经营实体经济的积极性以及大众在物质生产部门工作的意愿，割断了收入和劳动创造财富的联系，使财富迅速向少数人集中，加剧了社会分配不公。

中国要实现从工业生产大国到工业强国的转变，必须扎扎实实地发展实体经济，特别是把发展先进制造业作为增强综合国力的基础。由于生产要素成本的上升，一般制造业的利润率不断下降并走向微利时代。一些积累了剩余资本的企业

不打算继续在制造业领域赚辛苦钱，而是转向房地产行业或资本市场，试图在短期内获取超额利润。作为企业的微观经营策略，这种做法无可非议。但是作为国家的政策导向，必须坚持实体经济的主体地位，鼓励发展先进制造业，无论是传统产业还是战略性新兴产业，都只能依靠科技创新才有可能获取超额利润。只有坚定不移地抑制投机资本，才能保持虚拟经济的适度、有序和健康发展。

七、解决资源供给不足矛盾的途径

解决资源性产品供给不足的矛盾有三个途径：一是提高资源性产品价格，通过价格杠杆抑制社会需求，使供求关系达到平衡；二是扩大进口以弥补国内资源性产品供给不足的缺口；三是依靠结构调整、科技进步和加强管理以降低消耗。

提高资源性产品价格能够抑制需求，但在资源利用效率不变的情况下，国内能源、原材料价格超过国际市场同类产品价格时，将会使我国工业的生产成本大幅度上升，进而影响到我国出口产品的竞争力；扩大资源性产品的进口，无疑是解决国内资源不足的重要措施，但它要受到国际政治经济环境变化的制约，特别是国际市场大宗产品供求关系变化的影响。例如，铁矿石进口价格的持续上涨，使我国钢铁工业的生产成本上升，并导致建筑、机械、汽车等行业物耗成本的上升。所以，降低能源、原材料等资源性产品的消耗，是解决资源约束矛盾的根本出路。

第一，要加强对资源开采过程的管理，对滥采乱伐、资源回收率低的开采行为，应大幅度提高带有惩罚性的资源税，使浪费资源的矿业经营者无利可图。

第二，提高市场准入的标准，对单位产品资源消耗达不到国内平均先进水平的投资项目，不准投资兴建，环境保护部门不予立项，土地管理部门不批给土地，银行不发放贷款。

第三，优化产业结构、依靠技术进步。在继续发展劳动密集型工业和服务业的同时，积极推进产业升级，积极发展消耗资源少的技术密集型产业。在这方面，日本的经验值得我们借鉴。1973年第四次中东战争后，国际市场的原油价格从过去的每桶3美元急剧上涨到11美元一桶，使完全依赖进口能源的日本经济受到巨大影响。日本的工业部门变压力为动力，积极推进产业结构从资源密集型的重化工业为主导转向机械、汽车、电子等技术密集型为主导，不仅顺利地度过了能源危机，而且改善了国际贸易条件，增强了出口工业品的竞争力。

第四，调整企业组织结构，促进资本密集型行业的生产要素向技术先进的大企业集中。在需要大量消耗能源、原材料的重化工业，例如，发电、石油化工、钢铁工业、有色金属冶炼、水泥等行业，大企业的技术经济水平要高于中小型企业。为了减少资源的浪费和保护环境，严格限制中小型钢铁厂、发电厂、水泥厂、电解铝厂、炼油厂的新建是完全必要的。许多投资项目，从微观行为考察，能够增加就业并带来盈利，似乎是合情合理的，但从宏观角度考察，它浪费了自然资源，降低了生产要素的配置效率，因此是不合理的。必须以局部利益服从全局利益为出发点，关掉技术落后、规模不经济的高耗能小企业，使全社会更有效地利用有限的自然资源。

第五，依靠技术进步，促进资源节约。单位国内生产总值消耗的资源与产业结构水平具有密切关系。随着高技术产业比重的上升和人口的低增长，资源消耗的相对量将呈下降趋势，甚至可以实现资源消耗的零增长或负增长。通过技术进步，推动替代技术和替代产品的发展，以降低资源消耗。例如，光导纤维的发明和应用，使电信传输材料发生了革命性的变化。1磅重的光纤通信电缆的通信负载量要超过1吨铜线电缆的负载量，而生产100磅光纤电缆消耗的能源只相当于生产1吨铜线电缆消耗能源的5%；依靠技术进步，改造传统产业，特别是提高装备制造业的水平，用先进的技术装备改造高耗能的装备与工艺，替换技术落后、耗能高的炉窑、交通运输设备以及家庭消费器具，并通过强制性的技术标准和设计标准，推广使用节能、降耗的材料、工艺和产品。

第六，发展循环经济，提高资源利用效率，减少污染物的排放。发展循环经济主要有两个途径：一是在生产过程中，采用新的工艺和设备，将各个环节产生的废弃能源、原材料进行回收再利用，以降低主产品的资源消耗并生产出新的副产品，实现废弃物的减量排放或零排放；二是对产品消费之后的废旧物进行回收再利用。目前全世界钢产量的45%、铜产量的62%、铝产量的22%、纸制品的35%来自废旧物资的回收和再生利用。应建立以社区为基础的网络化的废旧物资回收体系、相对集中的分拣体系以及鼓励生产企业利用废旧物资的经济机制，促进废旧物资的利用。

第七，形成既适合我国国情又能够逐步走向现代化的消费方式。由于我国人口众多，人均占有的自然资源少，治理和保护环境的压力大，我国城乡居民的消费模式不可能以美国等工业发达国家为标准。例如，私人轿车只能是有限普及，城市及城际之间的交通仍然应当以方便、快捷的公共交通为主导。我国社会经济发展应当走一条既能使十几亿人民普遍享受现代工业文明的物质技术成果，又能有效节约资源的新型工业化的道路。

八、坚持节能优先战略，努力提高能源利用效率

2001~2010 年，我国国内生产总值年均增长 10.48%。能源消费量从 2000 年的 145531 万吨标准煤上升到 2010 年的 324939 万吨标准煤，增长了 123.28%，10 年平均每年增长 8.36%，能源消费弹性系数为 0.798。2001 年以来我国能源消费高速增长的主要原因：一是由于经济发展速度显著加快；二是由于生产结构的变化，资源密集型的高耗能工业持续高速增长。重化工业的平均增长速度比轻纺工业高出 4 个百分点，在工业增加值的构成中，重化工业与轻纺工业的比例在 1998 年为 55：45，2008 年为 70：30。

如果 2011~2020 年能源消费弹性系数仍保持 0.798 不变，经济年均增长率即使回落到 7.2%，能源消费量的年均增长也将达到 5.75%，2015 年能源消费总量需要 43 亿吨标准煤，2020 年将达 56.8 亿吨，比 2010 年的能源消费量增长 74%。很显然，无论是资源供给条件，还是环境约束条件，都难以承受。因此，未来十年我国的经济增长必须建立在节约能源、降低消耗的基础上。比较合理的选择是到 2020 年能源消费总量应控制在 42 亿吨标准煤，即 2020 年能源消费量比 2010 年增长 30%左右，年均增长 2.8%，能源消费弹性系数为 0.38。每亿元 GDP 消费的能源从 2010 年的 0.818 万吨下降到 2020 年的 0.52 万吨，即单位 GDP 的能源消耗下降 36.4%。

坚持节能优先的战略，首先要推进结构性节能。因为在我国能源的消费中，工业生产消费的能源占 70%，其中石油加工、炼焦及核燃料加工业，化学原料及化学制品制造业，非金属矿物制品业，黑色金属冶炼及压延加工业，有色金属冶炼及压延加工业，电力、热力的生产和供应业六大高耗能工业的能源消费占工业能耗的 79%，即占能源消费总量的 55%。当高耗能工业增长速度下降后，对能源需求的增长也将相应地下降。

依靠结构调整降低能源消费增长率的第二个途径是依靠科技创新，提高技术密集型产业的比重。2010 年德国能源消费量为 6 亿吨标准煤，是我国能源消费量的 18.5%，但国内生产总值为 33156 亿美元，按现行汇率换算，相当于我国国内生产总值的 54.3%；日本消费了 7 亿吨标准煤，相当于中国能源消耗量的 21.5%，国内生产总值相当于我国的 89.5%。我国与德国、日本能源投入产出效率上的差距，主要不是单位产品能源消耗物理量的差距，如吨钢综合能耗、每千瓦时火力发电消耗的标准煤等，其物理量的差距大多在 10%~15%，单位能源产

出的价值量上的巨大差距主要是由于产业结构差距造成的，即德国和日本的工业是以附加价值高、能源消耗低的产业为主导。我国的工业结构中资源密集型的高耗能工业比重过高。

为了限制高耗能产业的过度发展，必须提高高耗能产业的准入门槛，促进资源密集型产业的生产能力向技术先进的大企业集中，加快对现有企业耗能设备的更新改造，对高耗能企业能源消耗的技术经济指标实行差别电价，强制性淘汰落后工艺和设备；优化出口结构，限制高耗能产品出口；推进信息化与现代物流体系的融合，优化交通运输结构，降低交通运输过程的能源消耗。

九、防治污染、保护环境的任务和措施

尽管我国在防治污染、保护环境方面取得很大成绩，局部环境有所改善，但总体而言，环保形势依然严峻，防治污染、保护环境问题依然是我国推进工业化过程中的艰巨任务。特别是在有 13 亿人口的发展中大国推进工业化与现代化建设，我国所面临的环境压力比世界上任何国家都要大得多。

防治污染、保护环境有三项重点任务：一要解决关系民生的突出环境问题，特别是饮用水水源水质安全问题。饮用水水源水质安全依然面临威胁，1/5 左右的城镇集中式饮用水水源存在污染物超标现象，涉及近 1 亿人口。目前饮用水水源地的环境管理还仅限于主要污染物，有毒有机污染物的监测与管理在大多数地方还未纳入工作范围。二要解决工业污染结构性问题。我国主要污染物集中在少数行业，水泥、钢铁等行业 SO_2、NOx、CO_2 排放量占全部工业排放量的比例大；造纸、化工、纺织等行业化学需氧量、氨氮排放量占全部工业排放量的比例高。三要破解污染物减排与经济发展的矛盾难题。一方面，我国环境容量有限，能源与资源消耗还在继续增加，经济总量依然保持较快增长，工业化、城市化快速发展；另一方面，在现有技术条件下，污染物减排难度加大。

走环境友好、低碳的新型工业发展道路是实现工业可持续发展、完成保护环境任务的必然选择，为此要采取以下措施：

第一，加大环境保护力度，以解决饮用水不安全和空气、土壤污染等关系民生的突出环境污染问题为重点，加强综合治理，明显改善环境质量。落实减排目标责任制，强化污染物减排和治理力度，增加主要污染物总量控制种类，加快城镇污水、垃圾处理设施建设，加大重点流域水污染防治力度，加强重金属、危险废物、土壤污染治理力度。

第二，构建新型能源体系，解决化石能源消费带来的环境污染与碳排放问题。所谓新型能源体系是能源利用效率高、化石能源利用清洁化、核能及可再生能源比重大的能源供应与消费体系。特别注重在煤炭利用过程中解决二氧化硫、氮氧化物、烟尘和粉尘、CO_2、Hg 和 $PM10$ 的排放问题。加大非化石能源替代化石能源的力度，优化能源结构。

第三，构建新型工业化产业体系，以解决工业污染结构性问题。继续淘汰落后产能，降低能源消耗、减少污染排放；发展高新技术产业和现代生产性服务业，提高产业层次；调整产业链的发展重点，将重化工业结构的重心沿产业链向下游延伸；对工业生产过程进行升级，用高新技术改造传统重化工业；实现电力、钢铁、水泥、有色金属、造纸等重点行业的洁净化生产。

第四，合理配置工业布局，充分利用大气及江河的自净能力，解决工业污染的空间问题。合理配置工业投资的空间布局，有计划地关闭、转移严重污染企业；提高污染企业的集中度，减少污染源；工业进园区，实现工业污染的集中治理和控制。

第五，严格污染物排放标准和环境影响评价，强化监督执法，健全重大环境事件和污染事故责任追究制度；完善环境保护技术和经济政策，建立健全污染者付费制度，建立多元环保投融资机制；改革现行工业污染控制法规及政策，逐步完善污染物排放标准体系，规范污染源管理和用能管理。

第六，推进环境税费改革，适时开征环境保护税，调整"高污染、高环境风险"产品的进出税政策，限制和减少高耗能、高污染产品的出口。

十、促进城乡协调发展

在传统工业化进程中，农业为工业发展积累资金，农民为奠定我国工业化的基础做出了重大贡献。在新的历史条件下，以牺牲农民利益为代价来加快工业化和城镇化的问题并没有得到有效解决。突出表现在三个方面：一是为了加快城市化建设，以较低的价格征收农民土地，使一大批农民失去土地，成为没有土地、没有职业、没有社会保障的"三无"农民；二是通过压低农民工的工资，增加企业利润和积累；三是城乡社会保障体系的二元结构。所以，走新型工业化道路，推进工业化进程，最突出的矛盾和最大的难题仍然是农业、农村和农民问题。

解决"三农"问题，绝不是短期的策略性政策，而是关系到全面建设小康社会和到 2020 年基本实现工业化的战略性问题。要继续稳定和不断完善党在农村的各项政策，取消限制和歧视农民向非农业转移和向城镇转移的各种做法，通过产业集聚促进农村人口向中心城市集中。我国城镇化的进程与工业的高速增长之所以不同步，计划经济时期形成的城乡分割的户籍管理制度是一个重要原因，但不是唯一原因。除大城市外，目前许多地区已逐步放宽了农业户口向城镇迁移的限制，但并没有出现城镇人口迅速增长的情况，主要是缺乏产业集聚和就业机会，农民在城镇找不到稳定工作，没有相对稳定的、赖以谋生的职业。同时，现行的失业救济、医疗保险、养老等社会保障体系，还没有把进城定居的农民纳入保障范围。在这种情况下，必然出现农民只能暂时离土离乡而难以真正实现向城镇的转移。要积极探索农村土地的有偿流转制度，在保证农村土地集体所有和家庭承包制度基本稳定的前提下，实现承包土地使用权的相对集中，提高农业劳动生产率和从事种植业农民的收入。

21世纪以来，在沿海外来农民工较集中的一些地方，出现了所谓"民工荒"。现阶段我国劳动力总供给大于总需求的格局并没有发生变化，农村仍然有大量剩余劳动力需要转移。在这种大背景下出现"民工荒"，主要是农民工的工资和应有的福利待遇被压低、劳动条件差造成的。解决问题的主要责任在企业。进城务工农民的工资没有体现保证社会必要劳动的基本要求，而且存在着劳动时间长、劳动条件差的问题。"民工荒"的出现，实际上是通过劳动力市场及其工资的市场机制进行强制性的调节，客观上要求企业必须提高农民工的工资待遇，改善农民工的劳动条件。

有人担心提高农民工的工资，将会导致企业生产成本的上升，影响我国劳动密集型产品的出口竞争力。对于这个问题需要从以下几个方面来认识：第一，提高农民工的工资，首先有助于调整企业主与农民工之间的分配结构，缩小贫富差距，实现社会公正，使社会物质财富的创造者能够分享经济增长和社会发展所带来的利益；第二，有助于提高低收入群体的购买力，即使在出口增速下降的情况下，可以通过扩大国内市场需求促进经济增长；第三，劳动力成本的上升，有助于推动企业的技术创新；第四，有助于改变依靠低价格参与国际竞争、既牺牲了本国工人利益却又经常遭到进口国家反倾销的出力不讨好的状况。按照建设社会主义和谐社会的要求，不应当再依靠原始积累的方式发展经济。

只有减少农民，才能富裕农民。必须把推进农村富余劳动力向非农产业和城镇转移作为统筹城乡发展、缩小城乡差距的根本战略。应当把进城务工农民纳入城镇社会保障范围，为他们建立失业、养老保险，并且为跨地区流动的农民建立能够跨地区兑现的养老和失业保险个人账户。只有这样，才能促进农业劳动力向非农产业和城镇的稳定转移，使他们转让出农村承包的土地，扩大农民的农业生产经营规模，提高农业劳动生产率，实现城乡协调发展。

十一、促进区域协调发展

在工业化进程中，区域经济发展不平衡是国土辽阔国家的普遍现象。由于自然环境、交通运输条件、市场机制、国际贸易关系以及国际资本流动等因素的影响，沿海国家生产要素的空间配置和经济活动向靠近海岸线的地区集聚具有一定的客观必然性。随着生产力的发展和社会的进步，对区域经济发展差距进行调节，逐步缩小区域经济与社会事业发展差距，也是社会经济发展的客观要求。

1. 区域协调发展的要求

区域协调发展包含资源配置过程的协调、区际经济关系的协调和社会产品分配的协调等方面的要求。具体地说，一是不同地区经济增长的差距控制在社会可承受的范围内。当然，由于地区之间既有的经济规模不同，增长的起点不同，实际的差距仍然较大，这种差距也只能在发展的过程中逐步缩小。二是每个地区不必追求完整的工业体系，而是要着力培育和发展本地区最具有竞争优势的产业，促进资源空间配置的宏观经济效益与微观经济效益的统一。三是建立全国统一、开放的市场体系，消除地方保护主义，使生产要素能够顺畅流动。为此，必须进一步理顺价格体系和价格形成机制，改革和完善财政税收体制，使资源性产品调出地区和加工制造业基地都能获得合理的利润和税收。四是经济布局的疏密程度与人口分布以及自然生态环境承载能力相适应。实行产业疏导政策，在加快东部地区产业升级的同时，促进企业分布过密地区的产业向中西部地区转移。五是在经济持续快速增长的同时，实现人与自然的和谐，严重污染的状况得到有效治理，生态脆弱地区的环境得到切实保护和修复。六是各个地区的城乡居民都能够均等地享受到与现阶段我国经济总体发展水平相适应的教育、医疗卫生、社会保障、文化等基本的公共服务。国民收入的初次分配应优先考虑不同地区出资者、生产经营者创造社会财富所做出的贡献。国民收入再分配必须充分考虑使不同地区、不同社会群体都能够分享到经济发展的好处的问题。通过增强财政转移支付的力度，改变中西部地区，特别是这些地区广大农村的基础设施、教育、医疗卫生、文化等社会事业发展滞后的状况。

2. 区域协调发展的方向和任务

东部地区的工业发展应当以率先实现现代化为目标，以推进产业升级为重点。资源密集型重化工业要在生产经营规模、技术装备和工艺、产品结构、劳动生产率等方面，达到国际先进水平。加工制造业的发展应在增强自主创新能力的基础上，使技术和知识密集型产业成为东部地区的主导产业。

中部地区劳动力资源充足，贯通东西南北的交通网络已经形成，能源原材料等基础产业具有优势，制造业也有较好的基础。中部崛起的主要任务是继续增加对农业的投入，加强农业产业化体系建设，发展农产品深加工，在促进农业劳动力转移的基础上提高农业的生产经营规模。依托资源优势，建设现代化的大型能源、原材料生产基地。

实施西部大开发战略已取得显著成效，并开始进入新的发展阶段：一是由遏制生态环境恶化转向生态修复与建设；二是由主要依靠财政转移支付转向更加注重培育本地区的造血功能；三是由以基础设施建设为主导转向在保护生态环境的基础上培育本地区的优势产业，有序开发西部地区的能源和矿产资源，提高对资源的加工深度，培育具有地区比较优势的特色产业，依托中心城市和国防科技工业，发展先进制造业和高新技术产业；四是以脱贫为主转向全面建设小康社会。

振兴东北老工业基地的目标，一是增强大型重点骨干企业的活力，突破一批制约产品升级换代的关键技术，在重型成套设备、数控机床、发电设备、汽车、铁路机车和客车、船舶、飞机等主要产品技术和制造能力方面，缩小与工业先进国家的差距。二是在材料工业领域，大力降低能源消耗，发展精品钢材和各种新型材料。三是发展现代农业，巩固东北作为重要商品粮供应基地的地位。四是扶持资源枯竭型城市和工矿区的产业重组和再就业。

在产业分工体系中，应发展建立在专业化分工基础上的跨区域生产外包，使每一个生产环节都能够实现效益最大化，形成区域之间既有分工又有合作，既有利于提高资源配置效率和经济增长质量，又有利于实现区域协调发展的新格局。

十二、工业结构调整和升级的任务

《中华人民共和国国民经济与社会发展第十二个五年规划（纲要）》提出要以结构调整作为转变经济发展方式的主攻方向。产业结构是经济结构的主体，工业结构在产业结构中又处于中枢的地位。工业结构是生产要素在不同部门、地区和企业的配置的比例关系，是前期固定资产投入及生产能力积累的结果，是过去劳动对现在劳动的支配。工业结构在社会扩大再生产过程中的作用是：决定再生产的比例关系，决定市场供给规模和结构，决定生产要素利用效率，决定进出口结构，决定一个国家和地区的竞争力水平。

工业结构随着生产力的发展不断演变，但这种变化是渐进的。由于产业结构的刚性和运行过程中的惯性，对产业结构的调整比对宏观经济政策的调整更加困难。结构调整不仅是调整物与物的关系，防止前期固定资产投资成本的沉没，同时也涉及不同社会群体之间的利益关系，一些衰退或退出市场的企业会出现破产和员工失业等问题，债权人的利益受到损失，还会涉及中央政府与地方政府之间的财政税收关系的调整，地区之间经济关系的变化，以及国家之间的经济关系。因此在实践中，结构调整说起来容易做起来难。

正确处理劳动密集型产业与技术密集型产业的关系，既要继续发挥我国劳动力资源丰富的比较优势，坚持发展劳动密集型产业，又要积极推进产业升级，提高技术密集型产业的比重和竞争力，形成"高亦成、低亦就"的产业结构。进入21世纪以来，我国劳动力成本逐年上升，劳动力成本较低的比较优势开始发生变化。但是从总体上考察，我国劳动密集型产业与发达国家工业结构的互补性还没有发生转折性变化。另外，我国的基础设施条件、工业配套能力、产业链的完整性、制造业工人素质、生产经营规模以及国内市场容量等因素，又是劳动力成本更低的发展中国家所不具备的。因此，我国劳动密集型产业的比较优势依然存在并要继续保持。但是我国又不能长期依靠劳动力成本便宜的比较优势，因为在工业化进程中，劳动力供求关系会逐步变化，并将出现"刘易斯拐点"，劳动力无限供给的格局也会结束。随着人均国民收入的提高，社会必要劳动费用的上升，以及社会分配结构的调整，工人的实际工资水平必然会上升，劳动密集型产业的比较优势会逐渐削弱。这是日本、韩国以及我国台湾、香港等地区在工业发展过程中都曾经出现过的现象。不失时机地推进工业结构升级，提升我国在国际产业分工体系中的地位，积极发展高附加值的技术密集型工业是不可懈怠的战略任务。

工业结构升级的主要任务是：以市场竞争为推动力，以企业为主体，加快对传统产业的技术改造，使传统产业的经济规模、生产技术和产品档次达到世界先进水平；以增强科技创新能力为支撑，积极发展高新技术产业，逐步改变高新技术产业缺乏核心技术和自主知识产权，并以代工为主要模式的局面；在新能源产业、航空航天产业、高性能和智能化机械装备制造业、高速铁路装备制造业、新能源汽车研发与制造、电子通信设备制造业、新药研发和生产等高新技术产业领域缩小与发达国家的差距，并显著增强参与国际竞争的能力。

1. 原材料工业

从总体上考察，我国原材料工业以数量扩张为主的发展阶段已基本结束。结构调整的重点是优化产业组织结构，促进生产要素向优势企业集中。例如，目前我国的炼钢企业有 280 家，企业的平均生产规模不到 250 万吨/年。作为资源密集型的流程工业，大型联合生产企业具有明显的规模优势。在钢材产量达到 8 亿吨的情况下，炼钢企业也不宜超过 40 家。因此，必须下决心淘汰那些规模不经济、技术水平落后的中小型企业。水泥等建筑材料工业的生产能力也应当向技术先进的大企业集中。石油化学工业应当向交通运输便利的沿海、沿江大企业集中，实行上下游一体化战略。通过改革和调整财政税收体制，改变各个省市争着上项目、分散投资的状况。资源密集型的大型企业，也更有能力进行技术创新，优化产品结构，发展循环经济，提高资源的综合利用效益。

2. 机械装备制造业

机械装备制造业的结构调整和优化升级，重点要解决两个问题：一是增强自主创新能力、对引进技术的消化吸收能力，并在此基础上增强新产品的开发能力，使中国机械装备制造业的水平与工业发达国家的差距由目前的 15 年左右缩小到 5 年左右，附加价值高的机械装备制造业的国际竞争力显著增强，产品出口规模不断扩大，使目前先进技术装备主要依靠进口的状况得到根本改变；二是优化机械装备制造业的组织结构，促进专业化分工，改变"大而全"和"小而全"的状况。

要实现上述目标，应以需求为目标，以重大工程为依托，明确以产品为中心的发展战略。在大型成套设备、数控机床、高速铁路车辆、造船、汽车、干线飞机等领域，全面提升研发、设计和制造水平。在发挥市场竞争机制主导作用的同时，政府通过支持科技研发，加强科技政策与经济政策的协调，积极建立科技公共基础设施和技术创新平台，扩大政府采购等政策措施，提高我国机械装备制造业的国际竞争力。

3. 高新技术产业

高新技术产业的发展主要集中在三个领域，即电子信息制造业、航空航天产业和生物工程产业。发展的目标是在科技研发与产业化的水平上，缩小与世界先进水平的差距。在产业规模上，具有自主知识产权的高新技术产品增加值和出口产品比重显著上升。要实现这个目标，必须通过加强原始性创新、集成创新、引进技术的消化吸收和再创新，努力在若干高新技术产业领域掌握一批具有自主知识产权的核心技术，造就一批具有国际竞争力的企业和品牌。在体制安排上，必须确立企业作为技术创新主体的地位，使企业具有追求技术创新的动力。在组织方式上，应形成以企业为中心的产学研相结合的、既有分工又有合作的创新体系。在资金来源上，应形成企业自我积累、政府投入、金融信贷支持以及社会融资的多元化融资的渠道；积极建设产业技术创新支撑平台，包括公共技术创新平台、行业技术创新平台、企业工程技术中心。对于重大的技术创新项目，应当采取需求牵引、工程依托、社会化分工与市场化运作的方式。

4. 轻纺工业

轻纺工业调整和产业升级的目标，一是用高新技术改造传统产业，降低产品能源原材料的消耗，减少生产过程的污染，提高劳动生产率；二是创造和培育国内、国际市场知名品牌，增加高端产品的品种和市场份额，改变在国内外市场依靠低价过度竞争的局面；三是促进各地区发展具有特色和竞争优势的产业集群，并在产业集群的基础上实行专业化分工。通过调整、改造和创新，使中国轻纺工业在继续发挥比较优势的同时，形成在技术、产品质量档次和品牌等方面也具有竞争优势的产业。

正确处理增量调整与资产存量调整的关系。2001年以来，中国固定资产投资主要集中在高速公路、铁路、机场、城市基础设施、能源和原材料等大项目上，即重点用于增量扩张，真正用于对现有企业更新改造和创新投资的比重不到全社会固定资产投资总额的30%。"十二五"时期，我国产业结构的调整必须首先调整固定资产投资结构，加强对资产存量的调整。一是因为我国交通运输基础设施建设投资的高峰将出现转折点，覆盖全国的高速公路网已基本形成，其建设方向开始转向经济欠发达且车流量较少的偏线和冷线；高速铁路建设将在调整规划的前提下适当放慢步伐，港口建设的规模和速度也将出现回落。二是除资源开采行业外，工业生产能力普遍过剩，寻找新的经济增长点是企业面临的普遍难题。在这种大背景下，必须调整固定资产投资结构，加大对现有企业更新改造的力度。按照经济周期规律的要求，在经历危机之后，新一轮的经济增长应当建立在对现有固定资产的更新改造基础上，从而实现在新的生产力水平上的增长。

工业结构调整的重点应由增量调整为主转向存量调整为主。一是下决心淘汰落后生产能力。到2010年底，已淘汰的高耗能及严重污染的产能占应淘汰产能的50%，还有50%的产能于两年内完成；今后将进一步加大淘汰的力度。特别是在能源供给短缺、电力供应紧张的情况下，对于高耗能、达不到规模效益、工艺技术及设备落后的钢铁、水泥、有色金属、火力发电等行业的小企业，必须关停。国家将会加大对未完成任务地区和企业的处罚力度，实行区域限批，加大差别电价的执行力度；为了防止落后产能的转移，承接产业转移的地区也必须坚持国家关于产业准入的统一标准，对产业转移的项目进行筛选。二是调整固定资产投资方向和结构，加强对现有企业的技术改造。三是推进企业的兼并重组。

企业产品结构的调整是产业结构调整的微观基础，是产业结构调整的切入点。产品结构调整的途径为：一是对传统产品的设计、生产工业和材料进行技术改造；二是推进产品的升级换代和产品创新，特别是把瞄准赶超国际同类产品的先进水平作为目标；三是培育产品品牌，提高产品附加值和市场影响力。

十三、增强科技创新能力，发展战略性新兴产业

第一，战略性新兴产业的基本特征。战略性新兴产业是以科技创新为基础的技术密集并对国民经济发展具有带动作用的产业。战略性新兴产业的基本特征是附加值高，消耗的能源原材料少，产业关联度高，技术渗透性强，有广泛的和潜在的市场需求。

第二，发展战略性新兴产业的主要任务。到 2020 年，战略性新兴产业增加值占国内生产总值的比重达到 15%左右，节能环保、新一代信息技术、生物、高端装备制造产业成为国民经济的支柱产业，新能源、新材料、新能源汽车产业成为国民经济的先导产业；创新能力大幅提升，掌握一批关键核心技术，在局部领域达到世界领先水平；形成一批具有国际影响力的大企业和一批创新活力旺盛的中小企业；建成一批产业链完善、创新能力强、特色鲜明的战略性新兴产业集聚区。

第三，战略性新兴产业的重点领域。新一代电子信息技术及其应用，如关键元器件，下一代互联网，新一代移动通信技术、设备与网络；信息网络与物联网的结合等；新能源、节能减排技术及其产业化；高端装备制造、新能源汽车等产业；以生物工程技术为依托的优质高效农业；生命与健康技术产业；新型材料技术与产业；新型节能与智能化交通运输设备和系统。

第四，发展战略性新兴产业的途径。加快形成先导性、支柱性产业，切实提高产业核心竞争力和经济效益。发挥国家重大科技专项的引领支撑作用，实施产业创新发展工程，加强财税金融政策支持，推动高技术产业做强做大。

第五，企业应当成为技术创新的主体。从工业发达国家技术创新及其产业化的普遍经验看，企业是技术创新的主体，多数的技术研发中心建在企业，科技队伍的主体集中在企业。这是因为企业作为以盈利为目的的经济组织，具有通过科技创新实现利润最大化的内在推动力；在市场经济条件下以及经济国际化的大环境中，企业始终面临着竞争的压力，不搞创新，企业就难以生存，更谈不上发展，企业具有重视技术创新的外在压力；企业在生产经营活动的实践中，能够使技术创新方向和目标的选择更符合市场需求；企业具有把科技成果转化为产品的生产设备、工程技术能力以及社会化的配套能力。企业能够把科技要素、工程要素、资金要素、市场要素直接结合起来。

企业成为技术创新主体需要具备以下条件：①企业的制度安排具有追求技术创新的内在推动力；②已经形成竞争的市场结构，竞争机制决定着企业的生死存亡；③具有追求技术创新的企业家及其经营管理团队；④企业拥有一定实力的研究与开发力量和组织；⑤企业具有自我积累能力和外部融资能力。

第六，技术创新成果转化为现实生产力的有效途径。由于决定和影响自主创新能力的因素是多方面的，包括体制、组织方式、运行机制、资金投入、政府政策、教育、人才、社会文化传统等，因此增强自主创新能力的途径也必然是一个系统工程。从体制安排上，必须确立企业作为技术创新主体的地位，通过深化国有企业改革，使企业具有追求技术创新的动力；在组织方式上，应形成产学研相结合的、既有分工又有合作的创新体系；在资金来源上，应形成企业自我积累、政府投入、金融信贷支持以及社会融资的多元化融资的渠道；积极建设产业技术创新支撑平台，包括公共技术创新平台、行业技术创新平台、企业工程技术中心。

对于重大的技术创新项目，应当采取需求牵引，工程依托，以企业为主体，社会化分工与市场化运作的方式。

需求牵引，是指技术创新要有明确的工程化和产业化的需求目标，如产品创新、工艺与设备创新、材料创新，或关键技术创新，而不仅仅是为了跟踪和发表科学论文。

工程依托是指技术创新有一个具体的工程项目载体，如我国的神舟载人航天工程等。在工程的实施过程中，需要解决一系列的技术创新问题，如总体设计问题，材料问题，制造与安装工艺问题，电子信息控制问题。这些问题的解决，不仅会使工程项目本身获得成功，而且会使各个相关的技术得到突破并上升到一个新的台阶。

以企业为主体，是指企业或其他用户提出技术创新的需求，由企业组织实施，并负责资金筹措等生产要素的组织。科研院所和大学根据企业提出的技术需求，参与技术创新过程，提供理论和技术支持。

由于现代科学技术的综合性和复杂性，技术创新必须建立在社会化分工的基础上。在市场经济条件下，必须遵循市场经济规律，特别是需要处理好各个方面的利益关系，创新主体应具有系统集成能力和对社会化分工的协调能力。

中小型企业可以通过技术交易市场获得技术成果，科技人员的创新成果，可以通过工业园区的孵化器实现转化。应当鼓励多种形式的技术创新活动。

第七，以市场换技术的利和弊。有一种观点认为，发展中国家的技术研发能力先天不足，要缩小与发达国家的技术差距，需要实行以市场换技术的策略。以市场换技术，是指通过向跨国公司转让国内的市场份额，以换取国外的先进技术。以市场换技术的前提条件有三个：一是国家间的经济技术发展水平处于不同阶段；二是产品具有生命周期；三是技术存在代际差异。以市场换技术主要采取两种方式：一是从国外购买先进技术装备，以提高国内用户的生产技术水平；二是引进外资在国内建厂。

以市场换技术的策略有一定的积极作用，与发展中国家最初的技术和产业起点相比，缩小了技术差距、促进了新兴产业发展。另外通过技术扩散、零部件生产在当地外包、技术服务、人员培训等途径以及本国企业的竞争压力，促进发展中国家的技术进步、产业升级和出口产品结构的调整。因此，我们强调自主创新，但并不排斥技术引进和利用外资。

但是，必须看到以市场换技术的弊端。由于产品生命周期和技术代际差异，发展中国家换来的技术总是第二流或第三流的技术。跨国公司在技术转让时，必然要"留一手"，以市场换技术的国家更不可能获得核心技术。与此同时，以市场换技术还可能形成对本土企业技术进步的排斥和抑制。从实践上看，在引进技术的同时坚持自主研发和创新的行业与企业，无论在技术上，还是在市场占有率上都能有所作为。反之，过度依赖以市场换技术的行业和企业，形成了对跨国公司的技术依赖症，大多没有什么作为。

第八，正确处理自主创新与引进技术的关系。自主创新不等于自己创新，更不等于封闭式创新。我们提出坚持自主创新，并不是排斥技术引进，而是把在技术引进基础上的学习和再创新作为增强自主创新能力的重要路径。作为一个发展中国家，充分利用国际先进科技成果，坚持在消化吸收国外先进技术基础上再创新，将成为我国自主创新的一个非常重要的基本途径。在一定条件下技术可以引进，但技术创新能力无法通过引进直接获得，关键技术更是买不来。技术创新能力是内生的，需要通过有组织的学习和产品开发实践才能获得。我国技术引进的教训是没有坚持对引进技术的消化吸收，走了一条"引进、落后、再引进、再落后"的恶性循环道路。日本和韩国引进技术的费用与消耗吸收费用的比例分别为1∶5和1∶8，而我国的比例为1∶0.15。要改变这种被动局面，必须加强对引进技术的消化吸收和再创新。从上海宝钢、哈尔滨三大动力集团的经验看，在技术引进的基础上，加强对引进技术的消化吸收和再创新，更有利于提升本国产业的竞争力。

十四、优化产业组织结构

在开放条件下，随着产业的国际转移，国际产业分工向要素分工转变，产业组织必然要以全球价值链作为载体。从根本上来说，在新型工业化进程中，我国企业需要不断超越嵌入全球价值链的俘获型治理关系，进而实现产业组织结构的不断优化。新型工业化对不同特性的产业提出了差异化的要求，进而使其产业组织的优化路径也具有特殊性。实现新型工业化目标的产业组织结构优化要点有三个方面：

其一，就产业组织结构优化的目标而言，本土企业在参与全球价值链分工中要不断提高技术水平和增加产品附加值，进而超越俘获型价值链关系中与跨国公司的分工合作形式。一种可供选择的发展路径是：首先，随着技术能力的提升，再加上巨大的国内市场，某些行业内的龙头企业在参与全球价值链给跨国公司代工的同时，专注国内市场的开拓和竞争，在取得国内市场某个行业或产品价值链的高端环节竞争优势后，建立起自己的设计方案、品牌和全国销售渠道；其次，逐步进入周边国家或者具有相似需求特征的发展中国家市场，并建立起以自己为主导的区域价值链分工体系；最后，与发达国家主导的国际大购买商或跨国公司建立均衡网络型关系，而非俘获型关系，甚至是完全由自己主导的全球价值链分工体系。

其二，就产业组织结构优化的微观基础而言，要促进专业化分工，通过利用规模经济效应形成比较优势。不管是制造业内部制造环节的专业化分工，还是服务环节从制造环节的不断分离，其核心都意味着整个生产体系中的中间产品投入行业在不断发展。专业化标准化的中间产品随着规模扩大，成本不断降低，进而降低了制造业整体中间投入要素的成本，在一定程度上提高了制造业的效率，而服务品环节的中间投入具有知识密集型和差异化的特点，服务环节本身形成的垄断竞争的市场格局，与制造业相互融合，无论是在产出的能力和技术水平方面，还是在控制市场的能力和价值增值方面，都有别于传统的增长模式。这种服务企业与制造企业的有机分工与合作，将会使新型工业化道路的建设进一步深入。

其三，对于不同类型产业的组织结构优化途径而言，要高度重视行业特性的差异。传统制造业主要是通过参与国际分工，不断融入全球价值链体系，进而实现从低附加值的价值链低端向高附加值的两端攀升；资源依赖型产业的组织结构优化既要求行业内企业之间有合理的分工合作、又要求企业能有效整合科研机构等外部资源、还要求企业能与上游的装备制造企业紧密合作；规模密集型复杂产品产业的组织结构优化，一方面要求占据主导地位的核心企业通过自主创新获得更高的技术能力；另一方面也要求配套企业通过技术创新提高其配套能力，并且在生产规模扩大到一定程度时发展出新的生产体系，以满足核心企业提高技术能力、降低配套成本的需求。

随着生产力的发展和市场竞争的加剧，在有机构成高的资本与资源密集型产业出现了生产能力和市场份额向大型企业集中化的趋势。与此同时，在结构调整过程中，提高资源密集型产业的进入门槛，加强淘汰落后生产能力的力度。对资源密集型产业加以限制并逐步淘汰不具有规模效应、技术落后的中小企业。在钢铁、有色金属、石油化工、煤炭开采、火力发电、水泥、化肥、造纸等行业，推进生产要素向大企业集中。这种集中化趋势有利于提高生产要素的配置效率，有利于节约能源和治理污染，是生产力进步的客观要求。

十五、促进工业化与信息化的融合

坚持走新型工业化道路，包括以信息化带动工业化，以工业化促进信息化，促进工业化与信息化的融合。发达国家从 20 世纪中叶开始的信息化进程，是建立在工业化完成的基础上，是工业化和科技进步到一定程度的结果。我国的工业化进程面临着与发达国家当初完全不同的技术、经济和社会环境，当今信息技术日新月异，已经渗透到社会的方方面面，信息技术的出现和快速发展为中国的工业化提供了良好的赶超机遇。只有将信息化和工业化两者结合起来，在工业化的进程中同时推进信息化，以信息化带动工业化，以工业化促进信息化，信息化带动工业化，可以以更短的时间和更低的成本加速完成工业化的历史任务。信息化对工业化的推动作用主要表现在四个方面：一是可以改进工业化时代的生产方式、经营方式和管理模式，提高工业劳动生产率，增强企业竞争能力；二是利用信息技术可以使信息资源得到广泛应用，减少工业再生产过程中的信息不对称问题，减少经营决策的盲目性，从而提高生产要素配置效率和企业的经济效益；三是利用信息技术可以提高产品与服务的技术含量，加快产品结构和产业结构的升级；四是信息化为工业化的进一步发展创造了新的市场需求。信息化的迅速发展必然对各类信息装备和信息基础设施等产生新的需求，而这些信息装备大部分需要工业制造加工业的生产来满足，从而形成新的产业和新的经济增长点，加快用信息化带动工业化的主要任务，一是发展以微电子技术为先导的电子信息设备制造业，使之成为新的经济增长点；二是发展电子信息增值服务业；三是推进企业经营管理信息化和电子政务，提高企业经营管理和政府工作的效率；四是用信息技术对国民经济各个部门进行改造，提高社会再生产的效率。在信息化带动工业化的进程中，当然首先要依靠电子信息技术和电子信息设备制造业的发展，但同时还必须加强对国民经济各个部门的技术改造，特别是对工业部门的技术改造，当今工业的生产设备、金融业和政府办公过程中电子信息设备和技术的应用比较广泛，但工业生产设备和工艺仍不适应信息化的要求。信息化还取决于一个国家的城镇化水平，取决于生产、生活的社会化程度以及城乡居民的收入水平。随着人均国民收入水平的提高，信息化的程度和水平也将不断提高。

十六、正确处理制造业与服务业的关系

人类社会对物质产品的需求，决定了生产物质产品的农业、采掘业和制造业将是永恒的产业。人类总得吃饭、穿衣、住房和出行。要吃饭，就得有农业和食品加工业；要穿衣，就得有纺织与服装制造业；要住房，就得有建筑材料工业和建筑业；要出行，就得有生产运输设备的汽车、火车、轮船和飞机制造业。与此同时，还要有为国民经济各个部门提供装备的机器设备制造业。服务业是服务于物质生产过程和人们生活方式的一种产业，而不可能替代物质产品的生产和消费，服务经济不可能脱离物质产品的生产过程而独立发展，可以说二者是毛与皮的关系，皮之不存，毛将焉附？

制造业的规模和水平是衡量一个国家综合实力和现代化程度的主要标志。虽然世界正在进入信息化时代，但当代经济最发达的国家仍然是制造业最发达的国家。美国为什么强大？主要是因为美国有先进的制造业。日本在第二次世界大战以后迅速崛起并成为经济强国，是因为在战后逐步形成了具有国际竞争力的技术密集型制造业体系。在2008年以来的国际金融危机中，德国仍然保持经济稳定，2010年GDP增长3.6%，出口增长14.2%，进口增长13%，国内财政和金融形势稳定，失业率从前几年的8.5%降到7%。这是因为德国始终坚持以发展先进制造业为基础、以出口高附加值产品为主导的经济模式。

我国服务业发展相对滞后，大力发展服务业是必要的。但必须遵循服务业发展的规律。决定服务业发展的主要条件：首先，第一、第二产业的劳动生产率和增加值率的高低决定服务业的规模，因为只有在第一、第二产业投入产出效率较高的情况下，在第一、第二产业就业的人口及其家庭才有更高的支付能力去购买服务业提供的服务，与此同时，政府才有更强的财政支出能力扩大对第三产业的需求。其次，服务业的发展取决于城市化程度。1980年到2010年，我国城镇化率从19%上升到49%，第三产业的比重也从18%上升到43%，二者基本上是同步的。人口的集聚是第三产业实现其规模效应的基础。再次，生产与生活的社会化分工和商品化程度决定了服务业的发展程度。当广大农村的几亿农民仍然在许多方面保持自给自足的生产和生活方式的时候，第三产业的发展必然要受到制约。所以，促进第三产业的发展途径是提高第一、第二产业的效率，加快城镇化的进程，提高社会化分工的程度。最后，取决于政府政策。城市管理首先要有利于增加就业机会，为各种层次服务业的发展创造条件。政府应建立公平、规范、透明的市场准入标准，探索适合新型服务业态发展的市场管理办法，调整税费和土地、水、电等要素价格政策，营造有利于服务业发展的政策和体制环境。

在我国服务业的构成中，生产性服务业相对不足。生产性服务业是从工业、农业等实体经济部门分离出来的专门化的服务业。它包括产品设计、设备安装与维修、原材料和零部件采购、仓储、配送、产成品整理和包装等直接为生产服务的业务，还包括市场调查、企业经营管理咨询、科技成果转让与推广、财务会计、专业培训、法律、国际贸易信息等为企业经营管理服务的业务。生产性服务业大多是技术与知识密集型的服务业，由于专业化的分工，有利于减少企业不直接从事生产的人员，降低企业的生产成本和交易成本，进而提高全社会的资源配置效率，而且有利于扩大社会就业，特别是增加专业技术人员的就业机会。

十七、深化经济体制改革

1978年以来，我国工业化进程显著加快，工业经济持续高速增长，工业结构逐步升级，其主要原因是得益于以社会主义市场经济为导向的改革开放，得益于上层建筑的调整，得益于生产关系的变革。随着社会主义市场经济体制的基本建立，市场机制在资源配置中发挥着基础作用，使我国经济既充满活力，又保持了政府对经济运行过程有效的宏观调控。

同时也必须认识到，我国社会主义市场经济新体制还不完善，改革的任务还没有完成。不适应生产力发展要求的经济关系还没有理顺，与此同时，随着经济机制的变化，又产生了一些新的矛盾和问题。仍然需要通过深化改革去解决。

第一，关于所有制结构的调整，既要坚持国有经济的主导地位，又要继续鼓励和支持非公有制经济的发展。否定国有经济的主导作用，推行全面私有化不符合中国国情，也不利于增强中国的综合国力。国有经济的战略性调整，应收缩在一般竞争性领域的范围，进一步向关系国民经济命脉和国防安全的领域集中，在石油和天然气开采、大型矿业、发电、钢铁、石油化工、重型装备制造、国防科技工业、民用航空、铁路、高速公路、港口以及城乡公用设施等基础产业领域，应坚持国有或国有控股的主导地位。与此同时，也需要对垄断性的国有企业进行改革，一是容许非国有资本以股权的形式进入垄断性行业；二是针对垄断行业的运行规律，制定法律以规范垄断性企业的行为；三是调整垄断性行业的分配机制，由出资人代表确定其管理层的薪酬标准和税后利润分配原则。

民营经济要进入资本密集型行业，也需要调整自身的生产关系，以适应资本密集型产业有机构成高、资本投入强度大的要求。为此，民营资本需要解决生产关系上的三个问题：一是从家族独资形态转向资本多元化和社会化，这样才能解决单个私人资本不足的矛盾，以适应基础产业由技术构成所决定的资本有机构成高、资本投入强度大的客观要求；二是在资本多元化、社会化的条件下，民营企业必须实行资本所有权与经营权相分离的现代企业制度，信任不具有血缘和裙带关系的外聘的专业经营管理人才，通过委托代理制，以克服家族治理资本社会化大型企业的局限；三是必须承担相应的社会责任。

第二，深化行政管理体制改革。一是调整中央政府与地方政府的财政税收关系，实现各级政府事权与财权的统一，在保证中央政府预算收支平衡的同时，增强地方政府的财力，使地方经济发展的局部利益与优化资源配置的全局利益相协调；二是完善公共财政体系及其投入主体的权责，以保证教育、卫生医疗、养老、文化等社会事业的健康发展；三是改革投资体制，除关系国民经济与社会发展全局的重大投资项目外，大多数建设项目由行政审批制改为按既定的市场准入的标准进行核准，并主要通过税收、信贷等经济杠杆调节经济主体的投资行为。

第三，完善结构调整机制。结构调整实际上是生产要素重新配置的过程。在市场经济条件下，市场在资源配置中发挥决定性的作用，即企业是结构调整的主体，供求关系引导投资方向，价格杠杆和利润率调节企业行为，优胜劣汰的竞争机制决定企业的生死存亡。政府在结构调整中的作用一是制定市场准入规则，二是提供公共产品，三是运用税收与财政政策调节投资方向，四是维护市场秩序，创造公平竞争的市场环境，五是完善社会保障体系，六是在国际经济关系中维护本国企业的合法权益。

第四，调节不同阶层的利益关系。改革开放初期，让一部分人先富起来的政策是完全正确的，它对于打破平均主义分配格局，调动人们通过勤恳劳动和守法经营致富的积极性，创造更多的社会财富起到了巨大的推动作用。随着经济体制和经济运行机制的变化，在国民经济快速增长的同时，社会产品的分配格局也发生了重大变化，出现了财富向一部分人集中，社会不同阶层贫富差距扩大的问题。

为了解决贫富差距扩大的问题，在国民收入初次分配过程中，也要做到效率与公平的兼顾。首先要把国有和国有控股企业因行政垄断和自然垄断而获得的超额利润，通过税收和上缴利润的方式，转变为国家财政收入。其次是提高企业普通员工的工资，调整资本与劳动之间的分配关系，缩小贫富差距，实现社会公正，使社会物质财富的创造者能够分享经济增长和社会发展所带来的利益。在私人企业和外商投资企业内应普遍建立维护职工合法权益的工会组织。最后是规范市场交易行为，严格税收监管，减少利用市场规则不完善获得非法和隐性收入的机会。

十八、努力提高对外开放的水平

30多年对外开放的实践表明，我国工业国际竞争力的提升是在开放条件下实现的，对外开放是工业增长、竞争力提升最重要的助推力之一。在中国经济加速与国际接轨的进程中，全球化和外部因素对中国经济的影响日益显现，使中国对外开放和工业发展面临的外部环境发生了重大变化。尽管中国在融入世界的过程中还会遇到一些波折甚至是各种敌对势力的严重干扰，但从改革开放的实践经验来看，中国的新型工业化发展必将在更高层次的对外开放中实现。这既是中国工业全面融入国际分工体系的必由之路，也是应对全球化的理性选择。面对国际环境和国内形势的变化，应深入思考开放条件下中国新型工业化的发展道路，坚持"以开放促改革、促发展"，树立旨在协调内需与外需，维护公平竞争，促进互利共赢的指导思想，积极探索对外开放新模式，拓宽对外开放领域，提高对外开放的整体水平，从而满足新型工业化发展的开放政策需求，建立和完善全面参与全球经济、更加开放、更具竞争力的工业发展体系。

一要逐步确立对外贸易均衡发展的政策目标，由单纯追求出口规模扩大和贸易盈余增加，转变为优化对外贸易结构与效益。在世界贸易组织规则下，实施有管理的贸易自由化战略，将低调合理的产业保护、灵活规范的进口限制、温和切实的出口鼓励政策以及及时适度的贸易救济相结合，不断完善对外贸易管理体制，使我国贸易制度的总体定位趋向中性化，具体政策手段趋向弹性化、柔性化。二要加强自主创新，促进出口结构进一步优化。实行开放、集成的创新模式，充分利用科技要素全球流动的机遇，有效吸纳、利用、整合国际创新资源，逐步增强引进消化吸收再创新能力和系统集成创新能力。国家应加大基础研发投入，鼓励各类资本进入战略性新兴产业，在这些领域尽快形成自主技术和产业化发展能力。同时，综合运用出口退税、进出口信贷、信用担保等政策工具，在世界贸易组织允许的范围内，加大对自主创新产品出口的政策和资金支持力度。三要积极推进出口产业向中西部的有序转移。综合分析中西部地区的区位优势和劣势，结合产业发展和转移的规律，确定合理的转移半径和投资模式。东部地区应抓住产业转移的机遇，利用产业转移置换出来的发展空间，创造条件，承接高技术产业、服务业等高层级的国际产业转移，实现产业的有序升级。在产业转移过程中，严控高耗能、高污染的加工贸易项目，防止中西部地区出口产业发展重复东部低水平数量扩展的老路。四要促进中国企业对外投资，实现资本双向流动。一方面，顺应国际直接投资方式的变化，继续优化环境，改善利用外资结构。加强对外资并购监管，规范外资并购活动，引导外资并购向优化企业治理结构、促进产业升级的方向发展。另一方面，充分利用经济、政治和外交手段、为中国企业海外发展营造良好的外部环境，帮助企业预判和扫除国际关系中的不确定因素。五要积极稳步推进人民币国际化进程。加快国有金融机构改革，促进各种类型金融机构竞争，提高金融机构特别是国有商业银行自我发展能力。进一步完善金融监管机制，加强风险预警和控制，建立高效、稳健的监管体系。确立人民币汇率制度调整的短期、中期和长期目标，逐步增强汇率制度的弹性。提高国际收支管理能力，逐步扩大人民币的有效流通范围。六要逐步建立和完善既相对独立又开放兼容、层次分明、操作性强的预警机制。同时，坚持深化改革，集中解决国有企业、产业进入和退出机制、公司治理等工业领域的改革难点，提高中国工业抵御外部风险的整体能力。七要全面参与国际经济协调。明确开放条件下国家利益的战略层次以及参与国际经济协调的次序，积极推进贸易投资自由化，共同抵制贸易保护主义。积极参与应对气候变化、节能减排等重大国际协调活动，推动"绿色经济"全球合作机制的建立和完善。稳步推进区域经济一体化合作进程，实现地区资源整合和利益共享，为我国新型工业化发展营造更有利的外部环境。

第一篇　中国工业化的进程与新型工业化的任务

第一章 中国工业化的历史进程

1949 年 10 月新中国的成立，开辟了中国工业化进程的新纪元。新中国成立时，工业产值在国民经济构成中只占 10%，是一个典型的以小农经济为主体的农业大国。我国民主革命具有长期性和艰巨性的特点，我国工业化的进程也具有长期性和艰巨性的特点，这种特点是由我国工业基础薄弱、人口众多、人均资源少的国情所决定的。新中国的工业化建设已经进行了半个多世纪，我国已经从一个落后的农业国转变为工业生产大国。特别是 1978 年中共十一届三中全会以来，在改革开放的推动下，我国工业化进程显著加快，工业持续高速增长。在国民经济构成中，2010 年第二产业和第三产业的比重已接近 90%，城镇人口接近 50%，人均国内生产总值 4400 美元，表明我国已进入工业化的中期阶段，但是工业化的任务还没有完成。中共十六大报告提出了走新型工业化道路方针。如何转变经济发展方式，走新型工业化道路，仍然需要在实践中不断探索。

一、奠定工业化基础的阶段

新中国的工业化是在经济极其落后的基础上起步的。与美国相比，1949 年美国的原煤产量是中国的 13.6 倍，原油产量是 274.3 倍，发电量是 80 倍，钢产量是 447 倍，生铁产量是 199 倍，水泥产量是 54 倍；当时印度的主要工业产品产量也高于中国。为了改变"一穷二白"的落后面貌，新中国一成立，就开始了国民经济恢复工作。1953 年开始实施国民经济发展第一个五年计划，在苏联的帮助下，进行 156 项重点工业工程建设。到 1957 年，初步形成了门类齐全的现代工业体系。在煤炭和石油开采、钢铁、有色金属、基础化学工业等能源原材料工业的生产能力大幅度增长的同时，还建立起一系列的机械制造部门和现代新兴工业部门，包括：矿山和冶金设备制造、发电设备制造、重型机器和各种机床制造、机车车辆和汽车制造、航空工业、电子工业、仪器仪表工业、农业机械制造、石油化学工业、大型化肥工业等。非农产业的比重在国民经济中的比重由 1949 年的 31.6% 上升到 1957 年的 59.7%。在非农产业就业的人员由 1949 年的

8.5%上升到 1957 年的 18.8%。新中国成立初期我国工业迅速发展，说明新中国选择的社会主义工业化道路是成功的。相关数据如表 1-1~表 1-3 所示。

表 1-1　1949~1957 年国内生产总值及其构成

单位：亿元（当年价格）

年份	国内生产总值	第一产业	第一产业比重（%）	第二产业	第二产业比重（%）	第三产业	第三产业比重（%）	人均 GDP（元）
1949	466.0	318.7	68.4	59.2	12.7	88.1	18.9	86
1952	679.0	342.9	50.5	141.8	20.9	194.3	28.6	119
1953	824.0	378.0	45.9	192.5	23.4	253.5	30.8	142
1954	859.0	392.0	45.6	211.7	24.6	255.3	29.7	144
1955	910.0	421.0	46.3	222.2	24.4	266.8	29.3	150
1956	1028.0	443.9	43.2	280.7	27.3	303.4	29.5	165
1957	1068.0	430.0	40.2	317.0	29.7	321.0	30.1	168

资料来源：《中国工业经济统计资料（1986）》，中国统计出版社。

表 1-2　1949~1957 年按三次产业分就业人员数（年底数）

单位：万人

年份	就业人员	第一产业	第二产业	第三产业	构成（合计=100）		
					第一产业	第二产业	第三产业
1949	10808	9889	378	541	91.5	3.5	5.0
1952	20729	17317	1531	1881	83.5	7.4	9.1
1957	23771	19309	2142	2320	81.2	9.0	9.8

资料来源：《中国工业经济统计资料（1986）》，中国统计出版社。

表 1-3　1949~1957 年主要工业产品产量的增长

产品名称	单位	1949 年产量	1957 年产量	1957 年比 1949 年增长（%）
原煤	亿吨	0.3243	1.3	300.86
原油	万吨	12.1	146.0	1106.61
发电量	亿度	43.1	193.0	347.80
钢	万吨	15.8	535.0	3286.08
生铁	万吨	25.0	594.0	2276.00
水泥	万吨	66.0	686.0	939.39
硫酸	万吨	4.0	63.2	1480.00
纯碱	万吨	8.8	50.6	475.00
烧碱	万吨	1.5	19.8	1220.00
切削机床	万台	0.16	2.8	1650.00

续表

产品名称	单位	1949 年产量	1957 年产量	1957 年比 1949 年增长（%）
纱	万吨	32.7	84.4	158.10
布	亿米	18.9	50.5	167.20
盐	万吨	299.0	827.7	176.82
糖	万吨	20.0	86.4	332.00
卷烟	万箱	160.0	446.0	178.75

资料来源:《中国工业经济统计资料（1986）》,中国统计出版社。

二、毛泽东对中国工业化道路的探索

1. 新民主主义时期的经济政策

在 1949 年 3 月召开的中共七届二中全会上,毛泽东同志对新中国成立后经济工作面临的国情作了全面的、实事求是的分析和概括,在此基础上阐明了党在新民主主义时期的经济政策,他指出:第一,中国已经有了 10% 左右的现代工业经济,它在新民主主义经济中居于领导地位。第二,中国有 90% 左右的分散的个体的农业经济和手工业经济。因此,在今后相当长的一个时期内,我国的农业和手工业的基本形态将是分散的和个体的,同时要逐步地、谨慎地而又积极地引导它们向现代化和集体化方向发展。第三,中国的私人资本主义工业在现代工业中占第二位,它是不可忽视的力量,一切有利于国民经济的城乡资本主义成分都应当允许其存在和发展。第四,国营经济、合作社经济、私人资本主义经济、个体经济、国家资本主义经济构成了人民共和国经济的主要经济成分。第五,中国的经济遗产是落后的,但中国人民是勇敢而勤劳的,中国人民革命的胜利,中国共产党的领导,加上苏联的援助,中国经济建设速度将不是慢的而可能是相当快的。

中共七届二中全会确立了我们党在取得全国政权以后领导经济工作的基本方针和政策,创造性地提出了符合中国实际情况的新民主主义经济政策,既防止了把新中国引向资本主义的倾向,又防止了脱离中国国情、企图一步跨入社会主义的"左"的错误,从而保证我们党在取得民主革命胜利以后所确立的经济制度和经济运行方式更加适应当时我国生产力发展水平。直到 1956 年三大改造基本完成的时候,毛泽东同志还主张继续实行一种较为灵活的经济政策。他指出:"现在我国的自由市场,基本性质仍是资本主义的,虽然已经没有资本家。它与国家市场成双成对。上海地下工厂同合营企业也是对立物。因为社会有需要,就发展起来。要使它成为地上，合法化，可以雇工。现在做衣服要三个月，合作工厂做的衣服裤腿一长一短，扣子没有眼，质量差。最好开私营工厂，同地上的作对，还可以开夫妻店，请工也可以。这叫新经济政策。我怀疑俄国新经济政策结束得早了，只搞两年退却就转为进攻，到现在社会物资还不足。我们保留了私营工商业职工二百五十万人（工业一百六十万，商业九十万），俄国只保留八九万人。还可以考虑，只要社会需要，地下工厂还可以增加，可以开私营大厂，订个协议，十年、二十年不没收。华侨投资的，二十年、一百年不要没收。可以开投资公司，还本付息。可以搞国营，也可以搞私营。可以消灭了资本主义，又搞资本主义。"① 毛泽东同志的这些论述，说明他当时并没有拘泥于马克思关于社会主义社会的个别结论，认识到社会主义改造不应当把社会生产关系搞得纯而又纯，而应当允许资本主义的生产关系和经营方式在一定的范围内存在和发展。在一定的条件下，它与社会主义的生产方式是可以并存的和兼容的，应当承认资本主义的竞争机制对生产力发展的促进作用。

2. 探索了工业化和农业合作化的关系

毛泽东同志认为，中国工业化道路的核心问题是正确处理工业与农业的关系问题。这是因为工业发展所需要的粮食和原材料需要农业来提供，工业化的资金在很大的程度上要靠农业提供积累，工业品市场也主要在农村。毛泽东同志指出：社会主义工业化是不能离开农业合作化而孤立地去进行的。如果我们不能在大约三个五年计划时期内基本解决农业合作化的问题，使农业由小规模的经营发展到使用机器的大规模经营，我们就不能解决年年增长的商品粮食和工业原料的需求同现在主要农作物一般产量很低之间的矛盾，我们的社会主义工业化事业就会遇到绝大的困难，我们就不可能完成社会主义工业化。社会主义的工业化和社会主义的农业改造这样两件事，绝不可以分割起来和互相孤立起来去看，绝不可以只强调一方面，减弱另一方面。

毛泽东同志把实现农业合作化作为实现工业化的一个重要条件，从生产力发展的规律和方向看，这一主张是正确的。工业化的标志，除了工业产值在工农业总产值中占绝对优势之外，还要求农业人口的绝大多数应逐步转移到与现代生产和生活方式相联系的非农产业。农业人口的转移，是建立在农业生产的规模经营和农业劳动生产率大幅度提高的基础上的，而工业化的实现不可能是建立在分散的、落后的小农经济的基础之上。实现农业的规模经营，可以有两种选择：一种选择是走资本主义大农业的道路；另一种选择是走社会主义农业合作化的道路。如果走资本主义大农业的道路，那么在我国农村土地改革工作完成以后，就应当

---

① 毛泽东：《同民建和工商联负责人的谈话》（1956 年 12 月 7 日），《毛泽东文集》第七卷，人民出版社，1999 年 6 月第 1 版。

长期保留土地的私有制以及土地自由买卖制度，任凭市场机制发挥作用，容忍农村的两极分化，使土地逐步向少数富裕农民集中，这样一来，相当多的农民将再次沦为丧失土地的农村无产者。其结果，在中国的历史条件下，不是形成资本主义的大农业，而很可能是封建地主土地所有制及其生产方式的卷土重来。很显然，这条道路在新中国走不通。但是后来在推行农业合作化的过程中出现步子过快、操之过急的问题，合作化的方式和程度超出了我国农村生产力发展水平。

3. 探索了重工业与轻工业的关系

1953 年，我国开始了大规模的社会主义工业化建设，并实行了优先发展重工业的方针。毛泽东同志认为，优先发展重工业，是一种施大仁政的方针。他指出："现在我们施仁政的重点应当放在建设重工业上，要建设，就要资金，所以，人民的生活虽然要改善，但一时又不能改善很多。"当时选择优先发展重工业的战略，主要是出于这样几个因素：一是借鉴苏联的经验；二是新中国成立初期我国轻纺工业的比重大大高于重工业，而重工业的基础十分薄弱；三是当时面临着帝国主义的战争威胁和经济封锁，迫切需要加强重工业，以巩固国家的独立地位。另外，当时还不具备发展劳动密集型产品以广泛参与国际分工和国际交换的环境和条件。实践的结果："一五"时期实行优先发展重工业的方针取得了巨大的成功。

在优先发展重工业的同时，如何处理好重工业与农业、工业的关系，随着经济建设实践的发展，毛泽东同志的认识和政策主张也在发展。1956 年，毛泽东同志根据"一五"时期经济工作的经验，并对苏联东欧国家的教训进行反思，提出必须正确处理重工业与农业、轻工业的关系的见解。他在《论十大关系》中指出"重工业是我国建设的重点……这是已经定了的。但是决不可以因此忽视生活资料尤其是粮食的生产……我们现在的问题，就是还要适当地调整重工业和农业、轻工业的投资比例……这样，重工业是不是为主了？它还是为主，还是投资重点。但是，农业、轻工业投资的比例要加重一点。加重的结果怎么样？加重的结果，一可以更好地供给人民生活的需要，二可以更快地增加资金的积累，因而可以更多更好地发展重工业。"[①]从毛泽东同志的这些论述中，我们可以看到，"一五"时期，毛泽东同志在处理农轻重关系问题上，坚持从实际出发，遵循了客观经济规律，因此，"一五"时期，我国国民经济发展的重大比例关系没有出现大的失调，社会主义工业化的建设进展顺利。

4. 探索了沿海工业与内地工业的关系

"一五"时期，我国工业建设的重点项目主要集中在内地，这对改变旧中国遗留下来的不合理的工业布局状况是完全必要的。但当时也出现了对沿海工业的

---

① 毛泽东：《论十大关系》(1956 年 4 月 25 日)，《毛泽东文集》第七卷，人民出版社，1999 年 6 月第 1 版。

发展估计不足，重视不够的问题。针对这种情况，毛泽东同志在1956年4月就指出：“过去朝鲜还在打仗，国际形势还很紧张，不能不影响我们对沿海工业的看法。现在，新的侵华战争和新的世界大战，估计短时期内打不起来，可能有十年或者更长一点的和平时期。这样，如果不充分利用沿海工业的设备能力和技术力量，那就不对了。……这不是说新的工厂都建在沿海。新的工业大部分应当摆在内地，使工业布局逐步平衡，并有利于战备，这是毫无疑问的。但是沿海也可以建一些新的厂矿，有些也可以是大型的。至于沿海原有的轻重工业的扩建和改建，过去已经作了一些，以后还要大大发展。好好利用和发展沿海的工业老底子，可使我们更有力量来发展和支持内地工业。”① 但是，后来由于政治上的原因，1958~1978年的20年里，在实践上没有真正贯彻这一正确的指导思想。

5. 探索了国家、企业和生产者个人之间的关系

到“一五”后期，我国已基本上按照苏联模式，建立起了高度集中的经济管理体制。这种体制对当时集中力量进行以重工业为中心的工业化建设，发挥了重要的动员力量和组织力量。但这种体制从建立之日起，就开始暴露出它统得过死、集中过多的弊病。毛泽东同志根据当时的实践情况以及苏联的教训，在《论十大关系》中，对这种体制的弊端提出了批评，并阐述了必须发挥中央和地方两个积极性，以及国家、生产单位和生产者个人三者利益兼顾的主张。他指出：“中央和地方的关系也是一个矛盾。解决这个矛盾，目前要注意的是，应当在巩固中央统一领导的前提下，扩大一点地方的权力，给地方更多的独立性，让地方办更多的事情。……我们的国家这样大，人口这样多，情况这样复杂，有中央和地方两个积极性，比只有一个积极性好得多。我们不能像苏联那样，把什么都集中到中央，把地方卡得死死的，一点机动权也没有。”关于国家和企业、职工个人的关系，毛泽东同志认为，“必须兼顾，不能只顾一头”……“把什么东西统统都集中在中央或省市，不给工厂一点权力，一点机动的余地，一点利益，恐怕不妥。”② 现在看来，毛泽东同志的这些论述，似乎都是显而易见的道理，但在当时的历史条件下，这些论述无疑是对苏联高度集中的管理体制的一种挑战，毛泽东较早地觉察到了苏联模式的弊病，提出了改革这种模式的思想。即使在今天我国经济运行方式已开始转为社会主义市场经济的背景下，毛泽东同志所阐述的正确处理中央与地方，国家、企业和个人相互关系的一般原则也仍然没有过时。

如果在1956年以后，能够继续坚持和贯彻这些思想，我国的社会主义建设就不会走那么多的弯路，经济运行的方式也不至于出现严重僵化和缺乏活力的局面。不幸的是，在1957年以后，毛泽东同志的指导思想逐步偏离了他曾经精辟

①② 毛泽东：《论十大关系》（1956年4月25日），《毛泽东文集》第七卷，人民出版社，1999年6月第1版。

阐述的符合中国国情和富有创造性的思想和方针，特别是在 1958 年以后直到 1976 年，"左"的思想和方针，占据了主导和支配的地位。

三、第二个五年计划时期经济发展政策的严重失误

1958 年以后，在推动中国工业发展问题上，我国出现了较大的失误。这种失误主要表现在三个方面：一是农业合作化过急过快以及 1958 年以后建立的农村人民公社体制，使农村的生产关系脱离了当时农村生产力发展水平。其结果，既影响了农业生产的发展，也延缓了农村工业化的进程。二是 1958~1960 年的工业"大跃进"，出发点是为了迅速改变我国"一穷二白"的落后面貌，但由于片面追求高速度，导致了国民经济比例关系的严重失调和经济发展过程的大起大落。三是 20 世纪 60 年代中期以后实行了以阶级斗争为纲的方针，因而难以集中精力进行经济建设，工业发展缺乏一种稳定的社会和政治环境。

"二五"时期是我国工业增长波动最剧烈的时期，1958 年工业增长率高达 54.8%，1959 年和 1960 年分别为 36.9%、11.7%，但是到了 1961 年，工业增长率急剧跌到负 38.2%，1962 年继续下降，增长率为负 16%，"大跃进"实际上变成了大后退。

造成"二五"时期工业增长大上大下、大起大落的最根本原因，是由于当时中央指导思想上的严重失误。1957 年，我国工业总产值比上年增长 11.5%，虽然大大低于 1956 年增长 28% 的水平，但它使得 1956 年由于工业增长过快所造成的一些比例失调问题得到扭转。同时，由于压缩了基本建设规模，紧缩开支，不仅消灭了财政赤字，还出现了财政盈余，工业经济效益也达到新中国成立以后最高水平。应当说 1957 年工业增长速度是适度的。但是，1957 年经济建设上积极稳妥的方针后来被当作"右倾保守"思想而否定了。当时中央和地方的不少领导同志面对社会主义改造的决定性胜利和"一五"工业化建设的巨大成就，开始头脑发热，过分夸大了人的主观意志的作用，对于我国生产力发展的实际水平及其与美、英等早已实现工业化的国家之间的差距，缺乏清醒的估计，对经济发展是一个由量的逐步积累到质的飞跃的长期过程缺乏理论的认识。以为搞社会主义经济建设，也可以通过打几个大战役，攻克一批堡垒，就能够取得决定性胜利和解决艰巨性的问题。

在 1958 年 5 月召开的中共八大二次会议上，又进一步提出 7 年赶上英国、15 年赶上美国的要求，并正式确定"鼓足干劲，力争上游，多快好省"的路线，根据中共八大二次会议的精神，发表了题为《力争高速度》的社论。这篇社论提

出："快，是多快好省的中心环节"，用最高的速度来发展我国的社会生产力，实现国家工业和农业现代化，是总路线的基本精神。因此可以说，高速度是总路线的基本指导思想。客观地看，这种急于求成的思想不仅仅反映了决策者的决心和意志，同时也是当时民族情绪的体现，反映了广大群众要求迅速改变我国"一穷二白"的落后面貌的迫切愿望。这种愿望则是产生急于求成思想并经久不衰的广泛的思想基础和群众基础。

为了实现工业增长的高速度，在 1958~1960 年的三年"大跃进"期间，主要采取三个方面的措施：

一是急剧扩大基本建设规模。1958 年的基本建设规模比 1957 年增长 93%，积累率由 1957 年的 24.9%上升到 1958 年的 33.9%；1959 年基本建设投资又比 1958 年增长 30.1%，积累率高达 43.8%。1958~1960 年三年工业基本建设投资总和增长 14.4 倍。

二是实行全党办工业，全民办工业。到 1959 年底，全国工业企业总数达 33.86 万个，两年内新增的工业企业数目相当于 1957 年底以前工业企业数目的总和。在工业规模扩大的同时，工业职工人数也急剧增加。1958 年底，全国工业劳动者人数达 4416 万人，比 1957 年增加 2900 多万，增长了近两倍。

三是突出发展重工业，特别是突出钢铁工业，搞土法上马，全民大办钢铁。1958 年 9 月 5 日《人民日报》发表题为《全力保证钢铁生产》的社论。社论提出："当钢铁工业的发展与其他工业的发展，在设备、材料、动力、人力等方面发生矛盾的时候，其他工业应该主动放弃或降低自己的要求，让路给钢铁工业先行。"采取的主要措施是：坚决压缩工业基本建设规模，大幅度地降低工业生产计划指标，大力精简职工和压缩城镇人口，对一大批仓促上马、效益差、消耗高的工业企业实行关停并转。经过严重破坏了的各种比例关系开始得以协调，工业和农业生产经过 1963~1965 年的恢复性增长，1965 年我国国民经济形势全面好转，工业经济也开始走上健康发展道路。

四、1966~1967 年工业增长的波动

经过将近五年的调整，到 1965 年，我国国民经济基本克服了"大跃进"和三年自然灾害所造成的严重困难，开始走上比较健康的发展轨道。调整取得成功的主要表现是：农业生产得到恢复，工业生产大幅度增长，农业、轻工业、重工业相互之间的比例关系趋向协调，积累与消费的比例也恢复到正常的、比较合理的水平，城乡居民的生活水平有所改善。按照当时情况，中国经济有可能进入一

个比较稳定和快速的发展时期。但是，1966年夏季开始的"文化大革命"，完全打乱了这一进程，使中国深深陷入长达10年之久的政治动乱之中，国民经济遭受了严重的损失。当然，也应当看到，在这十年里，由于周恩来、邓小平等无产阶级革命家在极其困难的情况下力挽狂澜、顶住干扰，由于全国人民的艰苦奋斗，从而使国民经济在某些方面又有所前进、有所发展。

1966年夏初，"文化大革命"首先在文化、教育、新闻出版和思想理论界全面展开，农业、工业、交通运输等经济部门开始受到一些冲击，但还没有全面卷入。因此，1966年上半年国民经济运行情况基本正常，下半年虽然受到了干扰，但尚未受到严重冲击。因此，1966年的国民经济仍然较好地完成了计划目标。与1965年相比较，1966年的国内生产总值增长了10.7%，其中第一产业增长7.2%，第二产业增长22.4%，第三产业下降1.8%。

从1967年初开始，形势急转直下。"文化大革命"由学校、文化团体和党政机关扩展到全国各条战线，进而出现了全国性的大动乱。从政府机关到工矿企业，从城市到农村，从中央各部委到省、地、县、社，党和政府的各级领导权被全面篡夺，经济管理职能陷于严重瘫痪。许多地区的交通运输被中断，工矿企业陷于停产或半停产状态。其结果是，除了农业以外的国民经济各部门产量全面下降。1967年和1968年，国内生产总值分别比上年下降5.7%和4.1%，其中工业净产值分别下降15.1%和9.2%，建筑业分别下降5%和18.9%，交通运输和邮电通信业分别下降14%和2.3%。在工业产品中，只有原油、收音机、手表等少数产品产量没有下降，其余90%以上的产品产量都大幅度下降。

1969年，虽然"文化大革命"仍在继续，但比1967~1968年全国范围内疾风暴雨式的大动乱有所缓和，一些停工停产的工矿企业逐步恢复了生产，使国民经济在连续两年下降的基础上开始回升。1969年和1970年的国内生产总值分别比上年增长16.9%和19.4%，其中工业净产值分别比上半年增长33%和35.2%。由于前两年经济指标是绝对下降的，因此1969~1970年的增长属于恢复性的增长。

1971年，我国开始执行第四个五年计划。在经济建设的指导思想上，急于求成的"左"的思想仍然占据主要地位，制定生产计划层层加码，并继续实行农业"以粮为纲"和工业"以钢为钢"的发展方针，同时又实行了基本建设以战备为中心的战略，继续进行大规模的"三线建设"。在这种背景下，20世纪70年代初，国民经济又出现了职工总数突破5300万，工资总额突破300亿元，粮食销售量突破850亿斤的"三个突破"问题，"三个突破"超出了当时我国农业和轻工业的承受能力，使国民经济再次显露出比例失调的问题。

1972年，为了解决"三个突破"的问题，中央压缩了工业基本建设投资规模，降低"四五"计划工业增长的高指标，精简计划外招收的常年民工。经过调整，1972年工业增长率从上年的14.6%回落到6.87%。

1973~1976 年，我国经济增长又经历了两次波动。1974 年，由于"四人帮"打着"批林批孔"的旗号，到处煽风点火，重新挑起群众中的派性，煽动无政府主义，使一些工交企业的生产秩序出现新的混乱，许多铁路枢纽经常被堵塞，国民经济形势再度恶化。1974 年国内生产总值增长率只有 2.3%。

1975 年，邓小平主持中央工作，与"四人帮"进行了针锋相对的斗争。邓小平以对铁路系统的整顿为突破口，在各条战线展开了全面整顿。第一，整顿各级领导班子，解决经济管理部门和企业领导班子中的软弱、懒惰和涣散问题；第二，坚决反对派性，不容许任何人搞派性，不容许破坏安定团结和正常的生产秩序；第三，恢复和建立企业规章制度，健全岗位责任制，加强劳动纪律；第四，恢复按劳分配的原则，重视调动群众的积极性。这一系列的整顿措施，使 1975 年的国民经济形势出现明显好转。1975 年国内生产总值比上年增长 8.7%，工业净产值比上年增长 15.5%，一次能源产量比上年增长 17%，发电量增长 16%，钢、生铁、汽车、水泥产量分别比上年增长 13.1%、18.7%、33.4% 和 24.7%。

但是，由于"四人帮"的兴风作浪，1976 年又掀起了"批邓、反击右倾翻案风"的政治运动，全面否定 1975 年各项整顿工作的成绩，使刚刚出现转机的国民经济又再度陷入困境。1976 年，国内生产总值比上年下降了 1.6%。其中第一产业下降 1.8%，第二产业下降 2.5%。

1966~1976 年我国工业增长的波动，最主要的原因是由于政治上的动乱所造成的。1967 年、1968 年、1974 年和 1976 年四个年度工业产值的下降充分说明了这一点，这段历史告诉我们，经济发展总是在一定的政治条件下进行的，政治的稳定和社会的安宁是经济稳定和持续增长的首要条件，政治动乱必然会导致经济的倒退。"文化大革命"给中国经济发展造成了巨大损失。

第一，十年的政治动乱，进一步拉大了我国与发达国家之间在经济上的差距。中国作为一个发展中的大国，在工业化的初期阶段，经济的高速增长具有客观必然性。按照 1963~1965 年国民经济发展的势头，1966~1976 年中国经济年均增长速度达到 12% 是完全可能的，但实际上这十年的平均增长率只有 5.98%。而同一时期，日本经济的年均增长率达到 11.9%，联邦德国经济的年均增长率为 7.9%，亚洲"四小龙"经济年均增长率都超过 10%。所以，"文化大革命"使中国经济发展失去了一段宝贵的时间。

第二，"文化大革命"进一步把 1957 年以后的"左"倾错误推向了极端，把一切符合经济发展规律的正确方针、政策和方法都当作资本主义或修正主义的东西加以批判和抛弃。在所有制上，实行单一的公有制经济，排斥和打击非公有制经济；在政企关系上，在加强党政"一元化"领导的旗帜下，进一步强化党和政府机关对企业生产经营活动的直接干预和管理；在计划管理体制上，企业的人、财、物和供、产、销比"文化大革命"前统得更死，分配上的平均主义也更加严重，企业的活力被扼杀。

第三，在工业领域继续实行优先发展重工业和"以钢为纲"的方针，在农村继续实行"以粮为纲"的方针，在基本建设领域实行以战备为中心，全力进行"三线建设"。所有这些，都进一步加剧了国民经济比例的失调，导致农副产品和轻工业品严重短缺，市场供应紧张。

第四，科学研究和教育事业受到严重摧残，科研机构不能正常开展科研工作，甚至陷于停滞或瘫痪；高等院校连续7年停止招生。每万人中的大学生人数由1965年的9.3人下降到1978年的8.9人，普通高校毕业生人数由1965年的18.6万人降到1975年的11.9万人。

第五，由于经济发展缓慢，经济效益下降，1965~1976年，城乡人民的生活几乎没有什么改善。全民所有制职工的实际工资在1966~1970年平均每年下降1.21%，1971~1975年平均每年下降0.09%；全国人均占有的粮食，1975年比1965年只增长了16斤；1978年城市人均住房面积只有4.2平方米，比1965年的人均居住面积还有所下降。

五、粉碎"四人帮"以后国民经济的恢复

历时十年的"文化大革命"，使中国的国民经济遭受了巨大损失。持续的政治动乱，严重地阻碍社会生产力的发展。"四人帮"的倒行逆施激起了全国人民的普遍不满和怨恨。1976年10月，中共中央政治局顺应党和人民的意志，毅然粉碎了"四人帮"集团，结束了"文化大革命"这场政治动乱。

1977年，我国国民经济开始出现转机。"文化大革命"的结束，使国内出现了政治安定的局面，初步澄清了被"四人帮"颠倒的思想是非，调整了各级领导班子，对企业管理进行了整顿，并对经济管理体制进行了一些局部性的调整，恢复了企业内部的奖励制度；在农村，肯定了农民自留地的必要性，恢复了农村集市贸易。这些政策措施对于国民经济的恢复和发展起到了重要作用。1977年和1978年，国内生产总值分别比上年增长7.6%和11.7%，其中工业净产值分别比上年增长14.4%和16.4%，商业批发和零售贸易产值分别比上年增长13.4%和23.1%。但这仍属于恢复性的增长，多年积累下来的国民经济比例严重失调的状况还没有任何改变。然而，当时担任党中央主席的华国锋对经济形势做出了过高的估计，他认为1977年是我国国民经济转向稳定上升、持续跃进的新起点，因此应该加快国民经济的发展速度，急于求成的思想又再次抬头。1977年11月召开的全国计划会议，提出了1978年到2000年的设想。会议提出，到20世纪末

我国工业主要产品产量分别接近、赶上和超过最发达的资本主义国家；工业生产的主要部分实现自动化，交通运输大量高速化，主要产品生产工艺现代化，各项经济技术指标分别接近、赶上和超过世界先进水平。1978 年 2 月召开的五届人大一次会议的政府工作报告提出，1978~1985 年，在燃料、动力、钢铁、有色金属、化工、铁路和港口等方面，新建和续建 120 个大型项目，其中包括 30 个大电站、8 个大煤炭基地、10 个大油气田和一条输气管道；8 年内新增采油能力1.34 亿吨；1985 年前建成全长 1200 公里的川汉输气管道、10 大钢铁基地和 9 大有色金属基地。1978 年 7 月，国务院进一步提出要组织国民经济新的大跃进，要以比原来设想的更快的速度实现四个现代化，要在 20 世纪末实现更高程度的现代化，要放手利用外资，大量引进国外的先进技术设备。试图通过大规模的技术引进，在短短 20 年的时间内，就全面实现现代化。

在这种思想指导下，1978 年基本建设规模比 1977 年增长 31%，大大超过国民收入比上年增长 12.3% 的水平，只能继续以牺牲居民的消费来支撑。1978 年的积累率达 36.5%，仅低于 20 世纪 50 年代末三年"大跃进"时的水平。1978 年进口钢材比上年增长 65%，相当于当年国内产量的 37.6%。在这一年内，还签订了22 个大型引进项目，需用外汇 130 多亿美元，加上国内配套工程的投资，共需600 多亿元人民币。以盲目追求工业增长的高指标和基本建设高速度为主要特征的"大跃进"的局面又再度形成。这些情况表明，如果不在指导思想上彻底纠正"左"的错误，不改革传统的计划经济体制，"文化大革命"及其以前经济运行和管理中的各种弊端将很难根除。

六、中共十一届三中全会前我国工业发展存在的突出问题

1. 工业产品全面短缺

1978 年全国城乡居民必需的消费品严重短缺、市场供应紧张，大多数消费品凭票凭证供应。例如，1978 年我国人均棉布供应量为 7.7 米，比 1956 年的人均水平还下降了 7.4%；纸张、家具、洗涤用品、啤酒、自行车、手表、缝纫机等轻工业品全面短缺；每万人拥有的电视机只相当于美国的 1/120、日本的 1/450；在能源原材料供给方面，当时全国有 1/4 的工业企业因缺电而不得不"开四停三"，一年损失的工业产值达几百亿元；钢材产量只有 2000 多万吨，每年进口钢材超过国内钢材消费量的 50%。

2. 工业结构严重失调

工业结构严重失调首先表现在轻重工业之间的比例关系上。1949~1978 年，我国重工业增长 390.6 倍，平均每年增长 16.9%，轻工业增长 19.8 倍，平均每年增长 11%，轻工业的发展严重滞后；在重工业内部，上游的能源原材料与下游的加工工业比例失调。1978 年，我国机床加工能力比钢材供应能力高出 3~4 倍，炼钢能力比轧钢能力平均高出 35%，其中重点钢铁企业要高出 44%，而国外两者正常比例应当为 1∶1；工业企业的组织结构基本是"大而全"、"小而全"的自给自足的生产组织形式，机械工业企业约有 80% 是全能厂。

3. 工业品出口规模小，产品结构落后

1978 年，我国进出口贸易额只有 206.4 亿美元，居世界第 28 位；在出口商品结构中，54% 为初级产品，38% 为轻纺产品，8% 为重工业产品，当年机电产品出口总额只有 2.6 亿美元，只占我国对外贸易出口总额的 2.6%。

4. 工业生产技术水平落后

20 世纪 70 年代末，我国多数工业企业的技术装备是 50 年代和 60 年代的水平，还有相当部分停留在 40 年代的水平。由于生产技术水平落后，规模效益差，导致劳动生产率低下，能源消耗高。1978 年，美国、日本钢铁企业全年实物劳动生产率分别是我国的 27 倍和 32 倍；我国能源的有效利用率只有 28%，相当于 50 年代初的世界平均水平；机械工业中机床平均切削速度为国外同类产品的 1/2，机械加工中钢材利用率比国外先进水平低 30%~40%。

七、改革开放以来的中国工业化进程

1. 改革开放以来工业化进程显著加快

1978 年 12 月，中国共产党召开了具有历史转折意义的十一届三中全会。会议决定全面地纠正"文化大革命"及其以前"左"的错误，做出了以经济建设为中心和实行改革开放的战略决策，从此我国的社会主义建设进入了一个新的历史时期。30 多年来，我国社会经济实现了全面的发展和进步，工业持续高速增长，综合国力显著增强。

1978 年以来的 32 年，我国工业实现了持续快速发展。工业增加值由 1607 亿元上升到 2010 年的 160867 亿元，按可比价格计算，增长了 31.61 倍，年均增长 15.04%。固定资产投资的持续增加，使我国的工业生产能力迅速扩张，各种工业产品的生产能力和产品产量都大幅度增长。主要工业产品产量大多位居世界前列。2010 年与 1978 年比较，能源生产总量增长 3.73 倍，发电量增长 15.4 倍，钢材增长 36.15 倍，水泥产量增长 27.8 倍，平板玻璃产量增长 36.18 倍，汽车产量增长 121.5 倍，乙烯产量增长 36.4 倍，化学纤维产量增长 107.57 倍，塑料产量增长 64.28 倍，集成电路产量增长 2174 倍，彩色电视机、家用电冰箱和洗衣机产量分别增长 31130 倍、2604 倍和 156192 倍。从生产资料到生活消费品，告别了严重短缺，基本保证了国内生产、建设需求和 13 亿人口的消费需求。以工业制成品为主的出口额由 1978 年的 97.5 亿美元增长到 2010 年的 15777.5 亿美元，增长了 160 倍。中国已成为工业生产大国，并成为推动世界经济增长的重要力量。在工业产品产量快速增长的同时，工业结构也发生了重要变化，在工业增加值的构成中，资本和技术密集型的重工业的比重由 1978 年的 57%上升到 2010 年的 70%，其中以电子通信设备制造业、航空航天设备制造业为代表的高新技术产业的增长速度超过了传统产业的增长速度，高附加值制造业的比重显著提高。工业生产技术水平与世界先进水平的差距由 1978 年的 20 年以上缩小到目前的 10 年左右。石油开采、钢铁和有色金属、航天、发电设备等重型机械制造，电子通信设备制造，数控机床等行业的大型骨干企业的生产技术水平正在接近世界先进水平。在企业组织结构方面，资源、资本密集型行业呈现生产集中化的趋势。在世界 500 强企业中，工业企业的数量逐步增加，竞争力不断增强。我国工业正在由工业生产大国向工业生产强国迈进。

2. 改革开放以来工业化进程加快的主要原因

30 多年来我国工业发展取得了举世瞩目的成就，最根本原因是开辟了有中国特色社会主义道路，实行改革开放的方针。这条道路既汲取了新中国成立到 1978 年我国社会主义革命和建设的经验与教训，也借鉴了国际上一些国家和地区实现工业现代化的成功做法。这条道路立足于社会主义初级阶段的中国国情，把马克思主义的基本原理与当代中国的实际相结合，坚持与时俱进，不断探索，勇于创新，改革不适应经济基础要求的上层建筑，调整束缚生产力发展的生产关系。

第一，坚持以经济建设为中心。1978 年以前的 20 年，我国经济发展过程中出现失误和挫折的原因是多方面的，但最主要的一条是实行"以阶级斗争为纲"的方针，没有把经济建设放在各项工作的首位。中共十一届三中全会果断地放弃了"以阶级斗争为纲"的方针，对当代中国社会的基本矛盾做出了准确的判断，即落后的生产力与人民群众不断提高的物质文化生活需求之间的矛盾是最主要的矛盾。要解决这个矛盾以及其他各种社会矛盾，根本的出路就是发展经济。尽管 30 多年来国际风云不断变幻，国内社会政治经济生活也出现过这样和那样的问题，但是坚持以经济建设为中心的方针始终没有动摇、没有偏离。在邓小平理论的指引下，从社会主义初级阶段的现实出发，我国制定了一系列符合客观规律的政策，保证了我国的经济建设没有发生大的失误和偏差。

第二，推进所有制改革。在坚持公有制经济的主体和国有经济主导地位的同时，鼓励各种类型的非公有制经济的发展，把所有经济主体创造社会财富的积极性调动起来。1978 年，我国国有和集体所有制工业企业的数量占 100%。2010年，国有及国有控股工业企业只占规模以上工业企业总数的 8.0%。国有工业总产值占全部工业总产值的比重由 1978 年的 77.63%下降到 2010 年的 30%。1978年，国有和集体所有制工业企业从业人员约 5300 万人，从事个体工业生产的人员只有 3 万人。2010 年，在规模以上国有及国有控股、集体所有制工业企业就业的职工 970 万人，占规模以上工业企业从业人员的 13.0%。如果包括大量规模以下的小企业，90%以上的工业从业人员在非公有工业企业就业。目前国有及国有控股企业主要集中在关系国民经济命脉的资本密集型大企业和国防科技工业。非公有制经济已成为国民经济的重要组成部分，是实现就业和推动经济增长的主要部门。

第三，坚持市场取向的改革，逐步建立社会主义市场经济新体制。十一届三中全会指出：我国经济管理体制的一个严重缺点就是权力过于集中，应该有领导地大胆下放，让地方和工农业企业在国家统一计划的指导下有更多的经营。从1979 年春天开始，我国进行以扩大企业自主权为主导的国有工业企业改革试验。1982 年明确提出计划经济为主、市场调节为辅的方针；1984 年提出国有企业大中型企业改革是体制改革的关键环节；1987 年提出了国家调节市场、市场引导企业的改革思路。1992 年以后，在邓小平南方谈话重要思想的指引下，我国经济体制改革进入一个新阶段，确立了社会主义市场经济体制的改革目标。经过30 多年的改革，具有中国特色的社会主义市场经济新体制基本建立，市场将在资源配置中发挥着决定作用。我国企业已成为市场经济的主体，价格杠杆调节市场供求关系，优胜劣汰的竞争机制决定着企业的生死存亡，政府的职能主要是制定市场规则，纠正市场失灵，进行宏观调控，不再参与企业的微观生产经营活动。虽然说市场经济新体制还不够完善，但中国已成为市场经济国家是毋庸置疑的。

第四，农村劳动力的转移为工业发展做出了巨大贡献。我国体制改革是从农村改革开始的。人民公社体制的终结，打破了传统计划经济体制对农村劳动力的束缚。农民家庭联产承包责任制的推行，使农民获得了生产经营自主权和劳动力自由流动的权利。农村出现了大量剩余劳动力，为乡镇工业和城市工业的发展提供了新的产业大军，促进了我国工业化进程。农村人口的比重在 1978 年为82.08%，2010 年下降到 50.5%。在人口总量不断增长的情况下，农村人口比重的下降表明大量农村人口转移到城镇以及非农业部门，其中在工业部门就业的工人有 8000 万左右。农村劳动力进入工业部门，大大增加了工业劳动力的供给，是我国制造业长期保持劳动力成本低的比较优势的根本原因。

第五，坚持对外开放，广泛地参与国际分工、国际交换和国际竞争。1979年 7 月全国人大批准《中外合资经营企业法》，允许外国及境外资本与中国企业合资经营。1980 年底我国累计批准设立的外商投资项目为 20 项，投资总额只有 2.1 亿美元。到 2010 年外商直接投资项目累计已达 71.06 万个，投资金额累计为 12504.43 亿美元。外商投资企业进出口总额在 2010 年为 1.6 万亿美元，占当年我国进出口总额的 53.8%。1978 年以来，我国对外贸易体制发生了深刻变化，国有外贸企业一律与政府主管部门脱钩，成为自主经营、自负盈亏的经济主体；具备进出口资质的企业享有自营进出口权；关税税率逐年下调，平均税率从 20 世纪 80 年代初期的 50% 以上降到目前的 10% 以下。2001 年我国加入世界贸易组织，按照世界贸易组织的规则，不断促进开放贸易体制的形成和完善，扩大了国际资本、商品和服务进入中国市场的范围，修改或取消了一系列不符合市场开放原则的法规和政策。中国经济已经全面融入经济全球化的进程。

第六，积极推进企业改革，建立现代企业制度。从 1979 年进行扩大企业生产经营自主权开始，推进国有企业改革就成为经济体制改革的中心环节。国有和集体所有制企业的改革一是推进了所有制结构的战略性改组，大量中小国有企业和集体所有制企业通过承包、租赁、股权有偿转让、整体拍卖等方式，已改制为民营企业；二是推进政企分开，使企业成为自主经营、自负盈亏的经营主体，政府不再干预企业微观的生产经营活动；三是对国有大企业在坚持国有控股的前提下实行股份制改造，并按照产权明晰、政企分开、责权利明确、管理科学的要求，建立现代企业制度；四是理顺企业国有资产管理体制，建立国有资产管理监督委员会，代表国家行使出资人的职能；五是改革企业劳动用工制度，在破除"铁饭碗"的同时，逐步建立起失业、养老和医疗的社会保障体系。经过 30 多年的改革，企业已成为社会主义市场经济的微观主体。

第七，依靠技术进步，推进产业升级。改革开放不仅使我国工业规模不断扩大、产品产量持续增长，而且工业生产技术水平也显著提高。通过引进技术和对引进技术消化吸收基础上的再创新，在制造业领域缩小了与发达国家的技术差距，并掌握了一批具有自主知识产权的关键技术。例如，三峡电站大型发电机组、现代化大型钢铁企业成套装备、大型船用曲轴、高性能数控机床、电子程控交换机、大型计算机、载人航天器、绕月工程、歼 10 飞机等高新技术产品和工程的突破，标志我国工业研发和生产技术水平登上了一个新台阶。在技术进步的推动下，我国出口产品结构逐步升级。在出口商品总量增长 125 倍的情况下，工业制成品的出口由 1978 年的 30% 上升到 2010 年的 95%。由于技术进步和结构升级，我国单位工业产出消耗的能源大幅度下降。按可比价格计算，每亿元国民收入消耗的标准煤由 1978 年的 20 万吨下降到 2010 年的 0.816 万吨。技术进步正在成为推动我国工业发展的重要因素。

第八，完善区域经济政策，促进区域协调发展。1978 年以来我国工业布局出现了新的变化，即工业生产要素和工业品市场向东部沿海地区集中。1980 年，设立了深圳、珠海等四个经济特区；1984年，进一步开放从大连到湛江的14个沿海城市；20世纪90年代初大力推进上海浦东开发；21世纪初决定建设天津滨海新区。在对外开放政策和市场机制的作用下，东部沿海地区的区位优势、工业基础优势得到了发挥，使东部沿海地区的经济持续高速增长，东部沿海省市的经济总量在全国的比重超过了60%。东部地区的率先发展，为增强我国综合国力、提升国际竞争力、增强中央政府对经济落后地区的财政转移支付能力做出了重要贡献。另外，在经济高速发展过程中，也出现了区域经济发展不平衡加剧的问题。为了解决区域经济差距过大的矛盾，1998年中央决定实施西部大开发，2002年开始实施振兴东北老工业基地战略，"十一五"开始实行中部崛起战略。我国的区域经济政策不断完善，不同区域的发展战略有序推进。区域经济与社会事业发展不平衡的局面已经发生了积极的变化，区域经济发展差距扩大的趋势开始减缓。

改革开放以来，我国工业发展取得了举世瞩目的成就，工业化进程显著加快。但是伴随着工业的持续快速增长，也暴露出诸多矛盾和问题，如能源、原材料、土地和水等资源性产品资源供给不足，环境污染严重，生产经营粗放，自主创新能力不强，工业与农业、经济与社会事业发展不协调等。要实现工业的持续、协调和快速增长，必须按照科学发展观的要求，继续深化改革，完善宏观调控体系，转变经济发展方式，在提高自主创新能力的基础上推进结构调整和产业升级，促进国民经济又好又快地发展。站在新的历史起点上，我们充满信心，再经过几十年的努力，到21世纪中叶中国将会成为一个现代化的工业强国，城乡居民将普遍分享工业化和现代化的成果，物质文化生活水平全面提高，由小康走向富裕。

第二章　当前中国工业化发展阶段及其存在的突出矛盾

从历史的角度看，工业化就是农业社会向工业社会转变，同时人均收入水平大幅度提高的过程。工业化起源于 18 世纪的西欧，最早开始并完成工业化的国家是英国，此后历经 200 多年，先后有德、法、美、日等国家经历了工业化的阶段。这些国家在工业化过程中获得了物质财富的快速积累，奠定了成为发达国家的基础。[①] 中国目前正处于工业化进程中，同这些先发国家相比，既有符合一般规律性的方面，也有自身的特殊性。现阶段出现了一些突出矛盾，主要与中国自身人口、资源的特点以及技术变迁、世界发展环境密切相关。

一、现阶段中国工业化水平的判断

产业结构演进同经济发展有着比较稳定的内在联系，是衡量工业化水平和所处阶段的最重要标准之一。工业化的规律对于世界上近 200 个正在进行工业化或者尚没有进入工业化阶段的不发达国家来说，具有很强的指导意义。从 20 世纪 30 年代起，学者们根据历史资料和数据，从不同的角度对工业化发展阶段进行了归纳和总结，以寻找经济增长和产业结构转变之间的关系。这里借用这些标准对中国工业化的阶段进行判断，力图从中发现中国工业化的特殊性。

（一）工业化阶段的评价标准

工业化的基本特征是：非农产业尤其是制造业的产出占整个经济产出的比重迅速提高，同时这些产业的就业人员比重一般也有所上升。因此，分析经济结构变化与收入水平提高之间的关系是判断工业化水平的基本做法。最初对工业化相

---

① 按照世界银行的定义，发达国家包括加拿大、美国、原欧盟成员国（15 个）、澳大利亚、新西兰、日本、以色列和南非共 22 个，工业国家则指加拿大、美国、原欧盟成员国、澳大利亚、新西兰和日本共 20 个，工业国家和发达国家基本上是一致的。参见《国际统计年鉴》(2010) 的说明。

关特征的描述都源自英国的经验，其后经济学家又根据不同时期各国发展的特点进行了全面的分析，目前得到广泛认同的有以下几种：

1. 配第—克拉克定理

配第—克拉克定理是农业国家向工业化国家转换过程中就业结构的变动规律。1691 年由英国经济学家威廉·配第在其著作《政治算术》中提出，1940 年经济学家克拉克计量和比较了不同收入水平下就业人口在三次产业中分布结构的变动趋势后得出。配第—克拉克定理的内容是：随着经济的发展，第一产业国民收入和劳动力的相对比重逐渐下降，第二产业国民收入和劳动力的相对比重上升；经济进一步发展后，第三产业国民收入和劳动力的相对比重也开始上升。[1]

从工业化国家就业结构变化的过程看，都经历了就业人口一、二、三到二、一、三，再到二、三、一，最后稳定在三、二、一的就业结构变化过程。工业化开始之前，就业集中在农业；在工业化推进过程中，工业成为吸纳就业的主体；在工业得到一定程度的发展后，第三产业逐渐超过农业并迅速发展，在工业化后期成为吸纳就业最多的产业。农业逐步成为就业人口最少的产业，这是工业化国家的主要特征。

2. 霍夫曼定理

霍夫曼定理说明的是不同时期工业结构内部变动的规律。[2] 1931 年，德国经济学家霍夫曼根据 20 个国家工业结构的历史资料，在工农两部门框架下根据工业化早中期资本品生产比消费品生产增长更快的经验事实，预言工业化后期资本品生产将占主导地位，后来这一预言被推演为工业化后期阶段将是"重化工业化阶段"的"霍夫曼定理"。消费资料工业与生产资料工业增加值的比值被称为"霍夫曼比例"，即：

霍夫曼比例 = 消费资料工业增加值/资本品工业增加值

通过分析近 20 个国家的统计数据，霍夫曼求出有代表性的"霍夫曼比例"值，并据此将工业化过程分为四个阶段（见表 2-1）：

表 2-1　工业化阶段和霍夫曼比例值

工业化阶段	霍夫曼比例值
工业化的第一阶段	霍夫曼比例=5（±1）
工业化的第二阶段	霍夫曼比例=2.5（±1）
工业化的第三阶段	霍夫曼比例=1（±0.5）
工业化的第四阶段	霍夫曼比例＜1

资料来源：刘伟：《工业化进程中的产业结构研究》，中国人民大学出版社，1995 年版。

---

[1] 配第—克拉克定理，参见 http://wiki.mbalib.com/。
[2] 对霍夫曼比例的说明参见刘伟：《工业化进程中的产业结构研究》，中国人民大学出版社，1995 年版。

霍夫曼比例的意义在于，从工业结构内部的分析上把握产业结构高度化的进展程度，进而把握产业结构发展阶段，说明产业结构演变中是如何实现初级产品生产比重优势被中间产品、最终产品替代，劳动密集型产业比重优势被资本、技术密集型产业替代的。霍夫曼比例越低，说明资本品工业规模越大，相应消费品工业比重越小，工业结构乃至整个产业结构高度越高。

3.罗斯托经济成长的五个阶段

1960 年，美国经济学家罗斯托在其著作《经济成长的阶段》中，根据"资本积累水平"、"主导产业"和"农业就业比重"等指标，将工业化过程划分为传统社会、为起飞创造前提条件阶段、起飞阶段、向成熟推进阶段和高额消费阶段五个阶段（见表 2-2）。①

表 2-2　罗斯托对工业化过程的划分方法

阶段	资本积累水平	主导产业	农业就业比重
传统社会	5%	农业	>75%
为起飞创造前提条件阶段	10%	食品、纺织品等农产品加工业	75%
起飞阶段	≥10%	纺织业等消费品，煤、铁、机器等重工业	40%
向成熟推进阶段	10%~20%	装备制造、化学品、电气设备、高技术产业	20%
高额消费阶段	—	汽车等耐用消费品、服务业	—

资料来源：罗斯托：《经济成长的阶段》，商务印书馆，1962 年版。

罗斯托认为，一定规模的资本形成是工业化的前提，否则很难为经济起飞创造条件。在起飞阶段，有效投资可能大致从占国民收入的 5%增加到 10%以上，由于资本—产出的边际比率在经济起飞阶段达到 3~3.5，因而产出增长率会从起飞前的 1.6%增长到 3%左右，相应人均产出也会增长。在起飞阶段开始后约 60 年，一般就到了所谓成熟阶段，由于收入的提高和主导产业的资本密集特点，国民收入大约有 10%~20%经常作为投资。在工业化过程中主导产业相应发生变化，向国际市场出口产品的种类随之发生变化。从起飞到向成熟推进阶段，主导产业从煤、铁和重型机械工业转移到工作母机、化学品和电气设备方面，同时吸取当时技术最先进的成果并有效率地应用于多种资源，高技术产业开始迅速发展。在高额群众消费阶段，主导产业转移到汽车等耐用消费品和服务业方面。就业则不

---

① 原书中译文将第二阶段称为"发动阶段"，将第三阶段称为"为发动创造前提条件阶段"，这里根据通常的说法改为"起飞阶段"和"为起飞创造前提条件阶段"。

断从农业转向非农产业，起飞阶段之前也许有 75% 的劳动力从事农业，在起飞阶段从事农业的人数可能降低到 40%，到了成熟阶段降低到 20%。[①]

4. 库兹涅茨对收入水平和产业结构关系的分析

美国经济学家库兹涅茨在继承配第—克拉克定理的基础上，收集和整理了多个发达国家 100 多年的统计数据并进行截面和历史分析，分析国民收入和劳动力在产业间配置转移的特点，认为农业、工业、服务业三个产业的产值在国民经济中的比重和人均收入水平存在密切关系。库兹涅茨按照人均 GDP（美元）由低到高将所研究的国家分为 8 组。农业份额超过一半的国家人均 GDP 最低，随着农业就业份额的下降，人均 GDP 稳步上升；从服务业的情况看，尽管人均 GDP 最低的国家服务业份额也较低，但从第 3 组到最高收入的第 8 组服务业份额的变化规律并不明显，在 45% 左右波动；从工业的情况看，从第 1 组开始，工业份额明显提高，第 7 组份额达到 43.6%，但第 8 组国家（人均 GDP1383 美元）的工业份额反而有所下降。而在工业内部，制造业是整个工业化进程中增长最迅速的部门。[②] 收入水平对应的产业结构如表 2-3 所示。

表 2-3 收入水平对应的产业结构

	国家分组（按照 1958 年人均国内生产总值分组）							
	(1)	(2)	(3)	(4)	(5)	(6)	(7)	(8)
1. 国家数	6	6	6	15	6	6	6	6
2. 人均 GDP（美元）	51.8	82.6	138	221	360	540	864	1383
3. 农业份额	53.6	44.6	37.9	32.3	22.5	17.4	11.8	9.2
4. 工业份额	13.3	16.5	18.8	23.5	28.7	32.5	43.6	42.4
5. 服务业份额	33.1	38.9	43.3	44.2	48.8	50.1	44.8	48.4

注：库兹涅茨将运输和通信计入第二产业，而我国的统计年鉴中将其计入第三产业。本表根据我国的分类进行了调整。

资料来源：西蒙·库兹涅茨：《各国的经济增长》，常勋等译，商务印书馆 2005 年版，第 127~128 页。

5. 钱纳里划分法

钱纳里等的研究对工业化阶段的划分影响最大。他在 1986 年和 S.鲁滨逊、M.塞尔奎因合著的《工业化和经济增长的比较研究》中，利用多国横截面的数据，以人均收入为标准，将经济结构转变过程划分为 7 个时期 3 个阶段，其中 2、3、4 时期是传统工业化阶段，又分为工业化初期、工业化中期和工业化后期，工业

---

① 罗斯托：《经济成长的阶段》，商务印书馆，1962 年版。
② 西蒙·库兹涅茨：《各国的经济增长》，常勋等译，商务印书馆，2005 年版。

化结束后将进入发达经济阶段。[①]

钱纳里通过建立"标准结构"解释经济总量增长与结构变动的关系，描述了在人均收入水平的不同阶段，经济结构相应发生的变化，是判断工业化阶段的主要标准（见表2-4）。

表2-4 钱纳里按照人均收入水平划定的发展阶段

时期	人均收入变动范围（美元）		发展阶段	
	1964年（美元）	1970年（美元）		
0	70~100	100~140	初级产品阶段	
1	100~200	140~280		
2	200~400	280~560	工业化阶段	初期
3	400~800	560~1120		中期
4	800~1500	1120~2100		后期
5	1500~2400	2100~3360	发达经济阶段	
6	2400~3600	3360~5040		

资料来源：根据钱纳里等：《工业化和经济增长的比较研究》，上海三联书店、上海人民出版社，1995年版，第71页。

6. 世界银行和联合国工业发展组织的划分方法

在世界银行和联合国工业发展组织联合主持的一项研究中，考虑到在工业化后期新兴服务业份额的不断提高，这时制造业在经济中份额的下降并不意味着工业化水平的下降。根据制造业增加值占总商品生产部门（指第一产业、矿产业、制造业、电力及其他公用事业、建筑业）增加值的比重把一个国家的工业化水平划分为非工业国（20%以下）、正在工业化国家（20%~40%）、半工业化国家（40%~60%）和工业国（60%以上）。[②]

表2-5 世界银行和联合国工业发展组织对工业化阶段的划分方法

工业化阶段	制造业增加值/总商品生产比重
非工业国	<20%
正在工业化国家	20%~40%
半工业化国家	40%~60%
工业国	>60%

资料来源：约翰·科迪、海伦·休斯、戴维·沃尔：《发展中国家的工业发展政策》，经济科学出版社，1990年版，第17页。

---

① H.钱纳里、S.鲁滨逊、M.塞尔奎因：《工业化和经济增长的比较研究》，上海三联书店、上海人民出版社，1995年版。

② 约翰·科迪、海伦·休斯、戴维·沃尔：《发展中国家的工业发展政策》，经济科学出版社，1990年版。

（二）衡量中国工业化程度的各种指标

综上所述，经典的工业化理论衡量工业化的水平和阶段主要通过人均 GDP、非农产业产值比重、非农产业就业比重和工业结构水平这 4 项指标。[①] 由于工业化往往伴随着参与国际经济活动程度的不断提高、大量农业人口向非农产业转移的现实，一些研究还采用对外贸易结构和城乡一体化水平作为辅助评价指标。

1. 人均收入水平

如果按照购买力平价计算，2006 年，中国人均国民收入为 6020 国际元，进入了中等收入国家的行列（6154 国际元）。[②] 到 2010 年末，我国人均 GDP 达到 29992 元，按当年平均汇率（6.7695）换算，为 4430 美元。由于存在通货膨胀和人民币—美元换算汇率的标准问题，我们显然不能将这一数字和钱纳里标准中的 1970 年美元数字直接相比。陈佳贵等（2006）依据美国 GDP 统计数字等情况，将钱纳里根据 1970 年美元划分工业化阶段的标志值调整为 1995 年、2000 年、2005 年美元值，如表 2-6 所示。根据 2005 年美元标志值做大致判断，我国目前处于工业化中期阶段（2980~5960 美元）。

表 2-6　不同年份美元划分工业化不同阶段的标志值

指标		前工业化阶段 (1)	工业化实现阶段			后工业化阶段 (5)
			工业化初期 (2)	工业化中期 (3)	工业化后期 (4)	
人均 GDP	1995 年（美元）	610~1220	1220~2430	2430~4870	4870~9120	9120 以上
	2000 年（美元）	660~1320	1320~2460	2460~5280	5280~9910	9910 以上
	2005 年（美元）	745~1490	1490~2980	2980~5960	5960~11170	11170 以上

资料来源：陈佳贵、黄群慧、钟宏武：《中国地区工业化进程的综合评价和特征分析》，《经济研究》，2006 年第 6 期。

2. 三次产业产值结构

从三次产业结构产值比重指标看，2010 年农业增加值比重为 10.1%，非农产业增加值比重为 89.9%，其中第二产业比重为 46.8%，第三产业为 43.1%。按照库兹涅茨对产值结构的分析，中国工业化已进入第 7 组（农业产值份额 11.8%）或者第 8 组（农业份额 9.2%）国家的产值份额特征，进入工业化的中后期（见图 2-1）。

[①] 吕政：《我国工业化进程中面临的主要矛盾》，《社会科学管理与评论》，2005 年第 4 期。

[②] 《国际统计年鉴》(2011)，中国统计出版社。

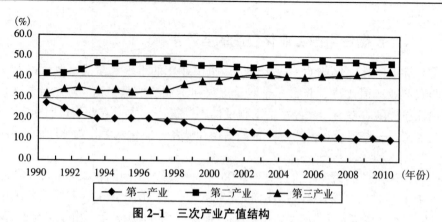

图 2-1　三次产业产值结构

资料来源：《中国统计年鉴》(2011)。

3. 三次产业就业结构

从非农产业就业比重指标看，2010 年我国第一产业从业人员为 2.79 亿，占全部从业人员的 36.7%，仅处在罗斯托标准中工业化进程的"起飞阶段"（农业就业份额 40%）。第三产业从 1994 年起就超过第二产业成为吸纳就业的主体，目前的就业比重是一、三、二结构。对照已有的研究，历史上的工业化国家还没有出现过这样的就业结构（见图 2-2）。

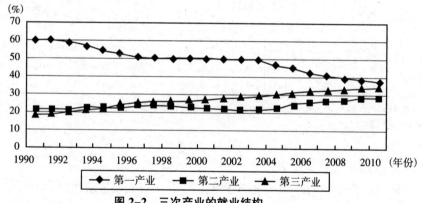

图 2-2　三次产业的就业结构

资料来源：《中国统计年鉴》(2011)。

4. 工业内部结构

（1）霍夫曼系数。霍夫曼所说的消费资料工业和资本品工业通常用轻重工业来表示。[①] 从图 2-3 中可以看出改革开放以来我国工业发展的巨大成就，以及工

---

① 根据江小涓的一项研究，中国轻重工业的划分和国际标准并不一致，低估了重工业比重约 12~14 个百分点。如果按此方法计算，我国霍夫曼比例值将更小。参见江小涓：《我国产业结构及其政策选择》，《中国工业经济》，1999 年第 6 期。

业内部结构的变化。1999 年以前，霍夫曼比例长期在 1 左右，之后出现了重工业的加速发展。2010 年霍夫曼比例降低到 0.40 左右，低于霍夫曼定理划定的工业化第三阶段的最低值（0.5），进入工业化的最后阶段。

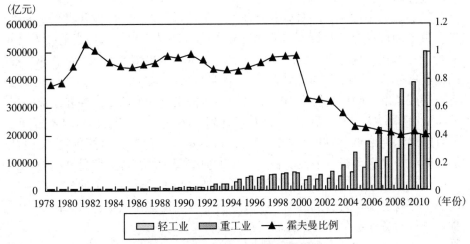

图 2-3　轻重工业的发展和霍夫曼系数

注：1999 年以后国家统计局调整了纳入统计范围的工业企业的性质和产值标准，使得工业产值较上一年反而下降。考虑到轻工业企业规模一般较小，这次调整可能使轻工业产值减少更多，从而降低了霍夫曼比例值。

资料来源：根据《工业经济统计年鉴》（2010）和《中国统计年鉴》（2011）。

（2）主导产业。2010 年，中国工业前 6 位的主导产业包括通信设备、计算机和化学工业等向成熟推进阶段的现代工业，以及交通运输设备等具有高额消费阶段特征的产业，也包括煤（电力和热力生产的能源主要是煤炭）、铁等重工业的基础产业，但已经不包括农副产品加工业（比重 5%，排名第 7）、纺织业（比重4.08%，排名第 11）等传统工业，处于罗斯托发展阶段中的"向成熟推进阶段"甚至"高额消费阶段"，也就是说中国的工业化已进入中后期（见表 2-7）。

表 2-7　2010 年中国工业的主导产业

位次	产业	在工业总产值中的比重（%）
1	交通运输设备制造业	7.94
2	通信设备、计算机及其他	7.87
3	黑色金属冶炼及压延加工业	7.42
4	化学原料及化学制品制造业	6.86
5	电气机械及器材制造业	6.20
6	电力、热力的生产和供应业	5.80
前六位产业在工业中的比重		42.09

资料来源：根据《中国统计年鉴》（2011）中的数据计算。

（3）制造业在总商品生产部门的比例。如果按照世界银行的划分标准，2010年，中国的制造业在物质产品生产部门的比重为48%，属于半工业化国家（该指标介于40%和60%之间）。

5. 贸易结构

历史上的工业化国家，无不是当时的工业品贸易大国，工业化过程不断推进的一个重要表现就是这个国家最有国际竞争力的产品变得具有更高的技术含量。1980年，中国出口商品中初级产品的比重超过50%，2010年初级产品在出口货物中的比重只有不到5%，工业制成品比重达到95%，其中加工度较高的机械和运输设备占制成品出口的比重接近50%。电子和通信设备等高技术产品在制成品出口中的比重达到37%，在世界市场上的份额达到13.6%，仅次于美国（14.8%）。[①]

目前中国有200多种产品的产量占据世界第一的位置，包括玩具、自行车、冰箱、微波炉、影印机、个人电脑、电视机和空调、冰箱等。贸易结构的升级显示了中国工业化已处于高加工度化阶段。但是也必须看到，中国的外贸以大进大出的加工贸易为主，附加值很低，在服务贸易方面也存在大量逆差，说明中国在制造业科技含量和服务业发展方面还存在很大差距。

6. 城乡一体化程度

根据库兹涅茨的研究，随着人均收入水平的提高和劳动力转移，第一产业的比较劳动生产率会趋于稳定，在进入较高收入水平后则明显上升；第二、第三产业的比较劳动生产率则明显降低，而且当第一产业的比较劳动生产率接近第二、第三产业的比较劳动生产率时，产业结构的总体效益水平较高。钱纳里认为，在工业化的大部分时期，农业劳动力转移都存在着滞后现象，农业劳动生产率增长速度也较慢，直到结构转变的末期，这种趋势才能有所逆转。[②]因此城乡比较劳动生产率接近就意味着"二元结构"的削弱和工业化向成熟阶段的迈进。

这里用城乡居民的收入差距来判断中国工业化是否进入这一转折点。2010年，城镇居民家庭人均可支配收入为19109元，农村居民家庭人均可支配收入为5919元，城乡收入比达到3.23。这说明中国的"二元结构"仍然很明显。但从图2-4来看，城乡收入比有缩小的趋势，这可以看作工业化向成熟阶段迈进的信号。

（三）对我国工业化所处阶段的判断以及中国与标准模式的差异

1. 中国整体上已步入工业化中期阶段

（1）按照钱纳里的标准，中国已经进入工业化中期阶段。按照人均收入、

---

① 《中国高技术产业统计年鉴》(2010)，中国统计出版社。
② H.钱纳里、S.鲁滨逊、M.塞尔奎因：《工业化和经济增长的比较研究》，上海三联书店、上海人民出版社，1995年版。

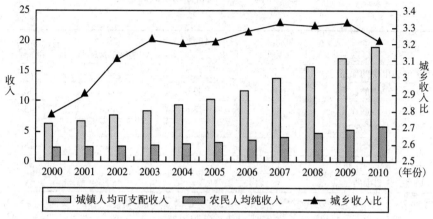

图 2-4 城乡收入差距

资料来源:《中国统计年鉴》(2011)。

GDP 结构、工业结构、城市化水平、就业结构、消费结构等判断指标,如果基于钱纳里等关于经济发展阶段的 6 个变动时期的划分,我们认为目前中国已经跨入工业化的中期阶段。

(2)按照世界银行的标准,中国目前已经进入中等收入国家行列,属于联合国工业发展组织所定义的半工业化国家。

(3)从产业结构的演进规律看,虽然中国的就业结构一直以第一产业为主,但从产值结构上看,按照所占比例大小排序,中国三次产业结构变化已经经历了从"一、二、三"到"二、一、三"再到"二、三、一"的转变,根据配第—克拉克定理,这与目前后工业化国家的"三、二、一"的结构相差一个阶段,处于工业化阶段的后期。

2. 中国与标准模式相比存在明显差异

将中国当前所处阶段的经济结构与罗斯托、库兹涅茨和世界银行等研究提出的标准结构模式相比,可以看出:

(1)中国第二产业产值结构明显高于标准模式,而第三产业显著低于标准模式。

(2)就业结构和产值结构出现了明显的偏离,农业就业比例严重偏高,第二产业吸纳就业的能力不强。

(3)城市化水平偏低,城乡二元结构依然明显。

这些差异和中国自身人口、资源禀赋的特点相联系,形成了中国现阶段面临的主要矛盾和问题。

表 2-8　　当前产业结构和标准模式的差异

单位：%

	标准 1 罗斯托	标准 2 库兹涅茨标准	标准 3 世界银行标准	我国 2010 年状况
第一产业在 GDP 中的比重		11.8	12	10.1
第二产业在 GDP 中的比重		43.6	35	46.8
第三产业在 GDP 中的比重		48.4	44.6	43.1
第一产业在就业中的比重	20			36.7
第二产业在就业中的比重				28.7
第三产业在就业中的比重				34.6
城市人口在总人口中的比重			58	49.95

资料来源：标准 1：根据罗斯托《经济成长的阶段》中的向成熟推进阶段的比重；标准 2：按照库兹涅茨 1958 年人均 864 美元，将运输和通信的比重从第二产业中调整到第三产业；标准 3：《1991 世界发展报告》第 208 页表 3，第 264 页表 31，中等收入国家和地区 1989 年数据；我国 2009 年状况：《中国统计年鉴》（2010）。

二、当前中国工业化进程中面临的供给约束问题

从已经走过的道路看，中国工业化基本遵循了发达国家工业化过程所经历的各主要发展阶段，以后也难以另辟蹊径实行完全不同于西方发达国家的基本工业技术路线，运用技术对自然资源进行大规模的开发和利用仍是工业化的基本模式。作为世界上人口最多的国家，就业问题的解决至关重要；中国目前进入工业化中期阶段，这是以加工组装型重化工业为主导产业的阶段，技术复杂程度不高的机械、钢铁、造船等低度加工组装型重化工业发展受到中间产品市场的强烈拉动，进入发展的快车道，是对自然资源需求最强、环境压力也最大的阶段。在世界能源和原材料既定的供给和消费格局下，必将面临着资源和环境的双重约束。2001 年以后，随着重工业开始快速增长，中国经济对能源和原材料的需求和依赖程度明显增强。"资源的有限性是制约我国工业化进程的重要因素，那种认为在信息化时代，资源的重要性已经下降的观点是片面的，土地、水、森林、矿产资源和石油资源仍然是当代社会经济发展的物质基础"。[1]现阶段中国工业化所面临的人口、资源、环境、技术等供给方面的压力是绝大多数已经实现工业化的国家未曾遇到过的。

---

[1] 吕政：《我国工业化进程中面临的主要矛盾》，《社会科学管理与评论》，2005 年第 4 期。

（一）人口和就业约束

目前世界银行认定的工业化国家共有 20 个，人口约为 9 亿，仅占世界总人口的约 15%，是在 200 多年的时间里渐次实现工业化的。中国工业化意味着在几十年的时间内，占世界人口 21% 的巨大经济体迅速实现工业化，这是史无前例的。人口一方面是创造财富的生产要素，另一方面也是工业化过程中所创造物质财富的消费者，两种角色的顺利实现都需要通过就业这一纽带。分析中国目前的状况，农业就业比例过高、城市化水平过低，是中国和"标准模式"相比最特殊的部分，实现充分就业是中国工业化进程要解决的关键问题。

1. 提供就业岗位仍是中国工业化面临的主要问题

从工业化国家的历史看，工业化过程就是农业人口不断向非农产业转移的过程。我国在工业化进程中，如果能通过提供大量的非农产业就业岗位，逐步将农村劳动力吸引到第二、第三产业中来，以减少农民的方法来解决农民问题，留在土地上的农民从农业中获得的收益增长，城乡二元结构就会逐步消除，中国的农民问题也就迎刃而解。

用产值结构衡量，2010 年，第一产业的比重已经降到 10.1%，达到了工业化后期的标准，但是，第一产业就业结构的比重还在 36.7%，远未达到相同阶段的就业结构要求，大量劳动力滞留在农业中，不能实现人口的顺利转移和城市化。城市化和工业化是相互推动的，只有当大多数人口从农村转向城镇，产生了人口的集聚效应，才能为第三产业的发展提供需求市场，因此就业结构和产值结构偏离，大量人口无法向非农产业转移也直接影响到第三产业的发展，使得长时间以来第三产业的份额无论以哪种标准来衡量都严重偏低。

2. 经济增长的就业弹性不断降低

实现就业需要经济的增长，但经济增长却未必能带来同比例的就业增长。2002 年以后，中国经济增长的就业弹性一直处于下降趋势，到 2007 年已经下降到不足 0.054，2009 年这一指标有所回升，但仍只有 0.073，这就意味着即使经济增长速度达到 10%，新增的就业人数也只有不到 1%，属于典型的低就业增长。分产业来看，第二产业的就业弹性在 1998~2003 年间甚至低于 0，也就是说，第二产业的增长不仅没有新增就业，反而使得一部分人失业。虽然在 2003 年以后，由于加入世界贸易组织，向世界市场出口的扩张带来第二产业中劳动密集型产业增长和就业弹性的回升，但是这种依靠出口带来的就业增长可能因为外部市场变化而逆转。2007 年后，国际金融危机对我国产品出口带来了巨大的影响，第二产业的就业弹性从 2007 年的 0.49 急剧下降到 2008 年的 0.24，有关数据表明，到2009年春节前，全国大约有15.3%的农民工失去了工作，或者找不到工作。[①]按照经济发展的规律，工业化进展到一定阶段，第三产业成为就业增长的主体。中国在1995年，第三产业已经超过第二产业成为中国增加非农产业就业的主体，1998~2004年间，第三产业的就业弹性一直呈现稳步上升的态势，但是之后却出现了急剧下降，2007年第三产业的就业弹性下降到不到0.09，在金融危机后出现了明显回升，2009年的就业弹性为0.37（见图2-5）。

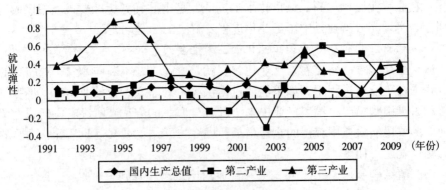

图2-5 增长的就业弹性

注：就业弹性为就业人数增长率和经济增长率的比率，表示经济增长1%所能带来就业人数的增长比率。

资料来源：根据《中国统计年鉴》各年数据计算。

2010年中国在非农产业就业的人数为4.8亿，如果以0.073的就业弹性和10%的增长率推算，每年新增就业人数只有350万。目前在第一产业就业的总量大约有3亿，根据现有的资源状况，农业部门仅能容纳1.4亿劳动力，[②]即到2020年，平均每年有超过1000万人需要从农村中转移出来，再加上每年大学毕业生和城市国有企业改制的下岗失业人员，中国创造就业岗位的任务异常艰巨。[③]

3. 人口素质和经济结构调整的方向不相适应

我国在工业化的初期，主要是通过农业劳动力进城打工的形式实现工业劳动力供给的不断增加，跨区域流动的农民工是我国工业化初期阶段的主要劳动力供给方式。但随着产业升级的推进，对人才的需求随之向高端提升，低学历、低技能的农民工必须转变为高技能的现代产业工人和现代服务业从业人员，才能适应

---

① 蔡昉：《坚持在结构调整中扩大就业》，《求是》，2009年第5期。

② 吕政：《工业化进程中的五大主要矛盾》，《中国改革》，2006年第2期。

③ 据国家三部委估计，2009年中国待就业人数超过4000万，其中约60%为"40、50"人员和农村富余劳动力。参见新华网 http://news.xinhuanet.com/employment/2009-06/20/content_11571294.htm。

产业升级的需要。从数量上看，1978~2010 年，普通高等学校毕业生人数已经超过 3000 万人，为我国发展高技术产业和现代服务业提供了充足的人才，但我们还必须从人口素质上来分析就业问题。

中共十七大以来，党中央、国务院做出了走中国特色新型工业化道路、建设创新型国家、建设人才强国等一系列重大战略部署，这对高等工程教育改革发展提出了迫切要求。走中国特色新型工业化道路，迫切需要培养一大批能够适应和支撑产业发展的工程人才；建设创新型国家，提升我国工程科技队伍的创新能力，迫切需要培养一大批创新型工程人才；增强综合国力，应对经济全球化的挑战，迫切需要培养一大批具有国际竞争力的工程人才。

根据库兹涅茨的分析，在发达国家工业化的历史上，工业发展到一定阶段后，三大产业部门中只有工业部门国民收入的相对比重普遍上升，但同时其劳动力的比重基本保持不变或者略有上升，"工业是提高效益的部门，不是吸纳劳动力就业的蓄水池"。[①] 在中国工业品产能过剩和生产率不断提升的条件下，希望依靠工业来大规模增加就业并不现实。而且重化工业的特点是资本密集、技术密集，同样的投资，吸纳劳动力的能力只有轻型工业的几分之一。进入工业化后期阶段，产业演变的规律就是第三产业的就业和产值比重越来越大。我国第三产业的产值结构和标准模式与同阶段发展中国家相比偏低 10 个百分点，与发达国家 70%的比重相比还有 30 个百分点的增长潜力。促进第三产业的健康发展是当前优化产业结构、促进就业，从而解决投资—需求失衡问题的根本途径。

但目前我国仍然是一个二元社会，二元性不但表现在城乡差别、沿海内地差别，而且表现在高收入与低收入、高学历与低学历的并存。由于我国人口众多，二元结构的存在一方面使得高收入、高学历居民虽然比重较低，但是总量巨大，能够为企业提供一定规模的市场；但另一方面，占绝大多数的低收入、低学历居民的存在，又必须解决他们的生活和就业问题。因此，我国的产业升级方向既要大力发展高技术产业，又不能放弃附加价值较低的劳动密集型产业，"必须将建立层次丰富、结构完善的大国工业体系作为新型工业化的长期任务，即我国必须实行全方位的产业发展战略"。[②] 如果劳动者素质结构和产业结构不相适应，就会阻碍产业结构的升级和优化。

（二）矿产资源供给约束

"工业化的经济表现首先是，在不断进步的科学技术的支持下，人类对自然

---

① 刘志彪：《我国产业结构调整升级的理论与政策取向》，《国民经济管理》，2005 年第 4 期。
② 中国社会科学院工业经济研究所：《国际金融危机冲击下中国工业的反应》，《中国工业经济》，2009 年第 4 期。

资源的大规模深度开发和利用"。①各种矿产资源是工业化的物质基础，而我国恰恰面临资源不足的约束。

1. 我国人均资源贫乏

我国虽然是一个资源大国，但也是一个人均资源贫乏的国家。维系人口基本生存的耕地和淡水，人均占有量仅分别为世界平均水平的 1/3 和 1/4，人均矿产资源储量仅占世界平均水平的 58%，居世界第 53 位；人均矿产资源储量潜在总值为 1.51 万美元，不及世界平均水平的 1/2；支撑经济增长的石油、天然气、煤炭、铁矿石、铜和铝等重要矿产资源，人均储量分别相当于世界平均水平的 11%、4.5%、79%、42%、18% 和 7.3%。②

2. 原材料矿产品结构存在严重缺陷

关系到国民经济命脉的用量大的铁、锰、铜、铝、铬铁矿、硫、磷、钾等大宗矿产贫矿和难选矿多，富矿少，规模小，质量差，经济效益低下，后备储量严重不足，供需关系日趋紧张，大批矿山将陆续关闭。我国 45 种主要矿产可供利用储量对消费需求的保证程度的最新研究成果表明，2010 年可以保证消费需求的矿产仅 21 种，其他 24 种矿产难以保证需求，2020 年可以保证需求的矿产仅为 9 种，其他 36 种矿产难以保证需求。特别是铁、锰、铬铁矿、铜、铝铁矿、钾盐等关系国家经济和安全的大宗矿产将长期短缺。2003 年国土资源部的一份报告指出，到 2010 年我国石油生产只能保证需要的不到 40%，缺口约 3 亿吨；铁矿石国内生产只能保证需求的 38%，需进口铁矿石 1.31 亿吨（同时进口钢 0.81 亿吨）；国内铜的生产加上铜回收（回收按 20 万吨考虑）只能保证需求的 20%，缺口 301 万吨；国内铝的生产加回收（回收按 44 万吨考虑）只能保证需求的 36%，缺口 632 万吨。钾、磷、硫、铅、锌等矿产资源也都存在不同程度的缺口。③

3. 国际市场矿产资源价格上涨影响中国经济增长

由于中国自身资源缺乏，工业化进程所需的矿产资源越来越多地依赖进口，2007 年铁矿和铜矿进口量已占国内需求量的 50%，进口的铝土矿占国内需求的比例为 33%。④2007 年的铁矿石价格比 2004 年上涨 123.5%。自 2002 年以来，铁矿石价格飙升，中国比正常价格多支付 7000 亿元。⑤根据中国钢铁工业协会的数字，2009 年中国进口铁矿石 6.28 亿吨，比上年增长 41.6%，是历史上增加进口量和增长幅度最大的一年，2009 年增产生铁量的 80% 左右靠增加进口铁矿石满

① 金碚：《中国工业化的资源路线与资源供求》，《中国工业经济》，2008 年第 2 期。
② 武力：《中国工业化路径转换的历史分析》，《中国经济史研究》，2005 年第 4 期。
③ 本段关于矿产资源的数据来自中宏数据库：《依靠科学技术，提高矿产资源供给能力》，2008 年 12 月 1 日。http://gov.macrochina.com.cn/include/shownews.asp?text_id=s0218138000002000005&key_word=。
④ 吕政：《当前经济发展条件与环境的新变化》，《经济与管理研究》，2008 年第 8 期。
⑤ 中国青年报：《中国铁矿石 8 年多付 7 千亿，力拓案揭经济安全空白》，2009 年 7 月 24 日。

足。[①] 2010 年进口铁矿石为 6.2 亿吨，数量稍有下降，但据海关统计，与 2009 年相比，中国钢铁企业从海外进口铁矿石总计多支付了 290 亿美元。

我国的工业化进程要持续数十年，国内资源不足是一种常态。这些矿产资源如果不能从国际市场上以合理的价格购买，必将对我国工业化和现代化的顺利实现造成巨大的影响。近年来世界市场上黄金、铜、锡、铅等有色金属价格全面上涨，直接影响到我国加工制造业的发展。[②]

（三）能源约束

能源是矿产资源中最为关键的供给制约因素，对中国工业化的约束也最为明显。工业占我国全部能源消费量的 72%，能源消费弹性系数在近几年的变化也和工业结构的变化密切相关。

1. 近几年中国能源消费增长速度超出了可持续发展的范围

在工业化的初期阶段，我国工业以纺织为代表的劳动密集型产业发展迅速，这些产业对能源的消耗不大，1980~2000 年，GDP 增长了 6.3 倍，而能源消耗仅增长了 2.2 倍。20 世纪八九十年代末和 21 世纪初，中国国内生产总值能源消费弹性系数平均为 0.5，在 2000 年和 2001 年这一数值还降低到 0.4 左右。从 2002 年起，中国的能源消费弹性系数和电力消费弹性系数迅速上升，2003 年和 2004 年这一弹性达到近几年最高的 1.5~1.6，2005 年以后在国家各项节能减排政策的作用下，能源消费弹性系数降低到 1 以下，2010 年为 0.58，电力消费弹性系数达到 1.27。从 2000 年到 2010 年，中国 GDP 年均增长 10.3%，同期以标准煤衡量的能源消费年均增长达到 8.2%，国民生产总值的能源消费弹性接近于 0.8（见图 2-6）。

20 世纪 80 年代，当时根据能源消费弹性 0.5 左右对未来能源消费预测最大值，到 2020 年中国的能源需求为 33 亿吨标准煤。[③] 但 2009 年，中国的能源消费总量已经飙升至 30.66 亿吨标准煤。如果从现在到 2020 年能源消费弹性系数保持在接近 1 的水平，以经济增长每年 8% 来计算，到 2020 年能源消耗将达 70 亿吨标准煤的水平，超过原来预测最大值的 1 倍，不论对资源还是对环境来说都是难以承受的。

如果中国能源消费弹性系数保持在 0.4 左右，今后几年中国经济增长保持在 8%，到 2020 年中国能源需求约为 45 亿吨标准煤，这是可持续发展的水平。但这对中国来说是一个严峻的挑战，因为任何发达国家也未曾在快速工业化阶段达

① 陆洲：《2009 年铁矿石增加进口量和增幅创历史新高》，《中国证券报》，2010 年 2 月 5 日。
② 吕政：《我国工业化进程中面临的主要矛盾》，《社会科学管理与评论》，2005 年第 4 期。
③ 崔民选、郭焦峰、陈吉乐：《中国能源报告（2008）》，社会科学文献出版社，2008 年版。

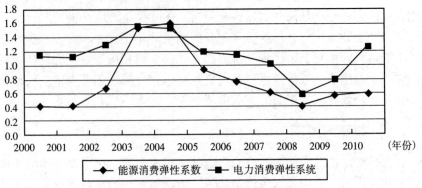

图 2-6 中国能源和电力消费的弹性系数

注：能源消费弹性系数 = 能源消费比上年增长/国内生产总值比上年增长，电力消费弹性系数的计算也是这种方法。

资料来源：《中国统计年鉴》(2011)。

到过这样的水平。[①]

2. 中国能源消费结构有待优化

煤炭的热效率和清洁程度都不如石油，世界能源消费在 20 世纪 50 年代以后就逐步转入以石油消费为主的时期。而长期以来中国能源消费以煤炭为主，中国煤炭探明保有储量 1 万亿吨，占世界第三位，但煤炭生产和消费长期居于世界首位，对生态保护和环境污染的治理都产生了不利影响。近几年中国能源消费构成中煤炭占 70% 左右，2005 年以后稳定在 70% 左右，远远高于世界平均 22% 左右的水平，环境压力使能源消费中提高煤炭的比重有限。较清洁且效率较高的石油在我国能源消费中的比重只有 20% 左右，2010 年为 19%，从目前世界石油市场的供求状况和价格看，石油在能源消费中的比重难以大幅度提高。

要减少能源消耗中对煤炭和石油的依赖，必须运用其他类型的清洁能源。但包括天然气、水电、核电在内的清洁能源在中国能源消费中的比例目前仅为 10% 左右。值得关注的是，清洁能源在能源消费中的比例从 2003 年后呈现出缓慢但稳步提高的势头，到 2010 年达到 13%。这些清洁能源产业的发展情况对优化能源结构意义重大（见图 2-7）。

3. 超过一半的石油需求依赖国际市场存在巨大风险

扩大进口无疑是解决国内资源不足的重要措施，但它要受到国际政治、经济环境变化的制约，特别是国际市场供求关系变化的影响，高企的石油价格必然提高中国发展的成本。1993 年中国开始成为石油进口国，此后几年内，我国石油

---

① 崔民选、郭焦峰、陈吉乐：《中国能源报告 (2008)》，社会科学文献出版社，2008 年版。

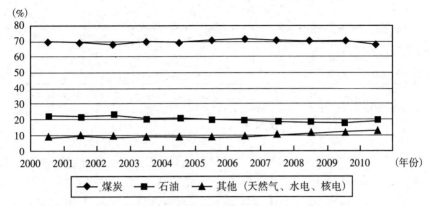

图 2-7 中国能源消费结构

资料来源:《中国统计年鉴》(2011)。

进口量每年递增 1000 万吨左右,并且逐年加大。2003 年中国超过日本成为世界第二大石油消费国;2004 年中国原油进口达 1.227 亿吨,同比增长 34.8%,首次突破 1 亿吨大关;2007 年中国石油进口量接近 2 亿吨,石油进口依存度突破50%;2010 年中国石油净进口量达 2.393 亿吨,比上一年增长 17.5%,进口依存度升至近 55%左右。[①]

2009 年中国人均能源消费量仅有不到美国的 1/5,人均石油消费量只有OECD 国家的 1/3,只有世界平均水平的 60%,并且能源消费中只有 20%左右的石油。但由于中国巨大的人口数量,中国对石油的需求增加已占世界石油需求增长的 30%左右。石油输出国组织(OPEC)预测,如果世界经济以每年 3.5%的速度增长,目前的技术和政策没有太大的变化的话,能源需求将以每年 1.7%的速度增长,化石燃料(石油和煤炭)将提供世界能源需求 85%的份额。如果今后20 年中国的经济增长率按照 OPEC 设定的参考情形 5.9%的速度增长,到 2030 年中国原油需求的近 70%要依赖进口,[②]如果中国经济增长高于 5.9%,那么中国石油进口率还将高于这一数值(见表 2-9)。

根据国际能源署(IEA)的预测,到 2030 年,中国新增的发电装机容量将超

表 2-9 OPEC 预测的中国未来对原油的需求

	2006 年	2012 年	2015 年	2020 年	2025 年	2030 年
中国的原油生产(百万桶/每天)	3.7	4.2	4.3	4.5	4.7	4.8
中国的原油需求(百万桶/每天)	7.1	9.3	10.3	12.0	13.6	15.4

[①] 田春荣:《2009 年中国石油进出口状况分析》,《国际石油经济》,2010 年第 3 期。
[②] OPEC: World Oil Outlook 2008.

续表

	2006 年	2012 年	2015 年	2020 年	2025 年	2030 年
占世界原油需求的份额（%）	8.38	10.08	10.72	11.74	12.63	13.59
中国原油进口率（%）	47.89	54.84	58.25	62.5	65.44	68.83

注：该估计假定中国经济的增长率为：2008~2012 年均增长 7.3%，2013~2020 年均增长 5.8%，2021~2030 年均增长 5.4%，2008~2030 年均增长 5.9%。原油进口率=（原油需求−原油生产）/原油需求。

资料来源：OPEC：World Oil Outlook 2008.

过美国当前现有的总装机容量，中国石油消耗量的 80% 需要依靠进口。国际能源署认为，石油价格每上升 10 美元/桶，世界经济增长下降 0.5%，其中美国下降 0.3%，欧盟下降 0.5%，日本下降 0.4%，中国下降 0.8%，[①] 相较于发达国家，中国对国际市场石油依赖的风险更大。

世界能源需求在以无法承受的速度快速增长，存在着供应中断、价格高企、环境遭到破坏等风险。石油价格在 20 世纪八九十年代基本都处于低价，近年来却持续攀升，并巨幅震荡。2007 年，OPEC 原油篮子（the OPEC Reference Basket of Crudes，ORB）的价格为 71 美元每桶，到 2008 年 6 月，这一价格指数超过了 130 美元，[②] 一年内上涨了 60 美元。2008 年美国纽约期货市场原油的价格最高超过了 145 美元，但在 2009 年跌至 30 美元左右，随后又迅速攀升至 80 美元。"如何在不削弱经济和社会发展的前提下采取行动过渡到一个更为安全、低碳的能源体系"，应对这个挑战对中国格外重要。[③]

（四）环境约束

如果说资源的约束还有可能通过从国外进口得到缓解，那么生态环境受到破坏的代价则使我们更难以承受。

1. 温室气体排放面临国际社会减排的压力

大规模开发利用自然资源会带来环境污染，可能危及人类生存，与工业化提高人类生活水平的目标背道而驰，这种现象已经得到国际社会的普遍关注。我国环境污染也同样随着工业化进程的深入而日趋严重。由于人口众多，在发展水平不高的情况下，2010 年我国温室气体二氧化碳的排放量超过世界总排放量的 17%，仅次于美国，居世界第二位，面临着国际社会温室气体减排的压力。

我国是较早批准《京都议定书》的国家之一，作为一个负责任的大国，对全球温室气体治理应做出贡献。温家宝在气候变化的哥本哈根会议上承诺，到

---

①③ 国际能源署：《世界能源展望 2007——中国与印度探索》，2008 年 1 月第 4 页。
② OPEC：World Oil Owtlook 2008.

2020 年中国单位国内生产总值二氧化碳排放比 2005 年下降 40%~45%；"十二五"规划中要求"单位国内生产总值能源消耗降低 16%，二氧化碳排放降低 17%"，这需要付出艰苦卓绝的努力。而在节能环保技术水平没有根本性提升的前提下，2010 年各地政府在面临完成"十一五"节能减排目标的压力时，进行强制性的"减排"，部分省区纷纷采取限电限产甚至关停措施，这显然不是解决温室气体排放的可行方法。如何在工业化进程中实现节能减排、履行国际承诺，中国必须进行长远规划，做出系统的、可操作性的安排。

2. 我国自身不能承受环境污染的压力

如果说"地球变暖"还属于较为长期的不利影响，那么二氧化硫等有害气体和有机污水、固体废弃物等则直接影响到人民的身体健康。受到我国以煤炭为主的能源结构的影响，工业发展带来二氧化硫的排放量不断上升，目前居世界第一位。而废水的排放总量也从 2005 年的 524.5 亿吨上升到 2010 年的 617.25 亿吨，其中工业废水排放量为 237.47 亿吨，排放最多的前三位行业为：造纸业、化学工业、纺织业；而生活污水排放量达到 379.78 亿吨，超过了工业废水的排放量，废水的排放已成为造成中国环境污染最大的问题之一；工业固体废物产生量在 2010 年达到 24.09 亿吨，其中危险废物 1587 万吨；工业固体废物中只有 16.18 亿吨得到综合利用，不到总量的 68%。即使国际社会不就环境问题施压，我国自身的环境容量也难以持续容忍这样大的污染排放。

长期以来，由于发展的水平和财力所限，中国对治污设施、环境技术的投入严重不足。我国目前除了加大对环保的投入外，还通过各种节能减排措施减少污染源，虽然这样会加大工业发展的成本，但这是可持续发展所必需的。

（五）技术供给能力的约束

物质资源和技术知识是工业化的两大投入要素，纵观世界发展历史，每一个成功的工业化国家，都是运用当时世界最先进技术进行资源开发利用的结果。工业化过程本质上相同的规律性，就是不断进行体制创新和经济开放，推动技术进步，以技术实现资源的更有效利用。[1]进入工业化中后期阶段，扩张型投资已经基本完成，要保持工业化的顺利实现并向发达经济转变，技术和创新的作用更为重要。缺乏适应目前发展阶段的技术成为我国经济发展面临的突出矛盾。

1. 解决中国资源环境的约束问题需要技术的支持

资源和环境的约束问题都可以通过提升工业的科技含量，在发展中解决这些问题。科学技术可以将自然界中的基础资源组合成和原来大不相同的产品，成为其他材料，使得经济增长成为可能；可再生的新能源技术如风能、太阳能可以使

---

① 金碚：《世界工业化历史中的中国改革开放 30 年》，《财贸经济》，2008 年第 11 期。

人类减少对化石能源的依赖，实现真正的持续发展；科学技术还能为环保提供技术，实现变废为宝，减少污染，降低环境保护的成本。可以说，上述资源、能源、环境等方面的突出问题，都可以通过科技进步加以解决或者缓解。中国需要的技术是世界前沿的技术，其获得需要大量的科学知识积累和研发投入，更依赖于自主创新能力的培育。

2. 国际竞争力的提升需要自主创新技术的支持

改革开放之初，中国和世界先进水平存在巨大的技术差距，通过对外开放，逐渐吸引大量的外资，引进了大量先进技术和管理知识，促进了产业结构升级和经济发展，但这也同时造成了对国外技术的依赖。我国在关键技术上自给率低，对外技术依存度在 50% 以上，而发达国家在 30% 以下，美国和日本在 5% 左右。[①]为国民经济提供物质技术基础的装备工业落后，大量成套设备、仪器仪表和投资类电子产品主要依赖进口。例如，农业机械中的大功率拖拉机和高端水稻玉米收割机 70% 以上需要进口或者依赖外资企业，内燃机中的大功率高速机 80% 以上需要进口，石化机械中的大功率泵阀和反应器 60% 以上需要进口，机床工具中的高端数控机床 95% 以上需要进口，基础件中的高压液压泵 90% 以上需要进口。中国在加速工业化的过程中，在引进外来技术和投资的同时，并没有相应培育出自身的创新能力。

在我国已经进入工业化中期，建立了完善的产业体系的情况下，我国需要的许多技术都是世界前沿技术。处于技术先进水平的国家和跨国企业必然会通过技术封锁等方法维护自己的利益，其中更有一些技术由于所谓国家安全等原因对中国采取了封锁，直接从先进国家获得技术将变得难度更大而且成本高昂，[②]我国必须依靠自主创新能力的培育来打破先进国家对工业化技术的垄断。

在工业化时代，科技创新能力是一个国家占据制造业中心地位的真正决定性因素。党和政府已经意识到自主创新能力的重大意义，采用了一系列措施建设"创新型国家"，并在"十二五"规划中明确提出"依靠科技创新推动产业升级"，实施以掌握产业核心关键技术、加速产业规模化发展为目标的"产业创新发展工程"。但是知识创新能力的培育必须通过"干中学"的过程，建立起足以支撑工业化顺利进行和未来经济发展的自主创新体系是我国一项长期的、艰巨的任务。

---

① ② 江小涓：《提高自主创新能力，推进结构优化升级》，《人民日报》，2005 年 3 月 28 日。

三、当前中国工业化进程中面临的需求约束问题

从国民经济核算的角度看，一个经济体当期的产出有三方面的用途：投资、消费和出口。消费和出口都可以被看作需求，而当期的投资将在未来提供产能，同样需要未来的需求与之适应。如果需求低于投资带来的市场供应量，部分投资难以收回，下一期再生产就无法顺利进行。作为世界第一人口大国，巨大的市场需求可以成为推动工业化的有利因素，工业化正是以各种不同的要素组合满足各种需求增长的一种途径。在对多国经济增长和结构变化的关系进行充分研究的基础上，钱纳里反复强调需求对工业化的重要性，认为"需求和贸易变化可以像要素供给变化一样影响增长"[①]；罗斯托也认为，越到经济发展的后期阶段，需求的作用越重要。中国目前突出的问题是国内消费不足，过度依赖投资，造成大量重复建设和产能过剩，投资带来的新增产能的销售严重依赖国际市场，已经带来了一系列问题。

（一）中国存在严重的投资、消费、出口结构不合理现象

罗斯托总结历史上工业化国家的规律时认为，在资本和生产量比率为3∶1的条件下，20%的资本积累率对于进入起飞阶段后的经济体就是合理的，可以保持6%以上的增长。按照资本和产出3~3.5∶1的边际产出水平，30%的资本积累就可以达到8%~10%的经济增长。也就是说，在进出口大致均衡的条件下，现阶段中国投资—消费的比重为3∶7较为合理，但事实上，中国的投资比重远远超过20%~30%的合理水平。

1. 中国经济增长的驱动力明显异于世界各国

从表2-10的数据看，当前世界各国国内生产总值支出构成基本上符合罗斯托提出的规律：世界平均资本形成率为21.4%，其中发达国家为20.4%，发展中国家为25.8%，世界主要国家的情况也大致类似。按照世界银行的统计，目前全球的平均消费率约为77%（美国消费占GDP的份额为86%，德国为78%，日本为75%），固定资本形成率为23%。基本处于罗斯托认为合理的20%~30%的范围之间，即使与中国同处工业化进程中的印度，资本形成率达到33.4%，也远远低于中国42.6%的比率。

---

① H.钱纳里、S.鲁滨逊、M.塞尔奎因：《工业化和经济增长的比较研究》，三联书店、上海人民出版社，1995年版。

表 2-10　支出法国内生产总值构成的国际比较

单位：%

国家和地区	居民消费支出构成	政府消费支出构成	资本形成率	净出口
世界总计	61.4	17.3	21.4	-0.06
发达国家	62.1	17.9	20.4	-0.4
发展中国家	59.6	13.0	25.8	1.6
中国	44.4	11.1	42.6	3.9
美国	70.3	15.8	19.2	-5.3
日本	57.4	17.9	22.7	1.9
泰国	61.2	8.8	29.1	1.3
韩国	54.3	14.8	29.8	1.1
印度	58.3	11.3	33.4	-2.9
巴西	60.4	19.9	16.8	2.9
俄罗斯	49.3	16.7	20.9	13.1

注：该表统计数据来自国际组织，因此涉及中国的数据和下文中来自《中国统计年鉴》的数据有所不同，并且时间较为滞后，其中美国和日本为 2004 年数据，印度为 2005 年数据，其余国家和地区为 2006 年底数据。

资料来源：《国际统计年鉴》(2010)。

与过高的资本形成率对应的是过低的消费率（包括居民消费支出和政府消费支出）。世界平均消费率为 78% 左右，发达国家更是达到了 80%，而中国的消费率只有 55.5%，处于世界最低水平。此外净出口率也达到了 3.9%，仅低于俄罗斯。

2. 结构失衡的现象不断强化

纵向比较，我国消费率长期低于世界平均水平，内需对经济增长的贡献不断下降：1980~2002 年世界平均消费率为 78%，我国仅为 62%，2002 年我国最终消费率降至不足 60%，2007 年又降至不足 50%。金融危机发生后，尽管国家采取了家电下乡、以旧换新等一系列补贴措施刺激内需，但 2010 年中国的最终消费率还是进一步下降，仅为 47.4%。与之相对应的是，2003~2010 年我国的资本积累率都在 40% 以上。从图 2-8 可以明显看出，我国近几年经济的高速成长主要依靠投资和出口来支撑。2010 年在国家应对经济危机、刺激经济增长的 4 万亿投资的带动下，资本形成率更是达到 48.6%，远远超过合理水平。过高的投资增长率将加剧资源和环境的压力，在未来产能释放后更加剧了目前已经存在的供需失衡矛盾。

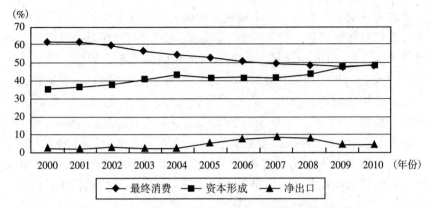

图2-8 2000~2010年中国支出法国内生产总值的构成

资料来源:《中国统计年鉴》(2011)。

(二) 内需不足已严重制约工业化的进程

科技进步提高了生产的效率,带来物质财富的迅速增加,我国工业的发展已由供给约束转向需求约束。作为人口大国,我国的经济增长必须依靠内需,满足人民不断增长的物质和文化需求也是党和政府发展经济的最终目的。但是,内需不足的问题在我国却越来越严重。

1. 需求总量不足和结构性矛盾成为制约工业化推进的主要障碍

在推动经济增长的三驾马车中,通常居民消费是经济增长的最大动力,作为一个人口大国,中国工业化的成功实现归根结底要通过推动内需来实现。居民当期的收入可以划分为储蓄和消费两部分,我国居民的储蓄率一直较高,高储蓄率在资本不足、商品短缺的20世纪80年代和90年代,曾经为我国工业化提供了巨额的投资来源,促进了工业的起飞。但在工业效率大幅度提高以后,消费不足、产品不能实现市场价值就成为中国工业化的一大障碍。因此,"十二五"规划中提出,必须"构建扩大内需长效机制","促进居民消费率上升"。

内需不足问题,并不是由于工业提供的产品没有用途,而主要是由于收入分配的不均衡、贫富差距过大造成消费结构的不匹配。如果高收入人群的消费需求已经得到满足,但大部分人群的消费结构还没有达到工业化中期水平,大量投资带来的就是过剩产能,这样的增长很难向更高阶段推进。工业化伴随着生活水平的不断提高,人们需要的产品收入弹性也越来越大。根据恩格尔定理,随着收入水平的增长,人们在食品、衣物等基本必需品上支出的比率逐渐降低,对非生活必需品的消费逐渐提高。我国工业结构的升级也是从纺织、农产品加工等传统产业向技术含量高的电脑、通信设备等现代产业产品升级,钢铁等产业的发展也主要是建设更舒适的住宅。假如这些产品投资增长快,消费增长慢,投资产生的生产能力就成为过剩生产能力，无法实现其价值。

这种消费结构和产业升级方向的不匹配在区域之间、城市居民之间、城乡之间都有所表现。以 2010 年城镇居民和农村居民的消费水平为例，城镇居民人均消费性支出为 13471 元，其中用于食品类支出 36%，用于医疗、交通和通信、文教娱乐等服务的比重超过 30%。而农村居民人均消费性支出仅为 4382 元，只相当于城镇居民的不到 1/3，这样的消费支出水平必然大部分仍停留在衣、食等商品的消费上：2010 年农村居民食品类支出占全部支出比例达到 34%，居住支出占 21%，而家庭设备类支出只有 6%，文教娱乐、银行中介服务等服务业支出不足 10%，这种消费结构模式当然难以支撑中国经济向高新技术和高附加值产业的升级。

2. 利润侵蚀工资现象使得劳动者分享工业化的成果有限

近年来，国家采用了种种措施来刺激内需，但都收效甚微。一个被广泛认同的观点是：由于中国社会保障制度的不完善，人们将大量收入用于储蓄，以应对未来的各种开支和风险，从而造成当期消费不足。但这是存在于二次分配阶段的问题。在国民经济的初次分配阶段，由于劳动者收入在 GDP 中的比重不合理，这不但抑制了居民的购买力，限制了产业升级的推进，而且使得劳动者未能充分享受到工业增长带来的好处。这种状况不仅背离了党和政府致力于经济发展、推动工业化的初衷，也在根本上与我国建设和谐社会的理念不相一致。

经济发展的根本目标是提高人民群众的生活水平，满足其不断增长的物质文化需求。而在我国工业化进程中存在着越来越明显的"利润侵蚀工资"的现象：企业利润和财政收入增加快，而劳动者收入增长缓慢。根据陈志武研究，自 1995 年到 2007 年的 12 年里，扣除通货膨胀因素，政府财政税收年均增长 16%，城镇居民可支配收入年均增长 8%，农民纯收入年均增长 6.2%，这期间，GDP 的年均增长速度为 10.2%。劳动者收入所占比重不断下降，劳动者报酬占比已由 2000 年的 51.4% 降低为 2007 年的 39.7%，7 年中下降了 11.7 个百分点。[①] 劳动收入的相对份额不断下降，是最终消费率不断下降的根本原因。

（三）投资成为经济增长的主要动力，但粗放型特征明显

1. 中国资本短缺的问题基本得到解决

工业化的起飞阶段需要相当规模资金的投入，中国在自身资金有限的条件下，对外商直接投资（主要是工业项目）采用了无论在发达国家还是在发展中国家都非常罕见的鼓励政策，使中国成为世界接收外商直接投资最多的发展中国家，从 1979~2010 年累计吸收外商直接投资 10483.81 亿美元，这些外商直接投

---

① 陈志武：《中国转型的工资瓶颈》，《商界评论》，2010 年第 7 期。

资中超过 60% 投向了制造业，占比最高的 1994 年 FDI 达到固定资产形成总额的 17.27%[①]，对促进中国工业市场竞争机制的完善、技术水平的提高起到了重要作用。到 2006 年，国有和国有控股工业企业的比重下降到 31.2%，国内非国有企业占 37.2%，而"三资"工业企业占 31.6%[②]，首次超过国有企业的比重。与此同时，中国的经济发展并没有像一些人所担心的那样被外资挤垮，恰恰相反，外商直接投资占 GDP 的份额在 1994 年达到最高的 6% 之后，尽管从数值上看仍在上升，但在 GDP 中的比重呈现出持续下降趋势，2010 年在 GDP 中的份额已经下降到 1.78%。中国在改革开放的发展进程中已经形成了资本自我积累的能力，成为世界工业大国，尤其是制造业大国，资本短缺的问题已基本上得到解决（见图 2-9）。

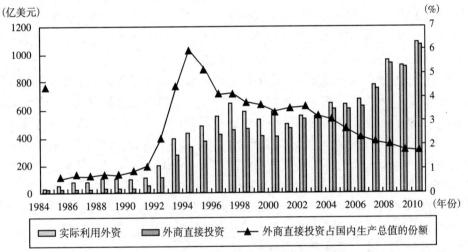

图 2-9 中国实际利用外资和外商直接投资

资料来源：1978~2004 年数据根据《新中国 55 年资料汇编》，2004~2010 年数据根据《中国统计年鉴》（2011）整理。

2. 重复建设和产能过剩问题严重

在积累了一定资本以后，中国的资本没有投向研发、促进经济集约增长的领域，而是投向资本密集、能迅速增加 GDP 的重化工业领域。经过十多年的经济高速增长，目前在中国经济体内部出现了自 1998 年以来前所未有的大规模生产能力过剩。2007 年，中国的钢产量已经达到 4.89 亿吨，比日本、美国、俄罗斯

---

① 江小涓：《中国吸收外资 30 年：利用全球资源促进增长与升级》，《经济与管理研究》，2008 年第 12 期。

② 金碚：《工业改革开放 30 年实践对中国特色社会主义的理论贡献》，《社会科学管理与评论》，2009 年第 1 期。

和印度的总和还多，已经占世界钢产量的 40%。中国的水泥产量在 2007 年也达到 13.5 亿吨，占世界水泥生产总量的大约一半。中国的煤炭产量在 2008 年高达 25.23 亿吨，亦占全世界煤炭产量约 60 亿吨的 42% 以上。中国欧盟商会在《中国产能过剩研究——成因、影响和建议》的行业性报告中，指出了六个行业的挑战：2009 年铝业的产能利用率预计为 67%；风力发电业为 70%；炼钢业为 72%；水泥业为 78%；化工业为 80%；炼油业为 85%。2008 年底，中国炼钢业产能为 6.6 亿吨，而需求为 4.7 亿吨，其差额大致相当于欧盟的总产出，但"目前中国还在建设 5800 万吨的新产能"。①

除了这些关系到国计民生和整个宏观经济基础的产业外，中国制造业的绝大多数产业在过去十多年的高速增长中也基本上出现了生产能力过剩，包括化工、家电、纺织、汽车、装备制造、电子信息等行业。例如，2010 年中国的汽车产量为 1826.4 万辆，位居全球第一，比位居第二的日本（962.8 万辆）和美国（773.7 万辆）的总和还要多。国家发改委估计 2012 年中国汽车将有 500 多万辆的产能剩余，相当于位居世界第三的德国的全部产能。

在过去内需疲软的情况下，中国的大规模生产能力过剩，被多年来持续和强劲的外贸出口增长所缓解了。然而，在目前全世界经济放缓和美国、欧盟和日本等发达国家陷入经济衰退的国际环境中，中国制造业的大范围、大规模的生产能力过剩问题极其明显地凸显出来。2008 年以来，中国应对金融危机的解决方案是大幅增加投资支出，这将带来更大的产能过剩。中国已变得过于依赖一种不平衡的经济发展模式：用投资"治愈"今年的产能过剩，结果增加了明年的产能过剩。这样做下去，即使在短期内保住了经济增长的速率，却把更多的经济与社会问题推向未来，将使我国经济在未来陷入更加严重的危机和更长久的问题中。

3. 政府主导投资存在严重问题

中国作为一个从计划经济向市场经济转型的经济体，在转轨的初期，作为一种过渡的制度安排，政府对投资方向的干预具有合理性。但将之固化、强化并作为经济发展的模式，就会束缚企业家的创新精神，扭曲资源配置，这有悖于市场化改革的目标。目前政府对投资和市场的管制干预已超越了政府与市场的边界，形成了政府对市场的某种程度的替代。

目前中国政府通过产业准入、投资项目审批、银行贷款额度和投向、上市资格审批等方式直接、间接地干预投资，地方政府为了本地区 GDP 的增长，纷纷扶持本地企业上"大项目"，而中央企业占据了"战略性行业"的垄断地位，已被世界各国和历史发展证明效率低下的国有企业近年来不断兼并、扩张、壮大，这是造成上述投资效率低下、产能过剩的主要原因。在世界金融危机发生以后，

①《中国欧盟商会：六大行业产能过剩加大外贸难度》，《中国青年报》2009 年 11 月 21 日。

中央政府花巨额资金来扶持生产能力已经大幅度过剩，但牵涉多方利益的钢铁、汽车、造船、石化、轻工、纺织、有色金属、装备制造和电子信息 9 大产业。民营企业不但难以获得国家在产业政策、资金方面的支持，而且动辄成为国家宏观调控的对象。在这种不平等竞争的环境下，优胜劣汰的市场机制无法发挥作用，投资效率难以提升。

（四）国际环境发生了较大的变化

中国工业化面临的外部环境是，世界上有 20 个已经实现了工业化的发达国家，这些高收入国家不但有巨大的市场和丰富的资本，还在工业化的过程中积累了大量的科学技术和管理经验。1978 年以来实行对外开放政策，充分利用发达国家的市场、资金和技术，这是推动中国工业快速起飞的重要原因。外部环境对中国工业化的主要作用体现在三个方面：为制成品提供销售市场，实现工业规模经济的利益；获得外商投资，弥补资金和科技、管理经验的不足；从世界市场获得先进的技术设备和原材料。在过去 30 多年中，中国抓住发展的机遇，成为经济全球化的获益者：中国这样一个 13 亿人口的大国在 30 多年时间里完成了从低收入国家进入中等收入国家的飞跃，进入了工业化的中期阶段。现阶段随着中国经济在世界市场上份额的不断增加，中国在一些技术含量较高的领域已经构成了对发达国家的竞争，引起了这些国家的防范；同时一些发展中国家在中国传统的优势产品、资金引进等方面也和中国展开了竞争。

1. 30 年对外开放对中国工业化的巨大促进作用

中国从世界市场获得各种矿产资源和原材料，同时工业品也在国际竞争中实现了产品的不断升级，为产业升级积累了资金，国际贸易成为中国工业化的助推器。

（1）世界市场是中国推动工业化的重要因素之一。历史上成功的工业化国家都是当时世界工业品出口的大国，中国成为工业大国的 30 年，也是成为世界贸易大国的 30 年。1978 年中国的货物出口只有 206.4 亿美元，存在 11.4 亿美元的贸易逆差，直到 20 世纪 90 年代中期，出口换汇都是对外贸易的主要目的。通过发挥比较优势，交换中国自身缺乏的原材料和先进技术设备，中国工业不断升级和壮大。在顺利积累到发展资金、实现工业起飞后，国际市场又成为中国发挥比较优势和规模经济的重要渠道。2009 年，在金融危机的影响下，中国货物出口从总额上看有所下降，但货物出口在世界市场上的比重反而超过德国，位列世界第一位，占世界市场的份额提高到 9.6%。[①]

（2）中国从发达国家获得了相当多的技术和管理知识。除了国内企业直接引

---

① 国家统计局：《国际统计年鉴》(2011)，中国统计出版社，2011 年版。

进消化吸收国外的技术成果外，随着工业体系的发展和完善，我国吸引外商投资的技术层次不断提高，买技术和换技术是我国获得世界先进技术的重要途径。财富 500 强企业中有 450 多家在中国投资，投资最多的制造行业为电子和通信设备、电器机械、交通运输设备等科技含量高的行业。外商投资企业目前在中国设立的研发中心已经超过 1100 家，促进了产业结构升级和出口商品结构升级，"中国制造"的质量和水平明显提升。吸收外资还通过人力资本外溢效应、示范效应、竞争效应、合作效应、技术应用效应、市场开拓效应等渠道对本土企业产生了多种技术、管理的外溢效应，本土企业参与世界竞争的能力不断提升。①

发达国家产品的进口和外资企业的进入，直接影响了中国的一些"幼稚产业"的成长；对一些技术中国采用了进口引进设备等"拿来主义"的做法，却不注重消化吸收，没有从根本上培养出自主创新能力，目前已经成为制约中国产业转型和培养核心竞争力的"瓶颈"。

2. 目前中国面临的国际环境已发生了变化

在中国从国际市场获得发展机遇的同时，对出口的依赖也越来越强，目前受到来自发达国家和一些发展中国家的双重压力。

（1）中国对外依存度过高，存在较大风险。随着对外贸易的不断发展，中国对国际市场的依赖越来越强。2007 年，对外贸易依存度（货物进出口总额/GDP）高达 66%，为世界最高的国家之一，远远高于美国的 22% 和日本的 28%。虽然德国的对外贸易依存度也有 60%，但其中绝大部分是对欧盟内部的贸易，对世界市场的贸易只占 GDP 的 20% 左右。2007 年，净出口对中国 GDP 增长的贡献高达 39.8%，达到改革开放以来的最高值。主要出口伙伴为欧盟、美国和日本，占出口总额的约 50%，如果将中国香港转口贸易考虑在内，这一比重更高。这种状况使得出口一旦受到外部需求疲软的影响，对中国经济尤其是制造业的影响将是巨大的。金融危机发生前后，中国对美出口的实际增长率，扣除物价因素，从 2008 年初开始下降，2009 年的前几个月几乎是零增长和负增长。净出口占 GDP 的比重由 2007 年的 8.8%，下降到 2009 年的 4.3%，2010 年进一步下降到 4%。广东、江苏、浙江这些过去曾经是中国经济增长火车头的省份都受到了不同程度的影响，大量的外向型中小企业关门倒闭，失业率上升（见图 2-10）。中国进出口贸易伙伴情况如表 2-11 所示。

（2）中国和发达国家的贸易关系由互补转向竞争将导致更多的摩擦。1978~2008 年的 30 年，中国在世界货物出口市场中的份额从不到 1% 提高到 8.89%，仅次于德国（9.1%），居世界第二位，在 2009 年又上升到第一位，并积累了巨额的顺差。与此相对应的是一些发达国家市场份额的下降。在改革开放初期的 80 年

---

① 江小涓：《中国吸收外资 30 年：利用全球资源促进增长与升级》，《经济与管理研究》，2008 年第 12 期。

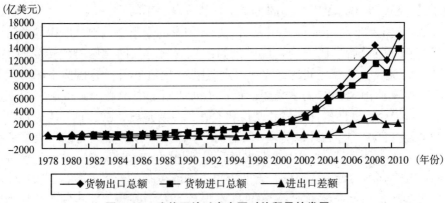

图 2-10　改革开放以来中国对外贸易的发展

资料来源：1978~2004 年数据根据《新中国 55 年资料汇编》，2004~2010 年数据根据《中国统计年鉴》（2011）整理。

表 2-11　中国进出口贸易伙伴情况

单位：亿美元

主要出口贸易伙伴情况				主要进口贸易伙伴情况			
位次	国家或地区	金额	所占份额	位次	国家或地区	金额	所占份额
	总值	12180.2	100		总值	9558.2	100
1	欧盟	2451.9	20.1	1	日本	1339.5	14.0
2	美国	2327.0	19.1	2	欧盟	1109.6	11.6
3	中国香港	1844.3	15.1	3	东盟	1083.7	11.3
4	日本	1020.7	8.4	4	韩国	1037.6	10.9
5	东盟	941.8	7.7	5	中国台湾	1010.2	10.6
6	韩国	561.4	4.6	6	美国	693.8	7.3
7	俄罗斯	284.9	2.3	7	澳大利亚	258.5	2.7
8	印度	240.1	2.0	8	俄罗斯	196.8	2.1
9	中国台湾	234.6	1.9	9	巴西	183.3	1.9
10	加拿大	194.0	1.6	10	沙特阿拉伯	175.6	1.8

资料来源：中华人民共和国商务部综合司、国际贸易经济合作研究院：《中国对外贸易形势报告（2008 年春季）》。

代，中国在世界市场的优势产品主要是玩具、纺织品、原材料，并在这些产品领域占据了牢固的领先地位。随着技术水平的提升和资本的积累，中国在复杂工程机械方面的竞争力开始提升，至 2006 年下半年，中国成为机械产业的净出口国，中国出口覆盖重工业产品和轻工业产品，囊括从低端到高端的产品。[①] 2000 年开始，在高技术产品世界市场中的份额也迅速上升，尽管中国产品只是集中在低附

---

① 瑞银：《中国制造业的瓶颈》，http://www.pinggu.org/bbs/b26i242923.html。

加值的劳动密集型环节，也引起了美欧日的普遍关注。

从历史上看，居于领先的国家受到后发国家的竞争，威胁到既得利益时，都会千方百计阻碍后发国家的发展。例如，从英国时代向美国时代转变的 1905~1945 年，英、美、德之间的摩擦，以及美国从 1973 年开始在国际市场份额下降后和日本、德国之间的贸易摩擦，都在不断加剧。中国在国际市场上的迅速扩张，使世界经济秩序的制定者和既得利益者，主要是美、欧、日，均表现出了担忧和警惕。2004 年 12 月，美国《商业周刊》以"中国价格"为题发表文章，认为"The China Price"对美国工业来说是最可怕的三个字，美国本土几乎每一类制造业都受到中国竞争的影响，企业不得不降价 30% 或者失去顾客，这意味经济影响力的转移和失业的增加。① 2008 年金融危机发生以后，这些发达国家为缓解国内矛盾和就业压力，对中国的贸易出口设置了越来越多的障碍。中国和这些国家由互补转向竞争也必然带来更多的利益冲突（见图 2-11）。

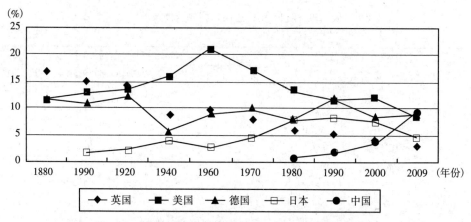

图 2-11　主要国家在世界货物出口市场中份额的变化

资料来源：1980 年以前数据根据史东辉《后起国工业化引论》，上海财经大学出版社，1999 年版，第 110 页，其他数据根据《国际统计年鉴》（2011）整理。

（3）一些发展中国家和中国在传统产业展开竞争。发达国家仍是世界经济的主导者，美、欧、日等工业发达国家将制造业各行业按照行业特征、资源禀赋和比较优势分别向发展中国家转移，随着制造业资本在世界范围内的流动，各发展中国家都可利用其比较优势要素参与国际分工。世界上有一组正在进行工业化的国家和地区，如印度、巴西、东南亚等，都具有发展成为新一代世界制造中心的趋势。这些国家的工资水平、土地价格等更有优势，在建立了较为完善的基础设

---

① "The 'China Price"，DECEMBER 6，2004，http://www.businessweek.com/magazine/content/04_49/b3911401.htm.

施后，将对中国在劳动密集型产品市场、吸引跨国资本等各方面形成有力的竞争。2005年开始，人民币开始对美元升值，迄今为止，人民币升值达到24%左右，这意味着以美元标价的中国商品在国际市场上需要上涨同样的幅度才能达到原来的盈利水平，而印度、东南亚等国家和地区的货币却进入贬值通道。作为以"质优价廉"为核心竞争力的中国劳动密集型商品来说，如果大幅度提价，意味着部分市场的丢失，如果不提价，则意味着要压缩原本就不高的利润。一些企业可能因此而出现亏损和倒闭，中国劳动密集型商品的竞争地位可能因此下降。

面对来自发达国家和其他发展中国家的双重挤压，中国企业在国际市场上面临的环境将更加困难。世界银行统计，自2008年11月15日20国集团领导人华盛顿金融峰会以来，20国中有17国实施了47项新的贸易限制措施。2008年，中国出口产品共遭受来自21个国家和地区的93起贸易救济调查，涉案金额61.4亿美元，美国对中国产品发起11起337项调查。据2009年3月WTO审核成员国应对金融危机措施的报告，过去几个月各国贸易限制措施显著增多，主要是提高关税、设置非关税壁垒、滥用反倾销措施等，中国是主要受害者。2010年，华为和中兴这两个中国企业在欧洲遭到史无前例的贸易调查。若全球范围内的贸易保护主义得不到有效遏制，中国企业遭遇贸易摩擦的数量可能进一步增多。[1]技术性贸易壁垒、进口限制等各类贸易壁垒措施对我国对外经济贸易产生的影响将进一步加深。[2]

---

[1] "国际贸易"课题组：《中国对外贸易形势2009年春季报告》，http://www.pinggu.org/。
[2] 中华人民共和国商务部综合司、国际贸易经济合作研究院：《中国对外贸易形势报告（2008年春季）》。

第三章　新型工业化道路的任务

由于我国工业化起步晚、基础弱，加之人口众多，资源、能源相对比较匮乏，发展的自然条件较差，发展成本较高，且需要解决城乡差距和地区差距（东、中、西部差距）大等一系列突出的结构性问题和矛盾，因此，在我国实现工业化必将是一项伟大而艰巨的历史任务。实现这一伟大而艰巨的历史任务，我国既不能走发达国家的传统工业化道路，也不能走我国计划经济体制下的传统工业化道路，而必须进行全新的制度设计和路径创新，找到一条以信息化带动工业化，以工业化促进信息化，科技含量高、经济效益好、资源消耗低、环境污染少、人力资源优势得到充分发挥的新型工业化道路。

一、新型工业化道路的主要特征

我国的新型工业化道路，既不同于发达国家传统的工业化道路，也不同于我国计划经济体制下的传统工业化道路。从本质上讲，我国的新型工业化道路既是对西方发达国家传统工业化道路的"扬弃"，也是对我国计划体制下的传统工业化道路的"扬弃"。作为一种全新的工业化发展理念、发展路径和发展模式，我国新型工业化道路将是充分利用最新科学技术和依靠科技进步的工业化道路，将是不断提高经济效率和效益的工业化道路，将是长期可持续发展的工业化道路，将是能最大限度地发挥我国资源要素比较优势并创造新的比较优势和竞争优势的工业化道路，将是统筹协调发展的工业化道路，也将是以改革开放和制度创新为根本动力的工业化道路。具体来说，与西方发达国家工业化道路特别是我国传统工业化道路相比，我国新型工业化道路具有以下一些重要特征：

（一）科技不断进步

在传统工业化道路下，虽然我国在科技创新能力和科技创新水平提高上取得了长足进步，但从本质上看，传统工业化发展道路重物质、资本、要素等"硬件"投入，轻科技研发等"软件"投入，科技投入增长缓慢，创新人才严重不足，科技自主创新能力提高步履缓慢，工业化发展长期缺乏核心技术，缺少自主知识产权，缺少高附加值、高技术含量的世界知名品牌。由于缺乏科技创新的支持，没有掌握核心技术，我国每部国产手机售价的 20%、计算机售价的 30%、数控机床售价的 20%~40%必须用于向国外支付专利费。我国生产的世界名牌领带产量占世界的 75%，而我们得到的利润份额只有 6%左右。我国对外技术依存度高达 50%，设备投资有 60%以上要靠进口。①特别是一些高端制造装备，如半导体，包括电子信息产业的加工设备、深水海洋和石油装备、百万吨乙烯装置中大型压缩机等几乎全部依赖进口，高端自动控制系统如飞机导航仪器仪表、高速列车的刹车系统基本上由国外垄断。传统工业化道路忽视科技投入，科技创新能力低，科技创新水平提高缓慢，科技创新对经济增长和经济发展的贡献率小。

与忽视科技投入和科技创新的上述传统工业化道路相反，新型工业化高度重视科学技术在推动工业化和经济发展中发挥的巨大作用，从一开始就把提高自主创新能力、加快提升产业技术水平作为推动经济发展的核心原动力，坚持市场需求与政策引导相结合、全面提升与重点突破相结合、长远战略与近期目标相结合、传统产业与高技术产业发展相结合，强调通过原始创新、集成创新和引进消化吸收再创新，不断加大产业自主创新投入力度，不断开发出具有自主知识产权的产品和装备，不断推广应用影响产业发展的共性关键技术和具有示范带动作用的先进适用技术，优化生产工艺，积极培育和促进节能环保产业、新一代信息技术产业、生物产业、高端装备制造产业、新能源产业、新材料产业、新能源汽车产业等战略性新兴产业的产业化，抢占世界科技创新和先进科技成果产业化的制高点，不断提高科技创新对经济增长的贡献率和贡献度。换言之，新型工业化道路重视创新驱动和科技进步，重视知识创新和知识经济，并以不断的技术创新和技术进步来促进经济发展方式从外延式的粗放型发展方式向内涵式的集约型发展方式转变。总之，与传统工业化道路相比，新型工业化道路是科技不断进步、自主创新能力不断提高的工业化发展道路，是科学技术对经济增长和经济发展贡献率和贡献度不断提高的工业化发展道路，是创新驱动型工业化发展道路。

（二）结构不断优化

在传统工业化道路下，我国城乡差距日益扩大，城乡一体化进展缓慢，城乡二元结构不仅没有得到有效缓解，甚至还不断地强化；产业结构偏重第二产业，第一产业发展基础薄弱，第三产业和战略性新兴产业发展严重滞后，产业链条长期被锁定在低附加值、低技术含量的加工组装环节，产业结构优化升级进展缓慢乏力；在地区结构上，东南沿海地区与中西部地区之间经济社会发展差距不断扩

---

① 冯之浚：《总结历史经验，推动科学发展》，《光明日报》，2008 年 10 月 28 日。

大，区域产业结构趋同，区域间重复建设和低水平竞争比较严重。

与传统工业化道路始终存在且不能有效解决的结构不平衡、不协调、不优化等深层次问题不同，新型工业化道路十分注重结构协调，统筹兼顾，强调通过实行城乡一体化、地区发展规划一体化、基础设施一体化、公共服务一体化、劳动就业一体化、社会保障一体化、社会管理一体化来逐步缩小城乡之间、工农之间和地区之间的发展差距，实现工农、城乡和地区和谐发展和包容发展；强调通过加快改造传统制造业，加速淘汰落后设备和工艺，振兴装备制造业，加快发展战略性新兴产业，培育壮大现代服务业特别是生产性服务业，来实现生产要素配置由劳动密集型产业占优势向资本密集型、技术密集型产业占优势跃升，由制造初级产品的产业占优势向制造中间产品、最终产品的产业占优势跃升，从高消耗、高污染产业占优势向低消耗、低污染产业占优势跃升，最终实现产业结构的高附加值化、高加工度化、高技术化和高洁净化。换言之，与传统工业化相比，新型工业化是城乡二元结构不断弱化、产业结构不断优化升级、地区发展差距不断缩小的工业化。

（三）效益不断改善

传统工业化是以大量的资源、能源和要素的占用和消耗为代价的、投入产出比低的粗放型工业化。在传统工业化道路下，我国创造世界 8%左右的 GDP，却消耗了世界 17%左右的能源、世界 45%以上的铁矿石、40%以上的钢材、30%的氧化铝和 50%以上的水泥；工业增加值率比发达国家低 10~20 个百分点；单位土地产出率、劳动生产率等仅相当于发达国家同一指标的几分之一甚至十几分之一，经济效益十分低下。

与传统工业化道路不同，新型工业化道路从一开始就把提高经济效益作为其核心价值目标，重视提高现代新兴技术的应用水平，优化生产工艺，建立节约型工业体系，高效地利用资源、能源和各种生产要素，用尽可能少的资源、能源和要素投入创造尽可能多的产出，最大限度地降低单位产出的资源、能源和要素占用量与消耗量，从而从根本上克服传统工业化高投入、高消耗、低效益、低质量的弊端。总之，与传统工业化相比，新型工业化不仅是一种资源、能源、资金和要素占用上更少、更节约的工业化，而且是一种资源、能源、资金和要素消耗上更低、更节约的工业化。换言之，新型工业化是投入少、产出多的效益型工业化。

（四）国际竞争力不断提高

在传统工业化道路下，我国对外贸易重数量、轻质量，重加工贸易、轻一般贸易，重引进外资数量、轻引进外资质量，产业国际竞争力特别是高端产业国际竞争力弱，产业长期处于国际分工的末端和全球价值链的低端。从 1994 年至 2010 年我国 11 个制造行业和制造业总体出口的贸易附加值比重看，我国出口贸易附加值比重较高的行业集中在炼焦、煤气及石油加工业以及食品加工业等参与全球垂直分工与贸易较少的行业，而参与全球产品内分工与贸易程度较深的纺织、缝纫及皮革制造业、交通运输设备制造业、电气机械及器材制造业以及电子及通信设备制造业等行业的出口附加值比例相对较低。换言之，我国越是较深地融入全球产品内分工与贸易体系的行业，其贸易附加值越低。这说明，我国产业国际竞争力不强，在国际分工与贸易体系中处于从属地位，位于整个全球价值链的低端。

新型工业化道路必须要突破我国在国际产业分工中的"低端锁定"，不断提高我国产业国际竞争力，不断提升我国在国际产业分工中的地位，改变主要依靠 OEM（原始设备制造商）方式参与全球产业链分工的局面，大力发展 ODM（原始设计制造商）和 OBM（原始品牌制造商）等深层次的加工贸易方式，提高加工深度和盈利能力，从中国制造走向中国创造，不断提高在国际产业分工中的地位和话语权。

（五）资源环境消耗强度不断降低

传统工业化把工业增长作为衡量发展的唯一标志，把工业化和由此产生的狭义工业文明当作现代化实现的唯一目标，而无视自然界自身的发展规律，忽视对生态环境的保护及其价值，经济增长的资源环境消耗强度大，发展缺乏可持续性。在传统工业化道路下，我国的生态环境状况日趋严峻，工业化发展与生态环境的矛盾和对立越来越大。例如，2010 年我国化学需氧量和二氧化硫排放量分别为 1238.1 万吨和 2185.1 万吨，分别超过水和大气环境容量的约 40% 和约 60%；环保重点城市空气污染物年均浓度未达到国家环境空气质量二级标准的城市比例为 26.5%；全国酸雨（pH 年均值低于 5.6）面积约 120 万平方公里，约占国土面积的 12.6%；地表水总体水质属中度污染，全国七大水系IV类以上水质断面比例高达 40.6%，较 2009 年提高了 2.3 个百分点，湖泊富营养化问题突出，近岸海域海水四类、劣四类占 23.2%。

与传统工业化道路忽视资源和环境且资源环境消耗强度大、经济增长与资源环境的相容性差不同，新型工业化从一开始就重视资源环境的经济价值、生态价值、精神价值和社会价值，强调环境友好、资源节约、生态平衡，注重有效利用资源，有效保护生态环境，尽可能地提高资源利用效率，减少污染物排放量。在工业生产中，变末端控制为全过程管理，推行清洁生产和柔性化的工业生产方式，提高资源能源利用效率，大力推进节能减排治污工作，有效控制温室气体排放，加快构建绿色工业生产模式。一方面，注意生产技术工艺的生态现代化，在生产工艺过程的设计中充分考虑资源与环境约束，把降低资源环境消耗强度作为工艺改进和设备更新的重要价值目标，加速开发和推广应用一切有利于节能降耗的低碳技术装备和生产工艺。另一方面，在工业化的实施中推广循环经济模式，对残余物进行资源再利用。在消费中，倡导文明健康的消费方式。把生活质量的提高建立在资源的低消费和生态环境优化的基础上，提倡文明消费与适度消费，改进消费结构，加强对消费过程中破坏环境行为的抑制，建立资源环境低负荷的社会消费体系，建立与生产领域类似的抑制高能耗和生态环境破坏的消费机制。在工业技术选择上，围绕环境保护和降低资源消耗建立新的技术创新体系。一方面，研究、开发和推广无污染的新技术和治理环境污染的新技术；另一方面，研究和开发提高资源利用效率的工业新技术，降低资源消费，拓宽工业化的资源利用空间。总之，新型工业化道路是一种比传统工业化更清洁的工业化道路，是经济发展、社会进步与环境保护实现"共赢"的工业化道路，是资源消耗低、环境污染少的可持续发展的工业化道路。

（六）发展成果全民分享

西方传统工业化是少数人独享经济发展成果的工业化。在这种工业化道路下，社会崇尚弱肉强食的"丛林法则"和完全放任自流的市场机制，在少数人独享经济发展和工业文明成果的同时，广大社会公众无缘分享经济发展和工业文明的成果并逐渐被边缘化、贫困化，结果强者更强，弱者更弱，社会两极分化严重。同样，我国传统的工业化道路也是为积累而积累的工业化，在推进工业化和经济增长的过程中脱离了满足人民群众日益增长的物质文化需求这一根本目标，结果人民群众的社会福利长期得不到明显改善，生活水平长期停滞不前，部分居民甚至连温饱问题都得不到解决，有增长而无发展。

与传统工业化道路不同，新型工业化道路从一开始就把满足人的基本需要、提高人的尊严、扩大人的选择自由、增加我国 13 亿人口的生活水准和社会福祉作为工业化的出发点和落脚点，坚持以人为本，实现好、维护好、发展好最广大人民的根本利益，坚持发展的成果全民分享，使全体人民的生活质量和生活环境随着工业化发展水平的提高不断改善，使工业化和经济发展的成果更好地惠及我国的全体国民。总之，新型工业化既不是为少数人而生产的工业化道路，也不是为积累而生产的工业化道路，而是坚持发展成果全民分享的工业化发展道路。

（七）工业化与信息化日益融合发展

在传统工业化时代，资本、劳动力和技术等投入要素构成工业化发展的核心要素，信息资源仅仅作为辅助要素而存在，且影响甚小。在新型工业化时代，一方面，信息技术已在全球企业和产业中迅速扩散和渗透，信息网络技术对提升工业技术水平、创新产业形态、推动经济社会发展发挥着越来越重要的作用，信息网络技术已成为经济增长的"倍增器"、发展方式的"转换器"、产业升级的"助推器"、工业化的"加速器"；另一方面，信息化的发展需要充分利用工业化所创造的物资、能源、资金、人才、市场等基础条件，信息技术、信息产品和信息产业的发展乃至信息化水平的提高，离不开工业化推动和支撑。而且，随着新型工业化的推进，工业化与信息化融合发展的领域将不断拓宽，层次和水平将不断提高，程度将不断加深。换言之，新型工业化是与信息化日益融合发展的工业化。

总之，新型工业化是科技不断进步、结构不断优化、效益不断改善、国际竞争力不断提高、资源环境消耗强度不断降低、发展成果全民分享的工业化，是与信息化融合发展程度不断提高的工业化。新型工业化道路立足于可持续发展和集约增长，强调资源节约和环境友好，强调发展速度和结构质量效益的统一，强调经济发展与人口资源环境的协调，是一条生产发展、生活富裕、生态良好的文明发展道路，是一条实现经济社会科学发展、和谐发展、永续发展的道路，是一条工业化与信息化深度融合发展的道路。

二、新型工业化道路的发展目标和任务

虽然改革开放以来我国工业化发展取得了很大进展，但从总体上看，我国仍然是典型的二元经济结构，发展中不平衡、不协调、不可持续问题依然突出，工业化的任务还远远没有完成。要在 21 世纪头 20 年全面建设小康社会和基本实现工业化，使经济总量和人均 GDP 在 2000 年基础上翻两番，我们必须认识到我国工业化进程的长期性和艰巨性，研究我国工业化道路的特殊性，充分利用各种有利条件，解决我国工业化进程中的突出矛盾和问题。

（一）改变粗放经济增长方式，提高经济发展的质量和效益

工业化是经济增长效率和质量不断改善和提高的过程。转变经济发展方式，提高经济增长的质量和效率是工业化的主要内容和任务。改革开放 30 多年来，我国工业化和经济发展取得举世公认的伟大成就。但直至今日，我国经济增长方式尚未实现根本性转变，高投入、高耗能、高污染、低效率的粗放增长方式问题依然十分突出，资源环境面临的压力仍然很大，甚至已经难以为继。特别是近几年来，随着我国经济增长速度加快，资金投入、资源消耗和环境污染大幅度增加。这种发展方式与实现经济社会全面协调可持续发展的要求不相适应，与不断改善民生、促进和谐发展的要求不相适应，与全面建设小康社会的要求不相适

应，与贯彻落实科学发展观的要求不相适应，与减少温室气体排放、发展低碳经济的国际发展潮流不相适应。因此，加快推进经济发展方式转变，是我国经济发展面临的最严峻的挑战和最紧迫的任务，是我国走新型工业化道路的必由之路。

转变经济发展方式，首先要提高要素利用效率。我国现有的经济增长方式之所以粗放，之所以对要素投入的依赖程度大，最根本的一点就是要素利用效率太低。数据显示，2009 年，我国国内生产总值占世界的 8.5%，而消费的煤炭占世界的 46.9%、钢占 46.4%、石油占 10.4%。当前我国 12 种重要原材料的物耗水平高出发达国家 5~10 倍，技术进步对经济增长的贡献率比发达国家低 15~20 个百分点。转变经济发展方式，当务之急是要把粗放的、以要素投入为本质特征的传统增长模式改变为集约的、以要素利用效率提高为本质特征的现代增长模式。按照新型工业化发展的要求，到 2020 年，资本—产出率由 2012 年的 1.39 提高到 1.85 以上，劳动生产率由 2012 年的 6.77 万元/人·年提高到 12 万元/人·年，技术进步对经济增长的贡献率从 2012 年的 30% 提高到 45% 以上，使我国的整体经济效益提高，国际竞争力的支撑能力明显增强。

其次，要提高能源利用效率，降低能源消耗强度和污染物排放强度。目前，我国主要工业产品单位能耗比国外平均水平高 40%，每万元 GDP 能耗是世界平均水平的 3 倍，美国的 4.3 倍，德国和法国的 7.7 倍，日本的 11.5 倍，单位产出污染物排放比发达国家高 10% 以上。因此，转变经济发展方式，还急需从高消耗和高排放的"高碳型"经济，向低消耗和低排放的"低碳型"经济转变，还需要从工业化推进过程中尽可能少地消耗化石能源和排放高碳污染物。按照新型工业化发展的要求，到 2020 年，单位 GDP 能耗由目前的 1.06 吨标准煤/亿元下降至 0.5 吨标准煤/亿元以下，单位 GDP 的主要污染物排放量均比目前下降 40% 以上，实现碳排放与经济增长逐步脱钩。

（二）改变产业结构不合理状况，促进产业结构优化升级

工业化是一个国家产业结构和经济结构不断优化升级的过程。推动产业结构的优化升级是新型工业化持续发展的推动力，也是新型工业化的重要内容和实现手段。改革开放以来，我国产业结构在不断调整中尽管有所优化，但仍然存在一些突出问题，主要表现在：经济增长过度依赖第二产业特别是资源、能源密集型的能源原材料工业和重化工业，现代农业和现代服务业对经济增长的带动能力弱；高新技术产业所占份额低，包括高新技术产业在内的大部分制造业附加价值、技术含量低，制造业大而不强；服务业发展相对滞后，尤其是有利于提升现代工业和现代农业的研发与科技服务、设计、营销、金融、供应链管理、现代物流等生产性服务业发展滞后；农业中传统农业仍占主导地位，现代农业发展滞后，与现代农业发展息息相关的农业信息化、良种化，以及农产品加工、营销、

绿色基地和产品检测、监测体系等建设步伐远远落后于发展的需要，关系到食品安全的农产品质量问题与保护粮食综合生产能力的压力加大。要走新型工业化道路，就必须改变目前产业结构的低度化和不协调状况，推进产业结构不断优化升级。

推进产业结构的优化升级，首先要实现从低效率、低加工度、低技术和低附加值的旧产业向高效率、高加工度、高技术和高附加值的新型产业结构转变，提升我国在全球产业分工和全球产业链与价值链中的层次和地位。在经济全球化和全球产业价值链形成的新阶段，产业结构优化升级的主要任务，是要准确把握全球化分工的新格局，以国际市场需求为导向，充分利用国际产业转移的机遇，引导全球资源向我国加速转移，提升我国在全球产业分工中的地位和层次，实现由当前的低端、低技术含量、低附加值环节为主向高端、高技术含量、高附加值环节跃升，实现生产要素配置由劳动密集型产业占优势向资本密集型、技术密集型产业占优势跃升，由制造初级产品的产业占优势向制造中间产品、最终产品的产业占优势跃升，从高消耗、高污染产业占优势向低消耗、低污染产业占优势跃升，最终实现产业结构的高附加值化、高加工度化、高技术化和高洁净化。

其次，要立足发展阶段转变，构建结构优化、技术先进、清洁安全、附加值高、吸纳就业能力强的现代产业体系。与小国不同，我国是发展中大国，建立独立的、比较完整的现代产业体系是保障我国工业化顺利发展的需要，也是保障我国产业安全和经济安全的需要，当然也是我国产业结构优化升级的重要方向和重要任务。推进产业结构优化升级，需要立足于发展阶段的转变，发展以生产性服务业为重心的现代服务业，发展以装备制造业为主体的先进制造业，发展以电子信息为主导的高新技术产业，发展就业容量大的优势传统产业；优化农业产业布局，加快农业科技创新，健全农业社会化服务体系，发展以质量效益为导向的优质、高产、高效、生态、安全的现代农业，完善现代农业产业体系；发展以能源、交通、水利等为支撑的基础产业，最终形成以现代农业为基础，高新技术产业为先导，先进制造业和现代服务业为支撑，基础产业、传统产业和服务业全面发展的现代产业体系。

再次，积极发展第三产业，提高其在产业结构中所占的比重。服务业尤其是生产性服务业具有知识密集型和差异化的特征，当其作为高级生产要素融入制造业以后，可以大幅度降低制造业的交易成本，提高制造业的生产效率和效益。正如日本学者并木信义指出，"国际竞争的舞台中相互角逐的是制造业产品，而服务业则在制造业的背后，间接地规定着制造业的产业竞争能力。"第三产业发展滞后，尤其是研发、物流、会计、审计、法律、咨询、监理、征信、认证、价格评估、招标投标等生产性服务业和现代服务业发展严重滞后，是我国产业结构中的突出问题。2010年，第三产业增加值占GDP的比重仅为43.1%，第三产业从业人员占全社会从业人员的比重仅为34.6%，不仅远远低于发达国家，而且低于发展中国家的平均水平。要改变这种状况，需要大力发展作为商品生产中间投入和中间需求的生产性服务业，大力发展影视、动漫、工业设计等文化创意产业，积极发展软件、咨询产业等新兴服务业，改造提升商贸、餐饮等传统服务业，提高其技术水平和经营效率，争取到2020年使服务业占GDP的比重上升到50%以上，现代服务业占服务业的比重上升到60%以上。

最后，要加快突破制约结构升级的关键技术和关键环节。关键技术和关键环节是推动产业结构优化升级的重要引擎。我国工业化过程中之所以长期伴随并且不能很好地解决结构不合理问题，一个重要的原因是我国关键技术和关键环节往往受制于人。因此，改变产业结构不合理状况，促进产业结构升级进而加快新型工业化发展，亟须突破制约结构升级的关键技术和关键环节，包括：研究开发、设计、营销、品牌、技术服务、专门化分工等制约产业结构优化升级的关键环节，重大技术装备、关键原材料、重要基础零部件等制约产业结构优化升级的关键环节等。

（三）消除城乡二元结构，实现城乡经济社会协调发展

工业化是一个国家从二元经济社会转变为现代化的一元经济结构的过程。由于多方面的原因，目前我国城乡二元结构的特征还相当突出：相对发达的城市经济和相对落后的农村经济并存的现象仍然没有消除；城乡收入差距还在不断扩大；农业发展基础薄弱的状况还没有根本改观，农村经济发展的条件与城市还有很大的差距；农村社会事业发展还远远落后于城市。上述这些二元结构性问题的存在，与新型工业化发展道路的要求格格不入。走新型工业化道路和实现新型工业化，从城乡关系的角度看，就要解决城乡二元结构，实现城乡经济社会的协调发展，最终实现城乡发展一体化。

实现城乡协调发展，首先是加速传统农业向现代农业和现代非农业产业转化，农业剩余劳动力向非农产业转化，大力提高工业化和城市化水平，逐步实现产业转移和人口转移同步。中国城乡二元结构的根本问题在于农村人口太多、农民太多，农业剩余劳动力太多。[①] 只有减少农民数量，才能富裕农民、发展现代农业和规模农业、振兴农村经济。改革开放后乡镇企业和城乡经济的发展，促进了农业剩余劳动力的转化和转移。据统计，1978~2010年，第一产业劳动力占社会就业总人数的比重由70.5%下降到36.7%，下降了33.8个百分点，而就业人数的绝对量由2.83亿微降至2.79亿，仅仅略有减少。按照新型工业化发展的要求，2020年农业劳动者总量需要降到2亿以内，相对比重下降到25.6%，即再降低11个百分点，实现绝对数和相对数同步下降的目标。

---

① 胡鞍钢：《城市与乡村——中国城乡矛盾与协调发展研究》，科学出版社，1996年版。

其次，要促进农业劳动生产率和农民收入的提高，逐步缩小城乡收入差距。目前我国农业已从农产品总量短缺向结构性剩余转移，但面临城乡居民收入增长不同步，农业发展与农业劳动生产率提高不同步，农产品增产与农民收入增长不同步等深层结构性矛盾。农业特别是种植业比较效益低和劳动生产率低，是我国农民收入低、城乡差距拉大的重要原因。走新型工业化发展道路，基本条件是推进中国特色的农业现代化，在以工促农、以城带乡机制的作用下，农业现代装备水平和资本有机构成得到有效提高，农业劳动者素质明显提高，现代农业生产体系基本形成，农业比较劳动生产率得到相应提高，城乡居民人均收入差距不断缩小。按照新型工业化发展的要求，农业劳动生产率与非农劳动生产率以及农民收入与城市居民收入均在不断增长的基础上逐步向均等化方向收敛。到 2020 年，农业劳动生产率与非农业劳动生产率的比率要由 2012 年的 1：4.5 提高到 1：3；城乡居民人均收入水平之比从 3.1：1 缩小到 2：1 以内，接近 2012 年世界城乡居民收入比 1.5：1 的水平，基尼系数从 2012 年的 0.47，超过国际警戒线，下降至 0.35，低于国际警戒线以内。

最后，要实现城乡基本公共服务的均等化。基本公共服务均等化是城乡协调发展的题中应有之义，也是我国新型工业化的重要任务。要改变农村的文化教育、医疗、基础设施等方面严重滞后于城市的现状，使城乡居民享受的基础教育、基本医疗和基本社会保险等公共服务逐步实现均等化，城乡居民生活条件在不断提高的基础上逐步趋向现代化。

（四）缩小地区发展差距，促进区域协调发展

促进区域协调发展，是新型工业化的重要内容，也是实现新型工业化的重要途径。虽然近年来我国区域经济发展的协调性有所增强，尤其是 2007 年以来，中、西部和东北地区经济增速全面超过了东部地区，东部地区增速一直快于其他地区的传统增长格局发生重大变化，但是，从总体上看，目前我国区域发展还面临一些突出的矛盾和问题。这主要表现在：区域间经济社会发展差距仍然过大，而且继续扩大的总体趋势没有改变，如 1978~2007 年反映省际人均 GDP 差异水平的基尼系数由 0.328 扩大到 0.345；区域间低水平竞争严重，无序开发状况比较突出，全国生产力布局总体上还不尽合理；区域间基本利益关系尚未理顺，基于资源开发与利用、生态环境保护与补偿、生产要素流动与交易等方面的利益关系调整还缺乏科学规范的制度构架，市场机制还不能充分发挥作用，促进区域协调发展的管理体制不够健全、法律制度不够完善。要走新型工业化道路和实现新型工业化，就必须逐步缩小地区间的发展差距，实现区域协调发展。

推进区域协调发展，首先是缩小地区发展水平（主要是人均地区生产总值）、收入水平和公共产品享用水平的差距，逐步实现均等化。考虑到我国要素向优势

地区流动和集聚趋势短期内仍不会改变的现实，现阶段促进区域协调发展的主要任务，是遏制地区间人均生产总值和收入水平差距扩大的趋势，使之保持在可以接受的范围内，并逐步缩小区域间人民生活水平和公共服务差距，使各地区居民能够享受的义务教育、公共卫生和基本医疗、社会保障、社会救助、促进就业、扶贫济困、防灾减灾、公共安全、公共文化等基本公共服务趋向均等化。

其次，要使各地区比较优势能够得到充分发挥，形成各具特色、优势互补、共同发展的区域关系新格局。近年来我国一些地区以技术标准等更为隐蔽的方式阻碍地区间的要素流动，搞地区保护，并直接导致了经济的分散化和分割化，助长了"大而全"、"小而全"以及重复建设，严重阻碍了地区间分工与交换的发展。推进区域协调发展，还需要发挥比较优势和市场机制优化资源配置作用的原则，改变地区间的行政封锁，各地画地为牢，要素不能自由流动的局面，实现各地区之间人流、物流、资金流、信息流能够实现畅通和便利化，各地区的比较优势和特殊功能都能得到科学、有效的发挥，形成体现因地制宜、分工合理、优势互补、共同发展的特色区域经济，实现全国整体利益的最大化。

最后，要促进各地区内部的协调发展。目前，很多地方不顾自身资源环境条件和比较优势，提出要大力发展重化工业，一些水资源、能源严重匮乏的地区也提出发展高耗水、高耗能型产业，这种发展模式不仅导致了区域间产业结构的同质化，加剧了地区间的恶性竞争，也损害了当地的资源生态系统。因此，推动区域协调发展，还需要根据各地区不同的要素禀赋和发展所处阶段，发挥各自的比较优势，通过"和而不同"的分工协作、良性互动，兼收各区域经济增长与人口资源环境之间实现协调、和谐之利。

（五）改变城市化发展滞后的现状，促进工业化与城市化协调发展

加快城市化发展进程，提高城市化发展水平，推动工业化与城市化的协调发展，是新型工业化的重要内容，也是实现新型工业化的重要目标和任务。虽然改革开放以来我国城市化率已经从 1978 年的 17.9%上升到 2010 年的 50.0%，城市化与工业化的协调性也有所增强，但是由于长期受计划经济体制、城乡分割体制和优先发展重工业的赶超型工业化战略的影响，我国工业化与城市化严重不协调，主要表现为城市化滞后于工业化。2010 年，在我国 GDP 结构中，制造业产值比重约为 35.0%，非农产业产值比重为 89.9%，其对应的城市化水平分别为 65.2%和 67.1%，而 2010 年我国城市化水平为 50.0%，低了 15 个百分点以上。从就业比重来看，2010 年我国非农产业就业比重为 63.3%，其对应的城市化水平为 55.3%，依然比 2010 年我国城市化率高出 5.3 个百分点。从国际比较来看，当一个国家处在人均 GDP3000 美元的时候，城市化率在 55%~60%。2010 年中国人均 GDP 达到 4600 美元，但城市化水平只有 50.0%，远低于工业化中后期 60%的

均值。走新型工业化道路和实现新型工业化，必须加快城市化发展进程，改变城市化发展滞后的局面，促进工业化与城市化的协调发展。

促进工业化与城市化的协调发展，首先，要使工业化与城市化在发展阶段上相协调，即工业化的发展不能超越城市化的发展阶段而孤军深入，城市化的发展阶段也不能超越工业化的发展阶段，而要与工业化的发展阶段相适应，使工业化和城市化基本同步实现从初期、中期到后期阶段的演化。

其次，要保持工业化与城市化的发展目标、发展方式的协调。即在推进工业化和城市化进程中，工业化的发展目标、发展方式不能与城市化的发展目标、发展方式发生冲突，而要保持二者在发展目标、发展方式上的一致性。

最后，要使工业化与城市化的发展速度相互协调。即使工业化与城市化二者之间在发展速度上要保持一定的均衡。这种均衡不一定要求工业化率上升一个百分点，城市化率也必须上升一个百分点，而是要求工业化与城市化的上升速度这二者之间的比值保持在一个合理的区间内，即使工业化的城市化弹性值（E_{IU}）保持在一个合理的区域内。根据世界各国工业化和城市化发展的成功经验，如果工业化与城市化在发展速度上的弹性值即 IU 落在 0.8~1.2 的区间内，则表明工业化与城市化二者在发展速度上是协调的。

（六）改变信息产业和信息化发展滞后的现状，促进工业化与信息化的深度融合发展

信息化给我国新型工业化道路注入了有别于传统工业化模式的新内涵，新型工业化是在信息技术日新月异背景下的工业化，信息化将贯穿新型工业化的全过程和每一个环节。信息技术对提升工业技术水平、创新产业形态、推动经济社会发展发挥了重要作用。信息技术已成为经济增长的"倍增器"、发展方式的"转换器"、产业升级的"助推器"、工业化的"加速器"。因此，我国工业化发展需要借助信息化这一强大的武器和工具，工业化发展离不开信息化。反过来，工业化可以为信息化提供市场需求、提供技术装备。因此，大力推进工业化与信息化在更高水平、更深层次和更大范围上的深度融合既是中国特色新型工业化道路的重要内容，也是实现经济发展方式转变的内在要求。工业化与信息化融合，包括两个相互联系的方面：一方面，指在工业研发、生产、流通、经营等领域广泛利用信息设备、信息产品、信息技术，推进设计研发数字化、制造装备智能化、生产过程自动化和经营管理网络化，不断提高生产效率、改善生产工艺、优化产业结构，用信息化促进工业化；另一方面，指在信息化的发展过程中，要充分利用工业化所创造的物资、能源、资金、人才、市场等基础条件，加快信息技术、信息产品和信息产业的发展步伐，促进产业信息化水平的提高，用工业化推动信息化。目前，我国已处于工业化发展中期的后半段，信息化建设虽然已取得了一定

成果，但仍存在信息化核心技术水平低、信息安全性低、信息化与工业化融合的程度差、水平低的问题。从总体上看，我国信息产业和信息化滞后于工业化并已在一定程度上制约了新型工业化的顺利推进。

因此，顺利推进新型工业化进程，亟须提高经济发展的信息化水平，推动工业化与信息化的深度融合发展。信息化与工业化深度融合发展，具体分为四个层次：一是技术层面，要研究掌握两化融合的关键技术。如设计自动化关键技术、工业控制自动化关键技术、智能物流关键技术、电子商务关键技术、技术改造关键技术等。二是产品层面，通过应用诸如柔性制造、网络制造、绿色制造、智能制造、计算机辅助设计（CAD）、辅助制造（CAE）、辅助工艺过程设计（CAPP）等信息技术带来新产品、新功能的研发和生产。三是企业层面，通过应用诸如客户关系管理（CRM）、供应链管理（SCM）、企业资源计划（ERP）等信息技术，实现生产经营体系的耦合，促进生产手段和制造工艺的改进、企业管理流程的改善，提升自动化、智能化和管理现代化水平，提高企业的核心竞争力。四是产业层面，通过应用网络和信息技术，加速信息流和服务流，促进相关产业的加快融合，加快发展互联网服务、现代物流、离岸服务外包、电子商务等新兴产业或新型业态。

就"十二五"时期及未来更长一段时期而言，促进两化的深度融合发展，应该重点解决以下三个方面任务：

首先，要提高信息技术产品在工业增加值中的比重。应在全面推进工业化的同时，加快发展信息技术产品的生产，抢占制高点。近年来，世界各国特别是发达国家信息产品和信息产业增长迅猛，并已经成为其国民经济中的新的经济增长点。而我国的信息产业特别是先进信息产品制造业恰恰是我国工业的短腿，其在工业总量中的比重大大落后于发达国家。因此，在工业化进程中大力发展电子信息产品制造业，应当成为我国工业化与信息化融合的第一大任务。

其次，用信息化提升改造传统产业。用信息技术提升改造传统产业，就是实现传统企业的信息化，将信息技术在传统产业产品研发、生产制造、管理和营销方面全方位得到应用，大幅度提高传统产业的生产效率，使企业的竞争力得到全面提升。应优先发展嵌入式软硬件技术，逐步解决装备产品关键工控部件依赖外购、工业产品附加值较低、缺乏自主知识产权的问题，提升企业的自主创新能力，这应当成为我国工业化与信息化融合的第二大任务。

最后，在工业生产和管理中更多地使用信息技术。应将信息技术应用于工业企业运行的各个环节，即应用于企业新产品和新技术研发、产品设计、产品生产制造企业管理、企业采购和销售及企业产品售后服务，用信息技术改造我国传统产业产品价值链的全流程，提高企业的盈利能力和市场竞争力，这应当成为我国工业化与信息化融合的第三大任务。

三、加快新型工业化发展的对策措施

要完成新型工业化发展上述艰巨的历史任务，必须采取更加有针对性的措施，在以下几个方面推行相应的政策。

（一）转变经济发展方式

1. 树立科学发展理念

在传统的工业化理念模式下，高投入、高消耗、高排放，先污染后治理方式仅仅只能缓解生态环境恶化的趋势，不能从根本上实现工业化的可持续发展。所以，要转变经济发展方式，实现可持续发展的新型工业化，必须首先转变观念，构建遵循科学发展观的工业化模式。①在工业化的发展观上，以人的全面发展为最终目标，以人与自然的协调为核心，彻底改变把自然视为征服对象的发展观，使工业化发展由对物质过分追求转向对人的终极关怀，在工业化过程中实现经济过程与自然过程和谐统一，经济发展的数量与质量和谐统一，降低工业化的代价，提高经济发展的质量和净收益。②在工业化的生产方式上，建立低耗能、轻污染的低碳生产方式。在工业生产中资源浪费、环境破坏由传统经济发展模式条件下的末端控制转变为全过程管理，推行清洁生产和柔性化的工业生产方式。一方面，注意生产技术工艺的生态现代化，在生产工艺过程的设计上充分考虑资源约束与环境污染；另一方面，在工业化的实施中推广循环经济模式，对残余物进行资源再利用。进一步淘汰落后的生产工艺技术装备，加强清洁生产技术和先进技术装备的推广与使用。通过新的产业政策进行工业结构和工业布局的调整，进行工业生产方式的革命，大力推行循环经济和低碳经济。③在消费上，倡导文明健康的消费方式。把生活质量的提高建立在资源的低消费和生态环境优化的基础上，提倡文明消费与适度消费，改进消费结构，加强对消费过程中破坏环境行为的抑制，建立资源环境低负荷的社会消费体系，在消费领域中建立与生产领域类似的抑制高能耗和生态环境破坏的机制。如选择高效利用能源和交通资源、少排放污染物、有益健康的出行方式，使用自行车、城铁（轻轨、地铁）、公共汽车等交通工具。④在工业技术选择上，围绕环境保护和降低资源消耗建立新技术创新体系。一方面，研究、开发和推广无污染的新技术和治理环境污染的新技术；另一方面，研究和开发提高资源利用效率的工业新技术，减少资源浪费，拓宽工业化的资源利用空间。当前，要重点开发和推广节约、可替代、循环利用和治理污染的先进适用技术，发展清洁能源和可再生能源，保护土地和水资源，建设科学合理的能源资源利用体系，提高能源资源利用效率。

2. 推进资源和要素价格体系改革，健全资源和要素高效利用的激励机制

价格形成机制不完善，资源和要素价格被扭曲，使微观经济主体缺乏通过提高效率实现经济发展的驱动力，刺激了对资源和要素的过度消耗。这是我国经济增长方式粗放的重要原因。目前，我国相当多的要素成本由于价格扭曲而被人为压低，包括土地、水、能源和其他资源的价格低估，包括环境污染、生态破坏造成的外部损害没有内部化为生产成本等现象比较普遍。根据国际能源组织有关资料，我国工业电价水平为 5.1 美分/千瓦时，是日本、意大利等发达国家的62.5%，是阿根廷等发展中国家的 83.3%，是加拿大、澳大利亚等资源型国家的76.9%。我国城市水价仅为国际水价的 1/2。由于我国资源价格低，企业可以轻易获得廉价的生产要素，在这种情况下，谁也不会平白无故地冒险去进行技术创新，转变经济发展方式。在资源低价政策下，谁多消耗了资源谁就多分享了经济利益，哪家企业认真治理污染，就会付出更多的成本代价，降低自己的竞争力。因此，转变经济发展方式，必须推进资源和要素价格体系改革，建立能够反映资源稀缺性、生产成本与交易费用、市场供求状况和环境代价的资源价格体系。为此，需要将各种资源环境直接投入市场，依据价格规律和供需关系来确定、体现资源环境要素的价值，使环境资源的开发、利用、保护、再生、补偿纳入工业经济运行过程中的价值运动和资金运动之中，从而真实地反映市场经济的运行状况和价值运动全貌。一方面，改变现行的资源价格只计资源开发成本的做法，建立健全矿产资源有偿使用制度，改进和完善资源开发生态补偿机制，使自然资源价格至少要包括自然资源开发成本、环境退化成本以及资源利用者成本。另一方面，修正与环境有关产品的价格政策，研究开征环境税、低碳税。不计环境成本的产品价格政策会鼓励厂商大量无代价地利用自然资源与环境要素，从而不可避免地引起环境退化。根据污染者付费原则，这类产品的价格应包括污染者必须支付清理环境污染的成本或支付由于产品生产而造成的环境损失费用，从而通过这种定价政策安排，减少工业化对环境资源的损耗和破坏，在环境资源持续利用的基础上实现新型工业化。

3. 完善干部政绩考核办法

我国现行的以 GDP 增长为主要政绩的考核标准是导致各级官员重增长、轻发展，热衷于传统增长模式的重要原因。由于 GDP 是考核各级政府和官员的硬性指标，保持 GDP 相对增幅，就成了地方政府工作的最重要的目标之一。有些地方官员为了政绩，不惜运用政府的动员能力，以很大的资源、环境代价和扭曲性政策来实现 GDP 的高增长，表现出强烈的追求短期经济发展的倾向。如果这种对地方政府的政绩考核标准和方式不改变，经济发展方式的转变就很难实现。因此，必须改变以辖区内 GDP 增长为主要考核晋升标准的现行体制，把环境指

标、能源消耗效率指标、就业率指标、社会安全指标等纳入到业绩考核范围内，建立一个 GDP 与环境、社会和谐安定等指标相互制约的考核体系，使政府人员追求政绩的努力与实现协调和可持续发展的目标相一致。同时，必须改变主要靠从上至下考核的办法，逐步扩大和加强公民及其代表在政绩考核、人员任用和升迁中的作用，让民众意见和民众满意度成为决定地方政府官员政治前途的重要变量。

（二）优化升级产业结构

1. 健全体制机制，完善产业政策

从动力机制的角度来讲，产业结构优化升级的推动机制包括市场机制和产业政策两方面，两者缺一不可。市场机制特别是竞争机制具有优化资源配置，淘汰落后技术、落后工艺、落后产品和落后产能的优选功能。因此，在推进产业结构优化升级过程中，要坚持以市场为主导，充分发挥市场在资源配置中的决定性作用，让市场竞争和消费者选择来优化资源在产业间和各产业内部的配置比例与配置结构。但是，完全由市场机制来支配产业结构升级，缺点有两个：一是结构优化速度相对较慢，需要的时期较长；二是市场机制往往比较"短视"，它只能看到并承认现实的比较优势和竞争优势，而看不到技术和市场跳跃式发展过程中未来比较优势和竞争优势动态演变趋势。如果完全按照市场机制的逻辑，发展中国家的"幼稚产业"和发达国家的"战略性产业"就很难发展起来。正因为如此，西欧国家在发展与美国波音竞争空客的过程中，就没有完全遵循市场的逻辑，而是最大限度地发挥了政府产业政策的作用，最终使欧洲的民用航空制造业逐步发展成为可以与美国民航制造业一决高下的支柱产业。因此，在推进我国产业结构优化升级的过程中，也要发挥政府产业政策的积极作用，包括产业结构政策、产业组织政策、产业技术政策的积极作用，弥补市场机制的失效，培育战略性的竞争优势和比较优势。目前有一种观点认为，在经济全球化深入到世界每一个角落和我国加入世界贸易组织十余年的今天，产业政策作为一种计划经济观念的残余应该退出历史舞台，并让竞争政策取而代之。这种观点已经被新自由主义思潮所导致的国际金融危机所否定，也被我国在融入经济全球化中的垂直分工过程中产业结构的空洞化和低度化现实所否定。

当然，发挥产业政策的积极作用也要求注重政策制定的科学性，不断完善产业政策。就目前而言，完善产业政策要从两方面入手：一方面，在政策制定前，要广泛征求各利益相关方的意见，特别是要充分听取行业协会的意见，建立政府、协会、企业之间通畅的交流协商机制；另一方面，要加强产业政策实施过程的监督和评估，及时发现政策实施中存在的问题，评估政策执行状况，进而决定该项政策是延续，还是修改调整、废止，或者另选新政策。

2. 大力发展高新技术产业尤其是战略性新兴产业

高新技术产业是以高新技术产品开发和生产为主导的产业。大力培育和发展高新技术产业尤其是战略性新兴产业，提高其在国民经济中所占的比重，既是产业结构优化升级的重要内容，也是推动产业结构优化升级的重要手段，还是占领世界经济制高点和提高我国产业在世界产业分工中地位的需要。

经过改革开放特别是近年来的快速发展，我国高新技术产业的产业规模和出口总额均已跃居世界第二，战略性新兴产业发展的势头也比较良好。但由于起步晚，总体仍显薄弱，与发达国家相比，还存在较大差距，推动我国产业结构的优化升级和新型工业化进程还显得力不从心。因此，应充分把握高新技术产业的发展规律，利用后发优势，加快发展高新技术产业和战略性新兴产业，推动产业结构优化升级，并以此推动我国新型工业化和整个国民经济的发展。

综合考虑市场需求前景和现有发展基础，我国应该选择信息通信、高端装备制造、新材料、新能源与节能环保、生物产业和高端生产性服务业六个领域作为战略性新兴产业培育发展的重点领域。

信息通信产业方面，重点培育和壮大新一代移动通信、下一代互联网、光纤宽带接入、新型显示、集成电路、数字视听、软件业、数字内容、卫星应用、物联网、智能电网、移动智能信息终端等新兴产业群。

高端装备制造业方面，重点发展高档数控机床及基础制造装备，极大规模集成电路设备等战略性发展需要的重大装备，节能和新能源汽车、高速轨道交通设备、支线及干线飞机、高技术船舶等先进交通工具制造，传统产业升级改造急需的数字化、绿色化重大装备。

新材料产业方面，重点发展航空航天工程关键材料、微电子基础及配套材料、光电子材料、新型显示材料、新能源材料、高性能复合材料、特种功能材料，智能材料、纳米材料和超导材料等新材料，支持大企业不断创新。

新能源与节能环保产业方面，重点发展风力发电设备制造，太阳能光伏电池，太阳能热利用，先进核电设备（高温气冷堆）制造，煤炭清洁高效转化、煤层气开发及煤制石油替代产品，半导体照明，碳的捕集与存储，先进智能电网等新兴产业群。

生物产业方面，重点培育疫苗与诊断试剂、重大新药创制、现代中药、生物医学工程、化学药物升级改造，生物农业、海洋生物资源开发，能源植物及生物质能源开发，微生物制造，生物修复、生态治理等新兴领域。

高端生产性服务业方面，重点发展产品技术研发及工业设计服务、信息技术研发及外包服务、技术性业务流程外包、工业软件开发应用、电子商务、信息安全服务、工程总承包等高端生产性服务业。

大力发展上述高新技术产业和战略性新兴产业，当务之急是要组织制定新兴支柱产业发展规划及相关产业政策，组织实施一批高新技术产业化专项，推动建设一批高新技术产业基地，加快推进重大科技成果的工程化、产业化，加快新兴支柱产业基地建设和发展，推动建立健全有利于新兴支柱产业发展的财税、金融支持政策，扶持产品和服务创新，积极引导消费，加强人才队伍建设，努力为新兴支柱产业发展创造良好的环境。

3. 改造提升传统产业

我国的钢铁、水泥、纺织服装、化工、金属制品等传统产业工艺、技术、装备大多落后，能耗、物耗高，效率低，在一段时期内呈低增长甚至负增长，如果不加以改造升级，将严重影响产业结构升级和新型工业化的发展。因此，在大力发展高新技术产业和新兴战略性产业的同时，要以市场为导向，以企业为主体，以产业结构优化升级和提高国际竞争力为目标，以研究开发、集成应用高新技术和先进适用技术为手段，以技术装备改造升级、工艺改进和产品链与价值链延伸为重点，加大传统产业改造提升步伐，使之能更快适应市场经济规律和符合现代化发展要求。

用高新技术和先进适应技术改造提升传统产业要从三个层次上推进：一是对传统产业的现有产品直接更新换代或升级，如用高新技术改造传统产品，使传统产品功能和质量增强，技术含量提高，实现产品的升级换代，逐步使传统产品变成高新技术集约的新型产品；二是引进或采用先进技术、先进设备，提高传统产业的制造水平和管理水平，如用高新技术设备代替原有关键设备，提供以更新工艺为目标的工序技术，如引进智能机器人、数控机床、柔性制造系统及电子计算机应用于生产过程的自动化、半自动化控制，增加企业设备的技术构成，实现传统产业的技术改造；三是将引进的高新技术（主要是硬件技术）同企业自身的优势（主要是软件技术）相融合，从传统产业的低附加值和低技术含量的生产环节向高附加值、高技术含量的生产环节过渡，如在传统制造业、零售业和服务业引进和利用电子商务、网上购物和微博客等现代信息手段和现代元素。

4. 提高自主创新能力，为产业结构优化升级提供强有力的技术支撑

产业结构优化升级既包括产业结构由劳动密集型为主导依次向资本、技术、知识密集型为主导的转变，也包括同一产业内技术工艺水平的升级和产品结构的升级换代。无论哪种类型的产业结构优化升级，都必须有自主技术创新来做支撑。没有独立自主、系列化的技术研发能力，产业结构优化升级就无从谈起。[①]而目前我国总的对外技术依赖度超过50%，重大装备和基础软件仍然依靠进口，如光纤制造装备的100%、集成电缆制造装备的85%、石油化工制造装备的80%、数控机床的70%和医疗设备的95%依赖进口。更为严峻的是，经过改革开

① 胡春力：《我国产业结构升级的原因与实质》，《中国投资》，2009年第11期。

放30多年的"市场换技术"的实践，目前我国通过"市场换技术"和引进国外技术来推动国内产业结构升级的空间越来越窄，尤其是核心技术、关键零部件引进受到技术拥有者和所在国家的严格限制。增强自主创新能力，是推进产业结构优化升级的必然要求，也是实现新型工业化的必由之路。

提高自主创新能力，一要尽快完善鼓励自主创新的体制机制，激发全民创新积极性。健全成果评价机制，将科研成果、创新成果就地转化水平、市场化水平和商品化水平作为评价企业、科研院所及其负责人的重要依据。健全成果转化机制，鼓励、扶持企业和科研院所科研成果、创新成果就地转化，提高市场化、商品化水平。健全风险投资机制和体系，建立风险资金退出机制，在充分发挥资本市场推动风险投资发展起决定性作用的前提下，制定配套措施，建立风险资金的退出机制。健全成果应用机制，加大知识产权保护力度，以健全完善的体制调动全民创新的积极性。

二要积极地实施促进自主创新公共财政政策，加大财政支持力度。包括：大幅度增加财政科技投入，使财政科技投入增幅明显高于财政经常性收入增幅，逐步提高财政性科技投入占我国 GDP 的比例；调整财政科技投入结构，合理界定政府科技投入重点，切实保障重大科技工程的顺利实施，将重大高新技术的研发与产业化、企业技术创新、农业科技成果转化、社会可持续发展、科技基础条件平台建设等方面的科技专项资金纳入财政预算，形成稳定的财政资金投入渠道。

三要加快发展创业风险投资。大力扶持自主创新风险投资业的发展，制定吸引风险投资机构的优惠政策，有效引导和扶持风险投资基金，培育多元化的市场主体。支持保险公司、证券公司依法依规开展创业风险投资业务，完善担保体系建设，发挥现有政府性担保机构和政府性投资公司的作用，建立健全知识产权信用担保和相关信用担保制度。建立健全金融资本科技贷款风险补偿机制，加强政策性金融对重大科技项目的支持，引导商业金融支持高新技术产业化，加大对科技成果转化的金融支持力度。鼓励社会资金捐赠创新活动，激励和引导个人、民间组织、非营利机构对自主创新的投入。

四要大力发展高新技术产业园区和工业集聚区，为自主创新搭建良好发展平台。着力加快"孵化器"建设，重点加快建设创业园、科技园、软件园等各类产业园区，大力引进高新技术项目，努力形成高新技术产业集群。改革体制机制，以政府主导、市场运作为导向，完善准入和退出机制，把资源转移到高效率的平台上去。突出成果转化，充分发挥各类产业园区的中介和桥梁作用，推进产学研深度合作，推动成果转化。

五要以实施重大科技专项为契机，整合科技资源，突破制约工业发展的核心技术和关键技术。优先启动能起到引领支撑作用的重点课题，如"核心电子器件、高端通用芯片及基础软件产品"、"极大规模集成电路制造装备及成套工艺"、

"新一代移动通信"、"下一代互联网"等，加速推进产品研发和产业化。

六要强化标准管理，做好标准与规划、产业政策的协同，促进国家标准与国际标准的衔接，形成技术创新、标准与知识产权的互动。

七要创新发展思路，要充分借助我国工程科技专家的智力资源，组织开展重大战略问题的研究，谋划大思路、大举措。

八要进一步做好知识产权保护工作。强化企业申请专利、保护创新成果的意识，设立相应的奖励机制。扩大知识产权保护的广度和深度，对侵犯知识产权的违法事件依法严肃处理。建立和完善知识产权交易市场，促进技术成果流通，鼓励企业参与国际专利交换工作。

（三）推进城乡协调发展

1. 进行制度创新，消除导致二元结构的制度根源

不合理的"城市偏向"制度安排是我国二元结构产生和不断强化的重要原因。缩小城乡差距，实现城乡协调发展，重要的一点是改变长期以来"重城市、轻农村，先市民、后农民"的"城市偏向"的制度安排，统筹考虑城乡制度供给，并以此为基础来统筹城乡经济社会发展。鉴于当前城乡发展不平衡的状况，统筹城乡经济社会发展的切入点是转变"城市偏向"的发展战略，更多地考虑农村经济和社会发展的需要，以弱化城乡二元结构，防止"三农"这条腿过短引起城乡发展严重不协调。当前和今后一段时间内，国家在处理城乡发展关系上应采取"补短而不截长"的宏观政策。在具体的制度安排上，包括研究改革农村土地、住房等产权制度，建立城乡统一的产权制度；逐步取消现行户籍管理办法，建立和实行城乡一体、全国统一的户籍管理制度；以取消就业歧视和限制、提倡同工同酬为中心，建立城乡统一的就业制度；以恢复农民的"国民待遇"为主题，建立城乡统一的福利保障和教育制度；以改变农村资源净流出的局面为目的，建立城乡统一的财税金融制度等。

2. 加大对农业和农村的财政支持力度，建立健全财政支农方式，提高财政支农效率和效益

目前我国财政用于农业支出占财政总支出的比重只有13%左右，不仅总量不足，而且效率不高，效益不佳。要改变这种状况，一是要明确规定财政支农增长幅度，各级政府在编制财政预算时，新增财政支出应以支农为主。二是要积极开展多种财政支农方式，如对生产者的直接支付、农村基础设施和科教投入、农业保险补贴、为保护环境所提供的补贴、地区性援助等。三是应该将财政支农的重点放在影响农业整体效益提高的薄弱环节上，促进农业和农村经济结构的战略性调整。四是要加大对农村社会事业发展的投入力度，使农业支出占财政总支出的比重到2020年提高到25%以上。五是要加大农民教育培训投入力度，提高农村

人力资本的素质。六是要改革城乡二元公共产品供给体制，把农村公共基础设施建设由农民投资为主变成以国家财政投资建设为主，让农民在公共产品享用上能够获得"市民待遇"。

3. 加速实现农村剩余劳动力向非农产业转移

过多的农村人口与有限的农业生产资源的矛盾，是我国"三农"问题成为难题的根源。加速实现农村剩余劳动力向非农产业的转移是提高农民收入和生活水平的一条根本途径，也是实现城乡协调的一条根本途径。我国目前城乡就业人数为 7.75 亿，比所有发达国家就业人口总和还多 2 亿以上，每年新增劳动力接近 1000 万人。根据我国目前每亩耕地投入的劳动力计算，农村只需要 1.5 亿左右的劳动力，而我国目前的农业劳动力数量为 3.1 亿，隐形失业人数大约 1.6 亿。换言之，目前我国需要向非农产业转移的农村剩余劳动力为 1.6 亿人。这是我国工业化、城市化面临的最严峻的问题之一。为了扩大就业，我国的就业政策取向应该是：在产业类型上，注重发展劳动密集型产业；在企业规模上，注重扶持中小型企业；在经济类型上，注重发展非公有制经济；在就业方式上，注重采取灵活多样的方式，改变对非正规就业的歧视。这样有利于缓解就业压力和改变城乡二元经济结构。

为了有序地推进农村剩余劳动力的转移，必须健全机制，完善政策，为农村剩余劳动力转移创造宽松的环境。主要应从以下四个方面入手：一是建立农村剩余劳动力转移就业机制。坚持公平对待、合理引导、完善管理、搞好服务的原则，抓紧建立农民工权益保障机制、社会保障机制、务工管理机制，确保农村剩余劳动力转移健康、规范、有序地进行。二是建立和完善农村劳动力就业培训与教育制度。进一步整合各方面的职业教育资源，建立健全农村劳动力就业教育与培训体系。实施以农村新生劳动力为对象的劳动预备制培训项目，以进城农民工为对象的技能提升培训项目，以农村富余劳动力为对象的转移就业培训项目，提高培训针对性。三是完善城乡统一、开放的劳动力市场，加强农村剩余劳动力转移就业的信息服务。建立多渠道、多层次的农村劳动力转移就业服务体系，及时掌握劳动力输入地就业信息，做好输出地与输入地的供需对接。四是打破一切导致城乡差别的制度壁垒。主要包括：改革户籍制度；取消小孩入托、上学等歧视性规定；消除对进城务工的不合理限制和歧视性做法等。

4. 努力创造有利于农村发展和农民增收的长效机制

要按照公共财政和现代税制的要求，取消以往加在农民头上的不合理负担，使农民享有与城市及其他社会成员平等的纳税地位，把缩小城乡差距、工业反哺农业、繁荣农村、富裕农民和统筹城乡发展作为改革与发展的重要原则。一是统一城乡税制。在减轻农民负担和简化国家税制的前提下，对农产品流转开征增值税，实行成本扣除和优惠税率，让多数农民受惠；对城乡统一开征土地使用税和土地交易税，对农业用地实行免税政策。二是从完善公共服务、促进城乡交流和完善社会保障制度入手，积极调整政策措施、工作布局和发展理念，建立城乡资源合理配置、城乡经济社会良性互动、城乡社会事业与基础设施共同发展的政策体制。三是稳定直补政策。关键在于构建农民增收的长效机制，政府投入要在解决眼前困难的同时，把统筹城乡发展纳入整个经济社会发展的大盘子中统筹规划，建立城市支援农村、工业反哺农业的政策体系，把粮食补贴、良种补贴、农机补贴和新技术推广补贴等直补政策作为一项长期的支农政策抓好实施，在全社会形成农工相融、城乡互济、协调发展的良好局面。

5. 统筹城乡发展

在城市支援农村、工业反哺农业的基础上，积极寻找有利于城乡协调发展的正确途径。统筹城乡发展的关键是构建城乡经济社会协调发展的内在机制，使我国逐步由目前的城乡分治走向城乡融合，使城乡居民和各类经济主体都能拥有平等的权利、义务和发展机会，生产要素合理流动，经济社会水乳交融，促使农村由农业社会向工业社会发展，农民由基本温饱向小康目标迈进，在城市支援农村、工业反哺农业的基础上逐步实现农业产业化、政府管理服务化、农村经济民营化、生产投资民间化、社会事业民主化的发展态势，从而实现城市化和工业化同步发展、城乡经济社会共同繁荣。

（四）推进区域协调发展

1. 进一步完善区域发展政策

区域政策对促进区域协调发展起着不可或缺的作用。健全而完善的区域政策是打破地区封锁和行政壁垒，促进全国统一市场的形成进而促进区域协调发展的重要制度保障。

进一步完善区域发展政策，首先，要加快区域政策立法进程。我国目前既没有关于区域发展的主体法规，也没有区域规划的相关立法，区域政策的权威性不够，层次性不高，使得区域政策的实际效果较弱。因此，有必要积极开展区域立法的前期研究工作，适时启动促进区域协调发展的立法工作，加快《区域规划法》、《西部开发促进法》、《区域规划编制与管理暂行办法》等重要区域规划法规的立法进程，进一步增强法律对区域开发行为的规范力度，推进建立区域开发的长效保障机制。

其次，要增强区域政策在宏观调控中的地位和作用，探索形成既各具特色又有机统一的区域政策体系。要从国家区域协调发展的全局出发，加强相关政策的协调和机制建设，形成既各具特色又有机统一的区域政策体系，解决好突出地区特色与避免各自为政的问题。具体地说，就是打破东、中、西部和东北的界限，根据不同地区的自然环境、资源禀赋、产业基础、发展阶段、社会环境等因素，进一步明确各区域的战略布局、功能定位、发展重点等，从而确定财政转移支付政策、税收政策、金融政策、人口迁移和流动管理政策、就业政策等的基本导向。

2. 统筹区域发展规划，推进形成主体功能区，优化各区域的发展方向

主体功能区建设有利于增强我国的资源环境承载能力，实现经济发展和资源环境的协调，体现了以人为本的发展理念与思路；有利于促进产业政策与区域政策相结合，实现区域分工的协调，是我国区域发展战略的一大创新。

优化开发区发展基础较好但潜力有限，需要政策支持以促进产业结构优化升级和经济发展模式转变，提升其国际竞争力和参与度，并增强在国内经济社会发展中的带动作用，同时需要限制政策来限制低效率、低质量经济行为，防止生态环境破坏行为的再次发生。重点开发区是发展基础、发展态势与发展潜力均相对较好的区域，也是中国未来一段时期经济发展的主体。因此，现阶段更多的是通过鼓励政策，使其充分发挥优势，扩大发展空间。但也必须坚决把握此类区域的发展方向，严格杜绝简单重复部分优化开发区过去"先污染、后治理"，"重数量、轻质量"，"重经济、轻社会、轻生态"的不可持续的经济发展道路。限制开发区和禁止开发区被限制或禁止的是不利于本区生态环境特点的开发行为和经济活动，仍可以发展具有区域特色和符合功能定位的产业，从而实现经济增长与区域繁荣。比如，禁止开发区中的国家级重点风景名胜区，可以依靠旅游、文化休闲产业获得较好的发展。

在主体功能区建设中，要妥善处理地区差距问题和公平问题。优化开发区和重点开发区可能因主体功能区的划分而获得较大的政策上和经济上的利益，而限制开发区和禁止开发区则很可能因此利益受损，因此有的省区不愿被划为限制开发区和禁止开发区。目前区域利益分配缺乏有效的协调机制，如何实现区域利益的合理分配是推进主体功能区建设中必须解决的问题之一。只有实现区域利益的合理分配，才可以有效地解决主体功能区划的诸多矛盾，极大地推进主体功能区建设。其中最重要的就是如何对限制开发区尤其是禁止开发区的补偿，否则势必将导致更大的区域差异，使得发达区域更发达，落后区域更落后。因此，中央政府应该主动地承担起更大的责任，在政策和资金上加大向限制开发区和禁止开发区域倾斜，通过制定相应的政策法律，给限制开发区和禁止开发区以财政支持，从而改变它们在发展方面的劣势，缩小同优化开发区和重点开发区的经济差距，使这些地区最终实现"不开发的发展"和"不开发的富裕"。

3. 构建区域经济协调发展的互动机制

区域协调发展，除依靠科学布局、制度建设、政策支持外，还有赖于区际良性互动机制的健全，最主要的是市场机制、合作机制、互助机制和扶持机制。①

① 陈栋生：《论构建协调发展的区域经济新格局》，《当代财经》，2008 年第 3 期。

不同地区要素供需平衡差异导致地区要素价格和投资回报率差异，以及预期市场规模的空间差别，导致要素的区际流动和产业转移。清除行政壁垒，打破地区封锁与行政性垄断，突破行政区域的围限，充分发挥市场机制引导要素流动的作用，有利于经济发达、开发密度高地区的资本、技术和产业向欠发达、低密度地区顺势转移，推动产业布局优化和区域协调发展。

合作机制是指基于互惠互利原则的区际经济技术协作和人才、技术交流等。目前，我国已经出现了像"9+2"泛珠三角协作（9指广东、广西壮族自治区、云南、四川、贵州、湖南、江西、福建、海南；2指香港、澳门两个特别行政区）这样横跨东、中、西三大地带和港澳的广域性区域联盟，亦有像如淮海经济区、中原经济区等这样有数省毗邻地、市自愿组成的经济区，还有更多的在同一城市群（带）内，各市、地、县自愿结合而成的城市联盟。但总的来看，目前区域合作的层次还比较低，合作深度还不够，合作的基础还不稳固。因此，需要遵循自愿、互利、共赢的原则，按照政府引导、企业对接、市场运作的方式，鼓励和支持多种形式的区域经济协作和技术、人才合作，开展多层次、多形式、多领域的区域合作，进一步健全合作机制。

互助机制是在上级政府指导协调下，东部经济发达地区与中西部欠发达地区在资源、技术、资本和产业等方面互帮互助。就目前而言，健全互助机制的主要内容是发达地区通过社会捐助、对口支援、产业转移等方式来帮扶欠发达地区。

扶持机制是上级政府对经济欠发达老少边穷地区和承担重要生态功能地区的下级政府，通过财政转移支付、支教、跨区域干部交流等方式，帮助其加快发展。未来健全扶植机制的方向包括：建立和完善对中西部战略性产业成长和布局的政府扶持机制；增加中央财政转移支付资金向中西部落后省份和特殊地区的转移额度，用相对公平的环境和政策引导外资更多地投向中西部地区；支持中西部老工业基地对传统产业的改造和国有经济的重组；进一步增加中央政府投入，改善中西部贫困地区和革命老区的义务教育、医疗卫生等社会事业发展状况，扩大社会救助面，加强对农村劳动力的培训。

4. 鼓励落后经济区域发挥优势、突出特色、加快发展

打铁还要自身硬。实现区域协调发展，重要的一点是经济相对落后的地区要充分抓住机遇，发挥优势，突出特色，加快经济社会发展的步伐，以尽快缩小与东部沿海地区在发展上的差距。

为此，西部地区要加快改革开放步伐，通过国家支持、自身努力和区域合作，增强自身的发展能力，坚持以线串点，以点带面，依托中心城市和交通干线，实行重点开发；加强基础设施建设，建设出境、跨区铁路和西煤东运新通道，建设电源基地和西电东送工程；努力将资源优势转化为产业优势，大力发展特色产业，加强清洁能源、优势矿产资源开发及加工，支持发展先进制造业、高

新技术产业及其他有优势的产业；利用边界线较长的有利条件，扩大对外开放，面向独联体、中亚、东盟，将"引进来"和"走出去"相结合，积极融入区域经济一体化。中部地区要抓住和用好重要战略机遇期，顺应形势的新变化，依托现有基础，在优化结构、提高效益、降低消耗、保护环境的基础上，提升产业层次，进一步增强发展的协调性，在发挥优势中崛起。一方面，中部地区要加强区域间发展战略的协调，积极吸引沿海地区产业和企业向中部地区合理转移，为中部地区提升产业层次创造条件；另一方面，中部地区还要充分发挥能源、矿产资源丰富的比较优势，依托现有原材料产业和制造业良好的发展基础，推进工业结构调整，做好承接产业转移的准备，促进产业升级。东北地区要加快产业结构调整和国有企业改革改组改造，在改革开放中实现振兴；发展现代农业，强化粮食基地建设，推进农业规模化、标准化、机械化和产业化经营，提高商品率和附加值；建设先进装备、精品钢材、石化、汽车、船舶和农副产品深加工基地，发展高新技术产业；加强东北东部铁路通道和跨省区公路运输通道等基础设施建设，加快市场体系建设，促进区域经济一体化，扩大与毗邻国家的经济技术合作。

（五）推进城市化与工业化的协调发展

改革开放以来，我国的城市化进程发展很快，但也还存在许多有待解决的问题，工业化与城市化的良性互动关系尚未建立，城市化发展滞后于工业化和相应的国际水平，城市化对新型工业化的促进作用难以充分发挥。走新型工业化道路，必须加快城市化发展步伐，改变长期以来城市化发展滞后于工业化的现状，促进城市化与工业化的良性互动发展。

为此，首先必须进行制度创新，克服制约城市化发展的制度"瓶颈"。一是积极稳妥地推进户籍制度改革，消除农民进城的身份障碍，把符合落户条件的农业转移人口逐步转为城镇居民。长期以来进城的农民工却长期被排斥在城市体制外，这不仅有违公平原则，也不符合新型工业化的要求。因此，要改革和完善城乡户籍管理制度。以户籍制度改革为突破口，着重推进吸纳和安置外来迁移人口的体制改革和制度创新，努力消除农民身份变更和居住地变更的体制性障碍，使社会待遇与户籍脱钩，恢复户籍的本来面目，消除户籍对城市化推进的阻力。今后，可按放开中小城市、优化发展小城镇、大力发展区域中心城市、适度控制特大城市、鼓励发展城市群的基本原则来完善城市户籍管理制度，加快推进城市化进程。二是加快劳动就业制度改革，消除农民进城的就业障碍。三是推进与户籍制度改革相关的住房、入学、社会保障、社会管理等方面的配套改革。

其次，要彻底摒弃按城市规模来制定城市发展方针的思路，形成城市群、大城市、中小城市和小城镇梯次结构合理、既有分工又有紧密合作的城市布局体系。我国人口众多、地域辽阔、城市化发展水平的地区差异大，因此，城市化发展既不能只依赖大城市，也不能只依赖中小城市，而要按照宜大则大、宜小则小、大小结合、因地而异的原则，正确处理城市群、大中小城市和小城镇之间的关系，既充分发挥各种规模城市的积极作用，同时又最大限度地消除其可能带来的消极影响。一是要更好地发挥大城市在国民经济和区域经济中的作用，鼓励大城市的适度发展。事实证明，大城市是一个地区经济增长、高新技术产业发展和生产性服务业发展的核心，是带动地区经济发展的增长极和增长点，也是我国赖以参与国际竞争、参与全球产业分工的重要载体。大城市在资金、人才、信息、交通、市场、管理和效益等方面的优势，是任何中小城市无法比拟的。未来的城市化方针，不仅要适度发展和发挥现有大城市的带动和辐射功能，而且还需要选择若干个区域性、有潜力的中等城市，把其培育成为大城市甚至培育为特大城市，成为地区新的增长极和区域辐射核心。二是要重视城市连绵区的建设。改革开放以来，东部发达地区在经济社会快速发展的推动下，已经出现了沪宁杭长三角城市连绵区、港深穗珠三角城市连绵区、环渤海城市连绵区、沈（阳）大（连）辽中南城市连绵区和山东半岛城市连绵区。对于这些城市连绵区，应该适当打破现有的各自为政的城市规划体制，加强各城市连绵区的国土规划、区域规划、城市规划和区内交通等基础设施规划的协调。三是要大力发展中小城镇，提高中小城镇经营管理水平。根据中小城镇所在地区的资源和经济发展的具体情况，确定小城镇的发展模式；以乡镇经济发展为基础，引导乡镇经济向中小城镇集中。同时，制定科学的产业发展政策，确立主导产业，带动区域经济发展；增强小城镇公共服务和居住功能，加强小城镇对公共管理、市政公用设施管理，以及社区管理方面的管理职能。

最后，要提高城镇管理水平，优化城镇职能结构，提高城镇发展质量。强化政府规划城镇和监督规划实施职能，营造市场化推进城镇化的机制；进一步强化城镇规划的硬约束，严格执行城市规划法和有关法规和政策；加强城镇体系的规划工作，尽快制定我国重点城市群的规划方案。引导社会广泛参与城镇规划，统筹规划城镇基础设施，全面兼顾地上地下基础设施，提高规划的科学性与适用性，建立以人为本、节地节能、生态环保、安全实用的宜住城市。

（六）推进信息化和工业化深度融合发展

推进信息化和工业化深度融合，是一项长期持续的系统性工作，任重而道远。就当前和未来一段时期来说，推进信息化与工业化深度融合发展，需要着重做好以下四个方面工作。

1. 大力发展信息网络科学技术，为信息化与工业化深度融合发展提供强大技术支撑

我国信息化发展滞后，工业化与信息化融合发展的层次不高，其中的一个重

要原因是我国的信息关键技术有效供给能力不足。例如，迄今为止，我国国民经济的许多重要部门使用的通用计算机CPU和基础软件90%以上依赖进口，企业所需要的许多信息化的专业装备和工业软件，90%以上也依赖进口。因此，加快推动两化的深入融合发展，当务之急是突破制约产业发展的核心关键技术，研发一批战略核心产品，形成具有较强创新能力的产业体系。从世界信息产业的发展趋势和我国信息化的实际情况来看，未来我国推动两化融合发展亟须突破的核心关键技术和战略核心产品应该包括设计自动化关键技术、工业控制自动化关键技术、核心电子器件、高端通用芯片、极大规模集成电路制造装备及成套工艺、新型显示、下一代互联网、物联网、智能电网、移动智能信息终端等。

2. 加大政策支持力度，为信息化与工业化深度融合发展提供得力的政策保障

首先，政府应该在通信市场监管、信息化管理体制、标准规范制定和人才培养与使用机制等方面加大引导力度，更好地发挥市场配置资源的决定性作用和政府的拉动导向作用，形成有利于信息技术创新和信息化快速发展的机制，为信息化与工业化融合提供良好的制度基础。其次，要加大政府对信息化建设的投资力度，建立政府信息化专项资金的投入机制，加强对公益性、基础性和战略性的重大信息化工程项目的资金扶持，加大对中小企业信息化改造、制造业和困难行业信息化改造以及落后地区信息化示范工程建设的资助力度。最后，运用差别化税收政策，支持重点行业、困难地区信息化改造投入。如对企业信息化项目进行税收优惠减免；对软件企业进行定制化工业软件研发、企业信息化组织再造所用的系统软件开发等项目实行税收优惠；对信息服务行业、咨询业、信息服务类教育与科研机构实施优惠减税政策。

3. 加大信息基础设施建设，为信息化与工业化深度融合发展提供强大的平台保障

主要包括：统筹布局新一代移动通信网、下一代互联网、数字广播电视网、卫星通信等设施建设，形成超高速、大容量、高智能国家干线传输网络；加强宽带网络建设，全面提高宽带普及率；推动物联网关键技术研发和应用；加强云计算服务平台建设；大力推进电信网、广电网、互联网三网融合，加快构建宽带、融合、安全、泛在的下一代国家信息基础设施，推进信息通信基础设施跨越式发展，为加快推进生产方式的智能化变革提供硬件支撑。

4. 加大信息化人才培养，为信息化与工业化深度融合发展提供有力的人才保障

主要包括：进一步加强和改善信息化基础教育，普及信息化基础知识；依托高校资源，大力培养信息管理、软件开发等方面的专业人才；加强岗位技术培训，特别是抓好各级领导干部的信息化知识和技能的培训，完善公务员信息技术应用的培训和考核工作；重视引进高级人才，重点引进开发和运用信息技术能力强且具备专业工业生产知识的复合型人才；为两化融合提供人才基础和保障。

第二篇　资源、环境约束下的新型工业化

第四章　矿产资源约束与新型工业化

　　工业革命以来，人类社会逐步从传统农业社会进入了现代工业社会，日常生活和福利水平有了较大提高和改善。西方主要发达国家实现现代化的过程就是一段不断探索的工业化过程，在科学技术和产品生产等方面取得了很大成就，但从资源与环境方面来看，总体上走的是一条"先污染、后治理"的发展路径，令人类付出了巨大的代价。在 200 多年的工业化进程中，发达国家消耗掉了大量的可耗竭矿产资源，同时也造成了难以逆转的环境破坏，使得资源与环境约束成为世界发展面临的主要挑战。对于后发国家，工业化既是经济发展绕不开的必经阶段，也是提高人们生活水平的重要途径。但是，由于发展条件的变化，后发国家面临的资源约束往往比发达国家更为严峻。目前，中国正处于赶超发达国家、加快实现工业化的战略机遇期，经济发展过程中面临的资源与环境约束问题非常突出。中共十六大报告提出"必须走出一条科技含量高、经济效益好、资源消耗低、环境污染少、人力资源优势得到充分发挥的新型工业化路子"，这是中国经济发展的重大战略选择，为我们探索和实践符合当前国际经济形势和中国国情的工业化道路指明了方向。本章重点结合矿产资源的一般特点，总结世界部分国家工业化进程中资源消耗与经济发展的关系，分析中国工业化面临的资源约束状况，并提出新型工业化进程中资源利用的政策取向。

一、矿产资源开发与工业发展的关系

　　矿产资源是指经过地质成矿作用形成的，在当前经济技术条件下可开发并具有利用价值的矿物或有用元素的岩石矿物资源总称。它主要包括以下四类：能源矿产资源、金属矿产资源、非金属矿产资源和水气矿产资源。矿产资源是一种典型的不可再生资源，其基本属性是：①不可再生性，即初始禀赋的有限性、消耗不可逆性和耗竭性，主要反映为矿产资源在时间路径上的消耗量的分配；②不可移动性，即对地域的刚性约束；③空间分布的非均匀性，这是由于其地表的天然耦合性，使得其富集程度在空间上存在差异性。①

矿产资源是人类生产生活资料的基本来源，是国民经济和社会发展的物质基础，有着十分重要的战略地位。矿产资源也是任何一个国家和地区保障经济发展的主要材料和动力来源，是实现工业化和现代化的战略保障。从矿产资源的特性来看，矿产资源开发与工业化的相互关系主要表现在以下几个方面：

（一）工业既消耗矿产资源，又创造矿产资源

从技术的角度而言，工业生产的原材料来源是多方面的，而其中矿产资源是工业生产最重要的原材料来源。由于矿产资源的独特属性，如不可再生性、对地域的刚性约束和地表的天然耦合性等，必须通过勘探、采掘、储存、运输、加工等工业技术过程才能进行利用，并且通过技术进步不断扩大和深化对矿产资源的工业利用，即增加实际供应量。其中关键性的问题是资源利用在技术上的有效性和经济性。

就工业化的技术路线而言，一方面，随着工业化的发展，工业生产过程消耗越来越多的矿产资源，并不断把原先没有经济价值的无限供应矿产资源转变为具有经济价值（稀缺性）的工业资源，特别是大规模的工业开发利用加速了消耗，导致一些矿产资源的供应面临短缺和枯竭，使得矿产资源在一定程度上造成对工业化的约束。另一方面，随着工业化所带来的技术创新和进步，增加了可利用矿产的广度和深度：一是可更高效地开发利用矿产资源，实现对矿产资源更大程度的节约；二是可创造矿产资源供应，即将原有不能开发的矿产变得可以开发，将不值得开发的矿产变得值得开发。由此可见，矿产资源供应并不构成对工业发展的绝对障碍，工业发展在本质上是可持续的，但必须依靠发达的工业技术和工业生产才能实现矿产资源的有效利用和可持续发展。另外，尽管各国是在全球范围内获取矿产资源，但各国的工业化都形成了适应其本国矿产资源禀赋优势的技术路线，如果沿着并不适应本身矿产资源禀赋结构的既定技术路线发展工业，必然会导致或加剧矿产资源约束。

总之，从技术的角度而言，工业的本质就是：既消耗矿产资源，又创造矿产资源，而且工业化程度越高，工业技术越发达，则能够成为矿产资源的物质就越多。所以，人类所面临的矿产资源约束问题，实质上是工业技术路线、矿产资源路线和工业化的问题。

---

① 原振雷、冯进城、薛良伟：《矿产资源开发利用的经济学特性及其优化配置》，《中国矿业》，2006 年第 15 期。

（二）供求关系、价格及市场结构对矿产资源开发利用具有重要影响

从市场的角度而言，由于矿产资源的一系列特殊属性，矿产资源的供求和市场价格主要取决于自然禀赋条件、工业化的发展水平和矿业经济活动。从需求方面看，工业社会以来，随着经济的快速发展、人口的剧增，人类对矿产资源的需求也会越来越大。发达国家的经验表明，工业化是人们提高生活质量、追求生活富裕所不可逾越的阶段。在工业化过程中，城市化、基础设施建设快速发展，第二产业比例不断扩大，矿产资源消费量随着经济的快速发展而迅速增长。当工业化接近完成或者是进入后工业化阶段时，社会财富积累到一定水平，基础设施建设趋于完备，第二产业让位于第三产业，矿产资源消费增速趋缓，但总量的需求仍然会继续增长。从供给方面看，一是存量减少，使得供给的稀缺性更明显。作为工业社会发展基础的矿产资源，其储量随着工业化以来的大规模开发利用而大幅度下降。二是投资的高风险性使得供给增长不稳定。投资矿业的风险比一般的投资要大很多，其原因在于：①投资矿业的成本很高，且其获利存在很大的不确定性。由于对地域的刚性依赖和地表的天然耦合性，矿业活动一方面要寻找矿产品，另一方面要协调好地表权和矿业权的关系，这都会导致矿业投资的高成本和高不确定性。②矿业的投资周期长，固定投资比例大，在此过程中矿产品的价格波动带来的风险也很大。就长期趋势而言，由于以上供求关系的特点，决定了矿产资源价格随时间而上涨，这也被历史经验所证实。

工业化主要是通过市场经济开展的，而市场经济的基本特点是价格机制，因此价格机制在矿产资源的开发利用中起着极其重要的作用。工业化的发展带来对矿产资源需求的增加，一方面是通过市场自我调节而形成高价格，从而带来大规模的资源开发，促进新技术出现，以达到对矿产资源的有效开发和利用。也就是说，矿产资源的稀缺性通过市场供求的价格机制能够带来资源开发利用的不断技术进步，使大规模利用的工业资源具有社会能够普遍接受的经济性和可行性，成为工业化和经济增长的基本物质基础。另一方面，在高价格的刺激下，特别是当资源的高价位超出企业和市场的承受能力范围，经济社会自然转向寻求新的替代品，开发新的矿产资源。可见，矿产资源的开发利用和其价格两者之间是相互作用的，即矿产资源价格的上涨既是工业发达的结果，又是推动技术进步和工业发展的动力。

除了供求关系和价格，市场结构对矿产资源的开发利用也有着很重要的影响。一方面，垄断程度越高的市场，开采者为了利润最大会尽量少开采，在一定程度上保护了矿产资源，有利于节约，更接近资源配置的社会最优目标；另一方面，尽管市场在矿产资源合理配置中的决定性作用不容置疑，但由于外部不经济

性、垄断等导致的市场失灵问题，会带来一系列的负面影响，如对矿产资源的损害、生产能力浪费、经济效率下降和环境破坏等，进而延缓甚至阻碍工业化进程和整个社会的福利水平提高。上述的诸多问题很难完全依靠市场机制自身来加以解决，从而需要政府通过各种制度和政策来进行完善与调控。

（三）矿产资源管理既要发挥市场机制，又需要政府的有效干预

在体制方面，从西方工业化国家的实践来看，绝大部分国家的矿产资源管理体制是基于市场机制的，该体制要保证发挥市场对于矿产资源配置的决定性作用。但是，由于矿产资源本身的特殊属性和重要性：①矿产资源属于各个主权国家所有，是不可再生资源，对矿产资源的开发利用必然受到各国政治经济体制的影响；②由于矿业在整个工业中的基础地位，其开发利用直接影响着国民经济和工业化发展，往往受政府干预的程度很高；③矿产资源对地域的刚性依赖，减少了矿业活动选址的自由，从而增加了地方政府在矿业活动中谈判的砝码，客观上提高了地方政府干预矿产资源开发的能力，为了更有效地开发利用矿产资源，特别是随着工业化的发展，发达国家一方面是在微观经济活动中充分发挥市场的作用，通过建立有偿使用制度等市场化手段进行调控，并强调政府的服务职能；另一方面，通过制定矿业法规、矿产资源分类分级管理制度等规范对矿业权的管理，加强对矿产资源的保护性开发利用。因此，有效的矿产资源管理体制既要发挥市场的基础性作用，又需要政府的管治或调控，但与此同时，矿产资源利用也往往受到市场失灵和政府失灵的双重干扰。

（四）中国工业化进程面临着矿产资源约束

以上从技术、市场和体制三个角度说明了矿产资源的开发利用既取决于自然禀赋条件又取决于人类社会发展水平，特别是工业发展水平，因而工业化与矿产资源开发是一个相互约束和相互促进的动态过程。工业发展对矿产资源利用具有两面性，一方面增加了矿产资源消耗，另一方面提高了利用技术和利用范围。总体来看，中国工业发展大幅提高了资源利用能力，矿产资源的开发也为工业发展提供了原料和动力支持。但是，目前中国的资源利用能力和水平仍不能满足经济发展的要求，工业发展与矿产资源开发还没有形成符合科学发展观要求的良性互动关系，中国的工业化进程正面临着越来越大的矿产资源约束。

1. 技术方面

中国工业化的发展主要因循了西方工业化中所形成的既定技术路线，这同中国的矿产资源禀赋结构却不相适应。① 例如，西方现代工业的能源动力主要是石

---

① 金碚：《资源与环境约束下的中国工业发展》，《中国工业经济》，2005 年第 4 期。

油，其技术路线以石油为主，而中国的能源结构则是以煤炭为主。因此，中国因循西方的工业化技术路线必然会导致能源的结构性短缺。中国的工业技术具有弱原创性和强模仿性，主要是通过技术进步加速了矿产资源的消耗，但在通过技术进步不断扩大和深化对矿产资源的工业利用方面做得很不够，即两者是不平衡的。具体表现在：一是由于不重视自主创新和技术进步，主要靠模仿现成的技术，既没有形成适应自身矿产资源禀赋优势的技术路线，也没有有力措施变不可开发或不值得开发的矿产资源为可开发或值得开发的。据统计，在已探明矿产中，中国 1/3 的矿产资源在现有经济技术条件下难以利用。二是由于不注重技术革新和应用，对矿产资源的开发和利用是低效、浪费以及不环保的，所导致的污染和生态环境恶化已经危及到工业化和可持续发展。据专家估算，中国矿产资源的综合回收率平均不超过 50%，总体上综合利用率约为 20%。有色金属矿产资源综合回收率为 35%，黑色金属矿产资源的综合回收率仅为 30%，比发达国家约低 20 个百分点。[①]

2. 市场方面

中国是一个矿产资源相对不足的国家，结构性短缺十分严重，新增储量进展缓慢，且生产能力低下，造成矿产资源供给严重不足。改革开放以来，随着工业化进程的加快，造成了中国矿产资源的供求矛盾日益突出、市场价格不断上涨以及市场结构不合理等问题。从需求方面来看，一是中国正处于工业化中期阶段，经济高速发展以及庞大的工业化人口，都意味着对矿产资源的巨大增量需求和消耗，因此对矿产资源的需求量大幅度增加，特别是对能源和重要战略性矿产资源（石油、天然气、煤炭、铁、铜、铝、镍、钾盐以及锰、铬等关系到国家经济安全的大宗矿产资源）的刚性需求不断增加；二是中国处于工业化中期阶段中基础重化工业加快发展的特殊时期，外延型增长仍有较大发展空间，较高的单位产品矿产资源消耗量短期难以改变，即中国目前这种粗放式、高能耗的经济增长方式暂时不可能完全改变。从供给方面来看，一是由于国内供应能力受自然禀赋条件的约束，已无法保障经济增长和工业化发展的客观需求，资源供应存在结构性不足；二是随着对矿产资源开发利用达到空前的规模，主要矿产品进口不断增加，中国现已成为矿产品净进口大国。

尽管中国已成为矿产品的生产和消费大国，但中国矿产资源的供求矛盾仍然较大，主要表现为结构性的短缺以及对外依存度持续走高。这在全球矿产资源分布极不平均以及少数发达国家的跨国公司垄断全球主要供给的情况下，必然导致中国矿产资源的供给面临越来越严峻的局面。特别是随着中国和一些发展中国家相继步入工业化阶段，全球资源性产品将形成新一轮需求高峰，在矿产资源分布极不平均和少数跨国公司垄断供给的情况下，矿产资源的国际市场价格上涨将呈

---

① 侯万荣等：《我国矿产资源综合利用现状及对策》，《采矿技术》，2006 年第 9 期。

现长期化趋势。尽管价格上涨在一定程度上有节约矿产资源使用的好处，但对于快速工业化的中国，更主要的影响是大幅度抬高中国的工业化成本，进而严重制约中国工业化的进程。

3. 体制方面

中国目前的矿产资源管理体制是由高度集中的计划管理体制转变而来，正处于转轨过程之中，并且总体上落后于其他领域改革，还不能完全适应市场经济体制的要求。① 目前比较突出的问题主要有以下几方面：一是未建立全国范围内统一有序竞争的矿产资源产品市场、产权流转市场以及商业性勘查和矿产开发的融资市场，价格机制还不能有效发挥调节作用；二是尚未建立与市场经济体制相适应的矿产资源管理法律体系；三是矿产资源的行政管理体制长期不顺，导致矿业管理混乱；四是未建立起合理利用和有效保护相结合的矿产资源有偿开采机制。② 从管理主体来看，尽管原有行业主管部门大多已撤销，但新的统一有序的行政管理体制却未理顺，条块分割、相互掣肘、管理越位与缺位以及服务职能缺失，这些都影响着矿产资源市场的有效管理和服务。从管理机制来看，目前实施的管理政策、管理制度既未充分考虑矿产资源本身和勘查、开采产业的特殊性，未完全与市场经济接轨，也未能在国家、地方政府以及矿产资源生产者之间建立起有效的委托代理关系。从管理效果来看，矿产资源的勘查、开采秩序比较混乱，加之自然资源禀赋条件相对较差以及工业化的快速发展，使得乱采滥挖、非法开采、争抢资源的现象较为普遍，导致中国矿产资源的巨大浪费、价格扭曲以及环境污染，而且多数矿产资源企业和单位缺乏自我生存、自我发展的能力。

二、工业化过程中资源利用规律及其影响因素

工业生产过程就是通过各类要素的有机结合为社会提供工业产品的过程，工业现代化过程则是逐步提高各类资源的配置和使用效率的过程，因此工业化进程中的资源开发与利用具有其固有规律。同时，在工业化进程中，各国资源禀赋、历史条件和经济发展模式等因素对资源利用的方式和路径都有着深刻的影响，资源禀赋向工业发展模式传导机制是解决资源问题的关键，这对中国解决好资源利用问题有着重要启示。但由于资料限制，本研究仅以最具有代表性的钢铁为例，来分析工业化过程中资源利用的规律。

---

① 任保平：《资源环境约束下的新型工业化及其制度供给》，《经济学研究》，2004 年第 2 期。
② 秦鹏：《论资源安全及我国相关制度的重构》，《中国软科学》，2005 年第 7 期。

（一）工业化过程中资源利用的规律

从世界各国的工业化历程来看，矿产资源的利用规律既表现出各国相似的普遍性，又表现出不同国家的特殊性，先发国家与后发国家之间、大国与小国之间的具体表现形式也有所不同。我们主要从钢铁总产量、人均产量、钢铁产量与GDP、产业结构关系等方面，分析英、美等主要发达国家以及德国、日本等后发工业化国家和"金砖国家"等发展中国家矿产资源利用的主要特征。

1. 原钢总产量的倒"U"形规律

20世纪以前，世界主要钢铁产量一度是平稳增长的态势。但自20世纪以来，世界原钢产量有过三次普遍性地显著下降：第一次是1920年前后几年内，受第一次世界大战及苏联十月革命结束的影响，德国、俄国、美国、英国等主要产钢大国的原钢产量都大幅下降；第二次是1930年前后，受世界经济大危机的影响，主要工业国家（苏联除外）的原钢产量都急剧下降；第三次是1945年前后，受第二次世界大战的影响，主要产钢大国（美国除外）的原钢产量也都普遍性地急剧下降。

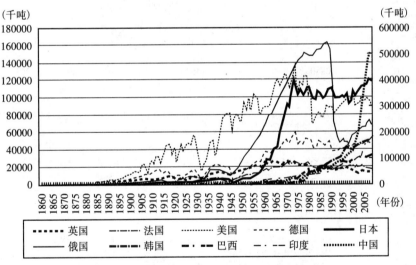

图 4-1　1860~2008 年世界主要国家原钢产量

注：①中国数据因量级较大而置于副坐标轴；②德国数据包括历史时期的西德与东德；③俄国数据指不同历史时期的俄国、苏联、俄罗斯，图 4-2 亦同。

资料来源：笔者根据《帕尔格雷夫世界统计资料》整理。

剔除几次重大波动后，世界各国原钢产量曲线呈现出较为明显的倒"U"形规律（见图 4-1），即在工业化前及工业化初期原钢产量缓慢平稳增长，进入工业化中期时原钢产量迅速增长并稳定在较高水平，一定时期之后原钢产量开始下降，最后稳定在一个较低的产量水平。这个规律在老牌资本主义国家表现得尤其完整，如英国、美国、德国、法国（法国倒"U"形较为平缓）。俄国也大体符合这一规律，但苏联解体后的疆域变化和政治经济波动对俄罗斯有很大影响，近年来钢产量又有些恢复性增长。而其他后发国家当前尚处在产量迅速上升阶段（如中国、印度、巴西、韩国），或者正稳定在高产量水平阶段（如日本）。

进一步仔细比较还可以发现，先发国家与后发国家、大国与小国之间的倒"U"形具有一定的区别。从表4-1可以看出：①大国速升区间的平均斜率较大（斜率越大意味着速升区间的坡度越陡峭），如中国、美国、日本、俄国的平均斜率远比其他国家的大。②当极大值属同一量级时，则后发国家（其速升区间开始时间较晚）的平均斜率更大。如法国的平均斜率比英国的大、日本的比俄国的大、印度的比韩国的大。③从已经呈现倒"U"形的国家来看，后发国家的高原区间跨度有缩短的趋势。④先发国家收敛得更充分，近年来的稳定水平与极大值的比值更小。

表4-1 世界主要国家原钢产量的倒"U"型曲线比较

国家	英国	美国	法国	德国	俄国	日本	巴西	韩国	印度	中国
速升区间	1931~1957年	1938~1955年	1945~1964年	1947~1969年	1947~1978年	1958~1972年	1970~1989年	1979~1998年	1987~2008年	2000~2008年
速升区间跨度	27年	18年	20年	23年	32年	15年	20年	20年	—	—
速生区间起始产量（千吨）	5286	28805	1661	3067	14534	12118	5390	5256	12262	127236
速生区间期末产量（千吨）	22047	106173	19780	50140	151000	96901	25005	53488	55050	500488
速升区间始末差值（千吨）	16761	77368	18119	47073	136466	84783	19615	48232	42788	373252
速生区间平均斜率	645	4551	954	2140	4402	6056	1032	2539	3890	46657
高原区间	1958~1979年	1956~1981年	1965~1979年	1970~1988年	1979~1990年	1973年~	1990年~	1999年~	—	—
高原跨度	22年	26年	15年	19年	12年	—	—	—	—	—
极值年份	1970年	1973年	1974年	1974年	1988年	2007年	2007年	2008年	2008年	2008年
极大值（千克/人）	28291	136804	27023	59397	163000	120196	33784	53488	55050	500488
收敛值（千克/人）	13000	90000	18000	40000	6000					

资料来源：笔者根据图4-1整理。

2. 人均钢产量的倒"U"形规律

与原钢总量曲线类似，各国人均钢铁产量在20世纪以前都在逐步上升；

而在 20 世纪也历经了三次较大的下降波动，下降时间、趋势及其原因基本相同（见图 4-2）。从图 4-2 来看，剔除三次较大的波动之后，人均钢铁产量曲线也呈现出较明显的倒"U"形规律。这个规律在英国、法国、美国、俄国表现得尤其完整；而其他国家尚未走完这个倒"U"形。当前，日本人均原钢产量已经进入高原区间，德国的人均钢产量逐渐由高原区间开始回落；韩国、中国正处于速升区间，人均钢产量正在迅速增加；巴西、印度人均钢产量在缓慢上升，但仍处在较低水平。从图 4-2 也可以明显看出，在速升区间，先发国家英国、法国、美国、德国、俄国的斜率较小，而后发国家日本、韩国、中国的斜率较大。

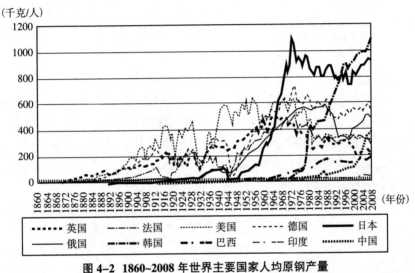

图 4-2　1860~2008 年世界主要国家人均原钢产量

　　资料来源：原钢产量原始数据同图 4-1；人口原始数据 1860~1993 年来自帕尔格雷夫经济统计数据，1870~1994 年来自麦迪森，1995~2007 年来自联合国数据库，2008 年来自互联网；笔者据此计算整理。

　　各国出现高原区间的时间及极大值、收敛值有所不同，具体情况如表 4-2 所示。从表 4-2 可以看出几点规律：①世界主要国家人均原钢产量的倒"U"形曲线，大约可分成四个组别：第一组包括英国、美国、法国，已经非常完整地走完倒"U"形曲线，并且出现了收敛值；第二组包括德国、俄国、日本，初步体现出倒"U"形曲线特征，人均产量虽已出现下降趋势，但尚未出现较稳定的收敛值；第三组包括韩国、中国，正处于速升区间，人均产量迅速增加；第四组包括巴西、印度，人均产量虽已呈现缓慢上升趋势，但仍然处于很低的人均水平。②前两个组别的国家都在 20 世纪 70 年代出现了极大值，极大值相当于高原区间平均值的 1.2 倍。③在高原区间的人均原钢产量的平均值在 400~600 千克，不过后发国家的平均值可能由于工业化过程缩短而更高一些。例如，美国、德国的平均值高于老牌工业化国家英国、法国；而后起之秀日本、韩国人均原钢产量极大值更是已经突破 1000 千克。

表4-2 世界主要国家人均原钢产量的倒"U"形曲线比较

国家	英国	美国	法国	德国	俄国	日本	巴西	韩国	印度	中国
高原区间	1953~1979年	1941~1978年	1960~1981年	1960~1989年	1974~1990年	1969年~	—	—	—	—
高原跨度	27年	38年	22年	30年	25年	—	—	—	—	—
高原区间的平均值（千克/人）	425	556	422	589	560	869	—	—	—	—
极大值年	1970年	1973年	1974年	1974年	1978年	1973年	2008年	2008年	2007年	2008年
极大值	508.5	645.6	516.0	755.0	577.9	1097.3	180.3	1098.8	46.4	376.9
收敛值	200	300	220	—	—	—	—	—	—	—

资料来源：笔者根据图4-2整理。

3. 单位 GDP 钢产量的倒"U"形规律及收敛规律

与上述两类曲线有些相似，各国单位 GDP 钢产量曲线在 19 世纪稳步上升，在 1919 年前后、1932 年前后、1945 年前后出现了三次普遍性的下降波动（见图 4-3），说明钢产量比宏观经济对重大经济危机的发生或重大战争的结束更为敏感。从历史来看，各国单位 GDP 钢产量也呈现出倒"U"形规律。这个规律在英国、法国、美国、德国、俄国、日本已经表现得比较完整，尤其是英国、法国、美国的单位 GDP 钢产量已经收敛于一个较低的水平。甚至，在某些后发国家（如韩国）也出现了高原区间，并开始下降。如果假设一国钢铁消费量主要来自本国钢铁生产，那么由这个规律可以推论——单位 GDP 耗钢量也将呈现出倒"U"形规律。也就是说，各国在工业化进程中，对钢铁的需求量表现出由低到高，再由高到低的阶段性的变化。

不过，不同类型国家的倒"U"形表现形式略有差别（见表 4-3）。英国、法国、美国的倒"U"形形状扁平、开口较宽，收敛在一个较低的水平；德国、俄国、日本的倒"U"形波折较大，开口较窄，极大值较大，当前的收敛值也较大；韩国、中国的形状波折较大，前者已由高原区间开始下降，而后者正处在速升阶段；巴西、印度波折较小，目前仍处在缓慢上升的阶段。

4. 人均钢产量与人均 GDP 的倒"U"形关系

从 1870~2008 年各国的历史数据来看，人均钢产量与人均 GDP 存在倒"U"形关系（见图 4-4）。即在初始阶段，人均钢产量随人均 GDP 的提高而上升；在第二阶段，人均钢产量随着人均 GDP 的提高而稳定在一个较高的水平；在第三阶段，人均钢产量随人均 GDP 的提高而趋于下降；在最后阶段，人均钢产量将收敛于某个较低水平。

先发国家和后发国家倒"U"形的表现形式也略有差别，主要体现在以下方

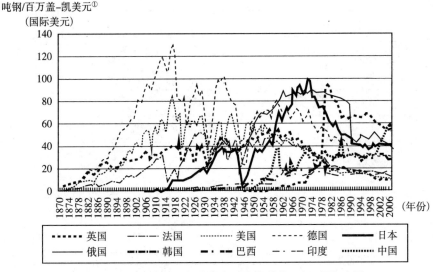

吨钢/百万盖-凯美元①
（国际美元）

（年份）

图 4-3　1870~2008 年世界主要国家单位 GDP 原钢产量

注：为了使数据具有国际可比性和历史可比性，笔者已将各国货币按 Geary-Khamis 购买力平价方法统一换算成 1990 年不变价。

资料来源：原钢数据来源同图 4-1；GDP 1870~1994 年数据来自麦迪森，《世界经济二百年回顾》，李德伟、盖建玲译，改革出版社，1997 年版；1995~2008 年则来自国际货币基金组织 International Monetary Fund，World Economic Outlook Database，April 2009；中国数据 1870~1952 年来自麦迪森《世界经济二百年回顾》，1953~2002 年来自 Angus Maddison，Harry X、Wu，China's Economic Performance：How Fast Has GDP Grown；How Big is it Compared with USA？笔者据此计算整理。

表 4-3　世界主要国家单位 GDP 钢产量的倒 "U" 形曲线比较

国家	英国	美国	法国	德国	俄国	日本	巴西	韩国	印度	中国
曲线形状	扁平	较扁平	扁平	波折大	较波折	较波折	低平	波折大	低平	波折大
开口大小	宽	较宽	宽	较窄	较窄	较窄	—	—	—	—
极大值年	1960 年	1917 年	1928 年	1917 年	1975 年	1974 年	—	1981 年	—	—
极大值（吨钢/百万国际美元）	55	83.9	52.6	130.6	90.3	98.5	—	94.5	—	—
收敛值（吨钢/百万国际美元）	10	10	13	25	—	40	—	—	—	—
极大值与收敛值差（吨钢/百万国际美元）	45	73.9	38.6	105.6	—	58.5	—	—	—	—

资料来源：笔者根据图 4-3 整理。

---

① 即按 Geary-Khamis 购买力平价方法换算成 1990 年不变价美元。

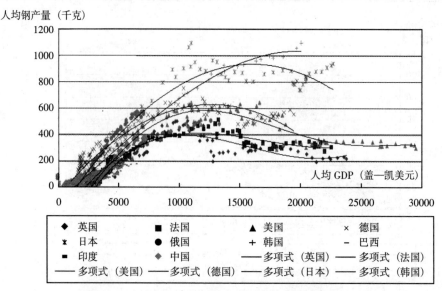

图 4-4　1870~2008 年各国人均钢产量与人均 GDP 的关系

资料来源：各国钢产量、人口数据来源同图 4-2，GDP 数据来源同图 4-3，数据跨度为 1870~2008 年；笔者据此计算整理。

面：①曲线完整性的差别。英国、法国、美国已经完整地出现了倒"U"形的四个阶段；德国、日本正由第二阶段过渡到第三阶段；俄国、韩国刚进入到第二阶段；巴西、印度、中国正处在第一阶段。②高原区间极大值出现时人均 GDP 水平的差异。出现极大值时英国人均 GDP 大约是 10000 盖-凯美元；而法国、美国分别为 13000、15000 左右；日本、韩国分别为 17000、20000 左右。③高原区间极大值的差异。英国、法国在高原区间的平滑曲线的人均钢产量极大值大约为400 千克；而德国、美国大约为 600 千克；日本为 900 千克；韩国为 1000 千克。④先发国家收敛值比较小。英国为 200 千克左右，法国、美国为 250 千克左右。

5. 人均钢消费量和第二产业比重倒"U"形的一致性

从产业分布来看，钢铁消费主要用于基础设施建设、发展工业和建筑业，因而与第二产业的发展密切相关。从图 4-5 可以明显地看出，世界各国的第二产业比重随时间的推移而呈现倒"U"形，即先逐步上升，上升到一定水平后又逐步回落下来，这就是克拉克、库兹涅茨总结归纳出的所谓三次产业结构演进规律。从图4-5 可以看出，这个规律的各个阶段在英国、法国、美国、德国、日本、俄国已经表现得很完整，其中英国、法国、美国第二产业比重目前已经下降到 20% 左右；德国、日本下降到 30% 左右；俄国也由最高时期的 63% 下降到目前的 40% 以下；巴西第二产业比重也已经出现了倒"U"形；韩国第二产业比重从 20 世纪 50 年代开始迅速上升，目前已经稳定在 40% 左右；而印度和中国的第二产业比重则仍然处在上升时期。

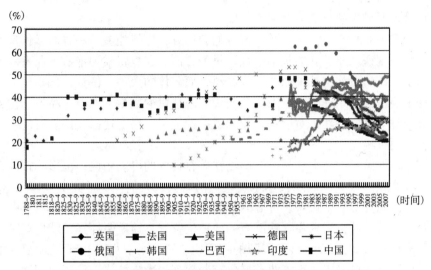

图 4-5　1788~2008 年世界主要国家第二产业占 GDP 的比重

资料来源：1788~1959 年数据来自帕尔格雷夫经济统计数据，1960~2008 年数据来自 The Worldbank Quick Query selected from World Development Indicators、美国 1960~1970 年数据来自《苏联和主要资本主义国家经济历史统计集》。

　　如果一国的钢消费量主要由本国钢产量来满足，那么人均钢消费量曲线近似于人均钢产量曲线，至少基本形状相同。这样，图 4-2 实际上也可以用来近似表示世界主要国家 1860~2008 年的人均钢消费量曲线。经过比较发现，世界主要国家的人均钢消费量曲线与其第二产业占 GDP 比重具有一致性变化，两者的倒 U 形具有同向性、同期性。从图 4-2 及表 4-2 可以看出，主要先发国家的人均钢消费量（产量）高原区间落在 1960~1980 年，极大值出现在 20 世纪 70 年代。从图 4-5 也可以很明显地看出这些先发国家的第二产业比重的高原区间也落在 1960~1980 年，而极大值出现在 20 世纪 70 年代。不过，随着全球化趋势增强，各国钢铁生产和消费的模式也发生了变化，早期阶段主要是发达国家从国际市场进口铁矿石生产钢铁，满足国内需求和部分国际需求，而目前则表现为本国钢铁产业逐步向后发国家和地区进行转移，相当一部分国内消费由进口满足。

（二）工业化过程中资源利用的影响因素分析

　　在工业化进程中，资源禀赋、历史条件和经济发展模式等因素对资源利用的方式和路径都有着深刻的影响。根据资源禀赋条件及其变化选择和调整工业发展模式是解决资源问题的关键，这对中国解决好资源利用问题有着重要启示。下面仍以钢铁为例，分析影响世界各国资源利用的因素，并指出不同因素对不同类型国家资源利用所起作用的区别。

1. 资源禀赋与资源利用的关系

从钢铁工业来看，资源禀赋与资源的利用方式密切相关：一方面，铁矿石的资源禀赋是钢铁工业发展的基础条件；另一方面，它也将成为钢铁工业发展的限制性因子。铁矿石是钢铁工业的基本原料，而矿体的大小、位置、化学成分和开采条件主要由自然条件决定。因此，铁矿资源禀赋的数量、种类、品位、位置及其地质条件等重要特性，对钢铁产业的工厂选址、布局变迁以及铁矿石的利用强度有着重要影响。

首先，铁矿石的种类和品位既影响铁矿石资源的可利用性，也影响钢铁产品的质量和数量。在开采利用技术水平较低的时候，人们往往"弃贫取富"，即只取富矿，而抛弃贫矿，对铁矿资源的利用方式也就很粗放。其次，铁矿石的地理位置及其地质条件也很重要。铁矿石的地理位置好、地质条件好，就更有利于降低开采和运输成本，从而铁矿资源的利用也就更充分，并且由于地理惯性的作用，铁矿资源禀赋对于钢铁工业布局也有着深刻的影响。从世界各国钢铁工业的起源来看，要建立钢铁工厂往往是首先利用本国铁矿石生产钢铁满足国内需求。从钢铁工业的持续发展来看，铁矿石的储量是建立钢铁工业的基础条件，也是影响其持续发展的重要限制因素。即使在开放经济条件下，可以通过从国际市场进口铁矿石来填补本国铁矿资源不足的缺口，但从资源安全的角度讲，大国的工业发展必须要求本国拥有一定数量的铁矿资源。因此，在当前国际条件下，优先利用国外资源、尽量保持本国资源是大部分国家的首选之策。

2. 技术进步及其传播与资源利用的关系

工业化的技术实质是对自然资源更高效率的利用，"资源与废物的区分取决于工业技术水平与工业需求规模"。[①] 铁矿石资源的利用也是如此，技术进步可以在一定程度上弥补资源禀赋的缺憾，使资源利用方式更加集约，不仅直接影响铁矿资源的利用方式、利用强度，也间接地影响利用铁矿资源的钢铁工业的产业布局。例如，分选、提纯技术的不断进步，使得原来因品位较低而不可利用的铁矿现在可以得到利用；原来因铁矿石中含有较多的杂质而影响钢铁产品质量的现象，现代技术也可以更有效地解决。从最初的贝色麦炼钢法到平炉炼钢法，再到氧气转炉炼钢法、电炉炼钢法，铁矿资源及废铁资源得到了更有效的利用，所生产的钢铁产品种类更多、性能更好、生产成本降低。此外，大运量火车和大吨位轮船的出现，大大地降低铁矿石、煤炭及钢铁产品的运输成本，使得钢铁产业布局由最初的接近原料产地或燃料产地，逐渐扩展到接近钢铁消费市场或临近港口布局。

同时，技术传播也对铁矿资源的利用产生重要影响，尤其是先发国家先进技

---

① 金碚：《资源环境管制与工业竞争力关系的理论研究》，《中国工业经济》，2009 年第 3 期。

术的传播对后发国家利用铁矿资源有着重要意义。有学者甚至认为，20 世纪 50~70 年代的世界钢铁第一次高速增长是靠发达国家技术创新推动的，而 20 世纪 90 年代至今的第二次高速增长则是靠发展中国家和新兴工业国家从发达国家中引进先进技术推动的。[①] 由于学习效应的存在，后发国家可以直接利用先发国家的先进技术和管理经验，降低运输成本，提高铁矿资源利用效率，缩短工业化进程。由于产业生命周期规律的作用，伴随着钢铁工业技术的传播，发展条件相对较好的后发国家甚至可能直接承接来自先发国家的钢铁产业转移，在区位优越的港口布局新的钢铁工业，从而延续世界钢铁产业的持续增长。

3. 资源产权结构与资源利用的关系

矿产资源产权是由矿产资源所有权及其由此派生的矿业权等权利组成的权利集合，其中矿业权又包括探矿权和采矿权等。[②] 不同的产权结构往往会影响对铁矿资源的开采效率以及对环境的破坏程度。在英美等国家，矿产资源由私人所有，铁矿资源的开采是按照遵循边际成本与边际收益相等的原则来开采，这样从经济学角度来分析是有效率的。而德国、日本等国家对矿产资源的开采进行了一定的国家管制，将铁矿资源的开采权收归国有，总体上的开采效率也相对较高。但是，应当承认，发达国家在开采利用技术水平较低时，人们也往往"弃贫取富"，即只取富矿，而抛弃了贫矿，对铁矿资源的利用方式也相对粗放。目前，中国是将铁矿资源比较廉价地让渡给企业一定开采期限。在这种产权结构条件下，企业往往追求的是合约期限内的利润最大化，先采富矿后采贫矿，注重出矿数量而忽视开采质量，这样就容易导致粗放式的开采，造成铁矿资源的浪费。此外，如果产权界定不清晰，企业对铁矿资源开采的经济成本往往就会低于社会成本，企业在开采铁矿资源时并没有承担应有的环境破坏成本，从而也在一定程度上导致资源浪费和环境破坏。

4. 工业化发展阶段与资源利用的关系

一般来说，工业化发展阶段可以分为工业化前阶段、工业化初期、工业化中期、工业化后期和后工业化阶段。大量数据表明，人均钢产量随着人均 GDP 的增加而表现出倒"U"形规律，单位 GDP 钢产量随时间表现出倒"U"形规律，人均钢产量与第二产业比重的倒"U"形也存在一致性。这就说明，世界各国处在不同的经济发展阶段时，其对矿产资源利用的方式和强度也不同。从世界主要国家钢铁工业的倒"U"形来看，对铁矿等矿产资源利用强度最大的时期一般都是工业化中期。在经济发展初期，技术发展水平较低，对钢铁等资源性产品的利

① 张寿荣：《钢铁工业的发展趋势与中国钢铁工业 21 世纪应对挑战的策略》，《宏观经济研究》，2007 年第 2 期。

② 熊艳：《矿产资源产权认识的进展》，《科技进步与对策》，2000 年第 2 期。

用能力也比较低；随着经济和技术的发展，钢铁生产能力大幅提升，同时由于其他行业和人民生活对钢铁需求的增长，钢铁资源利用强度也大幅提升；但随着经济逐步进入后工业化阶段，新增钢铁需求减少，铁矿资源的利用强度也回落到较低水平。与经济发展相对应，产业结构升级，尤其是工业占 GDP 比重的变化与钢铁工业发展联系更为紧密。在工业化前阶段农业比重很大，在工业化初期工业比重虽有提升但也以轻工业为主，对钢铁的需求量不大；当进入以重化工产业为主的工业化中期时，对钢铁的需求量急剧增加，因而对铁矿资源的利用强度也最大；进入工业化后期之后，服务业的比重大幅提升，对钢铁的需求下降，从而对铁矿资源的利用强度也下降，但由于技术水平的提高，对铁矿资源的利用方式也就更为集约。

5. 国家发展战略与资源利用的关系

国家发展战略模式对资源利用的影响比较大，大国与小国、先发国家与后发国家对资源的利用也不一样。大国在工业化进程中，一般需要建立一个完整的国民经济体系，无法轻易地逾越工业化的发展阶段。例如，中国现在的重工业化发展阶段就不可逾越。"作为一个人口众多、幅员辽阔的巨大发展中国家，中国正在面临和将要面临的几乎一切重大和长远的经济社会问题的解决，都依赖于重化工业的发展"。[1]而重化工阶段也就是对资源消耗最大、对资源利用强度最大的时期。而小国则不需要也不太可能建立非常完整的国民经济体系，可以缩短甚至跳跃某些发展阶段，快速地进入后工业化阶段。例如，新加坡就成功地利用其马六甲海峡的优越区位条件，大力发展商业、金融业、交通通信业、旅游业，缩短了工业化进程，把整个国家建设成了花园城市。

后发国家与先发国家的发展战略也有所不同，后发国家可以通过直接借鉴先发国家的先进技术和管理经验，缩短工业化进程，进而改变资源利用方式和利用强度。从世界历史来看，英国完成工业化大约用了 100 年，美国用了 60 年，而韩国只用了 40 年。中国现已进入工业化中期的后半阶段[2]，估计完成工业化进程还需要 20~30 年时间。在这个资源利用强度最大的时期，作为后发国家，中国也可以借鉴和利用世界先进技术和经验，通过转变经济发展方式，走新型工业化道路，不断强化资源的集约利用和节约利用。

6. 国际环境及其开放条件与资源利用的关系

一个国家在工业化进程中，所处的国际环境是否有利，本国市场与世界市场是否顺畅对接，都会影响其资源的利用方式和利用强度。从图 4-1 和图 4-2 中可

---

① 金碚：《中国工业化的资源路线与资源供求》，《中国工业经济》，2008 年第 2 期。
② 陈佳贵、黄群慧、钟宏武、王延中：《工业化蓝皮书》——《中国地区工业化进程报告（1995~2005）》，社会科学文献出版社，2007 年版。

以看到，在两次世界大战期间，世界主要钢铁国家的原钢总产量、人均钢产量基本处于停滞增长，而在世界大战结束时都剧烈下滑，这说明国际环境的变化会严重影响铁矿资源的正常利用方式和强度。"二战"后，美国对日本的强力支持，使得日本经济迅速崛起，在20世纪六七十年代迅速攀升为世界第三产钢大国。和平的国际环境有利于正常的工业化进程，也有利于对资源利用的平稳性和连续性。

国际开放条件对资源利用也有着显著影响。仍以钢铁为例，在一个封闭的经济体中，只能利用本国的矿产资源及其他资源生产钢铁。由于钢铁生产需要厂房设备、铁矿资源、煤炭资源等要素的有效组合才能产生经济效益，而一个国家的资源禀赋结构往往是与之不匹配的，这就需要从国际市场购买某些短缺的要素，或者进行国际生产协作。例如，法国洛林地区铁矿资源丰富，但缺乏煤炭；而与之毗邻的德国鲁尔地区则煤炭资源丰富，而铁矿资源短缺，在开放经济条件下两者就可以资源互补进行生产合作。欧洲煤钢联营的成立，在更大区域范围内优化了铁矿资源及煤炭等资源的配置，也提高了资源的利用效率。尤其是随着经济的全球化，矿产资源将通过世界市场而获得更充分更有效率的利用。

三、中国工业化进程中的资源约束

当前，资源与环境约束成为世界发展面临的主要挑战。工业革命以来，现代经济发展的一个主要特征就是对原材料、能源资源等各类可耗竭矿产资源进行大规模开发与利用。发达国家在历次工业化革命中消耗掉了地球上大量的可耗竭矿产资源，其现代化进程沿袭的是一条"争夺原材料、原料"的工业化发展路径。作为后起国家，工业化是中国发展进程中绕不开的阶段。当前和今后一段时期，中国处于赶超发达国家工业发展的关键时期，经济发展对能源、铁矿石等矿产资源消费的增加具有一定的客观必然性。随之而来的问题是，矿产资源的可耗竭性和储量的有限性与国内对矿产资源需求的增加必将成为中国工业化发展中一个突出矛盾。如何解决这一矛盾，为中国工业化的可持续发展寻求适宜的资源路线关乎国内现代化进程。因此，必须首先客观全面地分析中国工业化进程中的资源约束及其表现，从而为寻找适合当前国际经济形势和中国国情的新型工业化发展路径提供认识基础。

（一）中国矿产资源及开发的基本情况

矿产资源是工业生产中重要的投入要素，在历次工业化革命中发挥着重要的作用。相关的研究显示，目前世界上95%以上的能源、80%以上的工业原料、

70%以上的农业生产资料均来自矿产资源。[①]矿产资源的丰度、质量和储量，已经成为决定一个国家经济实力和发展潜力的重要标志之一。中国矿产资源由于禀赋结构的影响，经过新中国 60 余年以及改革开放 30 余年的发展形成了自身的特点。主要表现在：

1. 矿产资源丰富

中国是世界上重要的矿产资源大国，资源丰富，矿种齐全。截至 2007 年底，全国共发现矿产 171 种，已探明资源储量的 159 种，已查明的矿产资源总量和 20 多种矿产的查明储量居世界前列。其中，煤炭居世界第 3 位，铁矿居第 4 位，铜矿居第 3 位，铝土矿居第 5 位，铅锌、钨、锡、锑、稀土、菱镁矿、石膏、石墨、重晶石等居第 1 位。建成一批能源、重要金属和非金属矿产资源开发基地，矿产资源供应能力明显增强。原油和天然气产量分别居世界第 5 位和第 11 位，原煤、铁矿石、钨、锡、锑、稀土、菱镁矿、石膏、石墨、重晶石、滑石、萤石开采量连续多年居世界第一。根据国土资源部的统计，2007 年矿业增加值达到 1.36 万亿元，约占工业增加值的 12.7%，占 GDP 的 5.5%，矿产资源的开发利用促进了区域经济的发展，已成为推动中国经济蓬勃发展的重要动力（见表 4-4）。[②]

表 4-4　中国矿产资源勘查开发主要成就

类别	矿产名称	完成情况	备注
新增资源储量 （2001~2007 年）	石油（亿吨）	66	探明地质储量
	天然气（亿立方米）	37750	探明地质储量
	煤炭（亿吨）	2861.94	查明地质储量
	铁（矿石亿吨）	39.38	查明地质储量
	铜（金属万吨）	957.87	查明地质储量
	铝土矿（矿石亿吨）	3.95	查明地质储量
	锰（矿石亿吨）	1.80	查明地质储量
	钨（WO₃ 万吨）	14.4	查明地质储量
	钾盐（KCl）亿吨	3.08	查明地质储量
矿产资源开采量 （2007 年）	原油（亿吨）	1.87	居世界第 5 位
	天然气（亿立方米）	693.10	居世界第 11 位
	原煤（亿吨）	25.25	居世界第 1 位
	铁矿石（矿石亿吨）	7.07	居世界第 1 位
	钨（WO₃ 65%万吨）	8.04*	居世界第 1 位
	锡（金属万吨）	15.13*	居世界第 1 位
	锑（金属万吨）	15.29*	居世界第 1 位

---

① 王玉平、卜善祥：《中国矿产资源经济承载力研究》，《煤炭经济研究》，1998 年第 12 期。
② 国土资源部：《全国矿产资源规划（2008~2015 年）》。

续表

类别	矿产名称	完成情况	备注
矿产资源开采量（2007 年）	稀土矿（REO 万吨）	12.05	居世界第 1 位
	金（吨）	213.85	居世界第 2 位
	磷矿石（万吨）	4542	居世界第 2 位
	石墨（万吨）	364.28	居世界第 1 位
	萤石（万吨）	742.93	居世界第 1 位
	重晶石（万吨）	407.23	居世界第 1 位

注：* 表示规模以上企业数据。
资料来源：《全国矿产资源规划（2008~2015 年）》。

2. 资源总体分布不均

虽然中国国土面积广阔，但工业资源的分布在地区和种类上都不均衡，而且较大比例的矿产资源与经济区域不匹配，部分用量大的支柱性矿产中贫矿和难选矿多，开发利用难度大，利用成本高。比如，煤炭资源主要分布在华北、西北地区，山西、内蒙古等地产量超过全国的 40%。华东地区煤炭资源储量的 87% 集中在安徽、山东，中南地区煤炭资源储量的 72% 集中在河南，西南煤炭资源的 67% 集中在贵州，东北地区有 52% 的煤炭资源集中在北部黑龙江。铁矿储量的 60% 集中于辽、冀、晋、川四省，磷矿储量 70% 集中于云、贵、川、鄂四省。[1]

3. 矿产资源人均拥有量低

中国人口众多，人口密度高于世界平均水平，因而各类资源的人均占有量不足，大部分资源的人均消费量低于世界平均水平，与发达国家相比就更低。矿产资源人均拥有量更为偏低，除煤炭等少数资源外，绝大多数资源都与世界人均水平相差甚大。中国人口占世界的 21%，但石油储量仅占世界的 1.8%，天然气占 0.7%，铁矿石不足 9%，铜矿不足 5%，铝土矿不足 2%。[2]

4. 资源开发利用体系逐步改进

中国矿产资源开发利用在逐步完善的过程中经历了由"计划、无偿"模式向"市场、有偿"模式的转变。计划经济时期，矿产资源勘探开发主要采用"审批制"，由企业申请，政府许可。国家财政核算拨付勘查资金，勘探成果无偿上缴国家。1978 年改革开放以来，"市场、有偿"模式开始进入矿产资源管理领域。1982 年 1 月，国务院发布了《中华人民共和国对外合作开采海洋石油资源条例》，条例中规定参与合作开采海洋石油资源的中外企业，都应当依法纳税，缴纳矿区使用费，资源的有偿开采使用开始进入议题。1984 年 9 月 18 日，国务院颁布的

---

① 白永秀：《中国经济改革 30 年：资源环境卷》，重庆大学出版社，2008 年版。
② 潘岳：《直面中国资源环境危机》，《环球日报》，2004 年 2 月 6 日。

《中华人民共和国资源税条例（草案）》规定自 1984 年 10 月 1 日起征收资源税。1986 年 3 月 19 日，第六届全国人大常委会第十五次会议通过并公布了《中华人民共和国矿产资源法》，明确规定了国家对矿产资源实行有偿开采，开采矿产资源必须按照国家有关规定缴纳资源税和资源补偿费。1996 年国家对资源法进行了修正，开始实行探矿权、采矿权有偿转让制度。2005 年以来，国家还先后提高了煤炭、石油和天然气资源税的税额标准。

5. 资源勘探开发主体不断多元化

计划经济时期，资源勘探开发只允许获得国家批准的国有单位进行，由国家拨付开发金。市场化改革之后，由政府提供资源勘察和开发资金的单一投资渠道已逐步向多元化投资渠道转变，工业资源尤其是矿产资源的开发形成了多种经济成分并存的格局；在借鉴国外经验的基础上政府大多使用"招、拍、挂"的方式来出让开采权；国有大中型企业的改革持续深入，不按市场规律盲目生产和出口矿产品的势头有所遏制；鼓励外商来华投资勘察矿产资源和鼓励国内企业到国外进行矿产资源风险勘探与开发方面取得了进展。

6. 矿产资源对外贸易和合作开发快速发展

目前，中国已经是世界第二位的矿产资源消费大国，矿产品对外经济贸易快速发展。国土资源部资料显示，2003 年中国矿产品及相关能源与原材料进出口贸易总额为 1617 亿美元，2004 年为 2411 亿美元，2005 年为 3075 亿美元，2009 年达到 4981 亿美元，约占全国进出口总额的 25%。另外，矿产资源勘查开发国际合作取得较大进展，目前中国矿业已成为外商投资的重要领域，100 多家外国公司在中国投资石油、天然气、煤炭、铁、铜、铅、锌、金等矿产的勘查开采，同时也与 60 余个国家和地区开展矿产资源勘查开发合作。

（二）中国工业化中矿产资源利用的主要问题

经过新中国 60 余年的建设和改革开放 30 余年的发展，中国矿产资源的勘探开发能力、资源管理能力以及对外贸易都得到了不同程度的提升与强化。矿产资源是经济社会发展的物质基础，目前世界对主要矿产资源的争夺愈演愈烈。传统工业化道路的主要特点是对以矿产资源为代表的自然资源进行专业化、规模化的深度加工，满足不断增长的社会经济发展需要。这一过程的主要特征是：以矿产资源为代表的自然资源大量消耗，社会财富迅速积累，经济发展迅猛，人民生活水平不断提升，社会发展进入规模化专业化阶段。随着中国工业化进程快速推进，在效仿欧美先进国家的发展模式下，国内对矿产资源的耗费快速增长。中国工业化进程中矿产资源利用的问题逐步显现，突出表现在以下几个方面：

1. 矿产资源消费快速增长，未来需求巨大

从矿产资源的累计消费来看，整个 20 世纪人类总共消耗了 1420 亿吨石油、

2650亿吨煤、380亿吨铁、7.6亿吨铝，4.8亿吨铜，其中美国等发达国家消费占有绝大部分比重，包括中国在内的发展中国家消费比重并不大。在20世纪的100年中，美国累计消费石油约350亿吨、钢73亿吨、铜1.4亿吨、铝2亿吨、水泥约100亿吨，而中国累计消费石油约40亿吨、钢铁28亿吨、铜3000万吨、铝5000多万吨、水泥约78亿吨。中国石油累计消费仅为美国的1/8，钢铁不足其40%，铜、铝相当于其1/4，如果以人均计算，则相差更远。

不过，改革开放以来，特别是近十多年来，中国已经成为世界上最主要的矿产和金属消费国。进入20世纪90年代，中国工业化得到了长足的发展，对矿产资源的消费进入了高速增长期。2003年以后，中国以钢铁、电解铝为代表的重化工业出现了超常规的发展，也开始步入西方主要发达国家以及日韩等国早已走过的重化工业化阶段。根据2008年BP世界能源统计数据，截至2005年，除铀以外，中国的铝、氧化铝、煤、铜、金、铁矿石、铅、镍、锡、铀、锌等所有战略性矿产消费都超过了美国和日本，以上资源消费占全球资源总消费的比重分别达22.5%、24.5%、36.9%、21.8%、7.8%、35.7%、24.8%、15.2%、33.2%、2.0%、28.6%（如表4-5所示）。2006年，中国主要矿产品煤炭、石油、铁、铜、铝的消费量分别为23.7亿吨、3.20亿吨、4.04亿吨（生铁）、361万吨（精炼铜）、865万吨（精炼铝），占世界消费量的比重分别为38.6%、9.0%、46.6%、21.1%和25.4%。[1]

表4-5　2005年中国主要矿产资源消费国际对比

	中国	澳大利亚	加拿大	日本	韩国	俄罗斯	美国	世界	中国消费占世界比重（%）
铝（千吨）	7119	380	803	2276	1201	1020	6114	31691.83	22.46
氧化铝（千吨）	15222	3711	5644	12	20	7112	4837	62260.73	24.45
煤（百万吨）	2179	139	58	178	84	238	1019	5898.99	36.94
铜（千吨）	3639	158	290	1229	853	792	2270	16706.41	21.78
金（吨）	257	10	27	167	80	67	220	3283.74	7.83
铁矿石（百万吨）	473	11	10	132	44	87	56	1324.49	35.71
铅（千吨）	1916	28	42	291	383	80	1552	7725.19	24.80
镍（千吨）	189	2	7	193	100	26	135	1342.63	15.21
锡（千吨）	116	1	3	33	18	7	42	349.45	33.20
铀（千吨）	1594	0	2118	9651	3551	1020	24765	78772.58	2.02
锌（千吨）	3037	239	175	602	503	171	1077	10624.41	28.59

资料来源：中宏数据库。

---

[1] 马建明、崔荣国：《我国能源和资源效率低下的原因浅析》，《国土资源情报》，2008年第4期。

根据主要发达国家的经验，矿产资源消费状况具有较为稳健的变化规律：随着经济发展，矿产资源消费呈快速增长态势；至工业化发展中期，伴随着社会财富积累达到一定水平，矿产资源消费达到峰值；当社会财富积累到一定水平，基本完成工业化的时候，经济结构就会发生重大改变，重要矿产资源的消费量则呈下降趋势。美、英、德、法等早期工业化国家的人均钢铁消费，在人均 GDP 大约 10000 美元时达到峰值，韩、日和中国台湾等新兴工业化国家和地区的人均钢铁消费，在人均 GDP14000~15000 美元时达到峰值。水泥的情况与钢铁差不多。铜和铝等金属，由于在基础设施建设中的作用不同，峰期到来的时间也不尽相同，铜消费量在人均 GDP20000 美元左右、铝消费量在人均 GDP28000 美元左右才开始逐渐下降。目前，中国人均 GDP 还处于 3000 美元的阶段，这说明对矿产资源的需求还将有一个迅猛增长期。如果按照目前的发展道路，中国未来对矿产资源的需求仍然将处于供不应求阶段。据国土资源部 2009 年发布的《全国矿产资源规划（2008~2015 年)》预测，到 2020 年，中国煤炭消费量将超过 35 亿吨，2008~2020 年累计需求超过 430 亿吨；石油 5 亿吨，累计需求超过 60 亿吨；铁矿石 13 亿吨，累计需求超过 160 亿吨；精炼铜 730 万~760 万吨，累计需求将近 1 亿吨；铝 1300 万~1400 万吨，累计需求超过 1.6 亿吨。

　　2. 矿产资源综合利用率低，生态环境危机日渐凸显

　　目前中国综合利用较好的国有矿山仅占 30% 左右，全国 20 多万个集体、个体矿山基本上没有综合利用。[1] 全国现有 2000 多座金属矿山库存尾矿约 60 亿吨，每年新增排放固体废弃物约 3 亿吨，而平均利用率只有 8.3%。由于中国煤矿小矿山所占比例较大，乱采滥挖，资源综合回收率只有 10%~15%，全国平均综合回收率仅 30%，而美国煤炭坑采回收率为 58%。铝土矿中产量占全国一半以上的个体和小型铝土矿山回采率仅为 20%~35%，保守估计近十年最少浪费了 2500 万吨铝土矿资源。体制不健全被认为是造成矿产资源综合利用率低的主要原因，具体表现为政企不分，政府行为过多，并由于干预企业的开采计划而造成采主弃副，弃贫采富，造成共生矿、伴生矿损失和浪费，影响了矿产资源的综合利用。

　　尽管在 20 世纪 80 年代，中国已经把环境保护列为基本国策，通过制定相关环境保护法规，加强污染物的排放治理，但是因为没有改变传统的经济增长模式和资源禀赋结构，由于大量消耗煤炭和日益增长的汽车消费带来的污染对环境破坏愈发严重。尽管与工业化国家相比，中国人均二氧化碳排放量较低，但从总量上中国将成为世界上最大的二氧化碳排放国。如果按目前发展趋势预测，到 2020 年，煤炭仍将占到或超过中国一次能源消费的 60%，并且中国将可能成为世界第一大汽车消费国。可以肯定的是，若无重大技术变化，未来快速增长的矿

　　① 久铭：《中国矿产资源安全及其战略对策》，《市场透视》，2007 年第 10 期。

石能源消费将对环境造成严重威胁，可能会达到危机的程度。

3. 资源供给能力不足，保障程度低

中国主要矿产资源的静态储产比大多都低于世界平均水平，储量较为丰富的煤炭静态保障程度也不及世界平均水平的一半。目前经济可利用性差或经济意义未确定的资源储量占较大比例，而且控制和推断的资源储量多，探明的资源储量少。中国煤炭资源总量为5.1万亿吨，占世界的3.9%，但探明程度较低，探明可采储量占资源总量的比重低，且开采条件差。目前在剩余可开采的1886亿吨中，尚未利用的精查储量618亿吨，其中90%分布在自然条件恶劣、生态环境脆弱、远离消费中心的中、西部地区，交通运输条件较差，开采的难度较大。中国天然气资源的剩余可采储量为1.4万亿立方米，储采比为45年，远低于世界天然气58年的储采比水平。[①] 铜、铅、锌等矿产现有储量的动态保障程度只有十几年。铝土矿保障程度不足20年，铁矿保障程度仅30年。铜矿后备可以开发的储量只有250万吨，仅仅相当于目前全国4年的产量，不足一年的消费量。

根据前面的分析，中国主要矿产资源储采比过低，自有资源的后备保障能力跟不上，如果没有新的勘查突破，国家矿产资源安全将会面临严峻挑战。根据预测，如不加强勘查和转变发展方式，到2020年在中国45种主要矿产中，有19种矿产将出现不同程度的短缺，其中11种为国民经济支柱性矿产，石油对外依存度将超过60%，铁矿石的对外依存度在40%左右，铜和钟的对外依存度仍将保持在70%左右。然而，由于全球主要优质矿产资源区域已经被发达国家瓜分完毕，境外勘查开发矿产资源和进口矿产品成本增大，中国要想在世界市场上占据一席之地，将面临极大挑战。从之前中海油并购优尼科案的失败，到现在中铝并购力拓案的失败都显示出西方主要发达国家对中国不断激增的矿产资源需求的抗拒与担心。中国境外重要矿产资源高度集中，主要分布在边缘与战乱地区，一旦出现问题，影响经济安全的资源供应面临严峻挑战，资源储量不足就会严重威胁中国矿业的发展和国民经济的健康发展。

国内对矿产资源的巨大消费量形成了持续增大的需求压力，中国主要矿产资源进口在一定程度上冲击着世界资源市场。仍以钢铁为例，中国铁矿产业对矿产资源进口依赖程度不断提高，资源压力越来越大，主要体现在两个方面：一是高度依赖铁矿石进口。我国进口铁矿石产铁比重自1983年以来逐年上升，从1982年的6.27%提高到2000年的34.46%，2004年则迅速达到52.68%，并至此居高不下，2006年达到50.89%。而"十五"以来，进口铁矿石年增速一直保持在20%左右的高位，2004年更是高达40.48%（见图4-6）。二是间接体现在对进口钢材的依赖上。我国对进口钢材的消费比重最高达到34.82%，出现在1985年，

---

① 国家统计局课题组：《积极缓解能源约束，努力实现有序发展》，《统计研究》，2005年第6期。

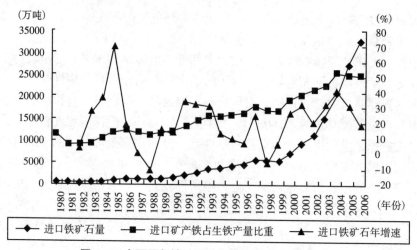

图 4-6 中国历年铁矿石进口情况（1980~2006 年）

资料来源：《中国经济贸易年鉴》（2008）；笔者整理。

此后随着钢铁工业发展日趋成熟，对进口钢材的依赖程度有所降低，2004 年，进口钢材消费比重下降为 9.38%（见图 4-7）。但从钢铁产品进出口结构上看，我国仍然高度依赖进口高级钢材，长期与主要发达国家存在钢铁产业内贸易，出口粗钢等中低级产品，进口高级钢材。2006 年，中国对日本、欧盟、中国台湾地区的钢材贸易逆差分别达到 588 万吨、96 万吨和 256 万吨。

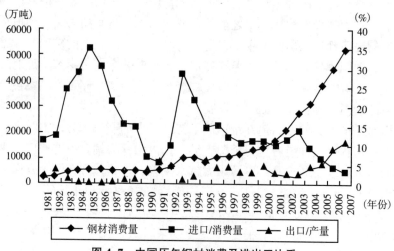

图 4-7 中国历年钢材消费及进出口比重

资料来源：《中国经济贸易年鉴》（2008）；笔者整理。

4. 矿产资源体制仍不健全，管理机制有待完善

尽管中国矿产资源体制改革取得了长足进展，但仍落后于经济体制改革的总体进程，特别是管理机制亟待突破性创新。目前来看，改革的关键是如何实现市场的决定性作用，让资源价格充分发挥其调节功能。随着经济开放，矿产资源开发的产权逐渐实现了多元化，但是政府管理的许多政策仍然建立在指令性计划的基础上。尤其是对矿产资源价格的控制，导致其不能合理反映市场供求，相关资源市场和定价机制改革停滞。如2005年对石油产品价格的"上限"管理，阻碍了国际价格向国内市场的传导，抵消了炼油利润，以致损害炼油工业的财务状况和相关国有企业的投融资能力。从市场角度看，国内矿产资源价格偏低是造成资源"瓶颈"和环境"瓶颈"的直接原因，突出表现为矿产资源的开发成本和利用价格构成不合理。国内矿产资源开发由于历史原因在价格实现机制上并没有完全纳入社会成本，这导致市场上矿产资源使用的价格普遍偏低，难以反映出真实的矿产资源社会价值。过低的矿产资源价格导致对资源的滥采和浪费行为，对矿产资源破坏严重，矿区环境急剧恶化。在中国2000年以后的重化工业发展高潮中，因为矿产资源原料的低价格，造成各类投资主体纷纷涌入，一时之间加剧了国内矿产资源的供给保障问题。

5. 国际环境复杂多变，对外合作挑战加大

全球矿业市场活跃，资源配置和矿业全球化趋势明显，为中国利用国外资源和市场提供了难得的机遇。但是全球矿产资源和矿产品市场的垄断格局已经形成，目前世界前八家跨国矿业公司拥有全球矿业资本市场75%的份额，控制着世界大部分的铁矿和铝土矿资源。全球排名前五到前十位的跨国公司，占有全球铁、铜、铝、锌50%以上的储量和产量。巴西、澳大利亚、印度三个国家铁矿石占世界产量的60%，占世界贸易量的90%。智利、秘鲁、印度尼西亚占世界铜产量52%，贸易量90%。中国要想在世界市场上占据一席之地，将面临极大挑战。当前市场竞争日趋激烈，主要矿产品价格大幅波动，境外勘查开发矿产资源和进口矿产品成本增大。国际金融危机爆发后，国际上贸易保护主义抬头，对外合作难度进一步加大。中国境外重要矿产资源高度集中，一旦全球政治经济出现重大不利事件，影响经济安全的资源供给将面临严峻挑战。

中国资源企业产能过剩、资源不足，具有很强的"走出去"要求，但国际合作能力还比较弱，"走出去"战略成功案例并不多见。以钢铁产业为例，根据国家发改委提供的数据，中国已建成和在建的钢铁产能总计已超过7亿吨，中国钢铁产能已明显过剩。为此，国家鼓励企业到境外去建钢铁厂，一方面缓解国内钢铁产能过剩的局面，另一方面也可以减轻国内的资源环境压力。实际上，钢铁产业"走出去"战略的核心在于铁矿石资源的控制权以及铁矿石的定价权。但是，这两个方面都不容乐观，首先，我国长期难以掌握铁矿石的定价权，不仅在与世界三大铁矿石供应商的年度铁矿石贸易谈判中处于被动地位，而且在全球铁矿石定价机制框架下的铁矿石长期协议价格谈判中①，中国也难控主动权，宝钢集团只在 2007 年取得首发价。其次，中国钢铁企业集团赴境外收购矿山仍处在探索阶段。在过去十几年间，由于决策不利，中国钢铁产业错失了多次参股世界铁矿供应商的机会，目前，世界主要优质矿石资源已被少数巨头铁矿供应商控制，国际铁矿石市场供给日趋紧张的局面，使得中国现阶段对境外矿山资源的收购进展艰难，只有极少数企业参股成功。②

因此，从中国目前的工业化发展对矿产资源的需求和约束的结论是显而易见的：当前的增长趋势不可持续，需要进行新型工业化道路建设，走出一条有别于主要发达国家传统工业化的道路。因此，我们面临的形势十分紧迫，需要制定新的协调性政策，加强机构管理以及有效落实。

四、新型工业化的资源战略选择

一般而言，工业化主要是指一个国家从传统农业社会向大规模工业社会的转变过程。工业化是现代化的重要标志，西方主要发达国家实现现代化的过程就是一部不断探索的工业化过程。新中国成立 60 多年以来，中国的工业化发展主要经历了三大阶段：计划经济时期以单一公有制为基础的"优先发展重工业"阶段；改革开放以来多种所有制经济并存的"轻重工业均衡发展"阶段；中国共产党第十六次代表大会以来的"新型工业化道路"阶段。通过分析各个工业化阶段的发展特征，可以发现它们都是特定时期的历史选择。计划经济时期百废待兴，建立完整的工业体系是新中国建立初期经济建设面临的主要任务，发展重工业是实现这一目标的基础。改革开放之初，先前的计划经济发展战略，造成国内轻重工业比例严重失调，人民生活水平低下，因此，中共十一届三中全会确定了以经济建设为中心的发展目标，以满足人民群众基本需要为基础的工业迅速发展，社会财富急剧膨胀。进入 21 世纪，之前的工业化战略遭受到了发展"瓶颈"，主要体现在：忽视经济发展方式转变，仍然以传统的外延式发展为主，不注重内涵式的发展；过于强调经济增长的数量，忽视经济发展的质量。传统的经济发展方式以效率低下、资源消耗大、环境污染严重为主要特征，这对寻求可持续的经济发

---

① 实行首发定价的国际惯例，即在铁矿石价格谈判中，无论哪家钢铁企业最先与供应商谈定年度价格，它所确定的铁矿石价格一般就将被全球其他钢铁企业和供应商所接受。

② 重庆重钢矿产开发投资有限公司 2009 年 11 月成功参股亚洲钢铁，将参与亚洲钢铁所有矿产项目的开发。

展造成了严重挑战。目前中国正处于工业化的关键阶段，新型工业化道路是当前中国经济发展的重大战略选择。下面分析新型工业化道路对矿产资源的基本要求，探讨建设新型工业化道路的主要途径以及解决新型工业化道路中矿产资源开发的几个关键环节，提出缓解矿产资源约束的相关政策建议。

（一）新型工业化的基本要求

新型工业化道路具有丰富的内涵，按照十六大报告提出的基本要求：科技含量高、经济效益好、资源消耗低、环境污染少、人力资源优势得到充分发挥。传统经济增长理论认为，过度的经济增长将不可避免地造成资源短缺、环境污染、生态失衡，最终经济增长将不可持续。中国的传统工业化道路是建立在依靠增加资源投入的粗放型增长基础之上的，并不是依靠内生技术进步实现的。通过前面的分析，可以发现中国矿产资源禀赋具有以下特征：总量丰富，人均占有量少，后备资源严重不足，资源综合利用效率过低。现实的情况是，中国正处于工业化的高速发展时期，由于受到一些体制政策的制约，国内工业并没有完全摆脱传统发展模式，工业对自然资源需求压力大，资源保障程度低，同时资源利用浪费严重，对生态环境的破坏较大。在全球化的经济发展过程中，中国在资源禀赋上并无优势。国内资源和环境对工业发展的制约比较突出，已经严重地影响到中国经济的可持续发展。

为探索出一条适宜的经济可持续发展之路，避免因为资源与环境问题而制约国内的经济发展，中国提出要走新型工业化道路。新型工业化道路的提出就是为了摆脱传统的资源驱动型经济增长模式，缓解自然资源对经济增长的约束，走可持续发展的技术驱动型增长路线。因而，中国工业化过程不能重复过度消耗资源、严重污染环境、破坏生态的传统工业化老路，需要借鉴当前的可持续发展理念，走出一条资源消耗低、环境污染少的新型工业化道路。

走可持续发展的新型工业化道路的实质是转变经济发展的模式，改变之前西方国家现代化过程中以矿物燃料为基础的工业模式。发达国家成长的历程表明，工业化是以对矿产资源消耗的迅速增长起步的。早期的研究观点显示，丰富的矿产资源禀赋是实现工业化的基础和经济发展的主要推动力。[①] 从主要发达国家的发展经历来看，较早实现工业化的国家都是资源禀赋相对丰富的国家。例如，19世纪的英国、德国工业化得以迅速发展的前提之一是拥有丰富的煤炭与铁矿资源，美国工业化的成功被认为是充分发挥了其巨大储量的矿产资源的作用。虽然西方发达国家的传统工业化模式在本国范围内取得了成效，但是从全球范围内来看，它导致了自然资源短缺与生态环境危机，已经严重影响到了全球的可持续发

---

① 张复明、景普秋：《资源型经济及其转型研究述评》，《中国社会科学》，2006年第6期。

展。根据主要发达国家的发展规律，工业化一般都会经历高消耗高污染的阶段，如重化工业阶段。重工业发展的结果是不断加大对矿产资源及各类能源的需求，增加不可再生资源的耗费。尤其是处于赶超阶段的发展中国家，在经济发展的初期，为了实现赶超目标，追求过高的经济增长速度，过于重视资金与技术投入，忽视自然资源消耗的代价，导致对自然资源的粗放利用，影响未来的可持续发展。[①] 中国新型工业化意味着要改变这一传统的发展模式，吸取发达国家在工业化发展过程中破坏自然资源和环境、先污染后治理的教训，通过内生的技术进步改造这一阶段，合理地开发和高效地利用自然资源，保护和治理环境，以实现自然资源的低消耗和污染物的低排放。

新型工业化道路的基本内涵中还强调突出经济增长的效益。通过一定的自然资源消耗取得尽可能多的经济发展成果，换而言之，为取得一定的经济发展成果，耗费尽可能少的自然资源（或矿产资源）。从人类发展的角度出发，就是社会以尽可能少的自然资源支出，最大限度地满足人类不断增长的需求。基于跨期决策与代际公平的观点，走可持续发展的新型工业化道路的要求是，当前对自然资源的需求不仅仅满足当代人的福利，而且又不损害后代子孙的发展，改变以往工业化国家现代化进程中的资源掠夺型战略。按可持续发展要求形成的新的经济发展模式，其主要特征表现在：从对自然资源竭泽而渔的掠夺性获取转向以再生能源为基础、重复或循环利用资源的经济模式。

总之，转变传统经济增长模式，走新型工业化道路，需要有效地处理好工业发展、资源利用与环境保护三者之间的关系。最重要的是把工业发展造成的负面影响控制在资源和环境承载能力之内，解决好资源有限和环境容量对工业发展的制约，确保资源和环境能够持续合理地为工业发展所利用。新型工业化道路要求工业发展保持合理的规模与速度，不断优化工业结构与提高效率，淘汰和关闭浪费资源、污染环境的落后工艺、设备和企业，用清洁生产技术改造能耗高、污染重的传统产业，大力发展节能、降耗、减污的高新技术产业；以提高资源利用效率为目标，降低工业发展对能源、原材料的消耗强度、单位产值污染物排放强度，提高工业劳动生产率。改变以往高投入、高消耗、高污染、低效率的生产和消费方式，实现工业的可持续发展，把对自然资源的约束降到最低。

（二）资源约束下新型工业化道路的实现路径

缓解矿产资源对工业发展的约束是新型工业化道路必须解决的问题之一。矿产资源参与工业发展的一个重要过程是作为要素投入发挥作用。传统经济增长模式下，经济产出的扩大通过不断加大要素投入来实现。由于矿产资源的可耗竭性

---

① 洪银兴：《新型工业化道路的经济学分析》，《贵州财经学院学报》，2003 年第 1 期。

与储量的有限性，传统方式难以为继。新兴工业化应当更加注重内涵式发展，强调通过技术创新的手段挖掘经济增长的潜力，通过市场机制作用营造良好的制度环境引导工业增长，通过开拓新的市场来实现工业的可持续增长。

1. 通过技术创新实现新型工业化道路

技术创新是实现科学发展的必由之路。与以资本投入为主要增长源泉的传统工业增长方式不同，现代工业增长方式以科技投入为主要增长源。新型工业化道路需要充分发挥科学技术作为第一生产力的作用，注重依靠科技进步和提高劳动者素质，改善经济增长质量和效益。在推进新型工业化发展战略、实现中国经济增长方式可持续性转型过程中，无论从整个工业化阶段转换的有序性还是国际经验看，中国的重化工业化阶段都是难以逾越的。重化工业的发展极易导致资源过度消耗和环境污染等问题，而国内资源性产品的供给压力巨大。但是只要充分利用现今全球科技技术，利用中国的后发优势，对未来的工业发展进行周密的设计规划，中国的重化工业发展就完全可以走出一条不同于工业发达国家曾经经历过的高能耗、高污染的发展道路。新型工业化道路的一个主要实现途径就是利用高新技术特别是目前迅猛发展的信息技术改造传统的重化工业，对重工业产业的产品性能、生产方式、盈利模式以及资源消耗等流程加以改造，使其更加符合可持续发展理念的要求。同时更加注重增强企业的自主创新能力，实现从依赖国外技术向自主创新转变，建立先进的产业技术支撑体系，增强自主创新能力，发展自主知识产权，实现技术集约型的转变。

2. 通过体制创新实现新型工业化道路

传统经济增长方式下的中国工业发展主要是通过政府推动实现的，而市场经济条件下的新型工业化战略，政府不再是资源配置的主体。从发达国家工业化和产业结构变动的历史看，市场机制是推动工业化进程的主导力量。由于高效率、高技术的产业利润率水平高于平均水平，从而能够不断地吸收各种资源流入，使该产业获得高速增长且比重不断增大。市场机制的力量推动了农业资源向工业的转移，同时也促进工业内部的重化工业化、高加工度化、知识技术的集约化，以及国民经济结构高服务化的趋势。改革开放 30 余年来，中国逐步取消了生产方面的指令性计划，放开了对商品和部分矿产资源要素的价格管制，逐步放松了对一些自然垄断行业的管制，基本取消了对各类国有企业的财政性补贴，中介组织的发展和政府在行政审批制度方面的改革得到了推进。[1] 目前中国工业化过程中的大部分产品和生产要素都实现了市场配置，具备了较好的市场环境和条件，以市场为导向的资源配置机制基本形成。但是在某些关键领域（主要是矿产资源市场），中国政府对资源配置行政性指令化的控制十分明显，尤其体现在对能源价

---

① 李晓西、师贸平：《中国经济市场化进程分析》，《经济日报》，2002 年 11 月 25 日。

格的控制上。由于能源市场价格改革的停滞不前，没有完全理顺各类能源的比价关系，使得国内的能源供求状况不能合理地体现市场规律的作用，在很大程度上导致了能源浪费，这些状况严重阻碍了中国的市场化进程。另外，一些随技术进步而逐步转变为竞争性产业的准自然垄断产业仍然严格限制其他资本的进入，劳动力在地区之间的流动受到各地户籍制度的限制，银行贷款和资本市场融资主要流向政府控制下的国有企业，信贷利率严格受到中央货币政策监管机构的控制。①实施新型工业化道路，就是要打破各种政策体制束缚，要求各类矿产资源要素可以在市场化条件下进行自由配置，市场机制真正发挥出决定性作用。企业是资源配置的主体，要利用价格杠杆调节矿产资源的供求。同时推进工业化主体的多元化，国有、集体企业和民营企业都是建设新型工业化道路的重要力量。

3. 通过对外开放实现新型工业化道路

中国改革开放 30 余年的经济发展是在对外开放的基础上实现的，中国工业化道路也是在对外开放中不断得到推进的。当前，经济全球化正在不断深化，尤其是在加入世界贸易组织以后，中国融入世界经济的进程不断加快。经济全球化意味着在全球范围内配置资源，形成全球性的生产网络与消费市场。这为中国的工业发展提供了利用两个市场、两种资源的机会。利用世界经济分工体系重新划分的机遇，发挥中国的后发优势，有效地利用世界市场提供的机会将是中国实现新型工业化道路的重要途径。这要求中国以更加积极的姿态参与国际市场运作，在吸引跨国公司进入中国市场，利用国外资本、管理和技术的同时，更应鼓励国内企业主动开拓国际市场，在全球范围内寻找实现中国工业可持续发展的资源。在自然资源领域，积极支持国内企业参与收购重大战略性矿产资源，与国外企业开展优质矿产资源的争夺。

（三）缓解矿产资源约束的政策建议

根据前面的分析，当前阶段，中国新型工业化道路在不断深入发展，城市化进程在不断推进，全面建设小康社会进入关键时期，矿产资源市场需求强劲，重要矿产消费增长快于生产增长。中国经济社会发展的阶段性特征和矿产资源的禀赋状况，决定了矿产资源大量快速消耗态势短期内难以逆转，资源供需矛盾日益突出。中国需求的因素在一定程度上对世界资源市场格局产生冲击，为缓解不断扩大的矿产资源供求矛盾，需要在以下方面进行政策引导。

1. 立足国内，提高矿产资源供给能力

首先，努力确保合理的矿产资源国内供给水平是中国新型工业化发展的基础。要通过加强勘查开发，提高矿产资源国内保障程度。要以国内紧缺的重要矿

---

① 曹建海、李海舰：《论新型工业化的道路》，《中国工业经济》，2003 年第 1 期。

产资源为主攻矿种，突出重点成矿区带、大中型矿山深部及外围，努力实现找矿重大突破，增加查明资源储量，提供一批重要矿产资源勘查开发后备基地。其次，要加强西部重要矿产资源接替区勘查，进一步挖掘东中部找矿潜力。同时要加强中国海域油气勘查，积极参与国际海底矿产资源勘查开发。还应完善地质勘查体制机制，规范矿产资源勘查空间秩序，促进矿产资源有序勘查，为经济社会发展奠定资源基础。

2. 严格规范矿产资源市场，调整矿产品结构

严格限制产能过剩、能源消耗高以及污染严重的下游产业（主要是以矿产资源为原料的重化工行业）的过快发展。控制战略性资源的开发量并限制出口，限制乃至停止稀缺资源（如稀土等）的出口；控制采矿权设置，加强出口配额管理，严禁超计划开采和过量出口。实行必要的战略矿产储备制度，建立石油、特殊煤种和稀缺煤种、铜、铬、锰、钨、稀土等重点矿种的矿产资源储备，以此增强应对突发事件和抵御国际市场风险的能力。制定更加严格的矿产资源进出口政策，限制高耗能、高污染和以出口为主要流向的矿产品开发。鼓励矿产资源开采加工企业根据市场需求，延伸产业链，调整矿产品生产结构，尤其是要促进高耗能产品向低耗能产品的转化，提高矿产资源整体利用水平。建立有利于建设资源节约型社会的政策激励机制，加大科技投入对常规矿物原料替代品的开发，逐步形成与当前发展阶段相适应的节约资源的消费模式。

3. 完善矿产资源有偿使用制度，建立合理的价格税收机制

应继续深化矿产资源有偿使用制度改革，严格执行矿业权有偿取得制度，健全资源开发成本合理分摊机制。调整矿业权使用费标准，修订矿产资源补偿费征收管理规定，制定国家出资形成的矿业权处置办法，促进资源集约开发和节约利用。进一步发挥价格机制对矿产资源开发利用的调节作用，逐步放开政府对矿产资源的价格管制，使价格机制真正能反映市场供求从而反映资源的稀缺性。未来还要依靠价格机制基础上工业技术的不断进步，保证资源开发利用路线的可持续延伸。要充分发挥税收的调控作用。对于不同类型的矿产资源，可根据国内的储量与使用量、全球储量与使用量的比例，以及现有可替代技术和产品的成熟程度，制定不同税率的矿产资源税。通过税率反映不同资源的稀缺性程度，从而鼓励对自然资源的节约、替代技术和产品的研发和生产。此外还要考虑资源开采过程对环境的破坏以及恢复的成本，综合考虑产量及环境的影响程度开征生态补偿税，提高开发和利用不可再生资源的税收，整合和加强各种与资源利用和环境保护相关的税种，优化中国的税收结构。

4. 正确引导产业布局，优化国内产业结构

在目前的国际分工体系下，中国改革开放以来建立起的"出口导向型"的制造业发展面临极大挑战。尤其是在国际金融危机肆虐的情况下，国内制造

业发展举步维艰。长期以来通过低成本人力资源与高投入的自然资源支撑的出口工业发展正处于历史的转折点。要正确反思中国制造业"世界工厂"的经验教训。在进行产业升级与重构国际分工体系的过程中，需要通盘考虑工业发展的资源环境承载能力，按照国内的资源禀赋结构与新型工业化道路可持续发展理念要求，在综合考虑中国人口、资源、环境、技术和社会实际需要的基础上重新审视区域经济规划布局，制定地区产业结构和产业布局调整方案。逐步引导国内产业往高技术含量、高附加值、低自然资源消耗的方向发展。同时要确定合理的经济发展速度，提高经济运行质量，提高工业发展对矿产资源利用的综合水平。

5. 加强矿产资源领域的国际合作，实现资源来源多样化

在立足国内、提高矿产资源保障水平，以及提高资源利用率的同时，需要积极寻求矿产资源领域的国际合作。必须具有长远的战略眼光，在世界范围内考虑资源的组合和配置，积极参与国际矿产资源市场，争取在世界范围内掌握一部分战略资源，使资源来源多样化，以减轻中国经济发展对矿产资源需求的压力。要在国家的宏观指导下，积极参与国际石油、矿产经济的合作与竞争，以国际的法律和政策为依据，综合考虑政治、外交、经济等诸多因素，正确维护国家利益，做到有计划、有重点地逐步发展；要制定相关扶持政策，争取获得国外资源开发的特许权，规范境外资源勘探开发业务，积极开展境外石油勘探开发工作，建立境外油气生产基地；充分利用国外富矿资源，发展中国钢铁等重化工业；对国内短缺的矿产资源实施长期的进口和储备政策。

第五章　能源约束与新型工业化

工业革命以来，煤炭、石油和天然气三大化石能源成为世界各国工业化的基础条件，为工业发展提供燃料动力。截至 2010 年，世界一次能源消费中，三大化石能源的比重高达 87%。[1] 由于煤炭、石油和天然气三大化石能源资源是不可再生资源，而可再生能源由于技术和经济的原因在一定时间内还难以完全替代化石能源的地位。所以，工业化进程中能源约束问题，实质上反映的是对化石能源"短缺"的担忧，即化石能源储量的有限性和不可再生性与工业化发展对化石能源的巨大需求之间的矛盾。

与 19 世纪或 20 世纪上半叶实现工业化的发达国家相比，我国进一步推进工业化的技术经济条件是完全不同的，主要表现在全球不可再生能源枯竭的形势非常严峻，环境排放标准也日趋严格，这使中国工业化进程的能源约束是任何一个发达国家所未曾遇到的。因此，通过战略与结构调整、技术创新、管理创新，缓解工业化进程中的能源约束是我国的必然选择。

一、中国工业化进程中的能源利用现状与问题

发达国家的工业化历程显示，工业的快速发展离不开能源的开发利用。了解和把握工业化与能源消费的一般规律，对于认识我国工业化发展中能源消费的一般性与特殊性，制定符合我国新型工业化中的能源消费特点的能源政策有重要意义。

（一）工业化与能源消费的一般规律

国内有不多的几位学者对英、美等先期工业化国家，日、韩等新兴工业化国家，以及巴西、印度等发展中国家能源消费特点进行了分析，这些研究初步发现了工业化与能源消费之间关系的某些一般性规律。比如，骆建华（2008）在分析

---

[1]《BP 世界能源统计（2011）》。

了美国、日本等国 20 世纪 50~70 年代的能源消费后发现，这些工业化国家人均能源消费与人均 GDP 表现出同步增长的规律：人均 GDP 水平越高，人均能源消费就越大，反之亦然。[①] 张晓华、刘滨、张阿玲（2006）在研究中发现，一些发达国家伴随着工业化和后工业化的进程，能源强度都表现出先扬后抑的变化规律。[②] 王安建、王高尚等（2008）通过对先期工业化国家（英、法、德、美等）、新兴工业化国家和地区（如日本、韩国、中国台湾）和典型发展中国家（如巴西、印度、中国）等数十个国家和地区近 200 年以来资源消费与经济社会发展诸要素的深入分析，揭示了以人均能源消费与人均 GDP 之间 "S" 形变化规律、能源消费强度倒 "U" 形变化规律、能源消费系数变化规律等。他们的研究结论之间没有根本的分歧，不同在于，王安建、王高尚等人时间跨度更长，涉及国家和要素更多，因而分析更加深入、系统，结论更为完备。

1. 人均能源消费与人均 GDP 关系的变化规律

王安建与王高尚等通过研究发现，人均能源消费增长与人均 GDP（PPP，1990 年美元，下同）增长表现出两个特点：一是全周期 "S" 形变化模式；二是工业化阶段近似 "线性" 变化模式。

（1）全周期 "S" 形变化模式。所谓全周期指人类社会从农业社会步入工业化社会，再到后工业化社会全过程。研究表明，不论各国国情如何，在人均能源消费与人均 GDP 的关系上表现基本一致。在农业社会，人均能源消费处于较低水平；进入工业化阶段，快速增长并达到高峰值；步入后工业化阶段，则趋于不再增长或缓慢下降趋势。这个全周期的增长模式构成了一个 "S" 形的曲线（见图 5-1 和图 5-2）。

在这一全周期变化过程中，由于经济结构重点变化，"S" 形曲线有三个关键点：①人均能源消费高速增长的开始点。研究发现，当人均 GDP 在 2500~3000 美元时，人均能源消费开始进入快速增长阶段。这与国家工业化起飞阶段完全吻合，它意味着一个国家从农业社会向工业社会转变，能源消费较农业社会大大增加。从时间尺度来看，英国处于 1866 年，美国处于 1880 年，日本处于 1957 年，中国处于 2001 年。②人均能源消费增速由大到小的转折点，或者人均资源消费增幅由大到小的转变点。当人均 GDP 在 10000~12000 美元之间时，一国的经济结构将发生重大转型，人均能源需求增幅随之开始下降。③人均能源消费的零增

---

① 骆建华还发现，工业化国家能源消费呈现出 "平缓增长→上行拐点→快速增长" 的周期性演变趋势。具体地说，当人均 GDP 低于 5000 美元时，能源消费总量缓慢增长；当人均 GDP 进入 5000~10000 美元区间，能源消费总量快速增长；当人均 GDP 进入 10000~15000 美元区间，即进入后工业化社会，能源消费总量再次平缓增长；而当 GDP 超过 15000 美元之后，能源消费总量又出现加速增长趋势。

② 张晓华、刘滨、张阿玲：《中国未来能源需求趋势分析》，《清华大学学报》（自然科学版），2006 年第 46 卷第 6 期。

长点，即"S"形曲线上人均能源消费量的顶点。当人均 GDP 在 20000~22000 美元时，人均能源消费达到顶点，标志着后工业化阶段的开始和人均能源消费零增长时期的到来。

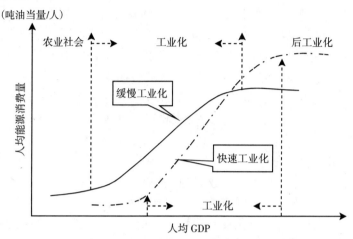

图 5-1　人均能源消费与人均 GDP 的 S 形规律

资料来源：王安建、王高尚等：《能源与国家经济发展》，地质出版社，2008 年版，第 65 页。

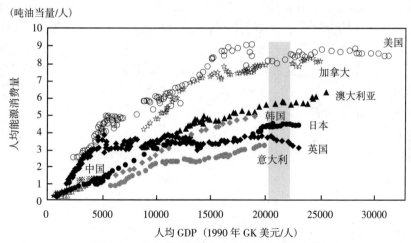

图 5-2　人均能源消费与人均 GDP 关系曲线

资料来源：王安建、王高尚等：《能源与国家经济发展》，地质出版社，2008 年版，第 64 页。

经济学理论表明，在农业社会，能源主要用于维持基本生活需要，能源消费水平很低，并且人均能源消费与人均 GDP 增长之间也不存在确定的关系。进入工业化社会，经济结构从农业转向制造业为主的工业，随着人均 GDP 增长，人均能源消费快速增长，并且到一定阶段会加速上升。在工业化后期，经济发展进入成熟期后，人均社会财富积累、基础设施完备和人均生活水准达到一定水平，并且随着低能耗的第三产业替代高能耗的工业成为 GDP 的主要贡献者，能源消费会保持在一定水平，之后呈缓慢下降趋势。

对于那些率先实现工业化的发达国家来说，它们已经处于"S"形上部的平缓阶段，人均能源消费"零增长"时代已经到来。目前中国正处于"S"形曲线的中段部分，随着人均 GDP 的增长，人均能源消费呈现线性持续上升。

值得注意的是，日、韩、中国台湾等新兴工业化国家和地区与英国、德国、美国等先行工业化国家相比，具有人均能源消费拐点后移、人均能源消费量的峰值偏高的特征。这主要是因为这些国家完成或基本完成工业化的时间较短，能源消费强度大，而英国、美国等国则花费了相当长时间完成工业化过程，能源消费强度较小。

（2）工业化近似"线性"增长模式。工业化近似"线性"增长模式，即在工业化阶段，随着人均 GDP 增长，人均能源消费持续上升。这是大多数工业化国家和正在步入工业化过程的国家能源消费所遵循的共同模式，本质上它是"S"形规律的组成部分。从工业化发展历程看，由于各国工业化时间长短、经济结构、产业结构的差异，能源消费近"线性"增长模式有三种形态：①快速增长型。这一形态以产业结构"重化工"化明显的韩国、采掘业占比较大的澳大利亚为代表，图形特点是直线较陡，斜率较大，即随着人均 GDP 增长，人均能源消费快速增长，人均能耗水平较高。②缓慢增长型。这一形态以农业在经济结构中占较大比重的意大利为代表。图形特点是直线较缓，斜率较小，即随着人均 GDP 增长，人均能源消费增长速度较慢，人均能耗总体水平低。③适度增长型。直线斜率介入上述两者之间，随着经济增长，人均能源消费增长较为适中，以法国、日本和中国台湾为代表（见图5-3）。

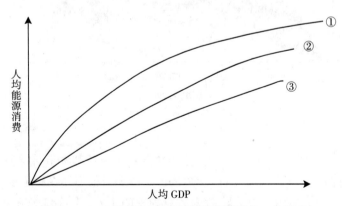

图 5-3 工业化能源消费近"线性"增长的三种类型

资料来源：王安建、王高尚等：《能源与国家经济发展》，地质出版社，2008 年版，第 67 页。

2. 能源消费强度演化规律

能源强度是反映工业化过程中能源需求和经济增长关系的主要指标。张晓华、刘滨、张阿玲（2006）在研究中发现，一些发达国家伴随着工业化和后工业化的进程，能源强度都表现出先扬后抑的"钟形"变化规律。在人均 GDP 低于10000 美元时（工业化初期），GDP 能源强度一般呈上升或者持平的趋势。一般在人均 GDP 达到 15000 美元之后开始逐渐下降，而人均 GDP 达到 15000 美元之后，进入后工业阶段，能源强度呈现下降的趋势。

胡萌（2006）对美英等国统计资料的分析结果表明，工业化以来，随着人均GDP 的增加，工业化国家能源强度变化呈现倒"U"曲线形态，并且与经济结构的变动密切相关。如美国，能源强度长时间和大幅度的上升是在 19 世纪后期到20 世纪 20 年代的四五十年内，正是其工业化过程中规模最大的一次重工业化阶段，在 20 世纪 20 年代达到峰值平台，此后就形成长期下降趋势。20 世纪 60 年代中期到 70 年代初的第二次重工业化，由于其历时短于第一次，力度也远小于第一次，所以能源强度出现短期小幅上升。国外一些学者做了更一般性的验证。Janicke（1989）发现，能源强度在经过一个峰值平台后会随着收入水平的增加而趋于下降。Grossman 和 Krueger（1994）发现能源强度在低收入国家随着收入增加而增加，在高收入国家则随着收入增加而减少。Judson、Schmalensee 和 Stoker（1999）分析了 123 个国家和地区能源强度的变化，也验证了这一规律。对于能源强度变动的拐点，Galli（1998）以亚洲国家为样本，发现韩国、中国台湾在人均收入 4000 多美元（以 1985 年购买力平价计算）时达到峰值。Medlock 和 Soligo（2001）分析了 28 个工业化国家和地区，发现人均收入 3000 美元（以 1985年购买力平价计算）左右时能源强度达到峰值。[①]

王安建、王高尚等（2008）的研究发现，能源强度变化不仅在以人均 GDP为度量尺度，而且在以时间序列为尺度时呈倒"U"形的结论。而且，他们的研究还进一步确定了不同类型国家能源强度倒"U"形变化的峰值范围。

（1）以人均 GDP 度量的能源消费强度倒"U"形规律。随着人均 GDP 的变化，不同类型的国家能源消费强度总体呈倒"U"形结构，但能源消费强度的峰值差别较大。先期工业化国家（英国、美国、法国等）能源消费强度顶点均出现在人均 GDP4000~5000 美元，强度峰值高达 800~900 吨油当量/(百万美元 GDP)。新兴工业化国家和地区（日本、韩国、中国台湾）能源消费强度顶点集中位于人均 GDP10000~12000 美元附近，强度峰值在 300 吨油当量/(百万美元 GDP) 左右的较低区间。与先期缓慢工业化国家相比，新兴工业化国家能源消费强度以较低的起点进入倒"U"形轨迹的上升通道，并在到达比较低的能源消费强度峰值后，

---

① 胡萌：《我国经济增长与能源需求》，《中国国土资源经济》，2006 年第 9 期。

进入缓慢下降过程，主要原因是由于这些国家充分利用了后发优势，通过技术进步大幅度提高能源利用效率导致的。按照这一规律，中国等发展中国家工业化过程中能源消费强度的峰值区间出现的位置也将位于人均 GDP10000 美元之后。

（2）以时间度量的能源消费强度倒"U"形规律。以时间为度量尺度，能源消费强度同样表现出先缓慢上升，达到顶点后开始下降的倒"U"形变化规律。先期工业化国家、新兴工业化国家和正在工业化国家能源强度峰值的差异，从时间序列看，能源消费强度倒"U"形曲线明显表现为顶点不断下降和后移漂移的特点（见图 5-4）。从图中可以看到，进入工业化过程越晚的国家，其能源消费强度越低。这表明，伴随着能源利用技术的成熟和不断进步，各国能源消费强度总体降低并趋于一致是一种必然趋势。

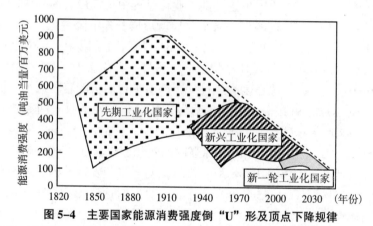

图 5-4　主要国家能源消费强度倒"U"形及顶点下降规律

资料来源：王安建、王高尚、陈其慎、于汶加：《矿产资源需求理论与模型预测》，《地球学报》，2010 第 31 卷第 2 期。

（二）我国能源消费特点与趋势

1. 一次能源消费总量与结构

（1）能源消费量年均增速呈"U"形分布，近年增速有加速趋势。2009 年，我国一次能源消费总量为 306600 万吨标准煤，与 1953 年的 5104 万吨标准煤相比，增长了 59 倍，年均增长 7.59%。56 年来，除了 20 世纪 60 年代、70 年代末、80 年代、90 年代各有几次能源负增长的情况出现外，我国一次能源消费总量增长趋势大致可以根据增长速度的变化划分为具有明显特征的四个不同阶段（见图 5-5）。

1953~1961 年为第一阶段，这是新中国成立以来能源消费增速最快的时期，我国能源消费总量从 5104 万吨标准煤增长到 18619 万吨标准煤，8 年间增长了 2.56 倍，年均增长率为 17.56%。1962~1978 年为第二阶段，与前一阶段相比，这一阶段能源消费增速快速下降。能源消费总量从 14754 万吨标准煤增长到 57144

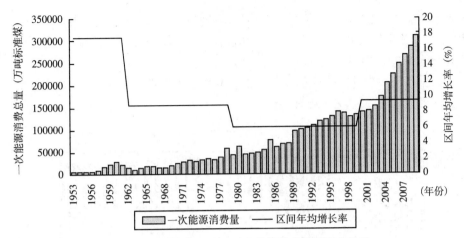

图 5–5 1953~2009 年我国一次能源消费总量变化趋势

资料来源：中国统计数据应用支持系统。

万吨标准煤，16 年间增长了 2.87 倍，年均增长率为 8.83%。1979~1999 年为第三阶段，属于能源消费增速探底阶段。能源消费总量从 41779 万吨标准煤增加到 133831 万吨标准煤，20 年间增长了 2.2 倍，年均增长率为 5.99%。从 2000 年开始进入第四阶段，我国一次能源消费总量增速探底回升。9 年间能源消费总量从 138553 万吨标准煤增加到 306600 万吨标准煤，增长了 1.21 倍，年均增长率上升到 9.43%，超过了我国第二阶段（20 世纪 70 年代）能源消费增速。

值得注意的是，1997~2000 年，我国一次能源消费总量出现负增长。对此，国内外学者有两种代表性观点：一种认为这是由于该期间结构调整和能效提高的结果，另一种认为是统计数据不准确导致出现能源消费总量负增长的错误结果。笔者倾向于后一种解释，理由如下：①经济增长与能源消费具有密切的正相关关系，尽管 4 年间我国经济增速有所放缓，但平均增速仍超过 5%；②我国经济结构在短短 4 年内不可能出现重大变化；③这一时期石油、天然气等一次能源消费量保持正常增长趋势，唯有煤炭消费量减少了 2 亿多吨，显然与经济形势无关；④煤炭消费中 60%用于发电，这一时期发电量及发电用煤保持正常增长。考虑到当时的煤炭限产政策和矿山混乱的生产管理，煤炭生产和消费量统计出现人为误差的可能性极大。[1]

（2）能源消费维持以煤为主的结构，近年来可再生能源份额上升趋势明显，石油、天然气份额相对稳定。多年来，我国一次能源消费结构煤炭比重高、优质能源和可再生能源比重低的特点。从趋势看，煤炭比重总体趋于下降，优质能源

---

① 王安建、王高尚等：《能源与国家经济发展》，地质出版社，2008 年版，第 278 页。

比重趋于上升。2008 年，我国一次能源消费结构中，煤炭比重依然高达 70.2%，比 1953 年下降了 24.1 个百分点，优质能源比重（石油、天然气和可再生能源）达到 29.9%，比 1953 年增加了 24.4 个百分点。

根据不同一次能源份额的变化特点，我国一次能源消费结构在 1953~2008 年的变化可分为三个阶段（见图 5-6）。

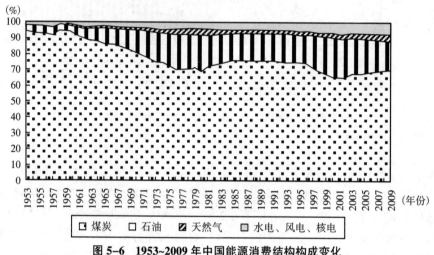

图 5-6　1953~2009 年中国能源消费结构构成变化

资料来源：《新中国 55 年统计资料汇编》、《中国统计年鉴》(2006~2010)。

第一阶段为 1953~1973 年。这一阶段结构变化的特点是煤炭比重大幅下降，从 94.3% 下降到 74.8%，相对应的是石油比重大幅上升，从 3.8% 上升到 18.6%。这一变化主要得益于我国 20 世纪 60 年代末大庆油田的发现，我国石油很快实现了从进口到自给的转变。此外，水电开发力度较大，使可再生能源比重从 1.8% 增加到 4.7%。1973 年，天然气的比重也从零增加到 2%。

第二阶段为 1974~2000 年。这一阶段结构变化特点是，可再生能源（含水电、风电和核电）比重继续趋于上升，而煤炭、石油和天然气的比重都呈小幅波动。不同在于，煤炭比重总体趋于下降，而石油和天然气比重在波动中趋于上升。2000 年，煤炭比重进一步下降到 66.1%，为这一时期的最低值，石油比重在小幅波动中达到这一时期的最高值，同时也是到 2008 年为止的最高值，即 24.6%，天然气比重也在波动中缓慢增加到 2.5%。相比之下，水电、风电和核电比重趋于上升。1981 年中国风能协会成立，1986 年的 4 月我国第一个风电厂在山东省荣成并网发电。1991 年 12 月，秦山核电站成功并网发电。可再生能源方面（含核电）比重呈上升趋势，从 4.7% 上升到 6.2%。

第三阶段为 2001~2009 年。这一阶段的特点是煤炭比重有重新增加的趋势，石油比重从趋于上升转向下降，而天然气比重，可再生能源（水电、风电和核电）比重稳步增加。2001~2009年，煤炭比重由65.3%增加到2008年的70.4%；石油比重从24.6%下降到17.9%；天然气比重从2.7%增加到3.9%；可再生能源（水电、风电和核电）比重从6.8%增加到7.8%。

2. 部门能源消费特点与趋势

根据我国能源统计口径，根据能源的不同用途，一次能源消费可划分为农林牧渔水利业、工业、建筑业、交通运输（仓储与邮政业）、批发零售与住宿餐饮业、其他行业和生活能源消费七大部门。

（1）工业为首的能源部门消费结构进一步强化，生活消费部门比重下降较快。工业、生活消费和交通是我国能源消费最大的三个部门，其中工业部门能源消耗最多（见表5-1）。2009年，我国工业部门的能源消费从1980年的64.68%已经增加到71.48%。1980~2009年，能源消费比重保持上升趋势的部门还有交通和商业部门。交通部门能源消耗比重从4.81%上升到7.73%；商业部门从0.86%上升到2.09%。同期能源消费比重呈下降趋势的部门则有生活消费、农林牧渔部门，其中，生活用能比重下降幅度较大，从18.27%下降到11.04%，农林牧渔部门从7.78%下降到2.04%。而建筑部门能源消费比重29年来变化不大。我国能源的这种部门消费结构与发达国家相比有很大不同。比如美国，产业部门占32%、交通部门占28%、商业部门占18%、民用部门占21%。[1]这反映出工业化与后工业化发展阶段能源部门消费结构的差异。

表5-1　1980~2009年我国一次能源分部门能源消费结构变化

单位：%

项目	1980年	1990年	2000年	2005年	2007年	2009年
合计	100.00	100.00	100.00	100.00	100.00	100.00
农林牧渔水利业	7.78	4.92	4.36	3.55	3.10	2.04
工业	64.68	68.47	68.89	70.99	71.60	71.48
建筑业	1.59	1.23	1.55	1.52	1.52	1.49
交通运输、仓储和邮政业	4.81	4.60	7.27	7.40	7.77	7.73
批发零售业和住宿餐饮业	0.86	1.26	2.19	2.24	2.24	2.09
其他	2.00	3.52	4.22	3.87	3.67	4.13
生活消费	18.27	16.01	11.52	10.44	10.09	11.04

资料来源：《中国能源统计年鉴》（2010），1980年数据来自中国能源研究会编《中国能源50年》。

（2）未来10年继续保持工业占绝大部分份额的能源消费格局，交通运输和商业部门能源消费地位将进一步提升。1980~2009年，我国一次能源消费从

---

[1] 美国数据引自：王安建、王高尚等：《能源与国家经济发展》，地质出版社，2008年版，第278页。

60275万吨标准煤增长到306647万吨标准煤，年均增长5.77%。其中工业部门能源消费不仅比重高，而且增长速度快。1980~2009年年均增长6.14%，超过了能源总消费年均增速。批发零售与住宿餐饮部门（商业）与交通运输部门能源消费的未来变化趋势值得关注。尽管前者目前份额不大，但29年来的年均增速排在第一位，为9.06%；后者能源消费比重排名第三，能源消费增速也很快，达到7.51%。而能源消费份额居第二的生活消费部门27年的年均增长速度仅高于农业部门，为3.95%（见表5-2）。因此，我国商业部门和交通运输部门在我国能源消费中的份额将得到进一步提升。

表5-2　1980~2009年我国一次能源分部门能源消费变化

单位：万吨标准煤

项目	1980年	1990年	2000年	2005年	2007年	2009年	1980~2009年均增长（%）
能源消费总量	60275	98703	138553	224682	265583	306647	5.77
农林牧渔水利业	4692	4852	6045	7978	8245	6251	0.99
工业	38986	67578	95443	159492	190167	219197	6.14
建筑业	957	1213	2143	3411	4031	4562	5.53
交通运输、仓储与邮政业	2902	4541	10067	16629	20643	23692	7.51
批发零售和住宿餐饮业	518	1247	3039	5031	5962	6412	9.06
其他行业	1205	3473	5852	8691	9744	12690	8.46
生活消费	11015	15799	15965	23450	26790	33843	3.95

资料来源：《中国能源统计年鉴》（2010），1980年数据来自中国能源研究会编《中国能源50年》。

3. 生活能源消费特点与趋势

生活能源消费是指城乡居民家居能源消费，不包括家庭交通能耗。20世纪80年代以来，我国生活能源消费表现出如下特点与趋势。

（1）生活用能量保持增长态势，但占全国能源消费的比重持续下降。能源是居民生活的最基本物质条件之一。随着我国人口增长，城乡居民生活条件的改善，生活能源消费将不断增加。1980~2009年，我国生活能源消费总量稳步增长，从11015万吨标准煤增加到33843万吨标准煤，而同期居民生活用能在一次能源消费中的比重持续下降（见表5-3）。

表5-3　我国生活能源消费及其在一次能源消费中的比重变化

单位：万吨标准煤，%

	1980年	1985年	1990年	1995年	2000年	2005年	2007年	2009年
生活能源消费	11015	13318	15799	15745	15965	23450	26790	33843
占一次能源消费比重（%）	18.27	17.37	16.01	12	11.52	10.44	10.09	11.04

资料来源：《中国能源统计年鉴》（2010）。

（2）生活用能结构不断优化。20 世纪 80 年代以来，城乡居民人均生活年消费量中，煤炭等污染、低效能源品种的绝对数量快速下降，而电力、天然气等优质、高效能源的绝对数量快速上升，从而推动生活用能整体结构的优化。2009年，人均生活用煤炭消费为 69 千克，比 1983 年的 127.7 千克减少了 58.7 千克，年均下降 2.37%。而人均用电从 1983 年的 13.4 千瓦时快速上升到 2009 年的 366千瓦时，年均增长率高达 13.56%；人均天然气消费人均天然气消费从 1983 年的0.1 立方米增加到 2009 年的 13.3 立方米，年均增长 20.71%。

人均能源消费增长的同时，电力、天然气等优质清洁能源比重不断提高。原因在于，随着人均收入提高，家用电器日趋普及，居住条件不断改善。目前我国人均生活能源消费仍然处于较低水平，今后仍有较大增长潜力。我国制定了到2020 年实现全面建设小康社会的奋斗目标，届时人均 GDP 比 2000 年翻两番，达到 4000 美元。据保守估算，人均能源消费量将有较大幅度提高，电力、天然气在生活能源消费中的结构地位将进一步提高。

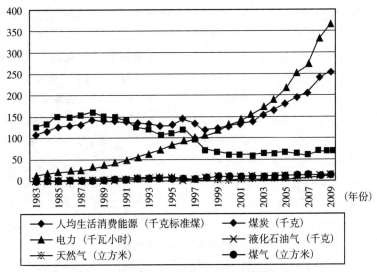

图 5-7　1983~2009 年我国人均生活用能变化

资料来源：《中国能源统计年鉴》（2010）。

（3）生活能源消费将进入稳定增长阶段。综合分析推动和抑制我国居民生活能源消费增长两方面因素，我们认为，当前以及未来 5~10 年，我国居民生活能源消费将处于一个稳定增长阶段。生活用能进入稳定增长阶段的含义是：生活能源消费量总量或人均量平缓上升，不会出现停滞不前、大幅度增加或减少的情形。

推动生活能源消费增长的主要因素有：随着收入的提高，城乡居民生活的电气化程度提高、居住环境改善、交通旅游娱乐服务支出增加等。生活电气化程度的提高是以家电普及率为基础的。目前，我国洗衣机、冰箱、空调、热水器等常用家电的普及率很高。2009 年，全国农村居民家庭每百户拥有彩色电视机、电冰箱、洗衣机分别为 109.94 台、37.11 台和 53.14 台，而 1985 年仅为 0.8 台、0.1 台和 1.9 台；全国城镇居民家庭每百户拥有彩色电视机、电冰箱、洗衣机分别为 143.37 台、100.43 台和 98.78 台，而 1985 年仅为 17.2 台、6.6 台和 48.3 台。[①] 未来家用电器进一步增长仍有空间，但增长速度将会有所缓和。此外，近十年来，我国人均住房面积增长了 30%，住房投资增加了 10 倍。这些都是推动我国居民生活能源消费增长和进一步优质化的动力。

然而，同时也存在抑制我国生活能源快速增长的因素：

第一，国家政策推动电器产品能效比提高，降低产品能耗。我国自 2004 年开始对节能潜力大、使用面广的用能产品实行了统一的能源效率标识制度。其中，《家用电冰箱能源效率标识实施规则》和《房间空气调节器能源效率标识实施规则》自 2005 年 3 月 1 日起率先实施。开发能源利用率高的电器产品已经成为家电生产企业的发展趋势。电冰箱能效标准不仅规定了冰箱在标准状况下耗电量限定值，并且规定了冰箱的能效等级为 1~5 级，其中 1 级、2 级为节能产品，1 级最节能，5 级为能效合格产品。按照这一能效标准，消费者在使用冰箱时，同样的情况下，如果能效 5 级的冰箱每天需要用 1 度电，那么能效 1 级的冰箱每天需要 0.6 度电甚至 0.5 度电。购买 1 级节能冰箱可以使许多家庭从每个月冰箱消耗 40 多度电减少到 20 多度。每年我国有 1000 多万台电冰箱进入市场，如果都是国家 1 级节能冰箱，按照现在一般的冰箱规格，每年的新冰箱可以减少 24 亿度的居民用电。

第二，能源价格上升将有效减少部分"不必要"的生活能源需求量。随着我国用能环境日趋紧张，价格杠杆将成为未来调节生活能源供需的重要手段。能源价格上升将有效减少居民家庭的一些"不必要"的能源消费，使生活能源消费更为真实。而且，从目前我国居民家庭的能源消费习惯看，家庭节能空间巨大。《经济日报》所进行的"十城千户消费调查"显示，47% 的家庭认为"自己在日常生活中存在浪费现象"，31% 的家庭在日常生活中虽然"在乎水费、电费、煤气费支出，但没有采取节约措施"。该调查还发现，85% 的居民认为"住房、汽车、家电到小日用品，都有很可观的节约消费空间"。在节约潜力方面，75% 的家庭认为用水、用气有潜力，69% 认为照明用电有潜力，33% 认为使用空调有潜力。因此，能源价格的上升将上述节约潜力在相当程度上得到实现，从而有效抑制生活能源消费量的增长。

---

① 《中国统计年鉴》（2010）。

此外，居民生活能源消费进入"稳定"增长阶段，其"稳定"的实现，除了上述抑制居民生活能源消费快速增长的因素外，还有一个重要的内在结构因素，那就是：居民生活能源消费经过 20 多年优质化过程，煤炭生活消费量已经降到一个较低水平，进一步下降的趋势是确定的，但下降的速度会逐渐放慢。而电力等优质能源也将继续保持增长势头，但也很难出现前 20 年那种变动很大的增长局面。

（三）能源利用效率特点与趋势

1. 单位产品能耗下降明显，部分产品单位能耗超过国际先进水平

近年来，我国主要高耗能行业，如冶金、化工、建材、石化、电力等行业，通过引进开发节能新工业、新技术，加大淘汰落后产能工作力度，使高耗能产品单位综合能耗有较大幅度下降。表 5-4 中，2008 年与 2005 年相比，21 种高耗能产品单位综合能耗，除了铅冶炼外，其余产品的单位产品综合能耗都有明显下降，能源消费下降。其中，单位产品综合能耗下降幅度超过 20% 的炼焦、铜冶炼、原油加工和平板玻璃 4 种产品，3 年来下降幅度分别为 32.1%、27.4%、22.9% 和 20.8%；单位产品综合能耗下降幅度超过 10% 的有烧碱、精锌（电锌）和水泥三种产品，降幅分别为 19.1%、16.3% 和 13.0%；电解铝、合成氨、吨钢综合能耗、火力发电供电煤耗、电石生产、乙烯生产和纯碱七种产品生产单位综合能耗降幅分别在 4.8%~9.7%；单位铅冶炼综合能耗略有上升，4 年来呈现窄幅波动。

表 5-4 还显示，2008 年，烧碱、纯碱（联碱法）、电石、水泥、铜的单位产品能源消费已经达到或超过国际先进水平，有的领先优势还比较大。离子膜法烧碱和隔膜法烧碱分别领先 98.7% 和 61.9%，电石生产领先 63.2%，水泥领先22.6%，铜冶炼领先 13.3%。原油加工、纯碱（氨碱法）、合成氨、乙烯和火电等产品的单位产品能源消费与国际先进水平还有较大差距，其中原油加工落后国际先进水平 30.1 个百分点，氨碱法纯碱落后 20.6 个百分点，合成氨落后 31.9 个百分点，乙烯落后 33.2 个百分点，发电煤耗落后 7.1 个百分点，供电煤耗落后 9.8个百分点，吨钢落后 5.4 个百分点，平板玻璃落后 6.2 个百分点。

2. 单位 GDP 能耗总体呈不断下降趋势，节能效果显著

改革开放以来，我国能源战略采取"能源开发与节约并举，把节约放在首位"的方针，各地区、各部门和各企业单位大力开展节能工作，取得明显成效。1978~2010 年的三十多年，我国能源利用效率不断提高，以 2005 年不变价格计算的单位 GDP 能耗总体呈现持续下降过程。由于 1979 年、1981 年、1986 年、1990 年、1993 年和 2006 年几个区间高点的存在，我国单位 GDP 能耗变化表现出波动下跌的特点。以 1990 年为界，1978~1990 年波动较大，而 1990~2009 年

表 5-4　部分主要高耗能产品单位产品综合能耗变化及国际对比

名称	单位	2005 年	2006 年	2007 年	2008 年	能耗变化（%）	国际先进水平	差距(2008)（%）
原油加工	千克标准油/吨	97	90	75	74	-22.9	52	-30.1
炼焦	千克标准煤/吨	279	269	221	189	-32.1	—	—
烧碱生产	千克标准煤/吨	731	708	618	591	-19.1	—	—
隔膜法		895	885	822	772		1250	61.9
离子膜法		474	487	467	458		910	98.7
纯碱生产	千克标准煤/吨	—	—	412	392	-4.9		
氨碱法				460	441		350	-20.6
联碱法				292	279		280	0.5
电石生产	千克标准煤/吨	1178	1168	1105	1103	-6.4	1800	63.2
合成氨生产	千克标准煤/吨	1565	1503	1428	1424	-9.0	970	-31.9
乙烯生产	千克标准煤/吨	995	956	956	942	-5.4	629	-33.2
水泥	千克标准煤/吨	119	114	109	104	-13.0	127	22.6
平板玻璃	千克标准煤/重量箱	20	18	17	16	-20.8	15	-6.2
吨钢	千克标准煤/吨	656	615	606	611	-6.9	646	-5.4
铜冶炼	千克标准煤/吨	608	583	490	441	-27.4	500	13.3
铅冶炼	千克标准煤/吨	492	463	517	499	1.4	—	—
精锌（电锌）	千克标准煤/吨	1287	1202	1013	1077	-16.3		
电解铝	千克标准煤/吨	1971	1903	1823	1780	-9.7		
发电煤耗	克标准煤/千瓦时	347	343	333	324	-6.6	301	-7.1
供电煤耗	克标准煤/千瓦时	373	368	369	348	-6.7	314	-9.8

注：国际先进水平是居世界先进水平国家的 2005 年平均值数据。
资料来源：国家统计局河南调查总队：《我国单位产品能源消费研究》。

波动起伏较小，目前继续保持下降趋势。2009 年，我国单位 GDP 能耗为 1.08 吨标准煤/万元，比 1978 年的 2.24 吨标准煤/万元下降了 1.02 吨标准煤/万元，年均节能率为 2.33%。如果用这一时期内的最大值 3.23 吨标准和最小值 1.01 吨标准煤/万元比较，即能源利用效率最差和最好的时点之间比较，则我国 1978~2009 年最大节能率总计达到 68.73%。

3. 以较小能源投入实现经济持续快速增长

产品生产单位综合能耗下降和单位 GDP 能耗的下降，最终体现为我国经济发展能源投入产出效果的提升。改革开放 30 余年，我国在能源投入翻一番多的基础上实现了 GDP 翻两番的成绩，能源利用成效显著（见表 5-5）。根据 2005 年不变价格计算，1978~2009 年，我国 GDP 年均增长率高达 9.8%，而同期能源消费量年均增长仅 5.5%，相当于能源消费每增加一个百分点，带动的 GDP 增长 1.78 个百分点（不到两倍），能源利用效率很高。改革开放前的 1953~1978 年，

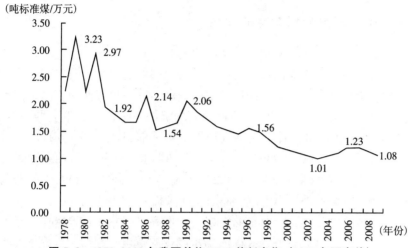

图 5-8　1978~2009 年我国单位 GDP 能耗变化（2005 年不变价）

资料来源：根据《中国统计年鉴》（2010），中国产业数据统计支持系统相关数据计算。

GDP 年均增长仅为 5.78%，而能源消费年均增长高达 10.14%，相当于一个单位的能源消费只能带来 0.5 个单位的 GDP 产出，能源利用效率低下。能源效率由低到高转变的原因，主要归于计划经济体制向市场经济转轨的体制效应，以及经济政策的连续性。

表 5-5　1953~2009 年我国不同时期 GDP 增长与能源消费增长比较

	1953~1978 年	1978~2009 年	1978~2000 年	2000~2009 年
GDP 增长（%，2005 年不变价）	5.78	9.8	9.66	10.19
能源消费增长（%）	10.14	5.5	4.11	9.43
GDP 增长/能源消费增长	0.57	1.78	2.35	1.08

资料来源：根据《中国统计年鉴》（2010），中国产业数据分析支持系统相关数据计算。

进一步分析 1978 年以后的能源消费和 GDP 增长情况，可以发现，1978~2000 年是 1953 年以来能源投入产出效率最高的阶段。1978~2000 年，GDP 实现年均增长 9.66%，同期能源消费年均增长仅为 4.11%，实现一倍的能源投入带来两倍以上（2.35 倍）GDP 产出的效果。2000 年以后，由于我国工业中重化工业比重上升较大，实现 GDP 较高增长的同时，能源消费增速上升也比较快。2000~2009 年间，GDP 年均增长高达 10.19%，是 50 多年来 GDP 的最高区间增速，但能源消费年均增长也高达 9.43%。从 GDP 产出角度看，能源效率显然下降了。

（四）我国能源利用存在的问题

1. 人均能源资源不足是我国能源约束问题的短板

从总量看，我国属于能源资源大国。煤炭探明储量居世界第二位，石油资源居第十一位；天然气资源居第十四位，水能资源居第一位。然而，由于拥有占世界 1/5 的庞大人口基数，主要能源品种的人均资源量远远落后于世界平均水平。以 2007 年剩余探明储量计算，我国人均煤炭可采储量 154.4 吨，石油可采储量 1.59 吨，天然气可采储量为 2451 立方米，而同期世界煤炭、石油和天然气人均可采储量分别为 141.8 吨、25.54 吨和 27046 立方米。除了煤炭人均可采储量略微超过世界平均水平外，我国石油人均可采储量仅相当于世界平均水平的 6.23%，人均占有的天然气可采储量仅相当于世界平均水平的 9.06%。甚至对于我国储量最为丰富的水能资源，我国人均水能资源量也只相当于世界平均水平的 81%（见表 5-6）。

表 5-6　中国和世界人均可采化石能源储量比较（2007 年底）

	煤炭（吨）	石油（吨）	天然气（立方米）
中国	154.4	1.59	2451
世界	141.8	25.54	27046
中国/世界	108.89%	6.23%	9.06%

注：①英国石油公司统计的中国煤炭可采储量为 1145 亿吨，已多年未变，表中数据是中国国土资源部根据新的《矿产资源储量分类》国家标准套改得出的。②天然气可采储量取中国国土资源部数据。③世界天然气和煤炭储量在 BP 统计数据基础上作了修正。④人口为年中数。

资料来源：BP Statistical Review of World Energy, July 2008；中国国土资源部。

人均能源资源不足是我国能源利用面临的最大问题，直接影响到我国经济和社会的可持续发展。对正处于工业化发展中期，且重化工业发展较快阶段、能源需求相对旺盛的中国来说，[①] 人均占有的可采能源储量不足，特别是优质的石油、天然气、水能资源不足，是我国未来经济发展最大的短板。

2. 以煤为主的能源结构引发严重能源环境问题

新中国成立以来，我国能源消费结构逐渐向优质化转变：煤炭比重出现较大幅度下降，石油、天然气以及水电、风电及核电比重稳步上升。然而，1998 年以来，煤炭占一次能源消费的比重一直在 68% 左右小幅波动，下降动力有所减弱，煤炭比重进一步出现较大幅度下降（比如 60% 以下）的难度较大。因此，我国将在一个较长时期继续保持以煤为主导的能源结构。我国巨大的能源消费规

---

① 根据前面的分析，2000~2009 年，我国能源消费的年均增长速度高达 9.43%。

模、以煤为主的一次能源消费结构加大了我国环境压力，使能源环境问题日益突出。煤炭所导致的环境问题贯穿煤炭开采到消费的全过程，主要表现在以下几个方面：

一是煤炭燃烧产生大量废气所导致的环境污染。我国每年消费的煤炭中，近70%的原煤没有经过洗选直接燃烧，燃煤造成的二氧化硫和烟尘排放量约占全国排放量的70%~80%，二氧化硫排放形成的酸雨面积已占国土面积的1/3。煤炭等化石燃料使用引起的二氧化碳排放是中国温室气体的主要来源。根据国际能源机构测算，中国已是世界第一大温室气排放国。

二是过度的煤炭开采造成地表植被与土地塌陷。以山西为例，山西省多年来挖煤造成的采空区占国土面积的1/7。大同矿区受损失的居民有5万多户，受损房屋316万平方米，学校、医院、公路、铁路线、供水供热管路、供电和通信线路等都遭到大面积破坏。据调查，1978~2003年，山西省共产煤65亿吨，环境污染、生态破坏造成的损失近4000亿元。专家分析，如果要恢复原来的生态环境，需投资1000多亿元。但山西省在这些方面投入的资金仅为13.85亿元。

三是煤炭开采和利用产生大量固体废弃物污染。一般煤矿的固体废弃物主要有煤矸石、露天矿剥离物、煤泥、粉煤灰和生活垃圾等。这些固体废弃物占用大量土地，影响生态，破坏景观。煤矸石自燃会污染大气，据统计，矸石山周围地区呼吸道疾病发病率明显高于其他地区。矸石山淋溶水有时呈现较强酸性或含有有害有毒元素，污染周围的土壤和水体，使土壤中的微生物死亡，成为无腐解能力的死土，同时有害物质的过量积累，还会造成土壤盐碱化、毒化。目前，全国每年排放煤矸石115亿吨，新增占地200hm²，现已累计堆放30多亿吨，占地超过1万hm²。矿区地面塌陷、煤田自燃火灾、部分煤矸石自燃、煤矿瓦斯排放和粉尘对生态环境构成严重影响。

3. 石油安全问题突出，进口依存度保持较快增长

20世纪60年代，大庆油田发现后，我国很快实现了石油从进口到自给的转变。但是，20世纪90年代以来，我国重新成为石油进口国，1992年和1996年，我国成品油和原油分别再次成为净进口国，净进口量分别为1.8百万吨和2.22百万吨。两者综合考虑，改革开放后我国成为石油（原油+成品油）净进口国的时间是1993年，该年的石油净进口量为9.81百万吨；到2009年，净进口量高达218.89百万吨，年均递增21.42%。

石油净进口量快速增长导致我国石油安全问题日益突出，石油进口依存度保持较快增长。1994年，我国石油进口依存度仅为1.9%，两年后（1996年）迅速上升到了8.1%，1997年增长速度则较1996年翻了一倍还多，达到17%。2000年，进口依存度达到30%，2003年为45.1%，2007年为49.9%，2009年达到53.6%。2003年以来虽然增速有所下降，但石油进口依存度进一步上升的趋势没有改变（见图5-9）。

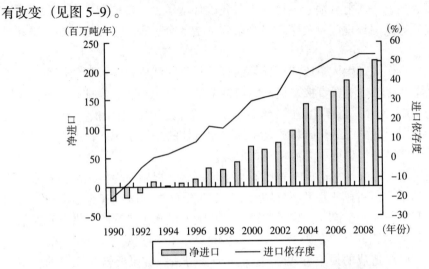

图5-9　1990~2009年我国石油净进口和石油进口依存度变化

资料来源：《中国统计年鉴》各年。

4. 现有体制和政策对能源结构优化和效率提高有较大不利影响

改革开放以来，通过结构调整与技术进步，我国能源结构不断优化，能源效率有相当的提升。30多年来，我国能源管理体制和激励政策的不断完善和优化也对能源结构和能源效率提高起到相当大的推动作用，但我国现有能源管理体制和政策仍然存在不少问题，对能源结构优化和能源效率的进一步提高有相当的不利影响。

（1）能源管理体制依然难以实现"权责对应"。新中国成立以来，我国能源管理体制变动频繁，煤炭、石油天然气、电力、核电等传统能源部门多次"拆分"与"合并"。为了统一能源管理的权责关系，2008年我国成立了国家能源局，统一实施对能源行业的管理，但在能源价格改革和市场准入等关键问题上依然没有决策权，行业管理缺乏有效的手段。比如，煤炭行业管理的五个许可证，没有一个在国家能源局；核电厂运行操控员考评在国家能源局，但发证在国家核安全局；能源价格管理权限在国家发改委。这种能源管理现状不利于我国能源统筹发展。

（2）政府节能管理体制与激励政策难以满足节能活动的要求。与能源开发相比，节能的市场缺陷和市场障碍要大得多，主要有：市场价格不能反映长远利益，投资者偏向能源开发项目，能源生产利用的环境成本未计入能源价格，消费者缺乏节能信息和技巧，政府不合理的财税政策和管制政策妨碍节能潜力的充分发挥。因此，节能具有公共事务的性质，市场的作用很有限。据世界银行研究，市场力量对实现节能潜力的贡献率只有20%。市场经济国家的实践表明，节能同环保一样，政府必须起主导作用。然而，我国现有的节能管理体制和激励政策很难满足节能活动对政府职责的要求。一是从节能法律法规看，我国 1998 年颁布实施了《节约能源法》，但配套法规不完善，能效标准实施效果并不好。工业用能设备（产品）和建筑的能效标准制定工作才刚刚展开。二是从节能激励政策看，目前财税政策对节能改造、节能设备研制和应用以及节能奖励等方面，支持的力度不够，全面有效的节能激励机制还没有形成。三是与市场经济相适应的节能新机制还很不成熟。国外普遍采用的综合资源规划、电力需求侧管理、合同能源管理、能效标识管理、自愿协议等节能新机制，还处于试点和探索阶段。四是节能监管和服务机构能力建设滞后，监测装备落后，信息缺乏，人才短缺，整体实力不强。能源统计体系不完善、节能信息不畅，难以适应节能工作的需要。

二、中国工业化阶段特征对能源需求的影响

我国目前处于工业化中期，能源消费处于较快增长阶段。然而，与发达国家的工业化历程相比，我国目前工业化有三个突出的阶段特征：一是我国从 2000 年开始工业结构"重化工化"趋势进一步增强；二是我国正处于城市化快速发展阶段；三是碳减排约束下的对外贸易与内涵能源问题。我国工业化的这三个阶段性特征必然对现阶段我国能源消费产生不可忽视的影响。

（一）工业"重化工化"与能源需求

1. 我国工业化进程中的两次"重化工业化"

1949 年以来，我国的工业化道路选择经历了两个时期，三个阶段。第一个时期是 1949~1978 年，我国为建立独立工业体系和国家安全，采取了优先发展重工业的赶超战略，并为此实行了高积累、高投入、以追求数量扩张为特征的外延型工业化道路。在这一战略的推动下，我国以"一五"计划为标志，主要依靠国内积累建设资金，实施进口替代战略，加快重工业发展。只用了 10 年时间，我国重工业比重很快从 1949 年的 26.4%增加到 1960 年的 65%左右。此后重工业比重虽然一度回落，但直到 1978 年，我国重工业比重也高达 56.9%，超过轻工业。因此，我国工业化的第一个时期实际上也是第一次重化工业化。

1978 年改革开放至今，为我国工业化的第二个时期。这一时期的工业化又可分为两个阶段：1978~1996 年为第一阶段，在改革唤起巨大经济活力和充分利用国外资源和市场的背景下，在农轻重产业均衡发展和卖方市场的双重推动下，仍然实行了以高投入和追求数量为特征的外延型工业化道路。1997 年至今为第

二阶段。这个阶段在国内买方市场基本形成、国内资源有限和国际竞争加剧的条件下，开始走上以追求效益、提高竞争力和可持续发展的新型工业化道路。

这一时期，我国工业化首先经历了一个"去重工化"过程。改革开放之初，我国政府根据重工业比重过高，人民生活消费品供给不足的现实出发，提出"轻纺工业优先发展"的战略，促进了消费品工业的快速发展。因此，轻工业比重上升，重工业比重开始下降。尽管从1993年开始，我国重工业比重又开始缓慢上升。国内多数学者认为我国工业的第二次"重化工化"的起点是2001年。2001年以后，我国重工业比重加速上升，从60%迅速上升到71.1%，达到1949年以来的历史最高水平（见图5-10）。

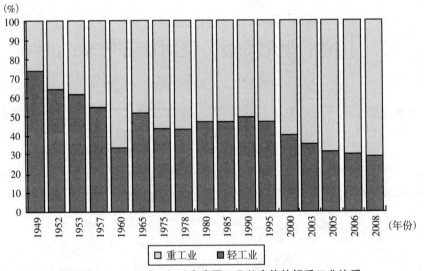

图5-10　1949~2008年以来我国工业总产值的轻重工业比重

资料来源：国家统计局网站。

需要注意的是，这两次重化工业化虽然都表现为重工业比重的快速上升，但内涵是完全不同的。第一次重化工业化主要是在经济封闭的环境下实现的，重工业产品是为满足国内需求而生产的，这类产品产生的能源消费是为满足国内需求而耗费的。而2000年以来的第二次重化工业化过程，其中的相当一部分高耗能的重化工产品是发达国家转移到中国的企业，为满足国外需求而生产的。这是两次重化工业化的本质区别。

2."重化工业化"对能源消费的影响

（1）我国产业结构处于重化工业阶段，将在较长时期继续面临能源消费高增长的压力。从工业化国家发展历程看，产业结构演进大致经历了以劳动密集型产业为主导，向以资本密集型产业为主导，再向以技术密集型产业为主导转变的三个阶段。也就是说，产业结构呈现出"轻工业→重化工业→新型工业"渐次演进的规律性特征。在工业化初期，轻工业特别是纺织工业在工业结构中处于重要地位，工业增长主要依靠劳动力投入来实现的。在工业化中期，重化工业发展迅速，并在规模上逐渐赶上轻工业，其特征是钢铁、石油、化工、有色金属、煤炭等产业加速发展，在工业结构中的比重迅速上升，而且这些产业发展主要是依靠大规模的投资来实现的。在工业化后期，深加工工业发展迅速，工业结构从原材料工业向深加工和组装工业方向演进，技术和知识开始取代资本成为工业增长的主要生产要素。按照发达国家产业结构的上述演进规律，我国符合规律工业化道路实际上起步于1978年改革开放后，开始进入轻工业快速发展阶段；2001年开始进入重化工业阶段，从工业化初期进入工业化中期，即经济发展进入了能源消费高增长压力阶段。

（2）五大高耗能工业是工业能源消费的主力。工业部门一直是我国一次能源消费的主要部门，而高耗能工业又是工业部门能源消费的主体。1995~2009年的工业部门能源消费从96191万吨标准煤上升到219197万吨标准煤，年均增长6.06%，其中建材、钢铁、有色金属、石油加工和化学原料与制品五大高耗能工业年均增长6.73%。从这一时期工业能源消费变化看，1995~2001年工业能源消费变化不大，甚至略有下降。2001年以后，也就是我国第二次重化工业化开始后，五大高耗能工业的能源消费从51732万吨标准煤猛增加到138962万吨标准煤，年均增长率为13.15%，高出同期工业能源消费年均增长率（11.41%）两个多百分点（见图5-11）。

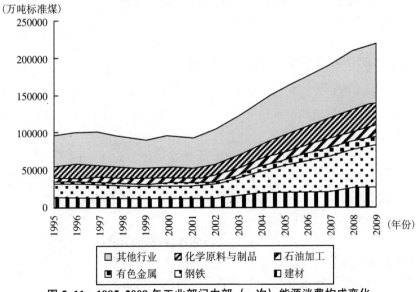

图5-11　1995~2009年工业部门内部（一次）能源消费构成变化

资料来源：《中国统计年鉴》（1996~2010）。

随着工业中重工业比重的增加，我国重工业能源消费占工业能源消费的比重也不断上升。从1995~2009年五大高耗能行业的能源消费在工业能源消费的比重变化，可以清楚地看到：1995~2002年，高耗能行业能耗比重是趋于下降的，从58.07%下降到55.23%。2003年以后，高耗能行业能耗比重上升很快，2009年很快就达到63.4%，为历史最高值。这一变化基本与我国第二次重化工业化的时间吻合（见图5-12）。因此，可以预计，在我国工业化重化工业化趋势下，我国工业能源消费，特别是高耗能工业中的能源消费仍将保持较高增长态势，工业能耗中高耗能工业的比重也将进一步扩大。

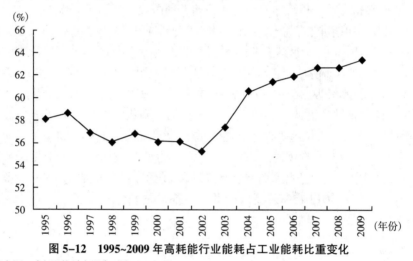

图5-12 1995~2009年高耗能行业能耗占工业能耗比重变化

资料来源：《中国统计年鉴》（1996~2010）。

（二）城市化快速发展与能源需求

比较城市与农村人均能源消费，需计算城市与农村能源消费量与份额各用了多少。人均生活能源消费，则根据农村人口消亡比重，算出城市人口增加对能源消费总量的影响。

工业化必然带来城市化。从历史上看，在一国（地区）的工业化发展过程中，劳动力、资本和技术等生产要素不断向第二、第三产业转移，与此同时在空间结构上则不断向区位条件相对优越的地点聚集，这种伴随着工业化而产生的人口聚集效应是城市化发展的根本动力。

通过城市居民生活能源消耗量与农村居民生活能源消耗总量的对比，本章选取城市化指标因素作为影响能源消耗总量的要素。随着人民生活水平的提高和居住条件的改善，居民用电在全部电力消耗中的比重也在上升。

1. 我国城市化发展阶段

（1）世界城市化发展的"S"形规律。世界各国城市化发展的实践证明，城市化发展符合"S"形曲线规律，这一曲线就是著名的"诺瑟姆"曲线。[①] 根据该曲线，一个国家的城市化进程表现出特征差异明显的三个时期：平缓的初期准备阶段，陡升的中期高速发展阶段，再次平缓的后期成熟阶段。城市化率小于30%为城市化初期阶段，城市化水平低，城市人口增长缓慢，农业占据主导地位（见图5-13）。例如，英国在此阶段，城市化水平年均增长 0.16 个百分点，法国年均增长 0.20 个百分点，美国年均增长 0.24 个百分点。城市化水平在 30%~65%为城市化快速发展的中期阶段。在此期间，农业生产力提高，产生大量的农村剩余劳动力，工业化进程加快，大量人口从农村向城市转移，城市化发展速度加快。如英国城市化中期阶段，城市化水平年均增长 0.30 个百分点，法国此阶段城市化水平年均增长 0.35 个百分点，美国年均增长 0.52 个百分点，当城市化水平达到65%或70%时，城市化进入后期成熟阶段。农村剩余劳动力基本上全部被城市吸纳，城市人口增长主要依赖自身发展，城市化水平停滞或略有下降趋势。[②]

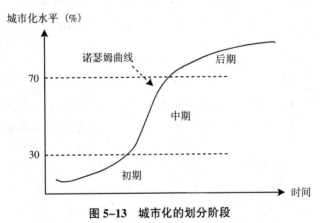

图 5-13　城市化的划分阶段

资料来源：李艳梅：《中国城市化进程中的能源需求及保障研究》，北京交通大学博士学位论文，2007 年第 10 页。

（2）我国城市化在较长一段时期还将处于高速发展阶段。目前许多发达国家都已进入城市化发展的后期阶段，2005 年发达国家的平均城市化水平已达到74.9%，但发展中国家大多正处于快速发展的中期阶段。与发达国家相比，我国城市化水平还比较低。2008 年，我国城市化达到 45.7%，还达不到发达国家1950 年的城市化水平（见图5-14）。我国在"十一五"计划中提出了平均年增

[①] 这是以美国地理学家诺瑟姆（Northam）的名字命名的。
[②] 李艳梅：《中国城市化进程中的能源需求及报障研究》，北京交通大学博士学位论文，2007 年。

0.8 个百分点的城市化发展指标。按照这一速度，预计到 2020 年，我国城市化水平可以达到 60%，2030 年城市化水平接近 70%。因此，我国在较长一段时间的城市化仍将处于中期阶段，近 20 年我国城市化还将处于快速发展期。

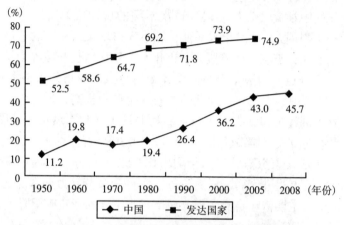

图 5-14 中国与发达国家城市化水平比较

资料来源：发达国家数据引自张雷等《中国城市化进程中的资源环境基础》，科学出版社，2009 年版，第 9 页，中国数据引自《中国统计年鉴》(2009)。

2. 我国城市化与人均能源消费的关系

（1）城市化率快速提升时期也是人均能源消费增长的最快时期。有学者研究了美国、英国、法国、日本、韩国、印度等国城市化发展与能源消费之间的关系，发现这些国家基本表现出一个共同规律：城市化率快速提升时期也是人均能源消费增长最快时期。城市化水平从 40% 上升到 70%，人均能源消费由 0.6~0.8 吨标准油增加到 3 吨标准油，即城市化率每增加 1%，人均能耗增加 70~80 千克标准油。美国城市化能源消费起点较高，城市化率平均每增长 1 个百分点，能源消费增加超过 100 千克标准油。[①]

（2）我国城市化率与人均能耗变化轨迹基本吻合。观察 1953~2008 年我国城市化率和人均能耗变化轨迹，两者基本吻合。特别是 1996 年以前有高度一致性，除了人均能耗有个别时间出现跳跃外，两者的运动方向、变化速率都很相近。1997~2001 年人均能耗运动轨迹因连续几年下降而出现了一个凹部，两者出现一定偏离。根据前面的分析，这种偏离主要是能源统计数据出现误差的结果，并不能反映两者的偏离趋势。值得注意的是，2003 年开始，人均能耗增长出现加速趋势，致使人均能耗曲线逐渐靠近城市化率曲线。2003~2008 年，城市化率年均

---

① 王安建、王高尚等：《能源与国家经济发展》，地质出版社，2008 年版，第 77 页。

增长速度为 2.43%，而同期人均能耗平均增速高达 9.65%，是城市化率变化速度的 4 倍还多（见图 5-15）。主要原因是 2003 年以后我国工业出现的重化工业趋势导致能耗迅速上升。从我国目前城市化进程演变趋势看，如果不改变目前的运行轨迹，其能源代价可能会很大。

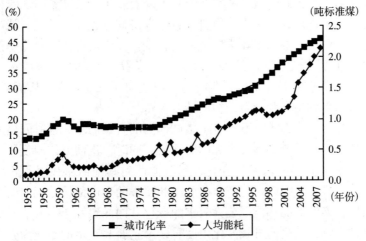

图 5-15 1953~2008 年我国城市化与人均能耗变化关系

资料来源：《新中国 55 年统计资料汇编》、《中国统计年鉴》。

3. 我国城市化发展影响能源需求的路径

城镇和农村作为两种截然不同的聚集形态，有三个突出特点：一是城镇人口高度集中，其人口规模和密度远远大于农村；二是城镇的第二、第三产业高度聚集，城镇居民主要为非农产业职工；三是城镇比农村拥有更完善的基础设施和公共设施。城镇和农村的这些根本区别随着城市化发展，必然对我国能源需求产生深刻影响。

（1）城市化对能源需求的影响机理。世界大约有一半人口生活在城市，城市化程度是经济由贫困向中等收入转型的一个重要标准。国际经验表明，发达国家在城市化过程中，即城市化率在 20%~70%，产业结构经历了从以农业为主向以工业为主的转变，人均耗能和能源强度在同时期快速上涨。当城市化完成以后，产业结构转为以第三产业为主，能源强度也随之下降，人均能源需求进入相对缓慢增长甚至平稳的阶段。

能源作为生产活动所需的一种基本的生产要素和生活活动中的一种必需品，贯穿人类社会生产和生活的始终。城市化的发生和发展，会对人类社会生产中的能源要素需求，以及生活中的能源商品需求产生影响。

所以，城市化主要通过两条途径影响能源需求：一是城市化导致生产方式发生变化，生产方式的变化进一步导致生产过程中对能源要素的需求发生变化；二是城市化导致生活方式发生变化，生活方式变化产生对其他商品和服务需求变化和能源商品需求变化。两者共同导致能源需求的变化。

这里所说的生产方式变化是指从传统农业和农村社会的生产方式向现代工业和城市社会的生产方式转变。从空间形式上来看，生产活动不断从农村向城市集中；从生产的组织形式上来看，由自给自足经济向分工经济转变；从产业结构上来看，主导产业由农业向工业再向服务业转变。而生活方式变化则是指农村生活方式向城市生活方式转变。从人类聚居空间来看，表现为人口从农村向城市转移；从人们所从事的职业来看，表现为从农业向非农业转变；从消费活动来看，表现为消费水平的提高和消费结构的转变。

这里的能源要素需求，既有各个生产部门的直接需求，也有间接需求，因为一个部门的商品有可能是另一个部门的原料。同时，生活方式的变化一方面使居民对能源商品的直接需求发生变化，另一方面对其他商品和服务的需求发生变化，从而进一步间接引起对生产这些商品和服务的生产部门的能源要素需求发生变化。最后，能源商品和能源要素需求的变化共同导致社会中的能源总需求发生变化。这种影响，从生产方式变化角度看，最主要和直接的是作为生产方式转变基础条件的社会基础设施对能源的拉动；从生活方式变化角度看，主要是伴随着农村生活向城市生活的转变，居民生活用能的增长及结构的优化（见图5-16）。

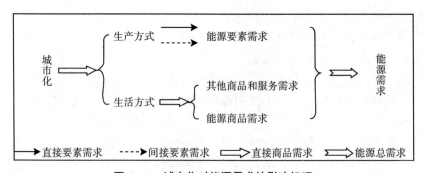

图 5-16　城市化对能源需求的影响机理

资料来源：李艳梅：《中国城市化进程中的能源需求及保障研究》，北京交通大学博士学位论文，2007年。

（2）城市化推动基础设施建设，带动生产能源需求增长。城市化的高速发展，必然带来城市基础设施包括交通运输、邮电通信、供水排水、能源供应、环境保护、城市防灾等设施及医院、学校、图书馆等公共设施建设的发展。而这些设施的建设需要大量的钢材、铜、铝、水泥、玻璃等高耗能金属及建筑材料，对高耗能产品的需求实际是对大量能源的需求。当然，随着科学技术的发展，高科技、低物耗的新材料可替代钢材、水泥等高耗能产品进入市场，将改善城镇化发展对能源的依赖度。

1950~2008 年，我国城市化水平从 11.2%上升到 45.7%，城市化水平有很大提高。与新中国成立初期相比，城市基础设施建设规模和水平都有日新月异的变化。目前，全国燃气供应总量达到 630 亿立方米，用气人口 3.2 亿，较新中国增加了 847 倍和 174 倍。集中供热面积 30 亿平方米，较改革开放初期（1981 年）增长了 20 倍。全国人均道路面积达到 11 平方米；城市道路长度 25 万公里，面积 43 亿平方米，较新中国分别增长了 23 倍和 58 倍；城市桥梁 4.8 万座，路灯 140 万盏，较改革开放初期增长了 9 倍和 24 倍。城市公共汽（电）车、轨道交通总规模达到 34.80 万辆，是 1978 年的 13.5 倍；出租汽车总量达到 95.97 万辆，是 1978 年的 589.48 倍。截至 2008 年底，我国已有 10 个城市拥有共 29 条城市轨道交通运营线路，运营里程达到 776 公里，年客运总量达 22.1 亿人次，城市轨道交通进入快速发展时期。至 2015 年前后，北京、上海、广州等 22 个城市将建设 79 条城市轨道交通线路，总长 2259.84 公里。[①]

城市基础设施规模的扩大和建设的加快，必然导致与基础设施建设直接相关的产品，如钢材、水泥、玻璃、铜等有色金属制品的需求快速增长，并导致这些行业耗能的增加。从表 5-7 可以明显看到，20 世纪 90 年代以来是我国城市化率较快增长时期，这一时期钢铁与有色金属制品行业终端能耗占工业比重有非常明显的上升：钢铁能耗比重从 1991 年的 17.4%上升到 2009 年的 31.07，有色金属制品行业能耗份额从 2.37%上升到 3.92%，能耗份额均增长了 7 成左右。

表 5-7 我国钢铁、建材和有色金属行业终端能耗及占工业比重变化

单位：万吨标准煤，%

	钢铁行业		建材行业		有色金属制品	
	能耗	比重	能耗	比重	能耗	比重
1991 年	9276	17.40	9220	17.29	1261	2.37
2000 年	13724	22.24	8279	13.42	1925	3.12
2007 年	39018	30.70	16140	12.70	5147	4.05
2009 年	47572	31.07	22543	14.72	5997	3.92

资料来源：《中国能源统计年鉴》（1991~1996、2010）。

值得注意的是，建材行业的能耗水平从 1991 年的 9220 万吨标准煤增加到 2009 年的 22543 万吨标准煤，但其能耗份额同期出现了明显的下降，从 17.29%下降到 14.72%。不仅如此，与 1991 年相比，建材行业 2000 年的终端能耗总额

---

① 《城市建设 60 年成就回顾》，人民网，http://house.people.com.cn/GB/9899467.html。

新型工业化道路与推进工业结构优化升级研究

也出现了下降，从9220万吨标准煤下降到8279万吨标准煤，这表明我国建材行业在规模整体扩大的同时，能源利用效率提高非常快。而能源效率快速提高的主要原因是大量采用节能的新型建材设备和技术，能耗高小水泥、小建材厂被大量关闭。以能耗占建材行业75%的水泥行业为例，1995年，我国水泥年产量中仅有6%采用新型干法生产线生产，到2005年新型干法水泥产量增加到45%，2009年进一步增加到70%。全国吨水泥综合能耗从1990年的208千克标准煤下降到2000年的168千克标准煤。2007年，这一数值进一步减少为115千克标准煤，17年间单位能耗下降了近50%。

此外，城市规模的扩大也导致与城市活动耗能的增长，其中最有代表性的就是交通运输消费的汽油比重和生活用天然气消费比重大幅度上升。交通运输领域的汽油消费比重呈如下变化特点：1980~1990年区域下降，1990年到达区域底部开始回升，交通运输消费的汽油比重从32.65%上升到2005年的50.05%，到达区域高点。2005~2009年围绕48%小幅波动。

生活用天然气比重也一直呈现上升趋势。1990年，生活用天然气从1980年的1.42%增加到12.2%。此后除个别年份外，生活用天然气比重一直稳步提升，2009年达到19.85%（见图5-17）。

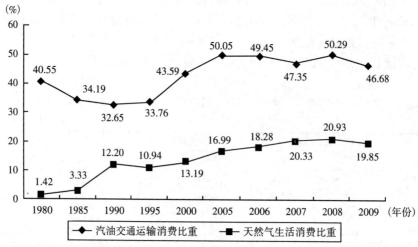

图5-17　1980~2009年我国天然气生活消费比重与交通运输消费的汽油比重变化
资料来源：《中国能源统计年鉴》（2010）。

（3）城市化提高居民生活品质，拉动生活用能较快增长。由于收入水平和生活习惯不同，农村居民生活用能与城镇居民用能差距较大。随着我国城市化水平的提高，更多的农村人口迁入到城市，必然导致我国生活能源消费总水平的提高。1980年以来，我国城镇人均生活用能变化特点是：先下降后缓慢上升的

"U"形变化趋势。城镇人均生活用能从 1980 年的 332 千克标准煤下降到 1998 年的 218 千克标准煤，年均下降 2.31%。1998~2009 年，城镇人均生活用能开始回升到 336 千克标准煤，年均增长率为 2.43%。同期农村人均生活用能则从 1980 年的 60 千克标准煤增加到 184 千克标准煤，年均增长 6.42%（见图 5-18）。从图 5-18 中还可以看出，城镇和农村人均用能差距曲线呈单边下降趋势，这意味着城镇和农村人均生活用能差距趋于缩小。1980 年城镇人均生活用能是农村的 5.53 倍，1990 年为 3.6 倍，到 2009 年，倍数下降到了 1.83 倍，相差 152 千克标准煤。

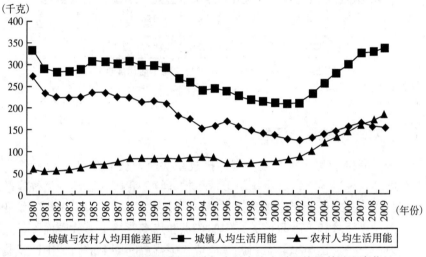

图 5-18　1980~2009 年我国城镇与农村人均生活用能及其差距变化

资料来源：《中国能源统计年鉴》(2010)。

　　由于城镇人口的生活消费水平远高于农村，随着城镇人口增加，城镇生活用能增加，因而我国总生活用能将呈上升趋势。比较 1990 年以来我国农村生活用能量和城镇生活用能量的变化，可以发现，我国生活用能总量增长的主要推动力是城镇生活用能的增长。1990~1995 年，生活用能总量稳定，甚至略有下降。1998 年以后，农村和城镇生活用能递增趋势日益明显。2009 年，农村生活用能 13135.35 万吨标准煤，比 1990 年增长 89.12%，城镇生活用能量为 20884.57 万吨标准煤，比 1990 年增长 132.24%（见图 5-19）。

　　2008 年，全国城市化率为 45.7%，与中等收入国家 61%、高收入国家 78% 相距甚远。预计我国快速的城市化进程将在 2020 年左右告一段落，进入中等收入国家。按照这一速度，到 2020 年，估计我国大约有 3 亿人口将迁移进城市居住和工作（相当于目前美国人口）。如果我国生活用能领域利用效率没有大的改善，按照 2009 年我国城镇与农村人均生活用能差距（152 千克标准煤）来计算，到 2020 年，我国生活用能将为此增加 4560 万吨标准煤。

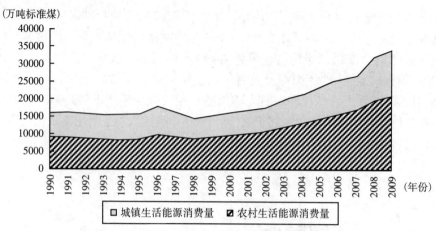

图 5-19　1990~2009 年城镇与农村生活用能变化

资料来源:《中国能源统计年鉴》(2010),《中国统计年鉴》(2010)。

(三) 对外贸易与内涵能源

近年来,我国能源需求和温室气体排放呈快速增长的趋势。2009 年,石油对外依存度已经超过 50%。根据国际能源机构计算,我国化石能源燃烧排放的二氧化碳 (CO_2) 在 2009 年已经成为世界第一排放大国。在能源安全和气候变化问题已经成为世界经济和国际政治关系中的热点和焦点背景下,我国面临日益增大的国际压力,一些发达国家甚至在能源消费和碳排放问题上散布"中国威胁论"。事实上,作为世界的"制造加工基地",我国能源需求和排放增长不仅是因为旺盛的国内消费需求和较高的固定资产投资,快速增长的外贸出口和不断扩大的外贸顺差也是重要的驱动因素。为此,国内一些学者开始从国际贸易角度研究中国的能源消费问题,以期更为客观地认识我国的真实的能源需求与二氧化碳排放。

1. 对外贸易与内涵能源问题的主要研究结论

随着能源安全和气候变化问题在国际上不断升温,我国进出口商品的内涵能源和排放问题开始受到越来越多学者的关注,研究重点是我国内涵能源与内涵排放数量与份额的确定。

(1) 内涵能源的定义。内涵能源 (Embodied Energy 或 Embedded Energy) 概念是 2007 年世界自然基金会 (World Wildlife Fund) 与中国社会科学院的一项共同研究课题中提出的,它是指产品上游加工、制造、运输等全过程所消耗的总能源。内涵能源要大于产品在最终加工环节直接消耗的能源,但并不包括能源产品本身和下游使用过程中的排放。

能源消费和温室气体排放数据通常是基于生产侧而不是消费侧的统计。在开放经济条件下,出口国生产出口产品的能源消耗和排放都计入出口国名下,而与消费这些产品的进口国无关。实际上从消费侧观察，进口国在消费进口产品的同时，相当于间接消费了生产这些产品所消耗的能源，并导致相应的温室气体排放，即内涵排放。内涵能源与内涵排放的概念有助于更全面地从消费侧研究消费行为引起的能源消费和环境影响。

需要注意的是，应用内涵能源和内涵排放的概念，仅指产品在上游加工、制造、运输等全过程中消耗的能源和排放的温室气体，不包括能源产品本身和下游使用过程中的排放。这一点对于化石能源产品（煤炭、石油和天然气）尤其重要，因为目前的能源统计和排放清单，已经将化石能源产品使用和燃烧产生的排放记录在消费者的名下。但生产这些产品消耗能源和排放温室气体则应计入内涵能源和内涵排放。比如，我国进口一吨原油是直接能源产品，不包括在进口的内涵能源中，但开采、加工和运输这一吨原油所消耗的能源，必须包括在进口内涵能源中（陈迎、潘家华、谢来辉，2008）。[①]

（2）我国内涵能源与内涵排放的计算。近几年来，一些国内外学者开始研究中国的内涵能源问题，并尝试用不同方法对中国对外贸易中的内涵能源与内涵排放量进行计算。一些重要的研究成果和结论见表5-8。表中学者和机构的研究虽然研究的具体年代和测算方法不同，得到的内涵能源和内涵排放的具体数值也有差别，而且这些测算方法可能也有待改进之处，但是，所有这些研究成果基本都可以为如下结论提供支持：中国是内涵能源和排放的净出口国，中国在存在着巨额贸易顺差的同时，也存在着巨大的、不为人所关注的生态逆差。

表5-8　有关我国内涵能源与内涵排放的代表性研究结论

作者	研究主题	重要结论
Shui 和 Harriss（2006）	1997~2003 年中美贸易中内涵能源问题	①美国若自己生产从中国进口的商品，其温室气体排放将增加 3%~6% ②中国为生产出口美国产品所排放的温室气体占中国总排放量的 7%~14%
Kahrl 和 Roland-Holst（2007）	测算中国的出口内涵能源	中国出口内涵能源占当年能源总消费的比重，2002 年占 21%，2004 年占 27%
徐玉高和吴宗鑫（1999）	估算 1990 年中国进出口内涵排放	1990 年进出口产品的内涵排放分别占全国总排放量的 18.4%和 16.4%，进出口大概相抵
周丽等（2007）	估算中国 2005 年出口能源问题	2005 年中国出口能源产品 0.88 亿吨标煤，通过产品出口的内涵能源为 0.19 亿吨标煤，两者占当年总能源消费的 8%

① 陈迎、潘家华、谢来辉：《中国外贸进出口商品中的内涵能源及其政策含义》，《经济研究》，2008 年第 7 期。

作者	研究主题	重要结论
陈迎、潘家华、谢来辉（2008）	测算中国进出口商品的内涵能源	①扣除中间产品影响后，2002年中国出口产品消耗的国内能源为3.1亿吨标煤，占当年一次能源消费的20.7%，出口内涵排放1.7亿吨碳 ②2002年中国进口内涵能源约为1.68亿吨标煤，进口内涵排放0.7亿吨碳 结论：中国是内涵能源和排放的净出口国
潘家华（2009）	2006年中国内涵能源和内涵排放	2006年，中国出口内涵能源的排放约为18.46亿吨CO_2，进口内涵能源的排放约为8亿吨CO_2，净出口内涵能源的排放超过10亿吨
英国廷德尔（Tyndall）气候变化中心	2004年中国的内涵排放	2004年中国出口商品的内涵排放1419亿吨CO_2，进口商品的内涵排放3181亿吨CO_2，净出口内涵排放11109亿吨CO_2，占中国当年总排放的23%

资料来源：作者根据相关资料整理。

2. 我国主要出口产品对能源消费和环境的影响

从内涵能源和内涵排放的角度看，我国的能源消费和碳排放量中包含了大量发达国家的转移能耗和碳排放。现有学者的研究不同程度上证明了这一事实的存在，尽管内涵能源和内涵排放的具体数值可能有不同看法。

（1）出口产品载能量全寿命周期计算方法。韩文科、刘强、姜克隽（2009）采用全寿命周期能耗的计算方法，估算了我国2005年46种主要出口贸易产品的全能耗量，包括产品的直接能耗量和间接能耗量。在此基础上，按分能源品种的碳排放系数，计算出口贸易产品的碳排放量。这一方法计算能耗的界限从产品生产链条的开采端到最终出口产品端，但产品使用过程及废物处理过程中所涉及的能耗不包括在内。根据这一方法计算的产品载能量为净的载能量，即指核算为生产某一种出口产品在中国境内实际发生的直接耗能量和间接耗能量，对于产品生产过程中所消耗的进口的材料或燃料所涉及的能耗，在计算中予以扣除。所以，研究所计算的出口产品载能量实际上是我国内涵能源的净出口量。同样，产品内涵的碳排放量同样为净的碳排放量。[①]该研究发现，2005年分析的46种出口贸易产品的出口金额加总占我国当年出口总额的22.2%，占我国GDP的7.63%；46种出口贸易产品的出口载能量总计约3.02亿吨标煤，分别占我国2005年工业能耗和全国一次能耗的18.92%和13.43%；46种出口贸易产品内涵的碳排放量共2.17亿吨碳，按我国2005年碳排放总量15.05亿吨碳计算的话，占当年碳排放总量的约14.5%。

（2）2008年我国主要出口产品出口载能量和碳排放。根据上述出口产品载能

---

① 韩文科、刘强、姜克隽：《中国进出口贸易产品的载能量及碳排放量分析》，中国计划出版社，2009年版。

量全寿命周期计算方法，我们计算了 2008 年我国 28 种主要出口产品（包括能源产品）内涵能源净出口量和碳排放量（见表 5-9）。这 28 种出口产品包括三类产品：一是能源类产品，如煤、原油、成品油；二是高耗能产品，如化肥、水泥、玻璃等；三是我国贸易量大的产品，如服装、纺织品、塑料制品等。结果表明，按照 2005 年不变价格计算，2008 年我国 28 种主要出口产品总金额为 3287.8 亿美元，占当年出口总额的 27.1%。出口载能量为 5.15 万吨标准煤，按我国 2008 年全国一次能源消费 28.5 亿吨标准煤计算，28 种出口产品出口载能量占当年能源消耗量的 18.1%。28 种出口贸易产品内涵的碳排放量共 3.72 亿吨碳，按我国 2008 年碳排放总量 19.38 亿吨碳计算的话，占当年碳排放总量的约 19.2%。考虑到在国际产业分工中我国处于产业链的低端，生产和出口了大量的高耗能和高排放产品，承担了大量本应在进口国消费的能源和排放的二氧化碳，并且在相当一段时期内，我国在国际分工中的地位难以根本改变，这一国际分工条件将给我国工业化带来更大的能源消耗和碳排放压力。

表 5-9 2008 年我国主要出口产品载能量和碳排放（2005 年不变价）

序号	品名	出口金额（千美元）	每千美元载能量（吨标煤）	能源消耗（万吨标煤）	每千美元碳排放量（吨标煤）	碳排放（万吨）
1	煤	4390811	12.43	5457.78	9.57	4202.01
2	肥料	3661122	10.38	3800.25	7.39	2705.57
3	焦炭及半焦炭	4867870	6.23	3032.68	4.77	2321.97
4	纯碱	477607	5.53	264.12	3.99	190.57
5	水泥	921035	4.96	456.83	3.74	344.47
6	原油	2497529	4.79	1196.32	3.24	809.20
7	成品油	11454454	4.19	4799.42	2.72	3115.61
8	未锻造的铝	1790607	3.73	667.90	3.73	667.90
9	蓄电池	6098306	3.52	2146.60	2.50	1524.58
10	平板玻璃	767018	3.29	252.35	1.99	152.64
11	玻璃制品	2920402	3.29	960.81	1.99	581.16
12	铝材	5336157	3.05	1627.53	2.18	1163.28
13	家用陶瓷器皿	1543131	2.95	455.22	2.05	316.34
14	钢坯及粗锻件	1111142	2.26	251.12	1.68	186.67
15	电动机及发电机	5530323	2.01	1111.59	1.50	829.55
16	生铁及镜铁	107226	1.76	18.87	1.34	14.37
17	汽车（包括整套散件）	7441724	1.74	1294.86	1.25	930.22
18	钢材	53178649	1.53	8136.33	1.14	6062.37
19	集装箱	7621251	1.41	1074.60	1.05	800.23
20	塑料制品	13265827	1.11	1472.51	0.72	955.14

续表

序号	品名	出口金额 （千美元）	每千美元载 能量 （吨标煤）	能源消耗 （万吨标煤）	每千美元碳 排放量 （吨标煤）	碳排放 （万吨）
21	船舶	16029560	1.02	1635.02	0.75	1202.22
22	未锻造的锌及锌合金	123589	0.97	11.99	0.70	8.65
23	纺织纱线、织物及制品	54798808	0.90	4931.89	0.64	3507.12
24	冰箱	2611696	0.87	227.22	0.59	154.09
25	服装及衣着附件	100410997	0.55	5522.60	0.39	3916.03
26	未锻造的铜及铜材	4200568	0.55	231.03	0.40	168.02
27	新的充气橡胶轮胎	6756334	0.43	290.52	0.31	209.45
28	电视机（包括整套散件）	8866697	0.24	212.80	0.16	141.87
	合计	328780441	—	51540.76	—	37181.27

资料来源：根据海关出口统计数据和韩文科、刘强、姜克隽（2009）提供的单位价值载能量和碳排放量数据计算。

三、缓解工业化过程中能源约束的政策措施

从现阶段我国工业化进程中的能源消费特征看，我国尚未摆脱传统工业化能源消费的轨迹。随着城市化的推进，能源消费增长的重心从工业向民用、商业和交通转移，我国未来工业化将面临更大的能源需求压力和排放压力。为缓解能源对我国未来工业化发展的制约和能源利用引发的环境问题，应从供给、需求和体制与政策环境几个方面采取措施，调动相关参与方"增收节支"积极性，方能用更少的能源实现既定经济增长、缓解能源约束的目标。

（一）扩大和稳定能源供应的措施

缓解我国工业化进程中的能源约束，首要是采取一切有利于扩大和稳定能源供应的措施。我国作为能源进口国和能源消费大国，应充分开发利用国内和国际能源资源，扩大能源供应能力，稳定能源供应。

1. 加快国内油气资源的勘探力度，提高勘探开发效率

扩大和稳定能源供应主要扩大油气资源供应能力。关于这一问题，国内学者的主流看法是：未来我国原油产量只能稳定在2亿吨上下，不可能有大的增长。把我国油气产量未来不可能有大的增长作为既定"事实"的做法导致学者们主要关注的是我国石油进口依存度过高而引发的能源安全问题，而忽略了作为能源供

给能力基础的国内能源勘探和开发效率问题。事实上，能源供给、能源进口与能源勘探开发效率三者之间的逻辑关系应该是：国内能源勘探开发效率越高，则我国能源供给的稳定性越高，进口能源的依赖性就越低。从我国能源勘探开发现状看，勘探开发效率还有很多改进之处。因此，提高国内能源资源的勘探开发效率实际上应该成为稳定我国能源供给首先要解决的问题。

20世纪90年代中期以来，我国石油天然气储采比一路下滑，除了石油天然气需求增长较快以外，国内石油天然气勘探开发进展缓慢也是一个不可忽视的重要原因。与煤炭相比，我国虽然属于油气资源缺乏国家，但资源勘探程度还很低，油气资源勘探开采还有很大的扩展空间。根据2007年资源评价结果，我国目前石油资源探明率仅为39%，天然气探明率仅为24.6%，远低于73%的世界平均探明率。此外，我国油页岩预测资源总量4832亿吨，但尚未展开系统调查评价，探明程度仅为6%。而油气资源勘探开发进展缓慢的主要原因是油气资源勘探开采市场长期垄断，导致效率低下。

我国对油气勘探和开采实行严格控制。目前，仅有中国石油天然气集团公司、中国石油化工集团公司、中国海洋石油总公司和陕西延长石油（集团）有限责任公司（延长油矿管理局）4家公司经过国务院批准，并且具有国内油气勘查资质和许可证。中石油、中石化、中海油三家公司垄断了国内97%的石油天然气探矿权和采矿权。陆地上有价值的地块基本被中石油和中石化两家瓜分。由于缺乏竞争，且资源占用费低廉，石油天然气"占而不勘、勘而不采"的现象比较突出。要改变这种现象，必须打破垄断，建立完善和有效运转的油气资源勘探权、采矿权市场，使油气资源勘探开采权的市场价值得到实现。[①]

2. 加快新能源与可再生能源发展，优化能源供应结构

在我国能源供应结构中，化石能源比重高达90%以上，水电、核电、风电和光伏发电等新能源与可再生能源比重很低。在新能源与可再生能源中，除了水能资源开发利用规模较大，成为我国工业发展可依赖的重要能源外，其余新能源的开发规模都比较小。可再生能源中技术基本成熟和一定经济性的沼气、风电、太阳能和地热增长很快，而海洋能的开发利用一直处于研究和小型实验阶段。近年来，在能源短缺和碳减排约束下，新能源和可再生能源发展在我国能源发展战略中的地位日益提升。

优化能源结构，首要的是加快发展核电。核电是清洁高效的能源，污染少、温室气体接近零排放。我国已投产核电装机容量约900万千瓦，仅占电力总装机的1.3%，比例很低。目前，世界各国核电站总发电量的比例平均为16%，法国、日本、美国等国的比例更高。借鉴国际成功经验，我国核电发展潜力很大。

---

① 朱彤：《中国石油产业组织改革研究》，中国社会科学院工业经济所研究报告，2008年。

优化能源结构，还要加快发展水电。我国是世界上水能资源蕴藏量最为丰富的国家。尽管目前水电装机容量位居世界第一，但水能资源开发利用率仅有26%，水能资源开发还有很大的空间。

要确保实现 2020 年非化石能源消费占能源消费 15% 的目标，水电和核电应发挥主力作用。但由于大型电站往往需要 5~8 年以上的建设时间，新建水电要在 2020 年发挥节能减排的作用，必须在 2015 年以前开工建设。根据装机和在建情况，考虑水电建设周期，初步推算，2010~2015 年 6 年间需要核准开工水电项目 1.2 亿千瓦左右，但难度很大。为加快我国能源结构调整速度，确保我国向国际社会承诺的 2020 年节能减排目标的实现，在妥善处理好移民和环保问题的基础上，加快水电开发步伐十分必要。

大力发展可再生能源。可再生能源的开发利用，对增加能源供应、改善能源结构、促进环境保护具有重要作用，是解决能源供需矛盾和实现可持续发展的战略选择。根据我国 2007 年颁布的《可再生能源中长期规划》，我国发展可再生能源（水电除外）的重点是：推广太阳能热利用、沼气等成熟技术，提高市场占有率。积极推进风力发电、生物质能和太阳能发电等利用技术，将建设若干个百万千瓦级风电基地，以规模化带动产业化。2010 年国家能源局制定的新能源振兴规划草案进一步提高了风电和光伏发电在我国能源供应中的战略地位。规划规定，2020 年我国风电、太阳能光伏发电运行的总装机容量将分别达到 1.5 亿千瓦、2000 万千瓦。

3. 积极参与能源环境规则制定，加强国际能源合作

国际能源环境领域的规则制定者主要是发达国家，我国虽然在全球气候变化方面积极参与了《京都议定书》的谈判，但总体上还没有成为主要的国际规则制定者。我国要解决工业化所需的国际能源合作问题，必须积极地参与相关国际规则的制定过程和决策。由于全球气候变化问题受到各界的日益关注，有关全球气候变化的国际规则还将会陆续出台，其影响力不可低估。参与相关国际规则的制定将有利于中国争取最大的国家利益。

国际能源合作包括与能源供应国合作和能源消费国合作。实现与更多的能源供应国之间的良好合作关系，是保障我国能源供应安全和价格稳定的重要砝码。因此，我国应强化与石油输出国组织（OPEC）的直接对话和磋商机制，通过各种方式与 OPEC 建立起更为紧密的合作关系。当然，我们不仅要注重和能源供应国之间的合作，更应当研究与能源消费国之间的合作。能源消费国之间有着广泛的共同利益和利益诉求点，这是能源消费国之间加强能源国际合作的基石。以亚太地区为例，当前该地区是世界上能源消费增长最快的地区，保障能源稳定供应和价格安全无疑符合该地区能源消费各国的共同利益。但在价格方面，该地区各国在进口中东地区原油时候，都深受"亚洲溢价"之害。如果能源消费国之间在

能源进口、能源战略储备等领域加强对话和交流，将对不断上升的能源价格形成一种反制。不过，作为加强我国与能源消费国之间合作的第一步，应当是尽快争取加入国际能源机构。尽管该机构作用有限，但该机构在协调石油战略储备等方面具有广泛的作用，进而能保障油价的稳定。

4. 深化我国能源企业"走出去"战略

自从 1993 年国家提出实施"走出去"战略、我国石油企业开始大力开展海外油气合作以来，我国石油企业"走出去"的力度不断加大，海外油气业务发展迅速。目前已经在全球 50 多个国家和地区拥有油气项目 100 多个，逐步形成了以非洲、俄罗斯和中亚、南美以及亚太为主的五大海外油气生产区。但是，国内能源企业在参与国外油气资源开发中也面临不少问题和障碍，主要表现为资源国政治风险大，法律和经济制约因素多；合作区块勘探开发难度较大，经济效益差；海外油气竞标中国内石油企业之间过度竞争，缺乏沟通和协调等问题，不利于我国能源企业在境外的发展和海外直接投资的整体效益。

国际金融危机为我国进一步深化能源企业"走出去"战略提供了战略机遇。随着金融危机爆发不断深化，非洲、俄罗斯和拉美等世界主要的油气合作区受到了不同程度的影响，对外部投资的需求更为迫切。我国能源企业应充分利用这一时机，以各种方式加快对这些区域油气资源勘探开发的合作，推动我国能源企业"走出去"战略的深化。

深化能源企业"走出去"战略需要政府加大保障支持力度，主要包括：

一要加大能源外交力度。我国政府应积极实施能源外交，努力推进与石油资源国的政治、经济和文化交流，建立战略伙伴关系，加强与国际性的能源组织和国际石油通道沿线国家的官方联系，为我国石油企业"走出去"开展海外油气合作争取比较好的条件。

二要完善"走出去"的相关政策与法律法规。我国政府应积极同有关国家签订投资保护协定、避免双重征税协定，并利用多边投资担保机构公约的有关条款，保护我国对外投资企业的利益，为企业创造对外投资的安全环境，并通过法律法规和适宜的企业管理机制防范海外企业的系统风险。同时，广泛拓展融资渠道，综合运用各种金融工具，为我国石油企业"走出去"提供资金支持。

三要建立石油公司海外业务的统一协调机制。为避免我国一些企业在国际市场上开展恶性竞争，应该由政府出面建立协调机制。鼓励国内企业组建联合投标体共同投标，鼓励我国石油企业通过兼并、收购和产权互换进行资产结构调整，组建战略联盟，共同携手利用全球资源。

5. 完善我国石油储备战略

石油储备战略是稳定我国石油供应的重要手段。我国石油战略储备建设正快速、有序地进行。2008 年底，我国陆续建成投用了镇海、舟山、黄岛、大连 4

个国家石油储备基地，形成了 1640 万立方米总规模，可收储原油 1200 万吨左右，并于 2009 年初基本完成收储任务。一期战略石油储备加上商业石油储备量，已达到 30 天左右石油净进口量。2010 年，国家石油储备二期工程其他基地也开工建设。预计二期工程建成投用后，可新增 2680 万立方米储备规模，新增收储原油近 2200 万吨。届时，可形成国家石油储备总规模 4320 万立方米，收储原油近 3400 万吨；战略石油储备加上国内商业石油储备量，将达到 60 天左右石油净进口量。根据国家能源局的规划，2020 年以前，我国国家石油储备将形成相当于 100 天石油净进口量的储备总规模。

为确保我国石油储备战略的顺利推进，提高储备效率，降低储备成本，增强应对石油中断风险的能力，我国石油储备战略实施中仍存在不少有待完善之处。

首先，要加快战略石油储备立法，加快《国家能源储备法》的制定。我国《能源法》已递交国务院法制办审议中，但国家石油储备基地建设推进很快，这些基地也很快进入运营，但规范这些行为的法律还没有提上日程。为实现国家石油战略储备的依法建设、依法管理和运营，有必要尽快制定《国家石油储备法》。

其次，要进一步完善多层次的石油战略储备体系和运营模式。建立以政府为主、民间储备为辅的多层次石油战略储备体系；建立政府、企业间的协会或联盟，以更好地组织和管理石油战略储备的运营；给予企业储备一系列鼓励，并通过立法确认企业需要承担的责任义务，以推进民间石油战略储备建设。

最后，要继续推进储备原油来源多样化。建立国家原油储备的根本目的，就是避免受制于人。因此，获取储备性原油的来源及获取方式应尽可能广泛，以保证储备性原油进口的总体安全。我国的资源战略已经在俄罗斯、中亚、拉美和北非市场初步布局。但目前这些地区对我国的原油供给，尚不足以保障我国的能源安全。建议可以采取合作开发、协议换购、公开竞标和国际市场购买等市场化模式相结合，继续加大力度积极开拓这些市场。

（二）降低能源需求增速的措施

缓解我国工业化进程中的能源约束，还要尽可能降低能源需求的增长速度。从宏观层面看，降低我国能源需求的增长速度，归根结底依赖于我国产业结构和对外贸易结构调整；从微观层面看，降低能源需求的增长速度取决于持续地推动能源效率，在生产和社会生活中全面推进能源节约。

1. 加快产业结构调整

不同产业对于能源的消耗量不相同，在不同的经济发展阶段，不同产业所占的比重也会有明显差异，所以产业结构水平也会影响到能源消耗量。若单位产值能源消耗量较小的第三产业比重大，整个经济的能源效率就较高。因此，产业结构是影响能源效率提高的刚性因素。

虽然自 1978 年以来，我国产业结构一直在朝着能源消耗水平更低的方向发展，但由于我国目前正处于工业化中期的重化工阶段，从整体情况来看，我国仍是高投入、高消耗、高污染的粗放型经济增长方式，能源消耗水平还比较高，尤其是重化工业的发展带来了能源消耗水平的大幅增加。2007 年，我国第一、第二和第三产业的单位生产总值能耗分别为 0.293、1.600 和 0.631 吨标准煤/万元（按当年价格计算），第二产业中，高耗能产业能耗占总能耗的 70%左右。

加快我国产业结构调整，一要大力发展第三产业，提高其在国民经济中的比重，尤其是发展资源消耗低、增加值率较高的法律、咨询、金融、信息服务等现代服务业。二要加快调整工业部门内部的产业结构、产品结构和能源消费结构，优先发展对经济增长有重大带动作用、低能耗的信息产业，不断提高高技术产业在国民经济中的比重。鼓励运用高技术和先进适用技术改造和提升传统产业，促进传统产业结构优化和升级。制定钢铁、有色、水泥等高耗能行业发展规划、政策，提高行业准入标准。最终实现我国产业结构从高耗能型向能源节约型的转变。

需要注意的是，进行产业结构调整必须更多地发挥市场调节的作用，以市场需求为基础，避免低水平简单重复建设，特别是要运用价格杠杆的作用，促进能源的节约高效利用，改变人为压低能源价格、造成严重浪费和低效的现象。

2. 推动对外贸易结构升级

从内涵能源角度看，我国是内涵能源净出口大国，存在巨额"生态逆差"，而美国、日本和欧盟则是我国生态逆差的主要受益国。我国对外贸易巨额"生态逆差"的存在表明我国出口商品结构具有明显的"高耗能"特点。发达国家享受着中国低价出口产品以及本国能源节约和良好环境，同时却指责中国在能源消费和排放方面对世界的"威胁"。因此，除了在国际上继续宣传我国作为"生态逆差"国的事实，揭示发达国家从我国的大量进口也是我国能源消费和碳排放快速增长的重要推动力外，还应制定相关政策，推动我国对外贸易结构升级。

从长远看，推动我国对外贸易结构升级的根本方法是加快经济增长方式转变，建立一个能源节约和环境友好的产业结构。而中短期政策方向有两个：一是严格控制"两高一资"产品出口。环境目标与贸易目标存在一定的矛盾。高能耗产品的大量出口，不仅对国内能源、资源和环境造成不利影响，而且加剧了国际对我国的减排压力。限制高能耗产品出口会牺牲一定的贸易利益，但对保护环境有利。二是适当增加制成品进口和积极扩大服务贸易出口。我国加工制造业能耗强度以及能源消耗的碳强度远远大于发达国家。通过从发达国家进口部分制成品来替代国内生产，具有明显的节能减排效益，也能有效地改善我国的"生态逆差"状况。可以通过加大进口最终消费品和资源能源深加工产品的方式，实现更多的内涵能源进口，保护国内环境。同时，由于服务业所消耗的能源远远小于制造业，鼓励扩大服务贸易出口可以优化贸易结构，有效减少国内的能源消耗，改善"生态逆差"。①

3. 加快推进能源技术进步

从微观层面看，能源需求增长速度的下降依赖于能源利用效率持续不断的提升。而技术进步是影响能源效率的重要因素。许多学者对技术进步与我国能源效率之间的关系进行了研究。刘畅（2008）对中国 29 个工业行业面板数据的研究结果表明，科技经费支出增加有助于高耗能行业能源效率的提高。孙立成、周德群和李群（2008）测算了 1997~2006 年 12 个国家能源利用效率及其变动指数，研究发现，能源利用技术进步增长率下降是中国能源利用效率未得到提高的主要原因。吴巧生和成金华（2006）的研究表明，中国能源消耗强度下降主要是各部门使用效率提高的结果，其中，工业部门技术改进是影响能源消耗强度的主导因素。齐志新和陈文颖（2006）分析了 1980~2003 年中国宏观能源强度以及 1993~2003 年工业部门能源强度下降的原因，发现技术进步是中国能源效率提高的决定因素。

近年来，我国能源技术研发费用快速增长，但还远不能满足经济社会发展的需要。加大投入、建设有效的能源新技术研发与供给机制，是提高我国能源利用效率的关键。从我国能源利用特点和技术现状看，今后一段时期应重点从两个方面推进能源技术进步。

一是要推进关键技术创新。关键技术创新重点是：①优先发展清洁煤技术，推进煤炭气化及加工转化等先进技术的研究开发，推广整体煤气化联合循环、超（超）临界、大型循环流化床等先进发电技术，发展以煤气化为基础的多联产技术。煤炭在未来几十年仍将是中国的主要能源，清洁高效地开发利用煤炭必将是能源工业的重要任务之一。②积极推动核电关键技术引进、消化和创新，重点掌握第三代大型压水堆核电技术，攻克高温气冷堆工业实验技术。③加大对先进勘探和采油技术及装备，积极发展复杂地质油气资源勘探开发和低品位油气资源高效开发技术。

二要重点推广工业、建筑、交通三大终端用能领域的能源利用先进技术和产品。工业、建筑、交通用能占我国终端能源消费的 80% 以上，用能量大，能源效率提高的空间也大。能源终端利用技术不像电力技术、油气技术等在领域划分上相对比较独立，而是广泛地融入到社会经济发展、人民生活的各个方面，技术推广工作比较烦琐。而且，每个领域都有自己的特点和发展规律。因此，必须在结合行业技术发展特点、遵循行业技术进步客观规律的基础上，选择适合我国国情

---

① 陈霖、郑乐：《警惕贸易顺差背后的"生态逆差"现象——从内涵能源视角看我国的贸易结构调整》，《国际贸易》，2008 年第 11 期。

的技术和产品予以推广。

4. 全面推进能源节约

节约能源，是我国缓解能源约束的现实选择。我国人口众多、能源资源相对不足。要实现经济社会的可持续发展，必须走节约资源的道路。因此，自 20 世纪 80 年代以来，我国就有计划、有组织地开展了节能工作。从目前和今后一个时期看，我国节能工作将围绕如下几个方面全面推进。

一是落实节能优先战略。我国 20 世纪 80 年代初就已经提出"节能优先"的战略思路，但这一战略实际上一直处于"边缘化"的地位。随着我国能源需求和环境压力日益加大，中央政府已经明确意识到我国经济发展面临的能源约束问题日益严峻。2005 年以后，节能优先战略的地位逐渐得到加强，把"节能降耗"提到了战略高度，节能优先战略正逐步落实。根据大量案例研究和综合分析，我国能源节约节能潜力很大。如果用国际上先进的技术和设备替代现有落后技术和设备，全部节能潜力可达目前能源消费量的 50%，如用国内已有的先进技术和设备进行落后设备更新，总节能潜力可达目前能源消费量的 30%。因此，落实节能优先战略具有重要的战略意义。

二是加强工业节能。工业是我国能源消费的重点领域，而高耗能工业又是其中的重中之重。我国逐步制定了钢铁、有色金属、煤炭、电力、石油石化、化工、建材等高耗能行业节能降耗行动计划及重点产品的能耗标准；重点加强年耗能万吨标准煤以上的工业企业节能管理，千家企业节能行动已连续实施三年。各级政府还支持一批节能降耗的重大及示范项目，通过完善工业行业能效标准和规范，强制淘汰落后的高耗能产品。

三是实施节能工程。我国围绕工业、交通和建筑三大节能重点领域，正在实施节约替代石油、热电联产、余热利用、建筑节能等十大重点节能工程，鼓励高效节能产品的推广应用。同时，通过加强政府机构节能，发挥政府对社会节能的带动作用。

四是加强管理节能。除了加大技术投入，推动产业结构和产品结构调整外，我国还通过建立和健全各种管理措施提高节能水平。近期采取的重要管理措施有：建立了政府强制采购节能产品制度，积极推进优先采购节能（包括节水）产品，选择部分节能效果显著、性能比较成熟的产品予以强制采购。积极发挥政府采购的政策导向作用，带动社会生产和使用节能产品。研究制定鼓励节能的财税政策，实施资源综合利用税收优惠政策，建立多渠道的节能融资机制。实施固定资产投资项目节能评估和审核制度，严把能耗增长的源头。建立企业节能新机制，实施能效标识管理，推进合同能源管理和节能自愿协议等。

五是加强节能宣传，倡导社会节能。为了建立全民参与的社会节能长效机制，我国采取多种形式大力宣传节约能源的重要意义，不断增强全民资源忧患意识和节约意识，强化节能行为。把节约能源纳入基础教育、职业教育、高等教育和技术培训体系，利用新闻出版、广播影视等媒体，大力宣传和普及节能知识。

（三）构建正向激励的政策与体制环境

深化能源体制改革，加快能源领域的市场化改革步伐，完善与能源勘探、开采和利用有关的政策，这是扩大和稳定我国能源供应，提高能源效率、提升能源节约，从而降低能源需求增速的制度保障。

1. 放宽和完善能源市场准入条件

我国能源领域可以在确保政府对油气资源有主导权的前提下，增强市场的竞争性，让市场竞争机制充分发挥其优化配置资源的基础性作用，允许不同所有制进入能源勘探开采领域，满足全社会日益增长的能源需求。重点要解决三个方面的问题：

第一，放松新企业进入和新技术使用的准入政策。新型准入制度的建立要与发展可再生能源、促进节能和提高能效的战略目标结合起来，对可再生能源、节能等项目，可借助建立强制配额制等政策和制度设计，创造更为有利于新企业进入的政策环境。[①]

第二，优化产业组织结构。除了油气管网、电网等自然垄断环节外，能源产业的其他环节都可以适度开放，增强市场竞争性。在油气资源勘探开发、发电市场、石油批发、零售等下游产业甚至炼油等中游产业，有必要进一步开放，扩大市场竞争性和经营者多样性。对于煤炭领域，则应通过提高安全、环境标准等方式实现资源的集中和优化，而不是通过行政命令强行关闭。建设能源资源的勘探权、开采权市场制度，实现能源资源的合理流转和有效开发。

第三，采用政府采购公共服务的方式，剥离油气和电网国有企业"公共职能"和"商业职能"。我国油气国有企业承载了部分与其商业性相冲突的"公共服务"——国家石油战略储备这一涉及石油安全的业务。在目前的垄断格局下，因为缺乏国内市场效率比较效应，这种冲突反而成为企业与政府在利益分成上讨价还价的工具。当市场准入放宽，后来的竞争者进入后，可能会损害市场公平竞争，从而降低市场竞争效率，因而有必要将两者剥离。电网企业的公共职能主要体现在对居民用户提供普遍服务方面。由于电力传输具有自然垄断性质，同一区域引进两家企业将增加服务成本。公共服务职能有效剥离的前提是削减电网企业的"垄断力"，而削减垄断力的最有效方式是把电网调度从电网企业分离出来，由成立独立的电力调度中心负责。

---

① 金三林：《能源约束对我国潜在产出的影响及对策》，《改革》，2006 年第 10 期。

2. 深化能源价格市场化改革

深化能源价格改革，改革现行不适应市场经济的能源价格形成机制和价格管制方式，建立有助于实现能源结构调整和可持续发展的价格体系。能源价格改革深化主要从以下几个方面推进：一是对能形成有效竞争的能源产品推行市场定价，以及时、合理地反映市场的供求关系；二是对具有自然垄断特性的环节实行有效的价格监管，主要是输配电网和天然气管网；三是形成有利于实现可持续发展目标的资源价格结构和比价关系；四是完善矿产权的招、拍、挂转让方式，并以边际使用者成本为依据进行适度的政府干预。同时，还要建立对低收入人群的价格补贴制度。

石油价格形成机制改革要反映我国石油市场的供求关系，而不仅是国际石油价格（并不反映真正的供求关系）的直接传导；要从滞后油价向实时油价转变；天然气价格形成机制改革主要是改变政府定价的方式，实行天然气生产、净化、输送、配送分开核算成本，单独计价收费，逐步实现天然气的井口价格与竞争燃料的价格相关联，国内价格与国外价格相关联。煤炭价格形成机制的完善，从短期看，重点应放在建设和完善煤价支持制度和市场体系，搞好煤电联动，探索建立煤炭补贴基金等；从长期看，必须统一管理煤炭资源一级探矿权市场，实行二级探矿权和开采权的市场化转让，进而实现煤炭的成本核算中计入资源成本、环境成本、社会成本等，使煤炭与其他能源的价格比趋于合理。[①]

3. 构建新的能源监管体制

新的能源监管体制应按照"政监分离"的原则，做到依法监管、依规监管。国家按照"政监分离"的原则，实行以战略管理为核心的能源监管体制。在监管到位的前提下，政府将不再进行行政审批，而是把权限交给市场和投资者。政府的职能由行政管制转变到维护国家能源安全、公众利益和环境保护等上面来，加强社会性管制职能。

加强政府的社会性管制包括以下主要内容：一是完善安全、环保、质量、劳动保护等领域的法律法规，使生产者和执法者都有章可循；二是建立以社会性管制为核心内容的项目核准制，以安全、环保、质量、劳动保护等作为项目立项核准的主要依据；三是建立统一有效的行政监管体系，遏制生产者的违规行为，使社会成本充分内部化；四是建立能使成本内化的税收制度，主要是完善资源税税制，并提高石油消费的税负水平。

---

① 金三林：《能源约束对我国潜在产出的影响及对策》，《改革》，2006 年第 10 期。

第六章　环境承载力与新型工业化

　　环境承载力是联系人类活动与自然环境的纽带，它反映人类活动与环境功能结构间的协调程度。环境因其所具有的环境承载力而支持人类的社会经济活动，人类又通过各种活动反作用于环境，使环境承载力发生变化。Bishop 在《环境管理中的承载力》一书中指出："环境承载力表明在维持一个可以接受的生活水平前提下，一个国家/区域所能承载的人类活动的强烈程度。"① 一个国家/区域所能承载工业活动的强烈程度是环境承载力的重要内容。环境承载力是工业发展的基本要素，是工业发展的基础。工业活动影响环境，加剧环境的负担，使得生态环境整体恶化；反过来，环境质量构成对工业进一步发展的制约。环境承载力主要包括水环境承载力、大气环境承载力等。水环境承载力是指某一区域、某一时期内在某种状态下的水环境条件对该区域的经济发展和生活需求的支持能力，它是该区域水环境系统结构性的一种抽象表示方法。大气环境承载力是指在一定标准下，某一环境单元大气所能承纳的污染物最大排放量。

　　随着中国进入工业化中后期，工业可持续发展问题摆在我们面前：在环境承载力有限且环境压力大的前提下，如何选择中国的工业化道路？工业化与环境承载力的关系，其实质是经济发展与环境质量选择的问题，是工业发展道路的选择问题。

一、工业活动对环境影响的现状

　　无节制、粗放型的工业发展方式导致了严重的环境污染、水资源与生态破坏等问题，造成了巨大的环境损失。根据美国耶鲁大学和哥伦比亚大学联合进行的2010 年环境绩效指数（EPI）评估结果，中国在环境卫生、环境保护、削减温室气体排放量、减少空气污染和浪费五个方面的指标排名显著落后于大多数国家，

---

① Bishop A. Fullerton Crawford. Carrying Capacity in Regional Environment Management. Washington: Government Printing Office，1974.

综合排名仅列第 121 位。我国地表水总体为中度污染，污染范围已由支流向干流、下游向上游、区域向流域、地表向地下蔓延；湖泊富营养化问题突出，已由城市内湖向大多数湖泊蔓延；饮用水安全存在严重隐患，已影响人体健康。空气环境质量不容乐观，污染范围已由城市向郊区和农村、局地向区域蔓延，空气中细颗粒物和有机污染加重，部分大城市臭氧污染突出。酸雨污染呈加重趋势，酸雨区面积和酸雨污染严重的城市比例增加。

（一）工业活动是环境污染的主要原因之一

从我国环境污染的构成来看，粉尘排放主要来自工业活动，二氧化硫排放的80%以上来自工业活动，烟尘排放的70%以上是来自工业活动，废水排放的40%以上来自工业活动。工业二氧化硫排放的比重不断上升，但工业废水、烟尘的排放比重有所下降（见表 6-1）。

表 6-1 主要污染物的构成及变化趋势（2000~2010 年）

年份	废水排放比重（%）		二氧化硫排放比重（%）		烟尘排放比重（%）		粉尘排放比重（%）
	工业	生活	工业	生活	工业	生活	工业
2000	47	53	81	19	82	18	100
2005	46	54	85	15	80	20	100
2006	45	55	86	14	79	21	100
2007	44	56	87	13	78	22	100
2008	42	58	86	14	74	26	100
2009	40	60	84	16	71	29	100
2010	38	62	85	15	73	27	100

资料来源：根据《中国统计年鉴》（2001~2011）计算。

工业污染排放主要是 SO_2、NOx、$PM10$、汞等，工业烟尘和粉尘（见表 6-2）。2010 年，中国工业废水排放总量在 240 亿吨左右；工业 SO_2 排放在 2006 年达到峰值 2235 万吨后开始回落，工业烟尘和粉尘排放量在 2000 年达到峰值后开始回落，这主要得益于火电机组安装了脱硫除尘设备和关闭了落后的电力产能。

表 6-2 工业主要污染物排放总量（1995~2010 年）

年份	工业废水排放总量（亿吨）	工业废气排放总量（千亿标 m³）	工业二氧化硫排放量（万吨）	工业烟尘排放量（万吨）	工业粉尘排放量（万吨）	工业固体废物产生量（亿吨）
1995	222	107	1405	838	639	6
2000	194	138	1615	953	1092	8
2005	243	269	2168	949	911	13

续表

年份	工业废水排放总量（亿吨）	工业废气排放总量（千亿标 m³）	工业二氧化硫排放量（万吨）	工业烟尘排放量（万吨）	工业粉尘排放量（万吨）	工业固体废物产生量（亿吨）
2006	240	331	2235	864	808	15
2007	247	388	2140	771	699	18
2008	242	404	1991	671	585	19
2009	234	436	1865.9	604.4	523.6	20
2010	237	519	1864.4	603.2	448.7	24

资料来源：根据《中国统计年鉴》（2001~2011）、《中国环境统计年鉴》（2010）计算。

（二）大气和水污染状况十分严重

SO_2、NOx、烟尘、VOCs、Hg 等污染物的排放，导致城市空气污染、区域灰霾、酸沉降、光化学烟雾等，城市大气环境中总悬浮颗粒物浓度普遍超标；SO_2 污染保持在较高水平，氮氧化物污染呈加重趋势。我国的燃煤电厂 SO_2 和 NOx 排放导致的酸雨污染仍然严重，全国出现酸雨的城市比例超过 50%，酸雨发生频率在 25% 以上的区域占国土面积的 15.4%。酸雨分布区域主要集中在长江以南，四川、云南以东的区域，包括长三角和珠三角地区，以及福建、江西、湖南、重庆的大部分地区。尽管中国对工业污染加大了治理力度，但是 2010 年全国工业 SO_2 年排放量仍高达 1864 万吨、烟尘 603 万吨、工业粉尘 448 万吨，仍有 17.2% 的城市空气质量未达到国家二级空气质量标准，主要是可吸入颗粒物浓度超标。珠三角、长三角、京津冀等区域性大气污染日益突出，广州、深圳、上海、南京、苏州、天津等大城市的灰霾天数已占全年的 30%~50%。根据灰霾和臭氧试点监测数据，2010 年深圳、南京出现灰霾的天数分别为 115 天、191 天，分别占全年天数的 31.5%、52.3%。

近年来，虽然节能减排工作力度加大，污染负荷仍然巨大，远超过主要发达国家。2010 年我国 SO_2 排放量为 2185.1 万吨，约为 2005 年美国排放量的 1.6 倍、欧盟（EU-25）排放量的 2.7 倍、英国排放量的 62.4 倍；2010 年我国氮氧化物的排放量约为 2273.2 万吨，约是 2005 年美国排放量的 1.3 倍，是欧盟的 1.2 倍，英国的 225 倍。根据联合国环境规划署（UNEP）的计算，2005 年我国的人为源大气汞排放量是美国的 7 倍（见表 6-3）。

环境部门统计，中国 82% 的河流受到不同程度的污染，七大水系中不适合做饮用水源的河段已接近 40%，城市水域中 78% 的河段不适合做饮用水源，约 50% 的城市地下水受到污染。据调查，水污染物的 31.4% 来源于工业，水污染已成为制约工业发展的重要因素。

表 6-3　大气污染物排放总量国际比较

单位：万吨，倍

国家	SO₂	NOx	PM10	PM2.5	Hg（吨）①
中国（2010 年）	2185.1	2273.2（估计值）	829.1（烟尘）		825（2005 年）
美国（2005 年）	1334.6	1697.1	1930.6	502.1	118.7
	1.6	1.3	—	—	7.0
欧盟（2005 年）	822.7	1140.6	2491.4	—	—
	2.7	2.0	—	—	—
英国（2005 年）	35.0	10.1	15.0	9.4	
	62.4	225.1			

注：汞排放量为 UNEP 计算值。2010 年 1~6 月氮氧化物排放总量 1136.6 万吨，2010 年估计值 2273.2 万吨。

资料来源：《中国统计年鉴》（2011）、《中国环境统计年鉴》（2010）；美国 EIA；欧洲统计局。

（三）固体废弃物压占土地，污染环境

工业固体废弃物主要是压占土地、污染环境。2010 年，全国工业固体废物产生量为 24 亿吨，比上年增加 20%，工业固体废物排放量 498 万吨。其中，煤矸石是最主要的工业固体废弃物，长期堆存，既占用了宝贵的土地资源，还形成一系列污染效应。截至 2010 年，全国煤矸石累计存量超过 38 亿吨，占用土地面积约 1.6 万平方公顷，并且以每年 200~300 平方公顷的速度在递增。煤矸石自燃产生大量 H_2S、SO_2、CO_2、CO 等有毒有害及温室气体，中国每年因为煤炭自燃排放到环境中的有害气体为 20~30 万吨。

二、中国工业发展所面临的环境问题

（一）有限的环境容量制约着工业经济的发展

常规大气污染物排放控制对煤炭工业、电力工业、钢铁工业等形成制约；生态环境保护和水资源保护对能源工业、煤化工业、造纸、化学纤维和纺织等行业形成制约。

SO_2 容量对工业的制约。环境保护部环境规划院测算，基于空气质量的 SO_2 环境容量为 1200 万吨。SO_2 排放的主要行业是电力、钢铁、水泥、石油化工等，根据 2009 年中国统计年鉴相关数据计算，2010 年电力行业 SO_2 排放量占 SO_2 排放总量的 41.2%，钢铁占 8.1%，水泥等非金属矿物制品和石油化工分别占 7.7%。

2010 年中国 SO_2 排放量为 2185.1 万吨，超出环境容量 985.1 万吨左右，超出环境容量近 1 倍；工业 SO_2 排放量为 1864.4 万吨，仅工业排放量超出 SO_2 环境容量 664.4 万吨；电力、钢铁和水泥的 SO_2 排放量为 1245.1 万吨，仅三个行业的 SO_2 排放量超出环境容量 45.1 万吨（见表 6-4）。

表 6-4 大气 SO_2 的承载能力（2010 年）

项目	环境容量	全部	工业	重点行业			
				电力	钢铁	水泥	石油化工
SO_2 排放比重（%）	—	100	85.32	41.2	8.1	7.7	7.7
SO_2 排放量（万吨）	1200	2185.1	1864.4	899.8	176.7	168.6	167.5
超出 SO_2 环境负荷量（万吨）	0	985.1	664.4	45.1			—

资料来源：《中国统计年鉴》（2011）。

NOx 容量对工业的制约。环境保护部环境规划院测算，基于空气质量的 NOx 环境容量不超过 1100 万吨。NOx 排放的主要行业是火电（37.9%）、交通运输业（30.0%）、钢铁（5.8%）和水泥（6.0%）等。2011 年 1~6 月，全国 NOx 排放量 1206.7 万吨，比 2010 年同期（1136.6 万吨）增长 6.17%。我国是世界第二氮氧化物排放国，若不有效控制，NOx 排放量在 2020 年将达到 3000 万吨，将远远超出我国 NOx 环境容量。基于此，NOx 的环境承载力将严重制约火电、钢铁、水泥和交通运输业的发展，而交通运输业的 NOx 减排压力将转移到交通运输设备制造业，对交通运输设备制造业的发展形成制约。

汞污染对工业的制约。燃煤和有色金属冶炼是人为大气汞最主要的两大排放源。中国是全球范围大气汞污染最为严重的区域之一，大气中汞的年均沉降值大于 $70\mu g/m^2$。有研究表明，目前全球每年人为活动向大气的汞排放量有 2000 吨，其中中国每年排放汞 500~600 吨，占全球汞排放总量的 1/4 还多（冯新斌及其课题组）。清华大学对 2007 年我国大气汞排放量进行过估算，结果显示，我国主要行业大气汞排放量从大到小排序依次为燃煤、有色金属冶炼、水泥生产和钢铁生产等。

水污染对工业的制约。水污染严重影响人们的生活质量和健康水平。我国工业水污染主要来自于造纸（18.8%）、化工（13.9%）、纺织（10.6%）、电力（8.4%）、食品工业（9.5%）和钢铁（6.6%）等行业。随着人们对水质量的需求不断提高，必然对造纸、化工、纺织、煤电和食品工业的生产工艺和技术提出新的要求，对传统生产形成制约。

工业固体废物对工业的制约。煤矸石等工业固体废弃物的堆放，会污染水体，排放有毒、有害气体。煤炭开采和洗选业，电力、热力的生产及供应业，有色金属矿采选业、黑色金属矿采选业是工业固体废物排放的主要排放源，这四个行业的工业固体废物排放量都超过 60 万吨，这四个行业工业固体废物排放量占统计工业行业固体废物排放总量的 68%。无论从土地资源的占用上，还是从对水体和空气污染的角度，工业固废都制约着相关产业的发展。

（二）产业布局与环境承载力不相适应

产业布局与区域资源、环境条件不相适应，是造成我国目前生态破坏、环境污染严重的主要原因之一。其一，钢铁业过度布局在人口密集城市和酸雨、SO₂两控区。目前，在国家规定的酸雨、SO₂ "两控区"内，钢产量占全国的 75% 左右；全国 75 家重点钢铁企业有 26 家建在直辖市和省会城市，有 34 家建在百万人口以上的大城市。其二，在水资源严重短缺的北方地区，布置高耗水的冶金、石化及煤化工项目，人为加剧了水资源紧张状况。在全国 96 个国有重点矿区中，40% 以上布局在缺水地区。其三，西部地区的资源型产业过度发展。西部地区处于我国大江大河的上游，拥有丰富的水资源，是全国重要的生态屏障，但是自然生态环境十分脆弱，生态承载能力有限。由于经济落后和科技不发达，目前西部地区的发展定位主要是资源开发型产业，通过对自然矿产资源和能源的大规划初级开发来获取利益，这不利于水源保护和维护脆弱的区域生态。

从工业水污染排放总量来看，东部地区最多，占 56.9%，西部、中部和东北依次为 14.4%、22.5% 和 12.3%；工业 SO₂ 排放量从多到少，依次是东部、西部、中部和东北，分别为 36.4%、31.5%、23.6% 和 8.5%；工业固体废弃物排放量依次是东部、西部和中部地区，分别占 35.7%、28.0% 和 25.0%。用单位工业增加值的污染物排放量作为评价指标，可以对各地区的污染物排放强度进行比较。工业 SO₂ 和工业固体废弃物排放强度依次是西部、中部、东北和东部，即东部最小、西部最高。这从一个侧面诠释了经济发展与环境保护之间的关系（见图 6–1）。Grossman 和 Krueger 对环境库兹涅茨曲线的研究表明，在经济发展水平较低时，污染随经济发展而增多，当经济发展到一定的水平后，污染随经济发展而降低。①

中部和东部大部分地区的大气污染物排放量已经超过环境容量。全国近 40% 的城市空气质量未达到国家二级标准，酸雨区面积达 140 万平方公里，重酸雨发生面积达 60 万平方公里。据环保部资料显示，京津冀、长三角和珠三角三大城市群占全国 6.3% 的国土面积，却消耗了全国 40% 的煤炭、生产了 50% 的钢铁，区域大气污染物排放集中，重度污染天气在区域内大范围同时出现。无论是从全球，还是从国内来看，京津冀、长三角、珠三角地区的 SO₂、NOx、臭氧及细颗粒物污染问题已经非常严重，成为大气污染重灾区。这些地区已不适宜发展火

---

① Grossman，Alan B. Krueger. Economic Growth and the Environment.Quarterly Journal of Economics，May，1995.

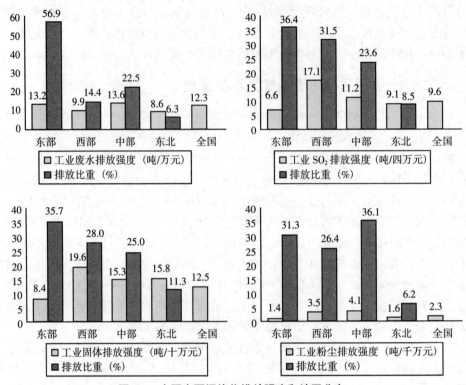

图 6–1 中国主要污染物排放强度和地区分布

资料来源：根据《中国统计年鉴》（2011）计算。

电、水泥、钢铁等产业。

西部地区总体环境承载力极限正在逐步逼近。从环境承载力分析来看，重庆、广西作为西部的重点发展地区，其环境承载力却处于超载状态；宁夏、新疆、贵州、青海、甘肃等经济较落后的地区，环境承载力供给量和需求相比入不敷出，都出现了不同程度的超载，这些急需大幅提升区域经济水平省份的环境超载问题制约了其经济社会的进一步发展；西藏、青海作为西部典型的经济发展落后地区，其环境承载力却处于可载状态（邱鹏，2009）。[①]

我国单位面积 SO_2 排放量平均为 2.28 吨/平方公里，单位面积 NOx 排放量平均为 1.76 吨/平方公里。东部地区单位面积污染物排放量均为最大。SO_2、NOx 的单位面积排放量分别为 8.29 吨/平方公里和 7.87 吨/平方公里，分别是全国平均水平的 3.64 倍和 4.46 倍（见表 6–5）。

---

① 邱鹏：《西部资源环境承载力的评价》，《统计与决策》，2009 年第 19 期。

表 6-5　分地区大气污染物排放量

指标	全国总计	东部地区		中部地区		西部地区		东北地区	
		绝对数	占全国比重/全国平均倍数	绝对数	占全国比重/全国平均倍数	绝对数	占全国比重/全国平均倍数	绝对数	占全国比重/全国平均倍数
土地面积（万平方公里）	960	91.64	9.55	102.75	10.70	686.74	71.54	78.79	8.21
二氧化硫排放量（万吨）(2010)	2184.76	760.09	34.79	511.09	23.39	726.71	33.26	186.87	8.55
氮氧化物排放量（万吨）(2009)	1692.7	721.2	42.61	397.8	23.50	398.9	23.57	174.8	10.33
单位面积 SO_2 排放量（t/km²）	2.28	8.29	3.64	4.97	2.19	1.06	0.46	2.37	1.04
单位面积 NOx 排放量（t/km²）	1.76	7.87	4.46	3.87	2.20	0.58	0.33	2.22	1.26

注：t/km² 是吨/平方公里。

资料来源：根据《中国统计年鉴》(2011) 计算。

（三）产业结构与环境承载力不相适应

在我国现有产业结构中，与环境承载力矛盾较突出的产业比重较高。中国工业长期以来是以劳动力密集型、资源密集型和技术要求较低的行业为主的，从中国工业的经济结构和主要工业污染物排放结构比重来看，电力、钢铁、有色金属、煤炭、石油化工、纺织、造纸、水泥等行业在国民经济结构中仍然占据着重要地位。这些行业的工业增加值占工业增加值总额的 50.09%、占总就业人数的 39.90%、占应交增值税总额的 59.82%（根据《中国环境统计年鉴》(2008) 数据计算）。可以说，工业污染严重的行业在国民经济中占据着重要地位，对 GDP、就业和税收的贡献很大。这种产业结构显然与我国当前的环境承载能力不相适应。

（四）工业发展受制于温室气体减排的国际压力

全球的 CO_2 排放量从 1940 年的 50 亿吨增加到现在的近 220 亿吨，已超出了地球碳循环调节系统对 CO_2 的吸收能力，导致大气环境中的 CO_2 浓度从 315ppm 增加到 350ppm，而且还在继续升高。受温室气体影响，1990 年以来，多数年份中国年降水量高于常年，出现南涝北旱的雨型，干旱和洪水灾害频繁发生。沿海海平面年平均上升速率为 2.5 毫米，略高于全球平均水平。山地冰川快速退缩，并有加速趋势。

气候变化所导致的全球环境问题近年来受到全世界的高度关注，尽管《京都议定书》中规定，中国作为发展中国家尚不承担减排义务，但中国正在承受越来

表 6-6 国内外机构预测 CO₂ 排放情景

情景方案	CO₂ 排放量（亿吨 CO₂）		
	2020 年	2030 年	2050 年
国家能源局（基准方案）	90.4	103.5	106.3
发改委能源所（基准方案）	101.9	116.6	121.5
清华大学（基准方案）	92.1	103.2	105.9
发改委能源所（低碳方案）	82.9	86.0	84.0
清华大学（强化减排方案）	79.8	88.0	88.7
IEA2009（参考情景）	95.8	116.2	—

资料来源：何建坤：《中国的能源发展与应对气候变化》，《中国人口·资源与环境》，2011 年第 10 期。

越大的国际压力。其一，中国 CO₂ 排放量已超过美国成为最大的 CO₂ 排放国家，如果不加以控制，到 2030 年中国的 CO₂ 排放量将占全球的 1/3。随着我国经济的持续快速发展，温室气体排放尤其是能源利用导致的 CO₂ 排放将继续快速增长，见表 6-6。尽管国内外机构对我国 CO₂ 排放情景的分析不尽一致，但对我国 CO₂ 排放增长趋势的判断是基本一致的。其二，中国人口多、体量大，正处于工业化发展阶段和能源需求快速增长阶段，大规模基础设施建设不可能停止，因此碳排放总量不可避免地逐年增大。国内外研究机构对我国能源消费带来的 CO₂ 排放量进行了大量研究，结果表明 CO₂ 排放峰值大约出现在 2030 年，预计将达到 80 亿~110 亿吨。尽管中国承诺提高能效，但与 2005 年水平相比，碳排放量到 2030 年仍可能会大幅度增加。

中国 CO₂ 排放的快速增长，将面临巨大的国际减排压力，对中国以煤炭为主的能源消费结构、粗放型的经济增长方式提出了严峻挑战。由于我国工业 CO₂ 排放主要来源于火电（51%）、石油化工（14.6%）、钢铁（8.7%）、水泥建材（6.6%）等行业，因此，减排 CO₂ 就意味着这些行业的发展受到较大的约束。

三、工业发展与环境承载力的关系

（一）工业发展方式与环境承载力关系

1.工业发展阶段与环境承载力

在工业化发展的任何一个阶段，人类的工业生产活动都要受生态环境的制约。但在工业化的中期阶段，环境约束更为突出（见图 6-2）。

工业化初期阶段，环境承载力不是工业发展的主要约束条件。工业化初期阶

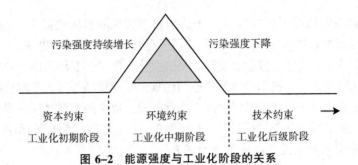

图 6-2　能源强度与工业化阶段的关系

资料来源：作者归纳。

段，由于环境稀缺性没有显示出来，但资本投入增长会带来工业规模的迅速扩张，产生发展效应，因而资本形成是工业化的约束条件。工业生产是物质资源的形态转化过程，消耗自然资源是其条件。在这一过程中产生的各种废弃物对自然环境施加影响，造成环境变化。但在工业化初级阶段，工业规模不大，环境尚能消纳工业污染排放物，加之人们对工业环境污染认识有限，因此环境承载力对工业发展的约束并不十分突出。这一时期，扩大生产所需的机械设备等受到资本短缺的直接制约，生产只能在原有规模重复进行。资本制约了生产规模扩大，使得生产设备短缺，资本积累缓慢而有限，即扩大再生产受到资本规模发展速度的制约，产能扩张缓慢。

工业化中期阶段，环境成为工业发展的紧约束。工业化中级阶段，随着工业化规模的扩张，环境稀缺性显现，环境问题暴露，环境构成了对工业化和经济发展的约束。在这一阶段，由于人们通常认为过高的环境质量标准会超过其技术水平和经济能力，将阻碍工业化发展。因而社会往往容忍工业企业使用环境资源成本外部化，即低价甚至免费使用环境资源。即在这一阶段，对具有不可再生性的自然资源存在着较为明显的滥用趋势。环境恶化是工业生产的后果，如果环境恶化严重，经济是很难进入到高水平阶段的，也不能使环境好转，环境恶化很难使经济提升（Arrow 等）。[1]过度的资源消耗引起资源价格上升、破坏人类的生存和发展环境，使工业生产难以持续。

工业化后期阶段，技术是工业发展的重要条件。在工业化的后期阶段，技术进步是工业发展的重要条件，同时也就成为工业发展的最为重要的约束性因素。在经过工业化中期阶段的资源环境约束后，为解决这一约束对工业化发展的制约，通过生产技术的进步使得资源的利用率提高，减少工业生产过程的废物排放，强调清洁生产和资源的循环利用。在工业化后期，经济发展进入平缓阶段，需求对经济增长和经济发展的拉动作用减弱，需要形成新的生产可能性边界。经

---

① Arrow K., Bolin B., Costanza R. Economic Growth, Carrying Capacity, and the Environment, 1995.

济增长方式主要依赖于技术进步、知识积累、劳动者素质的提高、制度的完善、强调提高经济增长的质量和效益，充分利用现有基础，着重于更新、改造和挖潜，表现为经济持续、快速、健康地发展。从工业化内部结构变动来说，高加工度化向技术集约化阶段转变，技术密集型产业的比重大幅度提高并对工业增长起主要支撑作用时，工业化就进入到了高级阶段。在此阶段工业化的实现过程是现代自然科学技术、现代技术科学和现代社会科学在工业领域得到广泛、综合地运用的过程。

2. 工业发展的速度与环境承载力关系

排除人类的影响，自然资源系统本身是一个有机的、协调的、完整的体系，有着自身的循环净化再生系统。因而工业化对资源的消耗以及对环境的破坏并不是最重要、最核心和最关键的影响因素，问题是人类生产行为所造成的对资源的消耗和对环境的污染，是否已经超过了大自然自身调节系统所能承受的范围，是否已经达到了自然资源环境消耗与破坏的边界（见图6-3）。

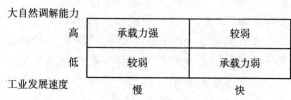

图6-3 工业发展速度与环境承载力的关系模型

资料来源：作者归纳整理。

3. 工业增长方式与环境承载力

所谓工业增长方式是指推动工业增长的各生产要素投入及其组合的方式，其实质是依赖什么要素，借助什么手段，通过什么途径，怎样实现工业经济增长[1]，即工业增长是资源与能源消耗多的粗放型增长，还是资源与能源消耗少的集约型增长。

集约型工业增长方式，其主要特点是通过技术引领和知识积累，以消耗较少的资源和能源实现工业经济增长，这意味着以较少的工业污染物与温室气体排放实现工业经济增长。同时，通过技术引领对工业污染物与 CO_2 进行处理、控制和埋藏，从而以较少的污染排放实现工业经济增长。恶化的环境状态要求工业改变经济增长方式。以钢铁工业为例，由于钢铁工业的发展是建立在化石能源消耗的基础上，传统的冶金工业发展模式是大量开采资源，大量生产产品，大量创造财富，同时也在大量排放废物和污染物，对资源和环境造成严重破坏。而集约型钢铁工业发展模式，就是要通过技术逐步降低钢铁生产中的 SO_2 与 CO_2 等污染物与温室气体的排放量、减少钢铁工业的耗水量与耗能量，这已成为世界钢铁行业健

---

① 王梦奎：《中国的全面协调可持续发展》，人民出版社，2004年版。

康发展的重点。新的钢铁工业发展方式应该是：节约资源，减少排放；在必要的情况下，并不排斥末端治理。

（二）中国工业发展的环境影响

随着工业污染物的不断积累，中国环境承载能力日益减弱，主要污染物排放量接近或超过环境容量，工业发展面临的环境压力日益加大，特别是电力、钢铁、水泥、石油等基础产业的发展受到较大制约。一方面，环境容量的大小跟环境质量的水平紧密相关。较低的环境质量，其环境容量就大，反之，较高的环境质量，其环境容量就小。随着人们对环境质量的要求越来越高，环境容量将不断变小。另一方面，由于自然的净化速度远远慢于污染的排放速度，造成污染不断积累，使环境容量越来越小。1998 年以来，中国工业结构出现了显著的重化工业化趋势。从工业化国家和新兴工业化国家的发展经验来看，工业化水平的提高是以重化工业加快发展为主的，这符合工业结构演变的一般规律。然而，中国重化工业化的推进方式具有明显的粗放型和外延式特点，由此造成的后果是，重化工业资源消耗高、环境破坏严重的负面影响被迅速放大。

1. 工业发展对环境的影响有加大趋势，但不是不可克服的

1992 年以来，中国工业固体废物产生量、工业废气排放量、工业 SO_2 排放量与工业发展之间为同向增长关系，即随着工业发展，工业固体废物产生量、工业废气排放量、工业 SO_2 排放量也随之增长（见图 6-4）。

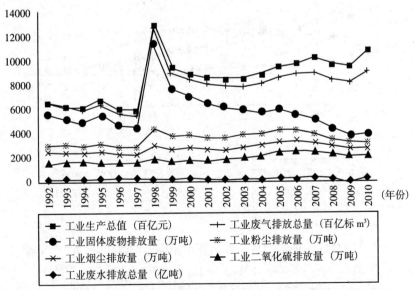

图 6-4　1992~2010 年中国工业发展与主要污染物排放量变化趋势示意图

资料来源：根据《中国统计年鉴》（2011）计算。

从图6-4我们还看到，工业废水排放量、工业固体废物排放量与工业发展之间并没有同向增长的关系，而是随着工业经济的发展，工业废水排放量、工业固体废物排放量窄幅波动。这表明，通过一定的技术手段，可以有效控制工业污染的排放。

2.工业污染排放强度逐年下降

衡量工业发展与工业污染相联系的一个重要指标，就是单位工业增加值（或工业总产值）的工业污染物（包括工业废水排放量、COD、SO_2、烟尘等）排放量，即工业污染排放强度。其计算公式：某工业污染物排放强度=某工业污染物的年排放量/工业增加值（工业总产值）。强度值越低，表明工业发展水平越高，单位工业增加值的污染排放量就越少，污染排放水平就越低。中国的工业经济保持较快的增长势头，工业污染的治理也得到了一定的重视，废水和SO_2的排放量出现逐年下降的趋势。从图6-5可以看出，工业废水和SO_2的排放强度大幅度下降；工业废气的排放强度下降较为缓慢，特别是1991~2007年变化很小。

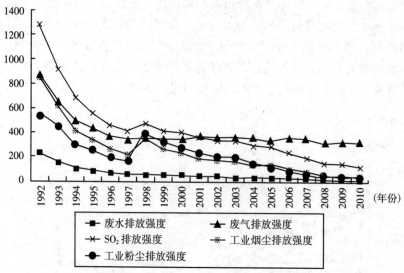

图6-5 1992~2010年主要工业污染物排放强度变化趋势示意图

注：工业污染排放强度=污染排放量/工业总产值；工业总产值按2005年不变价计算。
资料来源：根据《中国统计年鉴》（2011）。

用单位生产总值的污染物排放量作为评价指标，可以对各国的污染物排放强度进行比较。2005年，我国SO_2、PM10和Hg的单位GDP排放强度分别为31.2kg/万美元、14.5 kg/万美元和0.001kg/万美元（购买力平价法，PPP），SO_2排放强度分别为美国的2.9倍、欧盟25国平均水平的4.6倍，Hg排放强度是美国的10.5

倍，PM10 排放强度比美国和 EU–25 略低，但远高于英国（0.8 kg/万美元）（见图
6–6）。

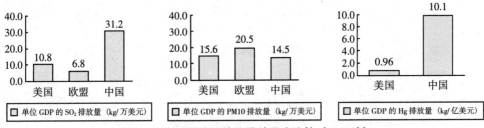

图 6–6　主要国家污染物排放强度比较（PPP 法）

资料来源：美国 EIA、欧洲统计局、2007 年《中国环境统计年鉴》、CIA World Factbook。

（三）化石能源的使用方式与环境承载力

1. 化石能源的大量使用是环境恶化的主要原因之一

化石能源开采与燃烧对环境的影响主要包括植被破坏、土地占用、地下水位
下降、水体污染、大气污染等一系列问题（见表 6–7）。其一，水资源破坏。水
资源的破坏在我国煤炭主产区山西、陕西和内蒙古西部尤其严重，将对这些地区
的生态条件造成不可逆转的破坏性损失。以山西省为例，平均每生产一吨煤炭就
破坏 2.48 吨水资源。如果按每开采 1 吨煤水损失 2.5 吨水计算，2010 年全国因
煤炭开采造成的水资源损失为 60 亿吨左右。其二，煤炭开采过程中的温室气体
排放。煤矿开采中释放的矿井瓦斯（主要成分是甲烷）不仅是重大安全隐患，而
且是重要的温室气体排放源，其温室效应是二氧化碳的 21 倍。2005 年，全国煤
矿的瓦斯排放量达 153.3 亿立方米，折合 1350 万吨甲烷，约合 2.84 亿吨二氧化
碳当量。其三，生物质能、核能等新能源的开发利用也有一些潜在风险，必须妥
善处理。例如，发展生物质能要处理好占用土地、物种入侵等问题，核能开发必
须解决好核废料处置与核电站运行中的安全问题，否则将带来灾难性后果。

表 6–7　不同能源开发利用的环境影响

能源类型		产生污染的环节	主要环境影响	环境影响的类型
化石能源	煤炭	煤炭的采选储运利用	地面沉陷 水污染 酸雨、颗粒物排放、固体废物排放 温室气体	大气污染 水污染 温室气体 固体污染
	石油和天然气	油汽田开采、储运炼制利用	汽车尾气污染 海洋油气污染 酸雨 温室气体	大气污染 温室气体

续表

能源类型		产生污染的环节	主要环境影响	环境影响的类型
清洁能源	水能	建设 利用	天然河流消失、沙土流失、地质灾害 水生生物、鱼类、鸟类迁徙 下游生态环境	生态
	核能	核事故 核废物处理	放射、辐射和意外事故	核污染
	风能	利用	噪声和电磁干扰	声污染和电磁污染
	太阳能	光电和光热两种不同方式的影响	占用土地 有害材料	化学污染
	生物能	种植、收集和燃烧	土地退化、水土流失、生态破坏	生态
	地热能	发电过程	地面干扰与沉降 噪声、热污染 化学物质的排放等	化学污染
	海洋能	发电过程	海岸线、海洋环境、海洋生物的影响	生态

资料来源：作者归纳整理。

2. 以煤为主的能源结构是我国工业污染的主要原因

我国目前的环境问题主要由化石能源的开发利用所带来，以煤为主的能源结构是我国工业污染的主要原因。全国二氧化硫排放量的 90%、氮氧化物排放量的 67%、烟尘排放量的 70%、二氧化碳排放量的 70% 以及人为源大气汞排放量的 40% 都来自燃煤。

由于煤炭占能源消费中的比例过高，除 PM10 以外，我国单位能源消费的 SO_2、NOx、CO_2 和 Hg 排放量都比发达国家高，以 SO_2 尤为明显（见图 6-7）。例

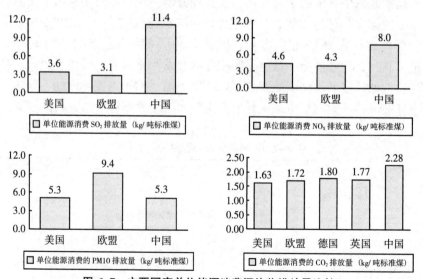

图 6-7　主要国家单位能源消费污染物排放量比较

资料来源：美国 EIA、欧洲统计局、《中国环境统计年鉴》(2010)。

如，2005 年中国单位能源消费的 SO_2 排放量分别约为美国、欧盟的 3.1、3.7 倍；单位能源消费的 NOx 排放量是美国和欧盟的近两倍；吨标准煤的 CO_2 排放中国最高，为 2.28 吨。

四、构建环境友好的新型工业体系

中国正处于工业发展的中后期和城市化加快发展的中期阶段，经济结构调整和粗放型经济发展方式还没有得到根本转变，环境已成为工业发展中的紧约束，有限的环境承载力难以满足快速粗放发展的工业，工业发展将面临更大的环境压力。如不采取严格的节能和减排措施，随着生态环境的超负荷，工业发展将不可持续。环境承载力对中国的工业发展提出更高要求，走环境友好、低碳的新型工业发展道路将是必然选择。全球气候变化、国内资源短缺既是中国工业发展的约束条件，也是推动中国走新型工业化道路的动力。

（一）新型工业化是解决环境和气候问题的必由之路

自然环境所能消纳的污染物总量是有限的，工业活动必须保持在环境承载力极限之内，才不会对生态环境造成难以恢复的损害。第一，中国工业化过程中所发生的资源环境约束现象并不意味着放弃工业化的发展或减缓工业化进程。不能用回避工业化的方式或减缓工业化进程的方式来解决环境问题，环境问题必须在工业发展中解决。第二，尽管环境承载力对工业增长具有一定的约束，但是突破环境对工业化发展的制约，是未来中国工业化的历史任务，其实质是如何从根本上解决工业化面对的环境约束问题，如何以科学的方式来进行工业化。

新型工业化可以根本上解决工业化面对的环境承载力约束问题。所谓新型工业化就是环境友好型的工业化，它以可持续发展为基础，以生态文明为理念。

1. 新型工业化与传统工业化的区别

新兴工业化道路需要回答以下两个问题：

一是环境优先还是发展优先。传统工业化为了在短时期内建立工业化基础，忽视环境成本，是以严重污染为代价建立的工业化；新型工业化以可持续发展为基础，坚持保护环境和保护资源的基本国策，把控制人口增长、提高人口质量和追求经济增长放在同等重要位置，在新型工业化发展战略上要做到人、环境、资源的协调发展。

二是技术进步还是规模发展。传统的工业化是以粗放型的经济增长为基础，通过扩大工业的规模，提高工业产业的规模来实现工业化；新型工业化是以集约型经济增长为基础的，在经济增长方式上强调利用技术进步提高经济效益。

"先污染，后治理"是传统工业化道路的典型特征，中国传统工业化是以数量扩张和规模扩大为主线的，在实现工业化的过程中，以牺牲环境为代价，造成了人与自然环境关系的紧张，付出了巨大的生态环境代价。如果沿着这种工业化道路继续走下去，将加大中国环境和生态负荷压力，影响经济发展的可持续性，制约中国工业的进一步发展。因此，中国只有走在可持续发展基础上的工业化道路，只有将生态建设、环境保护和资源的有效利用放在首位，才能处理好工业发展与环境承载力之间的协调关系。

2. 转变经济发展方式、走新型工业化道路

伴随着工业发展而出现的环境状况恶化问题，主要原因不在于工业发展本身，而在于粗放型的发展方式，在于工业生产过程中没有实行集约化的生产方式。粗放型的工业发展方式的结果之一就是高污染，中国工业污染一部分是由于中国现阶段比较低的生产技术导致的，另一部分污染大多是由于企业的违法排污导致的。以化工企业为例，许多私营化工厂为了节省运行成本，将生产过程中的废水、废气、废渣等有害污染物，未经处理便排放到环境中。无论哪种情况，都是工业发展粗放的结果。可以说，工业发展中的环境问题并不是要不要发展工业的问题，而是如何发展工业的问题。

在粗放发展模式下，工业发展与环境保护是对立的，认为工业特别是重化工业发展一定会带来高污染的环境问题。新型工业恰恰是要对环境资源进行保护和维系。因为工业发展必然伴随着技术进步，只有装备工业发展了，环保技术取得突破了，才能为降低能耗、保护环境创造条件。同时，工业发展有利于国家财力的增加，意味着国家可以拿出更多的资金投资于生态保护和环境建设，从而改善环境恶化状况。

中国工业化进程还没有完成，在今后很长一段时间里，工业还会呈现出快速发展的势头，要在大力发展工业中改善和保护环境，就必须走新型工业化道路，通过转变工业增长方式把能耗和污染降到最低。

3. 中国新型工业化道路的关键问题

要真正突破环境承载力对工业发展制约，其关键问题：一是要节能，提高能源利用效率；二是要调整产业结构，大力发展以生产性服务为代表的现代服务，逐步降低工业在经济发展中的比重，以节能环保、新一代信息技术、生物、高端装备制造、新能源、新材料、新能源汽车等战略性新兴产业为重点，逐步提高低碳产业在工业部门中的比重，逐步提高清洁生产在工业生产中的比重；三是要高效洁净化利用化石能源；四是要用低碳能源替代化石能源。多采用无污染能源（如太阳能、风能、水力发电）、改变能源结构、用低污染能源（如天然气）对燃料进行预处理（如烧煤前，先进行脱硫）、改进燃烧技术等均可减少排污量。另

外，在污染物未进入大气之前，使用除尘消烟技术、冷凝技术、液体吸收技术、回收处理技术等消除废气中的部分污染物，可减少进入大气的污染物数量。

（二）创建新型能源体系

所谓新型能源体系是能源利用效率高、化石能源利用清洁化、核能及可再生能源比重大的能源供应与消费体系。

1. 建立能源高效利用的节能体系

建立能源高效利用的节能体系，就是要提高能源利用效率，它是新型工业化的战略性措施。通过淘汰落后产能、调研产业结构、开展各种节能技术的开发与应用，可以减少能源消耗、提高能源利用效率，从而达到减少污染排放的目标。

（1）能源利用效率提升的空间大。2006年，我国单位GDP能源消耗为世界平均水平的2.8倍，是美国的3.8倍、日本的7.6倍、欧盟的4.1倍（见表6-8）。换句话说，如果我们的能效水平达到日本的水平，我国的GDP可以在2006年的水平上增加至少6倍；如果我国的能效水平达到世界平均水平，那么我国的GDP也可以在2006年的水平上增加近两倍。

表6-8 部分国家单位GDP能源消耗比较

单位：toe/万美元 GDP

国家＼年份	1980	1990	2000	2005	2006
中国	22.88	14.91	7.44	7.9	7.89
美国	3.53	2.73	2.36	2.13	2.05
日本	1.23	1.08	1.13	1.06	1.04
欧盟	—	2.43	2.03	1.97	1.91
印度	5.76	6.78	6.65	5.8	5.68
OECD	2.77	2.27	2.07	1.96	1.9
非OECD	7.7	8.03	5.99	5.93	5.83
世界平均	3.63	3.27	2.83	2.83	2.79

资料来源：日本能源经济研究所：《日本能源与经济统计手册》2009年版。

（2）影响能源效率主要有技术进步和产业结构两方面的因素，产业结构偏"重"是我国能效水平低的主要原因。一是从节能技术进步水平看，我国有些行业的节能技术水平与国际先进水平相当，如电力行业煤耗与国际先进水平差距不明显。将2005年中国电力行业能耗与美国、日本和德国比较，可以发现日本的火电机组供电煤耗最低，为313.27gce/kWh；中国与美国、德国火电机组的供电煤耗差距不太明显，与美国相当，略高于德国（见图6-8）。二是我国高能源产业比重远远高于美国、日本、欧盟等发达国家和地区。

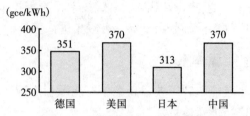

图 6-8　主要国家火电机组煤耗比较

资料来源:《中国能源年鉴》(2010)。

2. 化石能源的洁净化利用

长期以来,中国以煤为主的能源结构和粗放煤炭利用和消费方式,使煤烟型大气污染问题十分突出,中国二氧化硫排放量的 90%、氮氧化物排放量的 67%、烟尘排放量的 70% 和二氧化碳排放量的 70% 都来自于燃煤。因此,要在严格控制煤炭和石油消费的前提下,重点做好化石能源的洁净化利用,特别是煤炭的洁净化利用。

(1)煤炭的洁净化利用是重点。长期以来,中国以煤为主的能源结构和粗放煤炭利用和消费方式,是中国煤烟型大气污染的主要原因。目前 70%~80% 以上的 SO_2、NO_X、Hg、$PM_{2.5}$、PM_{10}、CO_2、烟尘等都是由于煤炭直接燃烧所引起的,而一大半来自于燃煤发电。而未来煤炭用于发电的比例会越来越大,预计到 2020 年将达到 70% 以上,这意味着燃煤电厂将占 CO_2 排放总量的 50%~60%。因此,把煤炭的洁净化利用问题解决了,也就解决了中国环境问题中的重点难题。这其中,关键要解决抽排瓦斯的利用问题和煤炭的洁净化利用问题。如果加大投入力度,煤炭洁净化利用的技术进步速度加快,那么工业污染控制的效果还会更好。

(2)煤炭清洁化利用水平的提高,可以克服大气污染对工业发展的制约作用。这将加大燃烧工业发展的直接成本,但也给环保产业带来了机遇。所谓煤炭的洁净化利用问题,就是在利用煤炭过程中,解决二氧化硫排放问题、氮氧化物的排放问题、烟尘和粉尘的排放问题、CO_2 的排放问题、Hg 的排放问题和 $PM10$ 的排放问题。近年来,中国燃煤电站烟尘排放总量基本控制在 300 万吨左右,实现了"增产不增加烟尘",火电厂烟尘排放对环境的影响已经减弱。中国通过采取燃用低硫煤、关停小火电机组、节能降耗和推进烟气脱硫等综合措施,加快烟气脱硫装置建设速度,SO_2 排放控制取得了突破性进展。2010 年,全国新增燃煤脱硫机组装机容量 1.07 亿千瓦,全国累计建成运作燃煤电厂脱硫设施 5.32 亿千瓦,火电脱硫机组装机容量比例从 2005 年的 12% 提高到 82.6%。这一比例超过美国。[1] 通过对 SO_2 排放量的控制,使 SO_2 排放量随工业发展而上升的势头得到有效遏制。随着烟气脱硫装置进一步推广应用,SO_2 对工业发展的制约问题将得以

---

[1] 美国 2005 年的脱硫机组容量约 1.02 亿千瓦,占其全部煤电机组容量的 31.5%。

较好的解决。

（3）借鉴美国解决煤炭利用重大问题的"三步走"战略。美国解决煤炭利用中污染问题的措施对我国具有一定的借鉴意义。第一步，解决煤炭消费的严重环境污染和酸雨问题。1985年提出洁净煤技术计划，减少电力部门SO_2和NOx的排放是其主要目标。该计划的实施促使美国大部分火电厂都采用了污染控制系统。结果是，1980~2000年，电厂用煤量增长了60%，但SO_2排放总量却降低了23%，相当于1980年SO_2排放减少50%。第二步，提高现有电厂性能，基本解决常规污染物排放问题。2000年提出电厂改进行动计划，利用除尘、脱硫、脱氮集成技术可以以较低成本满足严格的环境标准；用先进的除尘系统对于细小颗粒（0.01~50微米）及重金属的除尘效率可达99.9999%；基本解决了常规污染物的排放问题。第三步，提供清洁、可靠、经济的电力（2002年至今）：2002年，实施了洁净煤发电行动计划，主要致力于CO_2的捕集、埋藏或应用等商业化技术的示范，使CO_2捕集效率达到90%，可捕集和埋藏电厂60%的CO_2产生量，每年CO_2的捕集、埋藏或利用量至少在30万吨。

3. 改善能源消费结构

（1）大力开发新能源与改善能源消费结构。不同的能源品种其污染物的排放量是不一样的。在我国，不同能源品种按排放多少从高到低依次是：煤炭、电力、石油、天然气、非化石化能源（核电、水电、光伏发电和风电）等。非化石能源是指在其利用过程中基本不排放CO_2的能源，包括太阳能、风能、水能、核能、地热能和潮汐能等。开发利用核能和可再生能源，不易产生"工业三废"和其他污染物，不污染环境，降低单位产品能耗，减轻结构性污染。因此，用非化石能源替代化石能源是新型工业化的重点内容和抓手。

（2）调整重点行业的用能结构，优化能源在高耗能产业中的配置。以钢铁行业为例，在煤和电的选择中要降低用电比重，在煤和天然气的选择中加大天然气的使用比例，改善钢铁行业的用能配置可以大大减少能源使用的污染物和温室气体排放。2005年，我国钢铁行业用煤占69.9%、用电占26.4%、用油占3.2%、用天然气占0.5%，相比之下，美国用煤占60%、用电占16%、用油占7%、用天然气占17%（见表6-9）。

表6-9 中国、日本等国家钢铁工业用能结构（2005年）

国家	煤炭（%）	石油（%）	天然气（%）	电力（%）
日本	56.4	19.9	0	23.7
德国	55.8	20.7	8.2	15.3
美国	60.0	7.0	17.0	16.0
中国	69.9	3.2	0.5	26.4

资料来源：王维兴：《关于钢铁企业降低CO_2排放的探讨》，《中国钢铁业》，2009年第6期。

（3）建立有利于天然气、水电、核电优先开发利用的体制机制。我国要实现天然气、水电和核电的优先发展，可以借鉴成功市场的经验，结合我国国情，调动全社会的积极性，利用全球的技术、资源、管理和投资。天然气发达市场的历史经验表明，开放的市场、多元化充分竞争的产业结构是促进天然气行业发展的关键因素，也是天然气供应安全的最好保障。充分竞争使美国"气足价廉"、放松管制使日本供气"安全大增"、市场开放使巴西摆脱"缺油少气"。这些做法对我国能源战略具有一定的参考价值。

（三）构建新型工业化的产业体系

新型工业化的产业体系，是指在工业的行业结构、产品结构中，资源节约、环境友好型的行业部门或产品占较大比重；在工业生产方式和生产过程中，表现出资源节约、环境友好的特征。由于资源与环境约束，中国未来发展走新型工业化道路是必然的选择，走新型工业化道路必然要求在工业结构调整中，更多地关注结构优化和产业升级，以形成技术先进、附加值高、资源利用效率高、排放少的现代工业体系。工业各行业的生产活动对环境质量的影响是不同的，要实现环境与经济的协调发展，建立合理的工业结构体系是前提。为此，要充分考虑中国资源短缺、生态脆弱和环境污染严重的基本特点，不断提高工业化的科技含量、降低资源消耗和环境污染，建立起适合中国国情的资源节约、环保型的工业化经济体系，在新型工业化发展战略上要做到人、环境、资源的协调发展。

1. 发展高技术产业和现代生产性服务业

发达国家工业化实践表明：新型工业化进程可以建立一种生态化产业结构，以减小国家的环境压力。发达国家的环境压力相对较小，其原因在于发达国家不断进行产业结构升级，使节约自然资源、技术含量高、对环境友好的高新技术产业、信息产业和服务业成为主导产业。为此，要严格限制能源消耗高、资源浪费大、污染严重的产业发展；积极扶助质量效益型、科技先导型、资源节约型的产业发展；扶持耗能低、污染小、就业机会多的现代生产性服务业的发展，从而构建一个资源与能源消耗少、低污染排放、低碳的新型工业体系。

2. 淘汰落后产能

以钢铁业为例，目前落后的小高炉能耗一般要比大高炉高出 50~80kgce/t。主要是吨铁风耗高，单位体积散热多，高炉内煤气利用率低等因素造成的；且小高炉环保治理水平低，污染物排放也较高。《钢铁产业调整和振兴规划》提出，淘汰落后小高炉的标准已从 $300m^3$ 提高到 $400m^3$ 以下高炉。

3. 调整产业链的发展重点，将重化工业结构的重心沿产业链向下游延伸

同样是重化工业，从采掘业到原材料工业再到加工工业，单位产出对应的资源耗费和环境污染是逐步递减的。在重化工业化中大力发展加工工业，将有效降

低工业发展对资源环境的压力。以钢铁行业为例，发达国家钢铁生产中铁钢比在0.5左右，其长流程的吨钢 CO_2 排放量在1.7吨左右，采用废钢为原料的电炉生产时，吨钢 CO_2 排放量为0.4吨。相比之下，我国2008年的铁钢比为0.94吨，吨钢排放 CO_2 在2.2吨左右。铁钢比升高0.1会使钢铁企业吨钢综合能耗上升20kgce/t。我国铁钢比与国际平均水平相比差在0.38。这就是说，我国因铁钢比一项，吨钢综合能耗就要比国际高出48~76kgce/t，相应污染物排放量也就要高一些。[1] 其原因就是在于我国钢铁工业的铁钢比过高，不利于节能减排。因此，一方面要把石油化工、煤炭、建材、冶金等行业的结构重心沿产业链向下游延伸，提高这些产业的加工程度，优化其内部产业工序结构与产品结构；另一方面，通过下游的精加工、提高下游的附加值，从而降低上游的比重。

4. 对工业生产过程进行升级，用高技术改造传统重化工业

不同工艺条件下的能耗水平差距很大，以炼铁系统喷煤比为例，焦化工序能耗在110kgce/t左右，喷煤系统能耗为20~35kgce/t，多用1吨煤粉，就可使炼铁系统能耗降80kgce/t左右。因少用焦炭，还可以有减少焦炭生产过程中的污染物排放的效应。通过工艺创新、管理创新、加大设备更新改造等方式，降低单位产出的能源、原材料消耗，即以生产过程中的节能降耗实现资源节约、环境友好。

5. 实现电力、钢铁、水泥、有色、造纸等行业的洁净化生产

排放绩效就是每发一度电的 SO_2 排放量、NOx排放量，可以用来比较不同国家和地区的电力行业的清洁化生产水平。从各国火电厂的排放绩效来看，我国电力行业的清洁化生产水平与国际先进水平有较大差距。2007年我国单位发电量的氮氧化物排放水平为3.1克/千瓦时，同世界主要工业国家比较，高于美国、日本、英国、德国等发达国家1999年的单位发电量排放水平。2007年我国发电厂的 SO_2 排放绩效为4.57克/千瓦时，比美国火电行业2006年的排放绩效高出41%，是英国和德国火电行业2005年 SO_2 排放水平的3.8倍和7倍。2007年我国火电行业氮氧化物排放绩效为2.98克/千瓦时，是美国火电行业2006排放水平的2.4倍，是英国和德国火电行业2005年排放水平的2.3倍和4.4倍。我国火电行业污染物排放绩效偏高，主要是污染物治理水平与先进的欧美国家相比也存在差距（见图6-9）。因此，通过加强技术创新和政策激励，鼓励高污染、高排放行业降低排放绩效，实现洁净化生产。

---

[1] 王维兴：《关于钢铁企业降低 CO_2 排放的探讨》，《中国钢铁业》，2009年第6期。

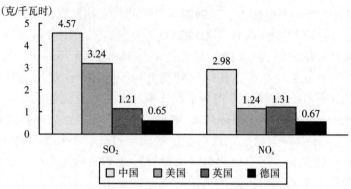

（克/千瓦时）

图 6-9　各国火电行业污染物排放绩效比较

资料来源：2007 年《中国环境统计年鉴》、美国 EIA、欧洲统计局。

（四）建设技术创新体系

建设以政府引导、充分发挥市场配置资源的决定性作用、各类科技创新主体紧密联系和有效互动的不断创新、不断吸收新技术、新工艺、新方法的新型工业化技术创新体系。中国工业技术的原创性弱、模仿性强，构成了资源和环境对工业化的紧约束。由于中国模仿了西方的工业技术，沿着西方既定的技术路线发展工业，而本国的能源禀赋结构却无法适应，从而导致了工业发展能源供应约束。如果中国试图继续实行西方工业发展的技术路线，将不具有现实的可行性，还将严重延缓中国工业化发展的进程。我国污染严重的一个主要原因是防治污染的科学技术相对落后，环境污染的最终解决，还是有赖于科学技术的发展。所以，加强防治工业污染的科学研究是解决我国工业污染问题的根本措施之一。

（五）发展循环经济

纵观工业革命以来的发展历程，不难发现传统工业化道路导致了资源短缺、环境污染和生态破坏，使人类社会的发展越来越面临日益严峻的困境。传统工业化道路是一条不可持续发展的道路。人类要可持续发展，必须建立在资源的可持续供给基础之上，就要发展循环经济。发展循环经济，就是要在生产、流通和消费等过程中进行的减量化、再利用、资源化活动。所谓减量化是指在生产、流通和消费等过程中减少资源消耗和废物产生；所谓再利用是指将废物直接作为产品或者经修复、翻新、再制造后继续作为产品使用，或者将废物的全部或者部分作为其他产品的部件予以使用；所谓资源化是指将废物直接作为原料进行利用或者对废物进行再生利用（见表 6-10）。

表 6–10　循环经济的目标

循环经济	作用阶段	目标
减量化（Reduce）	输入端	减少进入生产和消费过程的物质和能源流量，从源头上节约资源和减少污染物排放
再使用（Reuse）	过程性	延长产品和服务的使用寿命，提高产品和服务利用率，要求产品和包装容器以初始形式多次使用，减少一次性用品的使用
再循环（Recycle）	输出端	把废弃物再次变成资源，以减少最终处理量。再循环能够减少垃圾的产生，制成使用能源较少的新产品

资料来源：作者归纳。

以发电与盐、碱联产的循环经济为例，热电厂以劣质煤和煤矸石为原料，采用循环流化床燃烧海水直流式冷却技术发电；电和蒸汽用于需求端；排放的炉渣用作水泥混合材；循环后的热海水进入盐场；利用盐场丰富的卤水资源和自备电力，通过管道把卤水直接输入到氯碱装置，离子膜烧碱，生产氯碱产品。再例如，杜邦公司通过放弃使用一些对环境有害的化学物质，减少化学物质使用量，发明回收本公司产品废弃物的新工艺，到 1994 年已减少塑料废弃物 25%，空气污染物排放量减少 70%。同时，该公司从废塑料如废弃牛奶盒和一次性塑料容器中回收物质，开发出耐用乙烯材料维克等新产品。由此可见，发展循环经济是新型工业化道路的重要内容。

（六）优化工业布局

合理的工业布局既可以充分利用大气及江河的自净能力，也可以减轻对大气和江河的污染；既可以减少污染源，也可以对污染源进行集中治理。因此，合理规划工业布局是解决工业污染问题的重要途径。合理规划工业布局既包括对新建工业进行合理布置，也包括调整现有不合理的工业布局，有计划地迁移严重污染企业，还包括提高工业企业集中度。

1. 合理配置工业投资的空间布局，有计划地关闭、转移严重污染企业

我国东部沿海地区的环境负荷已严重"超载"，但是一些重化工业仍然继续向东部地区集中。以乙烯为例，在 2005 年底完成的新增产能中，64% 布局在东部沿海地区。从现有乙烯装置未来扩能改造情况来看，新增产能注入东部地区的趋势更加明显。这种投资无疑加大了东部地区的环境压力。重化工业空间布局不合理的状况一旦形成，要加以改造，就需要花大量的投资，付出巨大代价，还要花很长时间。因此，在今后的工业投资中，要充分考虑环境承载力，合理配置工业投资的空间布局；条件成熟时，要有计划地关闭、转移严重污染企业，使环境承载力与工业发展相协调。

2. 提高污染产业集中度，减少污染源

工业化实践表明，合理的产业集中度可以减少工业活动对环境的影响。工业活动对环境的影响与企业规模密切相关，在工业化初期阶段，企业规模的扩大，意味着污染及生态破坏的加剧；相反，在工业化中后期阶段，企业规模的扩大将有利于环保措施的采用和污染的治理。这是因为，在工业化中后期，由于人们环境意识的加强，迫使企业要进行环境保护、防止污染及生态破坏。然而，通常只有大中型企业才有资本、技术引进污染处理系统，能够及时处理本企业生产过程中排放出来的污染物，而对众多的中小型企业来说，引进污染处理系统是不小的负担，同时小规模污染处理经济性不好。以造纸企业为例，中国有造纸企业5600 家，而美国有 727 家，加拿大有 150 家，相比之下，哪个国家的治理更加容易非常清楚。

3. 推进工业进园区，实现工业污染的集中治理和控制

分散的污染企业布局不利于污染源的控制和治理。以天津大沽河流域污染行业分布为例，几十家化学原料及化学制品制造业、金属制造业（电镀企业）医药、石油加工等重污染行业企业散落在津南区与塘沽区大沽河沿岸，污水直排河道，难以集中控制和污染治理。因此，应加快推进工业分类进园区，从而有利于实现工业污染的集中治理和控制。

（七）完善工业污染治理体制

我国现行工业污染治理体制存在一些问题：其一，对有毒有害污染物没有针对性管理。现行体系重点控制常规污染物，却尚未关注到大量由工业企业排放的有毒有害污染物。与大量排放的常规污染物不同，很多有毒有害物质，如重金属和有机污染物等，只以痕量水平存在于污水中。然而，有毒有害物质含量虽低，但却大大危害生态系统和人类健康，导致生物死亡以及增加致癌、致畸及致突变的风险。生物累积过程使这些有毒有害物质在生物体内不断累积，其浓度也随着食物链不断增加。因此，即使有毒有害物质的排放量少，仍能够构成严重问题。相对于常规污染物，自然环境中有很多有毒有害物质不易进行生物降解，所以大多数有毒有害物质的污染问题一旦产生，便很难逆转，造成长期的、难以治理的危害。其二，环保标准未得到彻底执行。在地方层面，污水排放标准和总量控制指标的执行也经常存在问题。加之污染物信息公开机制的不健全，导致对工业水污染的公众监督不到位，对污染者的责任追究也欠力度。例如，为了节省水污染控制设备的运行成本，很多企业只会在检查人员到访前才启动设备；由于基层环保局缺乏人力和物力资源，通常未对很多中小企业进行审查；地方政府中与工业有关部门，为保证 GDP 和就业增长，经常干预环保法规的执行。其三，末端治理的固有问题仍没有得到解决。中国用以控制工业水污染的传统方法，在用于有

毒有害物质的控制时具有固有的不足之处。污水排放标准通常要求污水中的污染物含量达到法定的排放限值，即"达标排放"。虽然没有明确表示，但这类标准常常与"末端治理技术"（Endof-pipe Techniques）密切相关。例如，有毒有害污染物被排进污水处理系统，随即在污水处理厂接受处理。不少污水处理厂的污泥都受到有毒有害物质的污染。这些污泥最终会被弃置于堆填区或接受焚化处理，并最终导致这些污染物以气体的形式再次被排放。

从发达国家的经验以及我国污染防控的实践来看，使用末端治理技术并不足以有效控制工业水污染，尤其是有毒有害物质的污染。这些问题需要通过改革现行工业污染控制法规及政策来解决，要逐步完善污染物排放标准体系，规范污染源管理和用能管理，节能减排要有专人负责，要建立完善的节能减排管理规章制度，要真实掌握本企业用能和节能现状（仪器仪表配置齐全，完好率高，周检率达标，数据统计及时、准确、可靠等），要制订企业节能减排发展规划。

第三篇　投资、消费与新型工业化

第七章 新型工业化的资本积累

一、传统工业化的资本积累与新形势的变化

(一) 传统工业化的资本积累

新中国成立后，我国参考了苏联工业化模式，在国民经济恢复时期依据新中国第一部宪法性文件《中国人民政治协商会议共同纲领》[①] 中提出的 "应以有计划有步骤地恢复和发展重工业为重点……以创立国家工业化的基础"，优先发展重工业。1949~1952 年，重工业产值和轻工业产值年均增速分别为 48.5% 和 29.0%，重工业占工业总产值的比重由 26.6% 上升到 35.6%，而轻工业占工业总产值的比重由 73.4% 下降到 64.4%。之后，从 "一五" 时期到改革开放前夕，我国的工业化走的一直是这样一条传统的社会主义工业化道路，概括起来有以下几个特点：①所有制结构单一，以公有制为主，国营经济和集体经济占据绝对优势，个体、私有经济没有得到重视和相应的发展，并在一定程度上受到限制和排斥。②资源配置方式为高度集权的传统计划经济体制，生产方面的指令性计划、价格管制、对国有企业补贴、行政审批制度是这一时期的显著特征。③优先发展重工业的战略决策。优先发展重工业的目的是在较短的时间里使国家迅速工业化，迎头赶上工业强国，这种发展战略使得我国在改革开放之前的工业化道路显现出工业增长一枝独秀的特点，尤其是重工业超前增长。优先发展重工业在传统工业化中具有特殊重要的地位和作用，相应地，传统工业化的资本积累也不可避免地与这一发展战略紧密相连。④经济发展模式以粗放型的高速增长为特征，代价是高投入、低效益。⑤割裂城乡关系，实施工农业产品剪刀差、户籍制度，以及与其相配套的就业制度、食品供应制度、社会保障制度和住房制度，限制了农村剩余劳动力的转移。⑥对外开放程度不高，片面强调自力更生，先进技术和管理经验落

---

① 1949 年 9 月 29 日中国人民政治协商会议第一届全体会议通过。

后于国际水平，对外贸易总体水平不高，外贸依存度比较低。在上述传统工业化模式下，其资本积累形式也呈现了这一时期的特点，主要是依托农业在很低的生产水平下提供的资本积累以及城乡的社会经济二元体制实现的。农业为工业化提供资金积累的途径主要有价格剪刀差、税收、储蓄、征地和廉价劳动力等形式。

1. 价格剪刀差

通过价格剪刀差得以获得资本积累的制度载体是统购统销。统购统销是指新中国成立初期的一项控制粮食资源的计划经济政策。后来，统购统销的范围又继续扩大到棉花、纱布和食油。这一政策取消了原有的农业产品自由市场，初期有稳定粮价和保障供应的作用，后来变得僵化，严重阻碍了农业经济的发展。20世纪80年代改革开放政策实施之后，该项政策被取消。优先发展重工业的工业化发展战略是统购统销诞生的摇篮。在工业化发展的起初阶段，由于资源的稀缺性，资本相对昂贵，而重工业又属于资本密集性的行业，建设周期长、投资大、收益慢，偏偏又需求大量资金，优先发展重工业所需的昂贵成本致使重工业部门建设在利润最大化原则下是很难获得资源配置的。

统购统销政策通过价格剪刀差为传统工业化提供了大量的资本积累。1953年开始的统购统销以一种价格剪刀差的形式完成了农业剩余向工业领域的资本积累。国家通过严格管制粮食市场，严禁在粮食市场（包括棉花、生猪等农产品）的自由买卖来控制粮食价格。统购即对农村余粮户实行以低价计划收购粮食，统销即对城市居民、企业和农村缺粮户实行粮食低价定量配售，用以维持重工业部门的工资和原料的低成本，同时通过控制工业品的高售价保证重工业部门的高额利润，这些利润最后又通过大工业利税的形式上缴聚集到国家财政，为进一步的工业部门发展提供资本。1952~1990年，我国工业建设从农业净调动约1万亿元的资金，约占国民收入全部积累额的22.4%，平均每年高达近250亿元。而在整个人民公社期间，我国农业为工业提供的资金则为5303亿元，平均每年高达212亿元。其中人民公社期间，统购统销以剪刀差的形式共从农业领域抽走农业剩余4198亿元，平均每年高达210亿元，相当于每个农业劳动力向国家提供资金达1589元，平均每人每年达63元多（冯海发，1993）。

2. 廉价劳动力的供给

我国人口众多，在农村存在大量的剩余劳动力，这使得劳动力市场的劳动力面临着很大的竞争压力，劳动力的廉价使用也就成为一种常态，工业部门通过给予工人低工资，降低了成本，增加了利润，扩大了资本积累，这也是著名的刘易斯"二元经济"所提出的资本积累理论。刘易斯"二元经济"理论认为在经济中存在传统农业和现代工业两个部门，经济发展主要表现为工业化即现代工业部门的扩张和传统农业部门的相对缩小，而通过工业部门对农业部门剩余劳动力的吸收可以实现这一经济发展。农业部门大量剩余劳动力的存在可以让工业部门维持较低工资（略高于维持生计），而资本收益却可以一直增加，或者说在实际工资保持不变的情况下获得无限供给的劳动力，这样，廉价劳动力所创造的价值就成为利润，最终形成资本积累。

从我国农民工工资增长速度可以了解劳动力的廉价程度。农民工收入长期低下，被拖欠工资现象突出，相当数量的打工者被排斥在社会保障之外，大多数企业以略高于最低工资的标准甚至就是最低工资作为农民工工资的最高限额。以广东东莞为例，2007年该地外来工平均月工资为800元，而2007年东莞市最低工资标准是690元/月，2008年是770元/月。较低的农民工工资更能为工业化积累资本，尤其体现在农民工的工资并没有随经济增长而同步上升。国务院发展研究中心的研究报告指出：在珠三角这个中国经济增长最快的地区，1992~2004年的12年里，珠江三角洲农民工月工资只涨了68元。在2003~2006年，全国农民工的月平均工资从781元增加到953元，年平均增长率仅为6.93%，而同一时期的城镇职工工资的增长速度为14.3%。这个数据依然明显说明了农村劳动力的廉价使用为城市工业化部门积累了大量的资本。

随着2009年、2010年中国沿海地区发生日益严重的缺工现象，低端工人工资在2010年暴涨了近四成，而且预计在今后三四年会继续以每年20%~30%的速度上涨。就业市场的逆转，对于中国经济将是里程碑式的事件，标志着依靠人口红利实现资本积累时代的结束。

3. 税收、储蓄和征地

农业税制包括农业税、农业特产税和牧业税三种形式，我国在2006年全面取消了农业税，而在这之前，虽然农民一直认为纳税是一种义务，对农业税未有对抗心理，但是农业税一直是农民的主要负担之一，农业税作为发展中国家的重要税源，也是把农业剩余转移到工业部门积累资本的重要手段之一。中国在1950年国家财政决算收入中的30%来自农业各税，在1950~2006年，农业各税收入约占国家财政决算收入的6%。政府把这些收入用于非农业部门的投资，带动了工业化。

农村居民的储蓄几乎完全被投放到城市之中，对农村的投入并不充分。一方面，从当前农村公共服务的缺失以及城乡之间的公共服务差距状况可见一斑；另一方面，从农村金融体系亟待完善，投资转化机制尚未形成，农村储蓄未能很好地应用到农村经济发展中可见端倪。例如，银行从经营安全的角度考虑，要求担保、抵押等，使有资金需求的农民很难贷款，或者数额远远不能满足需求。巨额的农村储蓄没有向农村投资转化，而是被投放到了城市，为工业部门形成了资本积累。

在我国最近一段时期内，征用农村土地资源成为农业补贴工业化的另一种重要手段。为了符合当地经济、社会发展，全国各地都出现了新的用地需求，如各类开发区（园区）的建设，而这些需求一般都超过了现有城镇建设用地的总量，为了补充城市用地的不足，征用农民用地、农地非农化成为工业化进程加快阶段土地利用的主要特征。但是，由于相关法律法规制度的不完善以及政府角色定位出现一定程度的偏差，失地农民的补偿问题并没有得到良好的解决，不仅存在征地补偿费偏低的问题，甚至根据有关报道，有些被征地农民没有得到补偿，土地征用的价差收益被政府以及企业等其他部门所获取，而且失地农民的社会保障、工作等无法较好地落实。事实上，对失地农民应予以补偿成本的未合理兑现，从另一层次而言是把农业土地权益的剩余转化成了工业化的资本积累。

应该说，这种通过将农村剩余转移到工业部门的资本积累方式为我国的工业发展注入了大量的资金，为加快工业化进程做出了很大的贡献。但是，毫无疑问，这种资本积累方式也是当前城乡发展失衡、城乡居民收入差距大、城乡基本公共服务水平差距大以及二元经济未见改善的重要原因。

（二）新形势的变化

农业剩余向工业部门的转移是传统工业化的主要资本积累形式，也为工业化进程做出了巨大贡献，但是这种资本积累方式在一定程度上有损农民的利益，降低了农民的生产积极性，农业的可持续发展以及劳动力生产率的提高也受到一定程度的抑制。更重要的是，随着新形势的变化，我国实行工业化所需初始资本的主要来源已不能单单依靠农业剩余的转移，而是需要新的途径和手段，新形势赋予了我们更紧迫和更重要的使命。

1. 深刻变化的国际局势

我国当前面临的国际局势正在发生深刻变化，世界多极化、经济全球化的步伐进一步加快，我国实现工业化面临的国际竞争日趋激烈。世界多极化和经济全球化犹如一把"双刃剑"，它既给我国的发展带来了机遇，但同时也使我国的发展伴随着严峻的挑战和巨大的风险。

第一，金融风险的挑战。在经济全球化的浪潮中，国际资本流动的速度大大加快，特别是短期资本占很大的比重，其特点是投机性较强，会给我国金融带来巨大的冲击。随着经济全球化的深入，资本的短期剧烈流动将成为常态，这将导致资本积累在短期内的不确定性，不利于可规划的持续性发展。另外，国际经济的动荡和波及效应，会使我国不可避免地受到其他国家经济发展情况的影响，2008 年的金融危机就是一个典型的例子。如何完善金融领域的改革、调整金融体系结构、企业融资结构、债券和货币结构、防御金融风险是保证从金融市场上获得资本的关键问题。

第二，与跨国公司的竞争加大。FDI（外商直接投资）是我国资本积累的重要渠道，但随着我国改革开放的程度加大，在外商对我国投资数量增加的同时，跨国公司也逐渐入驻我国，这些跨国公司的入驻对我国的本土企业产生了较大的竞争压力和威胁，本来就资金不足、设备和技术落后、管理陈旧的一部分本土企业在争夺资本的竞争中必然处于下风，这些本土企业的资本可能会逐渐成为跨国公司的积累。

第三，科学技术和人才资本流失的挑战。国际科技发展日新月异，发达国家在经济科技等方面占有巨大优势。科学技术是第一生产力，先进的科学技术本身就是一种资本积累。我国在关键技术领域以及若干科技发展前沿的核心技术掌握的欠缺以及自主创新能力不高，都会影响科技创新和创业的资本运作，并将进一步影响到高科技人才资本的积累。在经济全球化的进程中，国际人才市场上的竞争越来越激烈，高水平专业人才的流动性也随之加强。虽然，国外的人力资本会流入我国，但是我国的人力资本也可能会大量流出，在人力资本积累这一领域的机遇和挑战并存。

2. 不平衡的国内经济发展

1978 年中共十一届三中全会以来，我国国民经济持续快速健康发展，取得了举世瞩目的成就。但是我们仍然要认识到，当前我国达到的小康还是低水平的，高速的经济增长也仍然是不全面、不平衡的。这些不全面、不平衡的国内发展将影响到工业化的资本积累。

（1）产业结构有待进一步优化升级。我国国内需求特别是消费需求不足，现在已成为经济不平衡增长的主要特征之一，目前我国的经济增长仍然主要依靠投资、出口拉动，消费尚未成为主要的拉动力量。优先发展重工业战略的后遗症尚未完全消除，第二产业仍然是经济增长的主要动力，第一、第二、第三产业的协同作用有待进一步发挥，物质资源消耗依然是资本积累的主要来源，科技、人力资本、管理等对于经济增长的效用仍有待加强。我国劳动密集型企业居多，但是产业结构升级要求拓展技术密集型企业和高科技产业，这两个产业需要巨额的资本积累，故传统工业化下的资本积累方式已不能满足产业结构优化升级的需求，需要寻求新的有效的资本积累模式。

（2）区域经济亟须协调发展。区域发展差距的扩大，阻碍了资本的跨区域合理流动。同时，在争夺生产要素的过程中，我国的中西部地区由于先天禀赋（如交通、技术、信息、人才等因素）问题，在吸引资金上落后于东部地区，而且会进一步加大其与东部地区的差距，由此，中西部地区的资本积累就会形成恶性循环。

（3）城乡二元经济结构。我国当前城乡二元经济结构主要表现为，城市经济以现代化的大工业生产为主，而农村经济以典型的小农经济为主；农村在道路、通信、卫生和教育等基础设施和基本公共服务供给水平方面都与城市存在较大的差距。

（4）就业和社会保障压力增大。农村剩余劳动力向工业部门转移是工业化的必然趋势，也是工业化资本积累的主要来源之一，但是由于历史的制度安排，农民工涌入城市之后，他们的就业和社会保障问题凸显，农民工不仅对城市居民的就业造成冲击，而且由于他们作为劳动者，本身素质并不高，更多的是进入劳动密集型企业就业，就业环境单一不利于人力资本的积累，而且其社会保障问题的解决与否也涉及社会稳定和公平，这些都无形中增大了整个社会的就业和社会保障压力。

（5）生态环境、自然资源和经济社会发展的矛盾日益突出。在过去粗放式的经济发展模式下，人口、资源与环境的关系并没有得到应有的重视。我国人力资源丰富而自然资源、资金、技术等相对不足，在产品和其他生产要素可以自由流动的全球化进程中，丰富却流动受限的劳动力资源将会使我国无法在相当长的时期维持人力资本积累的比较优势。同时，由于我国尚处于工业化的高速成长时期，受资金、技术、能源价格等因素的影响，伴随着高增长的是高投入、高能耗、高材耗。目前我国能源综合利用效率为32%，能源系统总效率为9.3%，只及发达国家的50%左右，90%以上的能源在开采、加工转换、储运和终端利用过程中损失和浪费①。另外，由于在工业化过程中能源和自然资源浪费严重，我国也和历史上的工业化国家一样，遭到了传统大工业所产生的"废渣、废水、废气"对生存环境的破坏。同时，生态系统恶化的趋势诸如水土流失、草地"三化"、扬沙及沙尘暴、近海海域赤潮等现象的出现和肆虐，严重地制约着我国经济的可持续发展。

依据前面的分析，可以对我国传统工业化的资本积累及新形势的变化作一个简要概括：第一，长期片面高速优先发展重工业的战略是资本得以积累到工业部门，快速实现工业化的主要原因。这种战略使我国的工业化呈现资本密集型的特点，使农村劳动力随着工业化进程向其他部门的转移滞后。第二，经济二元体制是把农村剩余转移到工业部门形成资本积累的体制依托。第三，传统工业化的资本积累遗留了大量尚未得以解决的历史成本，比如城乡经济发展差距、经济结构单一、经济效益不高、政府对竞争性领域干预过多、人口、资源与环境的关系恶化等。第四，发达国家的科技优势和其他发展中国家的竞争压力，都给我们提供了新的挑战和新的机遇。随着经济全球化的进程加快，新形势的变化以及新挑战的出现要求我国尽快改变传统工业化的资本积累，探索出一条能够加快新型工业化的道路。

---

① 范剑平：《国际竞争力与中国新型工业化之路》，《上海证券报》，2002年11月21日。

二、转轨过程中的资本积累方式

我国从 1978 年开始从计划经济体制向市场经济体制转轨，这场变革与西方发达国家的自然进程不同，是"从上自下"、政府主导型的。在这一进程中，为工业化而进行的资本积累也不可避免地带有了转轨的色彩，不同于传统工业化进程中的资本积累方式，政府动员与社会资本参与是这一时期资本积累的主要特征。我国在经济转轨时期，运用国家干预经济手段、政府配置资源的方式来推动本国的资本积累和工业化发展，使全社会的资本在政府的安排下较容易地积累到工业部门。

在传统工业化道路上，我国通过政府控制资源配置以保证工业化所需的资本积累是一个非常明显的特征。例如，生产方面的指令性计划，对商品和生产要素的价格管制，对自然垄断行业的管制，对各类国有企业的财政性补贴，行政审批项目的繁多，与户籍制度相联系的劳动力流动受限、土地使用权自由交易的严格管制以及银行贷款和资本市场融资主要流向政府控制下的国有企业，信贷利率严格受到中央货币政策监管机构的控制等经济现象和经济行为都深深地打上了政府资源配置的烙印。由于政府在资源配置上的主导行为，当政府采取优先发展重工业战略时，其所控的资源不可避免地流向工业部门，为工业部门的资本积累汲取了大量资金。转轨期间，我国通过政府资源配置方式积累工业化所需资本主要体现在增加公共投资、国有经济比重大、多吸引外资等方面。图 7-1 为各项资金来源占总资金来源的比重，从图中可以看出，国家预算内资金占总资金来源的比重在 1981~2010 年呈不断下降趋势，从 1981 年的 28.1%下降到 2010 年的 4.7%，国内贷款占总资金来源的比重以及利用外资占总资金来源的比重在此期间都经历了先上升后下降的趋势，国内贷款占总资金来源的比重在 1992 年达到最大值27.4%，外资占总资金来源的比重在 1996 年达到最大值 11.8%。自筹和其他资金占资金来源的比重呈平稳上升的趋势，年均增长速度为 0.77%，增长速度并不快。

（一）公共投资

内生经济增长理论认为公共投资在实现资本积累方面所发挥的作用是消费性公共支出无法替代的。我国已经成功完成了"十一五"规划，目前处于"十二五"规划时期，各个五年计划实际就是政府对社会资本进行积累和配置的行动，也是工业化的总投资计划。政府通过经济发展计划来安排政府支出，通过各个五

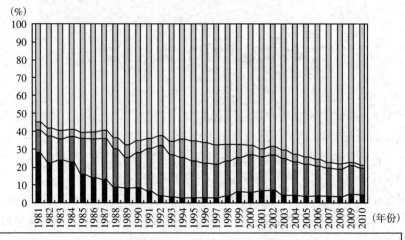

图 7-1　各项资金来源占总资金来源的比重

年计划不断增加公共投资。转轨期间，尤其是 20 世纪 90 年代中后期之前，我国的经济运行基本处于短缺经济状态，"投资饥渴症"是其主要症状之一。由于政府预算资金的规模性和稳定性，对转轨时期的资本积累起到了关键作用，在一定程度上解决了投资饥渴现象。一方面，公共支出投资到基础设施上，可以快速增加物质资本积累；另一方面，由于教育和技术外部性较大，通过市场进行资源配置，必然出现供给和投资不足的现象，而由政府公共投资于教育、科技领域，则可以把正的外部性内在化，改善我国的人力资本存量，提高人力资本积累水平。以公共投资为主的政府支出是实现物质资本和人力资本积累双重目标的保证。

公共投资中的国内预算资金是资本积累的重要来源。2010 年，投资资金来源中国家预算内资金为 14677.8 亿元，占固定资产投资总额的 4.7%。在 1995~2010 年间，投资资金来源中国家预算内资金占固定资产投资总额平均为 4.7%，在 2002 年达到最高为 7.02%。在我国转轨中后期即完善社会主义市场经济体制时期，政府的公共投资除了包括改善基础设施的公共工程投资和提高国民素质的人力资本投资方面，还应扩大促进产业升级的高新技术投资，以促进产业结构升级、加速新型工业化进程。

（二）国有经济

中国转轨是在政府主导下进行的，相应地，国有经济成为整个国民经济发展和工业化的最主要载体和推动力量。国有经济是在特定社会经济结构中产生的国家政权与资本直接结合的经济形式，能够借助国家政权的力量在全社会范围内加速资本积累。目前我国国有经济的主体包括国家财政、大型中央企业、中央金融企业、地方国有企业、作为地方融资平台的各类投资公司等，它们在调动社会资源、扩大社会投资、推动经济增长方面发挥着重要作用。

从历史的角度看，国有经济能够在短时期内动员和集中全国的人、财、物，对国民经济的恢复和增长起了积极的促进作用。从宏观调控角度看，国有经济涉及基础产业、基础建设、国民经济战略和社会发展服务等重要行业和关键领域，尤其是主导着矿产资源的开采、石油化工、煤炭、钢铁、有色金属、电力、大的交通运输、港口设施、铁路、航空等基础产业，这些基础产业的存在和发展是国民经济的命脉，对整个国民经济至关重要。国有银行为全社会资本参与到工业化进程中发挥了重要作用。转轨时期，我国一直重视扩大国内储蓄，强调通过国内储蓄来筹措投资资金，而四大国有银行遍布全国城乡的网点积聚了大量社会资本。由于银行的国有化，政府可以控制贷款的流向，扩大工业部门的资本积累成为可能。

（三）外资

改革开放初期，我国大规模经济建设和工业化面临着资金短缺的矛盾。改革开放以来，随着我国经济开放程度的扩大，实际利用外资总量和水平稳步提高，弥补了建设资金的不足。实际利用外资金额从 1985 年的 47.6 亿美元增加到 2010 年的 1088.21 亿美元，年均增长速度为 13.3%，累计金额为 12322.56 亿美元，签订利用外资协议项目 712324 个。外商投资企业对我国外贸进出口贡献巨大，例如，2011 年 1~9 月外商投资企业进出口总值达 13689.1 亿美元，占同期我国进出口总值的 51.13%。外资的影响除了弥补我国建设资金的不足、扩大资本积累外，还对技术发展、管理水平、人力资源等方面产生了重要的影响。对外开放是我国的基本国策，进一步扩大开放并提升开放水平，充分利用国外的资金优势、技术优势和管理优势，有助于加快我国新型工业化的步伐。

（四）民间投资

民间投资是增加资本积累的必要经济手段，资本的来源可以是投资者自己的收入、积累，也可以是投资者向社会融资。改革开放以来，我国对于民间投资是逐步放开的，从单一所有制结构到当前国有经济为主导、混合经济为主体、多种经济成分共同发展的新格局，表明了政府已经在逐步消除民间投资的障碍，积极扩大民营经济的资本积累。20 世纪 80 年代以来，乡镇企业和个体经济的发展都表明民间资本成为我国加快工业化进程的重要力量。但是目前也存在一些制约民间投资发展的障碍。总体来看，民间投资主要存在金融、信贷和信用担保政策、财政税收政策、产业准入以及人才和技术等约束，特别是投资体制和投资政策阻碍了民间投资。通过深化投资体制改革，逐步放开民间投资领域，如自然垄断行业、基础设施建设领域以及行政性垄断行业，有利于优化民间资本结构，减少重复性、低水平的劳动密集型行业发展，消除民间资本之间的恶性竞争，也有利于民间资本的进一步积累。

三、工业化进程中的融资机制和融资方式

　　资本积累是在一定的融资机制安排下进行的。所谓融资机制是指资金融通过程中各个构成要素之间的作用关系及其调控方式，包括融资主体的确立，融资主体在资金融通过程中的经济行为，国民储蓄转化为投资的渠道、方式以及确保促进资本形成良性循环的金融手段等诸多方面。简言之，融资机制就是利用融资工具保证储蓄顺利转移到投资领域，涵盖资金筹集、资金供给和资金配置等内容。融资机制有直接转化机制和间接转化机制之分。直接转化机制是指在把储蓄资源用于投资的过程中，经济主体并没有变化，即储蓄主体与投资主体是相同的，这种机制的最大缺点是会因为储蓄主体的储蓄不足而在投资上受限。间接转化机制并不要求投资者与储蓄者为同一主体，而是利用全社会的储蓄向投资转化，这种机制能够充分动员全社会资源，故成为工业化的主要融资机制。根据储蓄资金转化为投资的渠道不同，可以把间接转化机制细分为政府主导型融资机制和市场主导型融资机制。在特定的融资机制下，国民储蓄向社会投资转化的具体形式、手段、途径和渠道也不同，这又形成了不同的融资方式。针对我国投融资中存在的问题，进行融资机制和融资方式的创新是新型工业化的重要保障。

（一）政府主导型的融资机制和融资方式

　　工业化需要资本积累，这是任何国家都不能逾越的发展阶段。发达国家的原始资本积累如对殖民地的掠夺、战争赔款等方式不可复制，对于原始资本缺乏的发展中国家来说，为国家工业化积累资金，更多地需要依赖利用举国之力来弥补实现赶超型发展战略所需的巨大资金缺口。在新型工业化进程中，财政作为国家调控经济运行的主要手段，是资本积累的主要融资机制之一。财政融资机制的融资主体是政府，主要是通过政府运用财政和税收政策对国民收入进行收支再分配，在再分配过程中，一方面通过税收、向央行借款、发行国债和向国外借款等财政手段聚集财政收入，另一方面在各个领域又支出这些收入。目前在我国比较重要的政府融资方式有以下几种。

1. 税收

税收是国家对部分产品或国民收入进行的法定分配，是政府调节和干预经济的主要工具，筹措财政资金是税收的基本工具。税收在调动社会资源用于储蓄、投资方面有两条渠道：一是基于税收本身筹集上来的财政资金，由政府公共投资或转化为公共储蓄，增加资本积累；二是利用税收政策，鼓励居民和企业储蓄，以让企业和居民个人把更多的收入用于储蓄，扩大私人投资。从税收角度而言，税收收入水平和税制结构选择是资本积累水平的重要影响因素。一国总的税负水平决定着该国的资本积累能力、税制结构或者主体税种以及税收优惠政策，影响着该国的投资环境、投资吸引力、投资结构。

2. 发行国债

国债就是以国家财政为债务人，以国家财政承担还本付息为前提条件，通过借款或发行有价证券等方式向社会筹集资金的信用行为。国债的主要功能有三个：用发行国债筹集的财政资金弥补财政赤字；把国债资金投资于生产建设；融资功能。国债的融资功能是指国债有调节资金供求和货币流通的作用。政府通过发行国债可以筹集资金，这一功能一方面是通过中央银行在二级市场上公开市场操作、再回购、贴现等方式来发挥的，另一方面可以通过增加公共投资及其吸引私人投资的外溢效应，获得进一步的资本积累。马克思曾指出，公债成了原始积累最强有力的手段之一。它像挥动着魔仗一样，使不生产的货币具有生殖力，这样就使它转化为资本，而又用不着承担投资于工业，甚至投资于高利贷的所不可避免的劳苦和风险。国家债权人实际上没有付出什么，因为他们贷出的金额变成了容易转让的公债积累。

我国的国债政策为一些重大工程项目和国内经济积累了大量资本，尤其是在国内经济受到美国次贷危机引发的全球金融危机影响之后，我国出台 4 万亿人民币的扩大内需的积极财政政策的资金来源主要划分为两块：新增中央投资共11800 亿元，占总投资规模的 29.5%，主要来自中央预算内投资、中央政府性基金、中央财政其他公共投资，以及中央财政灾后恢复重建基金；其他投资 28200亿元，占总投资规模的 70.5%，主要来自地方财政预算、中央财政代发地方政府债券、政策性贷款、企业（公司）债券和中期票据、银行贷款以及吸引民间投资等。在严峻的经济形势面前，如果税收收入的增长受到一定程度的抑制，发行国债则成为投资资本的主要决定因素之一。我国的存贷款差额较大，2009 年约为4.3 万亿元，为大规模发行国债提供了条件。

3. 土地出让金和地方融资平台

土地出让金是指各级政府土地管理部门将土地使用权出让给土地使用者，按规定向受让人收取的土地出让的全部价款。土地出让收入是地方财政的重要支柱。财政部的数据显示，2010 年土地出让收入为 2.9 万亿元，增长 106.2%。当年的土地出让收入相当于地方财政收入的 73%。把今后 50 年或 70 年的收益一次性收取、以土地为抵押物获取城市开发建设巨额贷款、通过房地产开发获得 GDP 和大量税收——地方政府的"土地财政",某种程度上可以说是中国快速城市化的一大"奥秘"。在一定时期内,"土地财政"的存在有一定的必然性。不过,一旦形成"过度依赖",无疑将使经济运行风险加大,房地产调控难度增加。

地方融资平台是指由地方政府通过财政拨款或注入土地、股权等资产设立,具有承担公益性项目投融资功能的法人单位。政府性融资平台大量涌现是地方政府缓解支出压力、改善基础设施建设的产物,在"保增长、调结构、促改革、惠民生"中发挥了重要作用。但由于融资规模增长过快,制度建设滞后,也使得地方政府积聚了很大的财政和金融风险。根据中国银监会对江苏省的调查,有近半的"平台"经营活动现金流为零或负值,说明其资产结构不合理,有的就是一个空壳公司,货币资金很少,唯一值钱的资产就是政府注入的地。而随着宏观调控趋紧,这块资产的变现能力变差。从资产负债率看,有些平台的负债率偏高、有的甚至高达 80%~90%,对银行信贷资产安全构成了严重威胁。

(二)市场主导型的融资机制和融资方式

市场主导型的融资机制和融资方式主要是在金融机构和金融市场的媒介下,储蓄主体与投资主体按照市场化、效益化原则进行购买股票、债券、存款凭证等金融产品的交易,引导资本向高效益产业部门积累的机制,从而实现储蓄向投资的转化。按照传导媒介的不同,融资方式主要有证券市场主导型和银行主导型。证券市场主导型,是指通过发行股票和债券等有价证券取得资金的融资方式,代表国家为美国和英国。银行主导型是以银行为信贷融资,然后由银行向资金需求者进行以偿还为条件的货币借贷行为,以日本和德国为代表。

1.证券市场主导型

证券市场为各经济主体提供了公平的资本积累手段,不论国家或者企业、全民或者集体、内资或者外资,只要具备参与证券市场的条件,都可以根据国家的法律通过证券市场来实现资本积累,这种融资方式克服了单纯依赖财政或者银行融资的局限。英美两国的证券市场制度是该种融资方式的代表。相比而言,通过银行信贷融资的成本要高于证券市场。英美两国以证券市场主导的融资方式与它们成熟的市场经济体制是分不开的,比较完善的产权制度、政企分开、企业融资决策权充分、采取公司制等经济特征都促成了金融市场的高度发达。同时,政府对银行的严格管制,以及对资本市场的各种税收优惠政策,都降低了储蓄者与投资者之间的交易成本,使证券市场资金融通的渠道畅通。美国的证券市场发达,规定商业银行只能经营短期贷款。在这种情况下,通过银行中介间接融资比较困难,通过证券市场融资,长期资本成为资本积累的主要手段,这也进一步发展了美国证券市场。公司债是美国证券市场的主要融资工具。

英美两国证券市场的最大特点是市场层次综合化，能够最大程度地满足多层次融资者、投资者的需求。证券市场的层次化是指一国证券市场体系形成某种分层结构，不同层次的市场对应于不同规模企业的不同融资成本和风险，使得证券市场通过层次细分来最大限度地实现资本的供求均衡[①]。美国的证券市场由证券交易所、公开报价系统、地方性柜台交易、私募股票交易四部分组成，不同的证券交易所服务于不同类型的资本积累。例如，纽约证券交易所主要服务于成熟型企业，而纳斯达克市场主要面向创业企业，地方性柜台交易主要供各州小型公司股票发行和交易等，多元化的证券市场使资本在不同层次的市场流动和积累。英国的证券市场由全国性的集中市场（主板市场）和区域性市场及全国性的二板市场（Alternative Investment Market，AIM）、三板市场（未上市证券市场，OFEX）组成，同样也具有条块结合、集中分散结合的层次综合化特征。

2. 银行主导型

利用银行作为储蓄向投资转化的主渠道代表国家是日本和德国。两国采取银行主导型的融资机制，与它们的经济体制是密切相关的。日本实行的是政府主导型的市场经济体制，而德国实行的则是国家调节的资本主义市场经济。在两国的经济体制中，政府对于银行的控制力大于对资本市场的控制力，故通过银行来集聚、调度资本以加快工业化进程，为支持产业发展和结构调整提供了可能性。

日本的融资机制以主银行制度和法人相互持股制度为特色。日本在第二次世界大战后为了迅速实现工业化，在金融方面实现了严格管制：一是限制银行之间的业务竞争，保证资金能够得到合理分配；二是管制利率，令信贷资金的价格远远低于市场水平的均衡价格，这样从银行获得的资金就存在超额利润空间；三是证券发行条件严格，通过发行股票和债券所能积累的资本有限，依赖银行资金成为主要的选择。在这样的融资机制下，日本的资本积累特点主要有两个方面：一是主银行制度。由于银行贷款占企业外部融资中的主要部分，主银行既是借款企业的主要资金供给者，是企业结算的中心银行，通常也是企业的主要股东，银行帮助企业稳固其经营权，在企业经营业绩恶化时，企业将经营权移交给银行，由主银行负责进行救助。二是法人之间互相持股制度。不仅银行、信托、保险等金融机构持有工业企业和商业企业的股票，工业和商业企业也持有银行等金融机构的股票，但是它们之间为建立长期稳定关系达成默契，互不干预对方经营。在这样的金融体制下，政府作为宏观决策者主要制定涉及国民经济全局和长远发展的决策，不影响企业的自主决策。日本公司在融资方面具有独立决策权，同时负有独立的融资责任。

---

① 施东晖：《证券市场层次化：国际经验和我国的选择》，《改革》，2001 年第 10 期。

德国的融资体制以全能银行体制为主要特征。在德国的金融体系中，全能银行占据着主导地位，其银行业务的全能化，使得银行体系成为工业部门资本积累的主要来源。全能银行，又称为综合银行，不受金融业务分工的限制，可以超越银行储蓄、信贷、汇兑和结算等业务范围，从事为企业提供中长期贷款、有价证券的发行交易、资产管理、财产保险等全面的金融融资业务，而且还可以经营不具备金融性质的实业投资。通过全能银行进行资本积累的融资方式有以下特征：①银行业务的多元化经营方式可以保证资本来源的广泛性和稳定性；②全能银行具有积累大量资本的能力。由于银行全能性，资本市场几乎被德意志银行、德累斯顿银行以及商业银行三家所垄断，垄断的全能银行由于拥有巨额、雄厚的资金，更易于形成大额资本积累，在资金融通、资本基础方面具有明显优势，进一步衍生出人才优势和技术优势。

四、推进新型工业化的资本积累政策

我国的工业化应该走新型工业化的路子。不同于传统工业化的资本积累，在新型工业化进程中，资本积累应该适应新形势的变化：一是要从单纯的投资性资本积累向投资、消费协调性的资本积累转变；二是要从只重视第二产业的资本积累向三次产业资本积累相协调转变；三是要从单纯的物质资本积累向融合信息化，包含技术储备和人力资本、具有可持续性的资本积累转变。

（一）构建多元投融资体系

在政府推进新型工业化的过程中，应当本着"政府归政府，市场归市场"的原则，由政府依靠财政资金和适度的政府融资，负责城市功能区基础设施、公用设施的建设、运营和管理，企业负责一般的生产经营活动。积极探索新型融资途径和方式，建立多元化的基础设施投融资渠道。政府可以在一定范围引入基础设施领域市场化的运营方式，允许和鼓励民间资本进入电信、燃气、热力、给排水等城市基础设施建设领域，采取公开向社会招标的形式选择供水、供气、供热、公共交通、污水处理、垃圾处理等市政公用企业的经营单位，由政府授权特许经营。

在企业一般性生产经营活动领域，应鼓励金融创新，提高直接融资比重，包括深化股票发审制度市场化改革，规范发展主板和中小板市场，推进创业板市场建设，扩大代办股份转让系统试点，加快发展场外交易市场，探索建立国际板市场。积极发展债券市场，完善发行管理体制，推进债券品种创新和多样化，稳步推进资产证券化。促进创业投资和股权投资健康发展，规范发展私募基金市场。

推进风险投资主体的多元化，发挥国有资本、民间资本、外来资本等多种资本来源的在风险投资体系中的重要作用，大力培育机构投资者和战略投资者。加强信用担保体系建设，发展各种形式的信用担保公司，扶植中小企业担保机构，建立政府扶植、多方参与、市场化运作、风险共担的中小企业担保机构，为企业进行融资担保。大力整治社会信用秩序，对逃废债的企业进行从严查处；健全完善银行信贷登记资讯系统，建立企业个人诚信系统，为保障银行合法权益提供依据；积极培育中介机构开展企业信用评估，确定企业的信用等级，建立对守信企业的奖励制度及对失信企业的惩罚制度。

（二）规范政府融资平台

近年来，地方政府融资平台为地方经济和社会发展筹集资金，在加强基础设施建设以及应对国际金融危机冲击中发挥了积极作用。但地方融资公司存在的问题也日益凸显，包括：融资平台公司举债融资规模迅速膨胀，运作不够规范；地方政府违规或变相提供担保，偿债风险日益加大；部分银行业金融机构风险意识薄弱，对融资平台公司信贷管理缺失。整治政府融资平台应主要本着以下三个原则：第一，保持合理的投资规模，合理地安排政府的投资。地方投资要优化投资结构，控制新开工的项目，把政府投资的重点放在在建的项目、续建的项目、收尾的项目。第二，规范融资行为，坚持量力而行。根据各个地方自身的经济发展状况，以及财政收入的状况，来合理确定自己的融资规模，防止盲目追求融资规模。第三，加强监管。严格遵守中央的财税政策、金融政策、产业政策、投资政策，规范审批程序，严格限制对不符合国家政策的投资项目（特别是"两高一资"项目）的融资，控制产能过剩领域的投资。通过加强监管，控制融资规模，以降低财政风险和金融风险。

（三）吸引多方面资金

国有经济为我国的传统工业化进程做出了不可磨灭的贡献，但是由于国有经济有机构成高、技术进步，吸纳剩余劳动力的容量有限，为了更好地积累人力资本和物质资本，促成国有经济为主导、混合经济为主体、多种经济成分共同发展的新格局是推进当前新型工业化新形势的重要政策措施。改革开放以来，国有经济的资本积累份额逐步下降，而混合经济和其他经济成分逐渐上升。鼓励、支持、引导混合经济和其他经济成分的快速发展，为非国有经济改善融资条件、发展各类金融市场、健全现代市场体系，不仅有利于扩大资本积累，而且有利于为国有经济形成竞争机制，增强国有经济的活力、优化国有经济结构，从而可以进一步优化资本市场结构，多渠道提高融资比重。

国有经济和国有大企业主导着资本有机构成高的基础产业，是国民经济的命脉，也是工业化的基础。混合经济是国有企业或者集体企业改制成有限责任公司、股份公司或者上市公司，这些改制的企业具有资本社会化、产权多元化的特征，混合经济由于不限制资本的来源，对资本积累具有更大的包容性，以混合经济的企业组织形态来积聚资本的形式将成为我国新型工业化资本积累的重要力量。外资经济对我国新型工业化的资本积累做出了重要贡献，推进新型工业化应不断推进对外资和其他经济成分资金的利用。通过利用全球范围内的资金、技术、管理经验、人力资源等生产要素，可以把国内市场优势和国外市场优势结合起来，扩大资本积累，加快新兴工业化的步伐。当前应扩大外商投资优势产业领域，积极承接国际产业和沿海产业转移，培育形成若干国际加工制造基地、服务外包基地。同时，应致力于消除民营经济发展的制度性障碍，落实促进以民营经济为主体的非公有制经济发展的政策措施，鼓励和引导民间资本进入法律法规未明文禁止准入的行业和领域。鼓励和引导非公有制企业通过参股、控股、并购等多种形式，参与国有企业改制重组。

（四）优化投资与消费的比例关系

投资的目的在于扩大消费。从这个意义上说，缺乏消费拉动的投资，便成为无源之水，就失去了投资的意义和目的。与世界大部分国家相比，我国投资率偏高而消费率偏低，容易导致经济结构的比例失调，影响经济增长的质量与效率，特别是影响居民收入和消费水平的提高。从有利于提高居民收入和消费水平着眼，政府应大对"三农"的财政支持，包括提高农产品收购价格、加大对农村基础设施投入、增加对农资补贴等，可以惠及占中国绝大多数人口的农民群体；加强对医疗、失业、贫困人群的投入，同样惠及社会绝大多数人群，有利于解除受益群众的后顾之忧，可以起到扩大内需的作用。

（五）重视提高投资效率

我国投资规模较大，但投资效率不高，与政府越来越大地主导投资活动不无关系。尽管一些由政府主导的投资如在基础设施方面的投资扩大，会形成国民经济增长的基础，其投资效率将在今后经济社会的进一步发展中显露出来。但另一些由政府主导的缺乏论证的投资项目特别是形象工程效率不高，投资巨大，拉低了全社会的投资效率。投资效果好坏，必须与扩大就业紧密地结合起来。相对而言，目前各地新上的交通、基础设施项目，虽然在短期内可以带动建筑行业就业，特别是农民工就业，但考虑到建设的临时性和农民工工资水平低下的状况，这些项目对于扩大就业、增加城乡居民收入的作用是非常有限的。相对而言，增加对农村、农业的基础设施投入，则可以极大地稳定庞大的农村劳动力群体的就业；城市服务业可以大量吸纳劳动力，主要应通过理顺体制、减免税赋等措施，扶植此类产业的发展。可以说，如果不能有效地、持久地扩大广大劳动者的就业机会，则投资就不能起到促进居民收入持久增长从而有支付能力的消费需求持久增加的作用，反过来不利于投资回报的实现。基础设施建设的重点应放在目前国计民生最为缺乏的公共项目，如农业基础设施、社区医院、环保项目等，不可简单地为拉动 GDP 增长而匆忙上马项目。

第八章 新型工业化过程中投资与消费关系的合理性研究

投资与消费的关系，是国民经济中的一个基本的、重大的问题，特别在经济高速增长、结构迅速转化的工业化时期。从短期的国民经济核算角度分析，投资与消费看起来是两种不同的需求，也是 GDP 的不同实现方式。从需求层面看，GDP 包括资本形成、最终消费和净出口三个部分。其中，投资率为资本形成额占 GDP 的比率，消费率为最终消费额占 GDP 的比率，在忽略净出口因素时，投资率与消费率基本是此消彼长的关系。然而，如果考虑到当期的投资就是未来时期的供给，并且在投资的过程中，投资的一部分如土地交易、建筑物拆迁补偿、建筑业和建筑材料、施工机械制造业工人工资等方式转化为社会收入，其中的一部分可能又转化为当期消费，则投资和消费之间显然是一个复杂的、涉及多维平衡的有机关系，需要在推进新型工业化过程中认真研究并合理把握，以保持国民经济的持续稳定协调发展。

一、投资与消费关系的合理性

(一) 国内外研究状况

在苏联和东欧国家中，不少经济学家对国民收入中积累与消费的比例关系进行了研究，如涅姆钦诺夫在《数学经济方法与模型》一书中认为，在国民经济最优计划的条件下，确定积累基金和消费基金之间最优比例的准则，应是在长时期内保证消费基金有最大可能的增长[1]。匈牙利经济学家亚诺什·科尔内没有直接从量上定义和计算积累消费比例的合理标准，但却提出了所谓和谐增长的十二项原则，其中一条就是均匀而有规律地提高人均消费水平。其他十一条中还有三条，

---

① 涅姆钦诺夫：《数学经济方法与模型》，商务印书馆，1980 年版。

即满足消费需求、保险和教育的发展都直接与消费相关。①美国著名经济学家霍利斯·B.钱纳里等②在考察第二次世界大战后发展中国家的工业化进程时，也对发展中国家工业化进程中投资率与消费率的变化规律进行了实证研究，并得出结论：在工业化进程中，随着收入水平的不断提高和产业结构的不断提升，投资率不断提高，消费率相应下降，在工业化结束或经济进入发达阶段之后，投资率和消费率将趋于相对稳定。在以上研究中，经济学家们都注意到投资与消费比例关系的重要性，并通过不同方法试图给出最优比例关系。但关于投资与消费比例关系的定量研究并未能达成共识。

从20世纪50~70年代，我国经济学界对合理积累与消费比例的讨论主要是以经验分析为特征的定性分析，对合理积累率究竟是多少还觉得难以确定。刘国光用数学模型测算了两大部类间不同投资比例对扩大再生产速度和平均消费水平的不同影响，但没有得出最后结论。③数学模型的日渐发展构成了80年代积累与消费比例关系研究的一个显著特点。张守一在研究中建立了以规划期人均消费量增长最大为目标函数的消费极大模型。他对结果设置了约束条件，即为积累率的变动设置了一个区间，其上限是人均福利水平至少不低于原水平，下限是保证新增劳动者与原有劳动者拥有相同的资本装备程度。④从结构上看，由于所得到的区间相当之大，而且可能出现显然与经验数据不符的非常高的积累率，因此仍然可以说问题远远没有得到解决。为解决消费极大模型的上述问题，刘景义和李武分别将积累效率定义为积累率的函数，然后引入消费最大化模型求解合理积累率。⑤由于对积累效率函数定义不同，所得结果的差别仍然相当之大，与经验数据的差距也较大，难以指导实际工作。

改革开放以来，特别是20世纪90年代之后，积累与消费的比例关系开始由政府直接控制为主转变为市场机制决定为主，即在很大程度上取决于经济个体的最大化行为决策。因此，经济学界开始转变思维方式，很少直接对积累与消费最优比例进行讨论，而更多地转向多方面讨论与此相关的问题。但大部分学者只是在"要处理好合理的投资与消费比例"问题上提出建议，缺乏有力的理论和实践基础。近几年学者们又开始针对我国消费率是否偏低、投资率是否偏高展开讨论。大多数学者根据我国与世界其他国家的投资率与消费率数据的比较，判断我

① 亚诺什·科尔内：《突进与和谐的增长》，经济科学出版社，1988年版。
② H.钱纳里、S.鲁滨逊、M.塞尔奎因：《工业化和经济增长的比较研究》，上海三联书店、上海人民出版社，1995年。
③ 刘国光：《社会主义再生产问题》，三联书店，1979年版。
④ 张守一：《积累与消费比例及其优化问题》，载杨坚白主编：《社会主义国民收入的若干问题》，中国社会科学出版社，1983年版。
⑤ 刘景义：《最佳积累率的估计》，载乌家培等：《数量经济理论模型与预测》，能源出版社，1983年；《关于最优积累率的探索》，《四川大学学报》，1983年第2期。

国消费率过低、投资率过高。[1] 也有学者根据我国所处发展阶段等因素认为我国投资率偏高是正常的。[2] 还有学者认为由于我国正处于市场经济的转型时期，经济体制的市场化改革的神话是积累的主体和来源多元化，从而使得要确定一种所谓的"合理的积累与消费比例"，应把宏观分析与微观行为联系起来，在现代宏观经济模型基础上进行讨论积累与消费的比例问题。[3]

总的来看，从研究方法来看，我国经济学界在数量分析方法上还没有什么突破，采用数学方法对投资（积累）与消费比例关系的探讨还无法得出确定的结果。而在相关问题的讨论上，又是各执一词，没有达成共识。我们认为关键在于找到我国投资与消费比例关系到底存在什么问题，找出问题才能说明问题并解决问题。

（二）投资与消费的基本理论

在国民收入与产值账户中，用支出法度量的最终产品分为四大类：消费品、投资品、政府采购和净出口。其数学公式为：

$$GDP = C + I + G + (X-M)$$

式中 C 代表居民消费支出，I 代表企业用于购买机器设备、厂房、增加存货等私人投资支出，G 代表政府支出，X–M 代表净出口。本章分析我国投资与消费关系，消费包括政府消费与居民消费两大项，投资包括固定资产和存货投资。习惯上，把总需求分为消费需求、投资需求和净出口需求。一般地，由于净出口需求对 GDP 贡献率较小，因此在分析需求结构变化时常常简化为对投资与消费关系变化规律分析。

1. 投资理论

一般来说，在总需求中，消费的比例最大，投资次之，但是由于投资支出受经济环境和政府政策的影响，其波动性比较大。影响投资的因素又比较多，并且与宏观经济政策密切相关，因此投资支出对经济稳定至关重要。投资支出可分为固定投资与存货投资。

（1）企业固定投资理论。决定新古典主义企业合意资本存量的原则是资本的边际生产力等于资本的租金成本，而边际生产力取决于产量，因而合意资本存量的因素是产量及资本的租金成本，相应关系为：

$$K^* = g(r, e, Y)$$

上述关系中的产量水平应是预期的产量水平，资本的租金成本除利率外，还

---

① 卢中原：《关于投资和消费若干比例关系的探讨》，《财贸经济》，2003 年第 4 期。
② 罗云毅：《低消费、高投资是现阶段我国经济运行的常态》，《宏观经济研究》，2004 年第 5 期。
③ 杨春学、朱立：《关于积累与消费比例问题的主要理论框架》，《经济学动态》，2004 年第 8 期。

应把折旧、通货膨胀及税收因素考虑进去。企业在某个时期将实际资本量逐步调整到合意资本存量，其调整过程为：

$$I = K - K_{-1} = \lambda(K^* - K_{-1}) \quad \lambda < 1$$

λ越大调整越快，任何一种影响合意资本存量的因素都会影响净投资，且投资行为是一种动态行为。

（2）Q理论。Q理论是美国经济学家托宾在1969年提出的一个重要的投资理论。该理论认为当企业通过出售股票方式来筹集投资资金时，可以通过企业资产的市场价值（即股票价格）与其重置成本（即购买资本的价格）的比值Q把金融市场与投资活动联系起来，当Q<1时，不增加投资，当Q>1时，增加投资，且Q值越大，则投资率越大。Q值与投资的关系为：

$$I = f(Q) \quad f'(Q) > 1, \quad f(1) = 0$$

（3）存货投资加速模型。该模型假设企业存货量与产量是同比例的。即：

$$I = \beta \Delta Y$$

式中β是反映企业希望持有的存货在产出中比例的参数，模型表示企业存货投资与产量同比例变化。

2. 消费理论

消费占总需求的比例最大，因此消费的决定及其变动对宏观经济状况的影响很大。下面主要总结了四种比较重要的消费理论：

（1）凯恩斯的绝对收入假说理论。凯恩斯对影响消费的主观因素及客观因素进行分析后提出，消费支出的大小与收入水平的高低相联系，收入的绝对水平决定了消费，因此，一般称为绝对收入假说。消费支出与现期绝对收入之间存在稳定的函数关系，即$C = f(Y)$，且存在边际消费倾向递减趋势。但长期消费资料却表明边际平均消费倾向趋于稳定，这就引出了消费函数之谜。

（2）杜森贝里的相对收入假说理论。该理论的核心是消费者易于随收入的提高增加消费，但不易于随收入的降低而减少消费，以至于产生有正截距的短期消费函数，这种特点被称为"棘轮效应"，即上去容易下来难。该理论的另一方面内容是指消费者的消费行为要受周围人们消费水准的影响，这就是所谓的"示范效应"。相应的消费函数是：

$$C_t = \alpha_0 Y_t + \alpha_1 Y + \alpha_2 Y_e$$

式中C_t为现期消费，Y_t为现期收入，Y_e为高峰收入，$Y = \sum Y_i / n$为消费者所在团体平均收入。

（3）莫迪利安尼的生命周期假说理论。生命周期假说认为人们的消费取决于一生收入，消费者根据一生的全部收入安排消费支出以实现效用最大化，相应的消费函数为：

$$C = \alpha \times WR + \beta \times YL$$

式中 WR 是财产收入（或称非劳动收入），α 是财产收入的边际消费倾向，β 是劳动收入的边际消费倾向，YL 是劳动收入。

生命周期假说解释了消费函数之谜，说明了长期消费函数的稳定性及短期中消费波动的原因，反映了财产变化对人们消费的影响，同时说明了短期收入对消费的影响要比财产及预期收入对消费的影响小得多。生命周期假说被广泛应用于研究经济问题分析，可以用来分析货币政策和财政政策对消费及经济活动的影响，还被用于研究遗产和收入分配、人力资本投资、劳动力供给的生命周期，以及社会保障的效果问题，对于分析我国的消费情况有较强的理论指导意义。

（4）弗里德曼的持久收入假说。该理论认为人们的消费是持久性收入的稳定函数，现期收入通过对持久收入预期的影响，来影响人们的消费，以简化的适应预期为基础的持久收入消费函数可以表示为：

$$C_t = \alpha \theta Y_t + X(1 - \theta) Y_{t-1}$$

式中 Y_t 为即期收入，Y_{t-1} 为前期收入，α 为边际消费倾向，θ 为加权数。

持久收入假说理论说明了长期中平均消费倾向的稳定性，这一点与生命周期假说理论有相似之处，该假说进一步说明了现期消费与持久收入之间的关系。

3. 投资与消费比例关系理论

（1）古典学派经济学家。历史上看，资产阶级古典经济学家已经开始注意到国民收入中积累与消费的比例关系问题。其代表人物魁奈研究了剩余价值分配使用中积累与消费的比例关系，并提出了一些重要思想。如他明确指出了积累与消费的比例对社会再生产的决定性影响："由于生产支出和不生产支出彼此间所占优势的不同，每年再生产的收入就可能发生变动。""过度的奢侈能使一个非常富裕的国家很快地破产。"他还注意到维持一定的消费需求对维持再生产规模的必要性："不要降低下层人民的安乐，因为这样会使下层人民对于只能提供国内消费产品的消费不能做出充分的贡献，结果会使国家的再生产和收入减少。"魁奈在他的经济表中，把"纯产品"（即剩余价值）按 1:1 的比例分配于"生产的支出"和"不生产的支出"，这可能是经济史上第一次明确地指出定量化的积累消费比例关系，因而形成了对这一比例研究的起点。

（2）现代西方经济学家。在现代西方经济学家关于消费与储蓄积累关系的分析中，凯恩斯给出了一个似乎为各派所接受的合理比例关系的定性标准。凯恩斯是从总需求角度来研究消费与投资关系的。他认为，要使国民经济均衡，就要使供给和需求相等，即要使消费+投资=消费+储蓄，于是投资=储蓄。如果储蓄大于投资，说明供给大于需求，则会出现厂商因产品过剩而缩小生产，因此总产出将要下降，直至一个较低的均衡水平；反之，总产出将增加。因此从总产出均衡决定的角度出发，可以推论出，合理的投资水平应是以一定的总产出均衡水平为标准的与消费互补的水平。在这一标准制约下，如果消费多了，投资就少一点；消费少了，投资就多一点，从而保证储蓄与投资的平衡。按照凯恩斯的解释，由储蓄等于投资所决定的总产出水平还不一定是能够实现充分就业的总产出水平。为达到充分就业，就要使总需求达到实现充分就业所需的水平。因此，又可以推论出，在凯恩斯的理论中，合理的投资水平应当是以实现充分就业为标准的与消费互补的水平。至于这一水平究竟是多少，凯恩斯没有给出具体答案。

（三）投资与消费关系的一般指标

投资与消费的比例关系用统计指标来反映就是投资率和消费率，即国内生产总值使用额中资本形成总额和最终消费总额所占的比重。具体计算方法如下：

1. 投资率

投资率，又称资本形成率，通常指一定时期内资本形成总额占国内生产总值使用额的比重，一般按现行价格计算。用公式表示为：

投资率＝（资本形成总额/支出法 GDP）100%

2. 消费率

消费率，又称最终消费率，通常指一定时期内最终消费额占国内生产总值使用额的比重，一般按现行价格计算。用公式表示为：

消费率＝（最终消费额/支出法 GDP）100%

按照国民经济核算口径计算的投资率与消费率，能较准确地、全面地反映投资与消费比例关系。它以国内生产总值为基础，反映了一定时期内生产活动的最终成果用于建设与用于生活的比例关系，同时，这也是国际上通行的计算方法，便于进行国际比较。需要指出的是，按上述公式计算的投资率和消费率相加不等于 100%，因为国内生产总值使用额除用于投资和消费外，还用于净出口（出口减进口）。由于净出口占国内生产总值使用额比重很小，一般在正负 3% 左右，所以从投资率和消费率可以大致看出投资与消费的关系。

根据国民经济核算的定义，资本形成总额包括两部分，一部分是固定资本形成总额，另一部分是存货增加；最终消费也包括两部分，一部分是居民消费，另一部分是政府消费。因此，资本形成率（投资率）是由固定资本形成率，即固定资本形成总额占 GDP 的比重和存资增加比率即存货增加占 GDP 的比重两部分构成；最终消费率则由居民消费率即农村居民与城镇居民消费总额占 GDP 的比重，和政府消费率即政府消费额占 GDP 的比重两部分构成。

二、中国投资与消费关系的实证研究

(一) 投资与消费关系的一般规律

从世界各国经济发展和工业化进程看，投资率呈现从低到高，再从高到低并趋于相对稳定的变化轨迹，类似于一条平缓的倒"U"形曲线；消费率的变化过程刚好与投资率变化过程相反，它呈现出"U"形曲线的形式。

发展中国家工业化进程中的投资率与消费率的演变特征，是投资率与消费率一般演变规律的典型。各国经济发展的经验表明，在工业化进程中，随着收入水平的不断提高和产业结构的不断提升，投资率不断提高，消费率不断下降，在工业化结束或经济进入发达阶段之后投资率与消费率将趋于相对稳定的状态。这是由于在工业化进程中，随着收入水平的不断提高，消费结构不断提升，第二产业增加值在国内生产总值中所占比重不断上升，而第二产业的生产过程较第一、第三产业更加迂回，因此需要更多的中间投入，从而导致投资率不断上升、消费率不断下降。到工业化后期，居民消费结构由工业消费品为主转变为以第三产业提供的商品和服务为主。使第三产业发展相对加快，比重上升。而第三产业生产过程相对简单，所需投入相对较少，因此短期内使投资率下降，而消费率上升。但第三产业的发展最终是以第二产业为依托的，经济发展到一定阶段后第二产业与第三产业将同步发展，因此投资率与消费率将保持相对稳定的状态。

钱纳里《发展的型式 1950~1970》一书中，对 101 个国家在 1950~1970 年的资料，运用截面分析和时间序列分析相结合的方法，描述了一个"世界性的一般规律"，这个规律描述了一个从人均 GNP 100 美元以下到 1000 美元以上的过程

表 8-1 钱纳里的"标准结构"

项目	$100 以下（中值$70）	$100	$200	$300	$400	$500	$800	$1000	$1000 以上（中值$1500）
最终消费率	89.9	85.7	82.0	80.2	79.0	78.3	76.9	76.5	76.5
居民消费率	77.9	72.0	68.6	66.7	65.4	64.5	62.5	61.7	62.4
政府消费率	11.9	13.7	13.4	13.5	13.6	13.8	14.4	14.8	14.1
投资率	13.6	15.8	18.8	20.3	21.3	22.0	23.4	24.0	23.4

注：上表是钱纳里按人均 GNP（1964 年美元）统计。参见钱纳里等：《发展的型式 1950~1970》，经济科学出版社，1988 年版，第 31 页。

资料来源：根据各年《中国统计年鉴》数据整理。

中，经济结构所发生的规律性变化。消费率的变化是其包含的方面之一。我们将这一规律称为钱纳里的"标准结构"。

从表 8-1 中数据可以看出，投资与消费比例关系变化趋势有以下规律：

第一，在人均 GNP 为 1000 美元以下时，人均 GNP 与消费率的变动呈相反趋势，与投资率的变动呈同向趋势。

第二，在人均 GNP 达到 1000 美元以上时，消费率就大体稳定下来了，投资率则有小幅下降。

第三，在人均 GNP 由 100 美元以下向 1000 美元上升过程中，消费率与投资率变动速度有所不同。消费率随着人均 GNP 的提高，下降速度趋于缓慢；投资率则随着人均 GNP 的提高，上升速度趋于缓慢。

钱纳里等人对发展中国家工业化进程的实证研究，更进一步证实了这一演变规律。详见表 8-2。

表 8-2　钱纳里多国工业化过程中投资与消费率的变化情况

发展阶段	人均 GDP（1970 美元）	私人消费率（%）	政府消费率（%）	最终消费率（%）	投资率（%）
工业化初期	140	73	14	87	15
工业化中期	560	66	15	81	20
工业化末期	2100	60	18	78	23

资料来源：根据钱纳里、鲁滨逊、塞尔奎因：《工业化与经济增长的比较研究》，上海人民出版社、上海三联书店 1985 年版中的有关表格和数据整理。

钱纳里等的研究结果表明：在工业化初期（人均 GDP 为 140 美元），投资率、最终消费率分别为 15%、87%；到工业化中期（人均 GDP 为 560 美元），投资率上升到 20%，而最终消费率下降至 81%；到工业化末期或经济发展达到初步发达阶段时（人均 GDP 为 2100 美元），投资率上升到了 23%，最终消费率降至78%。即随着工业化进程的推进，人均 GDP 水平越高，投资率呈上升趋势，消费率则呈下降趋势。

（二）改革开放以来我国投资与消费变化

改革开放以来，我国投资与消费比例关系呈现投资率波动上升、消费率波动下降的趋势，与钱纳里等的研究成果的趋势基本吻合。但是，与国际水平相比，投资率水平过高而消费率水平过低，特别是 2003 年以后的情况更为明显。这与我国改革开放时期经济增长速度较快，而在 2003 年以后工业化明显起飞的阶段特征密切相关。1978~2010 年我国投资与消费及比例情况如表 8-3 所示。

表8-3 1978~2010年我国投资与消费及比例

年份	支出法国内生产总值（亿元）	最终消费支出（亿元）	资本形成总额（亿元）	最终消费率（%）	资本形成率（%）
1978	3605.6	2239.1	1377.9	62.1	38.2
1979	4092.6	2633.7	1478.9	64.4	36.1
1980	4592.9	3007.9	1599.7	65.5	34.8
1981	5008.8	3361.5	1630.2	67.1	32.5
1982	5590.0	3714.8	1784.2	66.5	31.9
1983	6216.2	4126.4	2039.0	66.4	32.8
1984	7362.7	4846.3	2515.1	65.8	34.2
1985	9076.7	5986.3	3457.5	66.0	38.1
1986	10508.5	6821.8	3941.9	64.9	37.5
1987	12277.4	7804.6	4462.0	63.6	36.3
1988	15388.6	9839.5	5700.2	63.9	37.0
1989	17311.3	11164.2	6332.7	64.5	36.6
1990	19347.8	12090.5	6747.0	62.5	34.9
1991	22577.4	14091.9	7868.0	62.4	34.8
1992	27565.2	17203.3	10086.3	62.4	36.6
1993	36938.1	21899.9	15717.7	59.3	42.6
1994	50217.4	29242.2	20341.1	58.2	40.5
1995	63216.9	36748.2	25470.1	58.1	40.3
1996	74163.6	43919.5	28784.9	59.2	38.8
1997	81658.5	48140.6	29968.0	59.0	36.7
1998	86531.6	51588.2	31314.2	59.6	36.2
1999	91125.0	55636.9	32951.5	61.1	36.2
2000	98749.0	61516.0	34842.8	62.3	35.3
2001	109028.0	66933.9	39769.4	61.4	36.5
2002	120475.6	71816.5	45565.0	59.6	37.8
2003	136634.8	77685.5	55963.0	56.9	40.9
2004	160800.1	87552.6	69168.4	54.4	43.0
2005	187131.2	99051.3	77856.8	52.9	41.6
2006	222240.0	112631.5	92954.1	50.7	41.8
2007	265833.9	131510.1	110943.2	49.5	41.7
2008	314901.3	152346.6	138325.3	48.4	43.9
2009	346316.6	166820.1	164463.2	48.2	47.5
2010	394307.6	186905.3	191690.8	47.4	48.6

注：最终消费率指最终消费支出占支出法国内生产总值的比重；资本形成率指资本形成总额占支出法国内生产总值的比重。

资料来源：根据《中国统计年鉴》数据整理。

1. 我国投资与消费比例

改革开放初期，人们对以往重积累、轻消费、重生产、轻生活的经济发展战略进行重新审视，这时消费率从 1978 年的 62.1% 上升到 1981 年的 67.1%，达到最近 30 多年来的最高值；投资率由 1978 年的 38.2% 下降到 1982 年的 31.9%，为近 30 多年最低点。这种变化趋势或许带有一定的"矫正"性质。20 世纪 80 年代初期和 90 年代初期，也反复出现过投资过热和消费偏冷，但投资率和消费率偏离趋势值的幅度明显小于改革开放以前。90 年代中期以后，投资率小幅度下降，而消费率则稳步提高。

2000 年以来，中国经济开始进入依靠资源投入和出口需求共同驱动的典型粗放经济增长时期。这种投资驱动的增长模式在宏观经济上造成的不良后果，直接表现为投资与消费之间的严重失衡。从表 8-4 数据看，消费对 GDP 的贡献整体呈逐年下降趋势。最终消费率从 1978 年的 62.1% 下降到 2010 年的 47.4%，基本呈现单边下行趋势。而投资对 GDP 的贡献基本呈现上升趋势，但期间有所波动。资本形成率从 1978 年的 38.2% 增加到 1993 年的 42.6%（见表 8-3）后有所下降，到 2000 年下降到 35.3%，此后基本呈持续上涨趋势，2010 年达到 48.6%。资本形成率不仅大大高于多数国家 20% 左右的水平，而且每年（2000~2010 年）上升一个百分点以上的速度令人心惊。即使东亚一些国家和地区在第二次世界大战后依靠投资拉动经济实现快速增长的时期，其投资率也远没有达到中国目前的水平。例如，日本在 20 世纪 60 年代经济高速增长时期，其固定资产投资比重的峰值也从未超过 GDP 的 34%。

表 8-4　消费、投资对 GDP 增长的贡献

年份	最终消费率	最终消费支出		资本形成率	资本形成总额	
		贡献率（%）	拉动（百分点）		贡献率（%）	拉动（百分点）
1978	62.1	39.4	4.6	38.2	66	7.7
1980	65.5	71.8	5.6	34.8	26.4	2.1
1985	66	85.5	11.5	38.1	80.9	10.9
1990	62.5	47.8	1.8	34.9	1.8	0.1
1995	58.1	44.7	4.9	40.3	55	6
2000	62.3	65.1	5.5	35.3	22.4	1.9
2001	61.4	50.2	4.2	36.5	49.9	4.1
2002	59.6	43.9	4	37.8	48.5	4.4
2003	56.9	35.8	3.6	40.9	63.2	6.3
2004	54.4	39.5	4	43	54.5	5.5
2005	52.9	37.9	4.3	41.6	39	4.4
2006	50.7	40	5.1	41.8	43.9	5.6
2007	49.5	39.2	5.6	41.7	42.7	6.1

续表

年份	最终消费率	最终消费支出		资本形成率	资本形成总额	
		贡献率（%）	拉动（百分点）		贡献率（%）	拉动（百分点）
2008	48.4	43.5	4.2	43.9	47.5	4.6
2009	48.2	47.6	4.4	47.5	91.3	8.4
2010	47.4	36.8	3.8	48.6	54.0	5.6

资料来源：《中国统计年鉴》（2011）。

投资率畸高和对出口的依赖，形成对国内消费特别是居民消费的巨大压制。如果排除政府消费对国内消费的拉动，消费不振给中国经济增长带来的"拖后腿"作用则更为明显。2009年底，中国居民消费占GDP比重为35.1%，只有一般国家的一半左右。这种状况必然在短期内导致由于市场需求不足，在未来时期出现产能极度过剩，进而投资机会减少、大量储蓄无法转化为投资，使宏观经济增长乏力。从中长期看，必然导致投资效率下降，银行体系中潜在不良资产增加，企业财务状况恶化等，蕴藏着银行体系的系统性风险。这是一种极度不正常的、危险的投资与消费关系，需要在经济结构调整上加以整顿。

2. 我国政府消费与居民消费比例

最终消费由政府消费和居民消费构成，两者在GDP中所占比重是最终消费内部一对重要的比例关系。分析政府消费率和居民消费率的变化，有助于看清政府消费和居民消费的比例关系是否合理，也有助于分析政府支出规模是否过大。我国政府消费是指政府部门为全社会提供公共服务的消费，包括行政开支、国防、社会保障、教科文卫，以及向住户以免费或低价提供的货物和服务等方面的开支。适度的政府消费是维护社会经济正常运转的必要条件，但是如果把增加政府消费当成扩大内需、调节经济景气的常规手段，则有可能导致政府消费规模过大、收入分配不公等社会问题，并引起经济增长公平性的价值观扭曲。

居民消费由农村居民消费和城镇居民消费组成。从我国的实际国情来看，当前最应当扩大的是占我国人口55%的农村居民的消费；城镇居民消费能力较强，对我国经济增长带动很大，应成为我国扩大内需的主力军；政府消费应侧重于压缩行政开支、国防开支比例，扩大社会保障、科教文卫等方面开支，特别是加大对农村居民的公共消费开支，从根本上带动农村消费，提高农村居民生活水平。具体数据如表8-5所示。

3. 我国政府投资与非政府投资比例

在投资构成中，政府投资和非政府投资是一对重要的比例关系。两者在GDP中各自所占比重及其消长，可以从一个侧面反映我国市场化改革进程中政府职能的转换、民间投资的成长状况以及经济内在的自主增长能力是否增强。目前我国

表 8-5　1978~2010 年国内最终消费支出及其构成

| 年份 | 最终消费支出（亿元） | | | | 构成 | | | |
| | | | | | 最终消费支出=100 | | 居民消费支出=100 | |
	居民消费支出	农村居民	城镇居民	政府消费支出	居民消费支出	政府消费支出	农村居民	城镇居民
1978	1759.1	1092.4	666.7	480.0	78.6	21.4	62.1	37.9
1979	2011.5	1252.9	758.6	622.2	76.4	23.6	62.3	37.7
1980	2331.2	1411.0	920.2	676.7	77.5	22.5	60.5	39.5
1981	2627.9	1603.8	1024.1	733.6	78.2	21.8	61.0	39.0
1982	2902.9	1787.5	1115.4	811.9	78.1	21.9	61.6	38.4
1983	3231.1	2010.5	1220.6	895.3	78.3	21.7	62.2	37.8
1984	3742.0	2312.1	1429.9	1104.3	77.2	22.8	61.8	38.2
1985	4687.4	2809.6	1877.8	1298.9	78.3	21.7	59.9	40.1
1986	5302.1	3059.2	2242.9	1519.7	77.7	22.3	57.7	42.3
1987	6126.1	3428.9	2697.2	1678.5	78.5	21.5	56.0	44.0
1988	7868.1	4174.0	3694.1	1971.4	80.0	20.0	53.0	47.0
1989	8812.6	4545.7	4266.9	2351.6	78.9	21.1	51.6	48.4
1990	9450.9	4683.1	4767.8	2639.6	78.2	21.8	49.6	50.4
1991	10730.6	5082.0	5648.6	3361.3	76.1	23.9	47.4	52.6
1992	13000.1	5833.5	7166.6	4203.2	75.6	24.4	44.9	55.1
1993	16412.1	6858.0	9554.1	5487.8	74.9	25.1	41.8	58.2
1994	21844.2	8875.3	12968.9	7398.0	74.7	25.3	40.6	59.4
1995	28369.7	11271.6	17098.1	8378.5	77.2	22.8	39.7	60.3
1996	33955.9	13907.1	20048.8	9963.6	77.3	22.7	41.0	59.0
1997	36921.5	14575.8	22345.7	11219.1	76.7	23.3	39.5	60.5
1998	39229.3	14472.0	24757.3	12358.9	76.0	24.0	36.9	63.1
1999	41920.4	14584.1	27336.3	13716.5	75.3	24.7	34.8	65.2
2000	45854.6	15147.4	30707.2	15661.4	74.5	25.5	33.0	67.0
2001	49435.9	15791.0	33644.9	17498.0	73.9	26.1	31.9	68.1
2002	53056.6	16271.7	36784.9	18759.9	73.9	26.1	30.7	69.3
2003	57649.8	16305.7	41344.1	20035.7	74.2	25.8	28.3	71.7
2004	65218.5	17689.6	47528.9	22334.1	74.5	25.5	27.1	72.9
2005	72652.5	19371.7	53280.8	26398.8	73.3	26.7	26.7	73.3
2006	82103.5	21261.3	60842.2	30528.4	72.9	27.1	25.9	74.1
2007	95609.8	24122.0	71487.8	35900.4	72.7	27.3	25.2	74.8
2008	110594.5	27495.0	83099.5	41752.1	72.6	27.4	24.9	75.1
2009	121129.9	28833.6	92296.3	45690.2	72.6	27.4	23.8	76.2
2010	133290.9	30897.0	102393.9	53614.4	71.3	28.7	23.2	76.8

资料来源：《中国统计年鉴》（2011）。

的政府投资比重较大，特别是在 2008 年世界金融危机之后，我国启动了 4 万亿投资计划，各地也启动了各类投资计划，加之国有企业普遍扩大投资，使得政府投资成为拉动经济增长的主要力量。

目前，我国的政府投资主要集中在基础设施、公用事业、部分重大基础工业项目、区域开发、生态保护、国土整治、国防、航天和高新技术开发等领域。一般而言，由于存在"市场失灵"的情况，需要政府在公共产品和公共服务领域进行投资。进一步说，我国是发展中大国，工业化的历史任务尚未完成，基础设施和高新技术产业相当落后，地区差距极大，需要政府投资来缓解"瓶颈"制约，对促进工业化进程发挥有比较积极的作用，也需要对欠发达地区加大政府投资力度，带动地区协调发展。此外，我国尚处于经济增长方式和经济体制的转换过程中，抵御外部经济金融危机冲击的力量比较薄弱，适当的政府投资有助于调节社会总供求，防止经济下滑。

然而，政府投资一定要注重投资效果。这是因为，判断经济的好坏，不能单纯依靠 GDP 指标进行衡量。如果只重视投资的数量，而不注重投资质量，不对工程建设当中的腐败问题和工程质量问题进行严格控制，扩大政府投资可能产生更为严重的后果。考虑到政府财政拉动公众收入的普遍性，则减税和加大对"三农"、社会保障和处于"瓶颈"地位的基础设施投入的效果是明显的。此外，政府投资效果好坏，必须与扩大就业紧密地结合起来。如果不能有效地、持久地扩大广大劳动者的就业机会，则投资就不能起到促进居民收入持久增长，从而有支付能力的消费需求持久增加的作用，反过来不利于投资回报的实现。政府投资还存在"挤出效应"，即政府支出增加所引起的私人消费或投资降低的效果。政府通过向公众（企业、居民）和商业银行借款来实行扩张性的财政政策，引起利率上升和借贷资金需求上的竞争，导致民间部门（或非政府部门）支出减少，从而使财政支出的扩张部分或全部被抵消。民间支出的减少主要是民间投资的减少，但也有消费支出和净出口的减少。

相对而言，来自民间的社会投资一般来说具有更高的效率，也是一个国家就业、科技创新、出口的主力军。欧美发达国家民营经济能够获得经济支柱的地位，与政府很好地处理政企关系是密不可分的。对于市场经济中最重要的竞争性产业的生产经营活动，政府在适当管制的基础上，基本上实施自由放任政策，由民营企业和企业家基于满足消费者需求的导向，主导经济活动和科技进步；对于公用事业等自然垄断行业，则在实施价格管制和政府财政补贴的基础上，由国有企业或民营企业经营；政府的职责，主要在于合理运用宏观经济政策、制定有利于企业公平竞争的微观干预制度，经营少量民营企业不愿意经营的国有企业，以实现社会资源的合理配置和民生水平的最大限度提高。事实证明，只有强化以企业为主体的公平市场竞争，才能通过企业家自发投资形成的自我扩张促进经济变革和推动经济增长，经济才有可能导入约瑟夫·熊彼特提出的以企业家为主导的产品和生产方法的不断创新的"创造性破坏"的过程。

因此，针对我国政府投资规模过大和国有企业垄断现象严重等问题，应逐步降低政府投资在社会总投资中的比例，同时规范政府投资的规模和结构，同时扩大民间投资的比例，促使其成为总投资的主体部分，促进政府投资与民间投资的协调发展。

三、投资与消费关系的国际比较

（一）人均收入与投资消费的关系

根据刘立峰（2004）[①]对全球不同区域的、数据较为完整的82个国家和地区的消费率与投资率进行的比较分析，其研究结果表明，在全球82个国家和地区中，平均消费率最高的是布隆迪（98.7%），最低的是新加坡（59.8%），也就是说，近30年的世界各国的平均消费率都位于60%~100%之间。根据多国长期经验，消费率平均保持在60%以上是普遍的，也是经济发展所必需的；反之，如果一个国家长期消费率低于60%，就应对宏观需求结构进行必要的调整。

1978~2010年间，我国年均消费率为59.8%，从长期趋势看还是可以接受的。该研究把82个样本国家数据分成三个区间。第一区间有21个国家，消费率在86%~100%之间，这一区间多为低收入国家；第二区间有40个国家，消费率在75%~85%之间，这区间的国家所占比例最大，说明大多数国家的平局消费处于76%~85%之间；第三区间有21个国家，消费率在60%~75%之间，这一区间集中了几乎所有的东亚国家。

同样，把这些样本的投资率进行分析，也可以分为三个区间。第一区间有10个国家，投资率在30%以上，以亚洲国家为主，有新加坡、中国、伊朗、韩国、日本、马来西亚和泰国，也包括2个非洲国家和1个拉美国家。第二区间的52个国家的投资率处于20%~30%之间，其中，又有23个国家的投资率在22%~24%之间。这区间的国家最多，说明在世界范围内，这一投资率水平比较普遍。第三区间有20个国家，投资率在10%~20%之间。

该研究还比较了各国消费与投资的比值，用于说明在不同条件下投资与消费的适应程度。对82个国家的平均消费率与投资率比值按高低顺序排序，以每10

---

① 刘立峰：《消费与投资关系的国际经验比较》，《经济研究参考》，2004年第72期。

个国家为一个区间（最后12个国家为一个区间），分别计算相应区间中各国平均的经济增长率和人均国民收入，得到表8-6的结果。统计表明，第一区间的消费与投资的比值高达6.5，即1美元投资支撑的消费额为6.5美元，此时，平均经济增长率和人均国民收入只有2.66%和553美元。而当消费与投资的比值下降到第八区间的2.16时，平均经济增长率和人均国民收入则高达5.48%和11271美元。我国1978~2010年的平均消费率与投资率比值为1.57，属于第八区间，但人均收入却极不匹配，显示政府干预下政府投资比例过大和总体投资效率低下。数据的差异表明，中国改革开放以来实施的是一种低收入水平支撑下的高投资率和高增长率，居民收入水平并没有得到相应的增长。

表8-6　不同区间国家的消费与投资的比例

	消费/投资	增长率均值（%）	人均国民收入（美元）
第一区间	6.50	2.66	553
第二区间	4.38	3.25	9644
第三区间	3.91	3.35	3551
第四区间	3.67	4.22	8614
第五区间	3.78	3.32	7690
第六区间	3.27	3.12	17195
第七区间	2.87	3.42	11031
第八区间	2.16	5.48	11271

注：人均国民收入为1990年数据。
资料来源：刘立峰：《消费与投资关系的国际经验比较》，《经济研究参考》，2004年第72期。

（二）经济发展水平与投资消费的关系

需要特别指出的是，结合国际上的发展经验，经济增长速度以及经济发展水平（工业化程度）的演变，与相应投资消费的比例有很大的关系。根据1998~2002年的数据，将我国投资与消费比例关系与各收入水平国家及全世界平均水平进行比较，参见表8-7。从表中可以看出，1998年，我国投资率与消费率比较明显偏高，比投资率最高的下中等收入国家还高出13个百分点左右，比世界平均水平高出15个百分点左右。而消费率则明显偏低，比消费率最低的下中等收入国家还要低18个百分点左右，比世界平均水平低19个百分点左右。同时还注意到，我国投资率和最终消费率与世界平均水平差距基本呈逐年拉大的趋势。1998年差距还分别为19.8个百分点和15个百分点，到2002年已经扩大为21.9个百分点和19.3个百分点。可见近几年我国投资与消费比例关系失衡现象已经日渐严峻。在最终消费率方面，我国的最终消费低于全球平均水平，最终投资率高于世界水平。其中居民消费远低于全球平均水平，只在46%左右；政府消费相差不大（见表8-8）。

表8-7　工业化国家投资与消费比例关系的国际比较

单位：%

	1998年		1999年		2000年		2001年		2002年	
	消费率	投资率	消费率	投资率	消费率	投资率	消费率	投资率	消费率	投资率
高收入国家	77.1	22.1	77.7	22.1	77.9	22.3	79.1	21.0	81.0	19.0
上中等收入国家	75.5	24.3	74.5	23.4	73.1	24.4	73.3	25.0	72.4	25.2
中等收入国家	76.7	23.5	76.3	22.3	74.7	23.0	75.4	23.0	74.3	22.9
下中等收入国家	77.3	23.8	76.8	21.9	76.0	21.5	77.9	19.8	75.2	19.0
低收入国家	81.2	19.6	82.3	19.0	79.6	19.6	79.9	20.0	80.7	19.7
全世界	77.6	22.4	77.9	22.1	77.5	22.5	78.6	21.4	80.1	19.9
中国	58.7	37.4	60.1	37.1	61.1	36.4	59.8	38.0	58.2	39.2
中国与世界差距	-19.8	15	-17.8	15	-16.4	13.9	-18.8	15.6	-21.9	19.3

资料来源：世界银行数据库。

表8-8　1980~2002年各种类型国家支出法GDP结构

单位：%

国别	最终消费率	居民消费率	政府消费率	最终投资率
全球平均	78.38	61.22	17.16	22.24
工业化国家	77.41	57.62	19.80	20.89
非洲	82.18	63.91	18.28	20.24
亚洲	71.58	60.50	11.08	27.65
中东	74.13	50.72	23.41	22.15
拉美	82.52	69.41	13.11	20.38
东欧	80.16	63.41	16.75	24.05

注：由于计算的是各国的平均值，故各类消费总计不等于100%。

资料来源：EIU Country Data，Economist Intelligence Unit，Bureau Van Duk，Electronic Publishing.

根据对改革开放以来我国投资与消费比例关系变动趋势的分析及国际比较，可以得出以下结论：

第一，我国消费率与投资率总体变动趋势基本与投资与消费比例关系的一般演变规律一致，即随着工业化进程的推进，投资率呈上升趋势，消费率呈下降趋势；

第二，自2001年以来，我国投资率上升速度加快，消费率下降速度加快；

第三，最终消费中，居民消费率的波动与最终消费率变动趋势基本一致，政府消费率波动幅度较小，但总体水平呈稳中下降；

第四，资本形成率中，固定资产投资率变动趋势与投资率基本一致，但增长速度过快，存货增加比率过低；

第五，经过国际比较，发现我国消费率，其中主要是居民消费率偏低，且近几年程度持续加大；投资率偏高，近几年程度也呈逐年加大趋势。

四、影响我国投资和消费关系变化的主要因素

分析投资和消费关系变化的影响因素，对于解释投资和消费关系变化的成因和机理，预测投资和消费关系的未来变化趋势是十分必要的。

第一，居民收入水平提高和消费结构升级，是合理调整投资和消费关系的根本出发点。改革开放以来，我国城乡居民收入水平迅速提高，消费结构已从温饱型农产品消费过渡到小康型工业品消费，部分向比较富裕型的服务类消费迈进。居民消费从注重消费品数量的增加，转变为同时注重生活质量的提高。近些年来，城乡居民的恩格尔系数呈现出加速下降的趋势，表明居民消费结构升级的步伐在加快。居民消费水平提高和消费结构升级，在客观上要求最终消费率适当上升和投资率相应下降，使投资和消费保持一个相对协调的比例关系。如果投资率长期偏高而消费率长期偏低，将不适应人民群众日益增长的消费需求，不利于发挥最终消费对经济增长的拉动作用。我国居民消费增长的潜力还很大，需要进一步拓展居民消费的空间。

第二，国内较高的储蓄率，支撑着我国投资率在相当长时期保持较高水平；而居民消费倾向降低，制约着消费需求持续快速增长。我国是具有高储蓄传统的国家，远远高于世界平均水平，与西方发达国家的低储蓄传统形成鲜明对照（如美国的总储蓄率为15%，而居民储蓄率仅为5%）。高储蓄是高投资的基础，因此同期我国的投资率平均为40%左右，也远远高于20%的世界平均水平。我国总储蓄主要来源于居民储蓄。不少亚洲国家也有高储蓄的传统，像韩国、新加坡这样的新兴工业化国家，2000年的投资率仍然高达31%，作为发达国家的日本的投资率仍然处于26%的较高水平，这不能不说与它们较高的国内储蓄水平有很大关系。在居民收入水平为既定的前提下，储蓄倾向（即储蓄占可支配收入的比重）越高，消费倾向（即消费占可支配收入的比重）相对便会越低，并导致最终消费率下降；如果居民储蓄倾向降低，而消费倾向提高，则其投资率会下降到较低水平，而导致相应较高的最终消费率。20世纪90年代以来，我国居民消费倾向逐步下降，并出现消费增幅放缓的趋势。呈现居民消费倾向下降、消费支出增长放缓的态势，如果持续下去，势必使储蓄倾向过度提高，对投资和消费的合理变化产生消极影响。因此，居民储蓄倾向和消费倾向的协调变动，对于投资和消费关

系的合理调整是至关重要的。

第三，工业化进程和产业结构特点，对调整投资和消费的关系具有重要制约作用。各国工业化进程的一般规律表明，居民收入水平提高和消费结构升级，必然拉动产业结构升级，投资率会出现上升—下降—稳定的变动轨迹，消费率则相应表现为下降—上升—稳定的趋势。当居民消费由基本生存必需品为主转向工业品为主时，第二产业在 GDP 中的比重将会上升，进而导致投资率上升和消费率下降。当居民消费转向服务类产品为主时，第三产业在 GDP 中的比重则会提高，并引起投资率下降和消费率上升。在经济发达阶段，工业化完成，第三产业比重超过第二产业，投资和消费的比例将处于基本稳定状态。

我国工业化的历史任务尚未完成，目前正处于工业化中期阶段，工业结构的高加工度化和资本技术密集型工业的加速发展，是这一时期的重要特征。与大多数发展中国家和世界平均水平相比，我国第二产业在 GDP 中的比重较高，而第三产业的比重则较低。第二产业特别是制造业的生产过程更为复杂，需要大规模投资；而第三产业的生产过程相对简单，需要投资量较少。考虑到现阶段我国工业比重高而服务业比重低的结构性特点，以及完成工业化任务的客观需要，在一定时期内保持适当高的投资率可能是难以避免的。因此，在调整投资和消费的关系时，消费率还要受到工业化进程的制约，不大可能迅速上升到较高水平，而可能表现为一个缓慢提高的过程。随着工业化进入后期阶段并基本完成后，第三产业比重超过第二产业比重，投资率的下降将会比较明显，相应地为消费率的上升留下较大余地。

第四，经济发展战略和经济增长方式的转换，对投资率和消费率的合理消长具有积极影响。新中国成立以来的相当长时间里，我国采取的经济发展战略，以国家集中配置资源、优先发展重工业和追求经济增长的高速度为特征，国民收入分配格局向投资支出和重工业倾斜，而消费支出、与人民生活密切相关的轻工业和第三产业则得不到足够的发展资源。经济增长方式相应地表现为以投资饥渴、数量扩张、速度推动为特征的粗放型增长。因而，投资和消费的关系往往表现为投资过度和消费不足，也往往在国民经济比例严重失调而被迫压缩投资的情况下，消费才得到应有的重视。改革开放以后，我国经济发展战略逐步转向以市场为基础配置资源、重视经济社会协调发展、强调让人民得到更多实惠，国民收入分配格局逐渐向企业和居民个人倾斜；经济增长方式随之逐步转向注重质量效益、结构优化和科技进步的集约型增长。由于这种转换是带有根本性的变化，其过程难免会出现一定波折，投资和消费的关系也难免出现新的不协调。但随着经济发展战略和经济增长方式的转换，违背客观规律的人为因素对经济增长的干扰越来越弱化，投资和消费的关系有可能逐步遵循经济内在的要求和发展趋势，沿着相对协调的轨道消长变化。

第五，市场机制作用的增强，从经济运行机制内部促进投资率和消费率合理变动。从宏观调节机制看，随着市场化改革逐步深入，以间接调节方式为主的宏观调控体系基本建立，针对投资和消费波动所采取的宏观调节措施，有可能更多地借鉴市场经济的通行做法。从微观运行机制看，一方面，非政府的投资主体在全社会投资中发挥着越来越重要的作用，主要由企业和个人根据市场供求变化和国家政策导向，自主地进行投资决策，尤其是各类非国有的民间投资日趋活跃，投资领域越来越广泛；另一方面，随着各类非政府投资主体的发育成长，必然促使政府投资逐步退出一般竞争性领域，越来越集中于公共产品和公共服务领域，进而促使政府投资和非政府投资的分工趋向合理。总之，经济体制改革越是深入，符合市场经济规律的运行调节机制越是完善，越有利于投资和消费之间形成比较合理的关系。

五、扩大居民消费需求的出路和政策建议

我国在新型工业化、城市化过程中，扩大内需是一个极其重要的经济战略，既可以优化我国的投资消费比例，也能推动我国经济以内生方式实现持续稳定健康发展。无论如何，扩大内需是当前中国的一个热点，但对于怎样扩大内需则见仁见智。目前政策多侧重于扩大固定资产投资，促进消费的政策除汽车、家电外，多数乏善可陈。在促进消费方面，现有政策侧重于刺激城乡居民扩大消费支出、减少储蓄比例，缺乏通过增加居民收入、消除过大收入差距、完善社保体系、扩大居民消费的长远考虑。这样的思路和政策，即使短期实现了拉动经济增长的目的，从长期来看可能得不偿失，甚至导致国民经济结构的恶化。

(一) 提高就业和居民收入水平是扩大居民消费的关键

目前我国扩大内需的一个重要思路，就是设法让老百姓扩大消费支出，较少考虑扩大政府转移支付和城乡居民的增收问题。扩大内需的一个根本原则，就是要形成居民消费增长与国民经济增长之间的良性循环；而扩大居民消费增长的关键，是增加就业和提高工资水平。反之，不能扩大就业的 GDP 增长，以及虽然能够增加就业，但平均工资水平仍然处于较低水平的，则不能起到扩大消费的目的。由于货币投放过多而导致房地产价格和证券价格上涨，可以拉动房地产业增加值的增长，以及由于居民金融资产升值而扩大消费支出（而在证券价格下跌时大幅度减少消费支出），虽然可能在短期内推动 GDP 的增长，但这个增长过程难以长期持续，需要引起我们的高度警惕。即使由于基础设施项目刺激，拉动了国

民经济和就业增长，但若就业局限于建筑施工等低工资水平的体力劳动范畴，而集合知识技术的创意型经济不能得到发展，则扩大就业很难起到扩大内需的效果。因此，应把扩大就业特别是提高居民收入水平，当成扩大内需的关键因素，除此没有别的出路。

（二）把消除贫富差距作为扩大内需的战略手段

一些人把中国当前需求不足的原因归到美国金融危机上，这是一种错误的思路。即使没有美国金融危机，中国依靠房地产和出口拉动经济增长的模式，终将产生严重的危机。美国金融危机加速了中国经济矛盾的显现，但此后中国"保增长"的一系列举措，在实际操作过程中产生了经济结构进一步失衡的后果，工业产能的严重过剩和高房价的走向，将在未来相当长时期影响着中国经济增长的质量。解决中国居民的消费需求增长问题，关键的一点在于消除贫富差距，使广大的城乡居民能够公平地分享改革开放成果。解决贫富差距的主要思路：一是通过法律措施，提高体力劳动者的最低工资水平，降低资本、土地等生产要素以及政府税收在社会总产品中的分配比例，使广大的体力劳动者能与脑力劳动者获得相当的收入水平；二是通过土地制度改革和国有企业制度改革，推动城乡土地权利的平等化和国有企业分红权的全民化，提高农民和全社会低收入群体的财产性收入水平；三是坚决消除资产市场泡沫，杜绝由于资产泡沫导致的大规模财富转移机制，最大限度地防止已经分化的社会各阶层收入的进一步拉开。

（三）扩大民生导向的公共支出、提高社会保障水平以释放居民消费

我国居民不敢消费的一个重要原因就是因为公共服务和社会保障体系不健全，必须增加储蓄以应对医疗、养老、教育等不确定的大笔支出的发生。为此，扩大居民消费支出必须把社会保障建设作为根本着力点，应该重点做好以下工作：一是提高社会保障水平。只有老百姓解除了养老、医疗、教育等后顾之忧，才敢减少储蓄，才敢花钱。二是加大公共财政对"三农"的补贴，实施减税计划，真正让利于民、藏富于民。三是在教育、就业、医疗、社会保障等方面逐步打破城乡分割的二元化公共服务体制，真正推行公共服务的均等化，以真正激活城乡市场特别是农村市场。

第九章 中国工业投资的结构、效率与产能过剩问题

一、中国工业投资的增长趋势、波动与结构变动

改革开放以来，中国工业经济高速增长。1978~2010 年的 32 年间，工业增加值（可比价）增长了近 32.5 倍，年平均增长率为 11.5%。其中 1990~2010 年的 20 年里，工业增加值增长了 10.5 倍，年均增长率为 12.5%。在这期间，工业固定资产投资经历了更为快速的增长，工业固定资产投资（可比价）增长了约 22.5 倍，年均增长率约为 16.8%。同期，工业固定资产投资经历了较大的波动，在结构上也出现了一些新的变化。

（一）工业固定资产投资的增长趋势

对工业固定资产投资进行描述分析，首先涉及对全社会工业固定资产投资的估算问题。在《中国统计年鉴》和《中国固定资产统计年鉴》中并没有关于工业固定资产的直接统计值，1996 年以来的工业固定资产投资通过全社会制造业、采矿业与电力、煤气及水的生产和供应三个大类行业固定资产投资数据加总的方式获得。1990 年全社会工业固定资产投资的数据引自张世贤（2000）一文[①]。由于 1991~1995 年期间相应统计数据缺失，只能采用估算的方式。具体估算方式是，将基本建设和更新改造中工业项的投资额加总，并根据固定资产投资价格系数进行调整换算成 1990 年不变价格值，计算出相应的增长率，并根据 1991 年~1996 年 6 年期间工业投资年均增长率值进行调整，得出 1991~1995 年这五年的工业全社会固定资产投资实际增长率的估算值，并以此计算出这五年工业固定资产投资实际额（1990 年不变价）的估算额。由于统计数据的缺失，不能计算或者相对科学地估算 1990 年之前工业固定资产投资。

[①] 张世贤：《工业投资效率与产业结构变动的实证研究》，《管理世界》，2000 年第 5 期。

1990~2010年的20年间，按可比价计算，工业固定资产投资增长了22.5倍，年均增长率为16.8%。同期，全社会固定资产投资增长了24.3倍，年均增长率为17.3%，高于工业固定资产投资增长率0.5个百分点。分阶段工业投资增长情况如下：1991~1996年期间的6年里，工业固定资产投资率年均增长率为13.6%，同期全社会固定资产投资年均增长率为17.3%；1997~2002年期间，工业固定资产投资年均增长率为7.3%，同期全社会固定资产年均增长率为10.91%；2003~2010年期间，工业固定资产投资年均增长率为26.7%，同期全社会固定资产投资年均增长率为22.3%。从分阶段的情况来看：2003~2010年期间，工业投资增速显著加快，比1997~2002年期间的工业投资年均增速高了近19.4个百分点，比1991~1996年期间的年均增速高了近13.1个百分点。2003~2010年期间的工业固定资产投资还有一个显著的特点，那就是其年均增速高于全社会固定资产投资年均增速4.4个百分点，在这之前的12年里，工业固定资产投资年均增长率一直低于全社会固定资产投资年均增长率3.6个百分点左右。

从图9-1也可以看出，2002年以来，工业固定资产投资增长显著提速，其增速远高于此前各年份，工业固定资产投资增速持续高于全社会固定资产投资增速，而在此前的多数年份，工业固定资产投资增速小于全社会固定资产投资。近年来工业固定资产投资增速显著提高有两个重要的原因：第一，2000年以来城市化和重化工业化进程显著加速，带动了重工业投资的高速增长；第二，在装备现代化以及出口高速增长的带动下，轻工业投资高速增长。

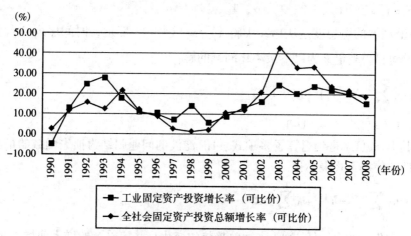

图9-1　1990~2008年工业固定资产投资增长率

资料来源：根据中国经济网统计数据库、《中国统计年鉴》（1990~2008）整理。

（二）工业固定资产投资的波动情况

从图 9-1 可以看出：2001 年之前，工业固定资产投资波动与全社会固定资产投资波动趋势大体上同步，但略有不同；2002 年以来两者波动则体现出高度的同步性，但工业投资的波动程度更为剧烈。我们采用 HP 滤波的方法，进一步分析工业固定资产投资的波动性。

1.数据说明与研究方法

工业固定资产投资年度数据（1990 年不变价）和全社会固定资产投资年度数据（1990 年不变价）的计算方法和数据来源，此前已经做具体说明。本章用这两组数据作为基本数据，来分析其波动性。

本章主要通过使用 HP 滤波方法分析工业投资情况波动。Hodrick–Prescott（HP）滤波方法就是测定序列长期趋势的一种方法，该方法在 Hodrick 和 Prescott（1997）分析第二次世界大战后美国经济周期的论文中首次使用，其后应用范围不断拓展。HP 滤波法的优势在于可以将趋势要素和循环要素进行分解而又不像频谱滤波方法那样会损失序列首尾的数据，通过对惩罚因子的调整，HP 滤波相对于 Census X12 平滑法和 Tramo/Seats 等方法又更为灵活。

HP 滤波方法的基本原理是：$\{Y_t\}$ 设是包含趋势成分和波动成分的经济时间序列，$\{Y_t^T\}$ 是其中含有的趋势成分（Trend），$\{Y_t^C\}$ 是其中包含的波动成分（Cycle）。则

$$Y_t = Y_t^T + Y_t^C, \quad t=1, 2, 3, \cdots, T$$

HP 滤波的思想就是从 $\{Y_t\}$ 中将 Y_t^T 分离出来。一般地，时间序列 $\{Y_t\}$ 中的可观测趋势 $\{Y_t^C\}$ 被定义为以下最小化问题的解：

$$\min \sum_{t=1}^{T} \{ (Y_t - Y_t^T)^2 + \lambda [c(L)Y_t^T]^2 \}$$

$$c(L) = (L^{-1}-1) - (1-L)$$

其中，$c(L)$ 是延迟算子多项式。HP 滤波的问题归结为损失函数的最小化问题，即要使得下式最小化

$$\min \left\{ \sum_{t=1}^{T} (Y_t - Y_t^T)^2 + \lambda \sum_{t=1}^{T} [(Y_{t+1}^T - Y_t^T) - (Y_t^T - Y_{t-1}^T)]^2 \right\}$$

最小化问题由 $[c(L)Y_t^T]^2$ 来调整趋势的变化，并随着 λ 的增大而增大。HP 滤波依赖于控制平滑程度的惩罚因子 λ 的设定。当 $\lambda=0$ 时，满足最小化条件的趋势序列即为 $\{Y_t\}$ 本身；随着 λ 的增加，估计的趋势逐渐变得光滑；当 λ 趋近无穷大时，估计的趋势将接近线性函数，HP 滤波就退化为最小二乘法。对取值存

在一个权衡的问题，即要在趋势序列对实际序列的跟踪程度和趋势的光滑程度之间做一个选择。对于年度数据，本章使用经济合作与发展组织（OECD）建议的 $\lambda = 100$。

2. 工业固定资产投资的波动性分析

我们用 HP 滤波的方法，将工业固定资产投资额（II）序列，分解为工业固定资产趋势序列（II_Trend）与工业固定资产投资波动序列（II_CYCLE）。从图 9-2 的趋势序列的变化来看，2002 年以来趋势线变得更为陡峭，表明工业固定资产投资显著提速。从波动序列来看，1998~2005 年期间，存在一个跨时 7 年的投资缺口。

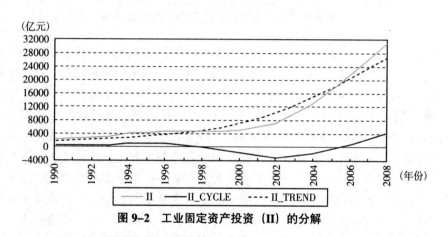

图 9-2　工业固定资产投资（II）的分解

从图 9-2 中我们还不能直观评价工业固定资产投资的波动幅度，我们进一步测算了工业固定资产投资和全社会固定资产投资的偏离率指标（偏离率=Cycle/Trend），我们用偏离率指标来反映。在图 9-3 中，我们给出了工业固定资产投资（II_Cycle/Trend）和全社会固定资产投资偏离率（NI_Cycle/Trend）指标序列图。从图中我们可以看出，全社会固定资产投资偏离率序列的波峰、波谷均显著小于工业固定资产投资序列，这表明工业固定资产投资相对全社会固定资产投资而言更为剧烈。工业固定资产投资偏离序列波峰值为 33.8%、波谷值为-31.2%，峰值与谷值之间的时间跨度为 8 年（半周期），表明工业固定资产投资波动周期较长但波动幅度剧烈的特征。

（三）工业投资的结构变动

1990 年以来，工业固定资产投资在相对剧烈的波动中高速增长，其中工业固定资产结构也经历了比较大的变化。在中国传统上会将工业分成轻工业和重工业两个大类，轻工业指主要提供生活消费品和制作手工工具的工业，重工业指为

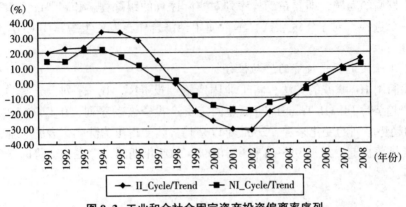

图9-3 工业和全社会固定资产投资偏离率序列

国民经济各部门提供物质技术基础的主要生产资料的工业。本章主要探讨工业投资在轻工业与重工业之间分配比例的变化。由于在《中国统计年鉴》与《中国固定资产投资统计年鉴》中并没有轻、重工业固定资产投资的数据，1990~2003年的轻重工业投资占比主要根据《中国统计年鉴》中给出的各行业基本建设、更新改造数据计算，2004年以来的占比则根据《中国统计年鉴》中城镇各行业固定资产投资计算。在本章中，轻工业包括：农副食品加工业、食品加工业、饮料制造业、烟草制品业、纺织业、纺织服装鞋帽制造业、皮革毛皮羽毛及其制品业、木材加工及木竹藤棕草制品业、家具制造业、造纸及纸制品业、印刷业及记录媒介的复制、文教体育用品制造业、医药制造业、化学纤维制造业、仪器仪表文化办公用机械制造业、工艺品及其他制造业、废旧资源和废旧材料回收加工业。重工业则包括：采矿业、电力燃气水的生产与供应业以及除轻工业行业外的制造业各行业。

图9-4直观反映出轻工业固定资产投资与工业增加值在工业中份额的变化：1992~1999年期间，轻工业投资占比20.6%逐渐下降到12.06%；2000年以来轻工业投资占比逐渐上升，2005年轻工业投资占比重新回到20%以上，2006年、2007年该值分别为26.69%和26.7%，2008年轻工业投资占比下降至24.8%。近十年来我国城市化显著加快、重化工业化的趋势十分显著，轻工业工业增加值占比迅速下降，同期轻工业投资占比却稳步提高，这一现象似乎令人觉得不解。但是通过对轻工业的考察我们不难发现，近十年来我国轻工业的产品升级换代十分迅速，出口量的快速增长也带动了许多轻工业产品的升级换代，轻工业装备的更新改造和升级换代也非常快，这在很大程度上可以解释轻工业投资占比上升和工业增加值占比下降同时出现的矛盾。

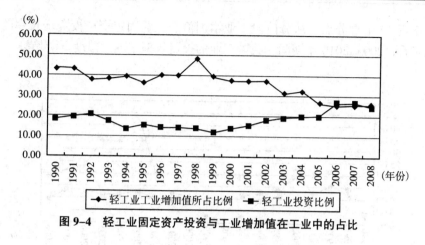

图 9-4　轻工业固定资产投资与工业增加值在工业中的占比

二、中国工业投资效率变动及其解释

资本作为最基本的生产要素之一，一直是经济学的重要研究内容。由于资本是通过投资形成的，产业投资过程也就相应变得重要。投资效率与资本产出效率紧密相关，并进而对经济增长的速度和质量产生重要影响。提高工业投资的效率是新型工业化的内在要求。已有研究都是从整体宏观经济层面出发的，主要是研究国民经济整体的投资效率，对于工业投资效率的研究相对缺乏。因而，本章试图系统测算我国工业投资效率，进而分析导致工业投资效率变动的主要原因。

（一）工业投资增长率与产出增长率的相对变化

从理论上讲，投资效率的提高将趋向于保持资本与产出的同步变动。我们可以通过工业固定资产投资增长率与工业增加值增长率的相对变化，来粗略判断工业投资效率的变化情况。从图 9-5 可以看出，在 1990~1999 年期间的绝大部分时间，工业增加值的增长率都高于固定资产投资增长率，从 2000 年开始，工业固定资产投资增长率高于工业产出的增长率。从分阶段的情况来看：1991~1996 年期间的 6 年里，工业增加值年均增长率为 16.80%，工业固定资产投资率年均增长率为 13.62%，增加值年均增长率高于固定资产投资年均增长率 3.62 个百分点；1997~2002 年期间的 6 年里，工业增加值年均增长率为 9.53%，工业固定资产投资率年均增长率为 7.31%，增加值年均增长率高于固定资产投资年均增长率 2.22 个百分点；2003~2010 年期间的 8 年里，工业增加值年均增长率为 11.6%，工业固定资产投资率年均增长率为 26.7%，增加值年均增长率低于固定资产投资年均

增长率近 15 个百分点。从分阶段工业增加值与工业固定资产投资增长率的相对
情况来看，2003~2010 年期间，我国工业的投资效率呈现大幅度下滑趋势。

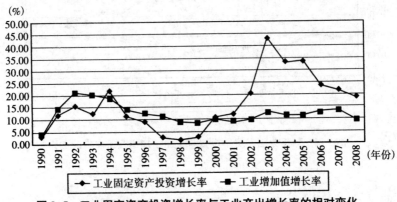

图 9-5　工业固定资产投资增长率与工业产出增长率的相对变化

（二）工业投资效率的变动趋势

工业增加值增长率与工业固定资产投资率的相对变化只能大致反映投资效率
的变动情况。在已有的文献里，投资效率常常用"边际资本—产出比率"（Incre-
mental Capital-output Ratio，ICOR）来衡量。而且边际资本—产出比例是一个容
易计算的指标，它是资本的边际生产率的倒数：

ICOR = I/dy

从理论上说，投资效率的提高将趋向于保持资本与产出的同步变动，边际资
本—产出比率（ICOR）的增长率都会非常小，或者接近于零（张军，2003）。根
据这个定义，ICOR 值越大，表明投资的效率越低。我们在表 9-1 中计算出 1990
年以来的 ICOR 值，并计算出五年移动平均的 ICOR 值。从表 9-1 中我们可以更
为直观地观察投资效率的变化。总体上看，ICOR 五年移动平均值持续上升，尤
其是 2003 年以来，该值上升的速度明显加快。这意味着工业投资效率在 2003 年
以后急剧恶化。

表 9-1　中国工业边际资本—产出（ICOR）

年份	工业产出增长值（1990 年不变价）（亿元）	工业固定资产投资（1990 年不变价）（亿元）	ICOR	ICOR（五年移动平均值）
1991	987.6	2399.47	2.43	—
1992	1659.6	2777.38	1.67	—
1993	1913.4	3121.78	1.63	1.94
1994	2160.2	3799.83	1.75	1.93

续表

年份	工业产出增长值（1990年不变价）（亿元）	工业固定资产投资（1990年不变价）（亿元）	ICOR	ICOR（五年移动平均值）
1995	1899.7	4231.87	2.23	2.08
1996	1934	4609.95	2.38	2.31
1997	1968.2	4732.51	2.4	2.48
1998	1728.2	4787.96	2.77	2.49
1999	1790	4679.73	2.61	2.55
2000	2249.4	5164.15	2.3	2.59
2001	2187.7	5833.65	2.67	2.56
2002	2729.5	7042.64	2.58	2.69
2003	3847.3	10082.48	2.62	3.03
2004	3938.2	12979.67	3.29	3.28
2005	4353.1	17349.49	3.99	3.58
2006	5445.3	21465.82	3.94	4.28
2007	6425.9	26101.83	4.06	5.31
2008	5053.5	30964.62	6.13	5.84
2009	4880.6	41244.87	8.45	—
2010	7439.5	49297.62	6.63	

（三）我国工业投资低效与投资效率持续走低的原因

对于我国投资低效率的形成原因，已有的研究主要从两个方面来解释：①中国金融抑制背景下，银行效率过低和利率管制下资本价格扭曲诱发工业过度投资，从而导致工业过度资本化与投资效率低下。②计划经济体制时期的"投资饥渴症"，在转轨经济中依然存在。国有企业与乡镇企业产权制度的缺陷，导致这两类企业有很强的过度投资冲动；地方政府在 GDP 导向的政绩观激励下，实施地方保护主义和市场分割，从而导致重复建设、产能过剩以及投资效率低下。

已有的研究对于解释我国工业投资低效问题均具有一定的解释力。大型国有企业以及地方重点扶植企业仍然存在某种程度的软预算约束问题，我国金融体系虽然有了比较大的改善，但金融抑制依然严重，政府偏好仍然在一定程度上决定着投资项目的选择。虽然这些仍然是导致我国投资低效率的重要原因，但是尚不足以解释近年来我国工业投资低效率以及投资效率急剧降低的问题。20 世纪 90 年代末以来，地方政府具有更为强烈的推动经济发展的动机；国有企业改革的深入以及"国退民进"、民营经济的高速发展，各级地方政府不再是产业投资的直接主体；国内市场一体化进程加速，使得地方政府难以再采取地方保护主义和市场分割手段；城市化进程的加快使得土地迅速升值，地方政府通过对土地这一重要稀缺生产要素的垄断，获取了干预企业投资的经济能力和最为重要的经济手段，地方政府更多的是通过各种经济优惠政策影响和主导企业投资。许多学者关注到了转轨经济中这些显著变化的特征，逐步将地方政府对于企业投资的不当干预作为现阶段投资效率低下的主要原因。

从地区竞争中地方政府不当干预投资的角度出发，系统分析我国工业投资低效率以及投资效率持续走低的主要原因，大致包含了以下三个层面的内容：①财政分权和中国地方官员的晋升体制，增强了地方政府不顾社会经济成本和效益盲目推动经济规模增长的动机。②模糊的土地产权和银行的预算软约束等体制上的缺陷，使得为投资者提供低价土地、减免税收等投资补贴措施以及帮助企业获取金融资源，成为地方政府招商引资从而推动地区经济增长的主要手段。③地方政府普遍通过投资优惠政策进行招商引资大战，会通过投资补贴效应来实现工业投资效率的急剧下降。

财政分权改革以后，我国地方政府出现明显的"法团化"（Lacal State Corporatism）趋势。所谓"法团化"，指的是地方政府直接介入经济、承担企业经营管理角色的趋势，且各级政府与所辖企业形成的类似大型企业集团的利益共同体。在经济转轨时期，先有党政、地方国有企业，后有地方民营企业，它们相互结合，成为一定意义上的法团组织，构成了中国经济改革的微观制度基础。一般情况下，具有"法团化"趋向的地方辖区，往往把宏观经济稳定、收入分配公平和环境外溢影响都视为"外部性"问题，并将尽可能多地争取外来投资、金融资源、上级政府资助或特别优惠（Qian 和 Roland，1998；Jin，2005；李扬，2005）。中国地方官员的晋升体系非常类似于晋升锦标赛模型[1]，由于晋升职位总是有限的，晋升锦标赛具有一种"赢家通吃"和"零和博弈"的特征，一人提升势必降低别的竞争者的晋升机会。由此，激烈的政治竞争，就容易转化为（地方政府）为了政治收益不计社会经济成本和效益、一味推动经济规模增长的竞争[2]。

在我国转轨经济体制下，由于土地转让权模糊不清和银行存在预算软约束，土地和信贷市场无法给出市场定价，客观上为地方政府和投资者提供了巨大的套利空间[3]。在注重 GDP 增长、招商引资的政绩考核体系下，政府官员倾向于利用土地产权模糊和银行预算软约束的制度漏洞，对土地、信贷等稀缺资源进行强有力的控制，以保障地方政府的意愿得以实现[4]。由此，地方政府给投资者提供各

---

① 周黎安：《晋升博弈中政府官员的激励与合作——兼论我国地方保护主义和重复建设问题长期存在的原因》，《经济研究》，2004 年第 6 期。

② 周黎安：《中国地方官员的晋升锦标赛模式研究》，《经济研究》，2007 年第 7 期。

③ 北京大学中国经济研究中心宏观组：《产权约束、投资低效与通货紧缩》，《经济研究》，2004 年第 9 期。

④ 李军杰：《经济转型中的地方政府经济行为变异分析》，《中国工业经济》，2005 年第 1 期。

种各样的优惠条件，为投资者提供了大量的投资补贴。大量投资补贴会使投资者在产品市场之外获取额外的投资收益，这会显著扭曲投资者的投资行为，并大大降低投资效率。对于地方政府普遍的投资优惠政策如何导致投资低效，我们可以用一个简单模型来进行说明。

对于竞争性市场代表性企业 A，其生产函数为：

$$y = f(k, l)$$

在没有投资补贴的情况下，其利润最大化问题可以表述为：

$$\max \times pf(k, l) - w_k k - w_l l$$

它的一阶条件是：

$$P\frac{\partial f(k^*, l^*)}{\partial k} - w_k = 0$$

$$P\frac{\partial f(k^*, l^*)}{\partial l} - w_l = 0$$

在没有投资补贴的情况下，企业利润最大化时资本的边际产出为：

$$\frac{\partial f(k^*, l^*)}{\partial k} = \frac{w_k}{P}$$

在存在投资补贴的情况下，假设资本的边际补贴为恒定值 s，这时其利润最大化问题则表述为：

$$\max \times pf(k, l) + sk - w_k k - w_l l$$

它的一阶条件是：

$$P\frac{\partial f(k^1, l^1)}{\partial k} + s - w_k = 0$$

$$P\frac{\partial f(k^1, l^1)}{\partial l} - w_l = 0$$

在存在投资补贴的情况下，企业利润最大化时资本的边际产出为：

$$\frac{\partial f(k^1, l^1)}{\partial k} = \frac{w_k - s}{P}$$

可以得出：

$$\frac{\partial f(k^*, l^*)}{\partial k} > \frac{\partial f(k^1, l^1)}{\partial k}$$

即投资补贴会显著降低资本的边际产出效率（投资效率），单位投资补贴越大，企业的资本边际产出就越低，企业的投资效率也就越低。

将工业看作一个经济体，其生产函数为：

$$Y = F(K, L, t)$$

在这个经济体中存在普遍的投资补贴，并且假设第 t 年的边际投资补贴为 S_t，资本的边际产出率为：

$$\frac{dY}{dK} = \frac{dY/dt}{dK/dt} = dY/I$$

在自由竞争的市场中，如果不存在投资补贴，则有：

$$\frac{dY}{dK} = w_k$$

如果在普遍投资补贴条件下的自由竞争市场中，则有：

$$\frac{dY}{dK} = w_k - s$$

普遍的投资补贴会拉低资本的边际产出率，导致投资效率的降低。

第 t 年的边际资本产出率为：$\dfrac{dY_t}{dK_t} = w_k - s_t$，即 $\dfrac{dY_t}{I_t} = w_k - s_t$

$$\left(\frac{dY_t}{I_t}\right)'_t = -s'_t$$

当投资补贴逐年上升时就会有 $s'_t > 0$，则 $\left(\dfrac{dY_t}{I_t}\right)'_t = -s'_t < 0$，即投资补贴逐年上升时，投资效率则会逐年下降。

三、中国工业投资中的产能过剩问题

工业投资领域的"重复建设"、"恶性竞争"、"过度竞争"、"过度投资"和"产能过剩"等相类似的问题，一直困扰着经济政策部门[1]。政策部门认为"重复建设"、"恶性竞争"、"过度竞争"、"过度投资"、"产能过剩"等类似问题，会导致产业组织恶化、企业利润下降、亏损增加、加大金融风险、严重浪费资源，使资源环境约束矛盾更为突出，使经济结构不协调的问题更为严重，影响国民经济持续、健康、协调发展。

（一）我国经济转轨时期工业品市场重复建设、产能过剩现象

在改革开放初期，重复建设主要集中在初级产品的加工方面，各地盲目建设一些小烟厂、小酒厂、小棉纺、小丝厂、小化肥厂等。然而，自 20 世纪 80 年代中期以来，重复建设逐步延伸到以家电为代表的机电产品和高档耐用消费品，先是自行车、缝纫机、收录机"老三大件"，然后是彩电、冰箱、洗衣机"新三大

---

①这几个概念描述的基本上是同一现象，它们之间的差异在于描述现象时的侧重点上有所不同。"过度投资"等概念侧重在现象的前端即生产能力的过度投入上，而"重复建设"和"产能过剩"侧重在产能的大量闲置上，"过度竞争"和"恶性竞争"侧重在激烈的价格竞争和企业亏损增加上。

件"，继而又扩展到空调器、吸尘器、录像机、摄像机、排油烟机、电淋浴器、电饭煲、VCD机、摩托车、小轿车等各个领域。20世纪90年代以来，各地的重复建设又开始进入基础设施和支柱性行业。根据1995年第三次全国工业普查的资料，在285种主要工业品中，生产能力利用率大于85%的只有25种，占8.8%；生产能力利用率在75%~85%之间的只有42种，占14.7%；而生产能力利用率在75%以下的有218种，占76.5%，其中生产能力利用率不到50%的有90种，占31.6%。这说明，当时有3/4以上的工业产品存在严重的重复建设问题①。曹建海进一步指出当时存在严重重复建设的行业是：电冰箱、中草药、电话单机、汽车、钢材、内燃机、金属切削机床、房间空调器等行业②。

　　2003年，钢铁工业投资增长92.6%，水泥行业投资增长121.3%，电解铝工业投资增长96.6%。引起各方高度重视，国家发改委、国务院以及许多学者认为这三个行业存在比较严重的盲目投资和低水平重复建设问题。2003年11月19日，国家发改委、国土资源部、商务部、环保总局和银监会共同制定了《关于制止钢铁行业盲目投资的若干意见》、《关于制止电解铝行业违规建设盲目投资的若干意见》、《关于防止水泥行业盲目投资加快结构调整的若干意见》，2003年12月23日国务院办公厅签发《国务院办公厅转发展改革委等部门关于制止钢铁电解铝水泥行业盲目投资若干意见的通知》（国发办〔2003〕103号文），督促各相关部门执行。三个《意见》分别认为钢铁行业、电解铝行业和水泥行业存在比较严重的盲目投资和低水平重复建设，认为在2005年这三个行业将出现严重的产能过剩和市场过度竞争。

　　2005年，国家发改委认为钢铁、电解铝、铁合金、焦炭、电石、汽车和铜冶炼七个行业产能过剩问题突出，水泥、电力、纺织和煤炭行业存在潜在产能过剩，并给出以下数字说明部分行业的严重的产能过剩问题：钢铁行业目前（2005年年底）产能为4.7亿吨，而2005年产量只有3.4亿~3.5亿吨，产能过剩1.2亿吨。还有在建产能7000万吨，拟建产能8000万吨，如果在建和拟建的项目全部建起来，钢铁工业的产能将超过6亿吨；电解铝行业电解铝年需求量为600万~700万吨，而目前产能已高达1030万吨，闲置生产能力260万吨，目前在建的产能还有112万吨；铁合金行业现有生产能力2213万吨，企业开工率只有40%，但是即便如此，目前仍有在建产能116万吨，拟建产能123万吨；焦炭行业国内市场需求只有2亿吨，产能却达到了3亿吨，而且各地还有在建和拟建产能各3000万吨；电石行业市场需求为800万吨，产能为1600万吨，有一半能力放空，在建的产能还有484万吨。2005年底，国务院和国家发改委把治理这些行

　　① 魏后凯：《我国工业重复建设辨析》，《经济管理》，2001年第5期。
　　② 曹建海：《对我国工业中过度竞争的实证分析》，《改革》，1999年第4期。

业的产能过剩当作来年宏观调控工作的重点。

2006 年 3 月，国务院颁布《国务院关于加快推进产能过剩行业结构调整通知》，《通知》中认为部分行业盲目投资、低水平扩张导致生产能力过剩，并已经出现产品价格下跌，库存上升，企业利润增幅下降，亏损增加、加大金融风险等后果，成为经济运行的一个突出问题。如果不抓紧解决，资源环境约束的矛盾就会更加突出，结构不协调的问题就会更加严重，企业关闭破产和职工失业就会显著增加，影响经济持续快速、协调、健康发展。国务院把推进产能过剩行业的产业结构调整作为 2006 年国务院工作重点之一。2006 年 6 月，国务院发布《国务院办公厅转发发展改革委等部门关于加强固定资产投资调控从严控制新开工项目意见的通知》，加强对固定资产投资的调控、从严控制新开工项目，以避免相关行业产能过剩进一步加剧。

2009 年 9 月，国家发改委、工业和信息化部等部门共同制定的《关于抑制部分行业产能过剩和重复建设引导产业健康发展的若干意见》发布，该《意见》指出：2008 年我国粗钢产能 6.6 亿吨，需求仅 5 亿吨左右，目前在建项目粗钢产能 5800 万吨，如不及时加以控制，粗钢产能将超过 7 亿吨，产能过剩矛盾将进一步加剧；2008 年我国水泥产能 18.7 亿吨，当年水泥产量 14 亿吨，在建产能 6.2 亿吨，另外还有已核准尚未开工的产能 2.1 亿吨，这些产能全部建成后，水泥产能将达到 27 亿吨，市场需求仅为 16 亿吨，产能将严重过剩；2008 年全国平板玻璃产能 6.5 亿重箱，产量 5.74 亿重箱，新增产能 4848 万重箱，目前各地还有 30 余条在建和拟建浮法玻璃生产线，平板玻璃产能将超过 8 亿重箱，产能明显过剩；2008 年我国多晶硅产能 2 万吨，产量 4000 吨左右，在建产能约 8 万吨，产能已明显过剩；煤化工重复建设严重，产能过剩 30%，在进口产品的冲击下，2009 年上半年甲醇装置开工率只有 40% 左右；2010 年我国风电装备产能将超过 2000 万千瓦，而每年风电装机规模为 1000 万千瓦左右，若不及时调控和引导，产能过剩将不可避免。此外还指出，电解铝、造船、大豆压榨等行业产能过剩矛盾也十分突出。

（二）产能过剩形成机理研究中的争论与缺陷

对于重复建设、产能过剩形成机理的研究上，一直存在两种截然不同的研究传统：一种是以"市场失灵"来解释重复建设的形成机理；另一种则是以转轨经济中体制缺陷对经济主体行为的扭曲来解释。

1. 以市场失灵解释产能过剩形成机理的主要理论及其缺陷

第一种研究传统可以追溯到社会主义政治经济学对于经济周期的认识。早期的研究认为市场经济社会化生产中投资决策的分散化和无政府状态导致了重复建设；在随后的研究中，多数学者运用产业组织理论，将"不合理重复建设"、

"过度竞争"的形成解释成为一种市场失灵，最具代表性的有四种理论观点：①低集中度的市场结构导致重复建设。持这类观点的学者，多误读了贝恩（Bain，1959）、鹤田俊正（1988）[1]关于过度竞争问题的相关论述，也误读了克拉克（Clark，1940）的有效竞争理论，在论证上缺乏严密的理论逻辑。②杨蕙馨（2000，2004）、牛桂敏（2001）等人认为，行业低进入壁垒和高退出壁垒的结构性特征导致重复建设[2]。这种观点面临的理论和逻辑上的矛盾，就在于退出障碍就是一种进入障碍[3]，高退出壁垒将会导致高进入壁垒，低进入壁垒和高退出壁垒无法并存（李伟，2006）。③以自由进入的企业数目可能会大于社会福利最大化情况下的企业数目（即过度进入定理）解释过度竞争或重复建设（Kotaro Suzumura 和 Kazuharu Kiyono，1987；张军，1998；曹建海，2001；罗云辉，2004）[4]。该定理的成立严格依赖于次可加性的成本函数和商业盗窃效应两个强假设，由于多数竞争性行业中这两个条件均不能满足，以过度进入定理解释竞争性行业的过度竞争、重复建设并不合适[5]。④以保有过剩生产能力促进企业间的价格合谋来解释重复建设或过度竞争[6]。该理论的一个根本缺陷是忽略了过多的产能投入会带来更多的成本投入；此外，由于真实价格信息的不对称性和滞后性，而产能投资可观测性很高，保持默契合谋时均衡产量数量的产能而不增加额外产能，相对于价格协调更有利于保持企业间的合谋。

近年来，在延续第一种传统的研究中，林毅夫（2007）[7]和林毅夫、巫和懋、邢亦青（2010）[8]的研究颇有影响。林毅夫（2007）把产能过剩归结为是一种"潮涌"现象，认为中国是一个发展中国家，存在着"后发优势"，很容易正确预

① 小宫隆太郎、奥野正宽等：《日本的产业政策》，国际文化出版公司，1988 年版。
② 杨蕙馨：《从进入退出角度看中国产业组织的合理化》，《东南大学学报（社会科学版）》，2000 年第 4 期。杨蕙馨：《中国企业的进入退出：1985~2000 年汽车与电冰箱产业的案例研究》，《中国工业经济》，2004 第 3 期。牛桂敏：《从过度竞争到有效竞争：我国产业组织发展的必然选择》，《天津社会科学》，2001 年第 3 期。
③ Caves R. E., M.E. Poter. From Entry Barriers to Mobility Barriers, Quarterly Journal of Economics, 1977, (2). Gilbert, R.J. Mobility Barriers and the Value of Incumbency. Handbook of Industrial Organization, Amsterdam: North-Holland Publishing, 1989. Caves R. E. Industrial Organization and New Finding on the Turnover and Mobility of Firms, Journal of Economic Literature, 1998, 6 (4).
④ Kotaro Suzumura, Kazuharu Kiyono. Entry Barriers and Economic Welfare. Review of Economic Studies, 1987(1). 张军：《转轨经济中的"过度进入"问题——对"重复建设"的经济学分析》，《复旦学报（社会科学版）》，1998 年第 1 期；曹建海：《中国产业过度竞争的制度分析》，《学术季刊》，2001 年第 1 期；罗云辉：《过度竞争：经济学分析与治理》，上海财经大学出版社，2004 年版。
⑤ 江飞涛、曹建海：《市场失灵还是体制扭曲？——重复建设形成机理研究中的争论、缺陷与新的进展》，《中国工业经济》，2009 年第 1 期。
⑥ 植草益：《日本的产业组织：理论与实证前沿》，经济管理出版社，2000 年；罗云辉：《过度竞争：经济学分析与治理》，上海财经大学出版社，2004 年版。
⑦ 林毅夫：《潮涌现象与发展中国家宏观经济理论的重新构建》，《经济研究》，2007 年第 1 期。
⑧ 林毅夫、巫和懋、邢亦青：《"潮涌现象"与产能过剩的形成机理》，《经济研究》，2010 年第 10 期。

测产业的前景并达成共识，而良好的社会共识又引发大量的企业进入某个行业，出现投资的"潮涌"。这一假说试图说明，发展中国家由于其阶段性特征会产生有别于发达国家周期性波动中产能利用不足的严重产能过剩现象。林毅夫、巫和懋、邢亦青（2010）试图在林毅夫（2007）研究的基础上，阐述"潮涌现象"和产能过剩的形成机制。该研究在延续全社会对行业的良好前景（特别是总需求）可正确预见并形成共识假定的基础上，构建了一个先建立产能、再进行市场竞争的动态构架，探讨各企业对行业内企业数目和投资总量不确知情况下的产能投资行为，并指出"行业内企业总数目不确知"情形下可能会出现产能过剩的现象。然而，即便在一个技术成熟、市场已经存在的新产业中，市场需求规模、结构及其变化趋势仍然面临高度的不确定性，对这些新的、有前景的行业，企业、政府也并不存在对未来市场正确预期的所谓共识，不同预期之间往往分歧巨大①。林毅夫、巫和懋、邢亦青（2010）模型中可能出现的产能过剩，只是不完备信息假设条件下对均衡状态的偏离，而这只是现实市场的常态，并且该模型高估了需求急剧扩张对于产能过剩出现的概率和程度的影响。

2. 以体制扭曲解释产能过剩形成的主要理论与不足

以转轨经济中体制缺陷对经济主体行为扭曲的研究传统，可以追溯到科尔奈"投资饥渴症"的论述②。科尔奈认为，由于缺乏内部产生的自我约束机制，在经典社会主义体制中存在严重的投资饥渴症，中央政府只能通过行政机构严格的投资分配过程从外部来约束这种投资饥渴症。科尔奈指出，在社会主义经济体制转轨过程中，投资决策的分散化，放松了政府对企业投资的外部控制，但是却没有通过利润动机或者对财务困境的担心建立起任何自我控制机制，这使得改革往往加重了经典社会主义体制固有的投资领域过热倾向，而并非使之降低③。科尔奈的开创性研究为重复建设的形成机理开辟了一个独特、有益的视角。国内一些学者延续了这一研究传统，进一步从中国经济转轨过程中的体制缺陷来解析重复建设的形成，其研究更多地结合了中国经济转轨过程中的实际情况，在一定程度上发展和补充了科尔奈的研究：①张维迎和马捷（1999）建立了一个所有权和经营权分离条件下的古诺模型，来说明国有企业的所有权缺陷和落后的技术水平将导致恶性竞争。他们认为国有企业经营者追求个人目标最大化和追求"企业效益最大化"之间存在严重偏离且技术水平足够落后时，国有企业经营者就会进行恶性

①　例如，在钢铁工业（铝工业）快速发展的过程中，关于中国到底需要多少吨钢（铝）的激烈争论从未停止过，不同意见之间分歧巨大；在汽车工业发展的过程中，对于轿车是否能进入家庭就发生过激烈的争论，对于汽车市场需求规模的争论也从未停止，各方对于未来市场的前景同样存在很大的分歧。

②　科尔奈：《短缺经济学》，经济科学出版社，1986年版。

③　科尔奈：《社会主义体制——共产主义政治经济学》，中央编译出版社，2007年版。

竞争。张维迎和马捷的研究在很大程度上可以看作是对科尔奈研究的一种延续。不过，他们的研究主要适合解释改革初期重复建设的形成。随着国有企业改革的加深和破产机制的建立，其所隐含的条件不再符合实际。②杨培鸿（2006）建立了一个基于委托代理框架的模型，从政治经济学的角度分析重复建设的形成机理。模型分析表明，在信息不对称的条件下，地方政府利用（对中央政府）信息优势寻租的行为会导致重复建设问题。杨培鸿分析中的情形很符合中央政府计划、主导和出资条件下的基础建设和重点投资项目，但是并不符合一般性行业中的投资行为①。③皮建才（2008）建立了一个先进、落后两地区之间的分工模型②。试图以此说明，两个地区先进部门（比如制造业部门）的技术差距太小以及宏观经济环境中存在的初级产品的价格扭曲，会导致先进部门的重复建设。在皮建才的分析中假设先进地区在制造产品的劳动生产率上略高于落后地区，并在其模型中抽象掉了劳动力等要素价格差异。但是，在先进地区与落后地区之间，这种要素价格上的差异是显著并且十分重要的，落后地区在劳动力价格、土地价格等生产要素上所具有的显著成本优势，会使得在技术差距比较小的情况下，先进地区制造部门转移到落后地区具有比较强的经济合理性，把这种转移当作重复建设并不合适。

20世纪90年代末以来，许多学者关注到了现阶段转轨过程中发生的显著变化，并将地区竞争中地方政府对于投资的不当干预，作为重复建设的根本性原因。郭庆旺、贾俊雪（2006）指出地方政府在财政利益和政治晋升的双重激励下，总是有利用违规税收和土地优惠政策进行引资的强烈动机，继而引发企业的投资冲动③；周黎安（2004）指出中国的地方官员在类似于政治锦标赛式的晋升体制下，更为关心自己与竞争者的相对位次，各级地方官员在招商引资过程中进行恶性竞争，并以此解释我国地方保护主义和重复建设的形成原因④。北京大学中国经济研究中心宏观组（2004）认为，地方政府、企业和银行三方共谋土地和贷款两种最关键的生产要素，导致对全社会而言过度的投资⑤。李军杰、钟君（2004）和李军杰（2005）的研究认为：过分注重经济增长、招商引资的政绩考核体系决定性地引导了政府官员的行为，不完善的市场体制使地方政府能控制稀缺资源，进而保障地方政府的意愿得到实现⑥。在这样的约束条件下，地方政府

　　① 杨培鸿：《重复建设的政治经济学分析：一个基于委托代理框架的模型》，《经济学季刊》，2006年第1期。
　　② 皮建才：《中国地方政府重复建设的内在机制研究》，《经济理论与经济管理》，2008年第4期。
　　③ 郭庆旺、贾俊雪：《地方政府行为、投资冲动与宏观经济稳定》，《管理世界》，2006年第5期。
　　④ 周黎安：《晋升博弈中政府官员的激励与合作——兼论我国地方保护主义和重复建设问题长期存在的原因》，《经济研究》，2004年第6期。
　　⑤ 北京大学中国经济研究中心宏观组：《产权约束、投资低效与通货紧缩》，《经济研究》，2004年第9期。
　　⑥ 李军杰、钟君：《中国地方政府经济行为分析——基于公共选择视角》，《中国工业经济》，2004年第4期；李军杰：《经济转型中的地方政府经济行为变异分析》，《中国工业经济》，2005年第1期。

给投资者提供各种各样的优惠条件，诱使企业进行过度的产能投资。

周黎安、李军杰等人的研究，为我们进一步分析现阶段的重复建设形成机理提供了很好的思考与借鉴。但这些研究有的着重于地方政府行为，有的侧重于重复建设的宏观影响，对于地方政府的不当经济干预行为如何扭曲企业的投资行为，最终导致重复建设的形成机理则很少涉及。

（三）体制扭曲、地区竞争与产能过剩的形成机理

1. 体制扭曲下的地区补贴性竞争

改革开放 30 多年来，中国的经济取得了举世瞩目的成就，地方政府在长达30 多年的经济快速增长中扮演了一个非常重要的角色。地方政府在基础设施、制度环境、招商引资和扶持本地企业发展等方面进行激烈竞争，并成为推动中国经济长期增长的重要动力。但是，这一增长模式的负面影响也日益显著，不少研究指出地方政府竞争是重复建设、产能过剩、地方保护、公共品供给低效率等问题的根源。1994 年分税制改革后，地区竞争的方式也发生了转变，从对本地政府所辖的国有和乡镇企业提供各种形式支持，乃至设置地区壁垒和实行地方保护主义，转向吸引外来企业投资以及推动本地企业投资而进行补贴竞争，并且竞争程度愈演愈烈（陶然等，2009）[①]。

在伴随分权的中国改革过程中，以分权体制所体现的"自由化"和转型为特征的经济发展背景下，中央政府放开了对价格、产出和企业预算等方面的管制，地方政府在获取经济租金的激励下，涌现出地方政府之间彼此竞争的、互动的经济干预，各地区通过设置关税壁垒（如征收过路费等）、非关税壁垒（如禁令、配额、区域间产品价格差异化、许可证及认证方面的行政管辖等）等限制本地资源外流及外地产品流入，扭曲了区域之间的要素配置和劳动生产率，进一步加剧了区域之间的产业同构，不仅损害整体福利，而且是以损害经济的长期繁荣为代价（Young，2000[②]；郑毓盛、李崇高，2003；等等）。不少研究指出（曹建海，1999；魏后凯，2001；等等），这种严重的市场分割和地方保护主义，曾是导致20 世纪 80 年代末以及 90 年代部分行业重复建设的重要原因。

自中国加入 WTO 以来，地区之间的产品市场的地方保护和市场分割程度明显降低。从市场化指数中"减少商品市场上的地方保护"、"要素市场的发育程度"、"产品市场的发育程度"等指标来看，从 1997~2007 年各个地区的市场化指数均有大幅提高，地方政府间的竞争手段出现了相应的变化，地方保护主义趋于

---

① 陶然、陆曦、苏福兵、汪晖：《地区竞争格局演变下的中国转轨：财政激励和发展模式反思》，《经济研究》，2009 年第 7 期。

② Young A. The Razor's Edge: Distortions and Incremental Reform in China. Quarterly Journal of Economics，2000，115（4）.

减弱，而市场融合有所加强，在一定程度上提高了市场机制的发育及其在配置资源方面的比重（樊纲、王小鲁，2010）[1]。中央政府大力推进市场一体化进程，使得地方政府不得不转变地区竞争的方式，利用减税、低价供地甚至直接提供财政补贴等各种优惠政策招商引资，成为地区竞争最为重要的竞争手段。

渐进式改革为地方政府预留制度创新空间的同时，也为地方政府提供了可以利用的土地"模糊产权"和"预算软约束"等不规范的制度约束环境。在缺乏统一的举债口径和刚性的举债数量限制的情况下，利用非市场化的土地征用体制扭曲土地供应，攫取国有银行的"金融租金"等手段进行隐性融资，通过低价甚至零地价出让工业用地、税收优惠或返还、补贴性基础设施等手段，对企业的投资行为进行直接干预，导致了大量的地方政府机会主义行为，引发企业投资冲动，地区财政竞争加剧和地方政府的违规行为（李军杰，2005；郭庆旺、贾俊雪，2006；陶然等，2007[2]）。这种以地方政府提供低价土地乃至放松劳工、环境保护标准吸引制造业为特征的地区竞争和发展模式，并不具备经济、社会发展乃至环境保护上的可持续性。地方政府之间对于资本流入而进行的补贴性竞争，会扭曲企业的投资行为，进而导致重复建设、过度投资、产能过剩和分工与专业化水平低等长期困扰中国经济发展的问题，加剧了产业组织恶化、企业利润下降、亏损增加、金融风险加大、资源浪费严重，使资源环境约束矛盾更为突出，经济结构不协调的问题更为严重，有损于国民经济持续、健康、协调发展。地区之间的补贴性竞争还造成了区域之间产业结构趋同，削弱集聚外部性，影响区域分工（Blonigen 和 Kolpin，2007[3]；等）。

2. 地区补贴性竞争与产能过剩的形成机理

财政分权和中国地方官员的晋升体制，使得地方政府具有不顾社会经济成本和效益的强烈动机，采取各种优惠政策为投资提供政策性补贴，以推动本地投资规模的快速扩张。分税制改革之后，通过划分中央税、地方税和共享税，确定中央和地方的事权和支出范围，随着放权让利改革的深化及"分灶吃饭"财政体制的实施，地方政府的经济自主性和独立性提高。地方政府具有了自己的经济利益和经济地位，为地方追求经济利益的最大化提供了动力，地方政府进一步确立了追求经济发展的目标。财政分权使地方政府的各种利益和地方经济发展的相关性增强，地区经济发展了，才能拓展税基，实现就业率提升，改善社会福利，而这种经济增长和就业率的实现在很大程度上取决于当地的投资量和投资项目状况，

① 樊纲、王小鲁：《中国市场化指数——各地区市场化相对指数》，经济科学出版社，2010年版。

② 陶然、袁飞、曹广忠：《区域竞争、土地出让与地方财政效应：基于1999~2003年中国地级城市面板数据的分析》，《世界经济》，2007年第10期。

③ Bruce A. Blonigen, Van Kolpin: Technology, Agglomeration, and Regional Competition for Investment, Canadian Journal of Economics, Vol. 40, No. 4, November, 2007.

因此地方政府有很强的动机争取资本资源，扩大投资规模。另外，作为政府代理人的政府官员，也有其自身的晋升激励。中央和上级有权决定下级政府官员的任命，考核 GDP 增长成为政府官员晋升体制的核心。在这种体制下，地方政府官员对当地经济发展具有巨大的影响力和控制力，他们具有很强的动机倾斜性去使用一些重要资源，如通过行政审批的速度、土地征用的成本、贷款的担保力度等对投资进行政策性补贴。

　　而土地和环境的"模糊产权"问题以及金融体系的"预算软约束"问题，为地方政府不当干预企业投资提供了重要的手段。我国土地所有权的模糊产权问题和金融体系的软预算约束，使得为投资企业提供低价土地、减免投资企业税收等投补贴措施、帮助企业获取金融资源的措施成为地方政府不当干预微观经济、吸引投资的主要手段。由于土地转让权模糊不清和银行存在预算软约束，土地和信贷市场无法给出市场定价，客观上为地方政府和投资者提供了巨大的套利空间。在注重 GDP 增长、招商引资的政绩考核体系下，政府官员倾向于利用土地产权模糊和银行预算软约束的制度漏洞，对土地、信贷等稀缺资源进行强有力的控制，以保障地方政府的意愿得以实现（李军杰，2005）。由于土地使用权的购置成本并不属于沉没成本，低价或者零地价供地不只是降低了投资者的土地成本，一旦投资项目运营结束（无论成功还是失败），甚至项目仍处于运营当中，土地使用权都可以以远高于获取成本的市场价格转让。由此获得的中间价差，为投资方提供了额外收益，形成对企业投资的实质性补贴。环境产权的模糊与环境保护制度上的缺陷，也使得容忍企业污染环境和破坏环境成为许多地方政府投资的手段。由此，地方政府给投资者提供各种各样的优惠条件，如零地价、税收优惠、压低电价等，以及容忍投资企业排放污染、破坏环境的行为，极大地降低了私人投资成本，并提供了大量投资补贴收益，使私人投资成本远远低于社会成本，使私人投资收益远远高于社会收益，从而导致企业过度的产能投资和行业产能过剩（江飞涛、曹建海，2009）。

　　地方政府在地区经济竞争中采取的投资优惠（补贴）政策，主要从三个方面导致企业的过度产能投资行为和行业产能过剩：①地方政府低价供地等投资补贴，会显著扭曲投资企业的投资行为，导致企业过度的产能投资行为，并进而导致过多的产能投入和均衡产出（即产能过剩），以及社会福利上的巨大损失和产品市场上全行业的亏损。②地方政府为吸引投资和固化本地资源，纵容企业污染环境，使本地高污染行业企业的生产成本严重外部化，从而导致这些企业过度的产能投资和产品生产；普遍的牺牲环境竞争资本流入的做法使得高污染行业过多的产能投入和全社会总福利损失。③在地方政府的不当干预下，企业自有投资比率过低，投资风险显著外部化，进而导致企业过度产能投资行为和行业产能过剩。

（四）产能过剩形成机理的简单模型

1. 投资补贴效应与企业过度产能投资

假设企业行为符合严格产能约束下二阶段价格竞争的模型，由于存在重复建设、过度竞争的行业均为竞争性行业，企业的产量在很大程度上受到生产能力的约束；在二阶段模型中，企业在第一阶段决定生产能力的大小，并进行相应的产能投资，企业在第二阶段生产能力约束下生产最大产量，并以尽可能高的价格出售其全部产品。

在政府补贴体制下，企业投资的收入由两个部分组成：一是产品的销售收入，二是政府低价供地等投资优惠行为所形成的补贴净收入；产品的生产销售成本，由两部分组成：一部分是形成产能的固定成本投入，另一部分是生产和销售产品的变动成本。企业是利润最大化的厂商。其数学表达形式如下：

$$R(q) = r_p(q) + r_s(q)$$

$$C(q) = K(q) + c(q)$$

$$\prod(q) = R(q) - C(q) = r_p(q) + r_s(q) - K(q) - c(q)$$

其中，$r_p(q)$ 表示销售 q 数量产品的销售收入，$r_s(q)$ 表示投资数量产能时获得的投资补贴净收入，$R(q)$ 表示总收入，$r_s(0) = 0$，$R_p(0) = 0$，$R(0) = 0$。$C(q)$ 是生产数量产品的生产总成本，$K(q)$ 是投资数量产能的固定成本，$C(0) = 0$，$C(0) = 0$，$K(0) = 0$。在我国实际经济运行中，投资越大，所能获取的低价土地越多，甚至投资越大获取土地的价格更为便宜，即产能投资规模越大，在土地上所能获取的补贴越高，故 $r_s'(q) > 0$ 且 $r_s''(q) \geqslant 0$。$\prod$表示企业投资产生的净利润。在投资补贴下，企业选择投资利润最大化时的产能 q^1，q^1 满足以下条件：

$$\prod'(q^1) = r_p'(q^1) + r_s'(q^1) - K'(q^1) - c'(q^1) = 0 \tag{9-1}$$

且$\prod''(q^1) < 0$

没有投资补贴的情况时：

$$r_s(q) = 0$$

$$\prod(q) = R(q) - C(q) = r_p(q) - K(q) - c(q)$$

没有补贴时，企业选择投资利润最大化时的产能 q^*，q^* 满足以下条件：

$$\prod'(q^*) = r_p'(q^*) - K'(q^*) - c'(q^*) = 0 \tag{9-2}$$

且$\prod''(q^*) = r_p''(q^*) - K''(q^*) - c''(q^*) < 0$

假设 $r_p''(q) - K''(q) - c''(q) \leqslant 0$，即产品生产销售的边际净收益非增。生产厂商面临剩余需求曲线，生产和销售数量的上升会导致市场价格下降；同时，对原材料、劳动力等的需求上升会导致这些生产要素的价格上升，这一假设符合竞争性产业的实际情况。

命题 1 投资补贴，会导致企业的过度产能投资和产出。

证明：没有补贴时，企业选择投资产能数量为 q^*，提供投资补贴后企业选择投资的产能为 q^1，q^1、q^* 分别满足以下方程：

$$\prod'(q^1) = r'_p(q^1) + r'_s(q^1) - K'(q^1) - c'(q^1) = 0 \tag{9-3}$$

$$\prod'(q^*) = r'_p(q^*) - K'(q^*) - c'(q^*) = 0 \tag{9-4}$$

由式（9-1）推出：

$$r'_p(q^1) - K'(q^1) - c'(q^1) = -r'_s(q^1) < 0 \quad （因为 r'_s(q) > 0）$$

结合式（9-2），有：$r'_p(q^1) - K'(q^1) - c'(q^1) < r'_p(q^*) - K'(q^*) - c'(q^*)$

在 $r''_p(q) - K''(q) - c''(q) \leqslant 0$ 的条件下，$q^1 > q^*$

即存在投资补贴时企业的产能投资显著高于不存在投资补贴时的产能投资。命题 1 的成立并不依赖于厂商边际生产成本递增或者不变的假设，在边际生产成本递减的情况下，命题 1 也是可能成立的；命题 1 成立，并不依赖于 $r''_p(q) - K''(q) - c''(q) \leqslant 0$ 的假设。

命题 2 投资补贴水平越高，企业过度产能投资的情况越严重。

证明：假设 $r_s1'(q) = a$，$r_s2'(q) = b$，a、b 为常数，且 $a > b$，即第一种情形的补贴水平超过第二种情形的补贴水平。

在第一种补贴情形下，企业选择投资产能数量为 q_1，第二种选择投资产能数量为 q_2，q_1、q_2 分别满足以下方程：

$$r'_p(q_1) + a - K'(q_1) - c'(q_1) = 0 \tag{9-5}$$

$$r'_p(q_2) + b - K'(q_2) - c'(q_2) = 0 \tag{9-6}$$

式（9-3）减式（9-4）得：

$$r'_p(q_1) - K'(q_1) - c'(q_1) - \left[r'_p(q_2) - K'(q_2) - c'(q_2)\right] = b - a < 0$$

又 $\because r''_p(q) - K''(q) - c''(q) \leqslant 0$

$\therefore q_1 > q_2$

投资补贴水平越高，厂商产能投资水平越高；命题 2 的成立亦不依赖于 $r''_p(q) - K''(q) - c''(q) \leqslant 0$ 的假设。

命题 3 投资补贴水平足够高时，会诱使企业投资原本亏损的项目或者供需均衡、供过于求的行业。

证明：投资项目 A，固定资本投资成本为 $K(q)$，产品生产成本为 $c(q)$，销售收入为 $r_p(q)$，$r_p(q) - K(q) - c(q) < 0$，当投资补贴足够高时，使 $r_s(q) + r_p(q) - K(q) - c(q) > 0$ 时，项目就变得有利可图，会使得企业投资这一项目。

对于供需均衡或者供过于求行业的 B，没有投资补贴时，企业新的产能投资和产品供应会导致亏损，数学表达为：

$r'_p(q) - K'(q) - c'(q) < 0$ $(q > 0)$

在没有投资补贴时，企业不会投资此行业。政府为投资项目提供投资补贴，投资补贴水平为 $r'_s(q)$，如果补贴水平达到一定的水平，可以使得：

不等式 $r_p(q) + r_s(q) - K(q) - c(q) > 0$ 存在正数解时，企业就会投资供需均衡甚至供过于求的行业。

2. 成本外部化与企业过度产能投资

在中国的经济转轨过程中，地方政府为了竞争外部资本和固化本地资本，往往大大放松环境保护标准，纵容当地企业污染环境，使高污染行业生产中的环境成本严重外部化。高污染行业生产中环境成本的严重外部化，进而导致这些行业中的企业过度的产能投资以及进一步加重对环境的污染。

命题 4　地方政府在竞争资本的过程中以牺牲环境为代价，会导致高污染企业在产能上的投资显著增加。

证明：假设在严格的环境保护下，企业的生产成本为：$C1(q) = K1(q) + c1(q)$。地方政府纵容企业污染环境以后，高污染企业的生产成本为：$C2(q) = K2(q) + c2(q)$。在地方政府纵容企业污染环境以后，高污染企业的生产成本会显著低于严格环境保护时的生产成本。为简要说明纵容环境污染对企业产能投资的影响，我们假设严格环境保护条件下和纵容污染条件下企业边际生产成本差值为常数 a，即：

$C1'(q) - C2'(q) = K1'(q) + c1'(q) - K2'(q) - c2'(q) = a > 0$

在严格的环境保护制度下，企业投资产能为 q_1，q_1 满足下式：

$$\Pi'(q_1) = r'_p(q_1) - K1'(q_1) - c1'(q_1) = 0 \tag{9-7}$$

在严格的环境保护制度下，企业投资产能为 q_2，q_2 满足下式：

$$\Pi'(q_2) = r'_p(q_2) - K2'(q_2) - c2'(q_2) = r'_p(q_2) - K1'(q_2) - c1'(q_2) - a = 0 \tag{9-8}$$

式 (9-3) 减去式 (9-4) 得：

$r'_p(q_1) - K1'(q_1) - c1'(q_1) - [r'_p(q_2) - K1'(q_2) - c1'(q_2)] = -a < 0$

由于 $r'_p(q) - K1'(q) - c1'(q)$ 非增，故 $q_1 < q_2$。

地方政府牺牲环境竞争资本的政策会显著增加当地高污染行业企业的产能投资和产出。在许多政策文件中，往往把高污染、高能耗行业的重复建设、产能过剩认为是导致我国严重环境污染的重要原因。而命题 4 的证明却表明，我国环境保护制度的根本性缺陷、地方政府牺牲环境竞争资本流入才是我国近年来高污染行业产能过剩和环境严重恶化的根本性原因。

3. 风险外部化与企业产能投资中的过度风险行为

在中国的经济转轨过程中，新建投资中投资者实际出资率低是一个普遍现象。低自有出资，使得项目失败后投资者承担损失比较少，损失主要由从原有使用者身上剥夺的土地增值收益和银行承担了，投资者的投资风险显著外部化，进一步强化企业的过度投资倾向。以下通过简单模型进行分析。

风险中性投资者 A，面临新建投资项目 B 的投资决策，项目 B 所需要的总投资为 I_t，投产后市场情况好的概率为 P，投产后市场情况不好的概率为 $1-P$，市场情况好时项目 A 的净收益为 R，净收益率为 r，$r = \dfrac{R}{I_t}$。市场情况不好时，则要承担退出市场的退出成本，退出成本率（退出成本占总投资的比例）为 c_{ex}，企业中股东权益资本为 E，投资者在信贷市场上面临融资约束，企业在信贷市场上至多能获取数量等 $E \times l$ 的贷款，l 为银行愿意为企业提供最大贷款数额与权益资本的比例。投资者的实际自有出资记为 I_p，设 $i_p = \dfrac{I_p}{I_t}$，i_p 为投资者实际出资率。

在成熟市场中，容纳新建投资项目新设子公司的权益资本完全由投资者的实际出资组成，设投资者的实际出资为 I_p，$I_p = E$，如投资者要完成新建投资项目，其自有投资需满足：$I_p^* \geq I_t \div (1 + l^*)$，其自有投资比率满足 $I_p^* \geq \dfrac{1}{1 + l^*}$。

在我国转轨体制中，由于地方政府低价供地（甚至零地价供地行为）等投资补贴行为，新设公司的股权资本由两部分构成，即：投资者实际出资（记为 I_p^l）与地方政府补贴的土地资本（记为 S_L），地方政府干预金融系统信贷投放，使银行超出合理的风险承受范围，给企业提供过度贷款，即转轨体制下银行愿意为企业提供最大贷款数额与权益资本的比例显著大于成熟市场经济的情形。在转轨体制下，其自有投资只须满足 $I_p^l \geq \dfrac{I_t - S_L \times l_l}{1 + l_l}$。在现实经济中，地方政府为重点项目、重点企业提供巨额的土地资本补贴，同时 l_l 干预信贷使非常高，投资者的实际出资仅满足融资约束下的最低要求，即：$I_p^l = \dfrac{I_t - S_L \times l_l}{1 + l_l}$，远远小于成熟市场经济条件下投资者的实际自有出资。此时，自有出资率为：$I_p^l \geq \dfrac{1}{1 + l_l} \times \dfrac{I_t - S_L \times l_l}{I_t}$。

命题 5 现行转轨体制下投资者实际自有投资比率过低，导致投资风险的外部化问题。

当项目投产后面临不佳的市场状况时，将付出退出成本并退出市场，此时整个项目的总损失（记为 D）为：$D = C_{ex} = I_t \times c_{ex}$。

投资者仅以其自有投入承当损失，设项目失败后投资者承当的损失为 D_P，当 $D_P \geq C_{ex}$ 时，即当 $i_p \geq c_{ex}$ 时，则：$D_p = D = C_{ex} = I_t \times c_{ex}$。

当 $I_p \leq C_{ex}$ 时，即当 $i_p \leq c_{ex}$ 时，则：$D_p = I_p$。

在我国经济运行中，地方政府对于钢铁等重工业给予土地政策、协调投资贷款重点扶持政策，使得投资者所需的自有投资比例大大下降；钢铁、电解铝、铜冶炼工业等产能过剩行业，固定资本投入巨大并且具有很强的资产专用性，退出成本相对比较高；地方政府的不当干预使得自有投资率 i_p 显著小于退出成本率 c_{ex}，此时投资者承担的损失为：$D_p = I_p = I_t \times i_p$。

而项目的总损失为：$D = I_t \times c_{ex}$。

当 $i_p << ex$ 时，

$D_P << D$

即当投资者自有投资率显著小于退出成本时，投资项目失败，投资者承当的损失远远低于项目失败本身所造成的损失，投资风险将外部化。

命题6　过低自有投资比率导致的风险外部化，会进而导致投资者的过度风险投资行为。

在命题5中我们说明过低自有投资比率，在投资项目投产遇到市场情形不佳时，会出现投资者损失显著小于项目整体损失的情况，即严重的风险成本外部化的问题。我们假设投资者为风险中性，对于投资者而言其预期投资收益为：

$$E(NR) = R \times P - D_P \times (1 - P) \tag{9-9}$$

过低的实际自有出资率使得：

$$D_p = I_p = I_t \times i_p \tag{9-10}$$

将式（9-10）代入式（9-9），有：

$$E(NR) = I_t[r \times P - i_p(1 - P)]$$

当 $E(NR) \geq 0$ 时，投资者即会投资这个项目，在自有资本率和市场情形好的条件下，且项目净收益率不变的情形下，只有市场情形好的概率满足以下条件时，投资者才会投资，即：

$$P \geq 1 - \frac{r}{i_p + r}$$

对于项目本身的预期收益为：

$$E(TR) = R \times P - D(1 - P) = I_P[r \times P - c_{ex}(1 - P)]$$

只有当项目本身的预期收益 $E(TR) \geq 0$，即 $P \geq 1 - \dfrac{r}{ex + r}$，项目才有投资价值。令 $P^* = 1 - \dfrac{r}{ex + r}$，$P_0 = 1 - \dfrac{r}{pin + r}$。

当 $P_0 \leq P < P^*$ 时，项目本身的预期收益 $E(TR) < 0$，而投资者的预期投资收益 $E(NR) \geq 0$，此时项目本身缺乏投资价值，但是对于投资者来说，其预期投资收益大于等于零，投资者会进行投资。也就是说过低的自有投资比率，会使得投资者投资过度风险的项目（即收益不足以弥补其风险成本、自身缺乏投资价值的项目）。

$$\frac{\partial P_0}{\partial i_p} = \frac{r}{(i_p + r)^2} > 0$$

其中，i_p 越小，则 P_0 越小，表明自有投资比例越低，投资者会投资风险越大、自身投资价值越低的项目。

4. 投资补贴、成本外部化与行业产能过剩

普遍的投资补贴会导致产能过剩。这一观点可以由命题 7 和命题 8 两个命题组成：

命题 7 普遍的投资补贴将导致过多的产能投入和均衡产出，并导致社会福利上的损失。

存在普遍补贴的行业 A 中，有家生产企业，生产同质产品，其反需求曲线为 $P(Q)$。假设对于任意 Q 值，都有 $P'(Q) < 0$，q_i（为整数，且 $0 < i \leqslant n$）表示第 i 家企业的产量，$C_i(q_i)$ 表示第 i 家企业生产 q_i 数量产品时的总成本，$C_i(q_i) = K_i(q_i) + c_i(q_i)$，社会总供给量 $Q = \sum_i q_i (0 < i \leqslant n)$，$W(Q)$ 表示在没有投资补贴情形下，生产销售 Q 数量时，社会福利为生产者剩余与消费者剩余之和，即：

$$W(Q) = \int_0^Q P(s)ds - \sum_i C_i(q_i)$$

产能过剩行业均为竞争性行业，不存在投资补贴时，竞争性均衡时行业总产量为 Q^*，企业产量为 q_i^*，经济学的基本原理告诉我们，在竞争性均衡产量 Q^* 处，消费者和生产者通过生产和消费环节获取的剩余之和最大化，即：

$Q \neq Q^*$，则 $W(Q) < W(Q^*)$

存在普遍性补贴时从命题 1 的结论可知，企业 i 产量为：

$q_i^1 > q_i^*$

又 $\because Q^* = \sum_i q_i^*$，$Q^1 = \sum_i q_i^1$

$\therefore Q^1 > Q^*$

存在普遍投资补贴情形下：

生产者剩余 = 产品生产销售中获取的剩余 + 对生产者的投资补贴

社会总福利 = 生产者剩余 + 消费者剩余 - 对生产者补贴的转移支付

存在普遍投资补贴情形下，均衡产量时的社会福利可表示为：$W^1(Q^1) = \int_0^{Q^1} P$

$(s)ds - P(Q^1) \times Q^1 + P(Q^1) \times Q - \sum_i C_i(q_i) + \sum_i R_{Si}(q_i) - \sum_i R_{Si}(q_i)$

简化得：

$$W^1(Q^1) = \int_0^{Q^1} P(s)ds - \sum_i C_i(q_i^1) = W(Q^1)$$

$\because Q^1 > Q^*$，$W^1(Q^1) = W(Q^1)$

且 $Q \neq Q^*$，则 $W(Q) < W(Q^*)$

$\therefore W^1(Q^1) < W(Q^*)$

即：普遍的投资补贴将导致过多的产能投入和均衡产出，并导致社会福利上的损失。

命题8　普遍的投资补贴将导致产品市场上全行业的亏损。

产能过剩的行业均为竞争性行业，均衡时，行业整体经济利润为零，不存在普遍投资补贴时：

$$\sum_i \Pi(q_i^*) = \sum_i [r_p(q_i^*) - C(q_i^*)] = 0$$

即没有投资补贴条件下的均衡，行业利润为企业在产品市场利润之和，并等于零。

而在普遍投资补贴情形下，竞争性均衡使得行业整体经济利润为零：

$$\sum_i \Pi(q_i^1) = \sum_i [r_p(q_i^1) - C(q_i^1)] + \sum_i r_s(q_i^1) = 0$$

即普遍投资补贴条件下的均衡，行业内利润为企业产品市场利润与投资补贴净收益之和，并且利润值等于零，由于存在大量投资补贴：

$$\sum_i r_s(q_i) >> 0.$$

故 $\sum_i [r_p(q_i^*) - C(q_i^*)] = -\sum_i r_s(q_i) << 0$

即普遍的投资补贴将导致产品市场上全行业的亏损，并且投资补贴越高，产品市场全行业亏损的情况会越严重。

命题9　地方政府纵容本地企业污染环境，高污染行业企业生产成本严重外部化，导致高污染行业过多的产能投入和均衡产出，并导致社会福利上的损失。

高污染行业生产成本外部化会导致过多产能投入、产品产出（相对于社会福利最大化时的均衡产出）以及导致社会福利损失，在几乎所有的经济学教材上都有证明，此处不再赘述。

四、治理产能过剩与提高投资效率的相关政策建议

（一）现有政策中存在的主要问题

长期以来，我国政策部门以包括市场准入、项目审批、供地审批、贷款的行政核准、目录指导、强制性清理等行政管制政策来治理"重复建设"，提高投资效率。以"市场失灵"解释"重复建设"、"过度竞争"的理论观点，则是上述政策的主要理论依据。本研究表明，这些理论依据是站不住脚的。Joehong Kim（1997）[①] 的研究表明，试图通过进入管制的方式治理过度进入或产能过剩，不但不会提高整体社会福利，反而还会进一步降低整体社会福利水平。江飞涛、陈伟刚等（2007）的研究则表明上述政策由于存在根本性缺陷，从而导致许多不良的政策效应[②]。

需要进一步指出的是，在产能过剩治理政策制定和实施过程中，政策部门以其自身对市场供需状况的判断以及对未来供需形势变化的预测来判断某个行业是否存在产能过剩，并以政策部门自身的判断和预测作为依据，制定相应的行业产能投资控制措施、控制目标，这实际上是以政府的判断和控制来代替市场的协调机制，具有很强的计划经济色彩（江飞涛、李晓萍，2010[③]）。这种政策需要相应部门能对未来市场供需状况做出准确的预测，而这一点恰恰是最让人质疑的。由于政策部门无法获取进行准确市场预测所必需的大量关于市场供需的细节知识，也无法利用市场细节知识进行有意义的统计并据此进行正确的经济计算，政策部门无法对未来的供需形势进行准确的预测。以钢铁工业为例，从 20 世纪 90 年代以来，从许多政策文件中对未来市场的预测来看，无论长期或者短期预测，均与实际情况存在很大差异，如果这些政策中的控制目标实现，那么将会出现严重的供不应求[④]，表 9-2 是对这些政策预测值、控制目标与实际市场情况的比较。可

---

① Joehong Kim：Inefficiency of Subgame Optimal Entry Regulation，The Rand Journal of Economics，1997（1）.

② 江飞涛、陈伟刚等：《投资规制政策的缺陷与不良效应——基于中国钢铁工业的考察》，《中国工业经济》，2007 年第 6 期。

③ 江飞涛、李晓萍：《直接干预市场与限制竞争：中国产业政策的取向与根本缺陷》，《中国工业经济》，2010 年第 9 期。

④据国家发改委公布，2003 年后新增的炼钢产能中，经国家发改委、环保总局、国土资源部核准（名为核准，实为审批）的项目中新增产能在全部新增产能中占比不足 20%，没有经过审批的违规建设产能在 3 亿吨左右。如果没有这些违规的产能存在，我国钢铁产品的严重短缺将制约中国经济的发展。

以看出，至少被认为具有总量信息优势的政府并没有正确预测行业良好的外部前景（总需求等），反而与实际经济运行差距甚大，也就更谈不上全社会对于行业前景（总需求等）所谓的共识。

表 9-2 历年政策文件中对钢铁工业市场预测或控制目标值

做出预测的政策	做出预测的时间	对钢铁工业市场的预测或者控制目标	钢铁工业市场的实际运行情况
钢铁工业九五规划	1994 年	2000 年市场需求钢材产量达到 9600 万吨	2000 年国内成品钢材消费量达 14118 万吨
钢铁工业十五规划	1999 年	2005 年钢材表观消费量达到 14000 万吨以上	实际 2004 年的钢材表观消费量就达到了 3 亿吨
关于做好钢铁工业总量控制工作的通知	1999 年	1999 年全国钢产量比 1998 年压缩 10%，即 10313 万吨，全年钢材进口控制在 700 万吨	1999 年粗钢产量达到 12353 万吨，全年钢材进口 1486 万吨，粗钢表观消费量为 13632.49 万吨
关于做好钢铁工业 2000 年总量控制工作的通知	2000 年	对钢铁工业的总量控制目标为产钢 1.1 亿吨、钢材 1 亿吨	实际产量钢材达到 13146 万吨、产钢 12850 万吨，钢材价格普遍上涨，钢材净进口 972 万吨
关于做好钢铁工业 2001 年总量控制工作的通知	2001 年	总量控制的目标是钢产量 11500 万吨，钢材 10500 万吨	实际钢产量 15163.44 万吨，钢材产量达到 16067 万吨，钢坯、钢锭净进口 544 万吨，钢材净进口 1247 万吨，价格仅有小幅下降
关于做好钢铁工业 2002 年总量控制工作的通知	2002 年	2002 年总量控制的目标是钢产量 12500 万吨	但是实际产钢量 18224 万吨，表观消费量达到 2.115 亿吨，全年钢材价格整体上扬
关于制止钢铁行业盲目投资的若干意见	2003 年	预计到 2005 年底将形成 3.3 亿吨钢铁生产能力，已大大超过 2005 年市场预期需求	2004 年产能超过 34013 万吨，大多数钢铁工业企业满负荷生产，产品价格大幅上升，2005 年粗钢产量就到到了 3.5 亿吨，表观消费量达到 3.76 亿吨
关于钢铁行业控制总量淘汰落后加快结构调整的通知	2006 年初	认为钢铁工业严重产能过剩	2006 年我国累计粗钢、生铁和钢材产量同比分别增长 18.5%、19.8%、24.5%，国内钢材市场运行总体良好，钢铁行业利润实现历史最好水平
钢铁产业调整与振兴规划	2009 年 3 月	认为 2009 年钢铁行业表观消费量为 4.3 亿吨，2011 年粗钢表观消费量 4.5 亿吨，粗钢产量 5 亿吨左右	2009 年表观消费量和产量均在 5.7 亿吨左右，2010 年粗钢表观消费量为 6 亿吨，粗钢产量为 6.27 亿吨

（二）政策建议

在进行政策讨论之前，有必要区分两种不同类型的产能过剩。一种是在比较完善和健全的市场体制下，现实经济运行的供需动态匹配和调整过程中以及经济周期性波动过程中，出现的生产能力相对需求过剩的情形。这种过剩是市场经济运行中的常态，也正是这种过剩，会使得市场竞争加剧，市场的优胜劣汰机制才会起作用。在市场经济中，企业还会保有一定的富余产能以应对需求的突然增长。在比较完善和健全的市场体制中，不受阻碍的市场过程能有效协调经济主体之间的行为并引导供需迅速趋向动态均衡，并不需要宏观经济政策之外的其他具体产业政策再来应对产能过剩。另一种是经济体制缺陷扭曲企业投资行为而带来的产能过剩，正如本章所论述的在中国转轨过程中，土地的模糊产权、银行预算软约束等体制扭曲下地方政府的补贴性竞争，会使得企业过度投资以及市场协调供需均衡的机制难以有效运转，进而导致系统性的产能过剩和经济波动加剧。体制扭曲才是中国出现产能过剩顽疾的关键所在，也是政策部门更需要关注的问题。

因而，应当通过推进改革为市场机制调节产能过剩、提高投资效率创造更好的条件，充分发挥市场机制在利用分散信息、协调供需、引导投资方面的高效率性。政策主要侧重在以下几个方面：

1. 改革官员考核晋升体制，消除地方政府不当干预企业投资的强烈动机

改变以辖区内 GDP 增长为主要考核晋升标准的体制，把反映经济质量和效益状况、反映能源资源消耗和环境影响程度、反映社会发展和人的全面发展情况的指标纳入指标体系，并且在指标设计上要重视对政府公共服务能力和满意度的考核。改革官员考核晋升体制，还要在很大程度上破除现有政府官员考核晋升体制中的"官本位"传统，即在官员考核和晋升过程中过于关注"上级官员"的主观评价、官员的晋升完全由"上级官员"决定的传统，在考核的过程中应将公众的意见考虑在内。

2. 改革土地管理制度，明晰土地产权，杜绝地方政府通过低价供地为企业投资提供补贴的行为

现阶段，地方政府借助土地的模糊产权和垄断土地一级市场，严重依赖通过基础建设、房地产开发、以土地优惠政策吸引投资来拉动本地区经济增长。土地制度的完善对于转变经济增长方式至关重要，同时土地制度的改革与完善对于改变地区间产业结构高度同质化的局面具有重要意义。改革土地管理制度、明晰土地产权应侧重在以下三个方面：第一，明晰农村土地产权，将农村土地所有权明晰到农户；第二，国家可考虑放弃以营利为目的的土地所有权，打破土地所有权向国家单向流动的体制，实现土地在政府、企业、个人之间的市场化流动；第

三，把强化国家对土地的公共管理职能作为政府管理土地的基本内容，政府对土地公共管理的基本职能是保护土地产权、加强土地利用管制以及对土地及其房产的征税制度，保护市场主体的土地产权是市场化的重要制度基础。

3. 完善环境保护体制，防止地方政府牺牲环境竞争资本流入。

环境保护体制的不完善，是我国高污染工业过度投资、畸形发展的体制性根源。推动工业结构调整与优化升级，需要政府改革和完善环境保护体制，尤其需要确保环境立法和实施中的公众参与。首先，需要完善环境公众参与制度的法律设计，提高公众主体意识、权利意识、法律意识，在宪法、环保基本法、单项法规中明确公民环境权的内容，是实现公民环境权的必需条件和根本保障。其次，完善公众参与环境保护的途径和方式，通过立法明确规定公众参与的程序性权利，大力发展环保团体，积极发挥非政府组织的民间团体作用。再次，在借鉴国外经验的基础上，进一步完善环境公益诉讼制度，使环境得到及时有效的保护，对个人和公共的环境权益进行全面周到的救济。最后，建立完善的污染苗收体制。

4. 改革资源及资源产品价格体制，充分发挥市场价格的引导作用。

资源和资源价格体制的扭曲是导致工业投资结构不合理、投资低效率与重复建设的一个重要体制性原因。资源价格体制改革，首先要从资源使用制度改革着手，实现资源全面有偿使用，包括矿业权有偿取得，成本合理负担等，架起资源市场与资源价格之间的联系渠道，改变资源市场中价格难以发挥调节作用的不合理机制；改革资源价格由政府控制的现状，形成资源性产品价格市场化机制，充分发挥市场机制调节资源价格的作用；打破资源性行业垄断价格，实现市场对价格的有效调节；加强政府监督，采取相应的配套措施，为资源价格改革创造有利条件。

5. 改进有关统计工作，定期发布信息提示行业投资风险。

行业产能利用和供求关系等方面的统计数据，作为"信息产品"在收集、处理和提供方面具有很强的规模经济属性，在消费利用方面则具有非竞争性经济特征，而且政府部门在观察问题的视角方面可能具有某种特点和优势。考虑到这些因素，政府有关部门提供信息和分析意见，不仅符合经济合理性原则要求，也是市场经济下政府发挥服务功能的体现。但有关部门提供的信息服务在数量和质量上都似嫌不足。例如，政府大规模治理产能过剩已十年有余，然而无论是统计部门还是产业政策部门，在产能利用率数据常规性系统发布方面似乎没有明显改进，对产能过剩问题提供专题研究成果或对有关政策成效提供分析报告则更属罕见。但这些信息应限于对企业等市场参与方提供参考或警示，而不是作为强制性管制依据[1]。

---

① 卢峰：《不恰当干预无助于治理产能过剩》，《金融事务》，2010 年第 1 期。

第四篇 产业结构调整与优化升级

第十章 工业结构升级与新型工业化

工业化是经济发展的组成部分，几乎没有任何国家能够没有工业化而实现经济发展，快速增长的经济体一般都有快速增长的制造业领域。[①] 经过新中国成立以来60多年特别是改革开放以来30多年的发展，我国工业取得了长足发展，工业在国民经济中的比重大幅度提高，中国已经成为世界市场工业产品的重要提供者。但是普遍认为，产业结构不合理的问题严重制约着中国工业的可持续发展，调整经济和产业结构成为多年来经济发展的重要任务。[②]

一、中国工业结构的调整与演变

1949年，中国的工业从一穷二白起步。经过60多年的发展，中国工业生产规模居于世界前列，产业竞争力大为增强，形成了比较完善和结构合理的工业体系。中国工业60多年的发展过程，就是产业结构不断趋于合理化和高级化的过程。

（一）工业占GDP比重的变动

新中国成立之初，由于帝国主义、封建主义和官僚资本主义的三重压迫，中国的工业基础非常薄弱、工业化程度很低。经过1949~1952年的恢复和发展，工业总产值由140亿元增加到349亿元，按可比价格的年均增长率达到34.8%。但即使如此，工业占GDP的比重仍然很低。1952年，农业占国内生产总值的比重超过50%，工业比重仅为17.64%。在工业中，机器大工业的比重低，1949年，机器大工业只占17%，农业和手工业还占到83%。[③] 1952年以来，中国工业占GDP的比重整体上呈现出上升趋势。

---

① UNIDO. Industrial Development Report 2009: Breaking in and Moving up: New Industrial Challenges for the Bottom Billion and the Middle-Income Countries p4.

② 参见历次"国民经济和社会发展五年规划纲要"。

③ 汪海波：《新中国工业经济史》，经济管理出版社，1987年版，第6页。

改革开放初期的 1978 年，我国的"农轻重"关系严重失调，片面追求重工业优先发展的赶超战略由于不符合中国的资源禀赋和比较优势已经难以为继。为了矫正畸形的产业结构，1979 年 4 月，中共中央确定对国民经济实行"调整、改革、整顿、提高"的方针。20 世纪 80 年代初期，国家出台了轻纺工业优先发展的政策，并且调整冶金、化工、机械等重化工业的产品结构，使之能更好地为消费品工业服务。这一产业发展重点的转变符合当时中国资本稀缺、劳动力丰富的比较优势，较好地适应了城乡居民快速增长的消费需要与国际产业转移的趋势。从图 10-1 可以看到，改革开放之前工业比重的波动幅度较大，其原因主要是人为加快工业的增长造成产业结构的极度不合理，从而又使工业增速回调造成的。

改革开放以来，中国工业占 GDP 的比重呈现周期性的变化，但波动幅度明显减小。工业占 GDP 比重在 1978 年达到历史最高点 44.09%，此后由于扭转过度重视工业增长的政策，工业占 GDP 比重开始下降，并在 1990 年达到低点 36.74%，此后开始稳步回升，1997 年达到 41.69%。1998~2002 年间，工业占 GDP 比重又出现小幅下降，此后随着工业特别是重工业增速加快，工业比重从 2002 年的 39.4% 增加到 2006 年的 42.2%。此后工业占 GDP 的比重又开始下降，特别是 2009 年，由于受到国际金融危机的影响，工业增长速度大幅度回落，导致工业占 GDP 比重一度下降到 39.7%。但随着工业增长的恢复，工业占 GDP 比重在 2010 年又提高到 40.1%。

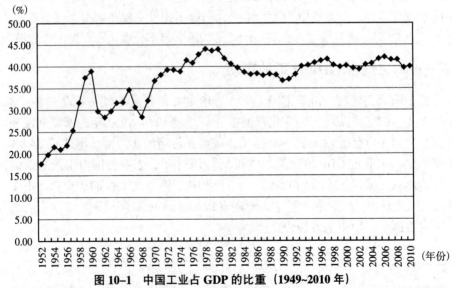

图 10-1　中国工业占 GDP 的比重（1949~2010 年）

资料来源：1952~1998 年数据来自《新中国 50 年统计资料汇编》，1999~2010 年数据来自《中国统计年鉴（2010）》。

（二）工业内部结构变动

1. 轻重工业比重

"工业比重小，农业比重大；重工业比重小，轻工业比重大"是旧中国产业结构的典型特征。[①] 解放之初，中国工业生产落后的突出表现之一就是生产生产资料的重工业部门落后。1949 年全国工业总产值 140 亿元，其中重工业产值仅占 26.4%，而主要生产消费资料的轻工业产值占 73.6%。由于很多机械设备国内不能生产，不得不大量依赖进口，造成中国工业对外的高度依赖性。经过 1949~1952 年国民经济恢复期和 1953~1957 年的第一个五年计划，重工业有了较大发展，重工业比重到 1957 年已经上升到 45%。应该说，这是一个较合理的轻重工业比例，改变了旧中国轻重工业间比例关系极不协调的状态。1958 年走上"大跃进"道路后，在"以钢为纲"思想的指导下，全民大炼钢铁，并以此为中心，着重发展钢铁生产所需的煤炭、电力、机械等部门，重工业的比重快速提高，到 1960 年已经上升到 66.6%，严重破坏了轻重工业比例关系，并影响到城乡人民的生活。为了改变这一状况，1961 年起国家对国民经济进行"调整、巩固、充实、提高"，重工业比重有所回落，到 1965 年轻重工业比例关系基本上恢复到 1957 年的水平。1966~1975 年，在加强备战思想指导下，又一次片面强调优先发展重工业，1975 年重工业比重提高到 55.9%。1979 年开始，国家采取了一系列积极发展轻工业的政策措施，1980 年对轻纺实行"六个优先"原则，1981 年提出要大力发展消费品生产，1979~1981 年的轻工业增长速度超过重工业，重工业比重在 1981 年下降到 48.5%。此后直到 1998 年，中国的重工业比重一直保持在 52% 左右的水平。从 1999 年开始，中国进入新一轮重化工业阶段，重工业的增长速度明显加快，并且与轻工业增长速度的差距越来越大。从表 10-1 可以看到，1998 年，重工业增速比轻工业慢 0.6 个百分点，1999 年以来重工业增速一直超过轻工业增速，2006 年二者的增速差距达到 4.1%。重工业的快速增长使得其在工业中的比重不断提高。1998 年以来，重工业总产值占工业总产值的比重一直呈上升趋势，特别是由于 2003 年之后重工业的高速增长，重工业的比重提高很快。到 2010 年，规模以上重工业总产值占全部规模以上工业的比重已经达到 71.4%。1978~2009 年重工业比重变化情况如图 10-2 所示。

就重工业内部来看，采掘工业和原料工业发展滞后于加工工业的问题长期存在，并出现过几次严重的结构失衡。"一五"时期加工工业相对采掘工业和原料工业发展较快（年均增速分别为 28.6%、21.5% 和 23.4%），虽然使我国原材料和机器设备的自给率大大提高，但也导致采掘工业和原料工业在某种程度上不能满

[①] 汪海波：《新中国工业经济史》，经济管理出版社，1987 年版，第 78 页。

表 10-1 1998~2010 年轻重工业增长速度的变化

年份	1998	1999	2000	2001	2002	2003	2004	2005	2006	2007	2008	2009	2010
轻工业	9.1	8.3	9.5	13.2	12.1	14.6	14.7	15.2	13.8	16.3	12.3	9.7	13.6
重工业	8.5	9.3	13	16.6	13.1	18.6	18.2	17	17.9	19.6	13.2	11.5	16.5
重工业—轻工业	-0.6	1.0	3.5	3.4	1.0	4.0	3.5	1.8	4.1	3.3	0.9	1.8	2.9

资料来源：历年《中华人民共和国国民经济和社会发展统计公报》。

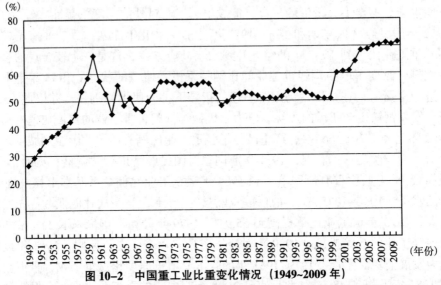

图 10-2 中国重工业比重变化情况（1949~2009 年）

注：重工业比重 = 重工业总产值/工业总产值。1999 年及之前工业总产值数据为全部工业企业；2000年及之后工业总产值数据为规模以上工业企业。

资料来源：1949~1998 年数据来自《新中国 50 年统计资料汇编》，1999 年后来自《中国工业统计年鉴》有关各年。

足整个工业增长的需要，煤、电、钢、铁的供应都比较紧张。"大跃进"三年，工业投资明显向原料工业倾斜，原料工业占重工业投资的比重由"一五"时期的33.8%提高到 42.3%，而采掘工业比重由 28.6%下降到 21.7%。投资失衡的后果突出表现为铁矿石、辅助原料矿石的采选、烧结以及煤炭开采明显滞后于钢铁冶炼。加工工业内部重主机、轻配套，造成机械制造能力增长很快，而维修和配件生产能力有减无增。工业内部结构在 1961~1965 年调整时期有了很大改善，采掘工业与加工工业的比重基本恢复到 1957 年的水平，加工工业内部主机与配套、制造与修理之间的关系也趋于合理。"文化大革命"期间，盲目发展以机械工业为代表的加工工业造成重工业内部结构的失调，采掘工业、原料工业和加工工业的比例由 1965 年的 11.1：39.7：49.2 变为 1970 年的 8.5：38.0：53.5。[①] 改革开放之后，虽然我国轻重工业比重处于较为合理的区间，但是由于 1985 年上半年、1988 年和 1993 年上半年三次出现经济过热，加工工业发展过快、基础工业"瓶颈"制约加重的矛盾开始不断凸显出来。在国家宏观调控政策的调整下，到 20 世纪 90 年代中期，我国基础工业的"瓶颈"制约才基本缓解（中国社会科学院工业经济研究所，2008）。1998 年以来，随着中国重新进入重化工业高速增长时期，国内能源、资源的供给已经不能满足经济增长和社会发展的需要，不得不大量进口能源、铁矿石等资源，采掘工业占重工业的比重也呈现出持续下降的趋势。1985~2002 年重工业内部的比例关系变化如表 10-2 所示。

表 10-2　1985~2002 年重工业内部的比例关系变化

单位：%

年份	1985	1986	1987	1988	1989	1990	1991	1992	1993	1994	1995	1996	1997	1998	1999	2000	2001	2002
采掘工业	11.4	12.4	12.3	11.3	11.5	12.1	11.7	10.5	10.3	10.9	11.1	11.6	12.0	10.5	10.0	10.5	9.2	8.7
原料工业	35.1	38.6	39.1	38.6	39.9	41.6	41.7	41.0	43.1	41.2	40.6	38.9	38.4	39.1	39.4	40.5	40.4	38.8
加工工业	53.5	49.0	48.5	50.1	48.5	46.3	46.6	48.5	46.5	47.9	48.3	49.5	49.6	50.4	50.5	49.0	50.4	52.5

注：1998 年之前为独立核算工业企业，1998 年开始为国有及规模以上非国有工业企业。

资料来源：《中国统计年鉴》（1985~2002 年）。

2. 资本密集型行业的比重变化

工业化的过程就是资本有机构成不断提高即资本不断替代劳动的过程。我们用固定资产原值（P）与职工人数（E）的比值 P/E 衡量要素密集程度的变化。从图 10-3 可以看到，改革开放以来我国工业的资本密集程度有了很大提高。按当年价格计算，1997 年是 1978 年的 12 倍，按不变价格计算，1997 年是 1978 年的 3.1 倍。按当年价格和不变价格，2007 年人均固定资产原值分别是 1998 年的 2.6 倍和 2.0 倍。资本密集程度的提高一方面源于整个工业各行业资本密集程度的提高，另一方面则源于资本密集行业比重的提高。冶金工业、电力工业、煤炭及炼焦工业、石油工业、化学工业、机械工业六个行业工业总产值的比重从 1990 年的 60.4% 上升到 1998 年的 65.8%，2007 年又进一步提高到 75.2%，如表 10-3 所示。

3. 工业参与国际分工结构的变化

从新中国成立直到改革开放之初，我国参与国际分工的程度很低。随着 1978 年以来改革开放的不断深化，我国与世界经济的交往不断增多，工业特别

[①] 汪海波：《新中国工业经济史》，经济管理出版社，1987 年，第 139、196-197、249、312 页。

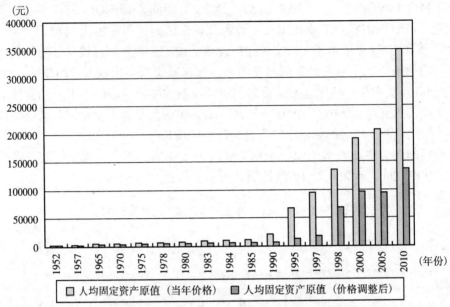

图 10-3　1952~2010 年工业人均固定资产变化情况

注：1997 年以前为乡及乡以上独立核算工业企业，1998 年以后为国有及规模以上非国有工业企业。1997 年以前价格指数采用商品零售价格指数（1950 年=100），1998 年以后价格指数采用固定资产投资价格指数（1991 年=100）。

资料来源：1952~1997 年数据来自《中国工业经济统计资料（1949~1984）》、《中国工业交通能源 50 年统计资料汇编（1949~1999）》、《新中国 50 年统计资料汇编》；1998 年以来的数据来自《中国统计年鉴》有关各年。

表 10-3　资本密集型行业工业总产值比重情况

单位：%

年份		①冶金工业	②电力工业	③煤炭及炼焦工业	④石油工业	⑤化学工业	⑥机械工业	⑦建筑材料工业	⑧造纸工业	①~⑧比重	①~⑥比重
1970 年不变价格	1971	11.1	3.7	3.5	4.6	10.9	25.3	2.8	1.3	63.2	59.1
	1975	9.0	3.9	3.0	5.6	11.3	27.7	3.1	1.3	64.9	60.5
	1978	8.7	3.8	3.0	5.5	12.4	27.3	3.6	1.3	65.6	60.7
	1980	9.0	3.9	2.6	5.3	13.0	26.5	3.8	1.3	65.4	60.3
	1981	8.3	3.9	2.4	4.9	12.9	24.4	3.6	1.3	61.7	56.8
1980 年不变价格	1981	8.8	3.8	3.0	5.4	11.4	20.9	3.8	1.3	58.4	53.3
	1984	8.6	3.5	2.9	5.0	12.3	26.1	4.3	1.4	64.1	58.4
当年价格	1990	10.4	3.9	2.8	5.0	14.7	23.6	5.5	3.0	68.9	60.4
	1998	8.9	5.9	1.9	6.1	13.4	29.6	5.2	2.6	73.6	65.8
	2007	13.9	7.0	2.3	6.5	12.1	33.4	4.2	2.1	81.5	75.2
	2010	12.9	6.3	3.2	5.6	12.1	33.9	5.0	2.0	81.0	74.0

注：由于工业增加值的基年不同，各产业工业增加值的比重不具有完全的可比性，但是能够看出趋势的变化。

资料来源：1984 年以前数据根据《中国工业交通能源 50 年统计资料汇编（1949~1999）》数据计算；1990 年以后数据根据《中国统计年鉴》有关各年计算，并对行业进行了相应归并。

是制造业参与国际分工的程度越来越高。根据 WTO 的统计，1978 年中国出口额仅为 99.55 亿美元，2006 年达到 9690.73 亿美元，其中制成品出口额的增长最为迅速，从 1980 年的 87.12 亿美元增加到 2006 年的 8954.33 亿美元。中国产品出口的快速增长推动了中国产品在世界出口额中所占比重的大幅度提高。1978 年，中国产品出口额仅占世界总出口额的 0.78%，到 2010 年，中国产品出口额占世界出口额的比重已经达到 10.36%，成为世界最大的出口国。制成品出口额的比重达到世界制成品出口额的 14.83%，其中，服装出口额占世界服装出口额的 36.94%，纺织品占 30.68%，办公和电信设备占 28.04%，其中电子数据处理和办公设备、通信设备分别占 37.92% 和 31.10%，机械和运输设备也占到 15.37%，如表 10-4 所示。

表 10-4　1980~2010 年中国出口产品占世界出口额的比重

单位：%

年份	1980	1985	1990	1995	2000	2005	2010
农产品	1.47	2.35	2.43	2.54	2.96	3.39	3.79
食品	1.40	2.13	2.49	2.72	3.14	3.62	3.95
燃料和矿产品合计	0.89	1.82	1.34	1.54	1.44	1.72	1.59
燃料	—	—	1.41	1.42	1.17	1.20	1.14
制成品合计	0.80	0.84	1.85	3.36	4.68	9.63	14.83
铁和钢	0.31	—	1.21	3.37	3.07	6.08	9.40
化学品	0.80	—	1.27	1.87	2.07	3.25	5.14
医药品	—	—	—	—	1.65	1.38	2.32
机械和运输设备	0.16	—	0.89	1.62	3.14	9.18	15.37
办公和电信设备合计	0.08	0.07	1.05	2.40	4.50	17.78	28.04
电子数据处理和办公设备	—	—	—	—	5.02	23.68	37.92
通信设备	—	—	—	—	6.78	20.68	31.10
集成电路和电子元件	—	—	—	—	1.74	5.91	13.13
汽车产品	0.05	—	0.08	0.14	0.27	1.08	2.57
纺织品	4.62	—	6.92	9.14	10.27	20.33	30.68
服装	4.00	—	8.94	15.19	18.24	26.83	36.94
总计	0.89	1.40	1.80	2.88	3.86	7.26	10.36

资料来源：根据 WTO Statistical data（网址 http：//stat.wto.org/）数据库数据计算。

可以说中国已经深深地融入全球生产网络之中。随着国际分工方式的转变，中国与世界的商品往来逐步从产业间分工演化为产业内分工和产品内分工。一国在国际分工中的地位或者说一国参与国际分工的程度，可以用垂直专业化的程度来衡量。垂直专业化（Vertical Specialization）是指一种商品的生产过程延伸为多个连续的生产阶段，每一个国家只在某个连续的特殊阶段进行专业化生产。垂直专业化比例则是指进口品用于出口的价值对出口额的比率，类似于"来料加工"的程度。北京大学中国经济研究中心课题组（2006）利用中国的投入产出表对我国出口贸易中的垂直专业化程度进行了计算，他们的计算结果表明，我国出口贸易中垂直专业化的价值比率从 1992 年的 14%上升至 2003 年的 21.8%（北京大学中国经济研究中心课题组，2006），表明我国参与国际垂直分工的程度有了很大的提高。但是总体来说，中国仍处于国际价值链的低端。中国出口的制成品仍以初级制成品为主，即使在所谓高技术产品中，中国所从事的很大一部分工作也是劳动密集型的加工组装活动。在表征技术创新能力的许多关键指标上，目前中国都与发达国家存在较大差距，"中国制造"在关键技术、关键设备上对国外还有相当大的依赖，核心和关键零部件大部分需要从国外进口。

二、工业结构演变与产业政策的互动

工业发展的过程也是产业结构不断转变和高级化的过程，产业结构的转变既有其自身的规律性，同时经济发展战略和产业政策也对产业结构的变化起到重要的作用。一国工业结构的演变是三种力量共同作用的结果：经济发展和产业结构演变的一般规律、一国的资源禀赋特点和国家的产业政策。从根本上讲，合理的产业政策应该遵循产业结构演变的趋势和规律，立足于本国国情，具体的产业政策应该适应各产业自身的技术特征，同时产业政策还应该根据资源禀赋的变化、产业结构的变化、国内制度的变化以及经济发展环境的变化进行及时的调整。就中国的具体情况看，不同时期的工业结构是上述三种力量共同作用的结果，并且不同时期三种力量的大小、作用程度和产业政策的实施效果都有所不同。

（一）改革开放前：赶超战略与超前的重化工业化

1949 年中华人民共和国成立后，根据当时的国内经济基础和国际形势，中国选择了以优先发展重工业为目标的发展战略。林毅夫等人认为，在当时的条件下优先发展重工业，存在着重工业建设周期长与资本稀缺的矛盾、重工业设备依赖进口与外汇短缺的矛盾、重工业初始投资规模大与资金动员能力差的矛盾，因此是一种"赶超"战略，其战略目标与资源禀赋所要求的产业结构之间存在巨大的差异。[①] 为了实现重化工业的快速发展，自 1949 年直到改革开放，除了个别时期因为轻工业比例严重偏低、基础工业与制造工业比例严重失调、对轻工业的重视程度有所提高外，重工业一直是工业发展的重点。在第一个五年计划期间，国

---

① 林毅夫、蔡昉、李周：《中国的奇迹：发展战略与经济改革》（增订版），上海三联书店、上海人民出版社，1999 年版，第 36-37 页。

家集中主要力量进行以 156 项工程为中心的、由限额以上的 694 个建设单位组成的工业建设;"大跃进"时期更是将重工业优先发展的政策发挥到极致,确定了"以钢为纲、全面跃进"的政策,要求各部门、各地方都要把钢铁的生产和建设放在首要地位,全民大炼钢铁,大洋群(大中型钢铁企业)与小土群(小型土法炼钢)齐上。"文化大革命"时期,除了继续实行"以钢为纲"政策追求钢铁产量外,从 1964 年开始,经济建设的方针转向立足于战争,围绕三线与国防建设了一批重工业项目。由于中国并不具备发展重化工业的比较优势,为了解决资本稀缺与发展战略之间的矛盾,就需要通过扭曲要素价格来人为地降低重工业发展的成本,包括实行低利率政策、低汇率政策、低工资和低能源原材料价格政策、低农产品和其他生活必需品及服务价格政策。① 如果说在新中国成立之初,由于急需建立中国自己的工业基础,对加快重工业发展具有客观要求,那么大跃进到"文革"时期,对重工业发展的重视完全脱离了经济自身的规律性,给经济发展造成极大破坏。

在改革开放之前的计划经济时代,政府的计划决定生产什么、怎样生产和为谁生产,企业要根据政府的计划安排生产。"计划和行政命令使得产业政策能够非常有力地调动有限的资源投入到政府优先发展的部门,产业政策的选择性特点非常突出,政府通过直接投资来发展重点产业和重点企业。"② 产业政策的方式虽然比较单一,但是由于能够直接控制资金的投向和价格体系,产业政策的作用比较直接和有效。从改革开放前产业结构的变化我们可以看到,调整产业结构的政策基本上能够起到"立竿见影"的效果,例如,"大跃进"三年重工业比重的快速上升、经济恢复时期重工业比重的下降、"文革"十年重工业比重的重新上升。这一时期国家对国民经济实行严格的计划管理,虽然在形式上有一些产业政策,但是把这些政策看作计划经济的一部分更为贴切,所谓的产业政策只是赶超战略以及为这一战略服务的国民经济计划系统的一个组成部分,并不存在明显的或独立的产业政策。

国家的经济计划虽然能够较快地对产业结构的调整起到作用,但是工业发展有其内在的规律性,当产业结构不能适应工业发展的内在规律时,就会出现各种各样阻碍工业增长的矛盾,如原料短缺、内需不足。特别是"大跃进"时期不按照经济规律办事生产出大量劣质钢铁,不但造成浪费,而且给经济、社会乃至历史文化造成巨大的乃至无法挽回的损失。经济规律有使产业结构恢复到合理水平的内在动力,当产业结构的矛盾加剧时,政府不得不对经济计划和产业政策进行调

---

① 林毅夫、蔡昉、李周:《中国的奇迹:发展战略与经济改革》(增订版),上海三联书店、上海人民出版社,1999 年版,第 38—49 页。

② 周叔莲、吕铁、贺俊:《新时期我国高增长行业的产业政策分析》,《中国工业经济》,2008 年第 9 期。

整。这也是造成改革开放前我国工业增长速度和重工业比重大起大落的重要原因。

从世界各国经济发展过程中工业比重的变化，我们也可以发现赶超战略的不合理之处。从图10-4可以看到，无论是日本、韩国还是印度，其工业占GDP的比重呈现出明显的规律性，波动幅度很小。日本自20世纪60年代以来工业的比重基本呈下降趋势，韩国工业的比重呈现出先提高后下降的趋势，而印度的工业比重则缓慢提高。相反，新中国成立以来中国工业占GDP的比重表现出剧烈的波动，特别是在改革开放之前，工业的比重基本呈现出三个明显的波峰。这种剧烈的波动，明显是不正常的。而这种不正常状态的形成则是经济政策违背经济发展（更具体地说是工业化）一般规律的结果。当工业特别是重工业比重过高时，经济规律必然使工业结构进行强制性的回调。

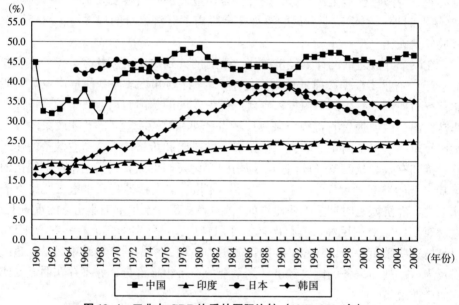

图10-4 工业占GDP比重的国际比较（1960~2006年）

注：由于资料来源不同，中国的数据与图10-1略有差异。

资料来源：World Development Indicators database。

（二）改革开放至20世纪末：发挥比较优势与工业的协调发展

改革开放初期的1978年，我国的"农轻重"关系严重失调，片面追求重工业优先发展的赶超战略由于不符合中国的资源禀赋和比较优势，已经难以为继。为了矫正畸形的产业结构，1979年4月中共中央确定对国民经济实行"调整、改革、整顿、提高"的方针，于20世纪80年代初期出台轻纺工业优先发展政策，并且调整冶金、化工、机械等重化工业的产品结构，使之能更好地为消费品工业服务。这一产业发展重点的转变符合当时中国资本稀缺、劳动力丰富的比较优势，较好地适应了城乡居民快速增长的消费需求与国际产业转移的趋势。对外开放政策的实施，一方面使中国的装备工业发展能够获得国外先进的技术设备，另一方面也使中国劳动力丰富的比较优势通过国际商品贸易的形式得以发挥。在改革开放之初，社会主义市场经济体制尚未确立，国有企业几乎在各个行业都居于控制地位，因此，政府的产业政策仍然较多地采用计划、指令的形式。

《中华人民共和国国民经济和社会发展第七个五年计划》第一次明确提出和规定了产业政策，在工业领域的产业政策包括：继续大力发展消费品工业，适当控制加工工业的增长，使之与能源原材料工业协调发展；改造传统产业，有计划地促进新兴产业发展。"七五"期间，我国现实经济运行的机制已经与传统体制发生了很大变化，计划经济的控制力下降，国家直接运用财政和行政手段调控经济发展的能力大为削弱，产业政策缺乏有效的实施手段，从而导致能源原材料的"瓶颈"以及加工工业低水平扩张等问题。[①]

"八五"计划特别是 1992 年社会主义市场经济确立之后，我国的产业政策逐步走向完善。1989 年 3 月，国务院颁布了《国务院关于当前产业政策要点的决定》，标志着产业政策体系的正式形成。该《决定》指出，"制定正确的产业政策，明确国民经济各个领域中支持和限制的重点，是调整产业结构、进行宏观调控的重要依据"，提出生产领域、基本建设领域、技术改造领域重点支持、停止或严格限制的产业和产品。以后的产业政策也基本延续了鼓励、限制、禁止的分类原则。该《决定》还提出了产业政策的实施工具，"运用经济的、行政的、法律的和纪律的手段，同时加强思想政治工作"，具体包括固定资产投资计划、信贷、税收、价格、外汇等手段，实施部门包括各级计划部门、国家税务部门、财政部门、物价部门、外汇管理部门、铁道部门、交通部门、能源部门、物资部门、银行等。可见，当时的产业政策还带有比较明显的计划色彩。中共十四大之后，根据社会主义市场经济的要求，国务院在 1994 年 4 月又颁布了《90 年代国家产业政策纲要》。《纲要》在发挥政府这只看得见的手的作用的同时，更多地体现了运用市场手段达到政府产业目标。例如，《纲要》提出"以法律、法规等形式保证实施"、实施固定资产投资项目的经济规模标准等。《纲要》还对产业政策的制定程序和实施进行了规定。

20 世纪 80~90 年代，我国产业结构向着比较理想的状态发展，基本没有出现制约工业发展的大问题。80 年代产业结构调整的重点是轻纺工业和出口替代工业，这一产业政策一方面适应了城乡居民生活水平提高对消费品需求的快速增长，另一方面抓住了国际上以轻纺产品为代表的劳动密集型产业向发展中国家转

---

① 周叔莲、裴叔平、陈树勋：《中国产业政策研究》，经济管理出版社，1990 年版，第 510~564 页。

移的历史机遇。在这一阶段，虽然政府试图通过投资审批等方式限制低水平重复建设、实现有效竞争，但是这方面产业政策的效果并不明显。[①] 90 年代，由于加工工业的市场化程度高于基础产业且市场需求旺盛，出现了基础工业的"瓶颈"，政府通过加大对能源、交通、通信等部门的投资而缓解了矛盾。按可比价格计算，1952~1978 年重工业和轻工业分别增长了 2779.5% 和 905.2%，前者是后者的 3 倍多；1978~1997 年间，重工业和轻工业分别增长了 1195.8% 和 1349.3%，前者为后者的 89%。[②] 可以说，这一阶段矫正了扭曲的产业结构，较好地实现了产业结构与劳动力资源丰富比较优势的适应。

（三）"十五"至今：重新重化工业化与推进产业升级

自 1998 年开始，我国重工业发展加速，工业发展重新进入重化工业化阶段。与改革开放前主要通过政府直接干预、扭曲要素价格推进重化工业的快速增长不同，这次的重化工业化主要是工业增长自身的作用。经过改革开放前 20 年的增长，重工业的发展已经具备了基础。一是居民收入水平大幅度提高，自行车、收录机等千元级消费品让位于电视、空调、电脑等万元级商品，汽车、住房等十万元级商品逐步进入家庭，从而推动与改善消费者生活相关的食品、家具、医疗、房地产、交通运输设备、电器电子等行业的高速增长。二是城镇化加快发展，城镇人口比重以每年增加一个百分点以上的速度提高。由于城镇化率的快速提高以及人们对住房要求的提高，城镇居民对住房的需求快速增长，从而带动房地产产业的发展，并带动钢铁、化工、机械等相关行业的高速增长。三是成为承接国际产业转移的重要基地。在生产趋于全球化和国际分工趋于垂直专业化的情况下，美国、欧洲、日本等发达国家经济结构也在不断转型，产业重心逐步由制造业转向服务业和研发行业，在其国内的生产制造设施和制造能力也转移到新兴工业化国家和发展中国家。素质较高并且廉价的劳动力、较低的交易成本、完善的工业配套体系，不但使中国本土企业获得低成本优势，而且顺应了发达国家重化工业转移的趋势，成为世界最具竞争力的制造平台。

但是随着重化工业的快速增长，资源短缺、环境污染等问题随之加剧，劳动力、土地等要素价格的持续上涨不断削弱"中国制造"的低成本优势。为此，国家产业政策的重点也从推进产业结构的调整转变到产业升级和可持续发展方面。《"九五"计划和 2010 年远景目标纲要》提出要"积极推进产业结构的调整。要继续加强基础设施和基础工业，大力振兴支柱产业，积极发展第三产业"。《第十

---

① 周叔莲、吕铁、贺俊：《新时期我国高增长行业的产业政策分析》，《中国工业经济》，2008 年第 9 期。
② 林毅夫、蔡昉、李周：《中国的奇迹：发展战略与经济改革》（增订版），上海三联书店、上海人民出版社，1999 年版，第 188 页。

个五年计划纲要》则提出"要以提高经济效益为中心、以提高国民经济的整体素质和国际竞争力、实现可持续发展为目标,积极主动、全方位地对经济结构进行战略性调整……重点强化对传统产业的改造升级……积极发展高新技术产业和新兴产业……以信息化带动工业化"。相对于"九五"计划,"十五"计划中产业结构政策的重点明显转向产业升级。

在这一阶段,中国的产业政策体系已经比较完善,形成了有层次的产业政策体系。第一层次是国民经济和社会发展"五年"计划/规划,明确产业结构调整的方向;第二层次是国家计委/国家发改委出台的工业结构调整以及改革方向、重点和主要政策措施的重点专项规划;第三层次是国家经委/行业主管部门出台的具体行业的五年规划;第四层次是国务院及国家发改委、商务部、财政部、科技部等部委出台的有关调整产业结构的具体政策,如《外商投资产业指导目录》、《促进产业结构调整暂行规定》(《产业结构调整指导目录》)、《淘汰落后生产能力、工艺和产品的目录》、《当前优先发展的高技术产业化重点领域指南》等。由于社会主义市场经济体制已经基本确立,市场机制成为调节经济运行的主导力量。《促进产业结构调整暂行规定》就明确指出产业结构调整的原则是,"坚持市场调节和政府引导相结合。充分发挥市场配置资源的基础性作用,加强国家产业政策的合理引导,实现资源优化配置。"

"十五"以来的产业政策主要包括三个方面的内容:抑制重工业的过快增长、节能减排和促进产业转型升级。但这三个方面产业政策的实施效果大相径庭。

抑制重工业过快增长的政策。针对重化工业特别是钢铁、电解铝、水泥等高耗能产业的过快增长,中央政府出台了一系列抑制重化工业部门过快增长和所谓防止产能过剩的政策。2003年国家发改委出台《关于制止钢铁行业盲目投资的若干意见》、《关于制止电解铝行业违规建设盲目投资的若干意见》和《关于防止水泥行业盲目投资加快结构调整的若干意见》,要求"采取有力措施,迅速遏制盲目投资、低水平重复建设的势头"。《关于制止钢铁行业盲目投资的若干意见》指出,"到2003年底,我国钢铁生产能力将达到2.5亿吨,目前在建能力约0.8亿吨,预计到2005年底将形成3.3亿吨钢铁生产能力,已大大超过2005年市场预期需求。""对于当前出现的盲目发展现象,如不加以引导和调控,将导致一些品种产量严重过剩和市场过度竞争",并提出"国家和各地原则上不再批准新建钢铁联合企业和独立炼铁厂、炼钢厂项目"。但是与计划经济时代政府可以通过控制固定资产投资方向而直接调整产业结构不同,市场经济条件下政府的产业结构调整政策缺少有效的抓手,很难控制企业特别是民营企业的投资方向和投资规模。以钢铁产业为例,我国钢材产量在1998年、2003年、2004年、2006年、2008年和2009年分别超过1亿吨、2亿吨、3亿吨、4亿吨、5亿吨和6亿吨,但是销售形势良好,黑色金属冶炼及压延加工业的产销率一直保持在较高的水平,1998

年以来几乎所有年份都超过工业的平均产销率（见表10-5）。

节能减排政策。国家《第十一个五年规划纲要》提出了"十一五"期间单位国内生产总值能耗降低20%左右，主要污染物排放总量减少10%的约束性指标。[①]为了实现这一目标，国家出台了《节能减排综合性工作方案》，综合运行行政、法律、经济手段和宣传教育等手段，调动政府、企业和社会的积极性，多管齐下、全面推进节能降耗工作。整体上来说，节能减排任务虽然面临巨大的压力，但是基本完成甚至超额完成了"十一五"目标。"十一五"期间，单位GDP能耗年均下降19.1%，二氧化硫排放总量和化学需氧量分别年均减少14.29%和12.45%。节能减排目标之所以能够比较好地完成，主要在于项目开工建设"六项必要条件"（必须符合产业政策和市场准入标准、项目审批核准或备案程序、用地预审、环境影响评价审批、节能评估审查以及信贷、安全和城市规划等规定和要求）、加快淘汰落后生产能力、《外商投资产业指导目录》、《加工贸易禁止类商品目录》以及提高两高一资产品的出口退税率政策具有较强的针对性和操作性。

表10-5 我国钢铁产业产量与销售率

年份	产量（万吨）			产品销售率（%）	
	生铁	粗钢	钢材	黑色金属冶炼及压延加工业	工业总计
1998	11863.67	11559.00	10737.80	97.79	96.52
1999	12539.24	12426.00	12109.78	98.59	97.15
2000	13101.48	12850.00	13146.00	99.49	97.67
2001	15554.25	15163.44	16067.61	99.01	97.63
2002	17084.60	18236.61	19251.59	99.69	98.02
2003	21366.68	22233.60	24108.01	99.30	98.02
2004	26830.99	28291.09	31975.72	—	—
2005	34375.19	35323.98	37771.14	97.97	98.14
2006	41245.19	41914.85	46893.36	98.89	98.18
2007	47651.63	48928.80	56560.87	99.12	98.14
2008	47824.42	50305.75	57218.23	98.20	97.50
2009	55283.46	60460.29	69405.40	97.89	97.78

资料来源：《中国统计年鉴》（1998~2009）。

产业转型升级政策。我国工业虽然实现了高速的增长，但是资源能源消耗大、污染重、效益低的问题一直存在，因此"十五"计划明确提出要实现产业升级。特别是随着近年来劳动力、土地等成本的上涨，我国制造业的低成本优势逐渐被削弱，沿海地区甚至有外资企业转移到成本更低的其他国家。针对经济增长过热

---

①《第十二个五年规划纲要》提出"十二五"期间单位国内生产总值能源消耗降低16%，单位国内生产总值二氧化碳排放降低17%。

与推进产业升级，2007 年下半年至 2008 年上半年，国家出台了一套抑制经济过热、推进产业升级的组合拳，主要包括：上调存款准备金率、提高存贷款基准利率、调低出口退税率、差别电价政策、出台《新劳动合同法》。即使在应对国际金融危机"保增长"的过程中，仍然重视"调结构"。这些产业升级政策虽然在一定程度上提高了中国产业的技术水平，但"除了改革开放初期产业结构政策效果比较显著外，在以后的各时期，产业结构政策在推动结构调整和升级的过程中只起到了有限的作用"。[1] 产业升级可以分为产业内升级和产业间升级，并分别用资本劳动比、全员劳动生产率、全要素生产率和产业结构、产业相对效率等 5 个指标加以衡量。研究表明，中国工业主要构成部分的制造业实现了产业内升级，但是产业间升级并不明显，而且中国制造业的产业内升级呈现出明显的成本推动的特征。[2]

（四）产业结构调整经验与教训的总结

产业政策虽然能够在一定程度上加快经济发展的步伐，帮助后发国家实现经济的赶超，但是产业政策的成功必须要满足两个条件："一方面，产业政策提供了关于一个经济比较优势的动态变化趋势的信息；另一方面，这一政策目标又不能和现有的比较优势相距太远。"[3] 无论是较早时期的俾斯麦德国，还是近期的日本以及更近时期亚洲四小龙的经济赶超，都是在比较优势与追赶的标杆国家相距不太远的条件下实现的。新中国成立 60 余年来工业发展和产业结构演变的经验表明，凡是符合产业结构演变规律、符合中国发展阶段和资源禀赋的产业政策都取得了明显的效果。反之，则很难发挥作用或者导致产业结构的进一步恶化。中国在改革开放之前不顾劳动力丰富、资本稀缺的比较优势而盲目优先发展重化工业的赶超战略，不但造成产业结构畸形，而且由于激励不足和效率低下，使经济的发展难以为继。计划调节虽然能够取得效果，但是多数是不好的效果。改革开放至 20 世纪末产业比例结构优化政策较好地适应了国内外需求的变化、轻重工业及其内部的合理比例，因此取得了比较好的效果。"十五"以来产业政策的目标转变为促进产业高级化。虽然中国劳动力丰富的比较优势和低成本优势有所削弱，但是并没有完全丧失，而且产业结构的高级化要依赖于先进的技术和人力资源素质的提高，而二者的获得都需要一个逐渐积累的过程，不可能一蹴而就。

① 马晓河、赵淑芳：《我国产业结构演变 30 年》，载《中国经济发展和体制改革报告 No.1——中国改革开放 30 年（1978~2008）》，社科文献出版社，2008 年版。

② 李晓华：《要素价格、资本回报率与中国产业结构升级》，载中国社会科学院工业经济研究所研究报告《生产要素价格上涨与中国工业发展模式转型研究》，2011 年。

③ 林毅夫、蔡昉、李周：《中国的奇迹：发展战略与经济改革》（增订版），上海三联书店、上海人民出版社，1999 年版，第 122 页。

产业政策是指"国家（政府）系统设计的有关产业发展，特别是产业结构演变的政策目标和政策措施的总和"。① 产业政策的主要理论基础是市场缺陷理论和后发优势理论。虽然产业政策的目标是通过扶持和促进某些产业的发展，实现产业结构的合理化和高级化，但是关于产业政策的有效性问题也一直存在着争论。从新中国成立以来产业政策的实践看，产业政策的作用是有条件的和有限的。首先，不存在普遍合理的产业结构。虽然霍夫曼、库兹涅茨、钱纳里等人概括出工业化的一般规律，但是这只是对工业化路径一般趋势的概括，由于各国的情况不同、发展环境变化，很难以用一般趋势来衡量特定时点的产业结构是否合理。其次，很难对产业的发展做出准确的预测。战略性新兴产业的技术、市场等各方面都存在很大的不确定性。虽然后发国家在传统产业发展的轨迹、技术发展的方向等方面有发达国家作为参照，具有确定性，但是对于产业增长速度、产业升级的时间、未来某一时期的产量的发展等仍然难以做出准确的预测。

由于脱胎于计划经济体制，我国产业政策中的"计划思维"长期存在。政府在制定产业政策时，往往认为行业管理者由于所处的特殊位置能够获取更多信息，因此比行业内的投资者、生产者更聪明、更富有远见，能够准确预见到未来行业供求平衡点。② 事实上，政策制定者一点都不比市场更聪明，他们掌握的市场信息同样是不全面的、滞后的，甚至比企业掌握的信息更滞后、更失真。因此政府部门对产业结构变动进行准确的预测存在非常大的困难，强行按照自己的愿望调整产业结构，结果必然是尴尬的失败。近几年政府对钢铁、电解铝、水泥、汽车等产业增长的错误预测和调控就说明了这一点。

哈耶克在20世纪40年代批驳计划经济的弊端时就指出，"社会经济问题主要是适应具体时间和地点情况的变化问题"。由于要将每个个体所拥有的特定时间和特定地点的知识传递给中央政府是缓慢的和成本高昂的，并且由于存在只可意会不可言传的隐性知识，中央政府不可能集中分散的知识后再发出命令，而只能以非集权化的方法来解决，即由"在场者"进行针对具体情况的决策。"从根本上说，在一个关于相关事实的知识掌握在分散的许多人手中的体系中，价格能协调不同个人的单独行为，就像主观价值观念帮助个人协调其计划的各部分那样。"③ 因此，政府应该更加充分地发挥市场机制的作用，产业政策的目标更多的应该是定性的指导而非定量化的规定，具体的"量"应该依靠市场自身的机制来确定。产业政策应该注意以下几个方面的内容：①产业政策应该在市场失灵的领

① 周叔莲、裴叔平、陈树勋：《中国产业政策研究》，经济管理出版社，1990年版，第35页。
② 刘世锦：《市场开放、竞争与产业进步》，《管理世界》，2008年第12期。
③ F. A. Hayek. The Use of Knowledge in Society, The American Economic Review, Vol.35, No.4, 1945, pp.519–530.

域发挥作用，例如，通过理顺能源价格、提高环境成本促使企业采取集约高效的生产方式；②政府应该发布投资规模、信贷总量、市场需求情况等自己具有优势的总量信息，让企业和金融机构了解整个经济现在的投资和未来供给总体情况的变化，从而引导资金投向；①③产业政策的主要目标是促进新的有竞争力的领域产生，激励措施应该提供给那些新产品或生产既有产品的新技术的"新"活动；④公共支持目标的领域应该是活动而非领域，例如，资助技工培训而不是直接对高新技术领域进行投资；⑤被资助的活动应该是具有溢出或示范效应的潜力的，例如，政府对新能源领域补贴的示范效应。②

三、中国与发达国家产业结构比较

目前对中国产业结构合理与否的判断主要建立在与发达国家比较的基础上，但是大多数判断存在着很大的误读和误解。一方面，中国与发达国家的工业化发展阶段不同，中国仍然处于工业化中期阶段，而发达国家已经进入后工业化阶段；另一方面，产业结构的内涵已经发生了很大的变化，在同一细分产业，中国与发达国家的产业内容有很大的差异。因此，对中国产业结构合理与否的判断要充分考虑这两方面的因素。

（一）世界产业结构变动趋势

1. 三次产业结构的变动趋势

从世界主要国家经济发展的历程看，三次产业结构呈现出由"一、二、三"转变为"三、二、一"的特征。③从世界范围看，"二战"以后三次产业结构变化仍然呈现出第一、第二产业比重逐步降低，第三产业比重逐步提高的趋势。1970年，全世界一、二、三产业比重为8.9∶38.3∶52.9，2007年这一比例变为3.0∶27.7∶69.3（见图10-5）。但是世界各国的产业结构，特别是第二、第三产业的比重变化趋势并不相同。

---

① 林毅夫：《进一步提高宏观调控的科学性和有效性——投资"潮涌现象"与宏观治理理论创新》，《人民日报》，2007年6月11日。

② Dani Rodrik. Industrial Policy in the Twenty-first Century. Paper prepared for UNIDO.www.ksg.harvard.edu/rodrik/，John F. Kennedy School of Government，Boston，September.

③ 卢中原：《世界产业结构变动趋势和我国的战略抉择》，人民出版社，2009年版，第2页。

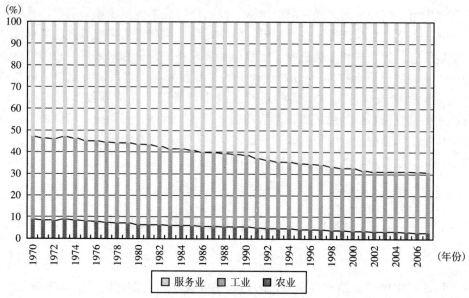

图 10-5　1970~2006 年世界三次产业比重变化

注：工业包括建筑业。

资料来源：World Bank. World Development Indicators database.

　　随着进入后工业化阶段，高收入国家第二产业比重占 GDP 的比重逐年降低，从 1970 年的 39.2%下降到 2007 年的 25.7%；发展中国家由于工业化的推进，第二产业比重逐步提高，尤以最不发达国家和低收入国家的工业比重上升最为明显。世界第二产业中心正在由西半球转向东半球，其中东亚和太平洋地区的第二产业占 GDP 比重由 1970 年的 36.0%提高到 2008 年的 47.0%；占世界第二产业的比重由 1970 年的 4.47%提高到 2007 年的 14.09%（见图 10-6）。各类国家的第三产业比重均呈现上升的长期趋势，高收入和中高收入国家服务业比重的上涨主要是由于第二产业比重的下降，而低收入国家服务业比重的上涨则源于第一产业比重的下降。

　　2. 工业内部结构的变动趋势

　　就工业内部结构看，世界工业发展表现出工业技术水平提升、环境友好性增强、全球产业内和产品内分工等特征。

　　世界工业的整体技术提升。1993 年的世界制造业增加值中，低技术产业和中高技术产业的份额分别为 19.3%和 47.6%，2003 年低技术产业的份额下降到 17.5%，而中高技术产业的份额提高到 50.2%，资源型产业份额相对保持稳定。其中又尤以发展中国家的技术水平提升比较明显，低技术产业份额从 20.6%下降到 17.7%，而中高技术产业份额从 38.1%上升到 43.8%（见表 10-6）。

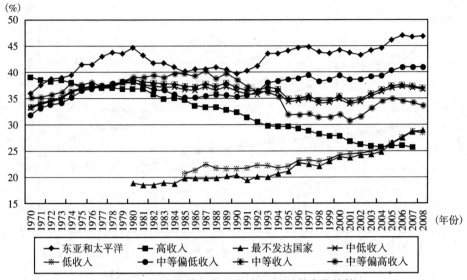

图 10-6 世界第二产业占 GDP 比重的变化趋势

资料来源：World Bank. World Development Indicators database.

表 10-6 1993~2003 年制造业增加值中的技术构成

年份	1993			1998			2003		
	资源型	低技术	中高技术	资源型	低技术	中高技术	资源型	低技术	中高技术
世界	33.1	19.3	47.6	31.6	18.4	50.1	32.3	17.5	50.2
工业化国家	31.0	19.1	49.9	29.1	18.3	52.6	29.9	17.5	52.6
转型国家	48.2	22.9	28.9	49.5	20.6	29.8	50.4	22.3	27.3
发展中国家	41.4	20.6	38.1	40.2	19.4	40.4	38.5	17.7	43.8

资料来源：UNIDO. Industrial Development Report 2009：Breaking In and Moving Up：New Industrial Challenges for the Bottom Billion and the Middle-Income Countries，pp.101.

工业的环境友好性增强。特别是二氧化碳排放致全球变暖已经成为共识，世界各国正采取积极行动以降低能耗和二氧化碳排放，防止全球变暖对地球的毁灭性影响。从图 10-7 可以看出，1980 年以来，世界单位 GDP 能源消耗和二氧化碳排放量都呈较快下降趋势。

产业内和产品内分工是工业内部结构变化的又一重要趋势。在传统的国际分工格局中，占主流地位的是产业部门之间的分工，即工业制成品生产国与初级产品生产国之间的分工以及各国不同产业部门之间的分工。发达国家和发展中国家是一种垂直的分工格局，即发达国家进口原材料、出口工业制成品，发展中国家出口原材料、进口工业制成品。第二次世界大战以后，产业内贸易迅速发展，形成发达国家和发展中国家以零部件和中间投入品为中心展开的"水平分工"。一

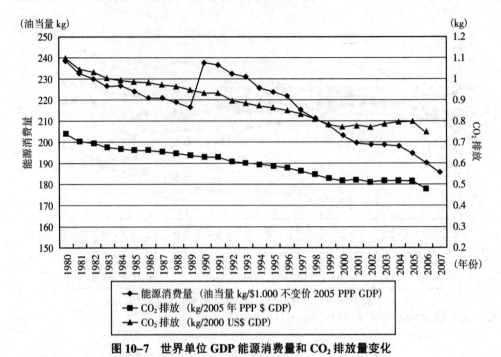

图 10-7 世界单位 GDP 能源消费量和 CO_2 排放量变化

资料来源：World Bank. World Development Indicators database.

般而言，产业价值链各环节对生产要素的需求存在较大差异，因此每个环节都有自己的最优区位。例如，新产品的研究和开发活动通常需要大量受过高等教育、具有专业技术和首创精神的科技人员，高效的信息获取渠道，良好的信息交流传递环境，以及获取资金的便利途径等；而生产技术比较稳定的产品的加工装配环节则主要需要大量的普通工人。不同国家、不同地区所具有的生产要素不同，其区位优势主要表现为某一特定环节的优势，因此企业可以根据需要将价值链的不同环节安排在不同的国家和地区，从而形成全球性的生产网络。在全球生产网络范式下，参与国际分工的主要国家的产业内涵发生了深刻的变化。以电子制造业为例，发达国家的电子制造业多集中于知识智力和资本密集型的产品的研发设计和核心部件的生产领域，而发展中国家的生产集中于劳动密集型的加工组装环节。

（二）中国与发达国家产业结构比较

1. 总体上判断，中国工业的比重仍处于合理范围

与世界大多数国家特别是发达国家相比，中国第二产业的比重偏高、第三产业比重偏低。根据世界银行世界发展指标数据库的数据，2007 年，中国第二产业和第三产业的比重分别为 48.50% 和 40.37%，第二产业比重明显高于、第三产业比重明显低于中等收入以上国家。例如，2007 年美国、日本、德国的第二产

业和第三产业的比重分别为 21.80% 和 76.86%、29.25% 和 69.30%、30.36% 和
68.71%，第二产业比重比我国低 20 多个百分点，第三产业比重高 30 个百分点左
右（见表 10-7）。

表 10-7　2007 年世界主要国家三次产业结构比较

单位：%

	第一产业比重	第二产业比重	服务业比重	制造业比重
美国	1.33	21.80	76.86	13.74
日本	1.44	29.25	69.30	21.15
德国	0.92	30.36	68.71	23.93
英国	0.65	23.03	76.32	—
法国	2.21	20.37	77.41	12.33
意大利	2.05	27.53	70.42	18.23
西班牙	2.88	29.76	67.37	15.19
澳大利亚	2.41	28.98	68.61	10.73
俄罗斯	4.99	37.71	57.30	18.49
韩国	2.88	37.12	60.00	27.28
巴西	5.98	28.05	65.97	17.42
墨西哥	3.73	35.94	60.33	18.59
印度	18.11	29.51	52.38	16.32
马来西亚	10.24	47.72	42.05	27.97
印度尼西亚	13.71	46.83	39.45	27.06
泰国	10.68	44.67	44.64	35.57
菲律宾	14.19	31.56	54.25	21.95
中国	11.13	48.50	40.37	33.99
高收入国家	1.49	25.73	72.78	16.80
中等偏上收入	6.08	34.27	59.65	18.14
中等收入	9.56	37.40	53.04	21.65
中等偏下收入	13.53	40.99	45.47	25.75
中低收入	10.08	37.12	52.81	21.41
低收入	25.19	28.86	46.06	14.39
最不发达国家	25.16	28.70	46.28	12.38

资料来源：World Bank. World Development Indicators database.

据此很多人得出中国三次产业结构不合理，即第二产业比重高于合理值、第
三产业比重低于合理值的结论。我们认为这一判断是缺乏根据的。中国的三次产
业结构是否合理既取决于经济发展的一般规律，又会受到中国国情的影响。如果
进行国际比较，应与中国当前发展阶段类似的国家或者发达国家类似的历史发展
阶段进行比较。与东南亚的印度尼西亚、马来西亚、泰国等国家相比，中国第二
产业的比重并不算太高、第三产业比重也不算太低。从发达国家的发展历史看，

1971 年美、日、德、法、英等发达国家的第二产业比重均在 35% 以上，德国、日本、英国分别为 46%、45% 和 43%，与中国目前的第二产业比重基本相当（见图10-8）。较高的第二产业比重是符合中国世界制造业基地的地位和发挥我国的比较优势的。中国第二产业比重较高的第二个原因是，由于中国劳动力相对丰富、资本相对稀缺，因此劳动力含量高的服务业的价格上涨滞后于资本含量高的第二产业的价格上涨；相对来说，发达国家服务业价格上涨得更快，而产业结构是按照当前价格计算的。

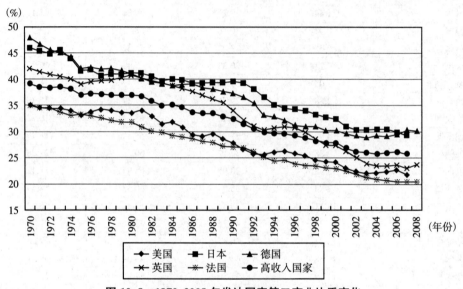

图 10-8　1970~2008 年发达国家第二产业比重变化

2. 工业特别是重工业比重高是由中国的发展阶段决定的

1999 年以来，重工业的增长速度明显加快，并有力地推动了整个国民经济的快速增长。但是，重工业的高速增长也带来土地和水资源不足、环境恶化、资源约束加剧、能源安全风险增大等问题。因此，有学者认为，中国应该大力发展服务业，而不是过分依赖制造业尤其是重化工制造业。[1] 另有学者则认为重化工业化的条件是：生产要素禀赋结构发生根本变化，劳动力短缺而资本过剩；重化工业获得比较优势，投资效率高于其所要替代的产业；重化工业所要求的投入资源可获得性较高。他们据此判断，当前中国重化工业化的条件尚不成熟，重化工业的领先增长是由于要素价格被扭曲的结果。[2]

---

① 吴敬琏：《中国增长模式抉择》，上海远东出版社，2009 年版，第 156-161 页。
② 蔡昉、王德文等：《WTO 框架下中国工业竞争力研究》，中国社会科学出版社，2008 年版，第 14-23 页。

我们认为，与改革开放前完全依靠国有企业推动重化工业的发展有很大不同，1999年以来，民营经济、外资经济对中国重化工业的发展发挥了越来越重要的作用，在许多高速增长的重化工业领域的投资主体恰恰是民营资本和外资；同时国家对资源的控制能力大大削弱，很难获得有效的手段调控资金的投向，这也是为什么在钢铁、电解铝、水泥、汽车等领域，国家宏观调控目标往往难以实现的原因。而且，目前重化工业的发展从经济上看也是合理的。与原来国家主要依靠扭曲要素价格实现重化工业快速发展不同，现在中国几乎所有商品都由市场定价，作为重化工业重要投入品的铁矿石等矿产资源的价格更是已经与国际接轨。在市场经济条件下，资本的逐利性会自然趋使其流向回报率更高的领域。例如，2007年，轻工业和重工业规模以上企业的利润总额与资产之比分别为7.62%和7.72%，轻工业和重工业规模以上企业的利润总额与主营业务收入之比分别为5.78%、7.21%，这就说明重化工业的高速发展有其经济上的合理性。一个国家的产业是否是高增长行业不仅仅决定于该国的经济发展阶段或工业化水平，而且决定于技术的突破及其对各个产业部门的影响。也就是说，工业化或者后工业化国家的工业和重化工业也可能会出现快速的增长。

另外，中国重工业的内涵与发达国家重化工业化过程中以及发达国家当前的重工业存在很大的不同，统计意义上的重工业并不意味着一定是资本密集型行业。自20世纪末特别是进入21世纪以来，随着信息技术和运输技术的发展，世界产业组织形态呈现出许多新的特征，垂直一体化的企业为垂直分离的企业所取代，产品内分工和垂直专业化成为国际分工的主导形式，外包和离岸外包成为企业在全球范围内最优配置资源和获取竞争优势的重要手段。在这一趋势下，发达国家往往保留生产链条中资本和技术密集型的环节，而将劳动密集型的环节转移到发展中国家。中国凭借劳动力资源丰富的优势，成为承接发达国家劳动密集型产业环节转移的主要基地。这就造成即使是产业分类中的同一行业，其具体内涵（比如资本或劳动密集程度）在不同国家间也会存在很大差异。例如，2010年中国通信设备计算机及其他电子设备制造业的人均固定资产原值处于30个制造业行业的第19位（见图10-9），低于制造业平均水平；而美国办公、会计与计算设备产业（ISIC Rev.3分类30-33）则处于所有工业行业的前列。从图10-9可以看到，用人均占有固定资产原值来衡量，我国制造业中不但皮革毛皮羽毛（绒）、纺织服装鞋帽、家具、工艺品、文教体育用品等行业的劳动密集度高于制造业平均水平，而且电气机械及器材、通用设备、塑料、专用设备、通信和电子计算机等行业也具有较高的劳动密集程度。

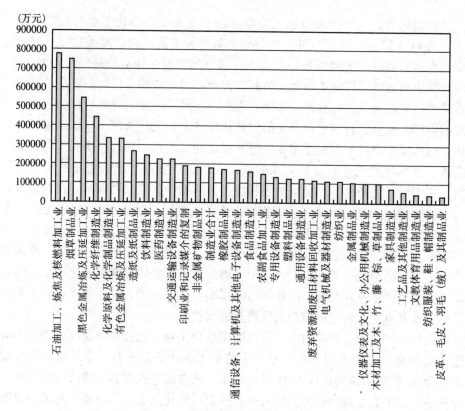

图 10-9　我国制造业各行业人均固定资产原值（2010 年）

资料来源：根据《中国统计年鉴》（2011）计算。

四、中国工业结构存在的问题

中共十六大提出"坚持以信息化带动工业化，以工业化促进信息化，走出一条科技含量高、经济效益好、资源消耗低、环境污染少、人力资源优势得到充分发挥的新型工业化路子"。中共十六大以来，尽管工业的科学发展程度有所提高，但是随着城市化、工业化快速推进，在工业化过程中又出现了一些新的问题和矛盾，已经成为制约我国经济进一步发展的限制因素。我们认为，我国的三次产业结构以及三次产业内部结构，特别是轻重工业结构、制造业结构基本上是合理的。目前产业结构存在的问题主要不是各产业之间比例的高低，而是由产业的发展方式粗放和发展质量低下引发的相关问题，主要包括：重化工业粗放增长带来的环境、资源和能源压力增强；制造业以高能耗、低技术、低附加值产业为主，高技术产业以原始设备制造（OEM）为主，处于全球产业链和价值链低端；过度依赖出口并且出口拉动力减弱；资本深化与劳动力数量巨大之间的矛盾等。

（一）资源环境的压力加剧

改革开放以来特别是近年来的重新重工业化以来，我国对能源和资源性产品的需求快速增长。例如，从 1992 年开始，我国能源消费量开始超过能源产量，特别是 2003 年以来，能源产量与能源消费量的缺口快速拉大，从 2002 年的 8775 万吨标准煤扩大到 2009 年的 32029 万吨标准煤，年均增长速度达到 20.3%。与此同时，中国单位产出的资源、能源消耗和污染物排放都远远高于发达国家。自 1993 年以来，高收入国家的金属密集度已在稳步下降，而中国却相反，已经达到高收入国家的 7.5 倍和其他发展中国家的 4 倍。用现价衡量，中国 2006 年单位 GDP 能耗是世界平均水平的约 3 倍，即使用购买力评价美元衡量，中国单位 GDP 能耗也是世界平均水平的 1.5 倍（2007 年），单位 GDP 二氧化碳排放则是世界平均水平的近 4 倍。[①] 中国对能源和资源性产品需求的快速增长，一是由于经济的快速发展带来的经济规模扩大、城市化快速推进和人民生活水平的提高，这是经济发展一般规律的作用结果；二是在重化工业化的过程中，石化、化学等重化工业快速增长，带动了对作为原料和燃料的成品油的需求；三是中国低廉的劳动力和资源、环境成本吸引跨国公司将一些资源、能源高消耗型产业转移到我国。由于国内能源和资源性产品的储量和产量有限，中国不得不转向国际市场寻找供应来源，能源和资源性产品的进口量快速增长。中国资源密集型产业的快速发展，不仅推动国际原材料价格不断上涨并由此带动经济发展成本的提高，而且使中国经济对国外资源的依赖不断增强，经济安全面临日益增大的风险。中国的工业规模处于世界第 2 位，但有机水污染物排放量、氮氧化物排放量、二氧化碳排放量已经处于世界第 1 位。根据 BP（英国石油公司）的数据，中国 2009 年二氧化碳排放 75.185 亿吨，二氧化碳排放量占世界的 24.15%。相对于 2000 年，中国 2009 年二氧化碳排放量增长了 122.3%，远远超过 23.0%的世界平均水平。中国经济发展面临着巨大的环境压力。

（二）"中国制造"处于低端的国际分工地位

虽然我国已经是世界第二工业和制造业大国，但离世界工业和制造业强国还

---

① 世界银行：《2009 年全球经济展望：处于十字路口的商品》，中国财政经济出版社，2009 年版，第 56—57 页。

有很大差距。从产业结构上看，发达国家的制造业中高技术产业的比重大，而我国的低技术产业和资源密集型产业仍占很大比重。例如，2002 年美国纺织服装和皮革工业增加值占制造业增加值的比重仅为 3.2%，金属及其制品工业占 10.3%；而 2007 年我国纺织服装和皮革工业增加值占制造业增加值的比重为 9.6%，金属及其制品工业占 17.2%。从产业内部的结构看，我国处于国际价值链的低端。我国出口的制成品仍以初级制成品为主，即使在所谓高技术产品中，我国所从事的很大一部分工作也是劳动密集型的加工组装活动，附加价值和利润很低。美国、俄罗斯、日本的增加值率在 0.55 上下，德国、英国、澳大利亚的增加值率在 0.41~0.5 之间，而我国 2000 年的增加值率只有 0.36，[①] 并且相比于改革开放之初有逐年下降的趋势。[②] 我国单位资源产出平均只相当于发达国家的 1/10 至 1/20，从业人员生产率只相当于 1/30 至 1/40。[③]"中国制造"的优势主要体现为价格优势，在关键技术、关键设备上对国外还有相当大的依赖。这种建立在低成本初级生产要素基础上的竞争优势是非常脆弱的，当自己的成本优势丧失或者有成本更低、产品质量更高的国家进入全球市场后，先前依赖于低成本竞争的国家的制造业出口就会显著下降。2000 年以来我国劳动力成本提高很快，2004 年我国劳动力的小时平均成本已经超过周边的印度、菲律宾、印度尼西亚等国家（见表 10-8）。我国劳动密集型产品的国际竞争力之所以还能够维持，很大程度上是因为中国的劳动生产率相对较高，现代制造业的产业链长、配套体系复杂，周边国家尚未形成我国如此完善的产业配套体系。但是我们必须未雨绸缪，及早培育具有国际竞争力的产业和产品。

表 10-8　1992~2004 年部分国家或地区劳动力的小时平均成本

单位：美元

国家或地区	1992年	1993年	1994年	1995年	1996年	1997年	1998年	1999年	2000年	2001年	2002年	2003年	2004年
美国	16.0	16.4	16.8	17.2	17.8	18.2	18.6	18.9	19.7	20.6	21.4	22.3	22.9
加拿大	17.6	16.9	16.3	16.5	17.0	16.8	15.9	16.1	16.5	16.2	16.7	19.4	21.4
德国	25.2	23.9	25.3	30.1	29.6	26.0	25.2	24.6	22.7	22.5	24.2	29.6	32.5

---

① 这里的增加值率指经济总体的增加值率。一般来说第一产业和第三产业的增加值率要明显高于第二产业的增加值率，如 2000 年中国三次产业的增加值率分别是 0.587、0.280、0.492。但是该指标也能近似反映各国工业和制造业增加值率的差异。

② 20 世纪 80 年代（1981~1987 年），中国的增加值率在 0.44~0.48 之间，与英国和澳大利亚的增加值率相差不多。沈利生、王恒：《增加值率下降意味着什么》，《经济研究》，2006 年第 3 期。

③ 陈清泰：《中国应该如何走出"世界工厂"误区》，《瞭望》，2007 年第 29 期。

续表

国家或地区	1992年	1993年	1994年	1995年	1996年	1997年	1998年	1999年	2000年	2001年	2002年	2003年	2004年
法国	17.3	16.5	17.1	19.3	19.0	17.1	17.3	17.0	15.5	15.6	17.1	21.1	23.9
英国	14.3	12.5	13.0	13.8	14.1	15.7	17.0	17.3	16.7	16.7	18.2	21.2	24.7
意大利	18.9	15.4	15.4	15.7	17.1	16.1	15.8	15.5	13.8	13.6	14.7	18.1	20.5
澳大利亚	13.2	12.6	14.1	15.4	17.0	16.7	15.1	15.9	14.4	13.3	15.4	19.8	23.1
日本	16.2	18.9	21.0	23.6	20.5	19.1	17.7	20.5	22.0	19.4	18.6	20.3	21.9
韩国	5.2	5.6	6.4	7.3	8.2	7.8	5.7	7.4	8.2	7.7	8.8	10.0	11.5
巴西	n.a	n.a.	n.a.	n.a.	5.8	5.8	5.6	3.5	3.6	3.0	2.7	2.8	3.4
墨西哥	—	—	—	1.1	1.0	1.1	1.2	1.3	1.6	1.9	1.9	1.9	1.9
中国香港	3.9	4.3	4.6	4.8	5.1	5.4	5.4	5.4	5.4	5.7	5.7	5.5	5.5
新加坡	4.9	5.2	6.2	7.6	8.2	8.0	7.4	7.0	7.2	7.0	6.7	7.2	7.4
菲律宾	0.6	0.7	0.7	0.8	0.8	0.8	0.7	0.7	0.7	0.7	0.7	0.7	0.7
印度尼西亚	0.3	0.3	0.4	0.4	0.5	0.4	0.1	0.2	0.3	0.3	0.4	0.5	0.5
泰国	1.2	1.3	1.2	1.4	1.5	1.3	1.1	1.2	1.1	1.0	1.1	1.1	1.2
马来西亚	1.9	2.0	2.2	2.5	2.7	2.6	1.9	2.0	2.1	2.1	2.2	2.2	2.2
印度	0.5	0.4	0.5	0.5	0.5	0.5	0.5	0.6	0.6	0.7	2.8	0.9
中国	0.2	0.3	0.3	0.3	0.4	0.5	0.5	0.5	0.6	0.7	0.8	0.9	1.0

资料来源：EIU（Economist Intelligence Unit）各国宏观经济指标数据库，转引自 Ross Garnaut、宋立刚主编：《中国市场化与经济增长》，社科文献出版社，2007年版，第66页。

（三）过度依赖出口与增长动力衰减

中国经济高度依赖于出口，贸易顺差占 GDP 的比重从 21 世纪初的 2% 上升到 8% 以上，而出口额占 GDP 的比重则接近 40%。2005~2007 年，出口对 GDP 增长的贡献率在 20% 左右，投资对 GDP 增长的贡献率接近 40%，二者对 GDP 增长的贡献率合计达到 60% 左右。中国工业结构在发挥低成本比较优势、充分参与国际分工的同时，也形成对出口的高度依赖。根据 2007 年中国投入产出表提供的数据计算，2007 年中国制造业出口总额占制造业总产出的比重达到 17.81%，其中纺织业、纺织服装鞋帽皮革羽绒及其制品业、木材加工及家具制造业、金属制品业、电气机械及器材制造业、通信设备计算机及其他电子设备制造业、仪器仪表及文化办公用机械制造业、工艺品及其他制造业的比重分别为 32.61%、31.39%、22.05%、20.10%、25.14%、51.90%、66.34%、21.18%，对出口的依赖非常严重。

由美国次贷危机引起并扩大到全球的国际金融危机更对中国过度依赖出口的增长模式以重创。中国月度商品出口总额在 2008 年 11 月急剧下降，到 2009 年月度降幅高达 20%以上，而 2008 年 10 月份以前出口增幅多在 20%以上。一直到 2009 年 12 月，中国月度商品出口才恢复正增长。我国的主要出口市场是以美国为代表的欧美发达国家，而美国的进口之所以持续快速增长则源于美国企业和居民靠借贷生存的经营方式和生活方式。金融危机的爆发使美国企业和居民不得不向减少负债、增加储蓄以维持经济增长的方向转变，美国进口大幅度下降。2009 年前三季度，美国进口额同比增幅下降幅度均接近或超过 30%，从中国进口额的同比降幅分别为-14.8%、-18.9%和-18.7%。金融危机的爆发也使发达国家重新认识到实体经济的重要性，开始由过去把工业生产大量环节转移海外的"去工业化"向"再工业化转变"。在这一背景下，发达国家的贸易保护抬头，与中国的贸易摩擦加剧。这就意味着在后金融危机时期，以发达国家为代表的国际市场的进口增幅较低，国际市场难以消化中国几乎无限增长的产品供应，出口需求对中国经济的拉动作用将下降。

（四）资本深化与就业吸纳能力下降之间的矛盾

粗放型的经济增长方式已经使我国的资源、环境难以为继，基于低成本要素的价格优势也正在逐步削弱，推进我国产业结构升级已成为非常必要和迫切的任务。推进产业结构升级是提高经济增长效益的需要，是塑造新的竞争优势、实现可持续发展的需要，也是适应经济发展的国际环境变化的需要。产业升级说到底就是以资本、技术密集型产业替代劳动和资源密集型产业，将竞争优势从劳动密集型产业转换到资本、技术密集型产业，是资本有机构成不断提高即资本不断替代劳动的过程。产业升级的过程伴随着对劳动力吸纳能力的下降，由于重工业资本有机构成高，同量产出吸纳的劳动力比轻工业少，重化工业的加速发展使得就业吸纳能力的下降更为明显。中国单位 GDP 吸纳的就业人数自 1990 年以来就呈现持续下降趋势。1990~2009 年，亿元 GDP（1990 年不变价格）吸纳就业人数从 3.49 万人下降到 0.64 万人，其中，亿元第一产业增加值吸纳就业人数从 7.69 万人下降到 2.79 万人；亿元第二产业增加值吸纳就业人数从 1.80 万人下降到 0.30 万人；亿元第三产业增加值吸纳就业人数从 2.08 万人下降到 0.66 万人。然而与此同时，中国面临着非常大的就业压力。2000~2009 年间，中国 15~64 岁人口数从 88910 万增加到 97484 万，年均增加近 1000 万，同时还有大量农业人口转移到非农部门、农村人口转移到城市。周天勇预计 2010~2020 年期间每年需要就业的劳动力在 2500 万左右。[①] 因此，如何处理好资本深化、产业升级与就业吸纳能力下降之间的矛盾将是未来经济发展过程中面临的一项艰巨任务。

五、工业结构调整的目标导向

目前中国尚处于工业化的中期，[②] 工业化仍然是相当长时期的任务。解决工业发展中存在的问题并不是不要发展，相反，这些问题只有在发展中才有可能得到解决。就如同联合国工业发展组织针对全球变暖和工业化的关系时所指出的，"工业化不仅在发展中扮演着重要角色，而且气候变化有时使工业化更加不可或缺"。[③] 另外，工业结构的调整要坚持科学发展观和新型工业化的导向，并为新型工业化赋予新的内涵。"十二五"及今后一个时期中国工业结构调整的重点任务应放在解决影响工业可持续发展的重大问题上来。

（一）破解资源环境约束

工业是能源和资源消耗最大、污染物排放最多、土地占用最多的产业，工业能源消耗占全社会能源消耗的 70% 以上。中国的土地、淡水、能源、矿产资源和环境资源有限，工业特别是重工业的高速增长使其面临着非常大的压力，对国外能源和矿产资源的过度依赖也使中国经济面临很大的安全风险。低碳经济正成为发达国家新的经济增长点，要在低碳经济下保持竞争力，必须不断降低能源消耗和二氧化碳排放。当前中国仍然处于工业化快速推进时期，重化工业的增长速度快，因此能源、资源的消耗总量仍将在一个时期继续增长，但是我们要在能源资源消耗、环境保护方面做出重大改进，提高能源、资源的利用效率，加强环境治理、减少污染物排放。一方面要加快淘汰落后产能、调整产业结构、遏制"两高"行业过快增长，另一方面要通过发展循环经济、加强企业技术改造等途径来提高能源、资源的使用效率和减少污染物排放。

① 周天勇、胡锋：《中国未来就业严峻形势会缓解吗——质疑社科院人口所研究报告》，《中国经济时报》，2007 年 5 月 28 日。

② 陈佳贵：《中国工业化进程报告——1995~2005 年中国省域工业化水平评价与研究》，社会科学文献出版社，2007 年版，第 19~43 页。

③ UNIDO. Industrial Development Report 2009: Breaking In and Moving Up: New Industrial Challenges for the Bottom Billion and the Middle-Income Countries, xiv.

（二）促进充分就业

就业是民生之本，实现比较充分的就业是全面建设小康社会、构建社会主义和谐社会的重要目标。虽然金融危机后我国又出现所谓的"民工荒"，但事实上我国就业形势仍然十分严峻。中国新增劳动力每年超过2000万人，而每年只能提供城镇就业岗位1200多万个，新增劳动力数量庞大的状况仍将会持续很长一个时期。新型工业化的发展必须着眼于中国新增劳动力数量庞大这一国情。一方面，纺织、服装等传统意义上的劳动密集型产业和仪器仪表、电子通信等高新技术产业的劳动密集型环节仍然吸纳劳动力最强，今后仍要坚持发展劳动密集型产业，要促进在沿海地区丧失优势的劳动密集型产业向中部、西部等成本更低的地区转移。当然这种转移不应当仅仅是企业的原样搬迁，需要用现代的管理、先进的技术和设备对其进行提升，需要以信息化改造和带动传统劳动密集型产业的发展，需要在布局上进行合理的规划，是在更高层次上的转移。另一方面，未来随着产业升级的推进，对人才的需求将随之向高端提升，低学历、低技能的农民工必须转变为高技能的现代产业工人和现代服务业从业人员，才能适应产业升级的需要。要加强对劳动者的培训，将中国丰富的人力资源转化为可利用的人力资本，以适应产业升级的要求。中国仍然是一个二元社会，二元性不但表现在城乡差别、东西差别，而且表现在高收入与低收入、高学历与低学历的并存。由于中国人口众多，二元结构的存在一方面使得高收入、高学历居民虽然比重较低，但是总量巨大，能够为企业提供足够规模的市场。但另外，占绝大多数的低收入、低学历居民的存在，又必须解决他们的生活和就业问题。因此，中国的产业升级方向既要大力发展高技术产业，又不能放弃附加价值较低的劳动密集型产业，"必须将建立层次丰富、结构完善的大国工业体系作为新型工业化的长期任务，即我国必须实行全方位的产业发展战略"。[①]

（三）实现人民富足

将"富民"作为中国工业发展的目标和着力点。最终消费不足是未来制约中国工业发展的根本性问题之一，而内需不足的重要原因在于中国的分配体制中存在着"利润侵蚀工资"的现象，企业利润和财政收入增加快，而劳动者收入增长缓慢。工业增长速度虽然快，但是劳动者没有充分享受到工业增长带来的好处。劳动者收入在GDP中的比重不合理，不但抑制了居民的购买力，加剧了内需不

---

① 中国社会科学院工业经济研究所：《国际金融危机冲击下中国工业的反应》，《中国工业经济》，2009年第4期。

足的矛盾，而且由于居民收入低，一些高端产品的需求有限，限制了产业升级的推进。经济发展的根本目标是提高人民群众的生活水平，满足其不断增长的物质文化需求。"富民"不但是为了实现经济发展的根本目标，而且能够解决中国经济增长的动力问题。因此，未来工业发展要将"富民"作为目标和着力点，积极完善医疗、失业、养老等社会保障制度和体系，调整国民经济的初次分配结构，加快劳动者收入的增长，将其比例提高到合理的范围。

（四）再造竞争优势

劳动密集型产业向中西部地区的转移虽然能够将中国在劳动密集型产业的价格优势继续维持一定时期，但是再造新的竞争优势既是工业持续发展的要求，更是东部沿海地区产业升级的紧迫需要。再造新的竞争优势首先是要提高中国的创新能力，这是新的竞争能力形成、产业升级的基础。从大的方向来看，再造竞争优势有三个方面：一是改造和提升劳动密集型产业，推进工业化与信息化的融合，包括增加品种、改善质量、提高效率，更重要的是要增加我国劳动密集型产业中的知识、技术成分，即从以加工组装为主扩大到产品设计、品牌营销等环节，将设计、品牌营销和既有的低成本制造能力有机结合起来，实现劳动密集型产业在价值链中的升级。二是发展高技术产业，利用高技术产业变革出现的窗口机会，促进新能源、无线通信等产业的发展；发展基础性的高技术产业，如大规模集成电路、精密机床等；发展应用广泛并且能够提高各行业生产率的产业，如互联网、软件等；发展产业链长、具有重大带动作用的产业，如大飞机、高速铁路等。三是大力培育战略性新兴产业。目前，发达国家正着力发展以新能源为代表的新兴产业，将其作为应对国际金融危机的重要手段，力争通过新产业的培育发展，抢占未来国际竞争的制高点。中国在新兴产业上与发达国家差距不大，因此要及早出击，积极培育、发展具有广阔市场前景、带动力强的新能源、生物医药、物联网、纳米等战略性新兴产业，力争在未来新兴产业的竞争中占据主动。

（五）优化重要比例关系

当前中国国民经济发展中尚有一些重要比例关系不尽合理，另外，随着工业化的推进，一些重要比例关系也要发生改变。这些重要比例关系主要包括：优化工业中的轻重比例，特别控制资源、能源消耗大的冶金、化工等产业的比例；优化投资、消费、出口对 GDP 的贡献结构，扩大国内需求，降低投资比重，提高消费比重；促进生产性服务业的发展，提高工业中服务性质活动的比重，也即制造业的服务化；提高高新技术产业的比重，特别是高新技术环节在高新技术产业中的比重；优化出口结构，提高一般贸易的比重，降低加工贸易的比重。加大科技投入，提高研发强度，进而提高专利（特别是发明专利）的数量；大幅度降低能源消费强度、大力发展可再生能源，使单位 GDP 能源消耗和二氧化碳排放的承诺得以实现。

第十一章 改造提升传统产业问题研究

按照 Dosi（1982）的解释，传统产业所采用的技术是已经被广泛使用的、来自自然科学解决问题的普遍模式；而高新产业所采用的高新技术是"科学革命"过程中的"反常"技术。[①] 现在所理解的传统产业，一般是指 18 世纪蒸汽机产业革命、19 世纪电气化产业革命、20 世纪电脑信息网络化革命后建立起来的、门类广泛的工业产业。典型的传统产业包括纺织业、采矿业、冶金业、机器制造业、化工业、塑料业、制药业以及 20 世纪发展起来的半导体集成电路制成的模拟电视等行业。当然，由于各国工业化发展阶段存在差异，各类技术进步步伐也不尽相同，对传统产业的划定应该是一个动态的过程。我国虽然已经进入工业化的中后期，[②] 但传统产业仍然是占国民经济比重最高、创造税收最多、吸纳就业最广泛的工业部门，传统产业的运营状况直接关系我国国民经济发展和社会稳定。在我国工业结构调整和升级过程中，传统产业的改造提升不仅是传统产业自身发展的要求，同时也是新型工业化战略的重要内容。

在相当长一段时间里，我国传统产业发展主要依靠规模的扩大和产能的扩张，产业增长质量较差。在新技术、新知识不断涌现的 21 世纪，传统产业的发展并没有利用好技术进步窗口期，相反，却出现增长速度放缓的问题。对传统产业的改造要借鉴发达国家和新兴工业化国家经验，考虑我国发展阶段的特殊国情，针对不同类别传统产业的具体特征，通过不同路径促进高新技术应用于传统产业，实现对传统产业的提升改造。

一、加快传统产业转型升级的必要性

从国外经验看，发达国家和新兴工业化国家在进行产业升级时都不会完全淘

---

① Dosi G. Technological Paradigms and Technological Trajectories: A Suggested Interrelation of the Determinents and Directions of Technical Change. Research Policy，1982（2）：147–162.

② 陈佳贵、黄群慧、钟宏武、王延中：《中国地区工业化进程报告（1995~2005）》，社会科学文献出版社，2007 年版。

汰传统产业，而是对其实施高新改造，使传统产业与新技术、新市场相适应。我国作为人口众多的发展中大国，一方面必须坚持传统产业在国民经济中的重要地位，另一方面又要积极解决传统产业存在的诸多问题，推进传统产业的改造升级。

（一）传统产业的特点

现阶段，我国传统产业的主要特点表现为：从产能看，传统产业一般具有较强的生产能力，受过度投资、重复建设的影响，近年来部分行业出现了过剩产能和落后产能并存的情况。从供需关系看，除资源和能源行业，制造业中传统产业部门的市场大多饱和，供过于求的多，供不应求的少。从科技含量看，传统产业的生产工艺简单，很多生产技术源自于历史传承而非创新。除了少数成功转型的行业，传统产业检测指标不完善、不科学，很多生产和检测的标准已经沿用上百年。从需求特点看，传统产业的产品大多是生活必需品和工业生产所必需的能源、原材料，价格弹性较小。从发展时间看，传统产业大多形成于工业化的初期，一些传统产业甚至可以上溯到资本主义革命之前。在一些国家和地区，传统产业已经是地区文化的重要组成部分，如意大利的瓷砖、中国的陶瓷、日本的刀具、印度的香料等。从利润率水平看，除受保护的行业和自然垄断行业外，传统产业的利润率一般较低。

（二）促进传统产业发展的意义

我国正处于工业化的重要阶段，提高生产规模和提升工业竞争力都是新型工业化的要求。在这一时期，传统产业的健康发展和改造升级在满足群众生活、工业生产基本需求、提供就业岗位、保证工业体系的完整、保障经济增长速度方面具有重要的意义。

首先，传统产业产品满足市场需求。传统产业的产品有人民生活所必需的最基本用品，如食品、日化品、针织品等。这些产品在人民消费开支中的比例越来越少，但也是无论如何不可缺少的部分。传统产业还生产工业生产所必需的能源、原材料，如煤、电、油、各类矿材产品等。随着全球资源能源供应趋紧，这类产品占企业生产成本的比重有所提高，资源和原材料行业的发展，资源和原材料产量制约着整个国家工业发展的速度。

其次，传统产业提供大量工作岗位。随着我国产业结构的不断优化，"十一五"以来传统产业吸收就业占全部工业的比重有所下降。但是，从目前的情况看，传统产业在吸纳就业上仍发挥着巨大作用。由于传统产业对劳动者技能要求不高，即便是需要一定的特殊技能，也能够在非常短的时间里完成对新职工的培训，因此传统产业吸收农村剩余劳动力的能力强于新兴产业。从表 11-1 可以看出，2010 年规模以上工业企业从业人员中，有近 90% 来自制造业。制造业中，

表 11-1 2010 年按行业分规模以上工业企业从业人员年平均数（部分）

项目	合计（万人）	占全国比例（%）
全国总计	9544.71	100
采矿业	812.68	8.51
煤炭开采和洗选业	527.19	5.52
石油和天然气开采业	106.06	1.11
黑色金属矿采选业	67.04	0.70
非金属矿采选业	56.54	0.59
制造业	8391.47	87.92
农副食品加工业	369.01	3.87
食品制造业	175.88	1.84
饮料制造业	130.02	1.36
纺织业	647.32	6.78
纺织服装、鞋、帽制造业	447.00	4.68
皮革、毛皮、羽毛（绒）及其制品业	276.37	2.90
造纸及纸制品业	157.91	1.65
石油加工、炼焦及核燃料加工业	92.15	0.97
化工原料及化学制品制造业	474.14	4.97
医药制造业	173.17	1.81
塑料制品业	283.30	1.08
非金属矿物制品业	544.61	5.71
黑色金属冶炼及压延加工业	345.63	3.62
有色金属冶炼及压延加工业	191.59	2.01

资料来源：《中国统计年鉴》（2011）。

纺织服装、化工原料及化学制品、非金属矿物制品等传统产业所占的比重较高。

再次，传统产业保证了我国工业体系的完整性。由于多方面的原因，我国在短期内还很难彻底融入工业化国家的市场体系，加之创新能力有限，很多原材料和设备的供给都存在不安全因素。[①] 随着国力的提高，西方国家对中国采取越来越频繁的贸易抵制政策和越来越严格的技术输出政策，使得中国产业发展不安全的因素有所增多。我国要在这样特殊的历史时期实现工业现代化，建设工业强国，就必须具备完整的工业体系，在产业链上做到高自主性。同时，电子、生物和新材料等新兴产业的发展也必须由传统产业为其提供能源和原材料，新兴产业生产水平的提高也要以传统产业生产工艺的提高为前提。

最后，传统产业保障我国经济的高速增长。传统产业是我国国民经济体系的重要组成部分，是经济快速增长的重要支撑。在应对金融危机挑战的特殊时期，

---

① 吕政：《自主创新与产业安全》，《中国国情国力》，2006 年第 8 期。

传统产业持续、稳定的发展为保障我国经济增速发挥了积极作用。近年来，全球新兴产业发展速度加快，但就其对国民经济增长的贡献看，还远不及传统产业。以美国为例，其高新产业的增长加上相关的投资，对经济增长的拉动作用也不到3个百分点。我国作为发展中国家，要保持每年接近10%的经济增长率，必须依靠传统产业的发展。从这个意义上说，放弃传统产业就等于放弃高增长率。

二、传统产业发展存在的主要问题和制约因素

传统产业作为我国完整工业体系不可缺少的部分，在促进经济增长、创造就业岗位等方面发挥重要的作用，但却出现增长速度放缓的问题。传统产业生产技术进步缓慢、投融资结构不合理、信息化程度较低、创新动力不足，这些是造成传统产业发展落后于新兴产业的主要原因。

（一）增长速度较低

在我国工业化高速推进的进程中，一些传统产业，特别是初加工环节产业部门的增长速度却始终维持在较低的水平。从图 11-1 可知，在 2001~2010 年的十年时间里，所考察七类工业产品各年的增长速度有所波动，但从整体趋势上看，集成电路、移动通信手机和微型电子计算机等新兴产业产品产量的增长速度要远高于纱、布、粗钢和化肥等传统产业产品的增长速度。2008~2009 年，受国际市场疲软影响，部分新兴产业产品产量增速下降，甚至出现负增长。随着金融危机影响逐渐消退，新产品加快上市，2009 年，移动通信手持机产量恢复到危机前的水平；2010 年，集成电路、微型计算机设备等产品也恢复到危机前的水平，新兴产业产品增速重新快于传统产业产品增速。

产量增速放缓的同时，传统产业出口增速也开始下降。2000 年以来，我国出口产品金额增长最快的行业几乎全部是新兴产业或实施升级改造的传统产业（2010 年，这些行业出口增速基本上恢复到金融危机之前的水平）。相比而言，饮料烟酒、矿物燃料等传统产业的出口金额增长速度较慢（见图 11-2）。

（二）技术进步缓慢

近年来，我国传统产业技术进步缓慢的主要表现有：第一，生产效率低。传统产业生产技术主要以缄默知识的方式一代代继承，工艺创新十分罕见。很多传统产业领域，目前的生产过程与几十年甚至上百年之前并没有什么差别，这种依靠代代相传的技术演进方式决定了传统产业相对于依靠连续创新获得技术的新兴

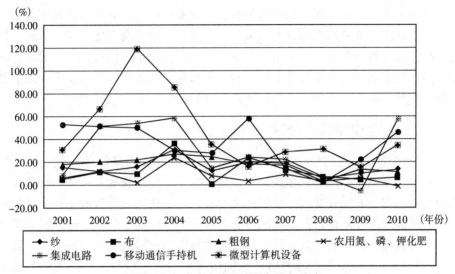

图 11-1 部分工业产品产量年增长速度

资料来源:《中国统计年鉴》(2001~2011)。

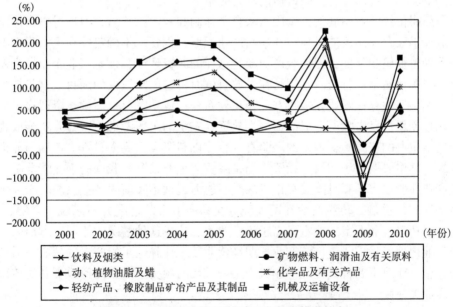

图 11-2 部分工业产品历年出口货物金额增长率

资料来源:《中国统计年鉴》(2001~2011)。

产业具有较低的生产效率。第二,传统产业企业缺乏对原料供应商的有效监督,缺乏完整的生产手册,缺乏符合国际或国家标准的质量检测体系,产品质量在很多时候需要依靠管理者的自觉和自律来保障。这种依靠人而非制度对产品质量的控制最终造成传统产业产品质量稳定性差。第三,能源消耗大,环境污染严重。

受生产工艺落后、环保观念缺失的影响，重化工等传统产业是当前我国能源消耗最大、对环境污染最严重的行业。例如，在内蒙古与宁夏交接一带，沿包兰铁路与109国道两侧分布了大大小小几十个工业区，盐化工、燃料化工、冶金、建材和煤炭深加工等传统产业是这个地区的主导产业，也正是这些传统产业无节制的粗放式发展，使这一带成了中国污染最严重的地区。

（三）投融资结构不合理

传统产业发展时间长，但并不意味着其物质和人力资源质量就已经发展成熟，不需要进一步的投资。相反，大多数传统产业技术还非常落后，物质和人力资源质量还有很大提升空间。从国外经验看，在成功实现升级改造产业的投资结构中，质量型投资比重较高。我国目前正处于工业化的中后期，这个时期投资结构的显著特点就是投资的重点逐渐从数量型投资转向质量型投资。但是，我国对传统产业投资的现状是：在投资不足的情况下，质量型投资的比重非但没有上升，有的行业甚至还有所下降。如果投资力度不足和投资结构不合理的情况继续发展下去，传统产业将失去改造的动力源泉。

阻碍传统产业发展的一个因素来自于体制和技术的落后，但通过创新体制和改进技术又存在巨大的风险。在新兴产业领域，创新的不确定性在很大程度上被一系列融资机制降低，但传统产业缺乏这样的融资环境，传统产业企业最主要的资金来源仍然是银行贷款。银行在发放贷款时首选风险较低的项目，这与技术创新的不确定性存在矛盾，银行并不能在创新获得成功时分享高额投资回报，但却要承担创新一旦失败所造成的损失，从资金安全的角度考虑，银行并不能成为创新资金主要的来源。从国外的经验看，企业创新资金主要来自资本市场而非借贷市场，其中股票市场和风险投资市场是融资的主要渠道。我国的现实情况是：传统产业在股票市场和风险投资市场的融资能力远远不及新兴产业。相对于在国民经济所占的份额，传统产业在两大证券交易所上市的情况并不乐观，金融、IT、生物医药等行业上市的比重远高于传统产业。造成这种情况的原因一方面来自传统产业内部：采掘业等传统产业长期经营业绩不佳降低了投资者的信心；另一方面，新兴产业不断替代传统产业成为某一板块的领头企业，使得投资者对传统产业企业关注度不断下降。

（四）创新动力不足

创新动力不足是制约我国传统产业发展最重要的因素。从科研工作人员比重看，在我国大中型企业中，煤炭开采、纺织、家具制造等传统产业研发人员占从业人员比重明显低于通信、医药等新兴产业。大多数传统行业研究人员占研发人员比重也低于新兴行业（见表11-2）。从新产品的产值比重看，也可以得出同样的结论（见表 11-3）。创新是企业和产业发展最根本的源泉，创新动力不足是造成传统产业发展速度落后于新兴产业的主要原因。

表 11-2 2010 年部分行业大中型企业研发人员和科研人员

单位：人

行业	年末从业人员	研发人员	占从业人员比重（%）	研究人员	占研发人员比重（%）
煤炭开采和洗选业	4115604	65312	1.59	24656	37.75
纺织业	3145695	48117	1.53	8989	18.68
家具制造业	471947	3405	0.72	406	11.92
医药制造业	1682864	70780	4.21	22940	32.41
通信设备、计算机及其他电子设备制造业	6064020	313912	5.18	117218	37.34

资料来源：根据《中国科技统计年鉴》（2011）计算。

表 11-3 2010 年部分行业大中型企业总产值和新产品产值

单位：万元

行业	行业总产值	新产品产值	新产品占总产值比例（%）
煤炭开采和洗选业	152853443	4487545	2.94
纺织业	131723723	23625119	17.94
家具制造业	16584134	1285394	7.75
医药制造业	67302957	17722063	26.33
通信设备、计算机及其他电子设备制造业	468635843	133569302	28.50

资料来源：《中国科技统计年鉴》（2011）。

三、应用高新技术改造传统产业的国际经验

回顾美、欧、日发达国家以及韩国等新兴工业化国家的工业发展史，都有在适当的发展阶段对特定的传统产业进行提升改造的过程。各个国家由于技术禀赋、工业基础和发展环境存在差别，所采用的改造方式也各具特点。其中，以美国的转型式改造、日本的推动式改造和韩国的拉动式改造最具代表性。

（一）美国对传统产业转型改造

美国工业化完成时间较早，在发展过程中，出现了大量超大规模的传统产业

企业。20 世纪 70 年代，为了应对日本和欧洲的挑战，美国开始改变传统产业发展的方向，大力推进工业技术改造。首先，借助信息革命，在普及自动化生产的同时加强管理工程的现代化，使得工业体系的硬件和软件均进入"信息化"时代；其次，调整投资结构，重点支持新兴产业发展和传统产业技术改造，重视质量型投资；最后，制定优惠政策鼓励企业采用新技术。在对待传统产业发展的问题上，采取设备更新、技术改造和两者相结合的方式。经过 10 余年的大规模技术升级，到 20 世纪 80 年代，美国绝大多数传统产业在生产过程、管理模式上已经具备和新兴产业相当的信息化程度，各种最新的工艺、最先进的管理方法、战略思想已经深入到各个传统产业领域。[①]

20 世纪 80 年代之后，美国政府开始奉行"技术领导战略"，旨在运用科学技术保障国家安全和提高本国工业的国际竞争力。这种强调在全世界做技术领袖的战略同样应用于传统产业，其特征是对失去竞争力的传统产业实施转型。信息技术催生下的大规模产业调整使得传统产业的发展出现分化：一方面，一些传统产业领域（如化工、医药）依靠连续的技术创新，始终保持全球领先地位；另一方面，一些传统产业领域（如家电）在失去全球竞争优势之后逐渐退出市场，退出节约下来的资金和人才又投入到新兴的能够使美国再次成为全球技术领袖的行业上。这一阶段的美国工业结构出现一种特殊的现象：一些传统产业长期飞速发展，不断涌现领先型创新；而另一些传统产业的企业却转产其他新兴高技术产品，成为新兴市场的技术领导者。随着技术进步加速、技术周期缩短，一些发展时间不是很长的"新兴"领域也成为转型改造的行业。例如，美国国际商业机器公司（IBM）成立于 1911 年，于 20 世纪 60 年代进入民用计算机领域。世纪之交，在很多国家还被看作朝阳产业的家用电脑业成为 IBM 转型改造的对象。2005 年，IBM 向中国联想集团出售桌面电脑与笔记本电脑业务，并有限期转让 ThinkPad 和 ThinkCentre 品牌。IBM 退出普通电脑制造，随即将企业战略重点转向需要更高技术附加值、更具未来发展潜力的大型服务器制造和为用户提供"一揽子解决方案"的服务上，实现了企业的战略转型。

（二）日本对传统产业的推动式改造

日本的工业化始于 19 世纪中叶的明治维新，第二次世界大战以后电子、汽车、装备等产业的高速发展在很大程度上受益于一系列国家层面的产业政策。日本在战后发展工业科技方面长时间实施"技术拿来战略"，通过吸收来自美国等西方国家的技术和生产工艺，在很短的时间里实现了国家工业的现代化改造。在国际竞争力提高到一定程度之后，转而执行"技术立国"方针，强调通过发展自

---

① 沃尔特·亚当斯：《美国产业结构》，中国人民大学出版社，2003 年版。

主技术来适应国内外形势变化，保证经济的长期稳定发展。在对待传统产业提升改造的问题上，日本选择的是以推动为特征的改造路径，即利用较为完善和良好的传统产业基础，不断加强工业体系中传统领域与新兴领域的融合。

第二次世界大战之后，受军工畸形发展和战争的破坏，日本产业结构发展极其不合理，传统产业的改造、老企业的复兴都是日本历届政府解决经济困境、实现经济腾飞的重要工作，具体措施包括：在投资上，正确处理改造老企业与兴建新企业之间的关系；在技术来源上，采取技术改造、技术引进消化和自主创新相结合的方式；在政策支持上，政府鼓励传统产业企业进行技术改造和设备更新。1952 年，日本政府颁布《企业合理化促进法》，对 32 种重要行业实行特别折旧制度，放宽多个制造业的贷款条件，在 10 年间发放了数千亿日元的优惠贷款，迅速拉动了汽车零件制造、轴承、机床部门的发展。随着工业化的迅速推进和新兴产业的高速发展，传统生产工艺同样受到严峻挑战，很多传统产业逐步被现代产业所取代，部分传统工艺相继失传。如何保护、继承和发展具有民族特色的传统产业和传统工艺引起了日本政府和社会各方面的高度重视。日本的做法是将传统产业的生产工艺传统嫁接到相关新兴产业上，在促进新兴产业发展的同时，保护了传统产业和传统工艺。例如，武士刀制作过程对生产车间卫生的要求和精益求精的工作态度恰好与微电子生产所要求的一样，很多电子企业继承和发扬了传统武士刀制造业的生产传统。通过传统产业、传统工艺和新兴产业的结合，日本不仅在多个产业实现了对欧美的赶超，也成为发达国家中对传统工艺保护传承最好、传统文化与现代企业生产结合最好的国家之一。

（三）韩国对传统产业的拉动式改造

与美日相比，韩国的工业化起步晚，工业基础较差，传统产业发展缺乏积累，国家经济起飞主要依靠的是发展以劳动密集为基础、外向型经济为导向的加工制造业。20 世纪 70 年代之后，国际贸易保护主义再次抬头，石油等原料价格上涨，这对韩国以出口为导向的经济发展模式造成严重冲击。国际环境的变化迫使韩国政府不得不对国家工业体系做出调整，依靠已经在国际上具有一定竞争优势的新兴制造产业拉动传统产业的发展，优化国家工业结构。

自 1972 年开始，韩国开始实施第三个五年发展计划，确定了继续发展轻纺、电子等出口工业的同时，争取在钢铁、造船、石油化工等行业上取得突破。在接下来的两个五年计划里，增加了汽车、水泥、纤维纺织和陶瓷四项战略产业。从韩国 70 年代的战略转型可以看出，以重工业为代表的一批传统产业逐渐替代轻工业成为韩国外贸出口的主体。韩国制造业中重工业的比重从 70 年代初的不足 10%上升到 1982 年的 54.2%。从韩国的经验看，一国工业结构的升级以及工业强国战略的实施必须依赖于传统产业的发展和改造。20 世纪 80 年代之后，工业结构的合理性成为决定以亚洲四小龙为代表的一批迅速崛起的新兴工业化国家保持经济高速增长的关键所在，而韩国正是在这一时期大力发展传统产业，实现了对工业结构的重大调整，确保了高于经济合作与发展组织平均水平的经济增长率。

（四）国外传统产业改造经验小结

总结美、日、韩三国的经验，可以发现发达国家和新兴工业化国家改造升级传统产业的一些共同特点：首先，国家高度重视传统产业的发展。作为工业化国家，特别是工业化强国，产业结构中必须保持传统产业的必要比重，不断提高传统产业技术水平，才能够为新兴产业发展奠定坚实基础。其次，通过高新技术改造传统产业是各国普遍采用的方式。无论是传统产业直接升级为高新产业、传统产业与高新产业结合、通过高新产业拉动传统产业的发展，都包含利用高新技术对传统产业实施技术改造的内容。最后，技术、传统产业自身和高新产业是实现传统产业改造提升的三股重要力量。美国主要依托传统产业自身实力进行领先技术研发；日本主要利用的是技术突破的机会，实现传统产业与高新产业的结合；韩国则主要利用高新产业的优势拉动传统产业的发展。美、日、韩三国由于国情和传统产业改造时世情的差别，在改造的具体措施上存在差别（见表11-4）。

表 11-4　美、日、韩传统产业改造的区别

	国情/世情	传统产业改造特点
美国	全球领先的研究开发能力和创新商业化能力	强调领先优势，在新的技术革命中，积极淘汰无关国家安全的传统产业，通过不断产生最先进技术实现企业向高新产业的转型
日本	传统产业基础好	利用和进一步发展较完善的传统产业体系，传统产业和高新产业相互促进，共同发展
韩国	资源贫乏，外向型经济受制于国际能源和原材料供给	积极完善和发展传统产业部门，服务于外向型经济

四、高新技术改造传统产业的主要内容

对传统产业改造研究的思路主要有两类：第一是通过产业集群发挥传统产业的规模优势，与高新产业之间产生协同效应；[①] 第二是通过价值链的提升增强传

---

① 盛世豪：《经济全球化背景下传统产业集群核心竞争力分析——兼论温州区域产业结构的"代际锁定"》，《中国软科学》，2004年第9期；岳芳敏：《集群企业创新机制与路径研究——以广东传统产业集群为例》，《学术研究》，2007年第7期。

统产业的竞争力。[①] 两种思路都强调高新技术在传统产业改造过程中的重要作用。实现高新技术与传统产业之间的有效融合是我国传统产业改造的难点，同时也是改造的必经之路。

（一）通过高新技术改造传统产业的障碍

发达工业国家和新兴工业国家复兴传统产业的关键是对其进行高新技术改造，但是，借鉴国外经验的改造措施在中国实施的效果却差强人意。2000 年以后，顺应新型工业化建设和创新型国家建设的要求，我国加快了应用高新技术和先进适用型技术改造提升传统产业的步伐，特别是利用积极的财政政策，加大了高新技术的产业化和对传统产业改造的拉动作用。但是，这项工作实施 10 年之后，未见普遍、明显的效果，传统产业的技术水平和经济效益均未得到显著提高，用高新技术改造传统产业仍存在多方面的障碍，主要表现为工业整体技术水平落后、高新产业带动力有限和传统产业自身发展动力不足。

1. 工业整体技术水平落后

我国工业自主创新能力弱，创新和研发管理水平低。目前，大中型工业企业研究开发经费支出占销售额比例仅为 1.49%，而世界 500 强企业一般为 5%~10%，电信、医药等行业甚至达到 20%。中国制造的大部分化工、医药产品没有自主知识产权；机械工业主要产品技术中近 60%使用国外技术；纺织工业出口服装中独立设计和制作的品牌极少，大多是来样加工。同时，传统产业共生性技术缺失、工艺和装备落后。以造船业为例，2010 年，我国造船总吨位突破 6000 万吨，超过日韩，成为全球造船第一大国。船舶为复杂产品，造船业的发展理应带动相关产业的发展，但我国船舶制造业的产业拉动作用远不及汽车制造业，这是因为船舶制造业的共生技术并没有被我国船舶制造上游产业（大多为传统产业）所掌握，与造船相关的钢铁、有色金属、电力、机械、石油化工等产业生产工艺和装备落后，不能满足现代船舶制造对配件和装置高质量、高性能的要求。一方面，船舶制造所需要的大量原材料要依靠进口，支付专利、标准费用；另一方面，相关传统产业并没有得到相应的发展。最终的结果为无论是船舶制造业还是相关的上游产业，都未能实现真正意义上的高新改造。

2. 高新产业带动力有限

首先，高新产业自身素质偏低。我国高新产业大多起步于 20 世纪 90 年代，到目前不过 10 余年的发展时间。在这 10 多年里，又基本上从事来料加工，自主知识产权和自行开发的高新技术产业化率非常低。从某种意义上讲，"高新"仅

① 夏若江、胡振红：《基于价值链治理模式的传统产业集群升级路径的研究》，《管理科学文摘》，2008年第 1 期。

仅是产品的高新，而非技术和生产工艺的高新，一大批所谓的高新企业的生产过程和传统产业并没有本质的区别。其次，高新产业与传统产业的联系不足。发达国家很多高新产业是在传统产业转型的基础上发展起来的，高新企业的技术研发与传统产业之间也存在很多联系。例如美国施乐公司的实验室就为 3Com、VLSI、Adobe 等新兴产业企业提供了最初的技术知识。相比较，我国高新技术产业处于起步阶段，产业规模小、技术基础薄弱，与传统产业之间的联系不多，高新产业所需要的技术大多依靠引进，生产所需的核心原件也依赖进口，使得传统产业与高新产业如同两座孤岛，大大降低了高新产业发展对传统产业技术改造的拉动效应。

3. 传统产业自身动力不足

从传统产业自身来看，我国传统产业与工业化国家存在很大差距：首先，从发展时间看，英国的现代采矿业出现于 17 世纪，而我国第一家现代意义的矿山出现于鸦片战争以后，仅从发展时间上看，我国传统产业就比发达工业化国家少100 年左右。其次，从产业组织结构看，工业化国家的传统产业大多在第二次世界大战前后就结束了小企业过度竞争的时代，形成了少数大规模企业，例如美国的杜邦公司成立于 1802 年，埃克森美孚公司成立于 1882 年。到 20 世纪七八十年代，工业化国家传统产业大多进入垄断阶段，资本集聚已经完成。相比较，我国传统产业在 21 世纪仍存在集中度过低的情况。地方保护主义、部门主义加剧了传统产业低水平的重复建设、产业趋同等问题。我国年销售收入达 500 万元以上的工业企业约为 16 万个，按产品销售收入或工业增加值计，生产集中度不到20% 左右，我国国有重点骨干企业的年销售收入总额仅相当于世界 500 强前两名之和。除石油、天然气、采选业的前四位集中度超过 50% 之外，绝大多数传统产业前四位的集中度低于 10%。最后，从技术创新看，工业化国家的传统产业往往是国家创新力量的主力军，一些新兴产业研发活动的源头也来自于传统产业的实验室，例如由 AT&T 和西方电子共同组建的贝尔电话实验室是美国乃至全球出产专利最多的实验室。传统产业构建了国家生产工艺和产品质量标准基础，持续的研发活动使得产品质量不断提高。相比较，我国传统产业技术基础薄弱，技术引进活动也远不如电子、通信等新兴产业活跃，核心的原件和高端材料依赖进口，一些行业能够达到国际标准的优质产品甚至不到全国总产量的一成。

（二）高新技术改造传统产业的途径选择

按照与高新产业和消费者的紧密程度，传统产业可以分为四大类：加工型上游产业属于制造类行业，产品多为工业品，以人造材料、设备制造为代表；资源型上游产业属于采掘类行业，产品以工业原材料、自然能源为主，以采矿、非金属矿生产为代表；技术型下游产业属于制造类行业，产品多为消费品，制造环节技术要求高，以医药、电子为代表；技能型下游产业属于制造类行业，产品多为消费品，制造过程流程性强，工人技能水平高低对产品品质影响大，以纺织、食品加工、烟草、家具等为代表。如表 11-5 所示。

表 11-5 传统产业分类

	产品以工业品为主	产品以消费品为主
与高新产业联系紧密	加工型上游产业	技术型下游产业
与高新产业联系疏远	资源型上游产业	技能型下游产业

根据我国传统产业中四种类型不同的发展特点，可以设计分行业改造路径，如图 11-3 所示。

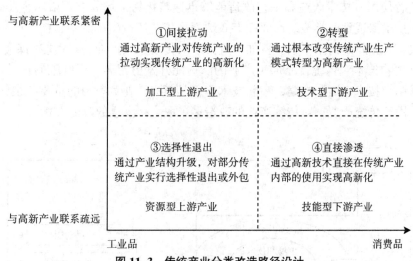

图 11-3 传统产业分类改造路径设计

对于加工型上游产业，可以采取间接拉动的方式对其进行高新技术改造。通过高新产业与传统产业在产业链上的结合，高新产业对上游传统产业采购产品质量和工艺的高要求促使传统产业改造升级。例如随着手机制造业的发展，高档手机产品对金属外壳加工要求的提升可以促进机床行业加快技术改造步伐。韩国经济起飞主要依靠的是新兴产业的迅速崛起，对传统产业的改造多采用间接拉动的改造方式，例如汽车制造业的发展拉动了钢铁产业的改造升级。

对于技术型下游产业，可以采取转型改造的方式。通过产业转型，传统产业自身实现脱胎换骨的升级，实现整个行业生产方式、生产工艺、生产精度和产品属性的彻底改变，例如传统制药业向生化产业的转型。在一些发达国家，某些传统产业领域甚至出现从第二产业到第三产业的巨大转型。例如 IBM 的利润中心逐渐从机器制造转向信息和数据服务，耐克将生产环节大量外包，而更多地关注于产品设计和市场营销。美国传统产业发展历史长，技术能力强，对传统产业的改造多采取转型的方式。

对于资源型上游产业，可以采取选择性退出的改造方式。此类产业一般规模效应强，市场集中度过低不仅降低生产效率，也造成很大的资源浪费和环境恶化。对此类传统产业的改造需要提高行业进入壁垒，严格审批制度，同时淘汰落后产能，促使行业集中度提高。同时，对于"选择"之后胜出的企业，要促进其生产方式的高技术化，例如引入卫星探矿、连炸连珠、电炉炼钢等生产工艺等，提高产业和企业竞争力。我国目前采矿、冶炼等行业存在严重的市场集中度过低问题，此类产业首先要形成规模和产业集群，才能够实施有效的高新技术改造。①

对于技能型下游产业，可以采取直接渗透的改造方式。此类产业的产品直接被消费者使用，技术改造和工艺改造能够迅速转化为市场需求，增加企业效益。将高新技术渗透到此类传统产业能有效地提高传统产业生产效率、提升产品质量和档次，开拓新的需求市场。例如信息技术对传统家具产业的渗透能创新数字化家具，生物技术对传统食品加工产业的渗透能开发更营养、更健康的食品产品。日本强调"技术立国"战略，高新技术不仅是新兴产业竞争力的重要源泉，也普遍地应用于传统产业，对传统产业的改造多采取直接渗透的改造方式。

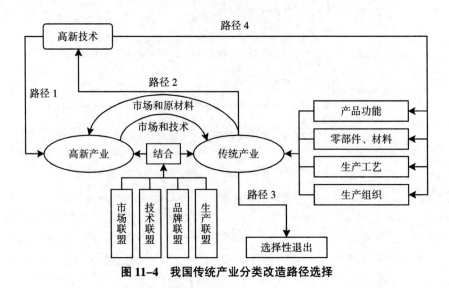

图11-4　我国传统产业分类改造路径选择

按照四种改造路径所需的动力不同，又可归纳为推动式和拉动式的改造方式。推动式主要依靠传统产业自身力量，如图11-4路径2和路径3。推动式改

---

① 郭金喜：《传统产业集群升级：路径依赖和蝴蝶效应耦合分析》，《经济学家》，2007年第3期。

造一般伴随旧产业消亡和新产业的出现，改造的过程是传统产业自身根据市场情况进行的调整，不符合时代要求的业务部门将退出，而新的一些业务部门将得到培育。拉动式主要依靠外来技术，如图 11-4 路径 1 和路径 4。拉动式改造一般不会涉及行业内大量企业退出的问题，而是依靠高新技术和高新产业的带动作用，提高传统产业的生产效率、提升产品质量和档次。

传统产业中某些行业远离最终消费者，且与高新产业联系程度较低。如果该行业同时存在四类问题：在市场上表现为严重产能过剩、在生产方式上表现为特别消耗资源、在生产过程中表现为对环境污染特别大、不具备区域优势和比较优势。那么对该行业的提升改造应该采取选择性退出为主的方式。通过治理整顿，将产量小、浪费多、污染大、品质差的企业淘汰出市场，提高市场集中度，发挥原材料行业的规模效应，从而提升行业竞争力。另一些行业与最终消费市场接触多，与高新产业的联系也很紧密。此类行业如果自身实力较强，在发展过程形成了较为清晰的技术路线和工艺路径，那么就可以通过转型的方式对其进行改造。通过转型，传统产业从事与之前生产相关但又完全不同的生产活动，例如从传统电子到微电子、光电子，从制药到生物化工等。推动式的改造存在一定风险，在实施过程中需要特别注意战略步骤安排。前面已经论述我国传统产业是保持工业体系完整、拉动经济增长和扩大就业的保障，传统产业大规模向高新产业转型并不适应传统产业的现状和国情。

路径 1 和路径 4 主要依靠高新技术实现对传统产业的升级改造。相对于路径2 和路径 3，这两种改造方法更具有普遍性，操作更简单。由于不涉及大批企业进入退出市场的问题，所遇到的阻力也会相对较小。高新技术应用于传统产业可以采取两种方式：第一种方式是依靠高新产业与传统产业之间的结合形成战略联盟，通过高新产业带动传统产业的改造升级。通过这种方式改造传统产业，高新技术并没有直接应用于传统产业。第二种方式是通过高新技术直接对传统产业进行改造，高新技术直接应用于传统产业。路径 4 为技术直接应用于传统产业的改造方式，通过对传统产业产品功能、零部件和材料、生产工艺和生产组织进行高新改造，实现高新技术在传统产业内部的使用和扩散。路径 1 为技术非直接应用于传统产业的改造方式，通过高新产业与传统产业之间的互动发展，即利用高新产业的技术溢出对传统产业实施高新技术改造。[①] 例如传统产业可以作为高新产业的产品市场，同时为高新产业提供基本的生产材料，反之，高新产业也能作为传统产业的产品市场，同时提供高技术含量的设施设备。两种路径选择之间并不存在矛盾关系，相反，只有将两种路径结合起来，双管齐下，才是对传统产业进

---

① 洪世勤：《高技术产业技术溢出效应分析与传统产业的对策》，《中国科技论坛》，2007 年第 10 期；徐顽强、李华君：《高技术产业对传统产业的技术外溢运行过程研究》，《科技管理研究》，2008 年第 7 期。

行高新技术改造最有效的手段。两种路径选择的区别如表 11-6 所示。

表 11-6　拉动式改造的具体内容

	路径 1 间接拉动	路径 4 直接渗透
特点	带动改造	渗透改造
接触方式	间接接触	直接接触
改造方式	通过高新产业拉动传统产业，实现传统产业的升级	通过高新技术直接对传统产业进行改造
成功关键	高新产业与传统产业结合程度	高新技术向传统产业的渗透程度
改造动机	被动性强	主动性强
改造重点	促进传统产业与高新产业之间建立产业联盟	实现传统产业产品功能、零部件和材料、生产工艺和生产组织的高新化
改造层次	外围改造	内生改造
优点	见效快，风险小	能够实现传统产业真正意义上的升级
本质	传统产业对高新产业的适应过程	传统产业的技术升级
两者关系	并不存在矛盾关系，都是将高新技术应用到传统产业的升级改造中，只是路径选择不同	

（三）高新技术改造传统产业的原则、目标和评价标准

按照分类改造的基本思路，传统产业的改造应遵循实现传统产业发展、符合传统产业特点和适应开放环境的原则，传统产业改造提升的目标有打开发展局面、注入创新活力和实现内生增长三个层次，对改造的评价有增长、技术、动力、能源和环境几类指标。

1. 传统产业改造的原则

通过改造实现传统产业的发展。改造传统产业不等于消除传统产业。一方面，我国是一个大国经济体，不可能通过培育几个优势产业实现工业现代化，国情和世情决定了工业体系的完整对保障产业安全和经济增长速度具有重要的作用。另一方面，作为发展中国家，传统产业在促进经济增长、就业等方面也发挥着新兴产业无法替代的作用。

对传统产业的改造要考虑不同产业的特点，改造结果突出传统特色。根据不同行业的特点，采取相应的改造途径，实施相应的改造措施。改造提升后的传统产业要与改造前在品牌、技术上有连续性，杜绝对传统产业发展积累的全盘否决。

对传统产业的改造是在开放环境下进行的，因此与改革开放之后所有国民经济战略一样，遵守开放的原则。改革开放三十多年以来，我国不断改善投资环境，引进了技术、资金和现代化管理。国家要在扩大开放的同时，引导国外资源改造提升传统产业。鼓励和支持国外跨国公司与我国传统产业企业进行包括技术研发、产品生产、市场开拓等方面合作，吸引国外资金进入传统产业改造，注意

优秀人才、技术和管理的引进。同时，认真研究 WTO 及其他国际贸易组织有关技术壁垒、补贴、倾销的规定，利用国际惯例和发展中国家的身份，合理实施产业保护，建立健全国家反倾销应诉机制、预警机制，维护我国传统产业的安全。

2. 传统产业改造的目标

对传统产业的改造提升要实现三个层次的目标：第一，通过优化产品结构，实施品牌战略，重塑传统产业在消费者心目中的形象；通过管理水平的改善，生产效率的提高，提升优质产品产能，实现传统产业增长速度的提高，这是改造的浅层次目标。第二，通过建立和完善传统产业企业技术研发体系，增加对科研的投入，提高传统产业产品和生产流程的科技含量，实现传统产业技术进步，这是改造的中层次目标。第三，通过建立起跨越企业边界，跨越国界，囊括传统产业、高新产业和大学、科研机构的创新网络，形成内外部适应创新环境；树立传统产业全员创新的企业文化，让创新成为企业运营过程中的自觉行为，培养传统产业自身不断创新发展的动力，这是改造的终极目标。

其中，第一个目标的实现能为传统产业的发展打开局面，摆脱其在经济结构中的不利局面；第二个目标的实现是为传统产业的发展注入新的活力，使得技术成为支撑行业发展的主要动力；第三个目标的实现是彻底改变传统产业依靠不断投入扩大产能来实现增长的方式，使得"传统"仅仅是发展历史的标志，而不包含陈旧、落后、不符时代特征的含义。三个目标的顺利实现，即标志着对传统产业提升改造的成功。

3. 传统产业改造的评价

按照传统产业提升改造三个目标的要求，可以从增长、技术、动力和能源/环境四个方面对改造的效果进行评价。评价目的和评价内容如表 11-7 所示。

表 11-7　传统产业评价体系

指标类别	评价目的	评价内容
增长指标	确保传统产业通过高新技术改造之后能够改变增长过慢甚至负增长的局面，保证传统产业在国民经济中的地位和相应份额	产值在 GDP 中的份额 增加值增长率 销售额增长率 利润增长率
技术指标	确保传统产业技术有明显提高，保证技术进步成为传统产业发展的主要动力，保证研发活动成为传统产业的普遍行为	新产品上市数量 新产品销售收入比重 高新技术在产品成本所占比例
动力指标	确保传统产业具备进一步进行高新改造升级的动力，使传统产业能够在长期保持增长	企业研发投入增长率 企业研发开支占利润比例 专利申请数增长率
能源/环境指标	确保传统产业提高能源利用效率，降低环境污染	单位产值能耗 主要污染物排放量

五、改造提升传统产业的政策思路

针对当前传统产业发展存在的主要问题和制约因素，按照分类改造的基本思路，对传统产业改造的重点包括国有企业的改造、共性技术的发展和企业创新体系的构建。在借鉴国外经验的基础上，改造要符合我国特殊国情和传统产业自身的特点、针对产业发展的主要制约因素，实现传统产业市场增长、效率提升和能力提高。同时，对传统产业的改造要有明确步骤，先解决发展速度较慢的问题，再解决发展动力不足的问题。

（一）分类改造是基本思路

对于加工型上游行业，要促进传统产业与高新技术产业之间形成联盟。在技术研发、市场开拓、品牌建设、联合生产等多方面开展合作，通过高新产业的订单要求改造传统产业落后的生产工艺，提升产品品质。

对于技术型下游行业，要鼓励有实力的企业进行转型升级。短期内，要引导企业开展自主创新活动，跟踪世界技术变革，通过反求工程等手段强化消化吸收外来技术的能力；一旦产业技术实力得到普遍提升，接近或达到发达国家同等水平，要促进领先企业的转型，延长产业链条，生产更先进的实物产品和提供相关服务。

对于资源型上游行业，要促进产业聚集和企业兼并，提高市场集中度。一方面，要严格行业准入制度，淘汰落后产能、优化新建产能；另一方面，要加快对已有产能的整合，改变"散、乱、小"的产能布局特点，对于规模特别小、产量特别低、浪费特别大、污染特别严重的小企业要限期关闭。

对于技能型下游行业，要促进高新技术与之的融合。要引导和支持企业增加研发投入，设计新的产品功能以满足消费市场的变化；要从产品零部件和材料入手强化产品质量和标准，提高生产工艺水平；同时，要对企业传统的组织形式进行改革，建立现代企业制度，提升企业管理水平。

（二）传统产业改造的重点

1. 重点改造的企业——国有和国有控股大中型企业

我国国有和国有控股大中型企业是传统产业的主力军，对此类企业的改造是整个传统产业提升改造的关键。改造好了这部分企业，不仅在量上对整个传统产业改造起到重要作用，同时利用这些企业相对较强的科技研发实力，对中小型和民营企业的改造起到很好的示范和带动作用。虽然改革开放以来，我国所有制结构发生了巨大的变化，传统产业领域非国有企业的数量不断增多，产值比重不断提高，但是在某些需要高额初期投入和巨大产量形成规模经济的行业，国有和国有控股大中型企业占整个行业总产值的份额还是相当大的。2010年，我国规模以上煤炭开采和洗选业、石油和天然气开采业的总产值分别为22109.27亿元和9917.84亿元，而这两个行业国有及国有控股企业当年的产值为12483.90亿元和9392.01亿元，分别占规模以上总产值的56.46%和94.70%。国有和国有控股企业产值占总产值较高的行业还有：烟草制品业占到99.35%；石油加工、炼焦及核燃料加工业占到70.92%；交通运输设备制造业占到46.51%。

2. 重点突破的技术——共性技术

技术进步是传统产业改造升级的必要条件和重要内容，而共性技术的突破对于产业技术水平的提高具有最直接的效果。多渠道、多方式加大传统产业共性关键性技术和重大装备的研制开发，加强产业间和产业内各企业间技术联系，解决制约传统产业发展的重大技术"瓶颈"问题。以全面提升产业竞争力为目标，按照市场规律加速产业重大关键技术的突破，实现产业技术的跨越式发展。制定传统产业共生性技术的发展计划，对造成"瓶颈"的技术进行重点突破，特别是要按照新型工业化战略要求，增强对信息相关技术的研发力量，加深信息技术和传统产业的融合。建立共生技术的扩散机制，培养高校、政府资助的科研机构成为共性技术研究的主导力量，并通过政府资助鼓励共性技术的扩散，通过专利保护、知识产权市场交易加大共生技术与企业利益之间的结合度。

3. 重点加强的体系——企业为主体的技术创新体系

企业是市场经济环境中最有活力的单位，天生具有按照市场规律进行技术创新的动力，理应成为行业技术创新体系的中坚力量。要支持传统产业企业建立技术中心和研发中心，培育企业自主创新体系。要发挥大企业的科研优势，鼓励其培育具有独创性的核心技术能力，完善产业内和产业间的技术渗透体系。要鼓励中小企业之间形成技术创新网络，作为核心技术的补充，积极进行应用性创新。加强企业与科研院所的合作，建立产学研交流机制，拓宽企业自主创新的视野，做好发明创造的商业化工作。进一步完善知识产权保护。加强企业申请专利、保护创新成果的意识，设立相应的奖励机制。扩大知识产权保护的广度和深度，加大对违法事件处理力度。建立和完善知识产权交易市场，促进知识流通，鼓励企业参与国际专利交换。加大对企业自主创新的资金支持力度，财政、税收等制度要对实施自主创新工程的企业给予更多优惠政策。积极利用国外资金，吸引外资投向传统产业技术改造。支持符合条件的传统产业企业进行资产重组、股票上市，进一步拓宽企业融资渠道。积极利用风险资金等新型融资手段，探索适合传统产业创新的风险投资市场。

(三) 传统产业改造的方向

1. 通过产品战略实现市场的突破

我国传统产业出现产能利用率低、产品积压等问题，其主要原因不在于产品质量低，而是产品结构不合理。很多产品生产出来之后不适合销路，或者档次不能满足现代消费者的需求。实际上，传统产业的产品生产时间长，大多已经到达或接近正常生命周期的末端，企业不应该指望一个或几个产品长期处于长盛不衰的状态。传统产业要一方面完善自身的产品结构，改变一个工厂只生产一个产品的状况，延长产品线，形成系列产品；另一方面，也要根据市场需求的变化，加快新产品的研制和老旧产品的升级换代，特别是要注重将最新的信息技术嵌入到产品中。产品战略的另一个重点是品牌振兴。品牌是传统产业的优势，传统产业最终能否焕发新的生命也主要反映在品牌是否能够被消费者所重新认知。实施品牌战略绝不能将老品牌推倒重建，而是应该对老品牌进行现代营销的重新包装，实现传统产业品牌所蕴含丰富的企业历史和文化的商业价值，树立老品牌的现代化形象。传统企业要完善 VI 系统，统一产品包装风格，以巩固在消费者心目中的印象。要加快商标的注册工作，特别是境外注册，运用法律手段保护企业无形资产。

2. 通过管理方式改革实现效率的突破

传统产业应该转换企业经营机制，构建现代化的企业管理体系，提高企业对市场的适应能力。具体措施包括建立以消费用户为导向的市场营销管理体系；以增强产品竞争力为核心的质量管理体系；以提高资金运用效率为重点的财务管理体系；以提高企业决策能力和反应速度为目标的信息管理体系；以保持企业优势为目的的企业文化管理体系。总之，就是对传统产业企业进行管理现代化的改造，从而提高企业在运营过程中的效率，适应市场经济环境和新的市场需求的要求。

3. 通过技术创新实现能力的突破

传统产业提升改造的核心是提高产业的技术水平，摆脱依靠追加投资、扩大规模实现增长的粗放式发展模式。针对我国现阶段的国情世情和传统产业自身的特点，促进技术创新要协调好技术继承和技术改造之间，以及提高自身能力和加强对外合作之间的关系：传统产业有自身的特点和优势，在较长的发展过程中，在技能、品牌、人才上有很多的积累，技术创新要充分继承和利用这些优势资源，要对历史积累进行总结。组织编写行业和企业的技术技能手册，促进传统工艺的传承，在既有技术和工艺特点上选择企业研究开发活动和技术引进的方向，严格杜绝不切实际的盲目技改项目。同时，改进传统产业的对外合作现状，注重能够引导传统产业进行技术改造或体制改造的合作项目的引进，逐步减少只能够扩大生产规模合作项目的比例，注重智力引进工作，促进引进技术与传统产业特点的结合，以做到事半功倍。

（四）传统产业改造的步骤

1. 以规模优势打开传统产业改造局面

经过较长时间的发展，大多数传统产业企业的生产潜力较大，这也是传统产业以及传统产业企业最易挖掘的优势。传统产业的改造要以规模优势为突破口，充分挖掘传统产业在长期发展过程中积累的生产能力，形成规模优势。一方面，对于单厂规模非常大的传统产业企业，要进一步发挥其规模优势，协助企业做好融资工作，通过股份制对所有制结构进行改造。制定针对传统产业的融资和上市的政策，鼓励传统产业企业实现所有制多元化。另一方面，对于单厂规模相对较小的传统产业，在生产阶段的改造结束之后也要进行规模的扩张。与规模较大的传统企业通过股份制改造和上市比较，规模较小的企业可以通过特许经营、加盟等方式实现规模扩张。

2. 以品牌重塑和管理创新改变传统产业发展模式

在通过规模优势打开传统产业改造局面之后，要以品牌重塑和管理创新提升传统产业商业运作模式，改善经营环境，提高竞争层次。对于已经形成一定知名度的老品牌，要对其进行现代商业包装，实施品牌再造，既保持老品牌的知名度，又使老品牌适应当代的需求特点；对于没有优势品牌的传统产业，特别是缺少品牌的消费类传统产业，要加快品牌战略的制定和实施；对于传统产业聚集的地区，可以建设地方品牌或联合品牌，形成品牌推广上的联动效应。针对传统产业管理落后的问题，要加快管理创新步伐，建立现代企业管理体制。要明晰传统产业中企业的产权体系，加快国企改制步伐，实施现代公司治理；实施企业业务流程再造，推动管理信息化进程，促进消费类传统产业要开展电子商务；加强企业现场管理，减少生产过程中的浪费。

3. 以技术技能提高实现传统产业的科学发展

传统产业改造的最终目标是要实现高新技术与传统产业的融合，使创新和技术技能进步成为推进传统产业发展的主要力量，实现传统产业的内生增长。这也是传统产业改造最重要、最困难、影响改造成败最关键的一步。

建设适合传统产业发展的国家创新体系。整合由政府资助的大学和科研院所等研发力量，开展多种形式的合作研发，特别是在基础研究上提倡合作精神，尽可能减少重复研究造成的浪费；建立若干个能够引领全国科研力量的创新平台，大力发展如航空、航天、高铁等复杂类传统产业产品以及实施南水北调、西气东输等特大型工程，通过这些产品的生产和工程的实施带动国家整体技术能力的提高，同时形成在若干传统产业领域的国际竞争优势；协调科技资源在传统产业和新兴产业间的分布，避免传统产业在资源分配上处于不利环境，在人才培养、科研经费投入上给予具有发展潜力的传统产业与新兴产业同样的优惠待遇。

加快技术在高新产业与传统产业之间，以及传统产业内部的扩散。建立全国性的、对外开放的技术交易市场。改变非营利性科研组织科研立项、结项制度，使科研成果的产业化和商业化成为研发活动必须完成的目标之一；促进企业非市场相关联盟的建立和发展，围绕优势传统产业企业，促进传统产业和新兴产业之间、传统产业内部之间建立研发联盟、技术联盟和标准联盟。

促进传统产业企业建设学习型组织，推进知识管理。传统产业改造的成败关键是传统产业企业能否形成适应时代特点的内生增长动力，因此要促进在传统企业内部建设学习型组织，推进知识管理在企业管理过程中的运用。总结传统产业在长期发展过程中积累的经验和教训，特别要继承和发扬在技能和工艺上的优势；提倡"全员创新"，加强企业领导和管理者对技术进步的重视程度，鼓励和引导基层员工开展多种形式的"小改小革"活动；健全传统企业人才培养体系，定期组织员工学习，在继承的基础上不断更新知识结构，适应技术的迅速变化；鼓励企业建立专门研究机构，集团企业要组建中央研究院，促进知识在企业内部的渗透和企业间的传播，促进隐性知识向显性知识转换。

第十二章 装备工业发展问题研究
——制造业结构升级中的装备工业战略选择

中国装备工业的发展与制造业结构升级有着直接而紧密的联系。21 世纪以来的几年，是中国制造业生产能力和技术水平快速提升的时期，也是改革开放以后中国装备工业前所未有的高速发展时期。20 世纪 90 年代中期，中国装备工业进入了一个相对停滞的发展阶段，1997 年亚洲金融危机爆发，1998 年亚洲金融危机对中国经济的影响全面显现，同时国家开始实施以拉动固定资产投资为主的积极的财政政策，从而带动了装备工业开始走出不景气谷底；其后，中国加入世贸组织，随着国际制造业的产业转移，中国迅速成长为"世界车间"，中国装备工业也由此开始了高速发展；2008 年，美国次贷危机引发的全球金融危机全面爆发，对 2008 年下半年以来中国制造业以及装备工业的运行产生了较为显著的负面影响。因此，以这一时间段内中国装备工业的发展为研究对象，从中国装备工业发展与制造业结构升级的互动关系入手，分析 21 世纪以来在国际分工体系中的中国装备工业高速发展的动力机制，探究制造业结构升级中的装备工业战略选择问题，具有极其重要的现实意义。

装备工业是我国特有的概念，其内涵基本明确，即为国民经济各部门提供生产设备的行业，也就是资本品制造业，但对于装备工业的范围迄今为止并没有明确的界定。本章将装备工业的范围限定于 6 个二位码行业：通用设备制造业（35），专用设备制造业（36），交通运输设备制造业（37），电气、机械及器材制造业（39），通信设备、计算机及其他电子设备制造业（40），仪器仪表及文化办公用机械制造业（41）。通过下文的分析可知，这 6 个行业的产出中，直接和间接用于投资的比重在国民经济各行业中是最高的。

一、装备工业发展与制造业结构升级的关系

中国制造业目前处于重化工业化进程之中，21 世纪以来，装备工业发展与制造业结构升级之间的联系正呈现出进一步加深的趋势。一方面，装备工业发展

推动制造业结构升级：从产业规模来看，装备工业在制造业中占据较大比重，装备工业的升级将直接表现为制造业的结构升级；从提供产品的特殊性来看，装备工业的发展将提高国内装备工业的设计制造能力，从制造业装备的国内供给能力和供给水平方面，对中国制造业的结构升级提供有力支持；从产业技术经济联系来看，装备工业处于制造业产业链的中下游，总体上看对制造业具有较强的辐射拉动作用。另一方面，国内制造业的结构升级，也为装备工业的发展提供了巨大的市场机会。

（一）装备工业在制造业中占据较大比重，其升级将直接表现为制造业的结构升级

1998~2010 年，装备工业的工业总产值从 17926.97 亿元增长到 216861.34 亿元，工业增加值从 4431.62 亿元增长到 2007 年的 30290.986 亿元（当年价）。与全部制造业相比，装备工业的增长速度更高，在全部制造业中所占比重迅速提升，在 1998~2010 年间，装备工业的工业总产值占全部制造业比重从 30.04% 提高到 35.58%，工业增加值占全部制造业比重从 29.04% 提高到 2007 年的 32.23%（见图 12-1）。

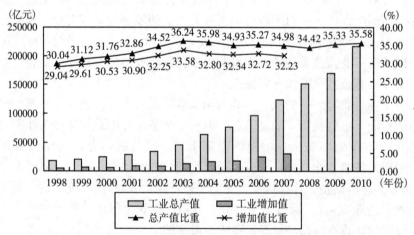

图 12-1 1998~2010 年中国装备工业的产出增长及占制造业比重

注：2008 年以后，国家统计局不再公布工业增加值数据，故图中 2008 年以后的工业增加值数据缺失。
资料来源：根据历年《中国统计年鉴》、《工业统计年报》计算。

进入 21 世纪以后，中国装备工业表现出明显的结构升级特征。产品结构中高技术含量、高附加值产品的比重迅速提高；在火力发电、水力发电、数控机床等领域的技术装备研制取得突破性进展，一些领域逐步掌握了关键设备的核心技术。但产业结构升级在一些行业效益指标上并没有体现出来。

所谓产业结构升级，一方面，借助于生产函数理解，就是产出增长更多地来源于技术进步而不是投入要素的增加，即单要素（劳动、资本）生产率持续提高；另一方面，装备工业资本密集型的产业特征，决定了以资本替代劳动也是其生产方式转型的重要体现，即资本劳动比率持续提高。表12-1以总资产贡献率、人均利税总额反映单要素生产率，以人均固定资产净值反映资本劳动比率，给出了2001~2010年装备工业结构升级的情况。

如表12-1所示，2001~2010年，各指标绝对值均处于持续快速提高的状态；与制造业总体情况比较的相对值，总资产贡献率、人均利税总额在考察期处于下降状态，人均固定资产净值基本保持了稳定状态。上述指标反映的装备工业整体相对结构升级缓慢，主要是受通信设备、计算机及其他电子设备制造业①的拖累。如果不考虑该行业，从装备工业各项指标的绝对值变动来看，各指标均处于持续快速提高的状态；与制造业总体情况相比较，总资产贡献率、人均利税总额在考察期也超过了制造业的平均水平，人均固定资产净值持续提高但低于制造业平均水平。

从各国的经验来看，产业结构升级一般表现为劳动密集型产业比重下降、资本密集型产业比重上升。从中国装备工业的要素投入结构来看，尽管2001~2010年间，人均固定资产净值持续增加，表现出资本深化的趋势，但装备工业人均固定资产净值仍然低于制造业平均水平。即在许多发达国家属于资本密集型的装备工业，在中国仍属于劳动密集型，并没有表现出资本密集化加速的趋势。

因此，从总体上看，在2001~2010年，中国装备工业的产业规模快速扩张，产业升级步伐加快，但产业升级的速度与制造业平均水平相比并没有表现出优势。从制造业的重要组成部分来看，尽管装备工业在制造业中所占比重增加很快，但装备工业的发展对制造业结构升级尚没有发挥出带动作用。

表 12-1　2001~2010 年装备工业的效益和投入结构指标

年份	总资产贡献率		人均利税总额		资本劳动比率	
	装备工业（%）	装备工业：制造业	装备工业（万元/人）	装备工业：制造业	装备工业（万元/人）	装备工业：制造业
2001	8.37	0.96	1.87	1.11	6.85	0.84
2002	9.05	0.93	2.26	1.13	7.18	0.85
2003	9.22	0.87	2.30	0.91	7.52	0.88
2004	8.86	0.80	—		7.53	0.85
2005	9.02	0.82	2.92	0.94	8.13	0.84

---

① 该行业的产出和资产规模较大，在装备工业中仅次于交通运输设备制造业。

续表

年份	总资产贡献率		人均利税总额		资本劳动比率	
	装备工业（%）	装备工业：制造业	装备工业（万元/人）	装备工业：制造业	装备工业（万元/人）	装备工业：制造业
2006	10.17	0.86	3.58	0.96	8.75	0.83
2007	11.29	0.82	4.45	0.90	9.41	0.82
2008	12.02	0.90	4.99	0.97	10.26	0.82
2009	12.36	0.87	6.05	0.94	12.13	0.82
2010	—		7.91	0.96	13.58	0.83

注：统计范围为全部规模以上企业。

资料来源：根据历年《中国统计年鉴》、《工业统计年报》计算。

（二）装备工业的发展将提高国内装备的制造能力和水平，为制造业结构升级提供有力支持

装备工业的特殊性在于，其提供的产品是制造业生产过程中所必需的生产设备，装备工业的发展将提高国内装备的设计能力和制造水平，从制造业装备的国内供给能力和供给水平方面，对中国制造业的结构升级提供有力支持。而我国作为一个大国，重化工业化进程中的生产装备也必须立足于本土装备企业。

本章利用《中国 2007 年投入产出表》数据，计算了各部门产品的国内使用中中间投入、消费和投资的比重。由表 12-2 可见：①从最终消费占部门产出比重来看，表中所列部门中，仅家用电力和非电力器具制造业（电气机械及器材制造业中），家用视听设备制造业（通信设备、计算机及其他电子设备制造业中）两个部门接近 50%，是以消费品生产为主的部门，其他部门消费比重均处于较低水平。②从部门产出中投资所占比重来看，在 42 部门《中国投入产出表》中，通用、专用设备制造业，交通运输设备制造业，通信设备、计算机及其他电子设备制造业，仪器仪表及文化办公用机械制造业，电气、机械及器材制造业 5 个部门在 24 个工业部门中分别占据了前 4 位和第 6 位（第 5 位为其他制造业），可以说是工业部门中产出用于投资比重最高的；在 135 部门《中国投入产出表》中，26 个装备制造业部门（含上述两个家用产品部门）中除了电子元器件制造业以外，均在 89 个工业部门中处于前列。③某一部门产出中用于各部门的中间使用的部分，包含了作为原材料、零部件投入的部分，以及实际上是作为设备使用但由于价值量较低等原因未计入投资的部分。因此，表 12-2 还计算了各部门产出中的中间使用部分中投入表中所列各部门（不含两个家用产品部门）的比重以及与投

表12-2　各部门产出中的中间使用、最终消费和投资比重

单位：%

	总产出（亿元）	中间使用比重 (1)	用于装备工业的中间使用比重 (2)	最终消费比重 (3)	投资比重 (4)	投资比重排序	(2)+(4)
(1) 通用、专用设备制造业	39486.59	60.72	32.38	0.16	39.12	1	71.49
锅炉及原动机制造业	2837.09	68.56	57.21	0.00	31.44	15	88.65
金属加工机械制造业	2571.66	40.16	24.53	0.00	59.84	5	84.37
起重运输设备制造业	2624.39	35.34	11.66	0.00	64.66	2	76.32
泵、阀门、压缩机及类似机械制造业	4143.53	83.31	53.41	0.00	16.69	22	70.1
其他通用设备制造业	13715.09	84.02	47.43	0.00	15.98	23	63.41
矿山、冶金、建筑专用设备制造业	4558.03	60.70	12.74	0.00	39.30	11	52.04
化工、木材、非金属加工专用设备制造业	2334.80	38.04	11.33	0.00	61.96	4	73.29
农林牧渔专用机械制造业	1401.59	36.87	15.82	0.00	63.13	3	78.95
其他专用设备制造业	5300.42	27.87	6.54	0.98	71.15	1	77.69
(2) 交通运输设备制造业	32978.44	59.42	37.43	7.84	32.74	2	70.24
铁路运输设备制造业	1230.68	44.27	16.96	0.00	55.73	6	72.69
汽车制造业	24663.16	62.94	42.25	7.07	29.99	16	72.24
船舶及浮动装置制造业	2869.04	46.77	16.70	0.00	53.23	7	69.93
其他交通运输设备制造业	4215.57	49.85	25.24	18.52	31.62	14	56.86
(3) 电气机械及器材制造业	27155.01	71.70	36.40	8.00	20.30	3	52.00
电机制造业	2797.41	73.23	50.92	0.00	26.77	18	77.69
输配电及控制设备制造业	6104.15	59.13	30.18	0.00	40.87	10	71.05
电线、电缆、光缆及电工器材制造业	7426.31	92.31	31.85	0.00	7.69	26	39.54
家用电力和非电力器具制造业	6534.50	40.71	7.51	44.73	14.56	24	22.07
其他电气机械及器材制造业	4292.64	88.13	44.97	1.35	10.52	25	55.49
(4) 通信设备、计算机及其他电子设备制造业	41190.25	82.07	72.40	5.44	12.50	7	84.9
通信设备制造业	8131.96	45.55	35.10	15.34	39.10	12	74.2

续表

	总产出（亿元）	中间使用比重（1）	用于装备工业的中间使用比重（2）	最终消费比重（3）	投资比重（4）	投资比重排序	(2)+(4)
雷达及广播设备制造业	1295.69	56.49	50.92	7.61	35.90	13	86.82
电子计算机制造业	14102.28	65.46	39.99	6.85	27.69	17	67.68
电子元器件制造业	13493.52	99.89	86.76	0.00	0.11	81	86.87
家用视听设备制造业	3307.37	48.09	4.32	44.54	7.37	28	11.69
其他电子设备制造业	859.43	53.34	45.70	4.43	42.23	8	87.93
(5) 仪器仪表及文化办公用机械制造业	**4879.66**	**76.52**	**24.73**	**3.20**	**20.28**	**4**	**41.84**
仪器仪表制造业	3029.23	78.09	24.83	2.41	19.49	20	44.32
文化、办公用机械制造业	1850.43	68.09	20.32	7.41	24.49	19	44.81

注：①中间使用、最终消费、投资比重分别为各项用途占国内使用（总产出+进口－出口－其他）的比重。②用于机械工业的中间使用比重，为中间使用中用于表中所列各行业的价值量，占国内使用（总产出+进口－出口－其他）的比重。③投资比重排序，加粗行业为在42部门《中国投入产出表》中所列24个工业行业中的排序，其他行业为在135部门《投入产出表》中所列89个工业行业中的行业排序。

资料来源：根据《2007年中国投入产出表》计算。

资合计的比重。① 数据显示，装备制造业的产出中有极高的比重都是作为投资品或者作为零部件直接和间接地用于设备投资，其比重远远高于国民经济其他部门。

因此，在本研究所限定的装备制造业范围中，按照产品用途可以分为三类行业：一是以消费为主要用途的行业，实际上仅包括两个三位码行业：家用电力和非电力器具制造业（395）、家用视听设备制造业（407），2009 年，这两个三位码行业的工业总产值在六个二位码行业中仅占 6.68%。二是直接用于投资的产出占较大比重的行业。重要集中于通用和专用设备制造业、交通运输设备制造业中的一些整机制造行业。如金属加工机械制造业、起重运输设备制造业、铁路运输设备制造业、船舶及浮动装置制造业等。三是以中间投入为主要用途的行业。135 部门《2007 年中国投入产出表》中，26 个装备制造业部门中大多数是这类行业。锅炉及原动机制造业，泵、阀门、压缩机及类似机械的制造业，电机制造业，通信设备制造业，电子元器件制造业等是其中的典型，这类行业的产出的绝大部分产品为零部件或低值设备等中间投入品，其中有的行业，其产品主要投入到装备制造业，有的则是广泛投入到各个制造业行业之中。后两类行业在装备制造业产出中占绝对比重，其产出大多直接或间接地通过投资形成了各行业的装备，对于中国制造业的结构升级提供了有力支持。

（三）装备工业处于制造业产业链的中下游，对制造业具有较强的辐射拉动作用

从产业技术经济联系来看，装备工业大多处于较长产业链的中下游，总体上看对制造业具有较强的辐射拉动作用，其中的部分产业作为重要的中间投入品生产行业，又可能对制造业的结构升级产生"瓶颈"制约作用。

这种基于产业技术经济联系而产生的某一行业与国民经济之间关联的强弱，可以用影响力系数和感应度系数表示。影响力系数反映了国民经济某一部门增加一个单位最终使用时，对国民经济各部门所产生的需求波及程度；感应度系数反映了当国民经济各个部门均增加一个单位最终使用时，某一部门由此而受到的需求感应程度。

表 12-3 给出了根据 42 部门《2002 年中国投入产出表》和《2007 年中国投入产出表》计算得到的装备制造业对整个国民经济的影响力系数和感应度系数。② 计算公式如下：

---

① 实际上，在装备制造业产出中，最终作为制造业各行业设备使用的更多。装备制造业产出的中间使用部分中，间接用于投资的，除了再投入装备制造业的一部分，还应该包括投入其他制造业，但由于价值量较低等原因未计入投资的一部分。

② 借鉴了刘起运教授《关于投入产出系数结构分析方法的研究》（《统计研究》，2002 年 2 月）一文中提出的方法，所计算的影响力系数和感应度系数较传统方法有所改进。

$$\delta_j = \frac{\sum\limits_{i=1}^{n} \bar{b}_{ij}}{\sum\limits_{j=1}^{n} \alpha_j \cdot \sum\limits_{i=1}^{n} \bar{b}_{ij}}, \quad \tilde{\theta}_i = \frac{\sum\limits_{j=1}^{n} \bar{d}_{ij}}{\sum\limits_{i=1}^{n} \beta_i \cdot \sum\limits_{j=1}^{n} \bar{d}_{ij}}$$

其中，δ_j 为改进后的影响力力系数；$\bar{b}_{ij}$ 为列昂惕夫逆矩阵的元素；α_j 为部门 j 最终产品占国民经济最终产品总量的比例，即最终产品实物构成系数。$\tilde{\theta}_i$ 为基于分配系数矩阵计算的感应度系数；β_i 为部门 i 初始投入（即增加值）占国民经济初始投入总量的比例，即初始投入的部门构成系数；$\bar{d}_{ij}$ 为完全供给系数矩阵（$\bar{D}$）的元素，$\bar{D} = (I - R)^{-1}$，R 为直接分配系数矩阵，R 的元素 $h_{ij} = x_{ij}/X_i$，x_{ij} 为基本流量表的元素，X_i 为基本流量表中行的总产出。

表 12-3　装备制造业对国民经济的影响力系数和感应度系数

行业	影响力系数		感应度系数	
	2002 年	2007 年	2002 年	2007 年
通用、专用设备制造业	1.1521（7）	1.1629（6）	1.0851（19）	1.0017（22）
交通运输设备制造业	1.1998（4）	1.2437（4）	1.0712（21）	0.8415（28）
电气、机械及器材制造业	1.2022（3）	1.2487（2）	1.1652（18）	0.9384（23）
通信设备、计算机及其他电子设备制造业	1.3305（1）	1.3312（1）	1.2573（14）	1.0670（18）
仪器仪表及文化办公用机械制造业	1.2249（2）	1.2479（3）	1.2577（13）	1.3292（11）

注：括号内数字为在 42 部门中的排序。

对比 2002 年和 2007 年，装备制造业各部门的影响力系数一直位居前列且有所上升。表明在这 5 年中，装备制造业对国民经济的拉动作用进一步增强。以交通运输设备制造业为例，2007 年，交通运输设备制造业生产 1 个单位最终产品所产生的需求，将拉动国民经济整体生产的 1.248661 个综合最终产品，而 2002 年为 1.19977 个综合最终产品。

相比较而言，装备制造业的感应度系数较低，基本上处于国民经济各部门的平均水平左右。仍以交通运输设备制造业为例，2002 年，交通运输设备制造业增加 1 个单位初始投入对国民经济的推动力，相当于整个国民经济各部门平均推动力的 1.07 倍，而 2007 年下降为 0.84。感应度系数的数值越大，表示该产业对国民经济其他产业的推动能力越强，是重要的基础性产业。在国民经济快速增长时，这些部门将感应到很大的需求压力，如果发展缓慢，将成为制约国民经济发展的"瓶颈"产业。

尽管从大的产业部门来看，装备制造业的感应度系数不高，但在对部门进行进一步细分的基础上，一些部门较高的感应度系数就显示出来。中国投入产出学会根据 122 部门《2002 年中国投入产出表》计算得出，2002 年整个经济中推动力系数（即本章中的感应度系数）最大的是电子元器件制造业，它的推动力系数为2.5061（中国投入产出学会课题组，2007）。此外，感应度系数较高的还有其他通用设备制造业，以及其他电气机械及器材制造业。结合表 12-2 可以看出，这 3 个部门的产出中，中间投入用途的比重都在 80% 以上，属于广泛用于制造业各行业的重要的中间投入品生产部门。而装备制造业整体感应度系数的降低，也表明经过 2002 年以后装备制造业的高速发展，其中部分产业对国民经济的"瓶颈"制约作用得到了一定程度的缓解。

　　表 12-4 进一步测算了装备制造业对制造业的影响力系数和感应度系数。计算公式如下：

$$\delta_j = \frac{\sum_{i=1}^{k} \bar{b}_{ij}}{\sum_{j=1}^{n} \alpha_j \cdot \sum_{i=1}^{k} \bar{b}_{ij}}, \quad \tilde{\theta}_i = \frac{\sum_{j=1}^{k} \bar{d}_{ij}}{\sum_{i=1}^{n} \beta_i \cdot \sum_{j=1}^{k} \bar{d}_{ij}}$$

式中，k 为制造业部门数。

表 12-4　2007 年装备制造业对制造业的影响力系数和感应度系数

行业	影响力系数	感应度系数
通用、专用设备制造业	1.529718（5）	1.452852（13）
交通运输设备制造业	1.680366（3）	1.207250（19）
电气、机械及器材制造业	1.642689（4）	1.269524（16）
通信设备、计算机及其他电子设备制造业	1.829156（1）	1.654996（7）
仪器仪表及文化办公用机械制造业	1.702459（2）	1.652476（8）

注：括号内数字为在 42 部门中的排序。

　　由表 12-4 可知，装备制造业是对制造业影响力系数最高的产业部门。2007年，对制造业的影响力排序中，装备制造业的 5 个部门占据了前 5 位。以交通运输设备制造业为例，2007 年，其对制造业的影响力系数为 1.68，大大高于对整个国民经济的影响力系数（1.24）。装备制造业是对制造业的感应度系数的取值和排名，也高于其对整个国民经济的感应度系数的取值和排名。可见，装备制造业虽然是为整个国民经济提供装备的产业部门，但是其与制造业的关联性更为紧密，因而，装备制造业的发展与制造业的调整升级有着极其密切的联系。

（四）本土制造业结构升级，为装备工业的发展提供了巨大的市场需求

市场需求是拉动产业增长的最直接因素。本土制造业的结构升级，从装备类产品的需求总量和需求结构两方面，对中国装备工业的发展形成了巨大的需求拉动作用。一方面，本土制造业结构升级必然建立在生产规模稳步增长和扩大装备投资的基础上，表现为对装备需求规模的快速增长；另一方面，制造业结构升级会从加工精度、加工效率、环保节能等方面对生产装备提出更高的要求，从而诱导装备工业加快产品升级换代。本土制造业结构升级所形成的装备需求能够在多大程度上发挥对本土装备工业的拉动作用，会受到制造业的装备需求结构与本土装备工业的装备供给结构是否契合的影响，否则将产生"需求外溢"，即装备类产品进口快速增长，从而挤占国内市场。

表12-5计算了1999~2010年间装备工业的国内市场占有率和产出增长来源。可见，2005年以后，随着装备工业进出口由逆差转为顺差，中国装备工业的国内市场占有率开始快速回升。1999~2010年间装备工业的产出增长中，内需平均

表 12-5　1999~2010 年装备工业的国内市场占有率和产出增长来源

年份	国内市场占有率（%）	内需贡献率（%）	出口贡献率（%）	进口替代贡献率（%）
1999	67.77	0.9774	0.3303	-0.3077
2000	66.43	0.7397	0.2978	-0.0375
2001	66.50	0.8437	0.1776	-0.0213
2002	64.43	0.7459	0.3510	-0.0969
2003	61.94	0.7427	0.3297	-0.0724
2004	61.67	0.6775	0.3057	0.0168
2005	61.65	0.5160	0.4038	0.0802
2006	63.50	0.6406	0.2775	0.0820
2007	67.29	0.6106	0.2385	0.1509
2008	73.54	0.6691	0.0945	0.2364
2009	79.33	1.0239	-0.5027	0.4789
2010	78.55	0.7932	0.2367	-0.0299
1999~2010	—	0.7230	0.2054	0.0716

注：根据各年装备工业的产出和进出口数据计算。产出数据为规模以上企业工业总产值；装备进出口金额为进出口商品分类中"机器、机械器具、电气设备及零件，录音机及放声机、电视图像声音的录制和重放设备及零附件"、"车辆、航空器、船舶及有关运输设备"和"光学、照相、电影、计量、检验、医疗或外科用仪器设备、精密仪器及设备，钟表，乐器及其零附件"的加总，装备进出口值分别按相应年度的人民币对美元年平均汇价（中间价）折合成人民币。由于产出数据和进出口数据统计口径存在差异，所以表中计算的市场占有率和各个需求因素贡献率与实际存在一定误差，但不影响总体判断。

资料来源：历年《中国统计年鉴》。

贡献率超过 70%，远高于出口贡献。可见，本土制造业的结构升级是装备工业发展的最直接动力。

二、中国装备工业发展动力机制分析框架

中国装备工业发展应当同时具备生产规模扩大和结构升级两方面的内容。在对外开放条件下，由于存在着国内、国外两个装备需求市场和本土、境外两类装备制造企业，因此本土装备工业如果并未随着装备需求结构的升级不断实现自身装备供给结构的升级，国内市场装备需求将出现"外溢"，本土装备工业生产规模扩大也将是不可持续的。更进一步地，由于 21 世纪以来国际制造业向中国的转移，中国制造业目前正处于重化工业加速发展的阶段，这为本土装备制造企业提供了巨大的市场机会。与日本、德国、美国等装备工业大国相比，中国装备工业拥有独一无二的迅速扩张的国内需求市场。因此，中国装备工业的发展，表现在产业规模上，应该是平稳较快增长，增长速度超过制造业的平均水平，这种规模方面的发展在过去十年已经实现了；表现在结构升级方面，应该是在产品结构、市场占有率、盈利能力等方面，以快于制造业平均水平的速度更快升级，这方面的特征在过去十年里还没有完全展现出来。

在竞争性的市场中，市场机会和产业创新是推动产业发展的最基本动力，同时二者之间也具有相互促进、相互影响的紧密联系（见图 12-2）。市场机会来源于产业链下游的需求方，一般对产业来说是外生因素。当然，装备产品的需求是个例外，因为装备工业本身也是重要的装备产品用户。但装备工业的装备投资需求作为引致需求，最终还要受到宏观经济景气程度预期、消费需求、出口需求等外在对于装备工业的因素的影响和制约。创新是产业发展的内在驱动力，只有通过创新持续调整产业结构以更加适应不断升级的需求结构，才能把握住市场机会，把市场机会转化为发展的动力。

对于装备工业来说，市场机会和产业创新作为发展的基础动力，二者缺一不可。但在产业不同的发展阶段，主导地位可能会在二者中发生转换，这实际上体现了两种增长路径。一是市场机会的拉动作用占据了主导地位。这时产业的增长主要表现为被动受需求带动。在需求快速增长的时期，装备工业设备利用率提高、固定资产投资增加，以这种方式能够快速简易地提高生产规模，通过迅速占领市场获得利润，因而企业缺乏动力采用其他需要培养更多能力才能实现的增长方式。但是，需求快速增长的时期往往也是需求结构快速升级的时期，由于被动受需求带动、产业创新发挥的作用较少，所以这种增长路径下装备工业的产业升

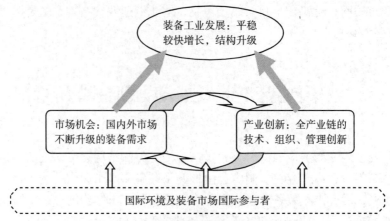

图 12-2　装备工业发展的动力机制分析框架

级慢于制造业产业升级，高端需求被进口装备不断侵蚀，导致国产装备的市场占有率不断下降，"高端失守、低端混战"并存。如果需求的增速下降，还可能导致产业增长出现大幅波动。二是产业创新形成的内在动力发挥了更重要的作用。形成了市场机会激发产业创新，产业创新创造更多市场机会的局面，二者共同推动装备工业发展的内在动态良性发展机制，从而使本土装备的产出结构始终处于与变动的需求结构相适应的不断的升级之中。相比需求拉动的规模扩张而言，创新需要更多的内在能力，以及外在时机、外部环境的支撑，并且创新是动态的，将随着产业发展、外部因素的变化不断被激发出来。中国装备工业就其本身而言是市场化程度很高的产业，在竞争的压力下、规模增长形成的利润支撑以及政策支持下，装备工业创新的内在动力不断提高。2005 年以后，中国装备工业的重大技术突破不断涌现，国内市场占有率提高，产业增长方式由规模型向效益型转变的状况，就一定程度上反映了这种增长路径的转换。

此外，研究中国装备工业的发展不能离开中国制造业正更趋深入地融入全球产业分工这个大背景。21 世纪以来，中国装备工业的高速增长与国际制造重心向中国转移是同步的。与此同时，国际经济环境的变动，以及装备市场国际参与者通过产业转移，在生产、贸易、投资等方面，对中国装备工业的市场机会、产业创新也发挥着越来越重要的影响作用（见图 12-2）。

三、创新能力培育与中国装备工业发展

关于创新对产业发展的重要作用，无论是在理论研究还是政策层面都已经形成了较为一致的认识。罗伯托·马佐莱尼在对世界机床工业的发展历史进行考察后认为，机床工业中领先国家比较优势的动态变化，即美国机床的衰落和日本机床工业的崛起，相当程度上源于两国创新战略的不同。我国 2006 年发布的《国务院关于加快振兴装备工业的若干意见》也明确提出，要"不断增强自主创新能力，促进装备工业持续发展"。

但是，对于创新所涉及的范围，大多数研究产业创新能力的已有文献，都把关注点放在了技术创新方面，尤其是企业技术创新方面。如傅家骥定义自主创新为企业通过自身的努力和探索产生技术突破，进一步指出了自主创新要实现技术的商品化，获得商业利润。[1] 崔万田等（2009）认为自主创新是企业生产和从事市场所需要的、自身拥有知识产权产品的活动。自主创新主要通过企业自身努力，广泛地运用企业内外各种相关的技术资源，以形成自己的知识产权。自主创新包括了原始创新、集成创新和在引进消化基础上的再创新三种形式。[2] 实际上，在以企业为主体进行的技术创新之外，还有一些技术创新超越了独立企业的边界。如产业共性技术的研究与开发，已经超出了单纯的技术创新问题，涉及创新的外部支持系统的构建。即使是以企业为主体进行的技术创新也并非单纯的技术问题，在技术来源和创新资金得到解决之后，产业化生产过程中还需要依托一系列涉及企业内部和上下游企业之间的制度保障。

此外，特定产业的技术经济特征对于产业创新的影响，也是一个常常被忽视的问题。计量方法有其数据选择方面的局限性。一些研究装备工业创新能力的文献，要么是将创新能力的评价简单化，用研发投入强度、研发人员比重等技术创新投入指标和发明专利比例、新产品销售比重、新产品利润比重等创新产出指标的综合得分来评价产业的创新能力；要么是依据上述指标考察了创新的投入产出效率，但是以人均收入水平、贸易依存度、FDI 水平等作为因变量。这些研究方法是放之各产业皆可的，在研究特定产业时，产业所特有的技术经济特征对于创新的影响就湮没在其中而无从体现。张保胜（2009）从价值共同创造的角度研究了装备工业创新能力提升问题，为本研究提供了有益的思路。他提出：共同创造是在产品或服务价值创造过程中参与主体之间进行合作执行的过程，共同创造是技术创新模式从网络经济向传统制造业延伸过程中的一个新现象。装备工业的产业技术特点决定了产业链和技术链上共同创造的可行性。[3] 也有学者指出应通过技术创新、组织创新、制度创新的有效互动来推动装备工业结构升级。[4]

---

① 傅家骥：《技术创新学》，清华大学出版社，1998 年版。
② 崔万田、周晔馨、李进伟：《沈阳与大连装备工业创新能力的比较研究》，《财经问题研究》，2009 年第 4 期。
③ 张保胜：《基于技术链的装备工业共同创造与创新能力提升》，《技术经济与管理研究》，2009 年第 5 期。
④ 张米尔：《创新互动与装备工业结构升级》，《科学学与科学技术管理》，2004 年第 10 期。

借鉴已有的研究成果，在下面的分析中，将从装备工业的产业技术经济特征入手，结合中国装备工业目前所处的发展阶段以及历史形成的一些本土装备企业所特有的现象，讨论创新对中国装备工业发展的作用机理。这里创新的概念被进一步拓展了，从创新主体范围看，不再限于企业创新，也不仅仅着眼于装备工业，而是涉及了装备工业产业链上的所有相关主体；从创新内容看，包括了技术创新、商业模式创新、产业组织创新、管理创新，等等。

(一) 装备工业的产业技术经济特征

装备工业是为国民经济各部门提供技术装备的各制造工业的总称，按照装备功能和重要性，大致分为三类：①重要的基础装备。即制造装备的装备，主要包括数控机床及各类柔性制造系统、大规模集成电路及电子制造设备等。②重要的机械、电子基础件。主要包括液压、气动、轴承、密封、模具、刀具、低压电器、微电子和电力电子器件、仪器仪表及自动化控制系统等。③重大成套技术装备。由于其所提供产品的特殊性，以及生产过程中复杂的产业关联，归纳起来看，装备工业具有以下产业技术经济特征：

(1) 由于装备工业为国民经济各部门提供技术装备，面对千差万别的产品需求和功能定位，无论是基础装备企业还是基础件、专用设备企业，其生产都具有多品种、小批量，甚至按单定制的特点。这种产品的特点决定了：一方面，装备工业必须与客户建立起紧密的长期协作关系，从产品的设计到生产过程中再到销售和售后服务，甚至产品报废后的再制造和循环回收，在产品的全生命周期里保持与客户的密切合作、信息共享，在与客户的合作中共同创造产品价值。另一方面，产品的柔性化生产也对企业内部生产组织提出了柔性化和开放性的要求。另外，"这种制造模式还要求员工在生产过程中将产品开发、设计、制造以及交付的经验教训进行系统整理，形成组织内部的知识。经过长期的不同类型产品的开发设计中的知识积累，增强厂商的创新能力。在这里，良好的知识管理是企业创新的关键"。①

(2) 装备工业是现代工业技术的高度集成，产业关联性强，生产过程具有技术集成性和组装性特点。越是大型精密装备，其涉及的产业链越长、生产过程越复杂，其中的每个功能模块都可能包括了数量庞大且材质、加工工艺、质量标准各不相同的零部件。其中任何一个零件在质量、性能方面出现问题，都可能成为整个产品"木桶效应"的"短板"。这种生产过程的特点决定了：①基础件对于装备工业来说绝不能被看作无关紧要的、低技术的配件，相反，许多重要的基础

① 张保胜：《基于技术链的装备工业共同创造与创新能力提升》，《技术经济与管理研究》，2009年第5期。

零部件是行业核心技术的载体；②集成技术以及与其相关的设计规则、行业标准，同样是装备工业的技术制高点；③由于生产过程的技术集成性和组装性，必须在企业的各部门之间、上下游的生产企业之间加强合作，建立起跨组织的合作机制。

（3）行业共性技术的发展具有突出重要的地位。张保胜（2009）将其称为普通知识基础，认为由于普通技术知识涵盖了一个学科领域中范围较广的基础科学，它需要长期的积累和不同门类的相互交叉和相互补充，需要科研机构、高校等提供基础知识的传播，也需要政府对基础知识学科给予支持。[①] 由于前两个特征，产业共性技术对于装备工业的发展尤为重要。对于中国装备工业来讲，处于技术模仿和跟随阶段，产业共性技术的重要性尚不太突出，随着本土企业技术水平的提高和向产业技术前沿的逼近，产业共性技术研发的重要就逐步凸显。

（二）全产业链视角下的装备工业创新

由于装备工业所具有的产业经济特征，装备工业的创新如果局限在企业内，将受到外部多方面因素的掣肘，必须超越装备制造企业甚至产业的边界之外，从全产业链价值共同创造的视角来探讨产业创新问题。

1. 产业、学界和政府的协同创新

一是产业共性技术的研发。就装备工业发达国家的情况来看，尽管产业共性技术的研究与开发的方式各有不同，但都需要政府、企业界和学术界共同参与，搭建一个产业共性技术的研究开发平台和形成相应的制度。日本通产省和日本机床制造者协会曾支持了联结企业、政府实验室和大学的一系列联合研发项目，其中一项开始于1976年的关于柔性制造系统的项目，包括了富士通自动数控、4家机器制造厂商、9家机床厂商以及7家电子厂商。二是人才培养和技术开发。大学体系、企业外部研究机构是企业在人才培养、技术开发方面重要的外部支持。在德国，弗劳恩霍夫（Fraunhofer）应用研究促进协会和技术性大学长期为包括机床在内的国家机械产业提供强有力的研究基础设施，同时也在为德国机床企业培养工程师方面做出了重要贡献。在美国"机床业的一些案例中，国内高技能劳动力的培养依靠的是机床产业本身的发展，而不是产业外的其他支持性研究机构。第二次世界大战后的美国大学并没能更有效地为机床产业提供研发成果和人员培训，这对该产业的衰退产生了一定的影响"[②]。三是政府的支持政策。产业

---

① 张保胜：《基于技术链的装备工业共同创造与创新能力提升》，《技术经济与管理研究》，2009年第5期。

② ［美］罗伯托·马佐莱尼：《机床业的创新：对比较优势动态性的历史考察》，载大卫·C.莫厄里、理查德·R.纳尔逊：《领先之源——七个行业的分析》，人民邮电出版社，2003年版。

政策在东亚国家促进装备工业发展中起到了重要作用,包括保护国内产业、鼓励技术创新投入、支持出口等。此外,由于中国重大技术装备用户的市场化程度与装备工业市场化程度的不对称,目前政府在推动某些创新成果的应用时仍有无法替代的作用。

2. 装备工业上下游企业间、企业内不同部门间的协同创新

日本是装备工业最为发达的国家之一,日本制造业实施的供应链管理(SCM,Supply Chain Management)对于其保持竞争力和盈利能力发挥了重要作用。供应链管理的重要内核就是上下游企业间、企业内不同部门间的协同。一是实现产业链的全流程协同,并在企业之间形成动态灵活的协作机制,在企业内部转化为日常管理制度。这个产业链中,包括从原材料、零部件,到最终产品、销售、售后服务相关的各个企业和企业内部各个部门。从产业链的各个组成部分中收集交流信息,对生产和服务的流程进行统筹管理。以生产过程为代表,在市场调查的基础上调整产量,形成零库存结构,构建能够灵活调节产量的柔性生产体制。二是作为上下游企业协同的核心,必须有执行产业链管理职能的企业,这在日本被称为"中核企业",在全球价值链理论中被称为"链主"。对于装备工业,这个产业链的核心应该是大型制造企业,它们在产业链的各部门间进行协调;在明确的经营方针的基础上,打破部门边界与顾客、竞合企业共享信息。以其为核心,提高相关企业整体的竞争力。

3. 企业内部的价值环节创新

从制造业涉及的全部增值环节来看,应该包括研究、开发、设计、试制、制造、组装、销售、售后服务,以及逐步受到重视的回收再制造等环节,形成一条完整的制造业价值链。对于一个具体的企业来说,进入新的价值环节或者转换业务重心使其调整到另一个价值环节,就是企业内部的价值环节创新。企业进入或退出某个价值环节往往是受利润的驱使,而进入更高盈利水平的价值链环节,在GVC理论的分析框架下,就是产业升级中的功能升级。著名的微笑曲线形象地描述了不同价值环节的利润率情况,按照微笑曲线,企业内部价值环节创新方向,应该是逐步退出利润率低的生产和组装环节,把业务重心向开发、设计、试制,以及销售、售后服务转移。但是,日本经济产业省在2004年12月对394家制造业大企业的调查,却颠覆了微笑曲线。如表12-6所示:①大企业并没有出现"去制造化"的趋势,绝大多数企业的业务都涉及了除回收再制造以外的全部价值环节,其中,制造组装环节的进入比例最高,在全部样本中,有91.4%的企业有制造组装业务。②在总样本和大部分行业样本中,认为制造组装是利润率最高环节的企业比重最高。如总样本里,有制造组装环节的企业中,44.4%的企业认为制造组装环节利润率最高;汽车行业里,有该环节的企业中的66.7%认为该环节利润率最高。③即使是装备工业中,各行业最关键的环节也存在显著差异,如在电气机

表 12-6　日本装备制造企业的业务分布及利润率最高的业务环节

单位：%

	各业务环节的进入情况					利润率最高的业务环节				
	总体情况	电气机器	机械	汽车	精密机械	总体情况	电气机械	机械	汽车	精密机械
研究	74.9	80.3	73.8	69.6	88.9	0.7	0	0	0	0
开发、设计、试制	85.0	90.1	90.8	87.0	94.4	8.4	17.2	8.5	5	23.5
制造、组装	91.4	87.3	93.8	91.3	94.4	44.4	40.3	39.3	66.7	23.5
销售	82.5	85.9	90.8	78.3	94.4	30.8	23	20.3	22.2	35.3
售后服务	65.2	74.6	84.6	47.8	77.8	10.5	9.4	29.1	18.2	14.3
回收再制造	26.9	22.5	23.1	47.8	16.7	2.8	0	6.7	0	0
样本数（个）	394	71	65	23	18	394	71	65	23	18

注：业务环节的进入情况，为相关产业的样本中回答有该业务环节的企业比例；利润率最高的业务环节，为相关产业的样本中回答该业务环节利润率最高的企业占有该业务环节的企业的比例。

资料来源：日本经济产业省在 2004 年 12 月对日本 394 家柜台交易、上市的制造业企业的调查结果，摘录了其中的企业总体情况及装备制造相关产业的情况，原始数据来自《日本制造业基础白皮书（2005）》。

器、精密机械行业，开发、设计、试制环节较其他行业更为重要；在机械行业，与开发适应顾客需求的产品相比，售后服务更重要；汽车企业中，以制造、组装和售后服务为利润点的企业比例高于其他产业。

因此，企业内部的价值环节创新，并没有统一的、固定不变的模式，应当综合考察产品特性、企业规模和企业在产品内分工中的位置，以及产业和企业的发展阶段进行动态调整。一是产品特性。生产的产品不同，对总价值贡献最大的价值环节也会有很大差异。按照产品特性，对于制造过程复杂精细、需要产业链上各相关主体反复协调、调整的产品，制造组装环节就是极为重要的；而只有产品生命周期进入成熟期，只要把零件简单组装就完成制造过程的产品，才适合"去制造化"。二是企业规模和企业在产品内分工中的位置。表 12-6 中反映的都是大企业的情况，尽管普遍认为研究环节不会直接带来利润，但绝大多数大企业都没有放弃研究活动；此外，大企业大多是"中核"企业，承担着系统集成及提供最终产品"总体解决方案"的任务。因此，大企业涉及的价值环节会更多，尤其是装备制造企业，如果制造环节也是复杂和精密的，企业内可能拥有从研究到售后服务、回收再制造的一条完整的价值链。[①] 而小企业则不同，小企业大多集中于某一中间品的生产，上下游关系相对简单，有可能会简化一些价值环节，如研究、销售、售后服务。三是要适应企业和产业的发展变化，进行价值环节创新。例如，制造组装环节盈利能力会随着产业链相关主体协同能力的提高而提高，日

① 企业拥有完整的价值链，不等同于各价值环节上所有的工作都在一体化企业内部完成。

本 20 世纪 80 年代开始出现的国内生产空洞化，就是由于认为制造业中的生产组装环节利润率低，应该向海外转移造成的。但是，近年来，由于在 SCM 基础上的全产业链生产管理，实现了迅速把握市场需求，根据市场变化调整产量，最大限度压缩库存，生产组装的盈利能力提高了。这是由于产业协同能力的提高，使日本作为生产场所的产业环境得到了很大改善，并进一步影响到了企业价值环节的分布。

（三）中国装备工业创新能力的培育

中国装备工业成长于新中国成立后的计划经济时期，在建立了相对独立完整的制造体系的同时，也形成了大而全、小而全的产业组织结构，以及依靠政府主管部门组织、由行业研究院所开发共性技术的产业创新模式。30 余年的市场化改革，激发出了装备制造企业自发的活力，也打破了原有的创新模式，企业成为创新的主体，但是无论是企业内部，还是行业内部以及行业之外的相关各方之间，都没有建立起与装备工业产业技术经济特征相适应的、有利于装备工业持续创新的体制和机制。中国装备工业的创新能力培育，从根本上讲不是创新投入多少的问题，而是与技术创新、产业组织创新、管理创新相关的机制建设问题。一方面，从全产业链价值共同创造的角度看，技术创新、产业组织创新、管理创新都会涉及产业链上一个以上或者更多的主体，其中就会需要建立各主体之间相应的合作机制；另一方面，技术创新、产业组织创新、管理创新之间也存在紧密的联系，其间也存在相应的机制建设问题。

1. 技术创新

以企业为主体进行持续的技术创新，需要多方面条件的结合，既包括技术创新的动力、资金投入能力、技术能力，最终还要得到市场认可，即形成盈利从而支持进一步的创新。

前两个条件相对容易实现。技术创新动力的根源在于市场机会的诱导，中国装备工业中大多数经营状况良好的企业都会有技术创新的主动性。资金投入能力来源于企业的积累、现金流量情况，以及政府的支持。虽然目前企业研发经费支出占销售收入的比重与制造业发达国家相比仍处于很低水平，但随着产业增长和盈利水平的提高，资金投入能力会是一个持续提高的趋势。此外，近年来，尤其是《国务院关于加快振兴装备工业的若干意见》发布以来，各级政府在税收、创新奖励等方面也都对装备工业的创新加大了支持力度。

技术能力是企业技术创新中的一个难点。一是前面提到过的产业共性技术的研究"缺位"问题，目前中国装备制造企业还不够强大，尚无实力从事产业共性技术研究和前瞻性研究。二是引进技术的消化吸收以及再创新问题。大中型企业引进技术费用与消化吸收费用之比，中国在 2005 年是 1：0.22，韩国、日本分别是 1：7、1：8。[①] 这是中国装备工业长期没有解决的问题，尽管原因很多，但与企业内部没有建立起相应的机制有很大关联。三是技术来源问题。目前，装备工业主导产品的技术相当部分来自国外，据机械工业联合会调查，2006 年技术来源中引进技术大体上占 39.4%，自主开发产品的性能、质量、水平与世界先进水平相比还存在较大差距。并且，在既定技术路线下的核心技术很难通过技术引进得到，随着一些行业技术水平的提高，依靠自主创新才能实现的技术突破将越来越多。四是配套产品支持能力问题。装备工业的产业技术经济特征决定了，无论是工艺创新还是产品创新，都必须得到相关配套产品的支持。这些配套产品或材料，可能来自同一产业内其他企业，也可能来自上游材料工业。其中一些通过企业间的协同开发可能解决问题，但也会有一些配套产品本身就是相关行业尖端技术的凝结，即本土相关产业技术水平有可能成为装备工业技术创新的严重制约。

2. 产业组织创新

即在上下游、不同规模的企业之间形成有利于价值共同创造的产业组织结构和合作机制。中国传统的装备制造企业是大而全、小而全的，经过 30 余年的市场化改革，尤其是近十年的发展，大型企业剥离辅助工序、中小企业业务集中的趋势有了进一步发展，但适应装备工业产业技术经济特征的产业组织形式和协同创新机制依然没有建立起来。产业组织结构合理与否，并不在于大企业有多大，产业集中度有多高，而是不同规模的企业都在产业链中发挥恰当的作用，形成合力共同促进价值的创造。

大型企业的"大"，应在于其在产业链中承担产品最终集成和"链主"的作用，因而销售额相对更大。因其在产业链中的地位，需要接近客户，了解客户需求，并根据需求引导本企业研究以及配套企业的产品开发。而中国装备工业中的大企业，这方面的能力开拓还十分不足，多为单一形态的产品制造生产型企业，是单纯的产品供应者，制造服务领域涉足较少。所以，大型的重大装备生产企业要尽快扩展业务环节，增强设备成套能力，成为能够为客户提供全面解决方案的现代化装备服务商。

中小企业的"小"，应在于其产品线的集中。装备工业高度集成、产业关联性强的技术经济特征，决定了中小企业是装备工业中大量的各层次中间产品的生产者，尽管大多数中小企业生产的中间产品在最终产品中占的价值量也不大，但就是这些中间产品的性能及匹配性对最终产品性能起决定性作用。目前在中国装备工业中，中小企业往往是产品技术含量不高的代名词。中小企业数量尽管最多，但大多数是低水平生产能力的重复，既缺乏与大型企业的互动，又没有对整个产业链的价值创造发挥作用。促进中小企业向专、精、特方向发展，把企业优

①朱森第：《我国装备工业的发展与提升》，《开发研究》，2009 年第 1 期。

势集中于某个专门领域的少数价值环节，是中国装备工业实现产业组织创新的又一个重要内容。

产业链上不同企业之间的关联方式也面临创新。网络化的产业组织结构不仅广泛出现于 IT 产业，随着模块化生产方式向传统产业渗透，装备制造企业之间线性的上下游交易关系也有进一步展开为网络状结构的趋势（如图 12-3 所示）。在中国装备制造企业的产业组织创新中，与培育具有系统集成能力和"链主"管理能力的大企业，以及专、精、特的中小企业同样重要，即要在各个企业之间，形成柔性的企业关联网络。这种网络联系的，不仅包括上游企业与中游企业之间的垂直关系，还包括上游企业之间、中游企业之间的互动，企业之间通过网络化的协力互动，不仅完善各自已有的技术和市场，而且开发了新产品、开拓了新市场。

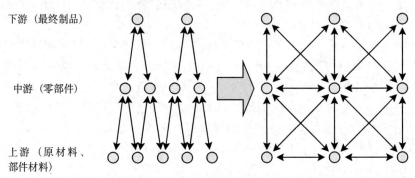

下游（最终制品）
中游（零部件）
上游（原材料、部件材料）

图 12-3　企业间关联方式的网络化发展

资料来源：《2005 年日本制造业基础白皮书》。

3. 管理创新

管理创新涉及企业内部管理创新和供应链管理创新。企业内部管理方面，我国装备制造企业生产结构和模式保留较多的计划经济特点，生产模式的改变滞后于技术变革，管理理念落后，基础管理薄弱。由于生产管理的落后，企业普遍存在生产周期长，库存在制品储备高，流动资金占用大，不能准时交货；物流管理粗放，与生产管理缺乏协调性，不能为生产计划、财务、成本提供准确及时的信息；财务管理还停留在会计核算的阶段，没有达到管理会计的水平。企业之间的供应链管理与发达国家的差距更大，缺乏真正意义上的供应链管理。

装备工业产业链长、生产过程复杂，不同产品的生产组织方式又可能存在很大差异。传统的管理习惯和手工管理的粗放性，已经越来越不适应现代装备工业的发展。因此，装备工业对管理的要求，无论是企业内部管理还是更大范围的供应链管理，都较一般的制造业更高更复杂，其中既包含管理手段的信息化，也包括了管理理念的创新。

四、加入国际分工体系与中国装备工业发展

21 世纪以来，中国装备工业的高速增长与中国制造业日益深入地进入国际分工体系①，以及与随之而来的国际制造重心向中国转移是同步的。随着国际分工从行业间深化到行业内不同产品，再从行业内不同产品深化到同一产品不同工序，国际产业转移也相应地从产业的空间变迁到产品的空间变迁，再从产品的空间变迁到同一产品不同工序的空间变迁②。装备工业作为提供投资品及其中间产品的产业，国际产业转移对其的影响是两方面因素交织在一起：一方面是装备工业本身的产业转移，主要是基于行业内不同产品、同一产品不同工序的国际分工，对本土装备制造企业的国内市场、国外市场机会，以及产业创新产生直接作用；另一方面是其他制造业的产业转移，无论是基于产业间、行业内不同产品还是同一产品不同工序的国际分工，都会因为生产重心向中国的转移而拉动中国国内市场对装备产品的需求，从而间接增加本土装备制造企业的市场机会，并进而对本土装备工业的产业创新产生重要影响。

21 世纪以来中国装备工业的生产能力和技术水平快速提升的事实表明，迄今为止加入国际分工体系对中国装备工业扩大市场机会、促进产业创新，总体上是起到了十分积极的作用。在中国装备工业生产规模和技术水平较低的发展阶段，发达国家让出的低端制造环节提供了大量的市场机会，而跨国公司的技术溢出也带动了主要表现为流程创新和工艺创新的产业升级。因此，在加入国际分工体系的初期阶段，中国企业纳入 GVC 是典型的产业升级路径，促进了中国装备工业的发展。但是，随着加入国际分工体系的广度和深度的增加，以及中国装备工业进入了一个新的发展阶段，加入国际分工体系带来的产业发展风险也逐步显现。前几年引起舆论较大关注的跨国公司并购中国装备工业骨干企业的一系列事件，以及 2008 年全球金融危机对中国装备工业的冲击，分别从不同的角度突出

---

① 这里加入国际分工体系是一个相对狭义的概念，指加入发达国家跨国公司主导的全球产业链（GVC），并在 GVC 中居于从属地位。从这样的概念界定来看，中国装备工业迄今为止出现在一些个别领域的突破性技术进步（如高铁设备制造、水电设备制造等方面）并非直接获益于加入国际分工体系，充其量是通过加入国际分工体系积累了初步的能力，并在买方垄断的有利的市场结构中，以更强势的"市场换技术"而实现的。而这绝不是被动地加入国际分工体系、在 GVC 中居于从属地位的大多数中国企业能够做到的。同样道理，中国企业的对外直接投资和海外收购也是超越了加入 GVC 的国际化层次，而是进入了更高层次。

② 张少军、刘志彪：《全球价值链模式的产业转移——动力、响应与对中国产业升级和区域协调发展的启示》，《中国工业经济》，2009 年第 11 期。

反映了中国制造业加入国际分工体系后，装备市场国际参与者以及国际经济环境变动对中国装备工业的深刻影响。

（一）中国装备工业参与国际分工的程度

目前，对于产品内国际分工程度的测算，最常用的两种方法是基于《中国投入产出表》的 VS（Vertical Specialization）法和基于零部件贸易数据的零部件贸易法。两种方法测算的内容实际上是有很大差异的，同时也都有自己理论上的不足和数据来源的限制。下面将采用 Hummels 等的 VS 比率法，考察我国装备工业加入国际分工体系的状况。

关于垂直专业化比率（VSS，Share of Vertical Specialization）的定义，国内大多数研究都因袭了 Hummels 等的界定，即出口中所包含的进口中间投入品的比率；也有部分研究测算了国内销售所包含的进口中间投入品的比率。实际上，由于是某一部门总产出的一部分用于出口，所以该部门出口中所包含的进口中间投入品比率、该部门国内销售中所包含的进口中间投入品比率这两者与该部门总产出中所包含的进口中间投入品的比率是一致的。即部门的垂直专业化比率就是进口中间投入品占产出的比重。但是，在对垂直专业化的不同定义下，计算出的国民经济整体的垂直专业化比率是不同的。因为国民经济整体的垂直专业化比率是对各部门的垂直专业化比率求加权平均，权重指标的选择是不同的。例如，要测算的是出口中所包含的进口中间投入品的比率，则各部门权重为其出口占全部出口比重。由于本章研究对象为装备工业，国民经济总体的垂直专业化比率只是作为参照对比，而且，装备工业的主要市场在国内而不是出口市场，应该关注的是更为整体性的产出中的垂直专业化情况，而不是作为一小部分的出口。因此，与大多数研究不同，本章定义垂直专业化比率为进口中间投入品占产出的比重。

假设经济中有个部门（行业），我们用 M_j^I 表示 j 部门使用的来自国民经济各部门的中间投入中的进口部分，$M_j^I = \sum_{i=1}^{n} M_{ij}^I$，$M_{ij}^I$ 为 i 部门进口的用于 j 部门的中间投入。Y_j 表示 j 部门的总产出，Y 表示国民经济总产出，得到：

$$VSS = \frac{\sum_{j=1}^{n} M_j^I}{\sum_{j=1}^{n} Y_j} = \frac{1}{\sum_{j=1}^{n} Y_j} \sum_{j=1}^{n} \sum_{i=1}^{n} Y_j \frac{M_{ij}^I}{Y_j} = \frac{1}{Y} \sum_{j=1}^{n} \sum_{i=1}^{n} Y_j \frac{M_{ij}^I}{Y_j}$$

设 $a_{ij}^M = \frac{M_{ij}^I}{Y_j}$，其含义为生产 1 单位 j 部门产品，需要 i 部门进口 a_{ij}^M 单位中间投入品。则上式转化为：

$$VSS = \sum_{j=1}^{n} \sum_{i=1}^{n} a_{ij}^M$$

写成矩阵的形式就是：

$$VSS = \frac{1}{Y} \mu A^M Y^V = \frac{1}{Y}(1, \ 1 \cdots, \ 1) A^M \begin{bmatrix} Y_1 \\ Y_2 \\ \vdots \\ Y_n \end{bmatrix}$$

$A^M + A^D = A$。A 为《投入产出表》中的直接消耗系数矩阵，a_{ij} 为其中的元素；A^M 为进口直接消耗系数矩阵，a_{ij}^M 是矩阵 A^M 的元素；A^D 为国内直接消耗系数矩阵，a_{ij}^D 反映了生产 1 单位 i 部门产品所需要的 j 部门中间投入品中的国内生产部分。

$$a_{ij} = a_{ij}^M + a_{ij}^D, \ \ 即 \ \frac{a_{ij}^M}{a_{ij}} + \frac{a_{ij}^D}{a_{ij}} = 1$$

如果考虑国内产业循环，借鉴 Hummels 等运用完全消耗系数矩阵对公式的修正，则需要再乘上一个列昂惕夫逆矩阵的放大器，以反映进口中间产品作为初始投入在国内各部门循环使用的效果。得到下式：

$$VSS = \frac{1}{Y} \mu A^M (1 - A^D)^{-1} Y^V = \frac{1}{Y}(1, \ 1 \cdots, \ 1) A^M (1 - A^D)^{-1} \begin{bmatrix} Y_1 \\ Y_2 \\ \vdots \\ Y_n \end{bmatrix}$$

为了得到 a_{ij}^M（即 A^M），这里就要用到前面所述的 VS 指数法在使用中的基本假设。根据中间使用中的部门无差异假设，可以得到，各部门使用的部门中间投入品中，来源于进口和来源于国内生产的比例，与 i 部门产品中进口与国内生产[1] 的比例都是一样的。由此得到：

$$\frac{a_{ij}^M}{a_{ij}} = \frac{I_i}{Y_i + I_i - X_i}, \ \ 即 \ a_{ij}^M = a_{ij} \frac{I_i}{Y_i + I_i - X_i}$$

I_i 为 i 部门的进口额，Y_i 为 i 部门的产出，X_i 为 i 部门的出口。

$\dfrac{I_i}{Y_i + I_i - X_i}$ 构成了一个列向量，直接消耗系数矩阵 A 的每一列都乘以这个列向量，就得到了进口直接消耗系数矩阵 A^M。这样，由《投入产出表》中的直接消耗矩阵和各部门的进口、出口和总产出数据，我们就可以得到进口直接消耗系数矩阵 A^M，并进一步算出各部门的垂直专业化比率以及国民经济整体的垂直专业化比率。

---

[1] 产出扣除出口的余额。

数据采用 2002 年和 2007 年《中国投入产出表》中的 42 部门的数据，2007 年《中国投入产出表》与 2002 年相比只是对个别服务业部门进行了调整，对本章的研究基本没有影响。表 12-7 为计算结果。

表 12-7　2002 年和 2007 年中国装备工业的垂直专业化比率

	VSS1		VSS2	
	2002 年	2007 年	2002 年	2007 年
通用、专用设备制造业	0.0991	0.0922（8）	0.2038	0.2479（8）
交通运输设备制造业	0.0868	0.0877（10）	0.2037	0.2566（7）
电气、机械及器材制造业	0.1046	0.1047（6）	0.2164	0.2800（5）
通信设备、计算机及其他电子设备制造业	0.2262	0.2652（1）	0.3720	0.4473（1）
仪器仪表及文化办公用机械制造业	0.1882	0.2276（3）	0.3016	0.3825（2）
国民经济各部门平均	0.0654	0.0745	0.1441	0.1894

注：VSS1 未考虑进口中间产品作为初始投入在国内各部门循环使用的效果；VSS2 包括了循环使用的效果；括号内数字为在 42 部门中的排名。

资料来源：根据《中国投入产出表》（2002、2007）计算。

由表 12-7 可知，装备工业中，参与国际分工程度最高的是仪器仪表及文化办公用机械制造业和通信设备、计算机及其他电子设备制造业两个行业。这两个行业不仅 VSS1 和 VSS2 两个指标都远远高于各部门平均水平，而且在 2002~2007 年间，其垂直专业化比率也表现出更高的增长。而通用和专用设备制造业、交通运输设备制造业以及电气机械及器材制造业的垂直专业化比率也明显高于各行业平均水平。从 VSS2 指标来看，2007 年，通信设备、计算机及其他电子设备制造业，仪器仪表及文化办公用机械制造业在 42 部门中位居第一和第二位，电气、机械及器材制造业，交通运输设备制造业，通用、专用设备制造业分别为第五、第七和第八位，表明我国装备工业已经具有了很高的参与国际分工的程度。

（二）跨国公司并购中国装备工业骨干企业对产业发展的影响

20 世纪末以来，在中国装备工业重要零配件、整机及重大装备领域，出现了一系列跨国公司并购行业骨干企业的事件。在工程机械行业，美国卡特彼勒在收购山东山工机械有限公司后，一直力图展开更大范围的控股性收购。在刀具行业，全国最大的精密复杂刀具企业——哈尔滨第一工具有限公司与外资组建外资控股 70% 的合资企业。在电机行业，曾经是中国最大电机企业的大连电机厂和作为起重冶金电机领域排头兵企业的大连第二电机厂，分别与外商合资后被控制了经营权和购销渠道，仅三年就完成了"合资、做亏、独资"的三部曲；佳木斯联合收割机厂是全国唯一能生产大型联合收割机的企业，其产品占中国市场份额的95%，1997 年美国跨国公司约翰迪尔与佳联合资，到 2004 年改为独资公司；无锡威孚是国内柴油燃油喷射系统的最大厂商，2004 年，与德国博世成立的由博世占 2/3 股份的合资公司后，技术中心被撤销合并，从此威孚只能生产欧Ⅱ以下产品，欧Ⅲ以上全部由合资企业生产；等等。① 外资并购中国装备工业骨干企业逐渐引起各界的高度重视，2006 年 3 月"两会"期间，"外资购并威胁中国产业安全"的言论迅速成燎原之势，并催生了外资并购新规的出台。2006 年 8 月 9日，商务部、国资委等六部委联合发布了《关于外国投资者并购境内企业的规定》。2006 年 11 月，国家发改委又发布《利用外资"十一五"规划》。

　　跨国公司并购中国装备工业骨干企业，正是国际产业转移进一步深化在装备工业的体现。外资进入中国投资的动机，已经由最初的单纯利用廉价人工、土地等获得成本优势，向攫取中国市场份额、通过产业的国际布局取得整个价值链上最大限度的增值转变。从世界装备工业发展的情况来看，目前中国已经成为世界上最大的装备需求市场，尽管 21 世纪以来，世界装备市场开始复苏，但很大程度上都是直接或者间接由中国装备需求拉动的。这些进入中国的装备工业跨国公司，几乎都是产品线很长，同时涉及从研究到关键部件制造、产品集成、提供全面解决方案等各个价值环节的超大型企业。它们在中国的投资策略，不仅是并购各领域中的骨干企业，而且往往要求掌握控股权、销售权和品牌。因为装备工业的产品之间关联性强而替代性弱，中国装备工业的每一个领域中只有少数几家骨干企业，控制了骨干企业，一方面就是控制了市场中的产品供给能力，对该行业的下游企业拥有了市场势力；另一方面，对该行业的上游企业来讲，就是控制了上游企业的需求市场，对该行业的上游企业拥有了市场势力，如果跨国公司的其他子公司也涉足上游市场，还可以通过子公司之间的交易扩张其在上游的市场份额以及进行利润转移。因此，并购中国装备工业骨干企业并获得控制权对于装备工业的跨国公司而言，是其进入中国市场的理智选择。

　　但是，跨国公司并购中国装备工业骨干企业对中国装备工业的发展也会产生深刻的影响。这种深刻影响同样源于装备工业的产业经济技术特征，以及骨干企业在产品市场中的份额和其产业链中的位置。其一，夺取了同一产品市场内的其他本土企业的市场机会。竞争必然会有市场份额的变化，但跨国公司挟其在产业链上下游的市场势力，对本土其他企业而言将是一场实力悬殊的竞争。其二，由于垄断了产品市场而对下游产业形成强势。例如，无锡威孚与德国博世成立由博世控股的合资公司后，由博世控制了销售渠道，新公司将 P 型喷油泵产品的销售单价由 7000 元提高到 13000 元，由于无锡威孚是国内柴油燃油喷射系统的最大

---

① 根据《中国工业报》的系列相关报道整理。

厂商，因此对其下游产业带来了严重影响。其三，对产业创新的影响，包括对所在产业及相关产业的影响。中国装备工业每一个领域的重点骨干企业都是国家装备工业赖以生存发展的产业平台，一定程度上对与其相关的配套企业拥有产业链上"链主"的地位，因而具备不可替代的配套职能和技术进步职能。跨国公司一旦控制了这些行业骨干企业，相关产业多年以来形成的产业链中就会失去一个掌握核心技术的组织平台。因此，这种并购的影响绝不是仅仅局限在一个企业而是全局性的，其最大的威胁就在于对整个行业的自主开发能力形成了遏制。当中国装备企业的创新走过了流程创新和工艺创新的阶段，而冀望在更高层次的产品创新和价值链创新上有所作为时，作为 GVC 主导者的跨国公司和中国装备企业的利益就出现了分歧，继续驻留于他人主导的国际分工体系就会对产业进一步发展形成制约。

（三）2008 年国际金融危机对中国装备工业发展的影响

自 2008 年第三季度国际金融危机的冲击迅猛袭来之后，中国装备工业经历了 2009 年的危机影响全面显现的危机时期，以及 2010 年上半年开始的逐步走出危机阴影的后危机时期。金融危机之前，中国装备工业的国际竞争力保持了持续提升的状态。与德、日、美等其他装备出口大国相比，中国装备工业体现出口规模的竞争力指标、装备产品对本国出口贡献的指标上升最快，机械及运输设备（SITC7 类）2008 年国际市场占有率略低于德国，居世界第二；体现进口与出口相对规模的指标（贸易竞争力指数）也上升较快；与此同时，一些产品的质量竞争力指数（以出口相对价格衡量）也有所增长。但是，在国际金融危机的影响下，上述竞争力指标的动态演变出现了分化。装备出口额及其对本国出口贡献率指标在渡过了危机期冲击之后，在后危机期仍然体现出较强的竞争力；而贸易竞争力指数、质量竞争力指数则在危机期和后危机期持续下滑。这种分化的竞争力指标的动态变化，折射出国际金融危机对中国装备工业的深刻影响，主要表现在：

（1）装备出口额的下降一度十分猛烈，但到 2009 年底，月度出口额已经恢复到历史最高。2009 年 3 月开始，装备产品出口已经停止了下滑，12 月份（650.91 亿美元）超过危机前最高月份水平（2008 年 9 月，637 亿美元）。2010 年自 3 月份开始持续增长，12 月达到 762.63 亿美元（见图 12-4）。目前，从出口额来看，装备产品已经走出了国际金融危机的阴影。

（2）装备出口外贸贡献度提高。自 2004 年以来，中国机械及运输设备出口额占全部商品出口额的比重一直在 47% 左右（2007 年为 47.35%）。即使受国际金融危机影响，2008 年 10 月开始装备产品出口大幅下降，但装备出口占全部商品出口的比重并未下降，2008 全年为 47.13%。2009 年为 49.13%，2010 年达到

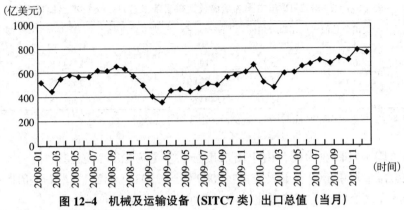

图12-4 机械及运输设备（SITC7类）出口总值（当月）

资料来源：根据中经数据 http://db.cei.gov.cn 计算。

49.45%，为历史最高水平（见图12-5）。表明与其他出口商品相比，国际金融危机对中国装备产品出口并没有形成更强的负面冲击，装备产品仍然是中国出口中最具竞争力的商品之一。

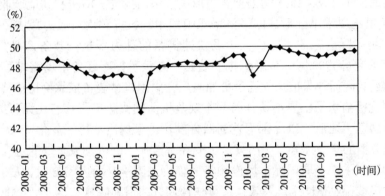

图12-5 机械及运输设备（SITC7类）出口占全部商品出口比重（累计）

资料来源：根据中经数据 http://db.cei.gov.cn 计算。

（3）贸易竞争力指数持续下降。国际金融危机对中国装备进口与出口的影响表现出一定的差异。自2002年以来，中国机械及运输设备的出口额增速都高于进口额增速；但2009年出现了逆转，当年出口总额下降12.3%，进口总额下降7.6%；2010年1~12月，进口额同比增速仍高于出口额同比增速。导致贸易竞争力指数在2009年下降后，2010年进一步下降到0.1735（见表12-8）。

（4）装备出口均价跌幅大于进口均价。从2010年各月度机械工业出口商品同比价格指数与进口商品同比价格指数的变动趋势来看，主要分行业在大部分月份的表现为，出口均价的涨幅低于进口均价，或者出口均价的跌幅大于进口均

表 12-8　2008~2010 年中国的机械及运输设备（SITC7 类）进出口情况

年份	出口总值（亿美元）	出口总值同比增速（%）	进口总值（亿美元）	进口总值同比增速（%）	顺差（亿美元）	贸易竞争力指数
2008	6733.25	16.7	4419.17	7.1	2314.08	0.2075
2009	5904.27	-12.3	4079.99	-7.6	1824.28	0.1827
2010	7803.30	32.20	5495.61	34.80	1365.96	0.1735

资料来源：根据中经数据 http：//db.cei.gov.cn 计算。

价。以机床工具行业为例，由于出口市场竞争更为激烈，数控机床（含加工中心）进出口平均单价出现重大变化：2009 年与 2008 年相比，进口单价上升，出口单价下降，价格贸易条件恶化。

可以说，2008 年国际金融危机对中国装备工业的影响是巨大的，充分反映出中国装备工业以及中国制造业已经深深融入国际产业分工之中，对国际市场需求形成了很强的依赖。此次国际金融危机对中国装备工业的影响，首先也是最直接的是对市场机会的冲击。中国装备工业的市场机会来源于两个市场的需求：一是装备产品直接出口，这部分仅在全部产出中占较小比重[①]；二是国内市场对装备产品的需求，从最终影响因素看，取决于国内投资、消费和其他产业制品的出口，21 世纪以来中国形成的经济增长模式中，投资和出口成为最主要的拉动因素。但是国际金融危机之后，市场快速扩张的动力不足。装备产品外需方面，2008 年下半年以来国际金融危机的蔓延，导致了国际装备市场需求萎缩、贸易摩擦加剧，因而外需市场的竞争更加激烈，中国机械装备依靠价格优势使出口额恢复到危机前水平已属不易，而要实现危机前的快速扩张状态几无可能。而且，国际金融危机之后，以美国为首的西方发达国家提出"再工业化"，力图保持在制造业方面的竞争优势，中国装备工业在一般加工制造领域之外的更高制造层次从发达国家手中夺取国际市场份额将面临更大困难。而内需方面，尽管 2009 年以来，机械行业整体生产及效益持续快速回升，但扣除汽车行业后，非汽车类机械行业的生产与利润增长也并不十分突出，一定程度上反映了应对措施之外机械工业的自主性恢复较其他行业存在一定的滞后期。因而在危机应对政策退出之后，机械装备的内需要回到危机前的高速增长也存在较大困难。

其次，就市场机会与产业创新的关系看，市场机会是产业创新的基础，21世纪以来，中国装备工业逐步形成了建立在外向型经济基础上、依靠外需逐步升级的发展模式。在出口需求和沿海外向型经济投资需求的拉动下，中国装备工业

---

①机械产品出口交货值占销售产值的比重，2008 年之前为 16% 左右，2009 年 1~6 月已经降为 10.58%。通信产品出口交货值占销售产值的比重会高一些，但总体看装备工业直接出口产品在全部产出中仅是一小部分。

的生产能力迅速扩张。原本按照这种模式发展下去，随着需求结构的升级，创新也会在市场调节下逐步缓慢地提高，从而保持装备工业的平稳较快增长和结构升级。但是突然而至的国际金融危机使中国装备工业的直接出口需求和因其他工业制成品出口引致的需求受到严重冲击，并进而影响到了既有的产业创新途径，从而对中国装备工业21世纪以来的发展模式提出了挑战。

五、中国装备工业的发展战略与政策选择

（一）中国装备工业的发展战略

中国装备工业未来的发展应该建立在产业创新的基础之上，基于产业链"价值共同创造"的思路，全方位培育产业创新能力。根据图12-2的装备工业发展的动力机制分析框架，创新驱动型的发展战略应包括以下三个方面：

（1）主导动力的转换方面，推动产业发展从被动的需求拉动型向创新驱动型转变。市场机会是产业发展的基础，无论从目前中国工业化所处的阶段对装备产品的需求还是国际产业转移带来的装备引致需求，中国装备工业在相当长的时期里都会拥有巨大的市场机会，这是中国装备工业区别于其他国家和地区的独一无二的优势。但是，如何能够既抓住市场机会，又能够在国际产业分工中占据主动地位，从而在获得市场的同时也获得应有收益，则是今后中国装备工业必须面对的问题。如果经济景气时期被动受需求拉动，则会形成大量低水平生产能力，随着需求结构的升级，将逐步丧失越来越多的市场机会；而一旦宏观景气下降，则会随着低水平需求的大幅下降，迅速陷入低谷，从而导致产业增长的大起大落。而以产业创新为主导动力的增长则是建立在产业内在能力提升的基础之上，通过全产业链的协同形成了更加柔性化的生产能力和结构调整能力，一方面使产出结构能够始终适应不断变动的需求结构，另一方面也增加了抗冲击能力，使产业发展更加平稳。

（2）在两个基本动力的关系中，使产业创新对获取市场机会发挥更大的作用。一方面，必须重视市场机会对产业创新的作用，产业创新能够提高或形成某一方面的供给能力，但当形成的供给能力因某些障碍无法获得市场认可时，产业创新将受到遏制。例如，某项重大技术突破填补了国内相关装备生产的空白，但是由于进口产品已经占据了国内市场或者国内装备需求方对新产品的不信任，该项技术创新因缺乏市场机会而导致产业化受阻。目前，这一方面的问题已经受到业界和政策层面的较多关注。另一方面，要使产业创新对获取市场机会发挥更大

的作用，把进口替代不断推向更高的产品层次。这一方面已经有所进展，但相对市场机会对产业创新的作用，这一方面工作还有更大的推进空间。其中最重要的内容就是，要以技术创新为中心，从全产业链价值共同创造的视角把产业创新拓展到包括组织创新、管理创新、商业模式创新等更广的范围，以制度建设和机制培育促进产业创新，形成持续创新、不断获取市场机会的内在能力。

（3）在与国际环境及装备市场国际参与者的关系中，从被动地加入跨国公司主导的国际产业分工到在国际分工中发挥更多的主动性。建设以本土企业为主体的装备工业产业链是实现这方面转变的重要手段。以本土企业为主体的装备工业产业链包括两方面的含义：一是产业链的主导者，即"链主"是本土企业；二是产业链的大多数环节由本土企业完成，但不排除部分环节由境外企业参与。通过这样的以本土企业为主体、或短或长、分布广泛的产业链，可以使中国装备制造企业在与国际环境及装备市场国际参与者的关系中拥有更多的主动权。一方面，从对市场机会的影响来看，可以降低对国际市场的依赖，通过产业链环节在境内的多重化，增加本土市场对装备及相关中间品的需求；另一方面，使境外企业为我所用，在本土企业"链主"具备了核心竞争力的前提下，把部分研发、部件生产环节放在境外，使装备市场的国际参与者在中国本土企业创新方面起到更多的积极作用。

（二）促进中国装备工业发展的政策选择

围绕全方位培育中国装备制造产业创新能力，相关政策应包括以下方面：

1. 对自主创新的激励和支持

通过引进技术和自主研制，缩短与国际先进水平的差距，在相当长的一段时间里仍将是中国装备工业技术进步的主要手段。因此，市场经济条件下，政府对装备工业的资金支持应当集中于消化吸收引进技术和自主创新。通过"看得见的手"和"看不见的手"两种手段，加大对机械工业自主创新的资金支持力度。一是加大公共财政对行业基础性、共性和战略性技术研究开发的资金投入；以为各类创新主体特别是中小企业的自主创新活动提供社会化公共服务为重点，支持建设面向全行业的创新服务体系。二是利用财政和政策性金融等手段，集中资源支持重大技术装备国家工程中心的建设和完善、支持国家认定企业技术中心的建设，加大重大技术装备技术攻关费用的支持力度。三是通过税收、金融等间接调控手段，鼓励企业进行自主创新的设施投入，包括加大对企业研究开发设施投入的税前抵扣，实施企业研究开发仪器设备加速折旧政策，对进口国内不能生产的研究开发设施，以及关键部件减免关税和进口环节增值税，等等。

2. 从需求方面支持创新产品的市场化，并形成相对稳定的政策体系

我国重大装备的使用方大多为国有垄断企业，财务约束不足，缺乏使用国产

装备的激励。以重大冶金装备引进为例，2000~2006年，我国引进冶金设备达71.06亿美元，相当于国内冶金装备总产值的28.5%，仅2006年引进冶金设备就达16.3亿美元。其中大部分是重复引进，包括连轧成套设备、连铸连轧成套设备、大口径无缝管设备、100吨以上超高功率电炉等设备。[①]目前，积极采购自主创新的重大装备产品氛围虽有所改善，但某些领域新产品推向市场的困难依然较大，也没有形成稳定的长效运行机制。因此，对于一些影响面较宽、对重大技术装备发展影响较大的问题，亟待形成制度化的政策体系，并尽快制定具体实施办法。一是加快落实《装备工业调整振兴规划》中的使用国产首台（套）装备风险补偿机制；二是运用国家立法和政府的适当干预，在一些重大工程设备的采购中体现国家意志，以强制推动需求方的大型垄断国有企业支持国产重大装备的发展；三是尽快落实国内产业保护政策，在外国投资者并购境内企业、装备产品及零部件进口等政策方面，充分考虑对国内相关产业的影响。

3. 推动产业创新平台建设

借鉴国际上的经验，构建竞争前技术的研发平台。一是发挥行业协会的组织协调功能，与政府一同实现对涉及各类企业、大学、研究机构共同参与的研发活动进行组织协调。这在制造业发达的国家也是常见的做法。二是以企业为会员，建立非营利性的科研开发联合体。这种科研开发联合体不是实体性的研究机构，而是将会员提出并最终确定的科研项目以合同方式承包给研究性大学或其他研究机构。会员企业的范围应当超出装备工业范围，不仅包括装备制造企业，还同时包括装备用户和上游的重要材料生产企业。这种供应商与用户的联合可以同时整合多方面的资源，使研发更加切合应用，成果转化迅速。

4. 促使形成合理的产业组织结构

衡量产业组织结构优劣与否的一个关键点，就是产业链上不同工序、不同价值环节、不同规模的企业之间的竞合关系，能否带来"1+1>2"的效果，形成产业链价值共同创造的机制。而合理的产业组织结构是产业内各类企业共同创新的基础，因而也是产业平稳较快增长和结构升级的基础。一方面，要支持装备制造骨干企业进行联合重组，形成大型企业集团。强化核心技术和系统集成能力的培育，鼓励其制造能力向产业链的核心环节集中；发展现代制造服务业，使服务收入占销售收入的比重不断提高；培养供应链管理能力，使骨干企业逐步承担起产业链"链主"的职能。另一方面，要鼓励中小型企业的专业化发展，在特定的领域内做专做深，对符合条件的企业可以从融资、信息和技术等方面给予扶持，为其创造良好的生存发展环境。

---

① 《市场火爆与能力差距之虞——对话高梁》，《中国工业报》，2008年1月14日。

第十三章 高技术产业发展问题研究

随着科技的发展，高技术向现实生产力的转化越来越快，已经成为各国经济发展和技术进步的重要支柱，深刻影响着各国的综合国力和人民生活。综观世界发达国家的经济发展历程和新兴工业国家经济腾飞的经验，高技术及其产业的发展都起着非常重要的作用。当前，高技术产业化更是世界经济竞争的关键与核心，是国家和地区经济发展与社会进步的新支点。对于处于体制转型、工业化中期后阶段以及走新型工业化道路的中国而言，作为当前高增长行业的高技术产业无疑是极其关键的产业，其发展也必将对我国由工业大国向工业强国转变起到巨大推动作用。甚至可以说，高技术产业的发展状况将直接影响产业结构优化、经济发展方式转变以及新型工业化推进。

对高技术产业的界定和划分，世界各国都不尽相同。在参考经合组织（OECD）对高技术产业（High-tech Industries）的界定基础上，国家统计局将我国高技术产业的统计范围界定为：航空航天器制造业（AS）、电子及通信设备制造业（ETE）、电子计算机及办公设备制造业（COE）、医药制造业（PS）和医疗设备及仪器仪表制造业（MEM）共五类行业[①]。

一、高技术产业发展在制造业结构升级中的作用

随着以微电子技术、信息技术、航空航天、生物工程、新材料和新能源为代表的高技术的快速发展，作为将高技术与经济结合的高技术产业也取得了飞速发展，并已成为制造业产业结构中的重要部门。高技术产业更是制造业产业结构逐渐向高技术化、高资本密集化、高加工度化和高附加值化发展的必然表现。其在制造业结构优化升级中的作用主要表现在以下两个方面：其一，因高技术产业具有比一般制造业更高的劳动生产率和投入产出比，使得高技术产业的高增长和高

---

① 参见 2002 年 7 月国家统计局印发的《高技术产业统计分类目录的通知》。

附加值（垄断利润）倾向将长期保持[1]，所以其发展本身就是制造业产业结构升级的重要体现；其二，高技术产业还通过渗透、改造以及提供设备等方式，带动其他制造业的优化、升级，由此成为制造业产业结构升级的重要驱动力。

（一）高技术产业发展促进制造业产业结构优化

在制造业各部门中，作为高新技术代表的高技术产业通过不断发展，促进了制造业产业结构的更新，进而实现了产业结构的优化升级。

首先，高技术产业发展代表了制造业结构演进的方向。高技术产业的技术代表了技术进步的方向和新一代的生产力，使得产业劳动生产率和投入产出比都大幅提高。其产品技术含量高，具有广阔的市场前景和较高的附加值。也就是说，高技术产业具有很高的成长性。同时，高技术产业通过将自身的技术进步和规模扩展效应在整个产业结构中扩散，有利于缓解现存产业结构中的结构性矛盾，提高整个产业体系的结构效益，从而推动制造业产业结构的合理化和高度化发展。可见，高技术产业代表了制造业未来的发展方向。

其次，以新知识、新科技为主要标志的高技术产业，凭借其强大的技术吸附性和高附加值，将对传统产业形成前所未有的冲击。随着冲击的不断深化，一部分传统产业将不可避免地走向分化或者被替代，尤其是那些与高技术产业关联度较大的传统产业。以电子信息产业为例，从初期的电脑硬件产业开始，迅速发展出与之相关的软件产业，进而形成了具有基础地位性质的现代电子信息产业。与此密切相关的传统产业有的快速萎缩、退隐，有的逐步分化。

最后，高技术产业发展有利于实现制造业产业的跨越发展，是结构优化升级的必要保证。赶超发展理论认为发展中国家在旧一代技术的投资相比发达国家要少，当它们自身具备适当的吸收技术能力和基础设施时，则有可能在进入障碍较少的新一代技术发展的早期，进入新兴产业，并实现产业的跨越发展。而在传统制造业方面，对于绝大多数发展中国家而言，并没有能够通过技术引进和技术模仿缩小与发达国家的差距[2]，即发展中国家要依靠传统制造业实现产业结构升级和赶超战略是极其困难的。而以知识创新及其成果的产业化为特点的高技术产业，通过在知识和技术上得到创新以及将新技术的创新成果运用到产业发展中，使得创新成果和市场化开发应用不断积累，当资本和技术的高度集中达到一定规模经济效益时，将对相关产业产生较强的辐射作用，由此带动整个制造业产业结构升级，实现跨越发展。因此，通过发展高技术与经济结合的产物——高技术产业，是发展中国家实现产业结构升级的必由之路。

---

① 金碚：《高技术在中国产业发展中的地位和作用》，《中国工业经济》，2003 年第 12 期。
② 邹薇、代谦：《技术模仿、人力资本积累与经济赶超》，《中国社会科学》，2003 年第 10 期。

（二）高技术产业发展促成了制造业新兴主导产业的形成

技术结构和各生产要素投入结构共同决定着产业结构，其中任何一种因素的变动都会引起产业结构的变动①，这也必然会对新兴主导产业的形成和发展造成影响。无论是产业经济学理论还是发达国家的经验都表明，国家或地区产业结构升级和经济增长往往是由一个或几个主导产业的高速发展带动起来的。其中，这些主导产业都具有较强的吸收新技术能力、较大的市场需求增长潜力以及相对高的产业关联度。而新经济增长理论更是将生产函数中的技术进步因素放到了十分重要的位置，认为资本积累对经济增长的影响只发生在经济向稳态转换的时期，而长期的、持续的经济增长主要取决于技术进步，凸显了技术进步的重要性。

随着经济的增长，主导产业是不断变化的。当前，高技术领域的创新引发的新一轮新兴产业进入了高速增长时期，高技术产业化正成为知识经济时代产业发展的趋势，其所形成的高技术产业正逐步取得带动经济增长的主导产业地位，创造新的产业群，形成强大的生产力。其中，高技术创新为新兴主导产业导入了新的生产函数，使其具有持续的、较高的产业增长率；知识创新为主导产业创造了新的发展空间、市场需求和社会需求，推动了其他产业的发展，进而对整个产业结构产生引导作用。

总之，基于高技术产业的技术创新快、高增长以及拉动能力强的特点，高技术产业已经成为了制造业中的新兴主导产业，在制造业中起到了引领作用。

（三）高技术产业发展促进了传统产业的升级

高技术产业的发展对传统制造产业的主要作用并不仅仅是替代，更重要的是对其进行渗透、改造，促使传统产业升级。由于传统产业自身的局限性，在技术含量普遍较低的状况下，其自我调节的能力有限，尤其是那些属于产业布局不合理、产业内部结构不平衡的传统产业。而高技术产业具有较强的关联性、带动性以及辐射力，能带动传统产业整体科技水平和效益水平的提高，并借助高科技的力量重新整合传统产业，延伸出新的经济增长点，实现传统产业的结构提升和升级换代。

高技术及其产业对传统产业的改造与切入途径主要包括以下两方面：一方面是从微观方面进行改造。以技术融合的方式为传统产业的技术创新、向高科技迈进提供强大的技术保证。即通过嫁接、渗透以及扩散等方式将高技术注入传统产业，实现传统产业从局部到整体，从一些关键性环节再到生产各个方面及各主要流程的改造，提高传统产业产品的科技含量，增加附加值，最终实现传统产业技

---

① 张明之、徐增文：《论高新技术产业化生成和运行机制》，《现代经济探讨》，2001 年第 9 期。

术水平的提升，实现产业的高度化和升级。如生物工程、基因工程、生命科学，以及其他起间接作用的综合高科技手段，开发传统的、一般的技术无法涉足的深层次资源，使传统产业的品种、质量、内在价值得到拓展和提高，而同时又能有效地减少对自然资源、自然环境的依赖和破坏。另一方面是从宏观方面进行改造。高技术产业通过把高技术产品作为消费品供应给全社会的消费者，从而改变整个社会的生产和生活方式，使得市场需求方式发生结构性变化，促使传统产业通过升级才能适应和满足市场需求。同时，它还将高技术产品作为生产要素供给传统产业，带动传统产业结构的升级换代。

总之，高技术产业的发展提高了传统产业效率，增加了传统产业产品附加值，满足社会的需求，加快了传统产业向现代产业蜕变的过程，使得传统产业不断现代化和高级化。以信息技术为例，它给很多传统产业带来了根本性、全方位的改造，如钢铁、汽车、机械、电子等传统产业。

二、中国高技术产业的发展现状

经过改革开放以来的快速发展，我国高技术产业保持着高速增长的态势，具备了一定规模，已成为了国民经济和工业发展的主导力量。

（一）我国高技术产业规模不断扩大

表 13-1　高技术产业主要经济指标

年份	工业总产值（亿元）	利税总额（亿元）	占制造业总产值的比重（%）
1995	4098	326	6.2
1996	4909	380	6.6
1997	5972	517	6.9
1998	7111	555	8.1
1999	8217	713	8.7
2000	10411	1033	9.3
2001	12263	1108	9.5
2002	15099	1166	9.9
2003	20556	1465	16.1
2004	27769	1784	15.8
2005	34367	2090	15.3
2006	41996	2611	15.3
2007	50461	3353	14.3

续表

年份	工业总产值（亿元）	利税总额（亿元）	占制造业总产值的比重（%）
2008	57087	4024	12.9
2009	60430	4660	12.6

资料来源：根据国家统计局等编：《中国高技术产业统计年鉴》（2000~2011）的数据计算。

　　根据统计数据可知，从 1995 年到 2009 年我国高技术产业总产值、利税总额分别增长了 14.75 倍、14.29 倍，达到 60430 亿元、4660 亿元（见表 13-1）。从业人员年平均数也由 1995 年的 448 万人增长到 2009 年的 958 万人，增加了一倍多。高技术产业总产值占制造业总产值的比重分别由 1995 年的 6.2% 上升到 2009 年的 12.6%（见图 13-1），进一步缩小了与发达国家之间的差距。

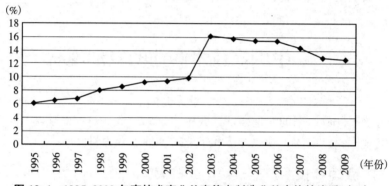

图 13-1　1995~2009 年高技术产业总产值占制造业总产值的比重（%）

　　由表 13-2 可知，同期除了德国和美国高技术产业增加值占制造业增加值比重有所上升外，法国、意大利、韩国、日本、英国等都保持较为平稳态势，或有不同程度下降。由比较可知，中国的高技术产业产值比例已经和以上发达国家基本持平。这表明中国高技术产业绝对规模和相对规模均保持了较快的增长速度，其上升趋势表现得非常明显。

表 13-2　部分国家高技术产业总产值占制造业总产值的比重（2003~2009 年）

单位：%

国别	2003 年	2004 年	2005 年	2006 年	2007 年	2008 年	2009 年
中国	16.1	15.8	15.8	15.3	14.3	12.9	12.6
美国	14.8	14.2	13.7	13.6	13.8	13.5	15.0
日本	15.9	15.8	14.8	14.4	14.4	13.7	—
德国	9.9	9.7	9.8	9.8	10.4	—	—
法国	15.8	15.2	15.3	15.4	15.1	—	—

续表

国别	2003 年	2004 年	2005 年	2006 年	2007 年	2008 年	2009 年
英国	15.0	14.3	14.3	14.3	14.1	—	—
意大利	7.6	7.4	7.1	7.3	7.3	—	—
韩国	20.7	20.7	19.5	19.2	—	—	—

资料来源：中国数据来自国家统计局，按全部企业数据推算；其他国家数据来自 OECD《结构分析数据库（2011）》。

（二）我国高新技术产业竞争力增强

1.我国高技术产业进出口规模不断扩大，贸易竞争指数稳步提高

20 世纪末以来，在绝对和相对规模不断扩大的同时，我国高技术产业进出口规模正以更快的速度增长。其进出口总额从 1992 年的 147.1 亿美元增长到 2010 年的 9050 亿美元，增长了 61.52 倍（见图 13-2）。尤其是在世界出口市场中的份额不断攀升，2006 年已经达到 15%，超过美国，处于世界第一的位置（见图 13-3）。

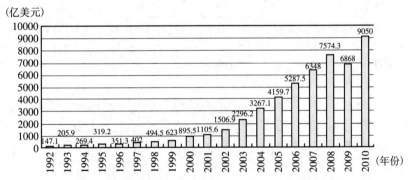

图 13-2　我国高技术产业进出口总额（1992~2010 年）

资料来源：国家统计局等编：《中国高技术产业统计年鉴》（2000~2010）。

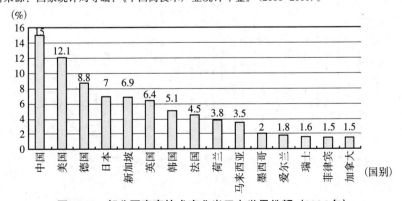

图 13-3　部分国家高技术产业出口占世界份额（2006 年）

资料来源：世界银行：《世界发展指标 2008》。

在高技术产业国际贸易中，我国高技术产业进出口差额由1999年的逆差128.9亿元变为2010年的顺差797亿美元。而从全球市场的贸易竞争指数（贸易特化系数）来看，1999年我国高技术产业贸易竞争指数为-0.21。在随后的四年中，贸易竞争指数提升到-0.04。2004年实现贸易顺差，贸易竞争指数提升到0.01，此后快速提高，到2010年达到了0.09（见图13-4）。

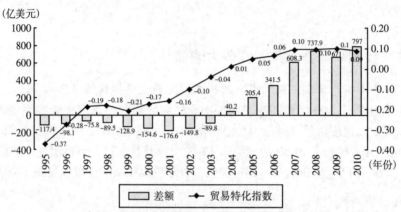

图13-4　我国高技术产品贸易差额及贸易特化指数（1995~2010年）

资料来源：《中国高技术产业统计年鉴》(2010)，中国统计出版社，2011年版；《中国高技术产业发展年鉴》(2011)，北京理工大学出版社，2011年版。

我国高技术产业在国家产业体系中的地位也在不断提升。2007年高技术产业出口占制造业出口的比重达到29.7%，较2000年上升了10.3个百分点，基本达到了美国、英国和韩国等高占比国家的水平（见图13-5）。

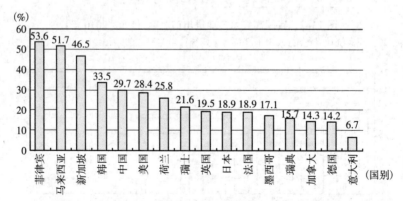

图13-5　部分国家高技术产业出口占制造业出口的比重（2007年）

资料来源：世界银行：《世界发展指标2008》。

2. 高技术产业全员劳动生产率显著提高

我国高技术产业的劳动生产率（人均增加值）由 2003 年的 43.1 万元/人增长到 2009 年 63.1 万元/人，一直呈现稳步的上升趋势（见图 13-6）。由此可知产业的生产效率在不断得到提升，取得了长足进步。但从国际比较的角度而言，我国高技术产业的生产效率与世界先进水平还存在明显的差距。根据统计数据，我国 2009 年的高技术产业全员劳动生产率为 9.2 万美元（按当年人民币对美元汇率均值计算），与 2009 年美国的 38.8 万美元和 2007 年法国的 54.4 万美元差距很大。即使对比 2008 年日本的 33.2 万美元，以及 2007 年意大利的 26.7 万美元（见表 13-3），其差距也是明显的。

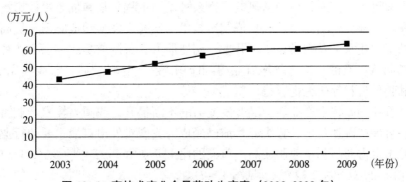

图 13-6　高技术产业全员劳动生产率（2003~2009 年）

资料来源：国家统计局等编：《中国高技术产业统计年鉴》（2003~2010）。

表 13-3　部分国家高技术产业的全员劳动生产率

单位：万美元

行业	中国 （2009 年）	美国 （2009 年）	日本 （2008 年）	德国 （2007 年）	法国 （2007 年）	意大利 （2007 年）
制造业	9.1	37.0	30.5	30.4	37.0	27.0
高技术产业	9.2	38.8	33.2	31.3	54.4	26.7
医药制造业	8.6	71.8	70.2	41.2	107.0	42.6
航空航天器制造业	6.1	39.7	20.0	37.2	99.4	28.1
电子及通信设备制造业	8.3	29.0	31.4	43.0	34.3	24.3
电子计算机及办公设备制造业	14.6	50.3	39.0	46.6	40.4	30.1
医疗设备及仪器仪表制造业	7.0	28.5	20.1	19.2	24.0	19.1

资料来源：中国数据来自国家统计局，按全部企业数据推算；其他国家数据来自 OECD《结构分析数据库 2011》。

3. 有望产业化的高技术成果增多，新产品开发成效显著

改革开放以来，通过实施 863 计划、科技攻关计划以及高技术企业的自我开

发和成果转化，我国已在不同的高技术领域取得一批高技术成果，不少已开始进入产业化阶段，有的已经过中试，工程化工作趋向成熟。其中，在信息技术领域，超级计算机研究实现了从单一计算机到整体超级计算机网络的跨越。在2009年我国自主研制的千万亿次超级计算机"天河一号"的诞生，使我国成为继美国之后世界上第二个能够研制千万亿次超级计算机系统的国家，表明我国的计算机技术已经进入世界前列。同时，在产业领域国产的机群服务器已经广泛应用于科研开发和自动化设计各领域。大型数字程控交换机的开发成功，已使国产程控交换机在国内市场占有绝对优势，并且进入国际市场。现代光纤通信系统大规模投入商用，奠定了中国信息高速公路的技术基础。中国自主开发的移动通信技术已经取得了重大进展；在生物技术领域，两系法杂交水稻、抗虫棉等农业生物技术取得重大成果；我国新研制了十余种基因工程药物和疫苗投放市场；在自动化领域，计算机辅助设计和集成制造技术的研究开发与示范应用，提高了企业经营的集约化水平及产品设计、开发、制造能力；研制成功的一系列特种机器人在汽车制造、石油化工等领域开始得到应用。在新材料领域，非线性光学晶体、纳米和超导材料等研究也取得了新成果。

随着我国高技术产业新产品开发能力的不断提升，我国高技术产业对外贸易水平一直保持着强劲增长势头，目前已经成为我国对外出口最重要的行业。高技术产品出口占商品和工业制成品出口额的比重分别由1992年的4.7%和5.9%上升到2010年的31.2%和32.9%（见图13-7）。

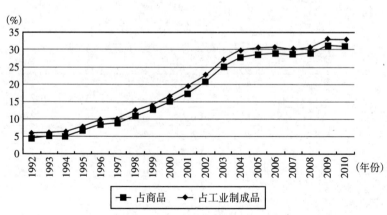

图 13-7　高技术产品出口占商品和工业制成品出口额的比重（1992~2010 年）

资料来源：国家统计局等编：《中国高技术产业统计年鉴》（1992~2010）。

（三）高科技产业成为发达地区的支柱和主导产业

在一些经济较发达的城市，高技术产业已成为当地的支柱产业和区域经济发展的带动力量。多数国家级高新技术产业开发区已经成为城市经济新的增长点，对整个经济增长的贡献日益增大。到2010年，全国53个国家级高新技术产业开发区列入统计的企业有51764家，产值从1997年的3200亿元增加到2010年的75750亿元；2010年，国家高新区内工业增加值达19272亿元，出口总额达到2476亿美元。目前，国家高新区实现的高技术产业产值已占全国的50%以上，已成为我国高技术产业的重要基地和培育高新技术企业、培养科技企业家和管理家的摇篮。

同时，我国高技术产业的区域集中化与区域经济的布局特征基本是一致的，即主要集中在东南沿海省市。东部地区作为我国经济发展最快的地区，其高技术产业的产值占全国的比重逐年上升。2010年东部地区增加值占比达89.7%，中、西部的占比分别仅为5.7%和4.6%。在长江三角洲地区、珠江三角洲地区和京津冀地区，高技术产业已经成为当地经济发展的支柱和主导产业。尤其是产业的集聚效应日益明显，这种聚集有利于技术创新能力的提升，进一步带动区域经济的发展。另外，东部沿海地区高技术产业的发展，正成为其区域经济结构优化升级的主导力量，这尤其体现在高技术产业在区域经济的比重大幅提高以及对传统制造业的更新改造方面。

（四）我国高技术产业发展存在的主要问题

经过几十年的努力，我国高技术产业取得了显著成绩，在发展速度、规模、质量和效益方面取得了较快的进展，尤其是近几年保持了快速、健康、协调发展，对拉动国民经济增长、优化产业结构的作用日益明显。但总体上，与国外发达国家的高技术产业相比还有很大差距，无论是技术水平、生产方式、产业结构、产业规模以及竞争力等方面仍处于初级阶段。我国高技术产业发展中一些深层次矛盾和问题依然突出，与此同时，我国高技术产业发展正处于经济全球化、发达国家新一轮产业结构调整以及国际金融危机影响的背景之下，面临科技创新能力薄弱和竞争力不强等严峻挑战。

具体而言，我国高技术产业发展存在的问题主要表现在以下六个方面：①产业规模不大，集中度、技术密集度较低，产业发展缺乏核心竞争力。②关键性、基础性技术相对落后，没有控制技术制高点，据统计，我国发明专利授权中3/4为外国人所有。在通信、半导体、生物医药和计算机行业，外国公司获得授权的专利数量占60%以上。③高技术产业在GDP中所占份额仍旧较小，产业增值率不高，未对国民经济起到应有的拉动力。④高技术企业规模小，缺乏具备较强竞争力的大型企业、龙头企业。相对于发达国家的高技术企业的发展规模而言，我国高技术企业经营规模普遍偏小，实力较弱，未能形成规模效应。⑤高技术产业发展模式存在诸多弊端，导致产业边缘化趋势加剧，整体利润率持续下滑。⑥国内企业份额低，对外依存度大。2009年非国有企业实现的总产值是39713亿元，占全国高技术产业的85.5%，可见我国高技术产业的发展，很大程度上依赖于三资企业和外国直接投资。

基于第一部分的理论分析和以上的中国实证分析，下面对高技术产业的影响因素进行总结归纳。

三、对外开放条件下高技术产业发展的技术来源分析

世界工业化发展的历史经验表明，新兴产业的形成都发生在相关科技和产业领域的技术创新之后。也正因为技术创新活动的成功，才直接促成了经济中以该项技术为核心的新兴产业的形成，即新兴产业是技术创新的产物。而随之而来的是，持续的技术创新和扩散过程使新兴产业的规模不断扩大，并逐步发展成为国民经济的主导产业，在经济结构中占据重要地位。

高技术产业的诞生和发展是高技术领域技术创新和扩散的直接结果和产物。尤其是，随着信息技术革命的到来，高技术领域的技术创新活动在科学技术发展中占据着越来越重要的地位，并在高技术产业的发展和扩张中发挥着主导作用。这主要表现在：一方面，高技术领域的技术创新主体通过研究开发活动，取得高技术创新成果，进行成功的商业化运作，形成了高技术成果新的应用范围和产业领域。另一方面，高技术创新成果通过不断的扩散被其他更多的生产者所采用，该扩散过程的展开，使得高技术及其产品的生产应用范围和市场规模不断扩大，从而最终推动高技术产业规模的快速增长。

技术进步的来源主要有两种途径，即原发性（自创性）技术进步和获得性（继发性或扩散性）技术进步。前者是本经济系统内的技术发明所推动的技术进步，后者是通过引入本系统之外的已有技术而实现的技术进步，是技术扩散的结果。[①] 由于工业技术的巨大落差和引进先进技术的巨大收益，一般而言，后起工业化国家在工业化过程中的技术进步，在相当长的时期内主要是通过模仿和引进先进国家的技术实现的。

综观我国高技术产业的发展实践，改革开放以来，其技术进步基本是建立在技术引进基础上的，而且技术来源一直保持着以引进吸收为主、自主创新为辅的态势和格局。其实这也是我国整个工业技术来源的基本模式，江小涓等（2002）

---

① 金碚：《中国工业化经济分析》，中国人民大学出版社，1994年版。

认为新中国工业技术体系基本上也是建立在技术引进的基础上的，改革开放以后大量的外商直接投资也对于中国工业技术水平的提高起到了突出作用。[①]

（一）技术引进、模仿与合作开发

20 世纪 70 年代末以来，以信息技术、生物技术、新材料等高技术为中心的新技术革命使得发达国家的高技术产业取得了飞速的发展。与此相对比，我国的高技术产业在改革开放后才刚刚起步，面对巨大的技术差距，吸收国外先进成熟的科学技术发展我国的高技术产业，无疑是一条缩短研究开发周期、追踪国外高技术产品开发和更新动向的捷径，更是必由之路。因此，改革开放以来在我国高技术产业的技术来源中，技术引进、模仿与创新成为了最重要的方式之一。

我国高技术产业的技术引进主要通过吸引外商直接投资来实现，即所谓的"以市场换技术"的方式。自改革开放以来，外资在我国高技术产业中的参与比重逐年提高。以 2010 年为例，全国实际利用外资额为 1088.21 亿美元，制造业实际利用外资额 495.91 亿美元，其中高技术产业实际利用外资额 137.09 亿美元，占我国实际利用外资总额的 12.60%，占制造业实际利用外资额的 27.64%。

从来源的机理而言，FDI 对于我国高技术产业的技术引进与模仿主要通过技术外溢效应来实现。其实质是 FDI 在东道国产生的一种外部经济效应，也就是说，虽然跨国公司主观上是不愿意进行技术扩散的，但是其拥有的先进技术会不可避免地流入到内资企业。即外商直接投资会通过一定的渠道和作用产生技术外溢效应，从而影响东道国本地企业的技术进步。Crespo 指出跨国公司具有一系列所有权优势，如先进技术、专利、商业秘密、品牌、管理方法、营销技能等，在东道国建立子公司后，其优势不能全部内部化，一部分会外溢到东道国当地企业。[②]从我国高技术产业的技术来源实际来看，可归纳为以下四种主要的技术外溢渠道。

第一，基于竞争效应的技术外溢。高技术产业中外资企业的进入加剧了国内市场的竞争程度，而外资企业为争夺有限的市场资源，继续保持自己的优势地位，会加快向其子公司转移先进技术的速度，客观上增加了发生技术扩散的来源。同时，外资企业甚至会增大技术研究和开发的力度，加快技术更新换代的速度，以求在竞争中获胜，保持企业原有的市场地位。

第二，基于示范与模仿效应的技术外溢。就一般情况而言，高技术产业外资企业的技术水平要高于内资企业，其采用的大多是国内处于空白水平的技术或在

① 江小涓等：《FDI 对中国工业增长和技术进步的贡献》，《中国工业经济》，2002 年第 7 期。

② Crespo, N., Fontoura, M.P. Determinant Factors of FDI Spillovers-what do We Really Know? World Development, 2007, 35 (3).

国内处于领先水平的技术。两者的技术差距，使得外资企业先进的生产技术会对本土企业产生示范效应。即外资企业是示范的一方，内资企业是模仿的一方。示范与模仿效应在外资企业与内资企业之间会产生良性互动效应，内资企业通过模仿进而消化吸收掌握了外资企业的技术，原有的技术普及之后，外资企业为了继续保持技术领先优势，则不断采用新的技术，从而引起新一轮的示范与模仿。

第三，基于技术人员流动与培训的技术外溢。作为高技术和知识载体的技术人员，其流动性较强，这一流动是技术外溢的重要渠道之一。在我国高技术产业中，相对于内资企业而言，外资企业拥有一套更完善、更高效的技术人员培训体系。基于该体系，外资企业不断培训被其雇用的国内技术人员，正是随着他们流到内资企业或自己创立新公司，其在外资企业学到的先进技术也随之流入到内资中，形成技术外溢。

第四，上下游产业间的前向、后向关联。除了以上三种产业内效应的技术外溢机制，我国高技术产业通过外资企业与本地企业在上下游产业间的前向关联和后向关联发生技术外溢。所谓基于前向关联的技术外溢，是国内高技术企业接受外资企业提供的生产所需半成品和投入品，按其相对较高的产品质量标准生产，从而带动产业技术升级。所谓基于后向关联的技术外溢，则是通过国内高技术企业供应外资企业所需产品，从而带动产业的技术发展。外资企业帮助国内配套企业提高技术水平的方式依次为：提出质量标准、提供技术帮助、投资参股并开发技术、共同出资开发技术。其中，提出质量标准是跨国公司最常采用的为国内配套企业提供帮助的主要方式。[①]

除了基于技术外溢的引进与吸收之外，近年来内资企业通过与外资企业在重大项目上合作开发技术、合资研发正成为我国高技术产业技术来源的重要方式之一。在科技、经济、市场日趋全球化的今天，合作开发更有利于发挥各方的优势，降低技术创新在融资、开发、生产、营销各个环节等的风险，提高创新成功率。尤其是对于高技术企业而言，短时期少量产品的独立开发并不能使企业在越来越激烈的国际化竞争中持续获利。20 世纪 90 年代以来，随着技术引进、模仿水平的提高，我国高技术企业开始在引进吸收的基础上，与外资企业开展合作研发。相比于独资企业采取技术封锁，避免技术泄露的情况，合资企业比独资企业更容易获取高技术。就我国高技术产业与外方合作的实际情况而言，大部分合作是为了获取对方的技术，外方参与合作的形式主要包括以技术（专利）、设备对项目进行投入和补偿贸易等。如在国家级火炬项目中，与外方合作方式进行的较为普遍，2010 年占 27%。

---

① 江小涓：《中国的外资经济增长、结构升级和竞争力的贡献》，《中国社会科学》，2002 年第 6 期。

（二）自主创新

随着我国高技术产业的发展以及高技术领域研究的推进，我国高技术产业的技术越来越趋向于依靠国内的科技力量和利用国内高技术研究的新成果。也就是说，自主创新在我国高技术产业的技术来源中的地位正逐步提高。其中火炬计划、"863"计划、攻关计划等研究性科技计划成果在高技术产业得到更快推广应用，使得原先高技术产业技术引进与模仿的状况大大改变。以2009年为例，高技术产业79%的项目采用了基于自主研发的技术。同时，国内企业独立进行技术研发的比重正逐年增加，从1996年的39%上升到2009年的64%。尤其是在信息技术、自动化技术、新材料等领域，部分企业已具有了一定的独立创新能力和技术水平，产品开发更新较快，市场竞争力较强。

首先，火炬计划、"863"计划、国家攻关计划等由各级政府、部门组织实施的科技计划是高技术产业化的重要技术源。火炬计划是我国政府推动高技术产业技术进步的基本途径之一，其宗旨是高技术的产业化、商品化、国际化。其中，国家级火炬项目作为火炬计划的重要组成部分，主要以支持企业的高技术产业化项目来推动相关重点领域的技术发展。以2009年为例，采用"863"、国家攻关、部门攻关、地方攻关、重大科技成果推广等科技计划的技术成果项目已占当年实施项目总数的75%，这些科技计划已成为高技术产业化发展的重要技术来源。

其次，高校、科研单位与企业的共同开发成为我国高技术产业技术来源的重要途径之一。高校和科研单位拥有雄厚的科研和开发力量，作为高技术产业技术的主要供给方，它们为产业部门提供了大量技术和成果。一方面，在使用技术的企业部门一方，由于不断产生的对更新更好技术的需求，除了依靠自身的开发力量，很多企业以委托开发或与高校和科研院所合作开发的方式，利用后者的技术资源和研究成果，以尽可能短的周期和少的投入，开发具有市场优势的换代产品、新产品或新工艺；另一方面，在从事研究开发的高校和科研部门一方，除了根据市场需要选题以提高其科研成果可直接商业化应用程度，也十分乐于与企业合作，按照企业的要求进行专项研发，帮助企业改进和完善技术，为企业"量身定做"新工艺或新产品，直接参与到企业的创新过程中。这种产学研的相互结合，有效地促进了高技术产业化进程。以2009年为例，在我国高科技产业中，由高校和科研单位为主开发的新产品、新工艺、新材料、新装置等就有700余种。这表明了企业寻求技术的主要方向以及高校、科研院所作为企业技术后盾的重要地位。

最后，国内企业自主开发的技术正逐渐成为技术来源的重要渠道之一。随着我国高技术产业规模的扩大，高技术企业的实力更趋雄厚，其技术开发能力得到提高。在20世纪90年代前期，近30%的国家级火炬项目采取了把国外技术直接应用于产品生产的方式。而进入 20 世纪 90 年代后期以来，我国高技术企业的研发能力提高，已从大量模仿国外技术向引进创新，进而向自主开发发展，以 2009 年为例，自主研发的技术已经占到 78.2% 的份额。

四、技术创新与高技术产业发展

随着人类社会开始从工业文明时代向信息文明时代转型，在以信息技术为代表的第三次科技革命浪潮推动下，大批综合性、边缘性和交叉学科的出现和发展带来了具有先进性、前沿性的新兴产业、新行业的兴起。这些新兴产业的兴起立即成为了该时期经济发展最活跃的因素，也成为了经济增长的关键性因素。在理论界，人们提出：在信息时代，信息化是经济发展的核心驱动力，对于发达国家而言，要保持经济持续的增长必须依靠信息化；对发展中国家而言，只有将信息化与工业化结合起来，才能加快工业化进程，实现对发达国家的赶超。在现实中，中国就提出了以信息化和工业化相结合为核心的新型工业化道路；美国在 20 世纪 90 年代就提出了建立信息高速公路，并将其提升到国家发展战略的高度。

从经济发展方式转变的视角，科学技术在各国经济发展过程中发挥着越来越重要的作用，技术进步逐渐成为推动经济增长的主要源泉。而建立在知识和技术的发展和应用基础之上的高技术产业已成为国民经济中最具生机和活力的产业，代表着经济发展方向，其发展水平对国家综合国力的提升具有重要的作用。因此，无论是发展中国家还是发达国家，都将推动本国的技术进步和高技术产业发展确定为一项主要发展战略。

应该说，持续的技术创新和扩散过程将使得新兴产业的规模不断扩大，逐步发展成为经济结构中占据重要地位的产业。同样，高技术产业的诞生和发展也是高技术领域技术创新和扩散的直接结果。当代科学技术发展的一个重要特征是大部分技术创新活动都处于高技术领域。当技术创新主体在高技术领域不断进行研究开发活动时，如果创新者取得了高技术创新成果，并在随后的创新成果商业化应用中获得成功，就将促进高技术创新主体进一步扩大高技术成果的应用领域和生产应用规模。同时，高技术创新成果还将通过不断的扩散被其他更多的生产者所采用，而随着采用这一高技术创新成果的生产者增加，高技术及其产品的生产应用和市场规模将逐步扩大，从而最终将在该项高技术基础上发展起一个新的高技术产业。因此，我们可以认为，高技术创新和创新扩散正是促进高技术产业生成和发展的推动力量。

由于受到科学技术、经济、自然环境以及政治、文化等诸多因素的影响，任何产业的发展过程都遵循着周期性的规律。这一规律可以利用弗农的产业生命周期理论来加以说明，即由于技术的突破及其商业化应用的实现将可能导致一种新产业生成。一般而言，产业在其生命周期中通常要经历初创期或称萌芽期、成长期、成熟期或称兴盛期以及最后的衰退期四个阶段，这就构成了一个产业的完整发展过程。其中，在产业生命周期萌芽期的产业往往在技术进步的推动下开始萌发，产业的研发投入较高，产品和技术本身尚不成熟，仍处于不断完善之中；在产业生命周期成长期，由于技术逐渐扩散以及利润水平提高，将有大批企业进入该行业，促使产业规模迅速膨胀。

就高技术产业而言，其发展的基本规律也是如此。但考虑到高技术产业是属于技术创新的产业，是建立在高技术商业化应用基础之上的若干产业的集合，其形成源于高技术的创新及其扩散，其发展依赖于技术、人才和资金等多方面资源的逐步积累，因此高技术产业的发展要经过一个较长的初创期，可再分为种子期与创建期，然后依次经历成长期、成熟期以及衰退期 5 个发展阶段（见图 13-8）。在每个阶段，技术创新和高技术产业发展是互相影响和支持的，技术创新为高技术的产业化及其发展提供了技术支持和根本动力，反过来，只有实现高技术产业化并实现顺利发展才能够进一步地形成推动技术创新的经济和市场动力。

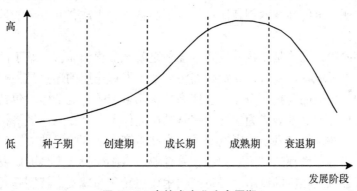

图 13-8　高技术产业生命周期

资料来源：作者整理。

（一）高技术创新促成高技术产业形成与升级

在高技术产业的初创阶段，首先，就高技术本身而言，其发展过程是伴随人类社会发展过程的一个根本性的技术变迁过程，因此存在着很大的不确定性。高技术处于技术发展的前沿，是对原有技术范式的根本性突破，而非在原有技术道路上简单的积累，它开辟了与原来的技术道路具有本质区别的新的技术路径，并且更新速度更快，由此导致高技术的研究开发以及推广应用过程存在着很大的不确定性。其次，就高技术产业的形成而言，高技术产业是复杂的、高层次的技术创新活动的成果和产物，其产生及发展过程必将面临较大的技术风险。再次，高技术产业发展所需的生产要素，在量的方面、质的方面以及结构组合方面，与原有的产业相比都存在着根本性的差异，因此存在相应的生产经营风险。最后，作为一种基于高技术领域的创新成果发展起来的全新产业，高技术产业的市场前景及其未来发展趋势均存在着较大的不确定性，也就是说其形成和发展存在巨大的市场风险。

综上所述，从技术创新的角度而言，高技术产业在其早期发展过程中将面临较大的技术风险、生产经营风险以及市场风险，因此，高技术企业被认为是高风险企业。由此，决定了高技术产业在其发展成为独立的产业体系之前通常要经历一个长期而复杂的初创阶段。

在高技术产业的初创阶段，推动高技术产业形成和发展的通常是若干从事高技术创新活动的机构，主要包括独立的小规模风险企业或新创企业、具有较强技术实力并积极参与高技术研究开发的大企业、高等学校或科学研究机构等。以上这些高技术企业或研究机构往往会基于所萌发的关于某一高技术领域的设想而开展研究开发活动，以寻求技术上的突破进而争取实现高技术的商业化应用，并为了促进高技术商业应用规模的扩大而对不同的技术和商业方案进行探索，正是由于这些机构所从事的高技术创新活动导致了高技术的生成，并有可能最终催生高技术产业。

在初创阶段，无论是就技术成熟程度还是就经济规模而言，基于高技术的经济体系尚未发展成熟。此时，在社会经济生活中发挥作用的还只是一些规模较小的、单个的、分散的高技术企业，这些高技术领域中的企业群体（包括高技术研究开发机构）还没有发展成为独立、完整的产业体系，其在总体经济结构中所占的份额很小，对于经济发展的影响有限。高技术产业孕育阶段的关键环节是要实现高技术创新，从而在这一阶段的高技术企业通常必须投入大量的研发资源（包括人员、资金以及相应的设施）以将高技术设想转化为现实，特别是要通过设计试制以使高技术达到商业应用水平。相应地，具有较强的创新意识和较高的专业技术水平的研究开发人员以及充足的能够承担高技术创新活动中所可能面临的高风险的资金就成了影响高技术企业发展的重要因素，而高技术创新的实现以及高技术企业的成败又将影响高技术产业的发展进程。高技术产业的技术先进、难以被模仿替代，高技术产品的技术含量和附加值都要高于传统产业部门的产品，具有市场竞争优势，而且，高技术的特征之一是高投入、高风险、高回报，因此取得市场成功的高技术的投入产出比将远高于传统技术，高技术企业的盈利能力往往胜于传统产业部门的企业。

由以上论述可知，高技术产业的形成基础和关键在于技术创新及其产业化应用，也就是说，没有技术创新及其产业化就不可能有高科技产业的形成。

（二）高技术创新扩散推动高技术产业发展与扩张

随着高技术的研究开发及其商业化应用取得突破，并经过一段较长的初创阶段的发展，高技术企业的经营规模逐步扩大，并且产业内部企业群体的规模也逐渐扩大，当高技术产业的规模达到一定的水平后，就进入成长阶段。这一阶段，高技术产业的规模将进一步膨胀并呈现加速发展的趋势，从而得以基本形成独立的产业体系。此时，虽然高技术产业在整个产业结构中所占的份额仍然相对较小，但其对经济发展的影响和带动作用却日益增强。

在成长阶段，由于高技术已经投入商业化应用并且逐渐引入了规模化生产方法，加之高技术及其产品的市场前景也随着技术的日渐成熟而趋于明朗，因此，那些较早进入高技术领域并在高技术的研究开发中取得成功的企业就可能获得较丰厚的商业利润。正是在这种商业利润前景的诱导下，进入到高技术领域的企业不断增多，越来越多的资源投入到高技术的研究开发和生产应用过程中，从而推动高技术产业以更快的速度发展。相对于孕育期而言，此时，以合理有效方式实现高技术创新成果的扩散对于加速产业的扩张，形成以高技术为核心的完整的高技术经济体系具有更加重要的意义。

处于成长阶段的高技术产业，其主导技术已经基本形成，这一阶段的技术创新主要表现在对已发展起来的技术进行进一步的改进和提高，以改善其性能，因而，产业技术变化相对较小。这时，增进高技术商业化应用的效率，扩大其规模就成为高技术企业的一项重要发展任务，因此，为满足进行大规模生产和产业扩张的需要，成长阶段的高技术产业对于资金的需求量将远远高于孕育阶段。同时，由于产业内部企业群的扩大以及技术扩散的加快，将加剧高技术企业之间的竞争，使企业可能面临更多的经营风险。在这一阶段，除了从事研发的科技人员外，经营管理人员对于企业的发展也十分重要。

在经过成长阶段的高速发展之后，高技术将更加成熟、稳定，随着高技术向更广泛的地区和企业扩散，高技术将得到更普遍的运用，并且，高技术产业的规模也将进一步壮大，发展成为国民经济的主导和支撑产业。

（三）我国技术创新与高技术产业发展分析

如前所述，高技术产业就其发展过程而言，必然经历初创阶段和成长阶段。但是，由于受经济、科技以及社会文化和政治等诸多因素的影响，基于技术创新成果来源的不同，高技术产业发展可能遵循不同的方式和途径，由此形成了高技术产业不同的发展模式：自主发展模式和引进发展模式。自主发展模式是指主要通过自主的研究开发活动获得高技术创新成果，并进而以该项高技术为核心，主要依赖自身的要素逐步发展形成独立的高技术产业。[①] 这是某些发达国家和地区发展高技术产业的主要模式。以这种模式发展高技术产业，通常要求在相关技术或产业领域内具有雄厚的技术积累和较强的研究开发能力，产业的发展一般始于基础研究，要相继经过应用研究、开发研究以及大规模生产和创新扩散等环节才能达到一定的产业规模，因而产业发展的周期较长，所要投入的资金、人力资本等资源较多。引进发展模式是通过向高技术创新者引进技术或包含高技术的生产设备而获得产业发展所必需的技术能力，是建立在引进技术消化吸收的基础上形成自己的高技术产业体系。该模式为许多实施赶超发展战略的发展中国家或地区采用。其特点在于，由于是从外部引进技术创新成果，而省去了自主研究开发的过程，规避了高技术产业萌芽阶段的巨大投入与较长的开发周期，对产业的技术基础和技术开发能力的要求相对也比较低。

一直以来，我国高技术产业的技术创新采取的是引进发展模式，但随着高技术产业的发展，现在正向自主发展模式不断转变。为能充分反映我国高技术产业技术创新的发展历程和现状，现选择高技术产业中与技术创新密切相关的科技指标来进行分析，主要有研发人员、研发经费支出、新产品开发经费支出、新产品销售收入、专利申请数以及研发强度。

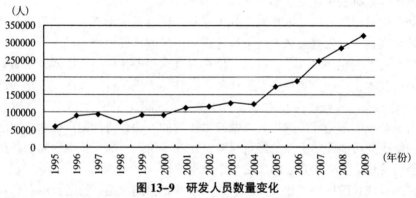

图13-9 研发人员数量变化

资料来源：国家统计局等编：《中国高技术产业统计年鉴》（1997~2011）。

由图13-9可以看到，近20年来我国高技术产业研发活动人员的数量呈逐年增长趋势。研发人员由1995年的5.78万人发展到2009年的32万人。这表明，我国高技术产业越来越重视研发人员的投入和培养，现在已经具有了可观的技术人员数量储备。目前的关键是培养出更多具备技术创新能力的人才，而不只是总量的增加。

---

① 蔡莉将高技术产业由孕育阶段向成长阶段转变所对应的产业规模称为临界规模，参见蔡莉等：《高技术产业的规模发展变化规律初探》，《技术经济》，1998年第5期。

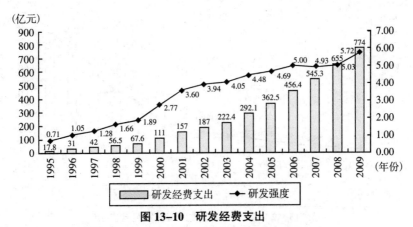

图13-10 研发经费支出

资料来源：国家统计局等编：《中国高技术产业统计年鉴》(1997~2011)。

　　图13-10是我国高技术产业研发经费支出及其强度的情况，从整体而言，两者都保持着较快的增长，尤其是高技术产业研发经费支出呈现持续、稳定、快速的增加，由1995年的17.8亿元增加到2009年的774亿元，年均增长28.6%。我国高技术产业研发强度也在不断加强，由1995年的0.71增加到2009年的5.72。由此可见，我国高技术产业的技术创新正逐步受到重视，并得到了加强。

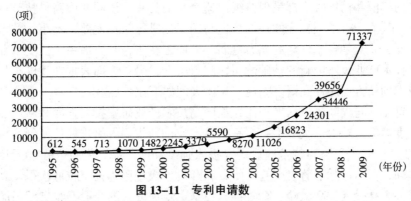

图13-11 专利申请数

资料来源：国家统计局等编：《中国高技术产业统计年鉴》(1997~2011)。

　　图13-11是我国高技术产业专利申请情况，它在很大程度上能体现我国技术创新的成果。由图中数据的变化可知，我国高技术产业专利申请数上升很快，由1995年的612项增长到2009年的71337项，在14年间增长了116.56倍，表明研发的投入成效是比较显著的。

　　图13-12给出了高技术产业中新产品开发经费、新产品销售收入的历年走势以及比较。图中显示出我国高技术产业的新产品开发经费投入和销售收入分别由1995年的32.3亿元和538.4亿元增加到2009年的925亿元和12595亿元，表明

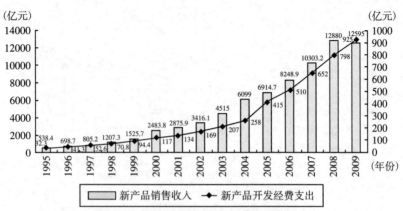

图 13-12 新产品销售收入与开发经费支出

资料来源：国家统计局等编：《中国高技术产业统计年鉴》（1997~2011）。

我国高技术产业不仅对新产品的开发投入一直保持着快速增长，而且其市场结果也不错。这充分说明我国高技术产业的技术创新能力增长较快，技术创新的市场实现也保持了相应的增长态势。但就新产品开发经费投入远远低于新产品销售收入而言，说明在新产品研发投入的强度上还有待提高。

综上所述，我国高新技术产业的研发人员数、研发投入、专利申请数以及新产品的产值和销售收入都呈现持续快速增长的势头，说明我国高科技产业的技术创新及其能力有了大幅度的提高。但与国际先进国家相比差距不小，技术创新能力较弱，尤其是自主创新的能力更弱。其原因在于，一方面由于历史情况，即我国高技术产业技术创新的基础薄弱，起点很低；另一方面表现在我国高技术产业在技术创新方面还存在诸多不足，具体表现如下：

首先，与国际先进水平相比，我国高技术产业研发投入强度和新产品开发投入强度偏低，技术密集度不高，高技术产业创新主要以引进模仿型创新模式为主（见表 13-4）。我国高技术产业研发投入强度和新产品开发投入强度近年来虽有所提高，但与国际上著名企业的研究和开发投入相比仍处于较低水平。高技术产业是一个高投入、高风险、高收益、技术更新速度快的产业，没有较高的科技投入，无法创造和拥有高技术水平的科研成果，更无法实现高技术产业快速的技术更新与升级，从而使我国高技术产业始终处在高技术产业国际分工的中下游水平，国际竞争力较弱，在一定程度上制约了高技术产业的发展。

表 13-4 部分国家制造业和高技术产业的研发强度

行业	中国	美国 （2007 年）	日本 （2006 年）	德国 （2007 年）	法国 （2006 年）	英国 （2006 年）	意大利 （2007 年）	韩国 （2006 年）
制造业	3.5	3.4	3.7	2.3	2.5	2.4	0.7	1.9

续表

年份	中国	美国 (2007年)	日本 (2006年)	德国 (2007年)	法国 (2006年)	英国 (2006年)	意大利 (2007年)	韩国 (2006年)
高技术产业	5.72	16.9	10.7	6.9	7.7	11.1	3.8	5.9
医药制造业	4.7	26.6	15.0	8.3	8.7	24.9	1.8	2.5
航空航天器制造业	15.4	9.9	4.2	8.6	5.2	10.7	13.4	9.0
电子及通信设备制造业	6.8	15.7	5.4	6.3	12.2	7.6	4.5	6.7
电子计算机及办公设备制造业	3.9	10.7	28.7	4.5	7.9	0.4	1.2	3.9
医疗设备及仪器仪表制造业	6.3	18.3	14.4	6.3	7.1	3.6	2.6	2.2

资料来源：中国数据来自国家统计局，按全部企业数据推算；其他国家数据来自 OECD《结构分析数据库 2011》。

行业的研发强度指标反映了这个国家在该行业自主研究开发能力的高低。一般来说，高技术产业属于研发强度高的行业。然而由于经济发展水平和技术发展阶段的不同，在行业内部会出现全球性垂直分工。发达国家一般处于垂直分工的上游，对关键技术和部件投巨资进行研究开发，该行业的直接研发强度较高。作为发展中国家的我国，由于研究开发投入经费不足，高技术企业主要是从事组装加工，关键技术主要从国外引进。我国高技术创新主要凭借技术引进和机器设备的购置实现，原质性的、独创型的创新不占主导地位[1]。因此，我国高技术产业表现出技术密集度较低的特征，也制约了高技术所产生的经济效益和对经济发展的促进作用。

其次，科技成果转化率低。企业研发以及新产品研究开发这一阶段主要属于探索研究阶段，由于科研本身的不确定性以及技术应用前景和市场范围的不确定性，其能否创造商业利润还无法预测。研发成果转化阶段是高技术产业化的关键环节，技术创新的成果必须经过成果转化阶段，即经过中试后投入生产、进入市场，才能为企业实现经济效益。由于我国高技术产业还处在发展初期，高技术产业化还存在不少问题，高技术科研成果转化的比率低，目前我国高技术成果产业化率仅为 3%[2]，转化的速度慢。这从我国高科技产业增加值率的国际比较中也可得到反映，2008 年我国的增加值率是 23，仅仅为 2006 年英美等发达国家的 60% 左右（见图 13-13）。这就造成我国高技术产业中某些行业的研发以及新产品开

① 国家发展改革委高技术司：《2005 年我国高技术产业发展报告》，《中国经贸导刊》，2006 年第 8 期。
② 中国科技发展战略研究小组：《中国科技发展研究报告（2005~2006）》，科学出版社，2006 年版。

发投入对整体生产效率的影响不是太显著。

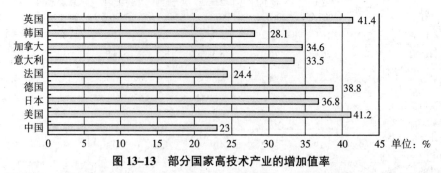

图13-13　部分国家高技术产业的增加值率

资料来源：中国数据来自国家统计局，按全部企业数据推算；其他国家数据来自OECD《结构分析数据库2009》。

最后，我国高技术产业人力资本方面存在不少问题：一方面我国高技术产业人力结构不合理。一是专业结构不合理。根据最新的一项统计显示，教育、卫生、经济、会计四类专业技术人才占全国专业技术人才总数的70%[①]，而新技术、新能源、生物技术、现代医学等工程类专业技术人才远远不能满足需要，特别是高技术和复合型的创新人才整体短缺。二是层次结构不合理。专业技术人员中，高级、中级、初级结构比率不合理。我国目前具有大学本科及以上学历的仅占专业技术人员总数的17.5%，高级人才比例仅占专业技术人员总数的5.5%，高、中、初级人才结构比例为1∶5∶12，而国内外专家普遍认为这一比例为1∶3∶6才是较合理的。三是行业分布不合理。目前，我国的人才相对集中在政府机关和事业单位，企业人才占有率较低。据统计，全国85%的人才集中在国有单位，其中的60%又集中在国有事业单位，企业特别是非国有企业的技术力量薄弱。研发与生产实践的分离阻碍了技术创新成果的转化。根据国家科委对2003万名专业技术人才的抽样调查，我国有300多万名科技人才处于无事可做的闲置状态。四是人才地区分布不合理。专业技术人员主要集中于东部沿海省市，西部十省区仅占全国总数的4%。五是人才流失严重。改革开放以来，中国近30万出国留学人员至今只有10万人学成回国，有2/3以上的高层次拔尖人才流失国外[②]。另一方面，缺乏培养、鼓励高技术人才成长的配套政策和激励机制。由于长时间以来我国对知识的独占性和商品性缺乏认识，对科技劳动的价值估计偏低，技术成果的股权化、智力产权等问题一直没能从实践层面上很好地解决，科技工作者对成果转化的积极性不高。正是由于我国人才机制存在以上的弊病，使得我国科研开发人员在高技术产业技术创新活动中没有发挥其应有的作用。

---

① 孙彩虹：《我国高技术产业发展的若干问题分析》，《生产力研究》，2005年第6期。
② 金晓彤：《人力资本的测度与企业人才流失的调控》，《数量经济技术经济研究》，2002年第1期。

五、制度创新与高技术产业发展

新制度经济学认为，在制度演化和变迁过程中的路径依赖是客观规律。而路径依赖的运行是由一定的动力推动的，即收益递增机制和不完全市场。当收益递增不能普遍发生时，制度变迁就朝着非绩效方向发展，而且越陷越深，最终"锁定"在某种无效率状态。①而我国正处于一个伟大的改革时代。改革，或者说从计划经济向市场经济转轨是一个重大的制度变化过程。这个过程具有路径依赖特性是不言而喻的。②为避免锁定在非绩效的既往路径，高新技术产业应该根据其所处的行业规律和经济发展阶段，选择某一合适的制度演进路径，利用学习效应、协调效应等产生收益递增机制，通过市场选择更有效率的制度替代以前的制度，使其沿优化路径前进，实现收益递增，推动产业发展。

高技术产业的发展并不是土地、劳动力、资本、技术以及人力资本等生产要素的简单叠加，这些要素只有在一定的制度环境之下才能发挥功能。而且对于高技术产业而言，人力资本又是诸要素中最具决定性作用的。同时，技术进步又依赖于知识存量的积累、基础知识的累进以及人力资本的培养等，其周期长、投资大、风险高，一般的市场主体是难以承受这样巨大的创新成本的。因此，保证高技术产业健康发展的关键是充分发挥人力资本的潜能。而要激发出拥有人力资本的专业技术人员的积极性和创造性，就必须设计出一种适当的制度安排，为人力资本所有者提供足够的激励。即必须保证高技术产业的制度安排给技术创新主体带来预期收益，从而可以尽量减少技术创新的外部性。就我国而言，在新型工业化大背景下的高新技术产业发展过程中，一定要高度重视制度创新的作用，只有以制度创新为突破口，加快制度创新步伐，才能更好更快地发展我国高技术产业。③具体而言，它包括一系列制度安排的创新，如产权制度、治理结构、投融资制度以及非正式制度等。

（一）我国高技术产业发展的制度创新历程

我国高技术产业发展的制度变迁与创新历程，可以划分为两个阶段：

新中国成立至 20 世纪 80 年代初是第一阶段，该时期我国经济基础薄弱，资

---

① ［美］道格拉斯·C.诺思等：《制度、制度变迁与经济绩效》，上海三联书店，1994 年版。
② 吴敬琏：《当代中国经济改革》，上海远东出版社，1999 年版。
③ 潘石、王艺瑾：《我国高新技术产业发展的制度条件分析》，《工业技术经济》，2008 年第 12 期。

源稀缺，科技水平非常低下，我国实行计划经济体制，国际上先是西方国家，继而是东方（苏联、东欧）对我国进行经济和技术上的封锁。在这种国际国内环境下，我国充分发挥计划经济能够集中力量办大事的优势，集中人力、物力、财力，鼓励大中型企业重点突破，通过国家的重点扶持，依靠本国的科技力量艰苦奋斗，自行研究开发高新技术，并且在西方国家和苏联等东欧国家华人学者的帮助下，在航天、核能等领域取得了骄人的成果。然而在 20 世纪 60~70 年代世界各发达国家高新技术产业迅猛发展的黄金时期，我国却陷于封闭，处于"十年动乱"的灾难之中，失去了一次大力发展高新技术产业的历史性机遇。到 20 世纪 80 年代初，当我们觉醒时，我们与发达国家及某些发展中国家之间的技术差距更大了。一些我们需要起步发展的高新技术在国外已经进入成长或成熟期，这时的进入成本很高，小企业难以获得达到规模经济的资源要素，只有大中型企业才有优势进入高新技术产业领域。另外，我国当时刚实现对外开放，经济体制仍然以计划为主，各方面政策却对大企业倾斜。这一切都造成了我国高新技术产业发展的大中企业模式。

第二阶段是从 20 世纪 80 年代初以来，我国高新技术产业的发展进入另一种模式，多元化的高新技术产业发展格局形成。虽然国有大中型企业依然占有主体地位，但跨国公司已进入中国，乡镇企业异军突起，高新技术小企业快速发展成为其显著的特点，全国涌现出一大批科技开发型的高新技术企业。这一方面得益于我国实行改革开放政策以后，国际环境得到改善，经济实力得到加强；另一方面更主要的是由于我国社会主义市场经济体制的确立，从人们意识形态、资源要素分配机制、激励机制等都趋向于创新，使小企业有机会参与高新技术产业的发展，加上政府的政策支持，科技开发型的高技术小企业如雨后春笋般涌现出来。

（二）企业制度与高新技术产业发展

高技术企业的特征决定了完善的公司治理结构和有效的激励制度对它的发展尤为重要，而这两者都建立在科学明晰的产权制度基础之上，因而可以说高新技术企业的制度安排问题的核心就是企业的产权问题。

科斯定理指出了产权明晰对于经济发展的重要性，并进一步认为以有效率的产权制度为核心的制度体系可以帮助创新主体降低市场风险，抑制机会主义行为倾向，从而降低交易成本，推动技术进步。同时，新制度经济学对于治理结构契约对人的激励作用十分重视。而高技术企业的商业基础已被定位于知识产业，其雇用的主要是知识型员工，激励问题更为凸显。在高技术企业中，创新者和经营者所拥有的人力资本是一种"主动资产"，只可激励，不可压榨，企业要提高其积极性，只能依赖于一种自我约束机制。自我约束的动力来自风险与收益的对称，即承担较大风险的人拥有较大的控制权，并相应地拥有较大的剩余份额。而高技术企业中，人力资本不仅日益成为高新技术企业收益的主要创造者，而且进一步成为高新技术企业生产和经营风险的主要承担者。人力资本的地位高于物质资本的地位，人力资本所有者承担的风险和责任也远大于物质资本所有者。此外，高技术产业是多技术、多学科、多专业组成的技术综合型产业，其人才群体不仅素质要高，而且要有一个优化的结构和良性的激励机制。因此，应该让人力资本所有者实际拥有企业的剩余控制权，以对其创新活动起到良好的激励。

就我国高技术产业企业制度的实际而言，一是高技术企业的产权构成不清晰，边界难界定。由于历史原因，高技术产业初始投资尤其是知识产品投资的来源比较复杂，主要包括国有企业的投资、事业单位的投资、集体单位的投资、若干科技人员联合集资以及民营资本的投资等，这样造成产权主体不清晰，界定存在难度。二是封闭式、单一化的产权结构体系。在国有高技术企业中，政府是唯一的投资主体，承担无限责任；在非国有民营科技企业中，所有权则不断向初始投资者集中。并且，国有与非国有科技企业之间往往缺乏一种有效的产权流动机制，不仅使社会资源无法达到合理配置，而且严重制约了高新技术企业的发展。三是产权关系残缺，剩余控制权和剩余索取权的搭配是错位的。但我国高技术企业产权制度安排仍然崇尚传统的以物质资本分享剩余索取权的"股东至上主义"或"资本至上主义模式"。人力资本所有者基本上没有剩余索取权，这种残缺的产权制度显然无法在制度框架内调动创新者、"创业者"、经营者等人力资本所有者的积极性和创造性，不利于企业和产业的长期发展。四是我国高技术企业治理结构存在诸多问题。一方面，国有公司由于所有者缺位，造成股东大会和董事会的组织和功能难以健全，监事会对经理层的监督不力、激励不足，以及证券市场缺乏对公司的评价和监督作用等。另一方面，民营企业的治理结构问题主要是尚未发生两权分离，且存在着家族式管理的特征，由此造成治理结构欠合理，长期来看是不利于科技企业创新的。

（三）投融资制度与高新技术产业发展

投融资制度是一种由企业制度、资本市场以及中介体系组成的相对稳定的制度结构。但由于高技术产业本身的一些特点：相对于传统产业，其产业特征和产业环境变化较快；政府出于多种目标会对高技术产业进行广泛而积极的干预。由此，导致高技术产业的投融资制度具有较强的变动性。它不仅反映出特定的产业组织形式、科学技术环境、技术发展阶段和政府战略等外部因素的影响，而且有着更大的范围和深度，并非仅仅是风险投资制度。

首先，高技术产业发展的不同阶段，应该有不同的投融资机制。一般地，高技术产业在发展形成过程中要经历基础研究、应用研究和产业化三个阶段。从投资者的角度，可以把这一过程划分为种子期、创建期、成长期、成熟期以及衰退期。由于各阶段的状态和特点不同，其投融资方式以及对不同资金来源的可获得程度存在着重大差别。

表 13–5　高技术产业不同阶段的特点和投融资情况

阶段	特点	风险度	资金来源
种子期	研究难度大，周期不确定，商业目的不明确，成果易共享，资金需求小	大	自筹为主（政府投资等）
创建期	市场前景不明确，资金需求较大	大	以风险投资基金为主
成长期	新产品进入市场，生产规模迅速扩大	小	风险投资、商业银行贷款、资本市场
成熟期	新产品市场份额不断扩大，企业利润很高	最小	商业银行贷款、资本市场

资料来源：作者整理。

由表 13–5 可知，在种子期，由于高技术研发的不确定性、投资风险大，资金需求小，该时期是以自筹资金为主的种子投资。在创建期，由于要实现新技术的产业化，需要更多的资金。因此，企业为降低风险，需要风险投资基金或风险投资公司提供资金支持，即该时期以风险投资基金为主。在成长期，随着新产品进入市场以及规模的迅速扩大，尽管风险有所下降，但资金需求量更大，此时投融资有三个渠道：①最主要的渠道是风险投资基金或风险投资公司的后续投资；②商业银行的风险贷款；③上市即通过二级市场从资本市场上直接融资。即处于成长期的高技术企业的资金主要以风险资本以及商业银行贷款为主。在成熟期，随着新产品被市场接受，市场份额不断扩大，企业开始盈利，风险降至最小，但是需要巨额资金来满足市场增长的需要。以资本市场和银行贷款为主要资金来源，风险资本基本套现退出。简而言之，在高技术产业的不同发展阶段上，其投融资方式高新技术产业的投融资制度可以划分为两个具有一定差别的阶段：在未进入稳定成长阶段之前主要依赖风险市场，进入稳定成长期后主要依赖一般资本市场。

其次，高技术产业投资主体多元化，融资制度也应多元化。在市场经济条件下，产业投资主体呈现多元化格局，包括政府、企业、科研院所以及自然人等。其中，政府与其他投资主体的投资重点和融资方式有很大的区别。就投资的重点而言，由于高技术产业的持续发展有赖于技术的长期积累，其初创阶段的发展相对较长、风险较大，因此政府的投资重点应放在种子期和创建期，投资的方向也应集中在基础研究。就融资方式而言，政府主要依靠财政资金和其他宏观投资。而企业和其他投资主体，除某些大公司基于长远发展战略进行的长期性基础研发和资助外，其投资重点将是投资回收相对快、风险相对小、收益相对好的成长期和成熟期阶段，其投融资方式主要引入风险投资、银行贷款。

再次，政府与大企业协调是投融资制度的保障。从高技术产业发展的历史经验看，政府与大企业的协调关系是其投融资制度稳定运行的重要保障。以工业化国家美国、日本以及欧盟为例，其大企业始终是国家推进高技术产业发展的重要手段和工具。一方面，政府对高技术产业的投资通过各种方式和渠道绝大部分进入到大企业中，重大的高技术产业发展技术主要由大企业承担；另一方面，政府对高技术产业的公共采购政策、税收优惠政策、产业政策和贸易保护政策是源于大企业的要求并主要服务于大企业的利益。二者协调的根本原因是大企业在高技术产业发展及其投融资制度形成、发展和运行中的重要地位。一是大企业在技术开发能力、系统集成能力、产业经验、组织管理和市场营销方面具有中小企业无可比拟的优势，由此能更好完成国家的大型技术发展计划和产品开发计划；二是大企业能更好实现规模效应和技术外溢效应；三是大企业拥有在大规模盈利基础上的内源融资能力、内部交叉补贴能力以及基于较高信用等级的外部融资能力，由此可自行筹措巨额资金进行技术和产品的创新，分担政府高技术发展计划的费用；四是大企业的经营实力与盈利能力可以支持其更好地利用资本市场筹集资金，推动对投资风险持慎重态度的公众投资人和机构投资人，如共同基金、保险基金、养老税金更为积极地参与高技术产业的证券投资；五是在风险投资市场方面，大企业是产权交易市场连续平稳过渡的重要参与者。当中小型高技术企业进入早期成长阶段时，大企业作为有组织的风险投资，是重要的收购方和主要战略投资人，它保障了私人风险投资的顺利退出。

最后，高技术产业投融资制度的构建必须满足高技术产业的流动性和可交易性。相比于传统产业，高技术产业投融资制度收益预期的证券化特点更为突出，而产业与项目预期对投融资制度的运行具有重要影响，因此高技术产业投融资制度的构建应尽可能将收益预期转化为可流通和可交易的证券，以达到高收益和高资本增值。一是构建更宽松的产权交易规则。产权交易方式的递进是高技术产业投融资制度能够在更大范围和深度上利用资本市场的基础，它要求产权交易方式逐步从非上市股权交易转变到宽松规则的公开交易市场，进而转变到传统规则的公开交易市场。二是构建为中小高技术企业提供信用担保的体系。从产业整体的角度看，形成能够在较大的风险范围内为企业提供贷款支持的商业银行贷款方式和渠道，将能够为处于早期发展阶段的高技术产业提供更为有利的融资环境。因此，在大多数国家中，以政府支持为背景发展出一套为处于早期阶段的中小企业提供额外的信用担保体系。

就我国的实际情况而言，高技术产业投融资制度是与整个国家的投融资制度同步演进的，在投资主体构造、融资渠道开拓、投资约束等方面都逐步向市场经济体制过渡。一是企业逐步成为高技术产业的投资主体，企业在高技术产业的投资所受的预算约束逐步硬化，特别是企业通过自筹资金而进行的高新技术产业必须考虑到投资回报。二是政府投资效率也受到政府财政支出规范化的约束，政府在高新技术产业领域的投资效率正不断改进。三是对政府而言，财政支出、国债资金仍然是高技术产业投资的主要来源；对企业而言，融资渠道正逐步拓宽，包括政府风险基金、商业化风险基金、企业利润留成的内源性融资、商业银行贷款以及股票市场筹集资金。此外，外资企业的资金来源更加多元化，外商独资和合资企业技术与资金的直接来源是母公司本身或在国际资本市场筹资。

但在体制转轨的大背景下，由于传统的投融资体制改革还未完成，且我国高技术产业的发展程度和技术水平与发达国家还有较大差距，使得高技术产业的投融资制度创新仍存在诸多问题：第一，以市场为导向、以企业为核心的投融资主体架构还没有真正建立。第二，政府投资缺乏整体规划和统筹，没有形成制度化的投入计划，使得投资的导向作用不明显。第三，我国高技术产业发展的产权交易体系尚未完善，难以支持高技术企业在不同发展阶段的融资需求，特别是二板市场的缺位，制约着企业融资渠道的良性循环。第四，风险投资发展存在许多问题，由于投资主体单一，资金来源有限，风险投资公司的规模普遍偏小，风险投资从业人员素质不高，缺少一批合格的风险投资家。风险投资退出机制尚未完全建立，风险资本出口不畅。有商业前景的高新技术难以转化为产品并形成产业。第五，缺乏完善的中介组织为高新技术企业提供必要的融资服务，导致企业融资难度和成本增加。

（四）政府与高技术产业发展

新制度经济学提出，技术创新依赖于制度创新，而制度创新又高度依赖于政府行为。因此，政府行为对于高技术产业具有至关重要的作用。尤其是随着经济全球化进程的加快，各国政府在高技术产业领域的竞争日趋激烈。美国政府为了保持其在全球经济领先地位，把发展高科技的重要性提高到了空前的高度，制定相关的产业政策，加大资金和人力投入，不断巩固其科技领先优势；日本认识到与美国的差距不在应用研究领域，而在基础研究，因而在继续贯彻《80 年代通商产业政策构想》的同时，提出《科技白皮书》，决定将研发经费增加 1 倍，努力赶超美国在高新技术领域的地位；欧洲各国也制定了一系列发展政策和规划，加快高新技术产业化和利用高新技术改造传统产业的步伐；韩国是发展中国家依靠科技进步达到经济高度发达的典型，韩国以高技术为手段促进经济发展，调整产业结构，制定远景规划，目前已经取得了巨大的成就。[①]

由此可见，政府在高技术产业发展中起到了重要作用，具体如下：①保护知识产权。正如前面所述，知识产品属于经济学上的公共物品，其非排他性和非竞争性极其明显，可能造成"搭便车"问题，这就要求必须由政府来保护知识产

---

① 苏东斌、钟若愚：《激励》，北京大学出版社，2002 年版。

权。因此在推动高技术产业发展的过程中，政府首要的责任就是完善知识保护制度，以此保护知识产权。②为高技术企业技术创新营造良好的环境。如培育完善的市场体系，建立健全资金市场、劳动市场、技术市场等。③辅助高技术产业的发展。政府应逐步放弃对高技术企业的微观管理，而加强辅助性的支撑体系构建，通过招商引资、技术鉴定、财政支持、吸引人才等推动高技术产业发展。如政府通过恰当的财税政策对高技术企业资金的积累起间接作用，增强其内在的资金累积能力。④政府适当直接介入高技术产业的发展。对于投资数目巨大、投资周期长、市场化和民用化程度低的高技术产业，高风险性、高投入性会导致生产中一定程度上的自然垄断性，政府如不介入，将会出现高新技术产品供给不足的现象，进而会造成社会资源配置的低效率和资源浪费。高技术产品往往要以大量的长时间的前期应用及开发性研究，甚至基础性研究为前提，而其开发者得到的收益只是所有收益中的极小一部分。社会收益率远远高于开发者的私人收益率，成本与收益不对称，从而会影响市场资源配置的效率。因此政府应该介入，从而降低外部效应给技术创新带来的负面影响。

我国政府在高技术产业的制度创新方面存在的问题，主要表现如下：一是微观规制过多。在微观层面，政府在相当程度上对高技术产业履行的是一种"积极规制"的职能，直接干预微观经济活动。尤其是政府仍拥有大量的经济资源，政府代替企业而成为高新技术研究开发和创新的主体，政府行为可以直接左右微观经济个体的经营决策。这种政府既当裁判员又当运动员的积极规制的管理方式，不仅严重窒息了企业活力，压抑了企业创新，而且将政府的大部分精力牵扯到微观的日常事务管理当中，对宏观经济调控则无暇顾及，造成政府"不该管的管得过多，该管的又管不好"。二是宏观调控不力，产业政策单一。从总体上看，我国政府制定和实施了一系列宏观调控政策，如科技发展规划、高技术产业化优惠政策以及高技术产业项目等，但调控政策重点不明确、结构不合理、延续性较差，没有形成合力，从而影响其力度和效果。尤其是对一些关键性、共性及基础性技术的研究支持不够，无法满足高技术产业发展的需要。同时，产业政策单一化、零散化。我国对高新技术产业实施的一系列优惠政策主要集中于财政税收及金融等方面，缺乏对高新技术产业化的全方位支持。三是知识产权制度不健全，难以有效保护知识产品。政府对于企业产权界定、知识产权保护、风险投资的发展、高新技术园区建设、科教体制的重新设计、社会文化的引导等方面的制度供给还不尽完善，使得我国知识产品的供给存在严重的"搭便车"现象，导致社会知识产权意识比普通的财产权意识更容易缺失，从而制约了高技术创新，进而影响了高技术产业发展。

六、促进高技术产业发展的政策建议

就整体而言，我国高技术产业已达到了一定规模，并呈现出高速增长的特点，已经成为支撑我国新型工业化发展中的重要力量。但与发达国家相比，在技术创新、技术水平、产业结构、制度创新以及管理水平等诸多方面，差距仍旧非常明显。而高技术产业对新型工业化有着无可替代的引领和推动作用，要走一条具有中国特色的新型工业化道路，就必须加快高新技术产业的发展，使其尽快成长为国民经济的支柱产业，形成以高技术产业为主导的产业结构。加快我国高新技术产业发展，可在以下几方面采取具体措施：

（一）培育自主创新能力

随着我国成为工业大国，已具备比较完整的技术体系，当前的核心任务是推进新型工业进程、建立先进的工业技术支撑体系。从某种意义上讲，这也是我国由工业大国向工业强国转变的关键。显然仅仅依靠技术引进是无法完成以上目标的，必须培育自主创新的能力。尤其是在高技术产业这样的战略性、基础性领域拥有自主创新能力和自主知识产权。

1. 构建以自主创新能力为主的高技术创新体系

首先，建立以企业投入为主体、政府投入为引导、风险投资为支撑、社会资源共同参与的技术创新投入体系。①促进企业成为技术创新投入的主体。企业是研发投入的主体、技术创新的主体，也是科技成果应用的主体、发展高新技术产业的主体。国外政府促进高新技术企业发展的成功经验就是始终把企业作为技术创新的主体。西方发达国家的企业一直承担着研发费用的 70%~80%，我国企业仅为 20%左右。因此应该借鉴国际经验，积极促进企业成为技术创新的主体，引导和支持创新要素向企业集聚，鼓励企业建立研发机构，提高技术开发经费投入，增强企业内生的研发能力和国际竞争力。②政府加大研发投入。前面的分析表明，研发投入不够是制约我国高技术产业发展的关键问题。因此要加强我国企业的技术创新，就需要政府采取有效措施，拓宽投资渠道，以加大对高技术产业的资金投入。如加大财政在研发方面的投入以刺激企业的技术创新；设立国家高技术产业发展基金，专门用于技术创新和成果转化，扶持带有共性的技术引进、消化、吸引项目，推动技术成果向现实生产力的转化；通过减免税负、加速折旧、提供买方信贷等多种方式鼓励与扶持高技术企业的研发活动，增强企业的研究与开发能力。③加大银行对高技术贷款的支持力度，实行重大高技术开发项目贷款的招标制，由此提高企业对研发活动的投入。④实施担保抵押和保险联动措施，增设多种类型的科技保险险种，如高技术产品和科技开发保险、重大科技项目基金支持成败保险、重大科技项目科技贷款安全回收保险、研发成果推广应用保险等，提高保险业对企业开展研发活动的促进作用。

其次，培育企业成为技术创新主体。①培育、扶持具有自主知识产权的中小型高技术企业、民营企业提高技术创新能力，促进其成为高技术产业发展的主力军。②鼓励大型、龙头企业建立高技术产业研究开发机构，发挥其在自主创新活动中的先锋和领导作用。③要突出重点发展方向，大力开发具有自主知识产权的关键技术和产品，实施品牌战略。④完善企业的技术引进、消化、吸收和再创新机制。既要以在更深层次上引进专利技术、软件、必要的关键设备为重点，又要在与外商合作合资时，坚持企业自主研究开发，提高自主创新能力。

最后，促进产学研联合技术创新。由于高技术的研究开发设备要求高、投资成本大、风险高以及对研究人员需求多，产学研联合技术创新就成为高技术产业技术创新的必然选择。①构建以高校、科研院所、重点实验室为依托的知识创新体系，加大高技术研究和应用基础研究等原始创新，形成一批具有自主知识产权的高技术成果。②政府应积极推进产学研合作，组织有实力的研究机构与企业共同完成高技术研发工作，并使其研究成果在更大的范围内得到应用。③鼓励企业、高校、科研机构合作共建重点实验室、工程技术研究中心、博士后流动站等创新载体，建立互利双赢的高技术产业技术战略联盟和科技成果转化基地，保证研发的效率，使科研成果更符合市场的要求，进一步探索加快科技成果转化和产业化的有效途径。如通过科技计划项目立项，鼓励大企业与高校、科研机构联合开展科技攻关，直接应用和开发高技术产业的最新技术和产品。

2. 加强高技术产业园区自主创新建设

高技术产业园区是技术创新、企业孵化的重要基地，因此，加快高技术产业园区建设，必将促进高技术产业的技术创新。为此，一是围绕园区的特色产业，积极推动园区内的企业建立研发中心，以多种形式引导科研机构整体进入园区，按市场化、企业化、产业化的要求建立新机制。二是积极推进外资企业研发活动本土化，把引进外资企业的研发机构作为增强园区自主创新能力的重要内容。三是要做好园区人才的吸引、培育工作。①支持、引导园区内企业，尤其是民营企业引进国际一流科技和管理人才，做好出国留学生的引进和服务工作。②鼓励、帮助企业进行人才培训。如园区与高等院校联合开展多种形式的技术培训，推进各层次人才的继续教育。四是加强园区知识产权保护。加强对园区内知识产权保护和管理情况的监控，将知识产权保护工作纳入技术创新管理环节；建立知识产权中介服务机构，对拥有自主知识产权特别是原创性发明成果实行有效扶持，及时指导成果拥有者运用专利或技术秘密等形式维护自身利益。五是增加园区技术创新投入。①政府通过调控措施向园区倾斜，加大对园区技术创新的投入。②引导园区内企业加大技术创新投入，促使企业研发费用占销售收入的比例向国际标准靠拢。③通过组织实施园区高技术研究等科技计划，培育园区产业优势和发展潜力。六是构建适合园区发展的"孵化器"模式，促进高技术产品的诞生与市场开拓。①建立有特色的创新环境优势。②加快企业孵化器集群建设，其产业化工作由园区总负责，以此来健全园区科技孵化体系。七是大力推动园区国际科技交流与合作。鼓励园区内企业与跨国公司建立紧密的合作关系，支持有条件的企业取得自营进出口权，到境外创办科研开发机构。

3. 大力引进和培养高技术人才

自主创新，人才为本。实践表明，培育高技术产业的技术创新能力关键在具有创新精神的高技术人才。为此，一是依托重大科研和工程项目、重点学科和科研基地、国际学术交流和合作项目，积极推进高技术人才团队建设。二是稳定研发队伍。政府和企业要利用好现有的研发专业人才，充分发挥其技术创新能力，提高其待遇，增强对技术创新人才的凝聚力。三是要有计划地引进和吸收优秀的高技术专业人才。加快实施高层次人才引进计划，政府和企业采取优惠政策措施，把拥有创新成果、通晓国际先进管理、善于运作科技资源的海外领军人才、拔尖人才吸引到高技术产业，使先进技术、专利成果回国转化。同时，企业也可引进和吸收高校、科研院所的高技术人才进入企业，充实壮大研究开发队伍，提高研究开发队伍的素质。四是建立横向联合培养高技术人才的机制。通过支持、鼓励企业与对口的高校和科研院所建立合作关系，实现横向联合，充分利用它们的技术人才优势作为支撑，通过技术创新项目的合作，培养高技术产业创新人才。五是高技术产业的企业要做好技术人才的日常培训工作。企业要建立完整系统的技术人才培训体系，做到对技术人才的实时培训，同时采用专家讲座或培训班的形式，对企业的研究开发人员进行培训，使他们能及时了解和追踪新技术的发展前沿和先进国家企业的技术创新情况，使整个企业的研究开发水平得到提高。

（二）完善高技术产业发展投融资体系

高技术产业既是技术密集型产业又是资金密集型产业，具有高投入、高风险、高效益的特征，需要投入大量的资金。因此，必须完善高技术产业发展投融资机制，拓宽资金来源，实现科技投入主体多元化。

首先，搭建多种形式的科技金融合作平台，鼓励金融机构改善和加强对高技术企业特别是科技型中小企业的金融服务。一是建立面向高技术企业服务的政策性银行；二是委托现有商业银行开展面向高技术产业的金融服务，其资金由中央财政拨款，或中央与地方财政共同出资；三是允许建立一些非国有性质的银行，为高技术企业服务。四是建立和完善高技术企业信用担保制度，在对高技术企业进行全面的分析、评估基础上，为其提供担保，促进高技术企业融资系统健康发展。

其次，加速建立风险投资机制。一是健全风险投资的市场准入机制，建立和完善多层次资本市场体系，逐步形成风险投资退出的多种渠道，促进风险投资的良性循环。①二是鼓励地方和社会各界采取多种形式进行高技术风险投资，努力使民有资本在风险投资中扮演重要角色，要充分利用中国香港及其他国际金融市场，加大风险投资领域吸引外资工作的力度，大力发展外资、中外合资风险基金，使外资成为风险投资的重要补充来源。三是建立适应高技术产业发展的风险投资基金，鼓励风险资本投向高新技术产业。四是要制定配套的政策法规，优化风险外部环境。应该平等对待民间私人资本，除了部分关系到国家安全的核心领域外，其他领域应该取消对民间资本投资的限制。

最后，培育多层次资本市场，推进与高技术产业的结合。一方面，大力推进金融工具的创新，发展创业投资体系的建设，开辟以高技术企业为主体的二板市场或创业板市场，吸纳社会资金，促进高技术产业的快速发展。另一方面，利用资本市场融资，努力为高技术企业上市创造条件，引导和鼓励社会资本更多地投入高技术产业。创业投资机制的建设，其核心要素是建立具有高收益预期回报的撤出机制，通过加快对高技术企业法人治理机构的完善，带动科学化、规范化管理水平的提升，使高技术企业在从小到大的过程中，能够自主、自律、自强地经营与发展，为创业板上市创造条件。

总之，要进行高技术产业投融资体系的制度创新，建立和完善包括股权融资、贴息融资、风险投资、担保融资、上市融资、政府配套支持等多种融资方式的高技术产业投融资体系。

（三）推进制度创新，构建良好的制度环境

目前我国高技术产业制度演进正处于新旧制度交替时期，应该摆脱既定制度的约束，学习借鉴发达国家发展高新技术产业制度的经验，构建符合我国国情的、有特色的制度创新体系。

1. 建立激励机制

建立高技术产业激励机制，充分调动技术所有者、资本所有者和管理者的积极性与创造性。由于高技术产业的发展，是技术、资本、管理等要素综合作用的结果，因此，高技术产业的激励机制与传统产业的不尽相同。

首先，构建一套旨在鼓励高技术产业发展和知识技术创新的激励制度，以弥补和矫正由于外部经济的存在而带来的对技术研发和知识创新活动的弱化。知识

---

① 王爱国：《高技术企业战略思维模式的创新研究》，《科学学研究》，2005 年第 23 期。

与技术创新及其产业化是追求利益的活动，人们进行该活动的意愿很大程度上取决于其所带来的个人收益和社会收益的比较。为此，一是要进一步深化高技术产业的国有企业改革，使其真正成为投资主体、风险主体和利益主体，为建立激励机制奠定基础。二是政府应在产权激励、税收和补贴激励、服务激励、相关的法律规制等方面采取有力措施，对高技术产业的外部经济性进行规制。三是要在高技术园区推广多种形式的科技人才激励机制。如采取股份期权等方式激励科技人员或经营管理人员创新创业。

其次，建立高技术企业的激励机制。由于高技术产业的特点，决定了高技术企业与传统企业的激励机制有所不同。这要求高技术企业通过制度创新，建立联动机制，激发科技人员、管理者的创新、创业精神以及资本所有者的投资激情；通过明晰产权制度，为要素所有者提供持续的动力机制，对技术持有者建立技术入股、持股经营以及奖励等制度，使其获得应有的价值收入；对管理者尤其是高层管理者，建立股票期权制等，充分调动其积极性，并从制度上鼓励创新和创业；其激励机制的创新具体如下：一是推行员工持股计划（Employee Stock Ownership Plan，ESOP），构建经营者股权激励机制。所谓员工持股计划（ESOP）主要源于凯尔索（Louis Kelso）提出的扩大资本所有权的思想，它指企业内部员工出资认购本企业部分股份，然后委托员工持股会作为社团法人托管运作、集中管理，员工持股会作为社团法人进入公司董事会、参与公司分红的一种公司治理模式。作为高技术企业通过让经营者尤其是技术人员持有股票或股票期权，使之成为企业股东，将经营者的个人利益与企业利益联系在一起，以激发经营者通过提升企业长期价值来增加自己的财富，是一种经营者长期激励方式。[①] 相对于传统的薪酬激励制度，它的优势在于：股权激励更有利于降低各种代理成本；有利于减少经营者的短期行为，提高企业长期经营效率；有利于减少企业运营成本，降低企业本身的金融风险；有利于吸引人才，特别是高科技人才；有利于形成对经营者的激励和约束的对等。因此，通过员工持股方案解决高技术企业的激励问题是很有效的方法。二是工作激励。高技术企业知识型员工主要从事创造性工作，注重独立性、自主性，可利用翁格玛利效应，根据任务要求进行充分的授权，委以重任。允许员工自主制定他们自己认为是最好的工作方法，而不宜进行过细的指导和监督，更切忌采用行政命令的方式强制性地发布指令。事实证明，让知识型员工参与他们分工业务的决策，可以充分表达企业对他们的信任和尊重。从而激发知识型员工的参与感和更多的自主性，由此提高技术创新的效率。三是高技术企业可以通过对知识型员工进行职业生涯规划与管理，提高知识型员工的忠诚

---

① 参见刘永中、金才兵主编：《英汉人力资源管理核心词汇手册》中"员工持股计划"词条，广东经济出版社，2005年版。

度。应该让知识型员工清楚地看到自己在组织中的发展前途，使其与组织形成长期合作、荣辱与共的伙伴关系。

2. 坚持政府制度创新，继续发挥政府的主导作用

尽管世界各国的事实证明，政府过多的干预高技术产业发展不符合高技术产业的内在规律，且会造成资源配置的低效率。然而对于处于体制转轨时期和实现工业化的大背景下的我国高技术产业而言，政府还将在其中扮演重要的角色，也就是说，我国高技术产业的发展离不开政府的引导和扶持。吴敬琏认为，一个国家、一个地区高新技术产业发展的最主要的因素，不是物质资本的数量和质量，而是决定于有没有建立起一套有利于高技术及相关产业发展的经济和社会制度。只有这样的制度安排，才是推进技术进步和高技术产业发展的最强大的动力[1]。所以，政府应该吸取发达国家发展高技术产业的制度安排的做法，尽量从市场活动中退出，在宏观政策、产业政策、专利制度、科研开发等方面建立一套完整制度体系，为高技术产业的发展提供良好的制度环境。

首先，制定和完善高技术产业持续发展的一系列法律、法规及相关措施，为高技术产业的发展营造公平的竞争环境。高技术产业的发展必须建立健全法律保障体系，来保障其合法权益；通过立法来规范高科技企业的行为，保证社会的公正秩序；从国内外实践经验看，要建立符合国际规范的创新成果知识产权保护措施，完善专利行政执法和专利资产管理等方面。

其次，完善管理体制。一是应成立并加强由多部门共同参与组成的高技术产业推进委员会，负责全面协调解决产业发展中的重大问题，配备专职人员，形成专业性、长效化的整体协调落实机制。二是在重点领域成立由政府相关部门领导、技术专家、企业家组成的行业发展指导委员会，研究、协调和部署产业发展、招商引资等重大问题，负责制定包括产业领域技术、人才、企业、市场在内的产业发展规划。三是聘请国内外科技、经济、管理和法律专家为成员，分层级、分行业、分专业建立专家库，对产业发展战略、中长期规划等重大决策进行论证和咨询，在政府科技资源配置、发展重点选择、重大招商引资项目评估等方面，提供有力的决策咨询。四是政府要进一步建立和健全调控机构，国务院经贸委与教育部、中科院三方联合建立"产学研联合工程协调办公室"[2]，各地方政府也要建立由三方组成的相应的调控机构，其职能、功能需要明确和完善。以市场为导向，制定产学研联合技术创新项目，积极开展产学研合作活动，使三方的技术创新合作形成一种最佳的组合状态。

最后，各级政府要建立扶持高技术产业发展的长效机制，使高技术产业的发展

① 吴敬琏：《转轨中国》，四川人民出版社，2002 年版。
② 宋希平：《发展中国家实现技术跨越的条件》，《中国创业投资与高科技》，2004 年第 8 期。

获得稳定的发展环境。一是根据高技术产业发展的特征，科学规划，突出重点，合理布局，保证各级政府发展规划的一致性。二是完善市场体系，提高市场机制对企业的激励和监督职能。三是在招商引资论证、制定财税优惠政策和信贷政策以及企业进入园区审核等环节，实现规范管理，做到有效调控，保证政策具有一致性和连续性。四是还应积极培育企业家市场，加快企业家职业化和市场化进程。

3. 构建公共支撑体系

建立以制度创新、环境建设、政策导向为支撑，提升高技术成果转化能力、资源聚集与整合能力为任务，"产、学、研、政、金、介"协调互动的创新服务体系。

首先，政府应完善技术创新支撑服务体系。要建立直接面对客户的支撑服务体系，如加强资本市场、企业家市场、技术交易市场，以及科技信息网络、科技创业服务中心、科技评估、技术咨询、成果推广、技术经纪等科技创新中介机构建设。通过各种中介机构及时准确地了解各方面的信息，提供最为快捷、方便的信息服务，为企业提供设计、生产、测试、质量保障、科技成果转化服务，实现研究、试验、产业化过程的无缝连接，使企业了解市场、消费者，提高运营水平和效率。一是建立高效的支撑服务体系为高技术企业在融资、人才引进、技术开发等方面提供咨询和优质的服务。二是加强和完善公共服务体系及其基础设施的建设，为科技人员、投资者、管理者等各种人才提供舒适的生活和创业环境。三是要加强生产力促进中心、科技信息网络、科技创业服务中心、科技评估、技术咨询、成果推广、技术经纪、技术交易市场等科技创新中介机构建设。

其次，构筑人才创业平台，建立一流的人才资源体系。一是建立自主柔性的人才流动制度，加快高技术产业人力资源开发，充分吸纳创新人才。为科技人员创造良好的生活与工作条件，保护其在科技成果转化过程中的合法收益，并在人身、技术、资产安全等方面给予保障，充分体现人才和知识的价值。二是建立和完善高技术产业发展新的利益分配机制。鼓励设立各种人才基金，吸引各类紧缺人才，形成多层次的人才梯队。三是鼓励实施科研开发、成果转化和产业化的企业和其他市场主体实行股份期权、利润分享、年薪制和技术、管理以及其他智力要素参与收益分配的制度。四是鼓励现有企业家特别是部分具有实力和市场开拓能力的民营企业家大胆进入高技术产业领域施展才华。五是通过建设人才市场，充分利用国内外研发机构和教育资源，强化在职培训制度等形式，构建一流的人才资源体系。

最后，政府要在全社会营造鼓励创新、爱护创新、引导创新的社会文化，努力培植创新文化和创业精神。知识经济时代离不开创新，在新型工业化道路背景下发展我国高技术产业，就必须强化人们的创新意识，形成鼓励创新的良好社会环境，由此实现高技术企业的技术创新与制度创新，从而促进我国高技术产业的快速发展。

综上所述，在中国现阶段的工业化进程中，首先，需要发展高技术产业以拓展制造业的产业空间，尤其是通过对高技术产业链的分解以及各产业间的融合，使得中国在整体工业技术水平不高的条件下也能在高技术产业领域中获得很大的发展空间。[1] 其次，必须实现高技术同传统产业的结合，将高科技注入传统产业，以提高传统产业的竞争力，使得高技术的运用成为推动传统产业发展的重要力量。再次，应该将自主创新开发自主知识产权的技术、买技术、换技术以及学技术等有机结合起来，由此促进高技术产业和中国工业化的发展。最后，必须通过科技资源配置体制的改革、投融资体系的改革以及相关制度层面的改革，形成对高技术产业发展有效的市场竞争秩序，以促进高技术产业的长期持续发展。

---

① 金碚：《高技术在中国产业发展中的地位和作用》，《中国工业经济》，2003 年第 12 期。

第十四章 技术创新与新型工业化

自主创新是新型工业化道路的核心内容。中国的自主创新道路既要尊重工业化过程中技术进步的一般规律，也要符合中国工业结构、资源禀赋等基本事实的特殊要求。基于这样的认识，本章对中国自主创新的内涵和方向、自主创新的基本条件、自主创新的核心任务等基本问题进行了探索性的理论研究，对目前该领域国内学术界的部分主流观点进行了必要的修正和补充。在此基础上进一步提出了未来我国科技政策调整的思路和方向。

一、技术创新对于新型工业化道路的意义

经过 30 多年的改革、开放和发展，中国工业发展的要素特征和外部环境发生了深刻的变化。过去要素驱动型工业发展模式所固有的弊端，经过长期积累，已经成为新型工业化道路所必须克服的制约。新型工业化道路的本质是实现经济增长方式由传统要素驱动向技术创新驱动转变，技术创新是解决当前及未来我国工业发展一系列深层问题和制约的根本途径，因而必然是新型工业化道路最核心的内容。

(一) 新型工业化道路的条件和制约

一是随着经济发展过程中要素价格和要素供需结构的变化，我国工业发展的要素条件发生了变化。虽然劳动力供给的减少和劳动力成本的上升几乎是伴随我国工业增长整个过程的事情，但劳动力供给增长和劳动力需求相对增速的变化却是近年来我国经济发展中出现的新现象。"十五"期间，我国农民工的年均增长率为 10.1%，同期城镇就业的年均增速仅为 3.4%；但"十一五"前 4 年，我国农民工的年均增长率快速下降为 3.6%，同期城镇就业的年均增速为 3.7%；2008 和 2009 年，我国农民工的增长率分别仅为 2.5% 和 3.3%，而同期城镇就业的年均增速分别达到 2.9% 和 3.6%。城镇创造就业岗位增速与农村劳动力供给增速的相对大小发生了变化。可以判断，从增速上看，劳动力的供需格局正在发生重要转

变，我国工业发展的"劳动力无限供给"条件正在消失①。

二是工业发展的外部环境发生了变化，出口爆发式增长的时代已经结束，净出口对工业增长的贡献减弱。虽然我国出口商品的价格竞争力仍然十分明显（根据统计，我国出口商品的平均离岸价格仅为海外零售价的25%），因而汇率上升并不会对工业品出口竞争力形成实质性的影响。但由于国内外增长速度差异和贸易环境的变化而带来的进出口需求规模的变动可能使得净出口对工业增长的拉动作用逐渐减弱。事实上，近年来，我国进口和出口相对增长格局已经在发生变化。2010年我国外贸进出口总值29727.6亿美元，比2009年增长34.7%。其中出口15779.3亿美元，增长31.3%；进口13948.3亿美元，增长38.7%；贸易顺差为1831亿美元，减少6.4%。与此同时，我国贸易顺差与进出口总值的比例从2008年的11.6%降至2009年的8.9%，2010年进一步降低至6.2%，外贸总体向基本平衡发展的趋势越来越明显。

三是经过长期的发展，我国工业发展模式中某些固有的弊端给经济社会带来的边际成本在加速上升，弱化和消除这些不利因素影响的压力越来越大。根据统计，德国能源消费总量大约是我国的20%左右，但其创造了与我国基本相当的出口总量；日本的能源消耗大约也是我国的20%左右，但其创造了与我国大致相当的国内生产总值。在能源消耗快速增长的同时，环境污染和破坏对经济社会的负面影响也越来越显著。根据世界银行的一份研究，我国空气污染造成的直接和间接损失占到我国GDP的比重大约为3%~7%；按照目前的趋势，到2020年，燃煤带来的疾病损失将占到我国GDP的13%左右。目前，我国工业占能源消费总量的比重高达70%，工业中的石油加工、炼焦及核燃料加工业，化学原料及化学制品制造业，非金属矿物制品业，黑色金属冶炼及压延加工业，有色金属冶炼及压延加工业，电力、热力的生产和供应业六大高耗能工业的能源消费占我国能源消费总量的比重超过50%。工业已经成为影响我国能源消耗和环境保护最主要的部门。资源节约和环境友好成为新型工业化道路的重要内容。

（二）技术创新是克服新型工业化道路所面临制约的根本途径

要素特征、外部环境和约束条件的深刻变化要求我国必须加快工业发展模式的转变，转变的本质是在保持适度快速增长的过程中实现生产效率、国际竞争力和可持续发展水平的快速提升，转变的根本途径是通过加大科技投入、提高创新效率加快提高工业部门的技术创新能力。

---

① 蔡昉：《"民工荒"现象：成因及政策涵义分析》，《开发导刊》，2010年第4期。

表 14-1　工业劳动生产率变动情况

年份	劳动生产率（元/人年）	劳动生产率增长速度（A）（%）	工资增长速度（B）（%）	A－B（%）
1991	6081	—	—	—
1992	7271	19.6	16.3	3.3
1993	8439	16.1	23.7	−7.6
1994	9792	16.0	28.0	−12.0
1995	11048	12.8	21.6	−8.8
1996	12334	11.6	7.7	4.0
1997	13589	10.2	2.6	7.6
1998	14549	7.1	−7.9	15.0
1999	15810	8.7	1.3	7.4
2000	17569	11.1	4.5	6.6
2001	19250	9.6	5.2	4.4
2002	21702	12.7	8.8	3.9
2003	24940	14.9	12.7	2.2
2004	26932	8.0	15.8	−7.8
2005	28320	5.1	17.6	−12.5
2006	30031	6.1	19.6	−13.5
2007	32353	7.7	19.7	−12.0
2008	34098	5.4	18.3	−12.9
2009	36530	7.1	13.9	−6.8
2010	41116	12.6	18.9	−6.3

注：劳动生产率=1990 年不变价工业增加值/期初期末平均就业人数。

　　首先，技术创新是适应劳动力供需结构变化、提高劳动生产效率和劳动者收入水平、实现工业发展对国民经济社会发展更大贡献的根本途径。新时期我国工业发展对于改善社会福利的作用，已经不能仅仅局限于通过快速扩大的工业规模来创造就业机会和吸收农业部门剩余劳动力，而是要配合分配机制完善，重点通过提高工业的劳动生产率提高劳动者报酬，提升居民的收入水平和生活质量。虽然我国的工业增长始终伴随着劳动生产率的提升，2000 年以来我国工业劳动生产率的年均增长率达到 8.8%，2010 年劳动生产率较 2000 年提高了 1 倍多。但需要注意的是，2000 年以来，相对于劳动生产年率增速，工资增长速度越来越快，"十一五"期间，工业部门的工资增长平均增速超过劳动生产率增长平均速度10.3 个百分点。走新型工业化道路，必须通过技术创新和劳动生产率的加速提升来不断消化劳动成本上升形成的压力（见表 14-1）。

　　其次，技术创新是提高全要素生产率、形成工业产品综合国际竞争优势的根本途径。由于国内要素成本的快速增长，通过压低价格和扩大出口产品数量提升国际市场份额的空间越来越小；与此同时，我国工业品出口结构逐渐进入多元化稳态阶段[①]（见图14-1）。这表明，随着开放条件下行业间资源配置效率的不断提升，行业内部配置效率和动态效率的提升成为出口结构进一步优化的重点。在这种情况下，工业贸易水平的进一步提升必须通过大幅提高全要素生产率提高工业产品在国际市场的综合竞争力，通过在构建多元国际竞争优势的基础上改善我国工业在全球产业链条中的分工地位，提高外贸的经济效益。然而，尽管2000年以来，我国工业的全要素生产率整体上出现不断提升的态势，但在2003年以来的一轮工业高速增长过程中，我国工业生产效率的增速却呈现出下降趋势[②]，通过产业结构优化提升工业发展的配置效率和通过技术创新提高工业发展动态效率的任务还很艰巨。

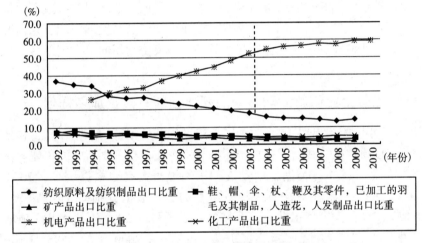

图14-1　我国工业品出口结构变动

最后，技术创新是提高资源能源利用效率、实现可持续发展的根本途径。自1996年以来，我国工业能耗占全社会总能耗始终保持在70%以上，占非生活用能源消费总量的比重接近80%，工业成为能源消耗的主要部门，促进工业节能降耗是建设资源节约型社会的关键。从驱动工业增长的需求结构看，要通过完善投资机制，保持适度的积累率和投资增速，通过控制投资过快增长减少资源和能源

---

① 2003年和2004年以后，我国工业品出口结构进入一个明显的相对稳定阶段，各种类型行业的出口比重变动明显收窄：以纺织服装、鞋帽为代表的劳动密集型行业出口比重分别稳定在14%~16%和3%~4%左右的水平，以矿产品为代表的资源型行业的出口比重稳定在2%~3%左右的水平，以化工产品为代表的资本密集型行业的出口比重稳定在4%~5%左右的水平，而以机电产品为代表的技术密集型行业的出口比重稳定在50%~60%左右的水平。关于我国贸易结构多元化的详细讨论参见宋泓：《未来10年中国贸易的发展空间》，《国际经济评论》，2010年第4期。

② 工业经济研究所：《产业发展和产业政策报告》，中信出版社，2011年版。

的过度消耗，通过启动国内消费市场促进工业的适度快速增长；从工业增长的产出结构看，要通过完善资源和能源价格机制、加强环境保护，大幅降低高耗能行业在工业中的比重，积极发展资源节约、环境友好的技术密集型产业，提高资源利用的结构效应，同时通过技术创新提高资源的转化效率，减少工业对环境的影响，促进工业的可持续增长和发展。

二、中国自主创新的资源和条件

在市场需求驱动和政府政策引导下，近年来我国工业部门的科技资源投入快速增长，工业企业的创新活动日益活跃，企业的新产品开发能力和工艺提升能力明显改善，工业科技创新体系已经初步具备了由模仿创新向自主创新转变的资源基础和能力条件。

（一）工业企业创新活动日趋活跃，创新方式更加多样化

自 2006 年国家提出用 15 年时间完成建设创新型国家的战略以来，科技政策对企业自主创新的扶持和引导作用不断加大，企业在自主创新中的主体地位进一步加强，企业开展的各类创新活动的积极性显著提高。根据统计，2000 年和 2010 年，大中型工业企业中开展研发活动的企业数量分别为 7116 家和 12889 家，增加 81.1%；大中型工业企业开展的研发项目从 2000 年的 46844 项增加到 145589 项，增加 2.11 倍；新产品开发项目数从 2000 年的 55953 项增加到 159637 项，增加 1.85 倍。

当前，中国工业企业正处于由吸收创新向自主创新、由适用型创新向突破型创新转型提升的过渡阶段，企业的创新形式更加丰富多样。企业既通过传统的设备引进和改造、逆向工程等形式继续加强技术吸收和学习能力，也通过原始创新、集成创新和引进消化吸收再创新等多种形式不断提高自主创新能力。在技术获取活动中，企业逐渐由过去的简单应用向消化吸收改进型应用转变。近年来，一方面，大中型工业企业对引进技术进行消化吸收的经费支出在技术获取经费支出中的比重不断上升，由 2000 年的 6.3% 分别上升到 2005 年和 2009 年的 15.4% 和 22.3%。另一方面，企业越来越重视对国内技术的引进和应用，尽管企业从国外购买技术的经费支出超过企业从国内购买技术的经费支出，但由于国内与国外技术差距缩小，更多的企业通过引进吸收成本更低的国内先进企业的技术就能满足自身的技术要求。根据统计，大中型工业企业从国内购买技术经费支出占技术获取经费支出的比重从 2005 年的 18.5% 大幅上升到 2010 年的 28.7%（见图 14-2）。

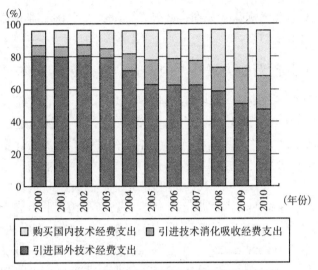

图14-2　大中型工业企业技术获取活动经费支出结构

（二）研发投入强度明显加强，科技资源组织方式发生转变

近年来，我国研发资源投入强度明显提升。2000年以来，全社会研发经费支出保持高速增长态势，"十五"和"十一五"前四年平均增速分别达到18.5%和18.6%，远远高于同期国民经济增速。2009年，我国研发总经费为849.3亿美元，全球排名由2005年的第6位上升至第4位。"十一五"期间，我国研发经费总量超过了法国、英国，与美国、日本、德国的差距进一步缩小。同时，工业部门的科技投入快速增长。根据统计，大中型工业企业的研发内部支出从2000年的353.4亿元增加到2010年的4015.4亿元，增长了10倍多；研发强度（研发经费内部支出与主营业务收入之比）从2000年的0.71%上升到2010年的0.93%。在人员投入方面，大中型工业企业的研发人员全时当量从2000年的32.9万人年增加到2010年的137.0万人年，增加了3.16倍。在加强企业内部研发能力的同时，工业企业还积极利用公共科技资源加快提升科技创新能力。2009年，大中型工业企业向研究机构和高校分别支出研究经费96亿元和51亿元，合计占到研发经费外部支出的58.8%。

与此同时，工业企业越来越重视正式的研发活动，研发机构数量、研发人员和经费投入均快速增长。大中型工业企业办研发机构的数量从2000年的7639个增加到2010年的16717个，增长99.2%。大中型工业企业研发机构从业人员从2000年的44万人增加到2010年的128万人，增长1.9倍。大中型工业企业办研发机构的经费支出由2000年的334.7亿元增加到2010年的3276.9亿元，增长8.8倍。大规模的正式研发机构和专职研发人员的出现表明，研发活动越来越成为大多数工业企业常规化、长期性的经营活动，是我国工业企业在竞争行为和创新活动方面的重要转变。

（三）工业创新能力提升，内资企业成为创新主体

随着科技投入和企业知识产权意识的不断加强，我国工业企业的科技创新能力逐渐提升。2010 年，我国工业企业申请专利 26.6 万件，是 2000 年的 11.5 倍；其中发明专利 7.2 万件，是 2000 年的 9.1 倍；发明专利所占比重 36.5%，比 2000 年提高 6.1 个百分点。在加强科技创新的同时，工业企业的技术成果市场转化能力也在不断提升。2010 年，我国大中型工业企业新产品销售收入达到 72864 亿元，较 2001 年的 8794 亿元增长了 7 倍多；新产品销售收入在企业主营业务收入中的比重稳步攀升，2010 年该比值为 16.6%，较 2001 年提高了 1.8 个百分点。我国工业技术能力提升的另外一个表现是本土企业和民营企业在创新活动中起到越来越重要的作用。截至 2010 年，内资企业、港澳台资企业和外资企业拥有的发明专利占全部有效发明专利的比例分别为 72.3%、11.4% 和 16.3%，内资企业成为国内工业企业中掌握知识产权的绝对主体。

三、推进自主创新的战略和路径

国家和产业层面整体技术能力的提升是复杂的、长期的全社会集体学习过程，是整个国家创新系统的转型和优化。自主创新"社会思维"和"创新体系"形成完善的过程，不仅需要解决资源投入、主体培育等"架构性"的问题，更涉及制度安排，甚至文化价值观等"机制性"条件的形成。从构成创新体系转变各要素之间的互补性角度看，中国的自主创新战略应当是"大推进"式的[①]，片面地追求科技资源投入，没有以资源配置机制完善为基础的研发效率提升，必然造成社会资源的严重浪费；相反，由于创新能力是在"干中学"过程中形成的，如果没有足够规模的、持续性的资源投入，微观主体创新能力的提升和主体间协调机制的形成也缺乏学习和完善的基础和机会。中国应当抓住加速工业化的重要机遇，加强创新激励，加快能力建设，通过全面推进自主创新实现新型工业化。

---

① 与本研究相关的观点出自张春霖等人的一项研究，他们强调中国的技术创新战略应当强调"平衡"的战略思维：创新目标应该是可持续的；技术改进和应用也是创新；在政府干预之前，先让企业和市场发挥作用；只有持续的开发才有持续的创新；要关注研发的效果和效率（张春霖等，2009）。平衡战略假设技术创新的要素和条件之间的"替代性"，而本章更强调技术创新各类要素和条件之间的"互补性"，因而我们强调的是"全面推进"，而不是在各种创新方式之间寻求"平衡"。

（一）全面自主创新是工业创新的基本方向

自主创新是国家或企业坚持技术学习主导权，把发展技术能力作为竞争力或经济增长动力主要源泉的行为倾向、战略原则和政策方针。[①] 自主创新本身不是目的，而是实现经济社会可持续发展的手段，应当把改善社会福利或民生作为技术创新的基本导向。[②] 本末倒置的、机会主义的、形式化、指标化的自主创新将使中国错失经济赶超的机会，并造成社会资源的严重浪费：①从创新投入的角度看，不能将研发经费投入规模和强度作为自主创新投入过程的全部度量。与其他投资相比，技术投资具有累积性、复杂性和不确定性的特点，科研经费投入固然重要，但仅仅是技术创新投入的一个维度。虽然历史上各国的经济追赶确实都伴随着研发投入的快速增长，但科技资源的配置结构和技术创新的组织方式却远远比研发投入本身更加重要——美国和德国的工业赶超是由于他们充分利用自身的科学基础优势，在工业领域实现了研发的正式化和规模生产，日本的工业赶超则是由于其对技能形成的大规模投资和生产组织方式的改进。[③] ②从创新行为的角度看，不能把自主创新狭隘地理解为原始创新、集成创新和引进消化吸收再创新等具体方式。各产业领域外生技术范式的多样性、技术竞争格局和技术追赶起点的差异决定了，不同的自主创新活动虽然具有共性和一般性，但最优的自主创新方式一定是相机的，不存在绝对的最优创新方式。此外，各种创新方式之间的关系是互补的，而不是替代的，赶超企业需要通过组合运用多种技术创新方式实现技术吸收和突破。③从创新产出的角度看，不能将专利、论文等作为自主创新产出的全部度量。专利、论文等科技成果仅仅反映了技术知识中被"解码"的内容，更加重要的知识往往以技术诀窍的形式嵌入在组织系统中（Nonaka，1995）；此外，自主创新能力还应该包括发明并成功将其商业化的能力，科技成果的应用性和价值性至少应当与其先进性一样重要。是否形成产品技术和工艺技术持续改进的资源基础和机制，是否形成持续学习和创新的能力，以及这种能力是否成为改善民生和促进工业效率、效益和竞争力提升的主要动力，才是判断自主创新效果的根本标准。

自主创新是一个具有阶段性和个体差异性的概念。处于不同发展阶段的国家和企业，其自主创新的内涵是不同的。中国自主创新的内涵是由中国技术创新的基本条件决定的。中国作为工业赶超国家的基本特征，决定了中国自主创新的第

---

① 路风：《走向自主创新》，广西师范大学出版社，2006年版。

② 2009年9月，美国提出的新时期国家创新战略是"美国创新战略：通往持续增长和高质量的工作"，充分体现了将可持续发展和改善民生作为技术创新导向的思想。

③ Lazonick，William. The Innovative Firm, in Jan Fagerberg，David Mowery，and Richard Nelson，eds.，The Oxford Handbook of Innovation，Oxford University Press，2005.

一层含义是：在当前及未来较长时期内，在继续推进装备引进和吸收的同时，加快推进工业创新方式由体现为装备改善的物化技术进步向知识化技术进步的转变。中国的技术创新必须克服目前普遍存在的"设备依赖症"：针对浙江和重庆企业创新活动的一项调研显示，两地分别有 37.9% 和 46.2% 的受访企业认为通过购买更先进的设备对于技术创新比较或很重要，分别有高达 58.4% 和 31.2% 的受访企业认为通过购买更先进的设备对于技术创新极端或非常重要；在建立自己的研发团队、与科研院所合作等各种创新方式中，购买更先进的设备被浙江企业认为是最重要的技术创新方式。① 工业企业对生产装备更新的巨大需求拉动了我国装备工业和装备产品进口的快速增长。在 20 世纪 90 年代末期以来的一轮高速增长过程中，我国工业发展对装备产品的需求明显提速，1999~2007 年的 9 年间，我国机械电子工业总产值和机械及运输设备进口额平均增速分别达到 26.9% 和 28.6%；1995~2010 年，机械及运输设备进口占工业制成品进口额的比重从 48.9% 上升到 57.1%。机械装备工业和原材料工业、能源工业一起成为工业结构和进口结构中增长最快的部门。

生产设备不断升级换代驱动的技术进步在特定的发展阶段有其合理性：①在市场规模快速扩张时期，设备引进避免了技术试错和摸索的成本，因而是企业在短时期内快速把握市场机会最有效的方式；②反过来，市场规模扩大加快了固定资产投资成本分摊，为生产设备投资提供了经济上的合理性；③当其他竞争者以引进新生产设备的方式改进产品、降低成本时，由于自主创新产出的不确定性大、周期长，企业的最优策略反应也是引进新的生产设备，因此技术竞赛必然演化成企业间的"装备竞赛"，大规模的投资和设备引进正是近十几年来我国工业发展最显著的特征事实之一。Veblen 的研究为后发国家通过设备引进进行技术赶超提供了理论上的支撑。在 Veblen 的历史分析中，19 世纪以英国为代表的工业化过程中，技术知识主要内化在个人身上（Embodied in Persons），在这种情况下，技能工人的流动成为实现技术扩散、从而后发地区或国家技术赶超的必要条件；20 世纪初期，随着机械技术时代的到来，工业核心技术由以往内化在个体中的隐含知识被体现为机械设备的解码知识所取代，知识流动的成本大大降低，知识流动中的知识损失大大减少，因而后发地区或国家的技术进步问题可以通过资金投资和创造市场需求来解决。Veblen 的技术赶超理论被后来绝大多数的新古典增长理论或发展经济学理论所接受。在这种理论逻辑的指导下，后发国家的工业化过程变成一个通过引进技术装备的自然收敛过程。

通过设备引进快速形成生产能力对于过去 30 余年我国工业规模扩张、工业体系完善和生产效率提升具有重要的意义，对于将中国的低劳动力成本优势转化

① 张春霖等：《中国：促进以企业为主体的创新》，中信出版社，2009 年版。

为现实产品优势，进而逐渐融入全球产业分工体系发挥了重要作用。但是，随着市场竞争环境的变化和居民收入水平的不断提高，以生产设备引进和生产能力形成为核心的技术进步方式已经越来越不能满足新的经济发展阶段下企业可持续发展和全社会福利诉求的新要求：①虽然企业生产所需要的关键设备、核心零部件、基础材料可以通过市场交易购买获得，但这些核心装备、零部件和材料的开发、生产技术是无法通过市场交易买到的，核心技术所依赖的组织技术能力更是无法通过市场交易获得。工业强国的领先企业通过不断加强基础研究、下一代产品开发和技术储备始终在产业架构中处于优势地位，而国内企业由于只重视应用性研发，在市场需求和技术路径发生重大转变时，无法把握技术机会和市场机会，只能消极被动适应新的竞争环境。②中国的工业化进程走到今天，工业对于国民经济社会发展的功能和意义发生了转变。工业除了要继续解决就业和基本生活需要以外，还要能够为促进居民收入和生活质量进一步快速提高做出贡献，而这是旧的技术创新方式无法实现的。以平板电视产业为例，在全球平板电视技术和产品体系中，超薄玻璃的核心技术被美国康宁等3家企业掌握，液晶面板需要的导电玻璃、滤光片全部需要进口，增亮膜技术被美国3M公司掌握；等离子电视的关键原材料，如玻璃基板、保护层材料、阻隔层材料、透明电极和背板反射层材料、光学滤光片等几乎被日本企业垄断，中国企业只能做一些接口、电路、电源等外围电子开发、机壳模具和大规模组装业务，创新活动主要集中于产品架构方面。然而在平板电视的成本结构中，上游的显示面板关键元器件、材料和显示器面板开发、制造成本占到60%~70%，中游的驱动和控制芯片占到15%，下游的整机组装、应用性设计和外围开发成本占到15%~25%，我国目前没有一家企业具有显示面板关键元器件、材料的生产能力，部分企业具有显示器面板的制造能力，但基本上没有开发能力，有少部分企业具有驱动、控制芯片的设计能力，有大量的企业具有整机生产和外围开发能力[1]，这样"金字塔"式的分工格局使得我国平板电视企业只能在产业链底端进行激烈的价格竞争，企业的盈利能力低下，资本只能通过不断压榨劳动的价值来追求更大回报。近年来，我国工业发展过程中，资本与劳动、土地和环境的矛盾冲突越来越尖锐，从根本上解决这些问题，一方面依赖合理分配机制的形成，但更重要的是要通过技术创新不断创造新的、更大的价值，通过创新为社会创造更多的高质量的工作岗位，并解决土地约束和环境保护等问题。因此，从技术创新角度理解我国的新型工业化道路至少应当包含两方面的内容：一方面，要提升技术引进的层次，更多地通过购买专利、聘请国外研发人员、购买样品、购买图纸、技术资料、战略联盟等"消化吸收型"和"合作型"的技术引进方式开展多样化的技术学习；另一方面，更重要的是

---

① 吴贵生等：《技术引进与自主创新》，知识产权出版社，2010年版。

要大力推进自主创新，完善工业创新体系，形成持续技术创新能力。①

提高自主创新能力是走新型工业化道路、进一步提高经济社会发展水平的必然要求。但是，明确自主创新的战略任务并不等于厘清了自主创新的方向。事实上，历史上主要工业化国家的技术赶超路径并不相同：美国的技术赶超是由于其工业部门成功将其强大的科学研究基础进行了产业化和商业化，日本的技术赶超是由于个人技能的提升和现场生产组织方式的优化，因此，美国的核心技术优势在"实验室"，而日本的核心技术优势在"现场"。针对我国的产业和技术发展状况，国内学者路风提出，中国自主创新的关键是以自主产品设计为核心的自主产品开发，与工艺创新不同，产品创新所开辟的是新的技术路径，而过程创新是在已有技术路径的规定下细化潜在的技术经济指标；产品创新带来的技术学习强度更高，学习机会较少受到已有技术路径的束缚；产品创新打开的是新的价值链，具有较为广阔的收获"创新租金"的空间。② 我们同意路风提出的以自主产品设计和产品开发平台建设为核心的自主产品创新的重要性，但是，我们认为，不能简单将产品创新等同于突破性创新，而将过程创新等同于渐进创新；更不能简单地做出产品创新较过程创新能够创造更大价值的判断，国内外至今为止的理论和经验研究都还不能支持这样的结论。技术创新能力的内涵是非常丰富的（见表14-2）。自主产品创新仅仅是我国工业自主创新的一个方面，工艺创新至少应当与产品创新同等重要。中国自主创新的第二层含义是：除了要重视产品开发能力提升外，同时也要注重工作技能和工艺技术的提升，中国的自主创新应该是技术能力的全面提升。中国的新型工业化道路和技术赶超应该是，而且只能是产品技术和工艺技术的全面追赶和超越，片面的自主创新道路是错误的、危险的。

首先，工业大国的基本特点决定了中国必须坚持产品创新和工艺创新同时推进的全面自主创新道路。技术创新的理论和经验研究表明，不同产业的技术创新

---

① 从技术能力的角度看，技术引进和自主创新常常并不能截然分开。技术能力是企业"利用技术知识来吸收、使用、改进和改变既有技术的能力。技术能力使企业能够创造新的技术、开发新的产品和工艺"（Kim，1997）。赶超国家的技术能力在赶超初期是弱的，对外部技术的吸收和学习至关重要，技术学习绩效是知识存量与学习强度的函数，后发国家的技术能力主要是技术"吸收能力"（Cohen 和 Levinthal，1990），正因此，Kim 在研究中常常不加区分地使用技术能力和吸收能力两个概念。国内外学者常常从发展阶段的角度论述技术引进和自主创新的关系，因而提出随着发展阶段的演进，技术引进和自主创新之间的关系是相互承接、替代的。我们认为，走新型工业化，推进自主创新，并不意味着放弃技术引进和学习，而是要提高技术引进和学习的层次。Cohen 和 Levinthal 经典研究的要义也正是：外部技术学习和内部自主研发之间的关系是战略互补、相互增强的，而不是战略替代的。见 Joehong Kim. Inefficiency of Subgame Optimal Entry Regulation, The RAND Journal of Economics, 1997（1）；Cohen Wesley, Levinthal Daniel. Absorptive Capacity: A New Perspective on Learning and Innovation, Administrative Science Quarterly, 1990（35）.

② 路风：《走向自主创新》，广西师范大学出版社，2006 年版。

表 14-2　技术能力的全面理解

生产能力

生产管理：监督现有设备的运行

市场工程：为优化现有设备的运行提供必要的信息，包括

 （1）原材料控制——投入品分类即分级以提高产品质量

 （2）生产计划——产品、设备见生产工艺协作

 （3）质量管理——监督产品质量达到标准，不断提高质量

 （4）故障处理——解决生产中遇到的问题

 （5）产品和工艺调整——响应外部环境变化即生产率提高的要求

资本品的维护和修理：根据正常生产计划和临时需求进行

投资能力

人员培训：提高各种技能和能力

投资可行性研究：识别可能的项目，确定在替代方案下的发展前景

项目执行：建设或扩充设施，包括

 （1）项目管理——组织和监督项目执行中的活动

 （2）项目工程——为使技术按具体要求运作提供信息，包括细节要求、基础工程和详细工程

 （3）采购——对硬件供应商和建筑承包商进行选择、机器设备安装

 （4）物质资本品的安置——选址、基础设施建设、机器设备安装

 （5）项目启动——达到预定规范

创新能力

基础研究：通过研究获得知识

应用研究：通过研究获得具有商业应用前景的知识

开发：通过包括试验开发在内的技术活动，将技术和科学知识转化为具体的新产品、新工艺和服务

注：转引自 Joehong Kim. Inefficiency of Subgame Optimal Entry Regulation, The RAND Journal of Economics，1997（1）。

遵循特定的技术范式①，产业不同发展阶段的创新重点不同②，不同产品的技术创新具有特定的技术架构特点③。我国的工业体系完备，产业发展的阶段和技术基础千差万别，工业产品种类多样，这决定了我国的自主创新形式必然是多样化的。不同产业、不同产品的技术突破重点和创新路径应该是相机的、动态的。从产业层面看，对于基础流程和连续流程类的行业，技术突破的重点是生产工艺能力提升，就我国现阶段的问题看，重点是通过现场管理水平和技能提升提高产品性能。对于复杂系统类、产品工程类和以科学为基础的行业要视产业的发展阶段具体分析（见表 14-3）：对于相对成熟的工业，由于产品创新的技术机会已经不多，技术轨道成为外生因素，"赶超者的路径是走出不同于先进者的自主技术轨

① Dosi G. Technological Paradigms and Technological Trajectories: A Suggested Interrelation of the Determinents and Directions of Technical Change. Research Policy, 1982（2）：147-162.

② Utterback James. Mastering the Dynamics of Innovation, Boston：Harvard Business School Press，1994.

③ Ulrich Karl. The Role of Product Architecture in the Manufacturing Firm, Research Policy, 1995（24）：419-440.

道"的原则①失灵，企业几乎无法选择新的技术路径和技术机会，这种情况下，中国企业的最优技术策略不是进行无谓的大规模产品研发投资，而是要充分发挥自身掌握生产性资产的优势，在利用后发优势、加强产品技术学习和吸收的基础上，通过生产工艺技术改进，形成综合性的产品优势，实现最终的技术赶超；而对于新兴产业，技术创新的重点则是新产品开发，特别是产品开发平台建设和产品开发能力的提升。事实也证明，后发国家的技术赶超常常发生在发生重大技术变革的机会窗口期或技术机会更加丰富的高技术行业。② 但即便对于这些行业也要注意同步加强生产制造能力，否则产品开发的"先行优势"很可能沦为"先动劣势"③。从产品层面看，中国工业的发展水平和国际分工不能仅仅停留于"组装和搭配"(Mix-and-Match) 标准化的模块化架构产品 (Modular Architecture Products)④，对高技能和多技能要求更高的一体化架构产品 (Integral Architecture Products) 优势的形成需要中国企业在产品创新和工艺创新两个方面进行高强度的学习和赶超。

表 14-3　行业技术模式与技术创新特征

行业类型	典型行业	技术机会	外部知识来源	与学术研究的联系	创新重点
以科学为基础类 (Science-based)	生命科学为基础的：医药与生物工程	高	公共研究结构与共同研发	紧密、直接	产品创新
	以物理科学为基础的：计算机、电子、通信、摄影摄像仪器				
基本流程类 (Fundamental Processed)	基础化工、采矿、石油	中等	子公司与用户	比较紧密、直接	过程创新
复杂系统类 (Complex System)	汽车、飞机制造	中等	复杂系统的来源	比较紧密、间接	产品创新
产品工程类 (Product Engineering)	非电子机械、仪器（机械控制、电子与机械仪器）、金属工具、橡胶与塑料制品	中高	用户	不紧密	产品创新

---

① 路风：《走向自主创新》，广西师范大学出版社，2006 年版。

② Perez Soete. Catching up in Technology: Entry Barriers and Windows of Opportunity, in G. Dosi et al. (Eds.), Technical Change and Economic Theory, Pinter, London, 1988. Lim Chaisung, Lee Keun. Technological Regimes, Catching-up and Leapfrogging: Findings from the Korean Industries. Research Policy, 2001 (30).

③ 在工业发展和战略管理领域，这方面的案例不胜枚举。

④ Fujimoto, Takahiro. Architecture-based Comparative Advantage in Japan and Asia, in Manufacturing Systems and Technologies for The New Frontier, Part 1, 7-10, Springer, 2008.

续表

行业类型	典型行业	技术机会	外部知识来源	与学术研究的联系	创新重点
连续流程类（Continuous Process）	金属冶炼、化工过程（纺织、纸）、食品饮料	低	供应商（体现为生产设备）	不紧密	过程创新

注：整理自 Marsili Orietta. The Anatomy and Evolution of Industries：Technological Change and Industry Dynamics，MA：Edward Elgar，2001. 其中表格 5.1 和 5.2。

其次，产品技术和工艺技术融合发展的技术趋势决定了中国必须坚持产品创新和工艺创新同时推进的全面自主创新道路。产品设计能力和工艺能力并不是两种独立的能力，产品创新能力和工艺创新能力常常是战略互补的，而不是相互独立的。没有能够满足生产要求的工艺能力，技术含量再高的产品设计都无法完成工程化和产业化，因而只能停留在实验室里。产品创新如果不能进入市场，就不能真正创造社会价值。不仅如此，产品设计能力和制造能力常常是相互强化的。随着现代产品设计理念和设计技术的发展，可制造性设计（Design For Manufacturability）在产品设计和开发中的应用越来越广泛。这种设计方法强调，成功的产品设计不仅仅要实现新的功能，而且要能够在不牺牲产品性能的前提下尽可能降低制造成本。由于产品必须满足特定的消费者需求和技术设定，因此现代产品设计要求在产品设计阶段就能够充分体现产品稳定性、可靠性和可制造性等工艺要求，在这种情况下，产品设计和生产工艺之间的互动变动越来越重要。[1] 如果零部件的生产过程是稳定且易于理解的，能够满足生产过程要求的、有关零部件几何和材料属性的设计规则就容易形成[2]，这种设计方式在集成电路和印刷电路板领域较常见；但是，当生产过程特殊或不易于理解时，产品设计所需要的决策参数就不容易形成，这时可行的设计方案是通过生产领域专家和产品设计者之间的互动交流（非结构性的技术对话）在不断的试错过程中共同解决问题。对于多数复合材料产品，这种设计规则是适用的。[3] 在后一种情况下，不掌握足够工艺制造能力的企业或国家不仅无法完成后续工程化和产业化，连产品设计本身都无法顺利完成。正因此，企业和国家一味依赖外包生产制造，整体的技术能力和产业竞争力就会受到损害；由于过度转移和外包生产制造，美国在平板电视和 LED 等新兴技术领域失去了竞争力，美国的产品创新能力和高技术产品创造能力在不

① Ulrich Karl，Eppinger Steven. Product Design and Development（4th Edition），McGraw-Hill，2008.

② Adler P. Interdepartmental Interdependence and Coordination：The Case of the Design/manufacturing Interface，Organization Science，1995，6（2）：147-167.

③ Ulrich Karl，Ellison David. Beyond Make-Buy：Internalization and Integration of Design and Production，Production and Operations Management，2005，14（3）：315-330.

断下降①。

最后，人口大国的基本国情决定了中国必须坚持产品创新和工艺创新同时推进的全面自主创新道路。对于中国这样的一个人口众多、将长期面临巨大就业压力的国家来说，工艺创新具有尤为重要的经济社会意义：相对而言，突破型的产品创新强调正式研发和实验室的作用，除了大量的研发经费投入外，产品创新的成功严重依赖于科学家和研发人员等少数技术精英；而过程创新是涉及组织几乎所有劳动者的集体性能力提升，除了生产装备现代化和现场管理方式的优化外，过程创新还要求将现场工人由简单劳动者转化为多技能和高技能的技能工人。产品创新是通过开拓新的市场创造就业，技能提升是通过提高产品的附加价值创造就业；产品创新受到外生的技术周期和技术机会的影响，工艺创新可以持续改进。从这两个角度看，工艺创新和技能提升的就业功能可能远远超过产品创新的就业功能。中国不可能主要依靠实验室解决就业问题，而必须主要依靠工厂解决就业问题。作为一个劳动力大国，工艺技术能力的提升更符合中国的要素禀赋结构，更能发挥中国的资源优势。

（二）高强度科技投入是自主创新的前提条件

科学技术作为工业增长和发展的一种要素，其重要性或者价值根本上是由该国所掌握科学技术或基于这些科学技术的产品稀缺性决定的。科技的稀缺性主要来自两个方面：一是自然性的稀缺性，这种稀缺性主要源于技术本身的先进性和复杂性；二是经济性的稀缺性，即由于最早实现创新而取得的"优先权"，如奖金或专利。正因此，科技研发本质上是"竞争性"的或"策略性"的。国家间的科技竞争在投入层面表现为各国不断加大资金、设备、人才等科技资源的投入。正像工业化必然伴随着工业投资的快速增长一样，从国家层面和经济增长的长周期看，没有持续的、足够的科技资源投入②，就不可能产生对提升工业竞争力有重大影响的科技成果，也不可能促进这些科技成果的工程化、商业化以及充分扩散、广泛应用和持续改进。作为技术基础薄弱的后发国家，中国只有以较技术领先者更加积极的态度、更强的创新努力才可能在技术水平上实现追赶甚至超越，加大科技资源投入强度是实现科技强国和自主创新的前提。虽然近年来我国的科

---

① Pisano Gary, Shih Willy. Restoring American Competitiveness, Harvard Business Review, 114–125, July–August, 2009. 该文获得 2009 年《哈佛商业评论》麦肯锡最佳论文奖。哈佛大学著名的创新管理教授 Pisano 在有关这篇文章的一个访谈中讲道，"那些认为创新就仅仅是研发并将研发独立于制造的观点是幼稚的……开发复杂、精密制造过程的能力至少和产品创新一样对创造性具有挑战"，详见 http://business.in. com/article/harvard/why-manufacturing-matters/24232/1。

② 虽然研发效率是由研发组织等制度性因素决定的，但由于技术创新的"干中学"性质，研发效率必然是在研发投入的过程中逐渐提升的。从这个意义上看，科技投入对于创新效果的意义更加重要。

技资源投入规模快速扩大，相应的全球位次快速上升：根据 OECD 公布的用购买力平价折算的现价国内研发总支出（GERD）数据，2008 年我国 GERD 为 1214.3 亿美元，位居全球第 3 位[①]；根据科技部公布的数据，2009 年，我国按照名义汇率计算的 GERD 为 849.3 亿美元，研发投入规模居全球第 4 位。但是，大规模的研发投入并不意味着我国已经是一个研发资源的大国，应当准确、客观评价科技资源对于实现自主创新目标的支撑能力：

首先，GERD 测度的是一国"当年"的国内研发资金投入规模，因此只反映该国研发资金的增量。然而，技术创新的累积性（Cumulativeness）决定了，每一期的技术创新效果不仅取决于当期的投资，而且取决于前期投资形成的科技资源存量，技术创新需要长期的、专注的投资。[②] 由于我国研发经费投入增长的基数低，所以从过去相对长的时期看，我国研发投入的绝对规模与这些国家相比差距会很大：根据科技部的估算，整个"十一五"期间，美国和日本的研发经费总量分别大约为我国的 6 倍和 2.5 倍[③]；如果把时间跨度延长至 2000~2008 年的 9 年间，则根据我们的计算，美国的研发经费总量大约相当于我国的 11 倍[④]。因此，如果以往中国的自主创新效率没有显著高于这些国家的事实成立，则过去中国的技术进步主要是由于后发优势和技术模仿，而非领先优势和自主创新。这意味着，随着我国与发达市场经济国家技术水平差距的缩小，基于后发优势的技术扩散和技术模仿的空间越来越小、效率越来越低，自主创新对科技资源投入的要求会越来越高。

表 14-4　主要国家研发强度（GERD/GDP）

单位：%

年份	2000	2001	2002	2003	2004	2005	2006	2007	2008
中国	0.9	0.95	1.07	1.13	1.23	1.34	1.42	1.44	1.54
美国	2.74	2.76	2.65	2.68	2.54	2.57	2.61	2.66	2.77
日本	2.99	3.07	3.12	3.15	3.17	3.32	3.41	3.44	3.42
德国	2.45	2.46	2.49	2.52	2.49	2.49	2.53	2.53	2.64
OECD 总体	2.23	2.27	2.24	2.25	2.26	2.21	2.24	2.28	2.33
韩国	2.39	2.59	2.53	2.63	2.68	2.79	3.01	3.21	3.37

注：数据来源于 OECD：《Main Science and Technology Indicators Volume》，2006 年和 2010 年。

---

① OECD: Main Science and Technology Indicators Volume 2010，以下国际比较数据如无特别说明均出自该文献；按照购买力平价计算的我国 GERD 通常高于按照名义汇率计算的 GERD。

② Lazonick William. The Innovative Firm, in Jan Fagerberg, David Mowery, and Richard Nelson, eds., The Oxford Handbook of Innovation, Oxford University Press, 2005.

③ 科技部发展规划司：《科技统计报告》2009 年第 25 期，www.sts.org.cn/tjbg/zhqk/documents。

④ 美国研发数据利用联合国：《UNESCO Science Report 2010》。

其次，即便从流量看，我国研发资金投入相对于国民经济规模的比重也太低。由于研发投资较其他投资收益的回收期更长，因此研发经费强度一定程度上反映了一国经济的持续增长能力。国际比较显示，当前我国的研发经费投入强度仍处于全球中等水平，与我国工业和国民经济规模在全球的位次极不匹配。2008年，OECD国家的平均研发强度为2.33%，制造业大国美国、德国和日本的研发强度分别为2.77%、2.64%和3.42%，新兴工业化国家的典范，也是近年来研发投入增长最快的国家——韩国的研发强度高达3.37%，并且自2001年以来始终保持在2.5%的较高水平以上，而我国的研发强度只有1.54%，2010年也只有1.71%，远远低于工业强国和发达市场经济国家的一般水平，通过加大研发经费投入来提升整体经济增长质量的任务还很重（见表14-4）。

　　促进研发经费快速增长、进一步提高研发资源支撑的基本思路是提高构成GERD的投入主体或区域的"短板"：

　　第一，在GERD资金来源中，配合政府投资体制改革，扩大政府投资的规模，促进政府公共投资的重点从硬件基础设施投资向科技投资、从短期投资向长期投资转变。①提高政府科技性财政支出，扭转政府科技型财政支出增速慢于财政支出总体增速的局面。2004~2009年，我国GERD年均增速为24.8%，但GERD中政府资金的年均增速仅为19.8%，不仅低于GERD总体增速，而且低于政府财政支出平均增速20.8%的水平（见表14-5）。②提高政府科技性财政支出，大幅提高GERD中政府资金的比重。根据OECD的统计，2008年，美国和德国GERD中政府资金的比重分别为27.1%和27.7%，OECD和欧盟的总体水平分别为33.8%和27.6%，我国为23.6%，不仅低于绝大多数OECD国家，而且低于一些发展中国家，位列全球第35位。

表14-5　科技投入中政府资金增速

单位：%

	国家财政决算支出增速	GERD增速	GERD中政府资金增速	科技经费筹集额中政府拨款增速
2000	20.5	31.93	—	25.5
2001	19	16.39	—	10.6
2002	16.7	23.52	—	18.3
2003	11.8	19.57	—	8.1
2004	15.6	27.71	13.7	17.4
2005	19.1	24.60	23.3	23.1
2006	19.1	22.58	15	12.8
2007	23.2	23.55	23.1	24.6
2008	25.7	24.41	19.2	11.6
2009	21.9	25.70	24.7	—

续表

	国家财政决算支出增速	GERD 增速	GERD 中政府资金增速	科技经费筹集额中政府拨款增速
2004~2009 年平均增速	20.8	24.8	19.8	17.9

注：数据来源于《中国科技统计年鉴》相关年份。

第二，大幅提高中西部地区的研发投入规模，通过优化研发资源区域布局促进研发资源总量的增长。2010 年，我国东部地区研发经费集中度高达 64.1%，中西部地区研发经费仅占到全国的 35.9%。在全国 31 个行政区中（不含台湾、香港、澳门），研发经费超过 600 亿元的江苏、北京、广东、山东四省市全部位于东部地区，这四个省市研发经费合计占到全国的 44.7%。从研发经费强度看，2010 年，北京、上海、天津、陕西、江苏的研发经费与当年地区生产总值之比分别为 5.82%、2.81%、2.49%、2.15%、2.07%，已经接近甚至超过 OECD 国家的平均水平。但多数中西部省、自治区市研发经费占地区生产总值（GDP）的比例低于 1.0%。

第三，扩大科技创新群体，重点是要激活民营企业和中小企业的创新活力，形成一大批"创新性企业"（Innovative Firm）。没有广大中小企业技术创新步伐的加快，中国工业自主创新的微观基础就是薄弱的。与大型企业相比，中小企业内部的科技资源投入不足的问题更加严重，主要表现在研发投入强度不高，技术创新、工艺创新和产品创新的观念不强，自主知识产权和自主品牌少，高新技术产业化能力有待进一步提升。导致我国中小企业自主创新能力弱的主要原因：一是创新环境不理想，企业的创新风险大，创新收益没有保证。创新面临着技术风险和市场风险，尤其在知识产权制度和执行力度还不够大的环境下，创新收益没有保障。二是研发费用投入不足，中小企业自身资金实力有限，加之研发性融资难的问题，大多数中小企业投入到技术创新上的费用非常有限，只能维持日常性的、改进性的研发支出。

（三）完善创新体系是自主创新的核心任务

国家创新能力作为一种集体性的能力，根本上隐含在国家的结构和过程（即创新系统）中。创新系统的核心要素包括三个方面：一是在发展理念上强调无形资产的重要性，相对于有形的生产设施，无形的知识和社会资本对于经济发展更加重要；二是在系统架构方面强调系统功能的完整性，对于大国来说，功能的完整性主要体现为创新主体的完整性；三是在主体活动方面强调创新主体的互动，互动性的技术学习促进了知识的互补和扩散。针对中国工业发展和技术创新的现状，我们认为，未来中国创新体系建设的关键任务，在系统架构方面主要是加强研究型大学和公共研究机构对工业发展的支撑能力，同时加强通用技术的供给能力，在主体活动方面主要是通过培育和完善技术市场促进主体间的合作创新和技术扩散。

1. 加强研究型大学和政府研究机构对工业的支撑能力

研究型大学和政府研究机构是创新系统中公共基础设施最重要的组成部分，不仅是公共知识的生产者，而且是国内外科学技术知识的集成者，即从创新网络的角度看，承担了技术赶超国家创新系统中的知识"枢纽"（Hub）和"门户"（Gatekeeper）的功能。加强研究型大学和政府研究结构对工业发展的支撑能力是完善中国国家创新系统的重要内容：

表 14-6　2009 年政府研究与开发机构研发课题资金来源和合作形式

	研发课题数		投入人员		投入经费	
	数量（项）	比重（%）	数量（人年）	比重（%）	数量（万元）	比重（%）
按课题来源分组						
国家科技项目	32810	53.7	165582	69.9	4518231	77.9
地方科技项目	16012	26.2	33775	14.3	317300	5.5
企业委托科技项目	2314	3.8	7963	3.4	213529	3.7
自选科技项目	6216	10.2	13395	5.7	217136	3.7
来自国外的科技项目	898	1.5	1815	0.8	68790	1.2
其他科技项目	2885	4.7	14462	6.1	463187	8.0
按合作形式分组						
与境外机构合作	909	1.5	2365	1.0	50556	0.9
与国内高校合作	3064	5.0	10083	4.3	202152	3.5
与国内独立研究机构合作	6196	10.1	23232	9.8	631750	10.9
与境内注册外商独资企业合作	33	0.1	78	0.0	1292	0.0
与境内注册的其他企业合作	1746	2.9	6345	2.7	165253	2.9
独立完成	47386	77.5	183558	77.5	4463369	77.0
其他	1801	2.9	11330	4.8	283800	4.9

资料来源：《中国科技统计年鉴》(2010)。

（1）加快推进研究型大学学术治理机制的完善，加强研究型大学自身的能力建设。在提出加强大学对工业的支撑能力的问题时，学术界和政府普遍给出的答案是加强大学的科技成果转化。20 世纪 80 年代以来以美国颁布 Bayh-Dole 法案为发端，欧洲、日本等主要工业化国家积极跟进的建立大学和企业更紧密联系的措施，常常作为这类观点的经验证据。但这样的判断隐含的基本假设是，大学自身具有足够的科学技术知识供给能力。我们认为，如果大学自身没有发挥其应当在创新体系中应当发挥的公共前沿知识供给的功能，简单加强科技成果转化激励强度，对工业和大学自身都是破坏性的。中国大学的科技成果转化问题是在与西方成熟市场经济完全不同的背景下提出来的：有利于公共前沿知识生产的制度框架尚未形成，大学自身的科研能力还很弱[①]，一些不恰当的商业化激励机制却在日益强化，并不断加剧学术管理活动的官僚化和科研活动的僵化。在这种情况下，一方面，要注意尽可能用补充性的制度安排来减少科技成果转化机制产生的商业化激励对学术激励的破坏；另一方面，更重要的是要加快我国高校学术制度完善的步伐，将研究型大学真正建设成为提供前沿知识的公共组织，在提高大学科技供给能力的同时，从根本上解决学术激励和商业化激励的平衡问题。

（2）与大学不同，政府研究机构在创新系统中的主要功能是从事"任务驱动型的研究"（Target-Driven-Research）[②]。当前我国政府研究机构的主要任务是加强其应用性共性技术的研发能力：一是加强政府研究机构对工业领域技术问题的研究。根据统计，2009年，从我国政府所属研究机构服务的国民经济分行业研发经费投入数据看，工业和制造业占政府研究机构研发经费总投入的比重分别仅为2.29%和1.91%，该比例与中国的工业和制造业的规模及其对国民经济的贡献严重不匹配。二是加强政府研究机构与企业的互动合作。2009年，政府研究机构研发项目的课题数、投入人员和投入经费中，来自于企业委托项目的比重分别仅为3.8%、3.4%和3.7%，与企业合作开展的研发项目在政府研究机构全部研发项目中的比重分别仅为3.0%、2.7%和2.9%，政府研究机构与企业的互动和合作严重不足。

2. 加强通用技术（GPTs）研究

通用技术（General Purpose Technology，GPTs）是指具有广泛应用领域、具有巨大创新空间且能够激发应用部门创新的技术，通用技术的经济学特征是具有显著的外部性、创新弹性和互补性；通用技术的掌握和应用对于一国保持长期增长具有重要的意义[③]。当前，中国对GPTs技术制高点的控制甚至参与都很不够。在公认的ICT、生物技术和纳米技术三个主要的GPTs领域中，中国在生物技术和纳米技术领域的水平尤其落后。以纳米技术为例，在国际专利合作协议下于1995~2005年授权的专利中，美国、欧盟27国和日本的比重分别达到48.1%、

① 根据ESE（基础科学数据库）的统计，1999年1月至2009年8月，我国论文发表数量居全球第5位，但论文引用率（次/篇）在发表量前20个国家中仅为第18位。论文引用率反映了同行对论文质量的评价，低的论文引用率反映了我国学术论文的整体质量还比较低。

② 贺俊：《科学的生产与转化：制度分析》，经济管理出版社，2010年版。

③ 近年来，我国提出了发展战略性新兴产业的战略概念，按照目前普遍接受的定义，"战略性新兴产业是以重大技术突破和重大发展需求为基础，对经济社会全局和长远发展具有重大引领带动作用，知识技术密集、物质资源消耗少、成长潜力大、综合效益好的产业。"但是，从技术领域的角度看，通用技术概念较战略性新兴产业概念的经济学内涵更清晰，对应的现实外延也更明确。Bresnahan Timothy. General Purpose Technologies, in B. H. Hall and N. Rosenberg（eds），Handbook of Economics of Innovation, Elsevier, 2010（2）.

25.7%和15.2%，中国在纳米技术领域掌握的专利微乎其微，仅为0.6%；在1999~2004年发表的纳米技术领域核心论文中，中国的比重不足5%[①]。生物技术的发展主要局限于生物医药产业，生物化学工程、生物材料、生物设备等新兴生物技术的研发投入低，研究成果少。未来中国要想在全球科技竞争中取得一席之地，就必须在通用技术领域有所作为。为了达到这样的目标，一方面要加强以"技术联合体"为主体的通用技术研发平台的建设，另一方面要加强通用技术在工业部门的应用和扩散，形成研发和应用相互促进增强的局面。

3. 形成具有高度流动性、开放性的技术市场

创新系统的活力来自于创新主体的互动和合作。然而，由于知识流动需要解决"披露困境"(Dilemma of Disclosure) 的问题，即当创新者准备将新技术出售时，潜在购买者对技术的估价依赖于他对技术知识的了解，因为潜在购买者如果不了解新技术，相当于他甚至不知道自己将要购买的是何物，然而一旦创新者将技术知识告诉购买者，则获得了技术知识的购买者实际上已经无须支付[②]，因而，与其他形式的合作互动相比，各类主体在技术创新领域的合作会更加困难，推进创新主体的互动合作也需要满足更加苛刻的制度条件。按照这种逻辑，促进创新主体互动合作的两个基本思路：一是发挥政府矫正"创新系统失败"的能力，通过公共服务平台和公私研发联合体建设，促进最佳技术管理实践，特别是现代工艺技术在企业中的广泛扩散，促进各类创新主体通过合作性研发解决产业发展的共性技术瓶颈问题；二是完善技术市场交易条件，引导企业利用技术市场进行开放式创新。发达完善的技术市场能够使企业从专利许可中获得经济利益，因而提高了企业技术创新的积极性，同时也加速了技术扩散，解决了企业间发明能力、工程化或商业化的能力常常分散分布的问题，因而激活了那些可能具有重大商业价值的"睡眠"技术。促进技术市场发展，最基本的制度条件是加强知识产权保护，产权是交易的前提，知识产权保护使得企业可以直接将技术本身，而不是体现技术的实物资产或产品作为标的进行交易，从而大大提高了交易效率。自主创新作为中国发展方式的一场根本转变，涉及"技术经济范式"的深刻变化，这意味着，既然要将自主创新作为经济增长的根本动力，就要给知识产品足够的保护和回报，加强知识产权保护是创新型国家建设必须的制度条件。中国技术市场建设的另外一个重要的方面是促进技术市场的开放性，使其有效接入全球创新网络。根据《2010年工业企业科技活动统计资料》的数据，2009年，我国大中型工

---

① Schaaper Martin. Measuring China's Innovation System: National Specificities and International Comparisons, OECD Working Paper, http://www.oecd.org/dataoecd/15/55/42003188.pdf, 2009.

② Arrow Kenneth. Economic Welfare and the Allocation of Resources for Invention, In Nelson, R., (ed.). The Rate and Direction of Economic Activity, Princeton University Press, 1962.

业企业限额以上研发项目中，企业独立研发完成的项目比重高达71%，各种形式合作创新的比重仅为29%，企业开放式创新的水平低；与境外机构合作研发项目的比重仅为2%，与境内外资企业的合作研发项目比重也仅为1%，企业国际化创新的水平更低。形成具有高度流动性、开放性的技术市场是中国创新体系完善的重要内容（见表14-6）。

四、政策建议

随着我国工业技术水平与国际前沿的不断接近，工业技术与科学的联系将越来越紧密，创新系统内的交流与协作将越来越重要，以往个别优势企业的"大包大揽"和"单打独斗"已经不能适应工业技术水平进一步提升的要求。旨在推进我国工业创新发展的产业政策的核心内容，应该是完善部门创新主体，强化系统内主体间的沟通协作。在完善和优化创新体系的同时，力争形成扶持性政策、公共产品政策、协调性政策和联系性政策相互配合，科学政策、技术政策和创新政策有机构成的政策体系。目前我国的科技政策以扶持和援助性政策为主，共性技术供给、研发方向协调和促进主体合作攻关方面的措施鲜有涉及，而后者正是制约我国工业自主创新能力进一步提升的关键。目前主要的科技政策虽然都部分地涉及鼓励上下游企业和校企合作研发等内容，但其内容的主体和重点仍然是依托重大研发项目，通过运用财政、税务、信贷等鼓励性政策提高企业的研发强度。这些政策一定程度上提高了优势企业的自主创新意愿，但并不能消除制约工业企业在共性技术和关键技术上广泛参与和深度合作的根本性制度性阻碍，因而也就不能解决这些企业面临的关键技术、共性技术和科学资源的供给问题。重大项目的国产采购比率和首台首套等政策，并不能在解决高端用户实际面临的工艺和生产技术问题过程中，为本土企业提供与关键供应商共同创新寻求问题解决方案的技术学习和能力提升的机会。为了达到全面推进我国自主创新能力的战略要求，未来我国的产业政策和科技政策应当考虑进行以下调整。

1. 行业共性技术供给必须依托非营利性的、实体性的研发机构

整体上看，目前我国共性技术研发的广度和深度还远远不能满足我国工业技术追赶的要求。共性技术具有两个基本的特征：一是公共性，即共性技术可以为行业内的多个企业应用；二是前竞争性，即共性技术较企业一般研发的技术具有前沿性，而较基础科学研究又具有更加直接的应用性。目前我国工业共性技术供给的基本格局是：一方面，少数优势企业和科研院所承担了部分共性技术的研发。但由于技术的公共性，优势企业在对共性技术进行大规模投资的动力不足。

另一方面，科研院所由于缺乏生产制造功能，因而缺乏对共性技术研发方向的市场判断和研发实验场所，因而对共性技术的开发能力不足。两方面原因造成我国共性技术开发主体的缺失。为了解决这方面的问题，近年来有关部门专门组织成立了由高校、科研院所和相关企业共同组成的技术创新联盟。但是，目前的技术联盟作为一个以企业为牵头主体、虚拟性的组织形式，对于解决工业共性技术供给问题还存在诸多缺陷：首先，企业牵头仍然不能保证技术的公共性，作为共性技术的组织必须是能够面向行业的非营利性组织；其次，组织的虚拟性使得实际上没有人能够对共性技术研发项目的推进进行统一指挥并承担相应责任，既降低了同盟的运行效率，也阻碍了研发项目的连续性。技术创新联盟只有依托真正的非营利性的、实体性的公共机构（至少是常设性实体机构），即存在一个真正的权利、义务主体，才能真正推动科技资源整合和协调。

2. 通过"有控制的竞争"和各类创新主体的一致行动促进关键技术突破

关键技术突破的主要机制应当是市场竞争机制。政府在关键共性技术突破方面的作用：一是加强关键技术路线的引导和协调。可以考虑政府部门牵头组织由企业和科研院所专家（包括国外专家）组成的各主要领域的技术专家委员会，定期（如2年）发布技术发展趋势和路线指引。《指引》必须是建议性，而非行政性的，目的是协调引导企业、科研院所和各类研发主体的研发行为，集中有限的科技资源，提高主体间研发活动的一致性，加速行业在关键技术领域的赶超。二是加强对面向下一代产品和工艺的关键技术研发的扶持。在继续加大扶持力度的同时，关键是优化扶持方式，包括通过企业在科技攻关项目立项时的充分参与保证研究成果的适用性，通过重点支持面向未来的研发项目，而不是成熟技术鼓励各类企业（而不仅仅是技术优势企业）进行下一代产品的研发。三是保证"有控制的竞争秩序"的形成。支持性政策既要面向少数优势企业和潜力企业，从而保证科技、财务资源的集中高效利用，又要尽可能照顾到足够数量和类型（不同技术路径）的企业和研究机构，保证整个创新系统的多样性。

3. 重视工艺技术创新，促进工艺技术扩散

针对我国工业的创新发展政策不仅要着眼于新产品开发，也要关注新工艺的开发。在重大科技专项等支持性项目的立项中，要加大对工艺技术扶持力度，在产品技术的立项中，也要充分考虑到项目主体工艺技术对产品技术的支撑能力。工艺技术兼具通用性和组织特定性。考虑到工艺技术的通用性，政府和协会可以通过组织国际性的工业工艺技术交流、参观访问等活动促进国外工艺技术引进，通过组织国内工业，以及非工业的跨行业工艺技术交流活动，促进工艺技术创新实践的传播和扩散；考虑到工业技术的组织特定性，特别是与现场生产管理和工人技能的紧密联系，还可以借鉴日本的"母工厂"模式，通过支持和鼓励部分优势企业集中工艺和生产资源建立与精细化制造要求相符合的现代化车间，以点带

面地促进工艺技术创新。

4. 通过多层次教育体系和激励用工制度改革为精细化制造培养人才

具有丰富操作经验和专业技能的技术工人的缺乏已经成为制约我国工业企业生产制造水平提升的重要障碍。从教育成本和工业对专业化技能需求特点的角度出发，应当通过构建多层次的教育体系，培育能够满足工业精细化制造要求的多层次技术工人。此外，在技术工人，特别是高级技工的人力资源政策方面，政府要创造有利于技术工人技能累积和进行专用性技能学习的政策和法律环境。这方面，可以考虑部分地借鉴和吸收日本企业的用工和激励制度：日本企业出于战略需要和对生产技术的追求，没有采用计件工资的激励形式，而是选择了年功序列制和长期雇用制，月薪发放配合严格的考核制度，把员工工资与技能挂钩，避免了月薪制激励不足的问题，有利于激励员工对技能（核心技能）进行长期投资。而目前国内企业普遍采用的计件工资制度，虽然有利于提高工人的短期工作效率，但不利于技工现场技能的长期投资和积累。为了促进我国企业对技术工人激励方式和用工制度认识的转型，政府和协会组织一方面加大舆论引导，另一方面要配合企业内部改革对《劳动法》和相关法规进行相应调整。

5. 加强创新主体间的互动合作

促进我国工业部门创新系统完善，重点是加强企业与科研院所、上下游企业以及同业企业的合作和交流，具体包括：①消除产学研合作的制度性阻碍，形成产学研合作的长效机制。目前制约企业与大学和其他院所建立长效合作机制的主要障碍是制度性的：首先，也是最根本的，是大学自身的学术激励评价机制问题，必须变目前对科研人员的行政评价为同行评议机制，提高学术声誉机制对科研人员研究行为的约束力；在此基础上，提升校企合作绩效，一方面要在国家工程类学科应用问题研究项目的立项时充分体现企业的技术需求，另一方面要加强大学科研人员的长期激励、减少科研人员的项目收入，同时在校企合作项目中，提高科研人员所在单位在项目选择、任务界定和绩效评估方面的权利，降低科研人员个人的自由裁决权，企业面向科研机构，而不是科研人员个人，激励和约束科研组织，而不是科研人员个人为科研声誉和校企合作项目负责，进而提高校企合作的连续性和有效性。②促进企业与下游高端客户和核心零部件供应商的协同开发。在制造业重大技术立项时，要积极鼓励大型制造企业、装备企业和核心零部件配套企业的合作研发，特别是长期研发项目，促进产业链层次上技术联盟的形成。③加强企业间的信息交流和沟通。除了正式的展会和高端论坛以外，还可以组织常规的、非正式的企业家和科研人员的聚会，以多种形式促进科技信息的交流。

第十五章 新型工业化道路与产业组织优化

工业化仍然是我国现代化进程中艰巨的历史性任务，加快推进工业化进程依然是当前经济发展的重心。随着国际分工的进一步深入，信息技术以及以此为基础的新经济正在以前所未有的速度在全球扩展，再加上资源环境的恶化，新型工业化道路成为中国工业化发展的必然选择。我国"十二五"规划明确指出，"坚持走中国特色新型工业化道路，必须适应市场需求变化，根据科技进步新趋势，发挥我国产业在全球经济中的比较优势，发展结构优化、技术先进、清洁安全、附加值高、吸纳就业能力强的现代产业体系。"并且指出，"合理引导企业兼并重组，提高产业集中度，发展拥有国际知名品牌和核心竞争力的大中型企业，提升小企业专业化分工协作水平，促进企业组织结构优化。"

新型工业化要求以信息化带动工业化，这就需要在通过高技术来推动工业化道路发展的基础上，借助高技术对传统农业、工业及其他行业的扩散效应，形成工业化道路不断循环升级互动发展机制；而建立现代产业体系也要求提高产业集中度，发展大中型企业和提升小企业专业化分工协作水平，这就必然使得新型工业化道路与产业组织优化紧密联系起来。从根本上来说，新型工业化道路与产业组织优化之间存在互动关系，工业化的深化引起经济组织的变革和专业化程度的提高，进而影响企业之间的分工合作关系，促进产业组织的优化，提高企业或产业竞争力，进而推动工业化进程。

长期以来，产业组织问题研究的重点在于市场结构。市场结构被理解为同一产业内企业的集中或分散程度，同时也包括大、中、小企业之间的分工协作关系。我们分析20世纪50年代以来中国工业化的不同发展阶段后发现，产业组织需要多维度的理解。除了产业组织的市场结构以外，还应该包括所有制结构以及空间结构。在开放条件下，随着国际分工向要素分工转变以及产业的国际转移，产业组织必然要以全球价值链作为载体。从根本上来说，新型工业化进程中，中国企业需要不断超越嵌入全球价值链的俘获型治理关系，进而实现产业组织结构的不断优化；新型工业化对不同产业特性的集群提出了差异化的要求，进而使其产业组织的优化路径也具有特殊性。

一、中国工业化进程中产业组织优化的界定及路径

（一）西方产业组织及其优化的一般界定

产业组织理论最早可以追溯至亚当·斯密的分工理论。他在《国富论》中指出，"劳动生产力上最大的增进，以及运用劳动时所表现的更大的熟练、技巧和判断力，似乎都是分工的结果"。[1] 同时，他也认为分工受制于生产规模与市场需求量的大小，这一命题被后人称为斯密定理。马歇尔是产业组织理论的创始人，他在分析生产要素时，创造性地在萨伊的生产三要素之外将"组织"作为第四种生产要素，他不仅分析了企业内生产组织形式，还分析了企业间的组织形式，并且完成了对于规模经济理论的经典阐述。以梅森和贝恩为首的哈佛学派则在吸收前人研究成果的基础上，以案例分析为主要手段，把产业分解为特定的市场，并从结构、行为与绩效这三个方面深入分析，形成了 SCP（Structure Conduct Performance）范式。

西方产业组织理论中，产业组织通常是作为学科意义上的概念使用的，指的是以厂商的结构和行为作为研究对象的经济学领域。[2] 在本章中，产业组织更多地被解释为产业组织结构，其含义是产业体系中的组织形态以及企业之间的结构关系，包括一定产业内部的大中小企业的规模及规模结构、不同企业（或产业）之间的关系以及影响这些关系的因素，其中最主要的是专业化分工与协作关系、有效竞争与规模经济等。在这个意义上，产业组织优化的本质就是产业组织结构的优化，主要是通过调整和改善企业规模、企业间的市场关系、产业组织的区域空间分布等，来充分、合理、有效地组织生产要素，实现资源的有效利用和合理配置。

（二）中国工业化进程中产业组织及其优化的基本内涵

中国工业化进程中的产业组织问题研究有着一定的特殊性，主要应该包括三个方面。第一，产业组织的市场结构，这是资源配置在市场运行中的组织分布状态，主要是行业内部企业的数量及其规模分布，产品差异程度和新企业进入该行业的难易程度的综合状态，其核心在于不同组织在市场占有方面的关系；第二，

---

① 亚当·斯密：《国民财富的性质和原因的研究》（上卷），商务印书馆，1972 年版。
② 参见理查德·施马伦西：《产业组织》，载《新帕尔格雷夫经济学大辞典》（Ⅲ），经济科学出版社，1996 年版。

产业组织的所有制结构，这是资源配置在产权形态上的表现，反映社会不同产权主体之间的关系；第三，产业组织的空间结构，这也是资源配置在区域上的分布，反映了产业组织在空间集中方面的关系。这三者也分别表示了产业组织的规模属性、制度属性和空间属性。

因此，产业组织优化也应包括三个方面的内容。产业组织市场结构的优化体现在产业集中度的提高和规模经济的实现；所有制结构的优化是产业组织优化的制度表现形式，这也是中国在工业化进程中实现经济转型而区别于其他工业化国家的重要方面；区域空间结构的优化则重点应该考察发展中国家特有的块状经济发展以及在此基础上形成的产业集群的发展概况。此外，基于国际价值链分析框架下的国际产业分工形式也是空间结构优化的重要方面。

(三) 中国工业化不同阶段产业组织优化的一般路径

中国工业化发展是从 1952 年"一五"计划开始的，期间除了对工业化认识的差异导致中国制订的"八五"和"九五"计划中一度回避工业化问题以外，从第十个五年计划才又开始将工业化作为主要内容。此后，中共十六大报告中又提出"新型工业化"概念，这表明了加快中国的工业化发展进程依然是经济工作的重心。在此期间，中国的工业化进程经历了 4 个不同的发展阶段，每个阶段的产业组织优化都有其特殊的路径。

1. 奠定工业化基础阶段

这一阶段是从 20 世纪 50 年代到 70 年代末。在此期间，中国政府采取的主要措施是通过一定的制度安排来降低重工业发展的成本，进而大力推进重工业的发展（林毅夫等，1999）。在三大改造基本完成之后，国家制订了"一五"计划，从而奠定了中国工业化的基础，工业总产值比重由 1949 年的 30% 上升到 1957 年的 56.7%。此后在"二五"计划中，工业产值波动较大，工业增长速度最高达 53.4%，而最低时则为 -39%，在经历了"整顿、巩固、充实、提高"以及"三五"计划，中国工业经济出现明显好转。

这一时期主要是传统计划经济体制，国有企业依靠政府投资占有较大的市场份额，因而导致了产业体系和产业组织高度集中，在这段工业化进程中，产业组织优化的要求并没有被提到。

2. 工业化加快发展阶段

这一阶段主要是从 20 世纪 70 年代末至 90 年代初。这一阶段实施改革开放政策，中央政府先后出台了扩大企业自主权、地方财政包干、利改税、拨改贷等政策措施，这些市场化的改革和新的产业发展模式对产业组织产生了显著的影响。这一阶段，产业组织状况主要表现出以下特点：

第一，市场容量不断扩大，市场集中度下降。1978~1990 年，城乡居民收入大幅增长带来需求迅速增长，市场容量急剧扩大，社会消费品零售总额从 1558.6 亿元上涨到 8300.1 亿元。较大市场容量使得大量企业进入，导致原有企业所占份额越来越小，市场集中度也由此降低。

第二，新企业的大量进入，加速产业组织的分散化。1985~1990 年，各类工商企业数量由 518.53 万个上升到 795.78 万个，增幅高达 53.5%，并且大企业的增长幅度明显小于中小企业，企业数量增长率与企业规模呈明显的负相关关系。1980~1990 年，乡以上独立核算工业企业的新增企业绝大多数是企业职工不到 100 人的小企业，这也使得小企业占据了工业经济重要地位，工业企业规模小型趋势化明显。

由此可见，工业化加快发展阶段市场容量的扩大带来的产业组织结构变化的显著特点是市场集中度的下降。当时社会化大生产水平较低，市场集中程度的下降直接导致了大中小企业组织水平和分工程度不高，直接导致市场过度竞争、企业效率低下。由于企业缺乏专业化分工，各个企业自给自足，自成体系，"大而全、小而全"现象十分普遍。生产的非专业化一方面使得企业自身难以实现规模经济，另一方面导致资源和市场份额不能向优势企业集中，产业组织长期处于不合理的松散状态。

在这个意义上，在工业化加快发展阶段，产业组织优化的核心在于制定合理的产业组织政策促进产业适度集中，引导企业由无序的过度竞争转向有效竞争。从政府层面上来看，需要规范政府行为，打破条块分割，降低企业退出壁垒，为市场集中创造条件，同时加快国有企业改组改革，实现国有资产战略性调整，硬化企业投资约束，鼓励发展以大企业为核心的企业集团，做大做强主导企业。

3. 工业化快速发展阶段

这一阶段主要是 20 世纪 90 年代初到 90 年代末。随着 1992 年邓小平南方谈话后中国经济进入新一轮快速增长周期而有了明显改变。这一阶段工业化进程明显加快，中国告别短缺经济而成为工业化大国。然而在这段时期，中国工业化进程也面临着诸多问题，主要表现在两个方面。第一，企业的产权没有明晰。尤其是以苏南为代表的乡镇企业，随着改革深入和市场竞争的日益激烈，其产权结构及其与之相适应的决策机制严重影响了企业活力，进而导致了企业效益的下降。第二，产业的市场集中度没有产生较大的变化，市场依然处于一种较为松散的状况，重复建设和过度投资问题依然较为严重。因此，在这种情况下，产业组织结构优化则着重体现在以下两个方面：

第一，产业组织的产权结构发生重大变化。这个变化主要包括乡镇企业的民营化改制以及大量利用外资。这主要以苏南地区为典型代表。一方面，20 世纪 90 年代中后期，苏南地区开始对乡镇企业实施多次产权制度改革，即把乡镇集体企业改制成集体控股的股份制或者股份合作制。然而，改制初期收效不大，于是又开始了"二次改制",即打破"地方产权制度",地方政府退出原来在乡镇企业中的股份,同时也直接撤出了对乡镇企业的直接控制权。到 20 世纪末,苏南地区 95% 以上的企业完成了改制。通过改制,乡镇企业转变为民营企业或股份制、股份合作制企业,从而明晰了产权,企业活力大大增强,也激发了苏南的企业家精神。另一方面,20 世纪 90 年代中期,苏南地区利用其毗邻上海的区位优势,主动融入上海,通过错位发展战略发展外向型经济。一来发展出口加工贸易,二来抓住国际产业资本加速向长三角转移的契机,积极采取措施进行招商引资,兴办"三资企业"。苏南政府不断通过增加基础设施建设投入来改善投资条件,并通过制度创新为外资进入提供便利条件。

第二,产业组织中市场结构的变化,即市场集中度大幅度提高。中共十五大以后,中央政府对国有企业进行战略性调整,实施大企业、大集团战略,大力推进企业组织的结构调整,并且以优势企业为核心,利用市场力量引导企业重组,进而推动了一批具有竞争力的企业和企业集团的成长,这些企业逐渐成为行业中的主导企业。同时,随着市场经济的不断完善和发展,市场机制成为资源配置的主导力量,一批经营不善、技术落后、高污染、高能耗的企业开始出现亏损,一部分被大企业收购兼并,另一部分随着市场退出机制的不断完善而有序退出市场竞争。而在位企业又通过较强的资金、技术等,对潜在进入者构成了进入壁垒,这样进一步遏制了低水平重复建设和盲目投资,推动了市场集中度的提高。从一般集中度的变化来看,根据统计局数据,中国 100 家最大的工业企业按销售收入计算的集中度,1990 年为 12.4%,到 1999 年为 14.39%,近 10 年来逐年稳步提高。如果根据工业四位数行业分类来计算,1985 年 523 个工业小类行业加权平均产值集中率 CR_4 为 18.8%,CR_8 为 27.4%,[①] 而到了 1995 年,经过适当调整后,579 个工业行业的 CR_4 为 20.1%,CR_8 为 27.7%。[②] 从各细分行业来看,集中度上升的行业主要是一些竞争性的行业,如木材加工、家具制造、饮料制造、纺织服装、金属制品和机械制造等行业;而一些垄断性的产业,如石油天然气开采、烟草加工等行业,其市场集中度都出现不同程度的下降(具体 1990~2005 年主要年份两位数行业分类的 CR_4 与 CR_8 值可参见附录)。

由此可见,在 20 世纪最后十年中国工业化快速发展的时期,中国产业组织的市场结构和产权结构都得到了不同程度的优化。

4.新型工业化阶段

中共十六大报告中明确提出了"新型工业化"的概念,标志着中国工业化进

---

① 数据来自于王慧炯等:《产业组织及有效竞争——中国产业组织的初步研究》,中国经济出版社,1991 年版。

② 数据来自于魏后凯:《市场竞争、经济绩效与产业集中》,经济管理出版社,2003 年版。

入了新阶段。新型工业化要以信息化促进工业化发展，其发展目标是走出一条科技含量高、经济效益好、资源消耗低、环境污染少、人力资源优势得到充分发挥的工业化道路。

在这期间，国内市场结构依然存在诸多的问题，主要表现在以下几个方面：第一，企业规模太小，缺乏拥有国际知名品牌和核心竞争力的大中型企业，部分企业大而不强，主要是为发达国家跨国公司进行代工生产，企业缺乏国际竞争力，企业"走出去"步伐缓慢；第二，各个行业的市场集中程度出现两极分化的局面，部分行业市场集中度过低，而部分市场则过高，出现垄断和过度竞争并存的局面，严重影响了资源的有效配置；第三，企业的专业化分工程度较低，尤其是中小企业，基本上属于一盘散沙的局面，一旦受到外界冲击则会带来无法估量的损失；第四，市场准入导致的部分行业非公有制比重过低等。这些问题需要在新型工业化的背景下来进行优化和调整，这也是建立现代产业体系的必然要求。然而，在全球化背景下，随着中国开放程度的提高和不断融入全球经济，产业组织的优化除了上述在传统工业化中面临的诸多问题外，还被赋予了更多的内容。在市场结构层面，除了传统意义上的市场集中度的提高以外，更多考虑的应该是全球价值链中形成的各种治理关系；而在空间结构层面，产业集群也随着全球要素分工的深入以及地区板块经济的发展而成为产业结构优化的重要载体。

二、价值链：新型工业化进程中产业组织的价值载体

（一）全球价值链的形成与新型工业化道路

从根本上来说，工业企业创造价值的过程，可以被分解为一系列相对独立但又紧密关联的经济活动，这主要包括产品的研究开发、设计、原材料的采购、生产制造、市场营销和售后服务等，这些经济活动对产品的增值都产生贡献，其贡献总和构成了产品价值增值，这就形成了完整的产品价值链。在20世纪50年代以前，由于国际政治、经济、技术等条件的限制，一国必须将产品增值的全过程或大部分都置于国内。这样，各国就根据其比较优势生产本国具有竞争力的产品，在此基础上形成了产品的国际分工。

第二次世界大战以后，国际政治经济条件发生变化，尤其是以计算机技术革命为主的信息产业的发展，使信息化在工业化进程中发挥了重要的作用。发达国家工业化进程的本质即为"新型工业化"。以信息化为载体的工业化为产业链的外部转移创造了条件。尤其是20世纪90年代以来，全球工业生产技术水平不断

提高，生产过程也不断细化，各个生产环节可分割性更加加强，不同生产环节的国际分工更加深化，所以表现在产业转移过程中，首先是将整个产品价值链增值过程、技术或工艺流程拆分成各个更细小的部分，然后再按比较优势原理将这些过程在全球范围内进行分工。产业转移的本质就是价值链在全球的配置，这也给中国工业化进程的加快带来了契机。

从根本上来说，价值链可以分解为研发设计、生产和营销三个环节，其中生产环节是有形的物质投入活动，而研发设计和营销往往是价值链中的无形过程，即服务环节。以要素分工为主的第三次产业转移浪潮，[①] 主要是表现为发达国家与发展中国家的分工，其核心是同一产品生产过程中的垂直专业化，即发达国家和发展中国家各自发挥自身的比较优势，由发达国家负责产品生产的上游和下游的技术、知识、资本密集型环节的服务环节，如产品的设计研发、资本组织、营销服务等，而发展中国家则参与劳动密集型环节的生产环节，如产品零件的加工和组装以及原材料生产等。

这种国际分工和产业转移正好是与发展中国家的工业化进程一致的。因此，发展中国家的工业化不断深入的进程，也是不断参与国际分工、承接发达国家产业转移进而嵌入全球价值链的进程。在这个意义上，我们认为，全球价值链是新型工业化进程中产业组织的新形式和价值载体。

（二）中国的工业化及俘获型全球价值链的形成

Gereffi 认为，每条价值链中都有一个主导者，这个主导者对价值链的性质起着决定性作用，不仅主导了价值链的治理模式，也决定了价值链各环节的收益分配。通常来说，设计和营销环节从本质上控制着价值链的治理模式。[②] Humphrey 和 Schmitz 根据交易成本经济学和企业网络理论，把全球价值链的治理模式分为科层制、俘获型、网络型和市场关系型四种。科层制主要是母公司以垂直一体化的层级型控制子公司；俘获型是价值链的主导者控制这个价值链的利润及其分

① 20世纪50年代以来全球共经历了三次产业转移。第一次是20世纪50~60年代，美国将纺织、钢铁等传统产业转移到日本和西德，自己则集中力量发展半导体、通信和电子计算机等技术密集型产业。由此导致了日本继英国、美国之后，成为第三个"世界工厂"。第二次是70~80年代，此次产业转移主要发生在东亚地区。日本先是将纺织等劳动密集型产业转移给东亚"四小龙"，接着又将资本密集型产业转移出去，最终催生了东亚奇迹。这两次的国际产业资本转移主要是在发达工业国家之间，其目的是在发达国家建立水平的分工关系以利用规模经济效应，所以国际贸易结构也相应以工业制成品贸易为主，在这两次国际产业转移中，以长三角和珠三角为代表的中国地区并没有享受到全球化的好处。

② Gereffi, G. The Organization of Buyer-Driven Global Commodity Chains: How US Retailers Shape Overseas Production Networks, in Gereffi, G., M. Korzeniewicz, Commodity Chains and Global Capitalism, London: Praeger, 1994; Gereffi, G. International Trade and Industrial Upgrading in the Apparel Commodity Chain, Journal of International Economics, 1999 (48).

配；网络型主要是价值链中各企业之间不存在相互控制关系，完全能力互补、市场共享和双边合作；市场关系型则是基于市场契约的公平交易。[①] Gereffi、Humphrey和 Sturgeon 指出，交易的复杂程度、交易的可编码程度以及供应商达到购买者制定要求的能力这三个因素是研究全球价值链治理的核心，在此基础上，他们将全球价值链治理分为五种模式，即市场型（Market）、模块型（Modular）、关系型（Relational）、俘获型（Captive）和层级型（Hierarchy）。[②]

　　从中国嵌入全球价值链的方式来看，中国最大的比较优势在于较低的生产要素价格，其中主要是劳动力价格。由于发达国家的大购买商在产品终端市场上控制了销售渠道，在技术研发等环节又具有累积性优势，跨国公司就在价值链核心环节具有了持续的技术垄断能力、自主研发能力与销售终端控制能力。因此，中国只能以较低的劳动力价格优势承担劳动密集型环节，即加工、组装环节，获取较低的附加值。因此，这是一种俘获型的价值链治理模式。

　　我们以美国苹果公司生产的 iPod 产品为例来分析中国在全球价值链中形成的俘获型关系。第一个环节是 iPod 的产品设计环节。时尚消费的电子产品中，出色的外观设计是吸引消费者，从而占据市场份额的最重要因素。iPod 主要是凭借其简约而明快的外观设计，从感官上赢得了顾客的认可。第二个环节是零部件的供应环节，包括关键零部件和一般零部件两类。其关键零部件主要是微型硬盘、解码器、PCB 板等，都来自于日本东芝、韩国三星、荷兰飞利浦等国际知名品牌。然而，这些零部件产品大多也是通过一级发包商、二级发包商，层层外包生产而成。其一级外包主要是美国、日本等企业发包给一些韩国、中国台湾企业，而二级外包主要是中国台湾企业转包给中国大陆企业。一般零部件主要是非关键配件，如电池、充电器、触摸滚轮和耳机等，主要由中国台湾和中国大陆的企业生产。iPod 价值链的第三个环节是代工生产。美国苹果公司将 iPod 的代工生产资格给了四家中国台湾企业，分别是广达电脑、英华达电脑、富士康（鸿海集团）和华硕电脑。这四家企业生产不同系列的 iPod 产品，如 iPod shuffle、iPod nano 和 iPod video 等。这些代工企业在中国大陆地区设置生产和组装基地，充分利用中国大陆丰富而廉价的劳动力资源。以富士康为例，在大陆的深圳、昆山、北京、太原、烟台等地设有七个工业园区，雇员数超过 14 万。苹果公司将设计的 iPod 图纸交给富士康生产，并且购买所有的产成品。第四个环节是营销环节。营销环节依靠的还是苹果公司的品牌效应。iPod 产品有三种销售途径：第一是进入沃尔玛

　　① Humphrey, J., Schmitz, H. Developing Country Firms in the World Economy: Governance and Upgrading in Global Value Chains, INEF Report, 2002, No.61. http://www.ids.ac.uk/ids/global/vwpap.html.

　　② Gereffi, G., Humphrey, J., Sturgeon, T. The Governance of Global Value Chains, Review of International Political Economy, 2003, 11（4）.

等大型超市；第二是苹果公司专门设立的专卖店；第三是寻求经销商和代理商。沃尔玛是世界知名零售商，iPod 进入该超市主要是利用其专门的强大的销售网络，这时价值链中相当一部分收益被这些品牌零售商瓜分；专卖店销售模式则由苹果公司独享收益；在代理商选择方面，苹果公司强大的品牌优势具有较高的谈判能力，从而也控制了该价值链中的大部分收益，[①] 价值链分解如图 15–1 所示。

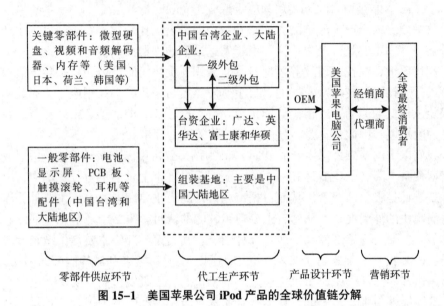

图 15–1　美国苹果公司 iPod 产品的全球价值链分解

三、中国新型工业化进程中俘获型价值链的超越

随着中国新型工业化道路的提出，要求以信息化促进工业化，以工业化促进信息化，这需要中国技术得到提高，并且获得更大的附加值，进而提升竞争力。然而在俘获型价值链治理模式下，俘获及被俘获、升级与反升级的过程，是中国代工企业在工业化进程中与跨国公司分工合作的不断演进的过程。这也是新型工业化时期的中国工业企业的必经阶段。但是从长期来看，产业组织的不断优化需要超越这种俘获型的价值链治理关系。

---

① 江静、刘志彪：《全球化进程中的收益分配不均与中国产业升级：基于商品价值链视角的分析》，《经济理论与经济管理》，2007 年第 7 期。

（一）俘获型价值链中代工企业与跨国公司的分工合作演变

中国企业对于俘获型价值链的超越，其本质就是实现产业的升级。Gereffi，以及 Humphrey 和 Schmitz 将产业升级的概念界定为以下四个方面：工艺升级（Process Upgrading）、产品升级（Production Upgrading）、功能升级（Function Upgrading）和链条升级（Chain Upgrading）。[①] 工艺升级主要通过提升价值链中某个环节的生产加工工艺流程，从而降低成本以提高收益，进而超越竞争对手，其主要途径是通过重新组织生产体系，或者通过引入更先进的技术，使投入产出转换变得更有效率；产品升级主要通过引进新产品或改进已有产品的特性，一般表现为进入一条更为复杂的产品生产线，从而表现为产品附加值的提高，这种附加值的提高可能是生产出来具有更高技术含量的新产品，也有可能是因为原有的产品被赋予更多的特性，如具有更优质的性能，或者是加入了绿色环保等健康因素；功能升级主要通过重新组合价值链的某些环节，甚至获取价值链中其他高附加值环节的某些功能，从而获取竞争优势；链条升级主要是通过在现有价值链中所学的知识和技能，然后延伸到其他整体附加值更高的产业链，如从生产制造电视机转向生产显示器等。

在俘获型价值链体系中，中国企业的工艺升级和产品升级是最可能被跨国公司所能接受的两种升级途径，这主要是因为在俘获型价值链中处于主导地位的跨国公司面临的市场竞争以及终端消费需求的提高。这都有可能改变跨国公司与中国代工企业之间的分工合作关系。

第一，激烈的国际竞争要求能够进一步降低生产成本，并且对代工企业及时快速交货和应变能力提出了更高的要求。代工企业交货能力的快慢对于跨国公司有着关键意义，尤其是在传统制造业，如服装、鞋类等行业。这些行业要求其产品的设计、款式能迅速跟上消费市场的变化，因此，跨国公司可能随时对订单进行修正，这也要求其配套企业能迅速适应。因此，一方面，作为代工生产者的中国工业企业会通过新生产设备与生产工艺的持续动态引入，追求投入产出效率提高和生产成本的降低来获得跨国公司的青睐；另一方面，跨国公司也会通过生产设备转让、生产工艺指导和辅助技术支持来帮助中国代工企业提高生产技术水平，进而完成工艺升级（Process Upgrading）。

第二，国际市场中消费者的挑剔程度也随着收入提高而不断增强，不仅对产品质量、性能提出了更高的要求，而且也越来越重视环保、安全、健康等其他元

① Gereffi, G. International Trade and Industrial Upgrading in the Apparel Commodity Chain, Journal of International Economics, 1999（48）；Humphrey, J., Schmitz, H. Developing Country Firms in the World Economy: Governance and Upgrading in Global Value Chains, INEF Report, 2002, No.61. http://www.ids.ac.uk/ids/global/vwpap.html.

素。因此，中国企业在价值链中试图进行的产品升级（Production Upgrading），在跨国公司所拥有的不对称市场渠道控制势力和品牌积累势力在短期不可被替代的情形下，这些行为也是与跨国公司的内在利益相一致的，非但不会受到限制，反而也会得到跨国公司的帮助。

由此可见，只要是发达国家能够控制市场终端销售渠道以及全球价值链关键环节的核心技术，它们就可能在一定程度上对中国代工企业进行技术支持，以满足它们的采购需求。而一旦超过了跨国公司允许的限度和范围，有可能在改变目前价值链中的分工和地位，进而威胁其利益时，跨国公司往往会采取措施阻挠中国代工企业的创新行为。为了阻止中国代工企业技术能力的过分提高，跨国公司在中国设立专门的研发机构体系来加强技术垄断，从而防止技术能力在中国企业的过度扩散。一旦发现中国企业试图在功能升级（Function Upgrading）和链条升级（Chain Upgrading）做出努力，就往往会以不给订单相威胁，阻止企业进一步创新，而始终将中国企业限制在价值链中的被俘获地位。

全球价值链中的俘获及被俘获、升级与反升级的过程，也是中国代工企业在工业化进程中与跨国公司分工合作的不断演进的过程。这也是新型工业化时期的中国工业企业的必经阶段。

（二）新型工业化条件下中国代工企业对俘获型价值链的超越

新型工业化的不断深入要求中国工业企业在参与全球价值链中不断提高技术水平和增加附加值，进而能够超越这种被俘获的价值链关系中与跨国公司的分工合作形式。

中国企业以其比较优势不断融入价值链的进程中，也在不断寻找机会加强研发投入，而技术人员在跨国公司与中国本土企业之间的流动也加强了技术溢出。研发和人力资本投入的加强一方面提高了企业的创新能力，另一方面又增强了企业识别、模仿、应用外部知识的能力，这种吸收和消化能力对知识的溢出和扩散非常重要。

从现实情况来看，近年来中国企业的技术能力也得到了极大提高，这在出口产品的技术含量方面表现得尤其明显。大量学者都利用不同的衡量出口产品技术复杂度的指标对中国产业出口产品技术含量的变动和规律做出了基本判断，进而判别中国产业是否具有国际竞争力。大多数研究结论都表明，虽然与发达国家还存在差距，但是中国出口商品技术含量都具有上升趋势。[①]另外一些学者的研究

---

① 樊纲、关志雄、姚仲枝：《国际贸易结构分析：贸易品的技术分布》，《经济研究》，2006年第8期；姚洋、张晔：《中国出口品国内技术含量升级的动态研究——来自全国及江苏省、广东省的证据》，《中国社会科学》，2008年第2期。

则更为乐观。Schott 研究了中国的出口与 OECD 国际的出口结构，分析出口产品的复杂度水平以及结构变动，得出的结论是中国出口产品中相当大部分与 OECD 国家重合，从而显示出口产品结构超越了中国自身经济发展阶段。[①] Rodrik 通过比较研究的方法对中国出口结构进行了定量评价，他构造的指标量化了出口水平对中国收入水平的偏离以及变动趋势，得出的结论是，如果从产品的技术含量来看，中国出口结构与比其人均收入高三倍的国家出口结构相同。[②]

技术含量的增加以及信息化程度的不断提高改变了中国在价值链中的分工地位，不仅改变了全球价值链**中**与发达国家跨国公司的分工合作，而且在国内市场上也形成了自身的分工体系。其发展路径如下：随着中国代工企业的技术能力提升，再加上中国有巨大的国内市场，因此，在参与全球价值链给跨国公司代工的同时，某些行业内的龙头企业，也开始专注国内市场的开拓和竞争，在取得国内市场某个行业或产品价值链的高端环节竞争优势后，建立起自己的设计、品牌和全国销售渠道；然后逐步进入周边国家或者具有相似需求特征的发展中国家市场，并建立起以自己为主导的区域价值链分工体系；最后与发达国家主导的国际大购买商或跨国公司建立均衡网络型关系，而非俘获型关系，甚至是完全由自己主导的全球价值链分工体系。这条路径是新型工业化道路下最成功的产业组织优化模式。

在这方面，日本和中国台湾的经验和教训值得中国学习和借鉴。日本经济起飞正是得益于其产品国内价值链的构建。日本政府限制外国产品进入本国市场，在汽车、电子产业以及家用电器等行业建立起由本国企业主导的国内价值链，利用技术引进与技术学习、吸收再创新，逐步培育出相关产业的高级要素，最后在特定产业中逐步实现从生产要素驱动到投资驱动再到创新驱动的转化过程。而中国台湾地区，则在发展初期采取出口导向的"依附型"经济发展战略，在全球价值链的制造加工环节形成了全球的"代工王国"。面对研发（被提高授权费或提高关键零组件价格）与市场（被压低代工价格）两端力量的持续挤压，中国台湾出现了代工微利化的困境。例如，台湾广达、仁宝、伟创、华硕、英业达五大笔记本电脑生产商的 2005 年全球市场份额已达 80% 以上，但是五家厂商的毛利润却从 2001 年的 12.7% 一路下滑到 2005 年的 5%。台湾学者翟宛文深刻地指出，由于受限于台湾的市场规模，台湾厂商根本无处借力培育自己的企业品牌，未来应该将中国大陆定位为培养自有品牌的场所。

① Schott, P.K. The Relative Sophistication of Chinese Exports, NBER Working Paper, 2006, No.12173.
② Rodrik, D. What's So Special about China's Exports?, China & World Economy, 2006, 14(5).

(三) 新型工业化条件下企业组织的转型

激烈的全球经济竞争使得跨国企业需要按照比较利益原则，不仅在国内，而且更重要的是在全球范围内进行产业的战略配置。因此，"外包"成为全球化时代世界变平的主要特征和重要推动力。[①] 因此，中国新型工业化道路不断深入的过程，也是中国企业不断承接国际外包的过程。在这个意义上，企业组织的转型包括了两个方面。

第一，制造业内部的生产环节分工更细，企业开始专注于在产业链的某个环节进行专业化生产。在新型工业化条件下，分工并不局限于产业间分工和产业内分工，而是在产品内部的分工，这是以生产要素作为界限的。随着产品生产过程中各个环节的可分割性不断加强，产品的价值链增值过程可以被分割成更为细小的部分，然后再按照比较优势原理将这些过程在全球范围内进行分工。因此，每个企业都专业化生产自己具有比较优势的产品，不仅提高了社会化分工和专业化水平，也使得企业随着生产规模扩大而降低了成本。

第二，制造业务的服务环节也开始从制造企业内部分离出来。这种分离产生的主要原因在于专业化导致的成本降低。由于服务环节的建立成本（Set-up Cost）相对较高，一些制造企业将这些本身不太擅长经营且平时不太经常使用的服务环节外包，交给专业化的服务公司来提供，可以将企业的这些固定成本转化为可变成本，从而降低制造业企业的成本，提高企业的效率；由于外购可以节约劳动力成本和使得服务业能进行专业化生产，更多的企业愿意通过外部市场来购买专业化的生产者服务，而不愿意进行内部自我提供，因而服务市场容量不断扩大。因此，一些原来是制造企业的厂商开始专注于产业链中创造价值的高端活动，把与技术活动和市场活动等有关的服务业务牢牢抓在手中，而把缺乏比较优势的制造活动转移出去，从而使自己逐步成为从事服务增值为主的专业化服务厂商。在这个意义上，一部分企业成为专门的制造业企业，另一部分企业则成为专门的服务性企业。专业化的分工使中国企业的组织形式发生了重要的转型，这也是中国产业组织不断优化的微观基础。

从上述两方面可以看出，不管是制造业内部制造环节的专业化分工，还是服务环节从制造环节的不断分离，其核心都意味着整个生产体系中的中间产品投入行业在不断发展。专业化分工使得规模经济在这些领域发挥着很大作用。专业化标准化的中间产品随着规模扩大而成本不断降低，进而降低了制造业整体中间投入要素的成本，一定程度上提高了制造业的效率，而服务品环节的中间投入具有

---

① Friedman, T. L. The World is Flat: A Brief History of the Twenty-first Century. Farrar, Straus and Giroux, New York, 2005.

知识密集型和差异化的特点，服务环节本身形成的垄断竞争的市场格局，与制造业相互融合，无论是在产出的能力和技术水平方面，还是在控制市场的能力和价值增值方面，都有别于传统的增长模式。这种服务企业制造企业的有机分工与合作，使新型工业化道路进一步深入。

四、新型工业化道路与中国产业组织的空间优化

市场集中度的提高以及企业在全球价值链中与发达国家的分工合作的演变是中国走新型工业化道路过程中产业组织不断优化的结果，也是新型工业化得以不断深入的重要基础。然而，不同产业类型中，产业组织优化可能存在不同的路径；此外，产业发展普遍存在的较低集中度的现状使中国企业大多选择了以集群存在的块状经济，在这个意义上，区分不同行业类型的产业集群的分工合作关系就显得尤为重要。

任何企业或行业都不可能在孤立的状态下获得技术的持续升级和竞争能力的提高，因此，中国新型工业化进程必然需要依靠上下游相关产业的支持以及竞争性企业之间的合作。中国工业企业普遍具有较小的规模，因此形成了发展过程中独特的以集群形式存在的块状经济模式，进而在地理上形成了相关支持性产业以及同业竞争者的集聚，一定程度上有利于集群内技术扩散和信息共享，对于企业提升竞争力有着较大促进作用。"产业集群"（Industrial Cluster）这个概念，虽然到1990年才由波特正式提出并成为一种新的产业组织专业术语，但事实上，马歇尔在近一个世纪前就已经提到了这种现象。据马歇尔考证，早在1250年就有生产集中现象的记载。当前，随着经济活动的全球化发展，其生产活动的本地化特征并没有消失，在流动的产业空间内依然存在生产活动的集聚。在当今的世界经济版图上，由于大量集群的存在，形成了色彩斑斓、块状明显的"经济马赛克"，世界财富的绝大多数都是在这些块状区域内被创造出来的。

然而，由于行业特性的差异性，不同类型的产业在集群中的组织形式具有较大差异性，因此，我们在对行业特性分析的基础上，揭示以集群形式存在的中国企业在新型工业化进程中的产业组织优化变迁过程。

(一) 以行业特性为基础的中国工业企业集群分类

在 Giuliani，Pietrobelli 和 Rabellotti 等人的研究基础上[①]，结合中国的现实发展情况，本章将中国的集群类型分为三类。

1. 传统制造业产业集群 (Traditional Manufacturing Clusters)

主要是指劳动密集型以及传统生产技术行业，主要包括纺织、鞋业、陶瓷和家具等行业。中国目前大部分产业集群都属于这个类别，尤其以江苏和浙江等长三角地区为代表。

案例 1：江苏省南通家纺产业集群就是典型的传统制造业产业集群的案例。南通有悠久的家纺历史，1898 年清末状元张謇先生创办大生纱厂，南通近代的棉纺织工业产生。改革开放以后，尤其是近十年来，南通纺织产业逐渐形成了以市场为主导、产业为中心的庞大产业群。南通家纺产业分布于海门、通州、启动、如东、如皋、海安六县 (市) 和崇州、港闸、市开发区三区，集聚于海门、通州交界处的三星镇叠石桥周边地区，主要集中在海门市的三星、天补、德胜和通州市的川港、姜灶、二甲等乡镇。在这些地方，基本上家家户户都涉及家纺产业的生产经营，销售量占全国家纺行业的 8% 左右。目前各类家纺生产、销售企业近 2000 家，大约有 350 家年销售规模在 4000 万元以上，品牌企业有 30 多家。在产业规模迅速扩张的同时，形成了从面料到成品生产以及配套产品具备较完善的产业链，产品规格多元化，能适应不同层次、不同地区的消费群体。家纺产业现已成为南通市最具发展潜力的支柱产业。

2. 自然资源依赖型产业集群 (Natural Resource-based Industries)

这种产业集群主要是对一些自然资源的直接开发和利用的产业，对自然资源有着较强的依赖性。

案例 2：江苏省紫菜产业集群是自然资源依赖型产业集群的典型代表。由于紫菜只能在一定的海水温度下才能生产，因此，连云港和南通的海域成为中国生产条斑紫菜的重要地区 (山东以南、浙江以北的海域)，进而在两地形成了紫菜产业集群。从 20 世纪 70 年代起，经过 30 年左右的发展，两个产业集群栽培面积达 10 万多亩，育苗面积 11 万平方米，达到年产紫菜标准制品 17 亿枚、产值 7 亿元的产业规模，产品 90% 以上出口，条斑紫菜的栽培面积、产量及配套产业规模均占全国 95% 以上，已初步形成配套完整的产业体系。

3. 复杂产品产业集群 (Complex Product Systems Industries)

这类产业集群主要是以规模密集型的产业为主导，主要是汽车、自动化产品

① Giuliani Elisa, Pietrobelli Carlo, Rabellotti Roberta. Upgrading in Global Value Chains: Lessons from Latin American Clusters, World Development, 2005, 33 (4): 549–573.

以及航空器材等，其典型特点是集群内有一家或几家主导型大企业，以生产产品的相关技术为纽带，向产业链纵深发展。这类产业集群源自于企业间的纵向专业化分工，主导企业控制着产品价值链，集群内其他中小企业大都参与该价值链的不同环节。

案例3：芜湖汽车产业集群是复杂产品产业集群的代表。该集群是属于龙头企业带动型。2006年，芜湖市汽车及零部件生产企业共完成产值222亿元，实现销售收入226亿元，占芜湖市工业总产值的30.4%、销售收入的32.5%。奇瑞公司是芜湖最大的汽车生产企业，2006年实现销售收入156.8亿元，实现利税15.83亿元，利税增幅183.48%，企业利润增长更是达513%。奇瑞汽车2006年产量达到30.7万辆，增长65.5%。乘用车产销量在我国十大轿车厂家中的排名由2005年的第七位上升到2006年的第四位。2007年3月，更是以44568辆的销售业绩登上了月销量冠军的宝座。围绕着奇瑞汽车，其零部件配套产业也不断发展。2007年汽车零部件生产企业已达近400家，实现销售收入300亿元，其中，销售收入亿元以上的有15户，5000万元以上的达21户。至2006年底，芜湖市汽车零部件企业通过国际质量体系认证的已达98家，零部件本地配套率达到60%以上。

（二）三类产业集群的组织优化途径

1. 传统制造业产业集群

一般来说，传统产业集群中的企业规模相对较小。这类产业集群的资产专用性相对来说也比较低，技能的外部性使得很多其他企业会通过技术模仿来获得收益，降低了运用专利权来保护的可能，因此，企业不愿意通过增加自身研发投入来提高技术水平进而申请专利。在这种情况下，行业的进入壁垒相对也较低，这就导致传统制造业产业集群的竞争程度相当高。

在新型工业化道路选择中，传统制造业的发展方向就是利用高新技术进行改造并提升自身竞争力，而这最终将实现对产业组织的优化。这主要有两个方面的选择。第一，通过工艺的改进和提升来降低成本，同时在有条件的情况下，对国际市场上技术含量较高的新产品进行设计、组装方面的模仿，从而在短期内累积一定的技术能力。体现在产业组织层面就是要求企业参与国际分工，不断融入全球价值链体系，进而实现从低附加值的价值链低端向高附加值的两端攀升。第二，不断开拓新的市场，通过市场份额的扩大以及需求升级来实现产品工艺技术升级。为了适应不断扩大的市场需求，企业就需要进行收购兼并，发挥规模经济，这在产业组织层面就表现为产业集中度的大幅度提高。事实上，这类产业集群的组织优化的形式与本章第四部分所阐述的路径是一致的。因为在中国，能够依托较低价格的生产要素参与全球价值链的行业主要就是劳动密集型的传统制造行业。

2. 自然资源依赖型产业集群

自然资源依赖型的产业集群在生产过程中并不需要大量的劳动密集投入，因此这类行业的产业组织优化路径并不单纯依靠提高技术密集程度。

从新型工业化道路的要求来看，以信息化带动工业化在资源依赖型产业中主要表现在两个方面。第一是对原材料要求的提高。以上文的紫菜产业集群为案例，紫菜培育的种子、培育过程中技术的提高，都需要基础性科学技术作为支持，因此可能需要大学、科研机构之间的合作，也需要企业联合起来构建公共平台进行研发合作，进而创新培育方法。这在产业组织优化方面不仅表现为企业之间的分工合作，还涉及与产业相关的科研机构的经济关系。因此，从产业集群的层面上看，集群不仅仅是一个空间地理的概念，更多意义上应该具有产业关联度的各类机构的综合。第二是对资源加工技术的提高。资源类产品附加值的提高往往不在于原材料本身，而在于其加工技术，而加工技术的提高往往需要大型的机器设备来支撑。机器设备所隐含的技术能力可以迅速提高加工产品的质量等级，进而大幅度提升其附加值。以紫菜产品为例，紫菜质量等级的提高与加工设备及其零部件有着密切的关系。目前中国紫菜生产加工的机器设备主要依靠从日本进口。据统计，近20年以来，中国从日本引进的紫菜加工设备和零配件累计超过4000万美元。因此，紫菜产业的新型工业化道路，必然要求装备制造产业的新型工业化道路能先行一步。

3. 复杂产品产业集群

复杂产品产业集群的技术积累和升级主要来自于复杂产品中零部件的设计和发展。以汽车为例，其关键零部件则为发动机。因此，通常是以发动机生产厂商或者大的装配企业为核心形成生产网络体系，而一些非关键零部件的配套厂商，则需要达到一定的技术要求，进而能够融入这种生产网络体系中去。

新型工业化道路对复杂产品的产业集群生产网络体系提出了更高的要求，因此也有必要对这类产业集群进行产业组织优化。具体优化途径体现在以下几个方面：

第一，对于占据主导地位的核心企业来说，优化途径在于通过自主创新获得更高的技术能力。因为整个产业集群的竞争力在于核心企业技术水平的不断提高，而这类核心技术水平的提高一部分是通过引进技术来完成，但更多的可能需要依靠核心企业通过自主创新来完成，核心企业必须依靠自身积累和研发投入的增加来应对国际市场和国内市场的竞争。而在同一个产业集群中，由于通常情况下只存在一个主导型的大企业，因此也很难形成与其他企业构建研发联盟，这也意味着核心企业在一定程度上是孤军作战，需要投入更多资金进行自主创新。

第二，对于配套企业来说，优化途径在于两个方面。首先，通过技术创新提高其配套能力。因为在与配套企业的合作中，主导性企业往往会对产业集群内配套的中小企业提出技术升级的要求，但具体支持活动通常由市场解决而不会主动提供实质性的援助，这需要配套企业通过自身研发投入来解决。其次，配套企业需要为了适应大企业的要求进而降低成本和提高技术能力，往往会使生产规模进一步扩大，行业集中度进一步提高，有可能使配套企业也具有一定的垄断地位，并围绕着配套企业又形成新的生产体系，即由二级供应商为配套企业服务。在这种情况下，复杂产品的产业集群往往呈现出多条价值链并存的组织模式。

综上所述，新型工业化道路对不同产业特性集群的具体要求、产业组织优化的可能路径如表 15-1 所示。

表 15-1　各类产业集群在新型工业化进程中的组织优化

产业集群类型	代表性产业	新型工业化的要求	组织优化的可能路径
传统制造业	纺织、服装、鞋业、家具业	利用新技术改造传统产业，通过工艺升级降低生产成本，扩大生产规模	不断融入全球价值链体系，通过技术提升改变价值链中与国际大买家的分工关系，超越俘获型价值链治理模式
自然资源依赖型产业	制糖业、烟草、酒、农产品、水果等	提高培育技术，增强产品加工能力	与相关科研机构建立合作关系，与加工设备生产企业的合作
复杂产品产业	汽车、消费类电子、航空等	加强核心零部件的研发设计、组装的大规模生产	加强与配套企业的合作与联系，零部件生产企业专业化和集中度的提高，多条价值链的并存

五、结论

本章的研究表明，新型工业化道路与产业组织优化有着紧密的互动关系。新型工业化要求以信息化带动工业化，这就需要在通过高技术来推动工业化道路发展的基础上，借助高技术对传统农业、工业及其他行业的扩散效应，形成工业化道路不断循环升级的互动发展机制，这就使产业组织不断优化，进而使新型工业化进程不断深入。

产业组织优化需要从多个维度理解。除了产业组织的市场结构优化以外，还应该包括所有制结构的优化以及空间结构优化。中国工业化进程的不同阶段，其产业组织优化呈现出不同的路径。奠定工业化的基础阶段（20 世纪 50 年代到 70 年代末），产业组织优化还没有被纳入政策视野，这一时期的计划体制使产业体系和产业组织高度集中；工业化加快发展的阶段（20 世纪 70 年代末至 90 年代初），产业组织优化主要体现为随着市场经济发展后的市场集中度下降，市场结构处于松散状态。20 世纪 90 年代末的工业化快速发展阶段，产业组织优化主要体现在产权结构的变迁和市场结构两个方面。以苏南地区为代表的把乡镇集体企业改制成集体控股的股份制或者股份合作制以及加快招商引资速度发展三资企业，是产业组织产权结构变迁的重点；而在此期间，随着中央大企业发展战略的提出以及竞争机制的不断完善，市场集中度也有所上升。

随着全球化的不断深入和以信息技术为代表的新经济的发展，中国也进入新型工业化发展阶段。国际分工以及大规模的产业转移正好与中国的工业化进程一致。因此，中国的工业化不断深入的进程，也是不断参与国际分工、承接发达国家产业转移进而嵌入全球价值链的进程。在这个意义上，我们认为，全球价值链是中国新型工业化进程中产业组织的新形式和价值载体。

中国最大比较优势在于较低价格的生产要素，如劳动力和土地等。发达国家的跨国公司在控制研发和设计环节后，将劳动密集型的加工组装环节转移至中国，正好与中国的比较优势相对接，从而形成了俘获型的价值链治理模式，中国企业获取较低附加值。随着中国新型工业化道路的提出，要求以信息化促进工业化，以工业化促进信息化，这需要中国技术得到提高，并且获得更大的附加值，进而提升竞争力。然而在俘获型价值链治理模式下，俘获及被俘获、升级与反升级的过程，是中国代工企业在工业化进程中与跨国公司分工合作的不断演进的过程。这也是新型工业化时期中国工业企业的必经阶段。

从长期来看，新型工业化要求下的产业组织优化需要超越这种俘获型的价值链治理关系。这就要求中国企业能够在代工过程中通过技术能力的学习和提高，在国内市场上首先形成以自身为主导的区域价值链体系，进而能够融入全球市场，完成对俘获型价值链治理关系的超越而形成均衡的网络型市场关系。这条路径是新型工业化道路下最成功的产业组织优化模式。日本与中国台湾的经验和教训值得我们学习和借鉴。此外，新型工业化进程中企业的组织形式的不断演变也为产业组织优化提供了微观基础。

任何企业或行业都不可能在孤立的状态下获得技术的持续升级和竞争能力的提高，因此，中国新型工业化进程必然需要依靠上下游相关产业的支持以及竞争性企业之间的合作。此外，新型工业化对不同特性的产业提出了不同的要求，与此相对应也具有不同的产业组织优化路径。对于传统制造业来说，不断融入全球价值链体系，通过技术提升改变价值链中与国际大买家的分工关系是产业组织优化的主要途径，其目的是超越俘获型价值链；资源依赖型产业则需要加强与相关科研机构构建研发联盟、与加工设备生产企业的合作；复杂产品产业则要加强与配套企业的合作与联系，此外，零部件生产企业的专业化和集中度的提高以及集群内多条价值链的并存，可能是其产业组织优化的未来方向。

附录　1990~2005 年主要年份两位数分类行业市场集中度

行业	CR₄				CR₈			
	1990 年	1995 年	2000 年	2005 年	1990 年	1995 年	2000 年	2005 年
煤炭采选业	10.9	11.8	13.0	13.2	19.4	20.3	21.3	20.6
石油天然气开采	71	62.3	58.9	58.5	88.3	76.8	71.8	71.3
黑色金属矿采选业	25.1	18.6	17.0	16.5	32.6	24.5	24.1	23.9
有色金属矿采选业	8.1	8.7	9.5	9.9	12.5	15.9	13.7	14.6
非金属矿采选业	6.1	4.1	6.9	10.8	9.3	5.9	10.0	9.6
木材及竹材采选业	6.8	7.2	11.7	12.1	12.7	3.5	19.9	21.3
食品加工业	1.4	2.8	4.3	6.3	2.3	5.4	6.5	8.0
饮料制造业	3.4	5.3	11.5	13.3	5.4	8.6	15.9	16.3
烟草制造业	18.1	29.0	26.6	29.3	26.0	37.0	36.5	41.6
纺织业	0.8	1.5	2.4	3.1	1.4	2.8	4.1	5.2
服装及其他纤维制品制造业	3.3	1.8	3.0	3.9	5.0	3.8	4.5	7.5
皮革毛皮羽绒及其制品制造业	2.4	2.0	4.2	3.7	4.2	2.9	6.6	7.1
木材加工及竹藤棕草制品业	5.1	3.3	5.4	5.7	8.1	5.7	9.4	8.8
家具制造业	3.3	2.6	3.8	7.3	5.4	5.4	6.6	9.3
造纸及纸制品业	7.5	3.3	5.5	6.8	10.8	5.3	8.1	11.2
印刷业记录媒介的复制	3.7	2.6	4.7	4.5	5.5	5.1	8.2	8.6
文教体育用品制造业	5.3	4.6	6.2	7.1	8.8	8.1	9.6	9.8
石油加工及炼焦业	33.4	25.7	21.5	22.3	55.2	44.8	35.9	37.4
化学原料及制品制造业	12.1	7.2	8.1	9.2	15.6	11.3	10.7	13.8
医药制造业	6.5	6.9	9.5	8.7	9.7	11.8	14.4	13.2
化学纤维制造业	38.4	29.3	26.3	25.1	44.6	37.6	32.9	31.3
橡胶制造业	7.8	9.6	10.6	10.6	12.7	32.7	17.2	19.3
非金属矿制品业	4.5	7.3	1.7	3.8	6.1	6.7	2.8	7.1
黑色金属冶炼及压延业	22.3	24.9	18.5	19.1	31.0	30.2	27.9	27.2
有色金属冶炼及压延加工业	13.3	7.6	7.8	7.7	23.4	14.7	13.9	13.3
金属制品业	2.4	1.9	2.7	5.3	3.7	4.6	4.3	7.8
普通机械制造业	2.3	2.9	4.5	7.3	4.0	6.5	7.2	11.2
专用设备制造业	8.1	3.7	5.6	10.3	14.8	6.2	8.0	12.5
交通运输设备制造业	14.9	14.1	16.7	16.9	21.0	20.9	22.4	24.1
电器机械及器材制造业	5.8	5.0	10.4	13.5	9.3	8.8	13.5	17.6
仪器仪表文化办公用机械	7.1	5.9	12.8	11.4	10.5	7.8	18.1	16.3
其他制造业	3.0	2.2	—	—	4.6	4.9	—	—
电力蒸汽热水生产供应业	4.4	10.3	15.4	14.3	7.1	14.1	23.4	22.1
煤气生产和供应业	27.9	28.1	29.5	27.2	35.3	37.0	37.2	36.8
自来水生产和供应业	13.1	16.9	10.2	9.6	20.4	24.8	16.0	15.3

资料来源：作者根据马建堂、戚聿东、余东华等人不同时期的研究成果整理而成。

第十六章 信息化带动工业化

当前，中国正着力加快转变经济发展方式，坚持走新型工业化道路。所谓新型工业化，就是坚持以信息化带动工业化，以工业化促进信息化，科技含量高、经济效益好、资源消耗低、环境污染少、人力资源优势得到充分发挥的工业化。加快新型工业化进程，从而实现新型工业化的首要任务是推进信息化。信息化是当今世界发展的必然趋势，是推动经济社会发展和变革的重要力量。加快信息化建设有利于推动工业社会向信息社会转变，有利于实现经济增长方式转变，大力运用信息技术改造提升农业、工业、服务业等传统产业，促进传统产业提升，带动经济结构调整，促使经济增长方式从高投入、高消耗、高污染的粗放型增长，转变为低投入、低消耗、低污染的集约型增长。信息化是带动工业化发展、实现新型工业化的必然选择。

一、中国信息产业发展状况

信息产业的发展是信息化水平提高的重要基础和条件，信息产业本身不仅对国民经济做出了贡献，而且对经济社会发挥了巨大的支撑作用。20世纪中期以来，信息产业开始成为世界发达国家和地区经济发展的主要推动力和产业结构调整的主要方向。20世纪90年代以后，世界信息产业增长速度一直保持在8%~10%，是同期世界国民生产总值年均增速的数倍。经过新中国成立60多年尤其是改革开放30多年的发展，我国信息产业保持快速增长，规模不断扩大，总量已经居国内工业行业首位，成为国民经济的重要支柱产业。期间我国电子信息产业经历了四次重大战略转型。1978年至20世纪80年代中期，电子工业从以军为主转为军民结合；20世纪80年代中期至90年代初期，率先发展消费类电子产品；20世纪90年代初至90年代末，从单一制造业转向硬件制造、软件生产、应用与信息服务业诸业并举；20世纪90年代末至今，提出以信息化带动工业化、以工业化促进信息化的新型工业化道路。

近年来，中国电子信息产业保持着远远高于国内生产总值的速度增长。

2004~2010年，我国规模以上电子信息产业实现销售收入从26500亿元增长到78000亿元，年均增长19.7%，在全国工业中的比重达到10%左右；规模以上电子信息制造业实现工业增加值从5193亿元增长到14043亿元，年均增长18.0%；利润从1004亿元增长到2825亿元，年均增长18.8%；从业人员达到880万，约占全部工业从业人员的9.7%（见表16-1）。

表16-1 2004~2010年规模以上电子信息产业发展状况

年份	2004	2005	2006	2007	2008	2009	2010
电子信息产业销售收入（亿元）	26500	34900	43300	51300	58800	60800	78000
增长率（%）	38.1	31.6	34.0	18.4	14.8	3.4	29.5
电子信息制造业工业增加值（亿元）	5193	6701	8155	9948	11408	12013	14043
增长率（%）	46.5	29.0	21.7	22.0	14.7	5.3	16.9

资料来源：工业和信息化部。

与产业规模的发展趋势相一致，2004年以后全国电子信息产业进出口保持较快增长，但增长速度逐年下降，在遭遇金融危机冲击的2009年甚至出现负增长。当年全国电子信息产业实现进出口总额7719亿美元，同比下降12.8%，较2004年41.6%的增长率下滑了54.4个百分点。出口额4572亿美元，同比下降12.4%，较2004年46.0%的增长率下滑了58.4个百分点。2010年，我国电子信息产业进出口出现大幅反弹，进出口总额达到10128亿美元，较2009年增长31.2%，其中出口额和进口额分别为5912亿美元和4216亿美元，分别增长29.3%和34.0%（见表16-2）。目前，我国电子信息产品贸易额已经占到全球15%以上。

表16-2 2004~2010年中国电子信息产业进出口情况

年份	2004	2005	2006	2007	2008	2009	2010
进出口总额（亿美元）	3884.3	4887.3	6517	8047	8854	7719	10128
进出口总额增长率（%）	41.6	25.8	33.3	23.5	10.0	-12.8	31.2
出口额（亿美元）	2075	2681.7	3640	4595	5218	4572	5912
出口额增长率（%）	46.0	29.2	35.7	26.2	13.6	-12.4	29.3
进口额（亿美元）	1809.3	2205.6	2877	3452	3636	3347	4216
进口额增长率（%）	51.4	21.9	30.4	20.0	5.3	-7.9	34.0

资料来源：工业和信息化部。

从2007年起，我国成为世界电子信息产品第一制造大国，主要电子产品产量居世界首位。2010年我国生产彩电1.18亿台、手机9.98亿部、微型计算机2.46亿台，均名列全球第一（见表16-3）。

表16-3 2004~2010年主要电子产品产量统计表

年份	2004	2005	2006	2007	2008	2009	2010
彩电（万台）	7400	8283	8375	8478	9033	9899	11830
微机（万台）	4300	8084	9336	12073	13667	18125	24584
其中：笔记本（万台）	2750	4564	5800	8671	10859	14008	18584
集成电路（亿块）	211	266	336	412	417	414	652
手机（万台）	23000	30354	48014	54858	55964	61925	99827
显示器（万台）	7500	8052	9341	14438	13365	14327	13927

资料来源：工业和信息化部。

在信息产业中，软件业始终保持着较高增长态势。2004~2010年我国软件产业营业收入从2405亿元增长到13000亿元，年均增速超过30%，即使是在受金融危机冲击、信息产业整体增速下滑的2009年，软件业增速依然达到25.6%，成为国民经济中的亮点。到2010年，软件产业占电子信息产业的比重已达18%，较2004年的9.1%提高了近一倍。我国电子信息产业结构逐步实现了从单一制造业转变为制造业与软件服务相结合，产业结构调整步伐进一步加快（见图16-1）。

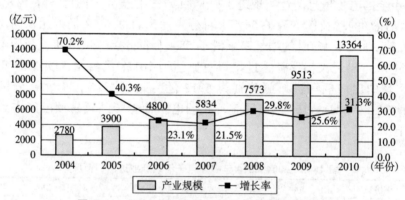

图16-1 2004~2010年中国软件产业规模及增长率
资料来源：工业和信息化部。

随着我国电子信息产业的快速发展，产业集聚效应日益显现。目前，我国已形成了以9个国家级信息产业基地、40个国家电子信息产业园为主体的区域产业集群。特别是长江三角洲、珠江三角洲和环渤海三大区域，劳动力、销售收入、工业增加值和利润占全行业比重均已超过80%，产业集聚效应及基地优势地位日益明显，在全球产业布局中的影响力不断增强（见图16-2）。

随着产业总体规模的发展和国内市场的增长，我国信息产业领域优势企业不断壮大，实力不断增强。以电子信息百强企业为例，2010年第24届电子信息百强入围底线为19亿元，比1987年第1届电子信息百强入围底线提高了47倍；

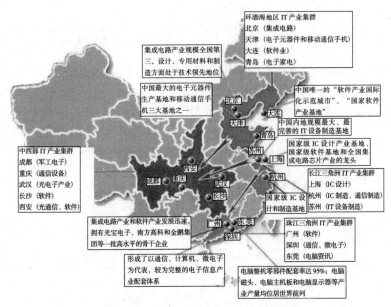

图16-2 全国电子信息产业集群分布

资料来源：工业和信息化部。

主营业务收入超过100亿元的企业有22家，华为、海尔、联想三家企业主营业务收入超过1000亿元；实现利润633亿元，占全行业总量的35%；上缴税金628亿元，占全行业总量的50%以上；员工人数116万人，占全行业总量的15%以上。百强企业出口交货值达到3273亿元，出口占主营业务收入的比重达到27%。其中，出口超过100亿元的企业有6家，出口比例超过50%的企业共有20家。华为、海尔、联想、中兴等多家企业出口和海外经营收入占比超过一半，已成为名副其实的跨国公司。百强企业产品普及世界五大洲100多个国家和地区，在海外建立的研发、生产基地超过500个（见表16-4）。

表16-4 2010年第24届电子信息百强前20名名单

序号	企业名称	综合评分	所属地
1	华为技术有限公司	86.09	深圳
2	海尔集团	67.82	山东
3	联想控股有限公司	57.57	北京
4	中兴通讯股份有限公司	39.17	深圳
5	海信集团有限公司	34.42	山东
6	北大方正集团有限公司	29.16	北京
7	TCL集团股份有限公司	26.97	广东
8	比亚迪股份有限公司	26.84	深圳

续表

序号	企业名称	综合评分	所属地
9	四川长虹电子集团有限公司	26.04	四川
10	长城科技股份有限公司	25.66	深圳
11	南京中电熊猫信息产业集团有限公司	18.27	江苏
12	浪潮集团有限公司	17.30	山东
13	深圳创维-RGB 电子有限公司	15.44	深圳
14	上海贝尔股份有限公司	14.76	上海
15	同方股份有限公司	13.71	北京
16	沈阳先锋计算机工程有限公司	12.67	辽宁
17	南京联创科技集团股份有限公司	12.59	江苏
18	武汉邮电科学研究院	12.53	湖北
19	康佳集团股份有限公司	12.10	深圳
20	上海广电信息产业股份有限公司	12.04	上海

资料来源：工业和信息化部。

二、中国信息化发展水平分析

"信息化"概念最早产生于 20 世纪 60 年代。1963 年 1 月，日本社会学家梅棹忠夫在《信息产业论》一书中预见到信息技术的发展和应用将会引起一场全面的社会变革，并将人类社会推入"信息化社会"。1967 年，日本政府的一个"科学、技术和经济研究小组"在研究经济发展问题时，依照"工业化"概念，正式提出了"信息化"概念，并从经济学角度下了一个定义："信息社会是信息产业高度发达且在产业结构中占据优势的社会，而信息化则是由工业社会向信息社会前进的动态过程，它反映了从有形的可触摸的物质产品起主导作用的社会到无形的难以触摸的信息产品起主导作用的社会的演化或转型。"[①] 在信息化概念的国际传播中，法国的 Simon Nora 和 Alain Minc 起了重要作用。1978 年，两人在《社会的信息化：给总统的报告》中，使用了法文"信息化"一词，随后这一单词的英译"Informatization"被广泛传播，这一概念被各国所普遍接受和使用。此后，美、法、德、苏联等国家便掀起了一股信息化研究的热潮，且出现了一批著名学者与研究力作。随着信息技术的飞速发展，全球许多发达国家相继进入"信息化"阶段，这进一步推动相应的理论及实证研究成果日渐丰富而深入。

---

① 梁滨：《企业信息化的基础理论与评价方法》，科学出版社，2000 年版。

"信息化"一词被提出来以后，多数学者用它来描述人类社会由低级向高级进化的动态过程，即在整个社会经济结构中，信息产业获得长足发展并逐步取得支配地位的这样一种社会变革的历史过程。[①]随着信息化实践的发展，人们对信息化的概念及内涵的认识也不断深化和丰富。根据学者们研究角度的不同，信息化的定义和内涵大致可以分为四大类：第一类侧重于社会层面，从经济结构的角度描述信息社会不同于工业社会的特征，这些特征正是信息化的表现。第二类侧重于技术层面，该类定义通常将信息化表述为：信息技术和信息产业在国民经济和社会发展中的作用日益增强直至发挥主导作用的过程。第三类侧重于信息本身，从信息的采集、传输、储存、处理、管理、应用的角度构建信息化的概念体系，认为信息化就是利用以信息技术为代表的先进科技成果，更加有效地开发应用信息资源，实现信息资源的高度贡献和极大增值，实现其他要素资源的优化配置，从而提高整个经济和社会的效率。第四类则属于全面视角派，这类观点可以看成是上述三类观点的综合，认为信息化的内涵包括三个方面：一是利用信息技术提升各次产业，推动产业升级和现代化进程；二是利用信息技术充分实现信息资源的最大增值，提高整个经济运行的绩效；三是以信息产业为代表的整个第三次产业成为国民经济的主导产业，并且产值和劳动力的比重都超越第二次产业。

随着信息技术的发展及其作用的日益凸显，信息化在中国也逐渐被广泛接受和高度重视。1997年，首届全国信息化工作会议召开，会议将信息化和国家信息化定义为："信息化是指培育、发展以智能化工具为代表的新的生产力并使之造福于社会的历史过程。国家信息化就是在国家统一规划和组织下，在农业、工业、科学技术、国防及社会生活各个方面应用现代信息技术，深入开发广泛利用信息资源，加速实现国家现代化进程。"2006年，中共中央办公厅、国务院办公厅印发《2006~2020年国家信息化发展战略》，信息化的内涵得到进一步的深化和凝练："信息化是充分利用信息技术，开发利用信息资源，促进信息交流和知识共享，提高经济增长质量，推动经济社会发展转型的历史进程。"同时，文件第一次提出了"信息社会"的愿景，"到2020年，我国信息化发展的战略目标……为迈向信息社会奠定坚实基础"。

（一）我国信息化发展状况

进入21世纪以来，中国的信息化进程开始大大加速，信息化程度不断提高。政府信息化、企业信息化、农村信息化、行业信息化等工程不断取得突破，信息化在国民经济和传统产业改造中发挥着越来越大的作用。信息化发展指数是衡量社会信息化发展水平的综合指数，用来衡量社会利用信息和通信技术创建、获

---

① 汪向东：《信息化：中国21世纪的选择》，社会科学文献出版社，1998年版。

取、使用和分享信息及知识的能力，以及信息化发展对社会经济发展的推动作用。2009 年我国信息化发展指数（IDI）达到 0.666，比上年增长 10.90%；预计 2010 年信息化发展指数（IDI）为 0.700，中国已经位居世界信息化发展中等水平国家行列。中国信息化在五个方面呈现非均衡发展的特点。由于互联网应用普及程度进一步提高，国民基础教育和文化素质稳步提升，使用指数和知识指数保持较高的发展水平，指数值均高于总指数；但环境与效果指数和基础设施指数的发展水平仍然较低，表明目前中国经济实力较低、信息产业需要进一步加快发展、城乡信息化基础设施建设差距较大等严峻现状。同时，受世界金融危机的影响，2008 年和 2009 年信息消费指数有较大幅度下降，2010 年开始有所回升（见表 16-5）。

表 16-5　中国信息化发展总指数与分类指数

年份	2000	2001	2002	2003	2004	2005	2006	2007	2008	2009	2010
总指数	0.478	0.501	0.534	0.560	0.576	0.591	0.612	0.630	0.645	0.666	0.700
基础设施指数	0.167	0.198	0.234	0.276	0.311	0.350	0.379	0.401	0.409	0.434	0.516
使用指数	0.595	0.641	0.705	0.738	0.757	0.775	0.799	0.847	0.887	0.916	0.938
知识指数	0.765	0.766	0.750	0.758	0.765	0.756	0.776	0.781	0.794	0.800	0.817
环境与效果指数	0.461	0.474	0.491	0.499	0.508	0.517	0.528	0.536	0.555	0.588	0.594
信息消费指数	0.425	0.433	0.507	0.554	0.538	0.551	0.569	0.549	0.516	0.510	0.541

资料来源：国家统计局：《"十一五"时期中国信息化发展指数（IDI）研究报告——中国信息化发展水平的监测与评估》，《中国信息界》，2010 年第 12 期。

自 1995 年以来，中国信息化的发展经历了国民经济三个五年计划时期。其中，"九五"计划期间为快速起步阶段。1996~2000 年中国信息化发展指数年均增长速度达到 70.14%。这个阶段的主要特征是信息化开始大规模起步建设，在各个方面迅速发展，计算机得到普及和广泛应用，出现了互联网用户群体，信息产业不断发展。"十五"计划期间为平稳增长阶段，2001~2005 年中国信息化发展指数年均增长速度为 16.61%。这个阶段的主要特征是信息化建设在各方面蓬勃发展，移动电话在城乡快速普及，信息产业增加值占国内生产总值（GDP）的比重不断上升，互联网用户群体日益壮大，信息消费水平不断提高。"十一五"期间信息化发展指数年均增长 12.45%。这个阶段的主要特征是信息化发展延续了平稳增长的态势，信息技术应用和互联网普及程度得到进一步提高，信息化发展在平稳中孕育出新变化（见表 16-6）。

我国各地区信息化发展水平不平衡。全国 31 个省市自治区可以划分为以下五类：第一类是信息化发展高水平地区，包括北京、上海，2009 年两地信息化发展总指数平均为 0.882，相当于全国平均水平的 1.32 倍，它们在世界上也属于信息化发展中高水平行列。第二类是信息化发展中高水平地区，包括天津、浙

表 16-6 中国各阶段信息化发展总指数及分类指数增长速度

	1996~2000 年平均（%）	2001~2005 年平均（%）	2006~2010 年平均（%）
总指数	70.14	16.61	12.45
基础设施指数	39.72	22.21	8.55
使用指数	228.48	36.71	32.75
知识指数	2.35	-0.24	1.56
环境与效果指数	9.92	6.99	9.25
信息消费指数	9.48	5.32	-0.39

资料来源：国家统计局：《"十一五"时期中国信息化发展指数（IDI）研究报告——中国信息化发展水平的监测与评估》，《中国信息界》，2010 年第 12 期。

江、广东、江苏、福建、辽宁、陕西、山东、山西、重庆 10 个省市，2009 年信息化发展总指数平均水平为 0.699，相当于全国平均水平的 1.05 倍和第一类地区的 79%。第三类是信息化发展中等水平地区，包括湖北、黑龙江、河北、内蒙古、吉林、海南、宁夏、新疆、湖南、四川、江西、广西、安徽、河南 14 个省市，2009 年信息化发展总指数平均水平为 0.620，相当于全国平均水平的 93% 和第一类地区的 70%。第四类是信息化发展中低水平地区，包括甘肃、青海、贵州和云南 4 个省市，2009 年信息化发展总指数平均水平为 0.588，相当于全国平均水平的 88% 和第一类地区的 67%。第五类是信息化发展低水平地区（即西藏），2009 年信息化发展总指数为 0.536，只相当于全国平均水平的 81% 和第一类型地区的 61%，但近年来信息化水平提升显著（见表 16-7）。

表 16-7 2009 年全国及信息化五类地区总指数与分类指数比较

	基础设施指数	使用指数	知识指数	环境与效果指数	信息消费指数	总指数
全国合计	0.434	0.9167	0.800	0.588	0.510	0.666
第一类地区	0.806	1.004	0.873	0.962	0.616	0.882
第二类地区	0.532	0.946	0.816	0.594	0.539	0.699
第三类地区	0.374	0.890	0.802	0.492	0.468	0.620
第四类地区	0.313	0.871	0.738	0.477	0.490	0.588
第五类地区	0.282	0.862	0.537	0.507	0.415	0.536

资料来源：国家统计局：《"十一五"时期中国信息化发展指数（IDI）研究报告——中国信息化发展水平的监测与评估》，《中国信息界》，2010 年第 12 期。

从多方面考察，可以做出如下判断：①中国信息化发展水平总体仍处于初级阶段，同时存在不均衡发展状况。具体表现为信息化水平城市高于农村、沿海高于内地、东部高于西部。②中国信息化发展指数的增长快于国民经济增长速度。1996~2000 年我国信息化发展指数年均增速为 70.14%，2001~2005 年期间平均增速为 16.61%，2006~2010 年期间平均增速为 12.45%，快于同期国民经济的增长速度。③国民经济的高速增长将进一步推动我国信息化水平的快速提高。一般来讲，信息化发展的动力主要来自社会生产和社会生活两方面，这两方面对信息技术和信息产品产生的大量需求将成为国民经济与社会信息化发展的巨大动力。20世纪90年代以来，中国信息化发展的动力主要来自社会生活对信息产品的应用，我国信息化水平总指数的增长，受居民消费水平制约和拉动的程度较大，研究表明，信息化水平总指数与居民人均可支配收入呈正相关系数。即居民消费水平越高的地区，信息化水平总指数也越高。今后，随着我国传统产业信息化改造的逐步深入，社会生产对信息技术和信息产品的应用将迅速扩大，因而经济发展对信息技术和产品的应用程度将成为影响信息化发展水平的重要因素。因此可以预测，随着我国国民经济信息化的推进，我国信息化水平将迅速提高。④我国信息化发展的不平衡状况将有所改变。改革开放以来，由于我国城市与乡村、东部与西部、沿海与内地经济发展的不均衡，从而形成国内不同地区信息化发展水平呈现不平衡状况，但是，这种状况将会随着城镇化进程的加快、农民收入的增加、信息技术对传统农业的改造、农业现代化的实现，以及西部地区经济的加速发展而逐步缩小，国内不同地区信息化发展的不平衡状况将有所改变。

（二）我国信息化水平与发达国家的差距

根据1999年国家统计局《中国信息能力研究报告》课题组测评，美国、日本和澳大利亚是世界上信息能力最强的国家，它们引领世界信息技术和信息产业发展的方向；加拿大、新加坡、荷兰、英国、德国、新西兰、法国、韩国信息能力处于中等水平，这些国家的信息能力相当于美国的56%~82%；东欧和拉丁美洲一些国家信息能力处于较低水平，这些国家的信息能力相当于美国的18%~48%；信息能力最低的是以亚洲地区为主的国家，这些国家的信息能力相当于美国的16%以下，其中中国的信息能力仅为美国的8.6%，处于最低水平之列[①]。

据2011年国家统计局公布的《"十一五"时期中国信息化发展指数（IDI）研究报告》显示，2008年中国信息化发展总指数为0.645，在57个国家中位居第42位，已经进入中等水平国家行列。但是与发达国家比较仍然存在很大差距。与指数最高的国家瑞典相比，中国的信息化发展指数不到其2/3，仅占61.5%（见表16-8、表16-9）。

表16-8　2005~2008年中国信息化发展指数排名

年份	2005	2006	2007	2008
中国	0.591	0.612	0.630	0.645

---

① 宋玲、姜奇平：《信息化水平的测度理论和方法》，经济科学出版社，2001年版。

续表

年份	2005	2006	2007	2008
全球平均水平	0.633	0.651	0.663	0.672
中国排名	42	42	42	42

资料来源：国家统计局：《"十一五"时期中国信息化发展指数（IDI）研究报告——中国信息化发展水平的国际比较与分析》，《中国信息界》，2011 年第 1 期。

表 16-9　2008 年各国（地区）信息化水平分类

信息化发展水平	信息化发展总指数平均值	国家（地区）
高	0.943	瑞典、英国、荷兰、丹麦、挪威、美国、瑞士、德国、奥地利、冰岛、澳大利亚、加拿大、日本、卢森堡
中高	0.853	法国、中国香港、芬兰、爱尔兰、新加坡、爱沙尼亚、新西兰、韩国、比利时、意大利、西班牙、斯洛文尼亚、捷克、拉脱维亚、希腊
中等	0.704	匈牙利、立陶宛、斯洛伐克、葡萄牙、保加利亚、俄罗斯、波兰、白俄罗斯、巴西、马来西亚、乌克兰、阿根廷、中国、哥伦比亚、委内瑞拉、泰国、墨西哥
中低	0.503	吉尔吉斯斯坦、危地马拉、蒙古、菲律宾、洪都拉斯、阿塞拜疆、斯里兰卡、印度、尼日利亚、巴基斯坦
低	0.302	孟加拉国

资料来源：国家统计局：《"十一五"时期中国信息化发展指数（IDI）研究报告——中国信息化发展水平的国际比较与分析》，《中国信息界》，2011 年第 1 期。

从分类指数排名看，使用指数、基础设施指数、知识指数、环境与效果指数排名分别为第 44、43、42、41 位，只有信息消费指数排名略微靠前，位居第 38 位。与最高水平国家和地区相比较，各分类指数差距较大。2008 年中国基础设施指数、环境与效果指数分别相当于瑞典的 28.9%、57.4%，信息消费指数相当于挪威的 64.4%，使用指数相当于冰岛的 84.7%，知识指数相当于爱尔兰的 90.1%（见表 16-10）。

表 16-10　2008 年中国信息化发展指数排名

分项	基础设施指数	使用指数	知识指数	环境与效果指数	信息消费指数	总指数
名次	43	44	42	41	38	42

资料来源：国家统计局：《"十一五"时期中国信息化发展指数（IDI）研究报告——中国信息化发展水平的国际比较与分析》，《中国信息界》，2011 年第 1 期。

不过，中国信息化发展指数年均增长速度较快。2006~2008 年中国信息化发展指数年均增长速度为 13.30%，居世界第 5 位，是世界平均增长水平的 2 倍。中国五个分类指数的年均增长速度多数排名靠前，其中知识指数年均增长速度为 1.66%，居所比较国家和地区的第 3 位；使用指数年均增长速度为 38.27%，居第

5 位；环境与效果指数年均增长速度为 9.63%，居第 10 位；基础设施指数年均增长速度为 6.77%，居第 22 位；信息消费指数的年均增长速度为-2.18%，居第 56 位（见表 16-11）。

表 16-11 2006~2008 年中国信息化发展指数年均增长速度排名

	基础设施指数	使用指数	知识指数	环境与效果指数	信息消费指数	总指数
世界平均增速（%）	7.50	13.93	0.86	4.80	1.07	6.60
中国增速（%）	6.77	38.27	1.66	9.63	-2.18	13.30
中国增速排名	22	5	3	10	56	5

资料来源：国家统计局：《"十一五"时期中国信息化发展指数（IDI）研究报告——中国信息化发展水平的国际比较与分析》，《中国信息界》，2011 年第 1 期。

根据世界经济论坛的报告测算，2009 年中国信息化程度在全球排名第 37 位，较前几年名次有大幅提升。该排名在技术层面重点强调移动的、无所不在的宽带网络通道；在管理层面强调协作伙伴关系、移动政务和无所不在的服务提供（见表 16-12）。

表 16-12 中国在世界各经济体信息化程度排名中的位次

年份	得分	排名
2005	-0.01	50
2006	3.68	59
2007	3.90	57
2008	4.15	46
2009	4.31	37

资料来源：世界经济论坛网站。

根据《经济学人》信息部的报告测算，2010 年中国电子化准备度在全球排名第 56 位，连续四年位次保持不变。该排名主要侧重电子政府系统的连接性与可用性（Availability），推动 ICT 技术的社会接纳和使用率，提高政策或规则制定中的电子参与（见表 16-13）。

表 16-13 中国在全球电子化准备度排名中的位次

年份	得分	排名
2007	4.43	56
2008	4.85	56
2009	4.33	56
2010	4.28	56

资料来源：Digital Economy Rankings 2010 Beyond E-readiness：A Report from the EIU.

三、中国工业化进程中信息化的作用

　　信息化与工业化是人类文明进程中两个重要的社会发展阶段，是现代化的两个重要标志。根据发达国家的发展进程，信息化一般建立在高度的工业化基础之上，也就是说，发达国家从 20 世纪中叶开始的信息化浪潮，是建立在高度的工业化基础上的，是工业化和科技进步到一定程度的结果。当然，社会发展进程并非一定遵循直线型轨迹，后发国家和地区不必完全遵循"先工业化，后信息化"的传统发展路线，而是可以将两者结合起来，在工业化的进程中，同时开启信息化进程，以信息化带动工业化，以工业化促进信息化，缩短总进程，实现后发国家赶超先进国家的目标。实施两化融合战略、走新型工业化道路就是要在更短的进程中同时完成工业化的任务和信息化的任务。工业化的任务是工业技术和工业生产方式逐步占据经济主导地位，不仅体现在工业本身的发展和壮大，还表现为工业技术和工业生产方式对农业的改造（即工业化了的农业）。信息化的任务是培育、发展以智能化工具为代表的新的生产力并使之造福于社会，在农业、工业、科学技术、国防及社会生活各个方面应用现代信息技术，深入开发广泛利用信息资源，加速现代化进程。

（一）工业化和信息化的关系分析

　　工业化与信息化具有内在的联系。从产生上看，工业化是信息化的源泉，信息化是工业化的派生物，信息化虽然产生于工业化但不是工业化的附属物；从发展阶段上看，工业社会与信息社会是两个性质不同的社会，后工业化是信息化的特殊表征，信息化是工业化之后的一个新的发展阶段；从作用上看，工业化是信息化的前提和基础，信息化是工业化的延伸和发展，信息化是工业化发展的工具，工业化是信息化的重要载体；从动因以及主要资源上看，工业化是人类追求发展的过程，而信息化则是人类维持可持续发展的过程，工业化是人类不断实现经济迅猛发展的时代，信息化则是人类逐步走向经济、社会和生态可持续发展的时代。总的来讲，工业化与信息化之间的关系是前提和发展、源泉与载体、基础与对基础之改造的互动关系，是相互促进、相互融合的关系。

　　工业化是信息化的物质基础，工业化可以促进信息化的发展。信息化是在工业化充分发展的基础上产生的，信息产品的生产、传播、利用等都需要以各类高技术信息装备为载体，如计算机、光纤通信、网络、微电子等，而这些装备如果离开了高技术的制造业是无法生产出来的。发达国家之所以能够率先进入信息化时代，正是由于它们已经建立了强大坚实的经济基础，实现了工业、农业和服务业的现代化。可以说没有工业化的发展，信息化的发展是没有物质基础的。同时，工业化发展到一定程度后，对信息的需求亦日益增加，成为信息化发展的内在动力。随着工业化的高度发展，世界经济趋向一体化，市场需求出现多样化，为适应这一变化趋势，企业需要借助有效的信息技术手段提高企业的全球反应能力和市场应变能力，减少决策的失误率。另外，企业还需要利用信息技术改造企业传统的生产方式和管理模式，以提高企业管理水平和生产效率，增强企业的竞争力。可见，工业化既是信息化的基础，又是信息化发展的拉动力。

信息化可以带动工业化发展，催化传统产业嬗变，推动产业结构升级。尽管我们说工业化是信息化的物质基础，但这并不是说只有等到工业化完成后再去搞信息化，因为世界经济一体化的大背景迫使发展中国家必须面对世界信息经济的发展和信息化的浪潮。同时，世界范围内信息技术的快速传播和发展中国家信息技术研究发展能力的增强、信息产业的迅速发展，也使其具备了信息化带动工业化的能力。信息化能够带动工业化发展，可以以更短的时间和更低的成本加速完成工业化的历史任务，其作用方式在于：其一，信息化过程中不同于工业化时代的生产方式、经营方式和管理模式可以大大提高企业的劳动生产率，增强企业的生产能力和竞争能力。其二，利用信息技术可以使信息资源得到广泛应用，从而能够更好地实现全社会各种资源的优化配置，提高企业的经济效益。其三，利用信息技术可以使生产中知识和技术的含量不断提高，对自然资源的依赖性减少，从而加快产品结构和产业结构的升级。例如，利用信息技术实现工业生产的自动化控制，利用计算机辅助设计、计算机辅助制造和敏捷制造技术等可以大量节省能源和物耗，提高产品的质量，促使结构升级。同时信息技术本身具有强大的扩展性、渗透性，影响国民经济和社会各个领域，推动经济增长方式的转变和产业结构升级。其四，信息化为工业化进一步发展创造了新的市场需求。信息化的迅速发展必然对各类信息装备和信息基础设施等产生新的需求，而这些信息装备大部分需要工业制造加工业的生产来满足，因而将创造出巨大的工业市场规模，这必将加快工业化的发展。因此可以说，信息化为工业化的加速发展提供了强大的动力。

信息化与工业化是互为条件、相互融合、密不可分的，两者互相促进、共同发展。推进信息化必须要以一定的工业化为基础，否则就难以得到广泛应用和长足发展；工业化的发展必须要与信息化相结合，信息化是工业化的直接产物，是工业化的最新发展阶段和增长的"引擎"，它赋予工业化以崭新的内容和现代化的意义，它是现代的"工业化"。总之，信息化和工业化融合发展是新型工业化道路的必然趋势，是发展中国家实现现代化的必然选择。在传统产业为信息产业提供资金、人才、数据等的基础上，在传统产业由于自身竞争的需要对信息产产生需求的基础上，信息技术、信息服务、信息内容不断产业化，信息产业得到发展。不断发展的信息产业反过来为传统产业提供更好的装备、技术和服务，从而使传统产业劳动生产率提高、产品结构高级化、产品和服务质量提高、企业竞争力更强、企业规模扩大、产值增加、就业增加。

（二）我国工业化特征及信息化的作用分析

中国工业化的萌芽始于清末民初，其后由于遭遇列强入侵，历经时局动荡，工业化进程一直举步维艰。新中国成立以后，工业化进程明显加快。一次产业比重从 1952 年的 51.0%下降到 2010 年的 10.1%，二次产业比重从 20.8%增加到 46.8%；一次产业从业者在就业结构中的比重从 1952 年的 83.5%下降到 2010 年的 36.7%，而二次产业从业者的比重却从 7.4%增加到 2008 年的 28.7%。据联合国工业发展组织和世界银行给出的划分标准，我国目前应属于半工业化国家。而根据中国社会科学院学者的研究，①我国人均 GDP 或 GNP 水平所对应的工业化阶段，处于工业化初期阶段与中期第一阶段之间，即我国人均收入水平所反映的工业化阶段相对较低。②第二产业的比重高于一般模式中工业化完成阶段的相应水平，第一产业的产出比重在 1995 年下降到 20%以下，标志着工业化进入了中期的第二阶段。③由就业结构水平反映的工业化阶段，一定程度上还存在着不稳定和不准确问题；一般（劳动密集型为主）加工工业的比重很高，技术密集型加工工业的比重较低，这种工业结构水平所反映的工业化进程，只处于工业化的中期阶段。综上判断，目前我国仍处于工业化中期阶段。①

作为一个动态进步的过程，不同时期的工业化总是与不同的技术相联系，与不同的主导产业相联系，并呈现出不同的特征。工业化的本质是不随时间改变的，但可以从不同角度加以理解。①从生产技术变革的角度。工业化实际上是国民经济中一系列基要生产函数或生产要素组合方式连续发生由低级到高级的突破性变化的过程（基要生产函数是指国民经济中联系效应很大的生产函数）。其本质是工业技术和工业生产方式逐步占据经济主导地位，不仅体现在工业本身的发展和壮大，还表现为工业技术和工业生产方式对农业的改造（即工业化了的农业）。②从产业结构变化的角度。工业化就是工业（特别是制造业）的发展及其在国民经济中占据优势的过程，国民经济结构由以农业为主转向以工业为主，整个国家由农业国转变为工业国的过程。③从经济社会变迁的角度。工业化是一个涉及社会经济全面发展的过程，它既是一个产业升级和发展的过程，也是一个各

---

① 吕政、郭克莎、张其仔：《论我国传统工业化道路的经验与教训》，《中国工业经济》，2003 年第 1 期。陈佳贵、黄群慧、钟宏武、王延中：《中国地区工业化进程报告（1995~2005）》，社会科学文献出版社，2007 年版。

产业的生产经营方式向规范化、规模化、专业化、社会化发展的过程，还是一个社会主体意识由自然经济观念向商品经济和市场经济观念逐步转变的过程。综上所述，工业化是人类社会发展进程中的一个特定历史阶段，当前世界部分国家已经完成，有些国家尚处于这一阶段。由于各国面临的技术环境、国际环境、社会环境和竞争环境千差万别，不同国家工业化进程在时间上可能先后会相差数百年，由此形成不同的工业化方式和道路，但各国完成这一历史进程的目标是相同的。

在信息化时代，工业化具有进程更快、外延更广、负面更轻的特点。当前，信息技术已经逐步渗透到工业生产的各个环节，发挥出显著的倍增和放大效应。信息技术能够改进生产方式、经营方式和管理模式，提高企业劳动生产率，增强企业的生产能力和竞争能力；能够促进信息资源的广泛应用，实现社会各类资源的优化配置，提高企业的经济效益；能够不断提升生产中知识和技术的含量，加快产品结构和产业结构的升级。伴随信息技术的充分应用，工业能效得到大幅提高，工业化进程明显加快。随着信息技术的广泛和深入应用，信息技术的快速发展带来的技术创新推动新的业态和商业模式不断涌现，产业呈现出向服务化转型的趋势，工业化的外延明显扩大，工业与第一产业、第三产业之间的边界逐渐模糊，产业之间出现融合发展趋势。基于三次产业划分的工业化水平衡量标准和工业化阶段判断标准，在新的历史时期都需要重新进行定义。在传统工业化的进程中，各国都采取了粗放式的发展模式，通过消耗大量的自然资源，追求过度的规模化经济，对环境带来了严重的污染。时至今日，自然资源的逐渐枯竭以及地球环境的承载压力，已经不允许后发国家重走"先污染后治理"的传统工业化道路。利用信息技术可以显著减少工业化过程中对自然资源的依赖，减轻对环境的负面影响，实现清洁的工业化。

中国的工业化进程面临着与发达国家当初完全不同的技术、经济和社会环境，当今信息技术日新月异，已经渗透到社会的方方面面，信息技术的出现和快速发展为中国的工业化提供了良好的赶超机遇。目前我国仍只处于工业化的中期，如果不借助信息技术的力量，要在今后不太长的时间内实现工业化是极其困难的。信息化对工业化的带动作用，主要体现在以下几个方面：

首先，信息产业的发展壮大推动了产业结构的优化，进而加快了工业化的进程。工业化的重要标志就是工业（特别是其中的制造业）或第二产业产值（或收入）在国民生产总值（或国民收入）中比重不断上升，以及工业就业人数在总就业人数中比重不断上升。信息产业不断发展成为国民经济的支柱产业和主导产业，在整个国民经济中的比重不断提高，这本身就是产业结构的调整和优化，也正是工业化进展的重要表现。根据经济发展的一般规律，随着科学技术的进步和经济社会的发展，三次产业结构将由"一二三"和"二三一"向"三二一"转变；而且，在第二产业内部，以信息技术产业为代表的高新技术产业的产值份额不断提高，从而实现主导产业的更迭，也就是实现由劳动、资本密集型向知识技术密集型过渡。大力发展信息产业，对于促进我国产业结构调整、推动产业结构升级、改变我国产业结构的不合理状况有着巨大的作用，将加速推进我国工业化历史任务的完成。

其次，信息化促进了经济增长方式的转变，进而支持工业化向着更高级的层次演变。我国工业化虽然为国民经济发展做出了巨大贡献，但是由于长期存在过分追求速度和数量、忽视效率和质量的问题，走的是粗放型经济增长道路，并由此造成资源浪费、重复建设、生产效率低下、规模结构不合理等。信息化可以促使粗放型经济增长方式向集约型增长方式转变，使经济增长主要依靠物质和能源的消耗，转变为依托信息和知识的推动，从而使国民经济发展产生新的动力。信息技术可以使生产要素综合利用效率得到提高，加速技术进步和人力资本的积累，并向工业领域扩散和渗透，从而加速工业化进程，促进技术结构的优化，达到质量和速度的统一。因此，信息化有助于推动和实现经济增长方式转变，加速工业化进程。

最后，信息技术的高速发展可以支撑国民经济的跨越式发展，进而缩短工业化的进程。历史上每一次重大的科技进步，都提供了跨越式发展的良好机遇，许多国家抓住机遇实现了赶超。比如19世纪末20世纪初，美国花了40来年时间追赶英国；第二次世界大战后，日本花了近40年的时间追赶美国；20世纪60年代以来，亚洲"四小龙"花了30年的时间追赶上西欧国家。可见后发优势确实存在，跨越式发展可以实现。信息技术的发展和运用被认为是20世纪第三次重大技术革命，它不仅使产业结构发生了变化，而且影响并深入全球社会生活的一切领域，信息化逐渐成为人类一切活动的向导，人类开始从工业社会迈向信息社会。这为我国发挥后发优势、实现社会生产力的跨越式发展提供了难得的机遇，将大大缩短我国工业化的进程。

四、信息化带动工业化的政策建议

在认清中国工业化进程中信息化特殊地位的基础上，切实采取有效措施发挥信息化对工业化的带动作用，是早日完成新型工业化任务的重要基础和条件。通过大力发展信息产业，在壮大和提升工业的同时提供实现工业化的技术保障。利用信息技术改造和提升传统产业，促进传统产业调整升级。积极引导发展两化融合衍生产业，抢占新兴产业发展先机和制高点，实现加快我国工业化进程的战略目标，推动中国进入现代化国家行列。

（一）大力发展信息产业

一个国家或地区工业化的演进过程就是产业结构的升级过程，就是新兴产业不断诞生、发展，并在经济结构中占有越来越大比重的过程。信息产业是当今新兴产业的代表，信息产业的发展以及在产业结构中比重不断上升的过程，其本身就是产业结构升级的一部分，是产业结构高级化的一部分，信息产业发展本身就是以信息化带动工业化的重要内容。同时，信息产业是信息化的基础。没有发达的信息产业，就谈不上信息化，更谈不上以信息化带动工业化。因此，大力发展信息产业是实现以信息化带动工业化发展战略的首要问题。

信息产业成为我国第一大产业，信息产业的发展本身就是工业发展的标志。同时，信息产业是推进国家信息化的重要条件。信息化是当代生产力发展的新趋势，是产业结构升级的大方向。"可持续发展"是21世纪世界各国正确协调人口、资源、环境与经济间相互关系的共同发展战略，是人类求得生存与发展的必由之路。通信网络和信息技术装备是国家信息化的物质基础和主要推动力。信息技术的普及和信息产品的广泛应用，将推动社会生产、生活方式的转型。信息产业的发展将推动其他产业的信息化进程，从而提高其他产业的效率，大量降低物质消耗和交易成本，对实现我国经济增长方式向节约资源、保护环境、促进可持续发展的内涵集约型方式转变，并对提高人民生活水平和改变工作方式，具有现实意义和重要推动作用。大力发展信息产业，建设信息基础设施，为信息化带动工业化创造基础条件。发展信息产业的重点要放在掌握关键装备和产品的核心技术，促进信息产业的结构调整，加大对软件产业、集成电路、网络与通信设备、信息服务业的政策支持力度。加快发展信息网络重在培育市场机制、竞争机制，努力促进电信、广电、计算机三网融合，提高服务的水平和质量。

发展信息产业，必须要从产业要素角度着手，通过人才队伍、载体园区、市场环境和政策环境等方面的建设，促进信息产业的发展。首先，要充分利用社会力量和国内外教育资源，建立多层次全方位的软件人才培养体系。加快建设和发展软件职业技术学院，加强软件从业人员在职培训和资格培训，扩大软件人才培训规模。注重培养既熟悉软件管理又懂软件技术的复合型人才。引进高级软件研发和管理人才，努力改善软件人才结构。其次，要大力加强载体建设。完善园区的管理方式、要素保障和服务功能，优化工作流程，提高行政效能，突出重点、形成聚焦，积极主动为企业提供个性化、针对性服务。实施园区生态化、数字化建设，为园区企业提供良好的工作环境、信息共享平台和服务平台。积极推进绿色园区建设，促进节能减排。鼓励打造园区集群品牌，提高园区的集聚效应，推动园区建设向规模化、集中化、产业配套化方向发展，促进电子信息产业的聚集发展。同时，要积极营造有利的市场环境。坚持以经济社会发展需求为导向引领信息化，集中信息化市场资源调控手段，强化信息化与电子信息产业互动，加速信息化与工业化融合，构建信息基础设施建设、信息技术应用推广和电子信息产业提升"三位一体"、互动发展的格局。坚持供需对接、以用兴业，通过完善通信基础设施，为产业发展提供完备的基础平台。最后，要切实贯彻落实产业政策。加强落实现有产业政策，一方面监督中央相关政策在地方的落实，另一方面鼓励地方出台相关配套政策措施完善政策实施细则，实现政策预期目标；同时继续研究出台新的产业振兴措施，努力形成与时俱进的产业政策体系。加大对电子信息产业公共要素的投入，通过土地、税收、财政投入、政府采购、项目审批、投融资体制建设等政策手段，吸引和鼓励社会各方面对信息产业的投入。

（二）以信息技术改造提升传统产业

信息技术具有广泛的渗透性和增值作用，其在经济和社会各领域的广泛应用，极大地提高了劳动效率，降低了能耗和生产成本，减少了环境污染，有力地推动着经济发展和社会进步。大力推广信息技术应用，发挥其渗透和倍增作用，可以培育出众多新兴产业，促进传统产业结构调整和优化升级，有效提高国民经济运行质量。用信息技术改造和提升传统产业，降低传统产业资源消耗和环境污染，提高传统产业的技术和效益，是实现我国政府提出的以信息化带动工业化、以工业化促进信息化、走新型工业化道路重大战略目标的历史任务。在信息技术还不发达的中国，信息技术为传统产业的改造提升和结构调整提供了最有效的手段，传统产业的改造和提升又为信息技术创造了广阔的市场和舞台。可以说，用信息技术改造和提升传统产业，不仅仅是经济发展的需要，更重要的是为工业化和信息化相互促进、相互发展铺设了一条宽阔的路子。信息化是当今世界工业化发展的大趋势，传统产业正在从以机器为特征的传统技术向以信息为特征的系统技术迈进。目前及未来相当长一段时期，传统产业以其较长的发展历史和相当规模的发展基础仍然将在国民经济中占据着主体地位。但受技术水平的限制，传统产业在不同程度上存在着集中度不高、工艺技术装备落后、资源利用率低、低水平生产能力过剩与高附加值产品短缺并存等问题，并伴有低效率、高能耗和高污染的特点。然而，我国传统产业对信息技术应用明显不足。据国家经贸委经济信息中心对部分重点企业的调查，70%以上的企业认为企业对信息化投资不足，企业用于信息技术方面的投资占企业总资产的比重不到1%，与发达国家大企业8%~10%的水平相去甚远。因此，以信息化带动工业化，使先进的信息技术在传统产业的改造中发挥主导力量，是利用后发优势、全面提升传统产业技术含量和国际竞争力、实现传统产业跨越式发展的捷径，也是在借鉴西方工业化国家经验的基础上，结合我国传统产业的现状在工业化道路上的创新。

利用嵌入式软件技术可以提升消费类、工业类产品的智能化水平和附加价值；利用信息系统集成和技术可以改造提升成套设备和组合加工设备的集成化、自动化水平；利用信息控制技术和设备可以改造提升大型连续加工工业的过程控制水平；利用信息化手段可以显著提高企业技术开发流程的效率和工艺水平；更为重要的是，利用信息技术和信息系统可以大大提高企业的科学管理水平和运行效率。以数控机床、重型机械、汽车农机、电力装备、重要基础件为重点，发展柔性制造和制造执行系统等先进技术，提高装备工业智能化和国产化水平。在工艺流程领域重点推广新技术、新工艺，努力在工艺创新、节能降耗、产品质量和更新换代等方面取得突破，提高生产集约化和自动化水平。大力发展电子商务和基于信息技术应用的现代物流业，提高经营管理水平和经济效益。在资源开发领域重点推广安全生产预警系统、环保监测系统、资源数据库等先进技术的应用，提高资源型企业的可持续发展能力。

推动信息技术改造提升传统产业，必须采取切实可行的政策措施予以保障。要高度重视信息技术推广应用工作，形成信息技术推广应用的长效工作机制。鼓励和推动传统产业积极采用信息技术，加快产业结构优化升级，推动建立传统产业部门与信息产业部门之间的有效融合、共同发展、相互促进的良好机制，形成全社会关心和支持信息技术推广应用工作的良好局面。支持利用各类投资和先进、适用的技术，建立信息技术应用公共服务体系，为传统产业提供信息技术应用服务和支撑。积极开辟资金渠道，加大应用信息技术改造传统产业工作的资金投入。深入开展信息技术应用试点，培育一批传统产业信息技术应用典型示范企业，并充分发挥其示范作用，以点带面，全面推进传统产业改造和优化升级。通过实施产业化专项、合资合作、研发攻关等方式，促进汽车电子、机床电子、电力电子、医疗电子、航空电子、能源电子、农业电子等应用电子产品及软件发展并尽快形成产业规模，为传统产业改造提供产业支持。鼓励和支持信息技术企业特别是行业骨干企业积极参与传统产业改造，沿海地区和优势企业积极推动与西部地区及东北地区等老工业基地的企业开展资金、技术及服务等多方面的合作。进一步对外开放，营造良好环境，努力吸引更多的外资参与西部大开发和东北地区老工业基地调整改造，承接国外产业转移。

（三）引导发展两化融合衍生产业

产业衍生是指在信息化与工业化融合过程中催生出的新产业，如汽车电子产业、工业软件产业、工业创意产业、企业信息化咨询业、信息资源的开发与利用业、居民消费信息综合服务业等。这些新产业的出现，来自于两化融合过程产生的新需求，新产业的出现正是为了满足这些新需求。随着两化融合的扩大和深入，催生的新产业的种类和规模都将迅速增长。衍生出的新产业反过来又会进一步促进两化融合的进程，两个过程相互促进，形成了一个良性循环。随着两化融合的深入，新的产业不断被催生出来；随着新产业的发展和壮大，两化融合不断得到推动和加速。

引导和支持衍生产业的发展，有利于工业实行战略聚焦，提高专业化水平，增强核心竞争力。衍生产业的出现，会进一步促使工业将部分非核心业务外包，一方面可以降低成本，另一方面可以专注于核心业务。通过将主要资源和能力用于投入核心业务，将会全面提升工业的生产效率，降低成本，提高创新能力，进而加速工业化的进程。衍生产业的出现和发展，从整个社会的角度来讲，深化了社会分工。而社会分工的深入，会大大提高整个国民经济效率。国民经济整体效率的提高，会创造更好的宏观环境，进而会推动工业化的进程。衍生产业还具备有效黏合的作用，与工业关系密切，互相促进，共同发展。目前，制造业等许多行业与服务业组合在一起，已很难区分各自的独立领域。在美国，高新技术服务业和制造业形成一条龙，组成附加值网络，把零部件组合以取得整体效益的提高，其中比较典型的，如电脑、家具、房屋装修、机械工具、食品、教育、旅游、投资等行业，都已采用了组合的方法，组成一条龙生产与服务。产业的整合式发展也将进一步推动工业化的进程。可见，衍生产业的出现，会增强工业的核心竞争力，改善国民经济的整体效率，促进工业的整合式（产业链）发展，这些都会大大加速工业化的进程，实现对工业化的带动。

两化融合进程中涌现的衍生产业作为新业态，蕴含着巨大的发展潜力，也面临着可以预见和不可预见的挑战和障碍，因此必须构建适合衍生产业发展壮大的环境，形成各类关键资源支持衍生产业发展的良好环境。首先，要尽快研究新的产业分类，积极引导，适度监管。衍生产业的出现，会对现有的产业分类以及相应的产业监管提出挑战，如何与时俱进地调整现有产业分类，及时给予衍生产业在产业体系中的适当地位，对于引导新产业的发展具有重要意义。进一步看，如果能够针对衍生产业的具体特点，在产业初期出台政策加以扶持，那么对于衍生产业的迅速成长和长远发展都是非常有利的。其次，鼓励产业分工的进一步细化，促进衍生产业的形成。促进政府信息化等业务外包，依托我国制造、金融、电信等传统优势行业，鼓励和支持这些企业把非核心业务外包出来，既提升发包方的核心竞争力，又提高接包企业的服务能力和水平，进而迅速做大做强我国信息技术服务业。同时，要加快相关人才队伍的建设。一个新产业的出现，必然对人才提出具体的行业需求。必须从多方面着手，加强行业人才队伍建设。一方面，要加强对相关产业人才的专项培训，引导其转行进入新产业；另一方面，必须尽早探索高校和职业学校培养的模式，从而为产业长远的人才供给和储备打下基础。此外，在产业发展过程中，必须加强信息安全工作力度。两化融合不断催生新产业，其中既包括产业分工的深化，也包括产业内分工。而产业内分工，特别是企业内部业务的外包，必然会带来信息安全的问题。为确保两化融合的深入发展，衍生产业不断涌现，企业间分工不断细化，经济效率不断提升，需要政府、相关机构和企业共同努力，尽快构建信息安全的产业环境和法制保障。最后，要鼓励企业联合，结成战略联盟，实行产业链竞争。产业分工的细化并不代表企业之间的分化。在国际竞争日益激烈的环境下，产业的国际竞争力不仅仅体现在单个企业的实力，更体现在产业链的整体实力。因此，衍生产业应当与现有产业结成更紧密的关系，形成一个共同的竞争集合体，提升整个产业的国际竞争力。

"十二五"期间，我国工业化进程将进入一个新的历史阶段。《国民经济和社会发展第十二个五年规划纲要》提出，要加快建设宽带、融合、安全、泛在的下一代国家信息基础设施，推进经济社会各领域信息化，推动信息化和工业化深度融合，坚持走中国特色新型工业化道路。面向这一宏伟蓝图，必须采取切实可行的措施，大力发展信息产业，用信息技术改造提升传统产业，引导发展衍生产业，充分发挥信息化对工业化的带动作用，实现新型工业化。

第十七章　工业化进程中的服务业

工业化和城市化是现代经济发展的两大主线，两者相互影响、相互促进。在工业化中后期，随着服务经济的崛起，服务业与工业发展日益紧密，并且逐渐成为非农产业发展带动城市化的主要力量，服务业对城市化的载体和依托作用更加重要。对正处于工业化和城市化进程中的中国而言，大力发展以生产性服务业为主的服务经济，形成工业与服务业协同、互动发展的局面，不仅是发展先进制造业、推进产业结构优化升级的重要战略途径，也是连接工业化与城市化、实现经济转型发展的重要手段。

一、经济结构变动与服务业发展

(一) 产业结构演进与服务经济的崛起

配第—克拉克定理表明，随着经济发展和人均国民收入水平的提高，第一产业国民收入和劳动力的相对比重逐渐下降；第二产业国民收入和劳动力的相对比重上升，经济进一步发展；第三产业国民收入和劳动力的相对比重也开始上升。西蒙·库兹涅茨进一步指出现代经济增长实际上就是经济结构的全面变化，它绝不仅仅是一场工业革命，它还是一场农业革命和以交通通信革命为主要代表的服务业革命。

罗斯托将任何社会的经济发展过程划分为传统社会阶段 (Traditional Society)、起飞准备阶段 (Preconditions for Take-off)、起飞阶段 (the Take-off)、成熟阶段 (the Drive to Maturity) 及高大众消费阶段 (the Age of High Mass Consumption) 五大阶段。[①] 在传统社会阶段，由于社会生产力低下，人们的生产活动多集中于农业部门；在起飞准备阶段，经济上逐步表现出社会商业化的趋势，大量农业劳动力向工业、交通、贸易及服务业转移；在起飞阶段，产业结构上则表现为现代部门的增长，传统行业实现了产业化；在成熟阶段，主要表现为

---

① 罗斯托：《经济成长的阶段》，商务印书馆，1962 年版。

由技术进步引发的主导产业的变化；而在高大众消费阶段，人口的高度城市化及物质财富的高度发达将使服务业成为主导产业。

1974 年，美国社会学家丹尼尔·贝尔（Daniel Bell）也提出了类似的人类社会发展阶段观点，但他将社会发展分为三个阶段，即前工业化社会、工业化社会及后工业化社会。他认为，在经济发展的不同阶段，服务业在经济中的比重及服务内容都有了很大的变化。在前工业化社会，社会活动的基本单位是大家庭，服务业主要由大量就业不足的人口完成，且主要分布于农业和家庭服务业部门，为个人及家庭服务；在工业化社会，服务业主要围绕商业活动展开；而在后工业化社会，服务业主要以知识型服务和公共服务为主。

中国经济学家吴敬琏则将服务业的脱颖而出确定为现代经济增长的一个重要特征。他认为服务业在带动国民经济有效率地增长中扮演了重要的角色。所有的工业化国家，其服务业都无不在进入工业化后期阶段后迅速超过工业，并进一步成为国民经济中占主导地位的产业。在现代服务业发展中最值得注意的是现代生产性服务业（Producer Services）的迅猛发展，它的增长速度大大超过消费性服务业（Consumer Services）的增长速度。与之相适应，工业化的概念也大大拓宽。因此，进入后期工业化以后，并不是什么"重化工业化"，而是"服务业—工业化"（Service Industrialization）。

在经历了 20 世纪 70 年代石油危机后，发达国家的经济结构发生了较大变化，在服务业快速增长的带动下，经济发展迅速。从就业结构看，农业及采矿业、加工业的就业比重明显下降，就业比重明显上升的行业是生产性服务业、社会服务业及个人服务业，这种结构变动反映了国民经济的服务化倾向。从投资情况看，在 OECD 国家，外国直接投资（FDI）中服务业投资总额明显高于制造业投资的总额，且主要集中在金融服务、商务服务、信息服务等生产性服务业领域。同时，发达国家的经济主体已经从原来的制造业转换到服务业，这主要表现为服务业占国内生产总值的比重已达到 70%~80%。1998~2010 年，美国生产性服务业年均增长 3.7%，高于 GDP 增速 0.4 个百分点，更高于制造业 1.6% 的增长水平，占 GDP 比重达到 40.6%，占私营部门服务业增加值的 61.0%（见表 17-1）。

表 17-1 1998~2010 年美国主要产业部门增加值占 GDP 比重

单位：%

行业＼年份	1998	1999	2000	2001	2002	2003	2004	2005	2006	2007	2008	2009	2010
私营部门	87.5	87.7	87.8	87.6	87.3	87.1	87.3	87.5	87.6	87.5	87.1	86.4	86.6
农林牧渔业	1.1	1.0	1.0	1.0	0.9	1.0	1.2	1.0	0.9	1.0	1.1	0.9	1.1
工业	17.9	17.3	17	16	15.4	15.2	15.6	15.5	15.8	15.7	15.5	14.8	15.5
制造业	15.1	14.6	14.2	13.1	12.7	12.3	12.5	12.4	12.3	12.1	11.5	11.2	11.7

续表

年份 行业	1998	1999	2000	2001	2002	2003	2004	2005	2006	2007	2008	2009	2010
建筑业	4.4	4.6	4.7	4.8	4.6	4.6	4.7	4.8	4.9	4.7	4.3	3.8	3.4
服务业	64.1	64.8	65.1	65.8	66.4	66.3	65.8	66.2	66	66.1	66.2	66.9	66.6
生产性服务	37.3	38.2	38.5	39.6	39.7	39.6	39.3	39.8	39.8	40.1	40.4	40.8	40.6
政府部门	12.5	12.3	12.2	12.4	12.7	12.9	12.7	12.4	12.4	12.5	12.9	13.6	13.4

资料来源：美国经济研究局（BEA）网站。

从中国的情况看，在新型工业化进程中，服务业将扮演更为重要的角色。新型工业化强调生态建设和环境保护，着重处理经济发展与人口、资源、环境之间的关系，走资源消耗低、环境污染少的道路。这意味着在工业的中间产品投入结构上，可耗竭资源消费比重将会下降，对服务资源的需求相对上升[①]。与传统工业化相比，新型工业化更加倚重现代服务业，金融业、保险业、物流业、商务服务、科研服务等行业将发挥举足轻重的作用，更加有效地利用服务资源是工业企业增强市场竞争力的必然选择。

（二）工业化与服务业发展之间的互动关系

在现代经济发展过程中，工业化与服务业之间互动发展的实质是基于分工、专业化之上的效率改进和结构优化。从工业对服务业的作用看，最具经济性的影响在于工业领域出现的专业化分工促使自我服务向社会服务转移，进而有力地刺激和催生了服务业的扩张与创新；而服务业的发展也为工业的创新与发展创造了更为便捷的环境，带动了工业组织方式的变化，促进工业结构向高级化迈进[②]。

随着企业规模的扩大和市场竞争的加剧，生产组织方式变革（如弹性生产方式的采用）和专业分工细化的趋势越发明显。基于提升自身核心竞争力的战略需求，越来越多的工业企业着手对自身的价值链进行分解，将价值链中的一些支持性活动，甚至是基本活动都外包[③]出去。例如，人力资源活动、会计活动、研发设计、采购活动、运输、仓储、售后服务等（见图17-1）。这些外包出去的业务就逐渐形成了独立的专业服务业。这些服务业在为客户提供专业化服务的同时，自身的业务水平也不断提高，同时分工也更加细化，提供服务所发生的成本也在不断降低，规模经济效应和学习效应不断得到释放，进而又推动工业企业将更多

---

① 郑吉昌：《服务业与工业化互动关系研究》，《经济学动态》，2004年第12期。
② 刘秉镰、支燕：《论工业化与服务业发展的互动性》，《天津社会科学》，2003年第6期。
③ 外包（Outsourcing）就是通过契约的方式将企业经营所需要的资源和能力，但是非核心的能力交由外部服务者来提供。

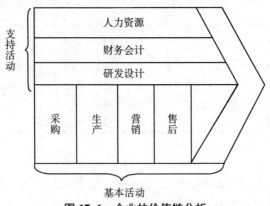

图 17-1　企业的价值链分析

业务进行外部化，从而进一步促进了服务业的发展。

从经济学的角度来看，生产性服务业的产生和发展可以看作是建立在成本优势基础上的专业化分工的深化，以及企业外包活动的发展。如果将企业视为一个生产函数，那么企业需要组织多种要素（包括：劳动力、资本、技术、管理等）才能够生产出产品或者提供服务，同时，企业又必须寻求成本的最小化，即通过获得成本优势来赢得市场优势。在具体的生产过程中，企业需要对各种生产要素做出"做或买"（Make or Buy）的决定，是在自己内部生产还是在外部市场采购，因为这一决定直接影响到企业的成本结构、制造方式、组织结构，以及区位选择。也就是说，对于企业而言，如果外部的组织能够做得更有效率，同时成本更低，那么此项活动就应该由外部的组织来完成；反之，如果企业自身能够做得更好，则应该选择自己做。科斯在《企业的性质》一书中就曾探讨过企业和市场的边界，并引入了交易费用这个概念，来对企业内部化和外部化的活动进行解释，并认为伴随着社会分工的深化，制造商和服务提供商之间交易数量将会扩大，只要劳动分工的边际收益大于交易费用的边际增长，那么劳动分工就会进一步细化，同时还会促进制造业生产效率的提升。

如果进一步将内部化—外部化的概念引入，就可以发现，事实上生产性服务业的发展本身就是内部化—外部化活动特征变迁的过程。工业和服务业的相互推动、相互促进可划分为种子期、成长期和成熟期三个阶段（见图 17-2）。

在种子期内，工业企业所需要的各种生产性服务基本上是企业内部提供，还没有形成一个外部的服务市场；但是，知识密集型和创新型企业已经对生产性服务产生了极大的需求。

在成长期内，外部的服务市场逐步形成，工业企业的内部活动逐步开始外部化，同时，外部的生产性服务供应商之间的竞争也开始表现出来。在该阶段对服务业的需求不仅有那些知识密集型和创新型企业，还有那些知识密集和创新程度

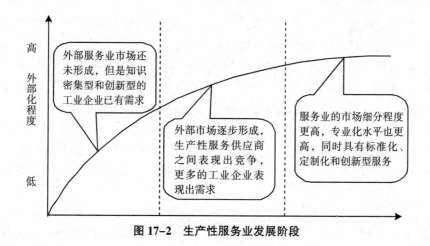

图 17–2　生产性服务业发展阶段

相对较低的一般性工业企业。另外，值得强调的是，该阶段服务业的成长表现为成本驱动和差异化成长两种模式。前者主要是那些标准化和日常性的服务业，后者主要是信息和知识更加密集型的服务业。在实践中，在服务业成长过程中两种模式或特征通常是同时表现出来的，并没有十分清晰的边界。

在成熟期内，服务业的市场细分程度更高，服务的专业化水平也更高，既有标准化的服务，也有定制化和创新型的服务。同时，在该阶段对服务业的需求将来自于各类企业。

二、城市化与服务业发展

（一）城市化的实质

在经济学中，城市化的基本含义是指由于工业化而引起的劳动力由农业向非农产业转移，并伴随人口由农村向城市集中的过程。在城市化进程中，城市数量增加，城市的规模扩大。在现代经济增长中，工业化和城市化是两条相互作用、互为因果的发展主线。工业化进程反映着资源要素向工业部门集中所导致整个经济产出能力的迅速增长；城市化则凸显了经济发展过程中由于人口空间分布变动所带来的行为和生活方式变化等社会后果。在工业化、城市化和经济发展水平之间存在着显著的正向变动关系，这已为各国的经济增长所证实。

早期的城市化理论是将城市化的内涵界定在农村人口向城市转移上，他们的理论假设都是工业集中在城市，因此工业化与城市化并行，农村人口转向工业就是进入城市。然而，人口进入城市并不是城市化的全部内容。当经济发展进入到工业化中后期，城市化出现了新的发展趋势。这就是在工业化与城市化的变动关系中，服务业迅速崛起，并发挥出纽带性衔接作用。西蒙·库兹涅茨在1941年的著作《国民收入及其构成》中将产业结构划分为"农业部门"、"工业部门"和"服务部门"，并指出"工业化过程并不表现为劳动力以向工业部门转移为主，反而是以向服务业转移为主"。这主要有三方面原因：一是随着工业化进程推进，工业生产的迂回性逐渐加强，对各类生产性服务的中间需求也在不断扩大；二是经济系统的不断膨胀也在扩大社会对公共服务的需求；三是经济发展也使消费性服务需求不断扩大。

在服务经济时代，城市化是建立在城市功能基础之上，服务业与城市化有着互动的关系，两者是相互依赖、相互促进的。城市在区域经济和社会发展的主导地位日益明显。高科技、人才、资本等先进生产要素首先流向城市，并通过城市向外辐射；企业总部及其研发中心、营销中心聚集在城市。先进生产要素、市场、公司、现代服务业向城市聚集构成了城市化的新内容，这是经济发展到一定阶段自然形成的趋势。这种城市化不再是过去的农村人口进城，而是先进生产要素、现代服务业向城市聚集①。衡量城市化的指标不再是城镇人口占总人口的比重，而应是服务业在整个经济产出和就业中的比重。

（二）城市化对服务业的带动作用

城市化对服务业发展的作用归根到底是通过影响服务需求的规模和结构来得以实现的。由于在生产与消费上的即时性，使得规模化经营成为服务业企业持续发展的关键。因此，城市规模自然而然地成为服务业发展的进入门槛。这是因为城市聚集了大量的人口、资源、信息和产业活动，作为一个特定的生存和发展空间，城市蕴含了巨大的消费性和生产性服务需求，对服务产品供给的拉动大大强于非城市地区，是服务活动产业化的最基本空间载体。

首先，从消费性服务业来看，其内部结构直接受城市规模的影响。消费性服务中的生活服务在任何规模的城市中都是存在的，但在人口密集的大城市，生活服务的经营形态、服务内容更是多样化和现代化。而较高层次的享受性服务、娱乐性服务，只有在达到一定人口、经济规模的城市才能较好地存在。据日本1980年国情调查和1981年的统计，洗染业每420户设一个店；理发美容业每280户设一个店；美容业每260户设一个店。

其次，生产性服务业在一定程度上类似于资本密集型和知识密集型工业。它呈现出在大型城市、区域中心城市聚集发展的趋势。因为大城市具有资本丰富、

---

① 郑吉昌：《服务业与工业化互动关系研究》，《经济学动态》，2004年第12期。

人才聚集、市场完善的优势，为生产性服务的发展提供了必要的基础环境。而中小城市一般不具备大规模发展生产性服务的优势。

最后，城市对公共服务的影响主要体现在城市规模对公共服务提供的限制上。许多属于城市基础设施的公共服务，都要求达到一个最低限度的城市人口标准，超出这个最低线，提供这些服务才是经济合算的。因此，城市规模越大，人口密度越高，公共服务越齐全。但公共服务的效率和城市规模并不是呈现出简单的线性关系，而是存在一个合理的城市规模区间范围，在这个范围之内公共服务的收益是递增的，大于这个范围，公共服务的收益则呈递减趋势。

国际经验表明，文化教育、金融保险、房地产业、信息服务业等均适于在大城市发展，而且城市规模越大，服务业的用户就越多，商机也就越大。从实证分析看，凡是国际大都市，服务业比重一般要在70%以上，发达国家60%的产值、60%的就业在服务业，且主要集中在大城市，城市规模是城市服务业产业地位的重要决定因素之一[①]。从我国的情况看，服务业在城市经济中的比重与城市规模之间也存在较为明显的正向变动关系。2007年，287个地级及以上城市（不含市辖县）占全国服务业增加值的比重为72.6%。根据《中国城市统计年鉴（2008）》计算，全国36个大中城市（不含市辖县）服务业增加值占GDP比重为54.4%，而全国287个地级及以上城市平均为46.2%。

近年来，我国部分地区服务业发展已呈现一定的园区化、规模化和集群化趋势，但是由于城市化进程相对滞后，特别是城镇分散，达不到规模经济，聚集不起服务及设施建设的合理规模，导致服务业资源分布相对分散、业态种类较少、集聚程度较低的问题仍然比较突出。制造业链条上的技术研发、人员培训、经营管理、会计服务、法律咨询、信息服务等关键环节，得不到相关支撑服务体系的协作与配合，大量本应通过外包方式完成的服务活动不得不在工业企业内部消化完成。从这个角度看，发展现代服务经济，必须适当取消城市规模的限制，将城市化政策的中心从增加城市数量和扩大城市行政辖区转到扩大城市规模、提升城市功能上来。

（三）服务业对城市化的载体和依托作用

传统意义的城市化基本上由工业支持，城市产业以工业为主。西方城市化理论分析和实证表明，在工业化初期，工业发展所形成的聚集效应使工业比重上升对城市化率上升具有直接和较大的带动作用；而当工业化接近和进入中期阶段之后，产业结构转变和消费结构升级的作用超过了聚集效应作用，城市化的演进更多地表现为非农产业就业比重上升的拉动。在这个阶段，非农产业就业比重的上

---

① 国家发改委宏观经济研究院课题组：《加快我国服务业发展面临的问题与对策研究》，2005年12月。

升明显快于生产比重的上升，而这主要不是工业而是服务业的就业增长带动的。也就是说，当工业化发展到较高阶段之后，对城市化进程的主导作用逐步由工业转变为整个非农产业，就业结构的变化也越来越不同于产出结构的变化，并起着更大的作用（郭克莎，2002）。

在进入工业化中后期阶段，城市化率的上升越来越多地决定于工业化对非农产业的拉动效应。与工业相比，服务业发展对非农产业的就业增长具有更强的带动效应，而非农产业的就业增长比产出增长更直接地作用于城市化进程。从美国的城市化历程来看，工业化发展到一定程度以后，制造业占 GDP 的比重开始下降，制造业发展对城市化的促进作用渐趋减弱，但服务业比重持续上升，使城市化仍保持了上升态势。

城市化的过程绝不仅仅表现为生产要素从分散到聚集的过程，而更在于由于聚集所引起的要素配置效率的提升，服务业的发展是实现这种提升的基本动力。文化教育、体育娱乐、医疗保健等行业为集中的人口提供生活服务；金融、保险、科技、通信等行业为企业提供生产配套服务；仓储、运输、批发、零售为企业提供流通配套服务；广告、咨询、新闻等行业为企业提供营销服务。没有这些服务业的发展，城市仅仅是一个人和物的堆积地。城市需要通过服务业成为主导产业，还城市本来面目，变工业型城市为贸易型、服务型和消费型城市。强化城市的市场功能与提高城市的服务业比重相关。因此，也有人提出，从产业与城市发展的关系来看，制造业发展对城市发展基本上是量的影响，即影响城市规模的扩大，城市人口的增加；而服务业的发展对城市发展则基本上是质的影响，即强化城市的功能，提升城市形象[①]。

三、服务业发展的新趋势

（一）服务业与工业融合发展进一步深化

产业融合是指通过技术革新和放宽限制来降低产业间的壁垒，在具有一定的技术与产品的替代性或关联性的产业间的产业边界和交叉处发生技术融合，进而带来这些产业间产品融合、市场融合，导致相关企业间竞争合作关系发生改变的经济现象。

随着信息技术的发展，传统意义上的服务业与工业之间的边界越来越模糊，

---

① 李京文：《现代服务业的发展要与城市化互动共进》，《理论与现代化》，2005 年第 4 期。

两者正在呈现融合发展趋势（Lundvall 和 Borras，1998；植草益，2001；周振华，2003）。这一趋势在高科技产品中更为明显：在高科技产品中，服务价值的比重往往超过实体价值的比重。例如，机械、电子设备制造企业事实上不再是简单地销售产品，而是在销售产品的同时，还提供与该产品配套的包括信息系统、配套软件、操作程序以及维护服务等在内的一个完整的服务系统，也称"产品—服务包"。总的来看，从投入看，信息、员工培训、研发和销售等生产性服务在工业企业中间投入中所占比重越来越大；从产出结构看，工业企业的服务化趋势也在不断凸显。例如，IBM、惠普等公司均在 20 世纪 90 年代由制造型企业转型为服务型企业；近年来通用电气公司（GE）收入总额中服务业所占比重一直维持在2/3 左右；通用汽车公司（GM）下属金融服务部门在 2004 年创造的利润占到公司全部利润的 80%。

与此同时，服务产品化的趋势也逐渐明朗。信息技术改变了许多服务难以储存、生产和消费必须同时进行以及生产者与消费者需要实体接触的特征，使大量的服务物化，可以像制造业一样批量生产，形成规模经济优势，从形态上已很难说它应属于产品还是服务，如软件光盘、影像制品和电子书籍等。

从历史上看，生产性服务在工业制造领域中的角色，从最初以辅助管理为主的润滑剂作用，发展到 20 世纪 70~90 年代以促进功能为主的生产力作用，自 20世纪 90 年代以来逐渐转向以战略功能为主的推进器作用（见表 17-2）。

表 17-2　生产性服务在工业制造领域的作用变迁

第一阶段（20 世纪 50~70 年代）辅助管理功能（"润滑剂"作用）	第二阶段（20 世纪 70~90 年代）管理支持功能（"生产力"作用）	第三阶段（20 世纪 90 年代以来）战略导向功能（"推进器"作用）
财务	物流服务	信息技术
存货管理	管理咨询	创新和设计
证券交易	金融服务	供应链管理

资料来源：根据李江帆：《国外生产性服务业研究述评》，《外国经济与管理》，2004 年第 11 期整理。

目前，以生产性服务业为代表的服务业正加速向工业生产前期研发、设计，中期管理、融资和后期物流、销售、售后服务、信息反馈等全过程渗透。工业与服务业的融合发展主要体现为以下三种方式[①]：

（1）结合型融合。它指工业和服务业各自更多地以对方产品作为中间投入品。不仅工业产品的生产过程需要越来越多的服务投入，而且工业产品作为技

① 胡国良：《国外现代服务业与先进制造业融合发展的现状、模式和趋势》，《新华日报》，2009 年 3 月10 日。

术、设备投入对服务业的运行过程也日益重要。例如，移动通信、互联网、金融等服务提供过程中无不依赖大量的"硬件"投入。这些作为中间投入的工业产品或服务业产品，不以独立的价值形态出现，而是与对方结合为一体，体现为新的最终服务或产品。

（2）绑定型融合。它指实体工业产品必须与相应的服务业产品绑定在一起使用，才能获得完整的功能体验。在这种融合过程中，满足消费需求的已不仅是有形产品，而是从产品购买、使用、维修到报废、回收全生命周期的服务保证，产品的内涵已经从单一的实体，扩展到为用户提供全面解决方案。服务部门引导工业部门的技术变革和产品创新，服务部门的需求与供给指引着工业技术进步和产品开发方向。

（3）延伸型融合。这种融合模式是指，以体育文化产业、娱乐产业为代表的服务业引致周边衍生产品的生产需求，从而带动相关制造业的共同发展。电影、动漫、体育赛事等能够带来大量的衍生品消费，包括服装、食品、玩具、装饰品、音像制品、工艺纪念品等实体产品，这些产品在文化、体育和娱乐产业周围构成一个庞大的产业链，这个产业链在为服务供应商带来丰厚利润的同时，也给相关制造产业带来了巨大商机。

（二）服务外包迅猛发展

在信息化和全球化的背景下，服务外包成为凝聚企业核心竞争力的重要路径。随着市场竞争的不断激烈，需要塑造核心竞争力，迫使企业不断对自己的价值链环节做出"做或买"的战略抉择，通过外包相对不经济或不擅长的业务，使企业资源更多聚焦于核心业务。由于生产性服务贯穿制造业生产全过程，而且从多方面对生产效率产生影响，服务外包逐渐成为企业拆解价值链与整合战略业务的主要内容。在价格因素作用下的节约成本和降低风险机制，构成了生产性服务供给外部化的基本动力。随着跨国商务环境的日益复杂、产品与流程创新的加快，生产性服务的人力资本和知识密集型特征越发显著，质量因素不断成为服务外包的新推动力。

服务外包可分为信息技术外包（Information Technology Outsourcing，ITO）和业务流程外包（Business Process Outsourcing，BPO）两大类。服务外包既是推动生产性服务业发展的重要动因，也是生产性服务业全球化发展的一个重要表现形式。20 世纪 90 年代，服务外包主要以劳动密集型和低增值型生产性服务业为主。进入 21 世纪以来，不仅劳动密集型和低增值型服务外包不断扩展，而且知识型的服务外包增长很快。目前，服务外包已广泛应用于 IT 服务、金融服务、设计、财务管理、会计服务、售后服务、人力资源管理、信用卡处理、呼叫中心、物流等多个领域。

20 世纪 90 年代中后期以来，服务外包发展迅猛，全球服务外包市场的规模不断扩大。据高德纳咨询公司（Gartner）统计，2004 年全球服务外包业务总额为 3040 亿美元，2005 年为 3344 亿美元，2006 年达到 3980 亿美元，2007 年为 4736 亿美元。服务外包的增长速度不断提升，2005~2007 年平均增速约为 20%。服务外包的发展潜力巨大。

（三）商业模式创新的重要性日益凸显

商业模式创新是指企业在供应链、运营、销售渠道、服务方式、盈利模式等方面开展的创新。全球高新技术产业发展的历程表明，一次重大技术创新往往能够激发出大量全新的商业模式。成功的商业模式通常具有三大特点：新颖性、独特性和不易模仿性。IBM 公司发布的《2008 年全球 CEO》调查报告指出：40 多个国家的 1130 位 CEO 中，80% 都认为巨大的变革正在迫近，几乎所有的 CEO 都在调整企业商业模式，2/3 的 CEO 正在实施大规模的创新，以便能抓住全球整合的商机。

随着科学技术尤其是信息技术的发展，服务业与新技术相融合而产生的一些新兴服务业态正在成为各国经济发展的新增长点：一是伴随着信息技术的快速发展产生了一些市场潜力大的新兴服务业态，如软件外包、互联网信息服务、通信增值服务、动漫等；二是随着产业链重组和专业化分工的不断深化，以科技和管理为支撑的一些生产性服务业独立出来，实现了快速发展，如研发服务、工业设计、市场调查、工程咨询、管理咨询等；三是新技术与生产性服务业融合在一起，促进了电子商务、现代物流、远程教育、网上银行等新兴服务业态的发展。新兴服务业态已经成为推动生产性服务业发展的新动力。

（四）服务业呈现集群化发展趋势

产业集群是指在特定的领域中"一群在地理上集中"且有相互关联性的企业、专业化供应商、相关产业的厂商，以及相关的机构，例如，大学、产业协会等由它们构成的群体。由于服务业贯穿于生产、流通、分配、消费等社会再生产环节之中，一个企业或城市在世界市场上保持竞争地位的关键是，保持"上游"、"中游"和"下游"三个阶段的服务优势，形成服务业的集群化发展。例如，伦敦作为世界三大金融中心（纽约、伦敦、东京）之一，其生产性服务业集群化发展的趋势就非常明显，生产性服务业在伦敦经济中占有绝对主导地位，主要包括金融保险、商务服务、创意文化产业等，具有大大小小的产业集群共计 56 个，其中大部分属于生产性服务业范畴，主要有金融服务业集群（11 个）、商务服务业集群（4 个）、计算机/通信服务业集群（4 个）、产权和房地产服务业集群（3 个）等，这些服务业集群又大都具有较高的国际化程度。

20 世纪 90 年代以来，信息技术的迅猛发展缩小了各国与各区域之间的距离，生产要素跨越国界在全球范围流动并实现优化配置，世界经济越来越成为一个整体。区域竞争由总量提升转向依托产业集群、优化质量的竞争，区域经济由注重城市单体的发展转向注重整体竞争力的提高，深化区域经济合作是各国、各地区避免边缘化的重要措施。区域经济合作的重点是依托产业集群，提高产品配套和产品创新能力，实现资源共享与优势互补，在城市群之间形成分工合理、竞争有序的产业布局，增强产业发展的后劲和活力。

四、中国服务业与工业的协同发展

（一）服务业规模扩大，地位上升，但总量不足的矛盾依然存在

进入"十一五"以来，中国服务业的发展速度明显加快。按可比价计算，2006~2010 年服务业增加值年均增长 14.4%，超过同期 GDP 增速 0.8 个百分点，对GDP 增长的贡献率由"十五"时期的 42.2%升至 45.1%；三次产业构成由 2005 年的 12.1∶47.4∶40.5，变为 2010 年的 10.2∶46.8∶43.0，初步呈现工业与服务业共同带动经济增长的发展格局。从行业结构看，中国交通运输、仓储、邮政业等传统服务业增长保持稳定、比重相对下降；科学研究和综合技术服务业、金融保险业、教育培训、信息服务业等现代服务业得到较快发展。但是，总体判断，传统服务业仍占主导地位。2010 年，交通运输仓储及邮政业、批发和零售业、住宿及餐饮业占到服务业增加值的 36.3%，明显高于美国（25.4%）、日本（27.1%）、德国（25.9%）的水平。新兴产业与发达国家存在较大差距（见表 17-3）。2009 年，金融业、房地产业和信息服务业占中国 GDP 的比重仅为 13.1%，明显低于美国同期 26.0%的水平。

表 17-3 服务业占国民经济的产值和就业比重

单位：%

比重	中国	美国	日本	德国	韩国	巴西	南非	墨西哥	埃及
占 GDP	41.1	77.3	70.4	72.7	60.7	68.5	65.8	60.4	48.8
占全部从业人员	34.6	78.6	68.5	68.1	66.7	59.8	65.1	61.2	46.2

注：产值比重均为 2009 年数据；就业比重除中国为 2010 年，韩国、巴西、埃及为 2007 年，其余均为 2008 年数据。

资料来源：产值比重数据来自联合国统计司（UNSD）；就业比重数据，除中国取自《中国统计年鉴》(2011)，其余来自国际统计局：《国际统计年鉴》(2010)。

"十一五"时期,中国服务业固定资产投资也保持了较快增长势头。按当年价格计算,2006~2010年城镇服务业投资年均增长26.2%,比全社会固定资产投资增速要低0.1个百分点。但是,大量的投机性资本涌向房地产业,在一定程度上掩盖了其他服务业特别是新兴服务业的投资不足。2010年,中国城镇房地产业实现固定资产投资57557.0亿元,占服务业投资的42.2%,比2005年上升2.1个百分点;而信息服务、商务服务和技术服务等新兴服务业只占服务业投资的4.5%,比2005年下降1.3个百分点。2001~2005年房地产业对服务业投资增长的贡献率高达52.7%。其中,信息传输、计算机服务和软件业投资平均增速只有8.9%。新兴服务业发展的相对滞后对于中国优化资源配置、提高人力资本素质、提高技术水平和社会组织化程度构成了障碍。

(二)工业与服务业的产业相关性趋于增强

图17-3运用Hodrick-Prescott(HP)滤波方法描述了中国工业和服务业增加值时间序列的长期变化趋势($\lambda=100$)。从图17-3可以看到,1978年以来中国工业和服务业增加值的波动态势基本吻合:从1989年到1993年,工业增加值的波动序列为负,1990年到1993年服务业的波动序列为负;从1993年到1998年,工业增加值存在正向缺口,而服务业的正向缺口延续到1999年;之后两序列均呈现出正向缺口,直到2006年又转为负向缺口。HP分析结果显示,工业增加值缺口和服务业增加值缺口具有基本相同的分布。

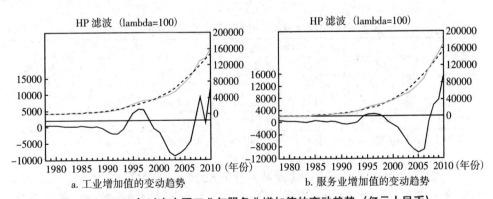

图17-3 1978年以来中国工业与服务业增加值的变动趋势(亿元人民币)

注:图中实线为实际走势,虚线为预测值,图中下部曲线为两者差值的放大。

对这两组时间序列的相关分析的结果显示,它们之间的Pearson相关系数为0.998,相关的t统计量为90.123,其在统计上是显著的。这说明,工业增加值与服务业增加值之间存在极高的相关性。

再对两组数据进行回归曲线拟合,可以分别得出服务业增加值对工业增加值的弹性系数为 1.14（=0.996），工业增加值对服务业增加值的弹性系数为 0.87（=0.996）。据此推算，服务业增加值每增长 1 个百分点，工业增加值增长 1.14 个百分点；工业增加值每增长 1 个百分点，服务业增加值则增长 0.87 个百分点。从分析结果看，服务业对工业发展的拉动作用大于工业发展对服务业的拉动作用。

（三）中国工业自循环特征明显，对服务业需求相对较弱

判断工业和服务业相互的需求程度可以用投入产出表的消耗系数来说明。直接消耗系数是指某一产业生产一个单位产品所直接消耗其他产业（包括自身产业）产品的数量，反映了该产业和其他产业之间存在的相互提供产品的依赖关系；完全消耗系数指某一个产业生产一个单位产品所完全消耗各部门产品和服务的数量，是全面揭示国民经济各部门之间技术经济的全部联系和相互依赖关系的指标。

从表 17-4 可以看出，2007 年中国工业对自身的直接消耗系数高达 0.633，对农业和服务业的直接消耗系数分别仅为 0.048 和 0.085，工业部门工业产品投入和服务性产品投入的比率为 7.4∶1。相比之下，美国工业对自身的直接消耗系数仅为 0.342，对农业和服务业的直接消耗系数分别达到 0.033 和 0.187，工业部门工业产品投入和服务性产品投入的比率为 1.8∶1。值得指出的是，中国工业的中间投入率为 76.7%，美国只有 56.1%。这也就是说，中国工业的增值能力比美国要低 20 多个百分点[①]。这种差距与双方投入结构的不同有着很大的关系。

表 17-4 2007 年中国与美国主要产业间直接消耗系数

主要产业	中国（2007 年）			美国（2007 年）		
	农业	工业	服务业	农业	工业	服务业
农业	0.141	0.048	0.013	0.200	0.033	0.001
工业	0.210	0.633	0.244	0.230	0.342	0.078
服务业	0.063	0.085	0.201	0.151	0.187	0.303

资料来源：根据《中国投入产出表》（2007）和《美国投入产出表》（2007）数据计算。

从表 17-5 可以看出，中国工业对自身的完全消耗系数高达 2.055，对服务业的完全消耗系数仅为 0.340。这意味着，中国工业每增加 1 个单位的最终需求，将对整个工业部门产生 3.055 个单位的总需求，对服务业只形成 0.340 个单位的需求，两者比率为 9.0∶1。同期，美国工业每增加 1 个单位的最终需求，对自身和服务业分别拉动 1.594 和 0.441 个单位的总需求程度，两者比率为 3.6∶1。

---

① 中间投入率为中间投入与总投入之比。中间投入率与增加值率之和应为 1。

表 17-5　2007 年中国与美国主要产业间完全消耗系数

主要产业	中国 (2007 年)			美国 (2007 年)		
	农业	工业	服务业	农业	工业	服务业
农业	0.212	0.175	0.074	0.270	0.067	0.009
工业	0.815	2.055	0.948	0.492	0.594	0.179
服务业	0.183	0.340	0.359	0.407	0.441	0.484

资料来源：根据《中国投入产出表》(2007) 和《美国投入产出表》(2007) 数据计算。

投入产出分析直观地反映出中国当前特有的经济结构与发展方式：工业自身内循环特征较为明显，对服务业的中间需求弱，依赖程度较低，服务资源对工业增长的支撑作用尚未充分显现，工业经济对服务业发展的波及效应尚不显著。

(四) 中国服务业对工业具有较明显的依赖性

中国服务业对工业和自身的直接消耗系数分别为 0.244 和 0.201，二者比率为 1.2∶1；美国服务业对工业和自身的直接消耗系数分别为 0.078 和 0.303，二者比率为 0.3∶1。显然，中国服务业在投入结构上对工业产品有较大的依赖性，而美国服务业更多依赖本部门自身的投入。中国服务业的增加值率为 54.1%，比美国低 7.2 个百分点。

从产业波及效应看，中国服务业每增加 1 个单位的最终需求，对自身的需求波及程度为 1.359，对工业则达到 0.948，两者比率为 1.4∶1。而美国服务业每增加 1 个单位的最终需求，对自身的需求波及程度为 1.484，对工业则达到 0.179，两者比率为 8.3∶1。这表明，中国服务业增长对工业的拉动作用远远强于美国。

以上比较反映出，中国服务业发展尚属于稚嫩期，对工业的中间需求和依存度都还比较高，最终需求对工业部门的波及效应也比较明显；工业在中国仍处于经济的中心枢纽地位，而服务业更多处于边缘、依附地位，经济结构转向"服务经济"还有很长的路要走。

五、中国服务业发展面临的主要瓶颈

(一) 改革步伐缓慢，市场化程度较低，缺乏发展动力

由于体制、政策的原因，生产性服务业的市场准入门槛普遍高于工业，管制过多、市场化程度低的问题较为突出。银行、保险、电信、铁路、教育、新闻出版、广播电视等行业，至今仍保持着十分严格的市场准入限制，其他一些行业对

非国有经济和外资也没有完全开放。较高的进入门槛和狭窄的市场准入范围将绝大多数潜在投资者拒之门外，甚至其他行业的国有企业也难以进入。所有制结构单一，造成服务业部门资源流入不足，弱化了竞争机制在产业发展中调节资源配置的决定性作用。其结果导致服务业创新不足，企业经营效率低下，行业发展的活力与动力丧失，服务业供给能力的扩张受到制约。多数服务产品的价格还是由政府制定和管理，市场决定价格的机制在一些服务领域尚未建立。一些"热门"行业的价格水平明显高出国际市场，不仅服务质量远远不能满足消费者需求，市场供求状况和企业的成本效益也难以得到真实反映。较低的市场化程度导致市场竞争的不规范和不成熟，凸显了市场分工的不确定性，抬高了市场交易成本，在一定程度上抑制和削弱了工业企业外包生产性服务的内在动力。

（二）工业生产方式落后，生产性服务需求不足

在企业发展思维上，"大而全"、"小而全"、"万事不求人"的小生产观念仍十分普遍，工业生产的社会化、专业化程度不高。目前，在中国工业经济中占主导地位的仍然是劳动密集型产业和产品。受竞争环境和自身素质的影响，相当数量的企业还在采用传统以至陈旧的生产模式，竞争策略主要依赖成本优势和价格竞争，技术进步、产品开发和产业升级的速度较为缓慢。对比国外规模型制造企业，外购服务已经成为企业缩减成本的主要手段；中国工业企业产业链过于侧重实体产品的生产，物质材料消耗占产品成本比重较大，外包项目主要以产品生产为主，外包服务不多且涉及面窄，与产品制造相关的金融、市场销售、人力资源、外购信息技术等占全部支出的比重偏小。例如，中国制造业中间投入中的生产性服务所占比重只有 12.0%，远低于美国的 32.6%、德国的 28.4% 和日本的 26.6%[①]。对国有及国有控股企业来说，由于劳动用工体制僵化，业务调整和人员精简还面临着高昂的交易成本，导致对外包服务需求不足，也束缚了生产性服务业的发展。

（三）外资制造业与本地生产性服务业关联程度较低

20 世纪 90 年代以来，以本地各类廉价资源（劳动力、土地和环境等）对接，由跨国公司主导的国际产业转移，迅速扩大产业规模和经济总量，逐渐成为东部沿海地区越来越普遍的工业发展模式。例如，随着上海的重新崛起，在以苏州为代表的长江三角洲地区，初步形成了一种依托上海，通过改善投资环境，大力吸引外商直接投资，重点发展电子、精密机械、化工、生物和新材料等新兴产业的外向型增长模式。但是，这种模式在有力促进地方经济发展的同时，也暴露出较为明显的局限性，即外资企业与本地经济的产业关联薄弱。仍以长三角为

---

① 根据这些国家 2000 年投入产出表计算获得。

例，外资制造业中加工型、出口型、生产型企业居多，而且大多属于跨国公司全球生产组织体系中的封闭环节，产品线和产业链延伸不足，呈现"二少一多"特征。即外商投资企业对本地金融机构的信贷服务需求少；产品设计、关键技术、零部件依赖于进口，对本地研发或技术服务需求少；产品直接出口多，而且多进入跨国公司营销体系。此外，外资制造业所需的高级管理人员培训、物流服务、法律服务、广告策划、市场调研等商务服务，也表现出明显的外向化特征，制造业与服务业之间内在的产业关联被割裂，产业链向服务业增值部分的延伸受到抑制。

（四）服务业发展缺乏有效的区域分工和协作机制

在市场经济条件下，微观经济主体在制定投资决策时，往往着眼于所在区域的经济状况和投资大环境。随着中心城市在区域范围内集聚资金、人才、技术、信息等产业要素能力的大幅提升，区域产业结构的同构化基础不断被瓦解，建立基于比较优势和产业链区别定位之上的区域分工体系越来越具有经济性和现实意义。但是，作为各城市互设壁垒、低效率同质化竞争的制度基础，分税和分灶吃饭的财税体制并没有明显的改变。受地方利益的驱使，在生产性服务业发展中也出现了工业领域的"顽症"——低水平重复建设、过度竞争和资源浪费。例如，以长三角为中心的华东地区，机场数已达每万平方公里0.8个，超过美国平均数0.2个，已经成为国际上机场密度最高的地区之一；长江江苏段南京往下内河港口林立，能力一扩再扩，现拥有万吨级码头泊位100多个，但大多货源不足、浪费严重；随着"物流热"的兴起，近年来在长三角地区从沪宁杭"一线城市"，到嘉兴、湖州、扬州、南通等"二线城市"，甚至到宜兴等"三线城市"，又涌动起"建设区域物流枢纽"的冲动。由于缺乏有效的区域分工，重复建设、结构雷同不可避免地要降低服务业增长的集约化程度，牺牲增长效率。

（五）服务业发展还面临着一定的政策性歧视

在分工和专业化机制的作用下，生产性服务从工业内部独立出来，通过外包方式演变为专门的产业形态，这既是中国工业发展高级化的必然趋势，也是走新型工业化道路的重要环节。生产性服务业的成败关键在于专业化的服务质量及其成本水平能否使工业生产效率得到改进。显然，这也应是相关政策取向和措施选择的主要着力点之一。但是，目前服务业领域存在着严重的政策性歧视问题，对产业发展构成了明显的束缚和抑制作用。其中，反映强烈的主要是服务业用水、用电和用地政策与工业政策的巨大反差。例如，在安徽，服务业用电每度电费为0.955元，而工业用电不到其一半，仅为0.45元；服务业用水价格为2.3元/吨，也比工业高出甚多，还要加收一次污水处理费；在用地方面，工业项目用地是协议用地，服务业用地则是挂牌方式。此外，在一些服务业领域的开放上也存在外资"超国民待遇"问题。某些服务业领域对外资开放但迟迟不对内资开放。如果仅仅依靠国有企业和外资，不充分调动全社会的力量，尤其是民间资本的积极介入，必然会对生产性服务业的持续健康发展埋下重大隐患。

六、促进服务业发展的国际经验

在经历了 20 世纪 70 年代石油危机后，西方发达国家的经济结构发生了较大变化，在服务业快速增长的带动下经济发展迅速。特别是 20 世纪 90 年代以来，服务业发展的外部化特征愈加显著，即各种类型的公司或企业内部为生产提供服务的功能逐步外部化，产生了存在于企业或公司外部的、独立的生产性服务机构。1998~2003 年，美国生产性服务业年均增长 5.4%，高于 GDP 增速 0.7 个百分点，更高于制造业 0.9% 的增长水平，占 GDP 比重达到 39.1%，占服务业净产出的 59.5%。在 OECD 国家，金融、保险、房地产及商务服务等生产性服务业占 GDP 比重也超过了 1/3。综合来看，发达国家在促进服务业发展方面主要有以下一些共性的经验：

（一）健全的法律法规是保障服务业发展的基础

为了促进现代物流业的发展，美国从 20 世纪 70 年代开始，就制定了一系列法规，逐步放宽对公路、铁路、航空、航海等运输市场的管制，通过激烈的市场竞争使运输费率下降、服务水平提高。例如，1977~1978 年制定的"航空规制缓和条款"，1980 年提出的"铁路和汽车运输条款"，1984 年制定的"航空条款"，1991 年颁布的《多式联运法》大力提倡多式联运的发展。再如，在金融业方面，美国国会于 1999 年通过了《金融服务现代化法》，2000 年英国颁布了《2000 年金融服务和市场法》；在信息服务业方面，美国政府先后颁布了《电子信息自由法案》、《个人隐私保护法》、《公共信息准则》、《削减文书法》、《消费者与投资者获取信息法》、《儿童网络隐私保护法》、《电子隐私条例法案》等法律。而在促进商务服务业发展方面，美国、英国、日本等都制定了相应的法规或专业资格认证程序，从制度上保证了商务服务人员的业务水平、服务运作的规范化进程以及契约签订的严谨程度。

（二）行业协会是促进服务业发展的关键

在促进物流业发展方面，美国、日本、德国的物流协会都起到了举足轻重的作用。这些协会不仅协助政府制定物流规划、制定产业政策、规范市场竞争秩序，同时还开展物流研究，指导行业发展，举办交流活动，提供信息咨询服务和各种专业培训，为物流业的发展输送了大量人才。在促进信息服务业方面，日本的信息处理振兴事业协会（IPA）、信息服务产业协会（JISA）、日本数据处理协会（JDPA）、西格玛系统等行业组织都有明确的目标和职责，它们既是政府联系企业的桥梁，也对产业发展起到了积极的促进作用。在促进商务服务业发展方面，美国的注册会计师就是通过注册会计师协会进行自我管理的，日本也参照美国的做法，成立了公认会计师协会。这不仅能在一定程度上培养企业在缺乏决策支持或出现问题时寻找专业服务机构的意识，还能通过信息的沟通与互动，进一步构建分层次竞争与协作相结合的市场结构，培育成熟的专业服务市场体系。

（三）完备的基础设施是支撑服务业发展的重要条件

在物流业发展方面，德国政府不仅提出了长距离运输以铁路和水路为主，两头衔接与集疏以公路运输为主，做到宜水则水、宜路则路、多式联运的运输战略，还把大力培育和建设货运中心作为战略实施的重要环节。德国规划到 2010 年底，全国总共将建设 30~40 个货运中心。此外，德国还计划采用新的通信技术来完善物流过程，促进货运代理和运输商之间的合作。在日本，有关发展国际物流特区的计划就有 15 项，除了北九州的国际集装箱港口外，横滨市国际物流特区、川崎市国际航空物流特区，都在加紧实施之中。再有，在促进信息服务业发展方面，美国政府先后提出了"国家信息基础设施"（NII）行动计划和建设全球信息基础设施（GII）的倡议，旨在建立完备的信息基础设施，并通过卫星通信和电信光缆连通全球信息网络，形成信息共享的竞争机制。

（四）人力资源开发是实现服务业良性发展的重要保证

从价值链分析的角度看，服务业中完成的价值增值过程更多地体现在专业服务人员与客户之间的不断交流和沟通上，服务人员的知识储备、专业化水平在其中发挥着决定性的作用。基于此，美国、日本、德国、英国等都建立了多层次的专业教育体系，包括研究生、本科生和职业教育等。同时，在行业协会的组织和倡导下，还全面开展了在职教育，建立相应的职业资格认证制度。值得强调的是，行业协会的职业培训工作较为注重以实践应用和实际操作为主。此外，日本、德国还建立了科学、开放的人力资源开发体系，通过确立专业人才能力开发和客观评价的体系来引导培训教育工作，并从世界各国引进服务领域的专业人才，促进服务领域的人才流动。

七、促进中国服务业与工业协同发展的对策与建议

（一）进一步消除制约服务业发展的体制性障碍，积极引入和强化市场竞争

按照公正、公平和公开的原则，加快对垄断性行业的改革步伐，合理引导民间资本和外资参与国有企业改组改造，推进非基本服务行业的资源配置由政府为主向市场为主转变。加快对服务业的研究，尽快制定行业标准，健全完善法律、法规体系，而且要加强监管和执法力度，使行业标准、法律法规能够在产业发展中起到应有的作用，避免法律之间相互冲突而难以执行。重点是要制定合理、科学的市场准入制度，加大服务业对内和对外开放力度，利用多种渠道和手段吸引产业要素投向现代服务部门，提高竞争程度，推动产业升级。除国家法律、法规禁止进入的领域，其他投资领域各类资本均可进入。各类服务业企业登记注册时，除依据法律、行政法规和国务院有关规定外，有关部门一律不得设置前置性审批事项。对于有利于制造业升级、解决就业、符合条件的生产性服务业企业可以通过税收优惠、放宽审贷条件、项目融资、设立产业投资基金的方式，充分调动民间资本进入。

进一步转变政府职能。加快政企分开、政事分开、政资分开，坚持依法行政。建立公开透明、高效规范的市场监管体制，加强对服务业发展的总体规划和统筹管理，使服务业规划与相关规划有效衔接。加强和完善服务业统计工作，完善指标统计体系，密切跟踪服务业发展中出现的新情况、新问题，加强对产业投资运行的监测分析，建立健全服务业发展的监测、预警、预测和信息发布制度，发挥信息导向作用，减少由于信息不对称造成的投资浪费。积极推进服务业标准化工作，扩大服务标准的覆盖领域，提高服务质量，规范服务行为。全面清理涉及服务业的行政事业性收费，以及各种资格认证、考试、培训等收费价格，重新确定标准，并向社会公示，接受社会监督。发挥行业协会等中介组织的作用，健全完善行业自律机制，减少和避免无序竞争造成的资源浪费。

（二）加大政策支持力度，强化专业化服务企业的分工优势

对重点行业实施税收优惠。在税权尚不能下放到地方的情况下，可以在税收的征管环节、在税收优惠的具体规定上对服务业进行支持，同时在增值税中可以考虑抵扣高技术生产性服务的购买。物流企业将承揽的业务外包给其他单位并由

其统一收取价款的，以其全部收入减去其他项目支出后的余额，作为营业税计税基数。货运代理企业可在扣除支付给其他单位的港口费用、运输费、保管费、出入境检疫费、熏蒸费、仓储费、装卸费及其他代理费用后，计算缴纳营业税。保险代理公司取得的全部手续费和佣金收入可在扣除支付给保险营销员（非雇员）的劳务报酬后，作为营业税计税基数。研发、设计、创意等技术服务企业可认定为高新技术企业，享受相应的高新技术企业优惠政策。新办从事物流技术和咨询服务、物流信息服务企业，以及生产性服务业企业在技术改造中使用国产设备时，享受所得税减免优惠。经批准的中小企业信用担保、再担保机构从事担保业务的收入，享受营业税减免优惠。

进一步完善加强服务业发展引导资金（基金），不断优化其用途。引导资金应着重用于对影响大、带动作用强、具有示范效应的服务业重点项目的贴息或补助，重点扶持生产性服务业集聚区、现代物流、金融业、科技服务业、信息服务业等领域的重点项目建设。加强资金管理，充分发挥引导资金使用效益。建立生产性服务业重点项目计划，对列入重点项目计划的项目，给予财政、信贷以及其他各类融资方面的扶持和优惠，优先安排用地计划，保障项目的顺利实施。保障生产服务业项目用地，对物流、研发、工业设计等生产性服务业项目用地实行与工业项目用地同等的供地方式。对物流、研发等生产性服务企业用电按普通工业企业价格标准执行。

重点支持生产性服务业集聚区建设，有效利用其与城市发展的良性互动关系。城市规划要同产业规划相配合，遵循"服务业层次越高、发展越滞后"的规律，给生产性服务业升级预留足够的发展空间。按照集聚发展、强化辐射的要求，充分考虑城市建设、交通、居住、环境以及社会经济发展趋势等因素，科学合理地划分生产性服务业不同的功能区域，以功能区、集聚区建设为载体，实现园区化管理、专业化服务和社会化、市场化运作新机制。通过规划布局、政策引导和必要的财政支持等手段，支持生产性服务业实现有效集聚。特别是要将培育总部经济与推进生产性服务业发展结合起来，强化二者之间的互动机制。逐步消除制造业与生产性服务业用地的严重不平等待遇，通过城市土地资源的优化配置和集约利用，在商业性用地和资金投入、行业准入方面为生产性服务业集聚发展提供条件。

（三）加强产业关联，构建服务业与工业发展互动机制

加快大中型企业"主辅分离"改革进程，改变"大而全、小而全"的状况，推进企业内置服务市场化、社会化，降低运营成本。进一步完善劳动用工制度，强化企业内部资源、业务整合的自主性。大力发展产业内部的专业化分工体系，引导和推动企业通过管理创新和业务流程再造，逐步将发展重点集中于技术研

发、市场拓展和品牌运作，将一些非核心的生产性服务环节剥离为社会化的专业服务，以核心竞争优势整合专业配套企业的服务供给能力。协助企业妥善处理价格、技术、质量和交货期等配套难点问题。围绕外资制造业，有针对性地吸引关联性外资服务业进入，以组织创新、体制创新和技术创新为切入点，着力优化、提升关联性内资服务业的配套能力，变单纯的制造业集聚为集成制造与服务功能的产业链集聚。

规范服务业竞争秩序，降低服务外包的合作风险。鼓励规模大、信誉高、服务质量好的企业，以资产、资源、品牌和市场为纽带实施跨地区、跨行业的兼并重组，促进生产性服务业的集中化、大型化、组织化。支持服务企业在具备条件的情况下，同时取得多种资质，拓宽业务范围，开展多项服务。加强知识产权保护，坚决查处价格垄断、倾销和欺诈等不正当竞争行为，构造公平、充分、有效的竞争环境。建立信息共享平台，健全中介体系，推动相关企业间合作，实现社会化服务与制造环节的"无缝式对接"。

（四）推进服务业自主创新，塑造核心竞争力

建立健全技术创新机制，鼓励服务业企业建设各类研究开发机构和增加科技投入，使企业成为研究开发投入的主体。支持生产性服务业企业组建各种形式的战略联盟，在关键领域形成具有自主知识产权的核心专利和技术标准。增强生产性服务业企业的技术集成与产业化能力，促进企业之间、企业与大学和科研院所之间的知识流动和技术转移，支持企业大力开发具有自主知识产权的关键技术，形成自己的核心技术和专有技术，加快科技成果产业化步伐。支持有条件的企业深入开展技术获取型的对外直接投资，将海外研发机构的研究成果在国内迅速转化，实现"研发在外、应用在内"的格局。在生产性服务业各领域广泛普及和应用先进技术，加快生产性服务业电子化、自动化进程，用信息化改造传统服务业。

大力实施品牌战略，鼓励龙头企业打造强势服务品牌。重点扶持技术含量与附加值高、有市场潜力的龙头企业，对品牌创立、管理与延伸进行战略规划，使研发、设计、运营、售后服务等环节符合品牌战略要求，由传统的接单经营转向品牌经营。鼓励企业建立综合品牌，引导企业开展企业形象和品牌标识的策划与宣传活动。鼓励生产性服务业企业以商标、专利等知识产权为纽带，通过知识产权质押融资，进行跨地区、跨行业兼并和重组。引导中小企业灵活采用品牌特许经营、品牌租借、贴牌与创牌并行等方式，使自身的劳动力成本、营销渠道、客户资源等优势与知名品牌有机结合，借知名品牌的影响力迅速拓展市场，扩大自身的规模和实力。

（五）强化人力资源开发，打破人才短缺的发展瓶颈

多层次、多渠道培养和引进各类服务业所需人才，构建强有力的人才支持体系。进行人才制度创新，降低人才在区域内自由流动的成本，鼓励人才的无障碍流动，加快知识、技术、信息的扩散与转移。改革现有不合理的人事管理制度，消除阻碍人才自由流动和合理配置的障碍。建立健全服务业人才评估体系，充分发挥职称的杠杆和导向作用，努力形成服务业各类人才脱颖而出的良性机制。

加快培养服务业所需各类人才，特别要加快培养社会急需的现代物流、信息服务、金融、保险、商务服务、技术服务以及服务业政策与管理等方面的人才，努力造就一大批高层次、高技能、通晓国际规则、熟悉现代管理的服务业专门人才。继续在现有高等学校和中等职业学校增设服务业紧缺专业，改革教学内容和教学方法，适当增加紧缺专业招生规模。加强岗位职业培训，提高生产性服务业从业人员的职业道德、质量意识、竞争意识和业务水平，增强其就业、创业和适应职业变化的能力。全面推进职业资格证书制度，建立针对不同行业的职业资格标准、职业道德准则和后续教育制度，有序扩大实施范围和领域，提高从业人员的职业素质。

加大政策引导力度，鼓励更多的海外高技术人才与高级管理人才归国创业，重点引进高素质专业人才和领军人才。建立和完善人才招聘制度，面向社会公开招聘。充分发挥网络优势，建立人才信息库。借助海外人才工作站，加大人才引进力度。建立以能力和业绩为导向的人才评价体系。鼓励引导收入与分配制度的改革，在分配制度上保证技术拥有者、企业经营者和高层企管人员能够获得相应报酬或相应权益。建立专项人才基金，对需要重点扶持的行业经认定所需的高级人才每年给予固定补助。

（六）加快对外开放步伐，提升服务业国际竞争力

积极有序地扩大服务业对外开放。在工商登记、财税减免、资金管理、出入境等方面制定相关优惠政策，有计划、有选择地引进一批现代物流、金融保险、商务服务等领域的世界领先企业，加强同国外服务企业的交流与合作。通过承接国际服务业转移，引进国际服务业的先进理念、先进技术和管理经验，促进服务业管理体制、企业机制、组织形式以及服务品种的创新，带动生产性服务业整体水平的提高，培育国内生产性服务业竞争优势。

大力发展服务贸易，支持有实力的服务企业走出去，积极参与国际服务业竞争，开展境外直接投资。有关部门要在金融、保险、外汇、财税、人才、法律、信息服务、出入境管理等方面，为企业开拓国际市场、扩大市场份额、提高国际竞争力创造必要条件。对缴纳增值税的服务贸易出口企业，货物出口后可按规定

予以享受出口退税政策。鼓励各类企业开展服务外包出口，对承接国际服务业外包的服务外包出口企业，可享受财政和信贷等优惠政策。

（七）加强区域协调，构建职能划分合理、比较优势突出的层级区域分工格局

制定并实施区域规划和区域政策，并纳入国家宏观调控体系，以加强对区域发展的协调和指导。健全市场机制，进一步发挥市场机制在区域协调发展中的重要作用。打破条块分割，消除区域性壁垒，根除地方保护主义，鼓励各种生产要素和商品合理有序流动，推动区域经济合作和区域一体化进程。积极探索区域发展的利益调整机制，对区域协调中可能发生的地方利益流失尝试引入补偿机制。

依据资源禀赋和比较优势，明确不同城市的功能定位。超大和特大城市要突出在金融、物流、商务服务、信息服务、教育培训等行业上集聚要素和向外辐射的核心能级。大城市作为区域性、综合性现代服务业中心，要承担传递超特大城市辐射效应的区域性"增压"功能。中小城市要利用产业垂直分工和产业链的延伸性，承接大都市产业扩散效应带来的发展机遇，形成城市间融合配套、错位分工、优势互补的发展格局。

第五篇　经济全球化与中国工业对外开放

第十八章　对外开放与中国工业
国际竞争力的提升

作为一项长期的基本国策，对外开放为我国经济发展注入了活力和动力，加快了中国融入全球经济的步伐。工业部门是我国对外开放程度最高的领域，也是利用外部资源最集中的部门。在对外开放进程中，顺应世界范围内产业转移的潮流，中国积极改革对外贸易管理体制，不断探索要素利用的新方式，主动参与全球分工体系，从而带动了工业制成品的生产能力、出口规模迅速扩大和工业国际竞争力不断提高。

一、中国对外开放的成就与经验

（一）对外开放历程与阶段性特征

20世纪70年代末，我国迎来了对外开放的重大历史机遇，具备了对外开放的内在动力和外部条件。中共十一届三中全会以来，根据国内经济发展需要和国际形势变化，我国逐步把对外开放确立为一项长期国策。对外开放战略的确立和实施使中国工业发展加速迈向现代化和市场化，成为带动中国工业国际竞争力提升最重要的制度因素之一。回顾1978年以来对外开放的历程，大致经历了三个重要阶段，并呈现一些突出的阶段性特征。

1. 1978~1991年：探索推进阶段

中共十一届三中全会提出，在自力更生基础上，积极开展同世界各国的经济合作，大力引进先进技术装备。这标志着我国经济发展战略由内向型向外向型的重大转变。1980年，五届人大常委会第十五次会议正式批准建立深圳、珠海、汕头、厦门四个经济特区，并给予特区发展外向型经济的优惠政策。1984年，国家决定进一步开放上海、天津、大连、秦皇岛、烟台、青岛、连云港、南通、宁波、温州、福州、广州、湛江和北海14个沿海港口城市，对这些沿海港口城市实行仅次于经济特区的优惠政策。1988年，第七届全国人民代表大会第一次会议，批准将海南建成最大的经济特区。在利用外资方面，1979 年我国颁布了《中华人民共和国中外合资经营企业法》，1980 年批准第一批 3 家外商投资企业，拉开了直接利用国外资本的序幕。1986 年，国务院成立了外国投资工作领导小组，公布了《国务院关于鼓励外商投资的规定》（即"二十二条"），使利用外资和对外开放纳入了法制化轨道。1987 年，成立了全国外商投资协会，外资项目审批、税收优惠等方面更加宽松，投资环境逐步改善。海外的华人资本是这一阶段外商投资的主要来源，投资领域以劳动密集型的出口加工项目以及宾馆、餐饮等服务业为主，投资区位集中分布在经济特区和沿海开放城市。中央的一系列政策措施极大地推动了经济特区和沿海开放城市的经济增长与体制变革，产生了良好的窗口示范效应。20 世纪 90 年代初，我国已形成了"点开放"的格局。

2. 1992~2001 年：加快开放阶段

1992 年初邓小平同志的南方谈话为我国加快对外开放注入了强心剂。以浦东开发为契机，抓住国际产业转移的机遇，我国制造业对外开放程度显著提高。通过引进外资、大力发展加工贸易，我国轻纺、机电等工业制成品的出口规模迅速扩张，国际市场份额不断扩大。为适应进出口规模扩大和外经贸领域市场化改革的需要，1994 年 7 月 1 日，《中华人民共和国对外贸易法》正式颁布实施，标志着我国对外贸易管理进入了法制化阶段，加快了我国外经贸管理体制与国际接轨。经过 20 年的实践，以特区建设为核心的对外开放政策使珠三角地区、长三角地区、环渤海地区等东部沿海地区的区位优势充分释放，带动了东部地区外向型经济的壮大成熟，但也一定程度上加剧了我国对外开放格局和区域经济发展的失衡。为推进内陆地区的开放进程，缓解对外开放和经济发展的地区性矛盾，1999 年中央做出了西部大开发的战略决策，对西部地区给予更多的政策扶持。同时，这一阶段也是我国积极争取"复关"和"入世"的重要时期。我国不仅通过艰苦谈判先后与美国、欧盟等发达国家和主要贸易伙伴达成了"入世"协议，而且为配合"入世"谈判，我国加快了进出口管理体制改革，包括调整机构、清理法规、下放权力等。可以说，"入世"谈判及各项准备工作是这一阶段我国对外开放强有力的助推器，促使我国外经贸管理水平上了一个大台阶。

3. 2002 年至今：全方位、多层次、宽领域、有重点的对外开放新阶段

2001 年 12 月，我国正式加入了世界贸易组织。加入世界贸易组织使中国由渐进式、局部性的开放转为大推进式的、全方位的开放。为适应对外开放的新形势，在加入世界贸易组织过渡期期间，我国进一步深化金融、外贸、外汇体制改革，采取了各种积极而富有成效的应对措施。加入世界贸易组织后，我国对外开放的重点领域由工业部门转向服务业部门，开放区域从东部沿海地区向中西部地区推进。同时，国家实施了振兴东北地区老工业基地、促进中部地区崛起、开发开放天津滨海新区以及一系列新的区域开放战略等，促使对外开放的地区格局不

断完善。特别是对天津滨海新区的开发开放，中央采取了有别于以往特区的政策。2006年，国务院批准滨海新区进行综合改革配套试点，提出了在新的历史条件下，将滨海新区打造成依托京津冀、服务环渤海、辐射"三北"、面向东北亚的我国北方对外开放的门户，并着力将滨海新区建设成为现代制造业和研发转化基地、北方的国际航运中心和现代国际物流中心以及经济繁荣、社会和谐、环境优美的宜居生态型新城区。这些战略目标的确定是我国推行经济特区政策的经验总结和提升，表明我国区域对外开放不再单纯依靠优惠措施，而逐步进入了立体化、综合性和联动性强、充分调动地方政府制度创新积极性的新阶段。

随着综合国力不断提高，我国对外开放面临的内部条件与外部环境发生了一系列变化。面对国内产业转型升级、转变发展方式的新目标以及加入世界贸易组织过渡期结束后的新情况，国家提出了在坚持互利共赢的对外开放战略的基础上，统筹国内发展和对外开放，努力提高对外开放水平的战略思路。在继续大力开拓国际市场、利用外部资源的同时，积极扩大内需，充分挖掘国内市场的潜力。2005年，中国政府顶住了各方面的压力，根据金融调控能力以及国家根本利益，有序地推进汇率形成机制的改革。2007年3月，《企业所得税法》出台，向"两税并轨"迈出了关键一步，意味着我国对外开放的政策手段逐步由实行优惠措施转向完善市场规范、营造公平环境。针对国内外汇储备和贸易顺差增加、人民币升值、劳动力及能源原材料价格上涨、节能和环保压力增大、贸易摩擦加剧等一系列新问题，我国贸易政策导向开始由鼓励出口创汇逐步转向平衡贸易、优化结构。通过对资源性产品出口征收出口税、下调部分产品出口退税税率、限制低水平加工贸易扩张等一系列政策措施，将转变贸易发展方式纳入产业转型升级的总体目标中，体现出实现国民经济平衡稳定、可持续发展的新要求。

国际金融危机对全球经济造成了巨大危害，在经济全球化条件下，开放的中国工业也难以独善其身。面对金融危机的冲击，中国政府积极应对，及时出台多项经济刺激措施和产业振兴规划，在保持国内经济平稳增长的同时，凭借日益增强的国际影响力，利用20国集团（G20）领导人会议等平台，全方位地参与国际和区域经济协调，抵制贸易保护主义，在全球经济艰难复苏中发挥着更为重要的作用，为中国工业发展营造更有利的外部环境。在金融危机的此消彼长中，中国经济持续繁荣成为改变世界经济格局的关键因素。在金融危机最严重的2009年，全球贸易下降12.9%的情况下，中国进口仍实现2.8%的增长，是当年全球唯一进口增长的主要经济体，成为促使世界经济摆脱危机的重要力量。

总体来看，"入世"十余年来，在加速与国际接轨的进程中，中国经济与全球经济的互动关系逐步增强。一方面，跨国公司的大规模进入使我国资源配置的国际化程度不断提高，中国经济增长对外部资源和国际市场的倚重增强；另一方面，全球经济增长中的"中国因素"进一步凸显，高速增长和日益开放的中国经济对全球经济增长的贡献和影响持续扩大。据世界银行测算，2009 年，中国对世界 GDP 增量的贡献率达 14.5%，成为全球第二大经济体和第一大贡献国。另据高盛研究，2000~2009 年，中国对世界经济的累计贡献率超过 20%，高于同期美国对全球经济增长的贡献。

（二）对外开放的主要成就

改革开放 30 余年来，我国对外贸易、利用外资和对外经济合作等对外开放主要领域取得了巨大的发展成就，对外开放进程不断加快，对外开放总体水平不断提高。1978 年，我国对外贸易额为 206.4 亿美元，2010 年达到了 29740.0 亿美元，33 年间对外贸易总量增长了约 143 倍，年均增长 16.8%。随着进出口规模不断扩大，我国在国际贸易中的地位大幅提高，世界排名由 1978 年的第 32 位上升到 2010 年的第 2 位，对外贸易额占全球贸易总额的比重由 1978 年的 2.9% 上升到 2010 年的 9.7%。其中，出口居世界第 1 位，中国出口额占全球出口总额的比重由 1983 年的 1.2% 上升到 2010 年的 10.4%。同时，利用外商投资成效卓著。据商务部统计，自 1980 年我国第一家中外合资企业成立以来，截至 2010 年，全国累计批准外商投资企业 710641 家，实际使用外资金额 10483.81 亿美元。自 1993 年起，我国连续成为 FDI 流入量最大的发展中国家，并已积累了亚太地区最大规模的 FDI 存量。另外，作为对外开放的重要渠道，我国对外经济合作蓬勃发展。1976~2010 年，我国对外承包工程、对外劳务输出和对外设计咨询累计共完成营业额 5091.81 亿美元。随着我国整体经济实力以及国内企业竞争力的提高，我国境外投资迅速增长。截至 2010 年，我国 1.3 万家企业设立境外企业 1.6 万家，分布在 178 个国家和地区，非金融类对外直接投资存量累计达到 3172.1 亿美元。自 2007 年以来，我国一直位居发展中国家 FDI 流出量的首位，对外直接投资成为对外开放的新领域（见表 18-1）。

表 18-1　中国对外开放的主要成就

对外贸易			
年份	进出口额（亿美元）	占国际贸易总额的比重（%）	世界排名
1978	206.4	2.9	32
1990	1154.4	1.6	15
2002	6207.7	4.7	6
2010	29740.0	9.7	2
利用外资			
年份	项目（个）	合同金额（亿美元）	实际使用额（亿美元）
1979~1984	3724	97.50	41.0
1992	48764	581.24	34.9

续表

利用外资			
年份	项目（个）	合同金额（亿美元）	实际使用额（亿美元）
2002	34171	827.68	110.1
2010	27406	—	1057.35
1979~2010	710641	12856.74*	10483.81

对外经济合作（营业额）与境外直接投资			
年份	对外承包工程（亿美元）	对外劳务输出（亿美元）	非金融类对外直接投资流量
			年份　　金额（亿美元）
1976~1988	49.70	6.46	1990　　9.1
1992	24.03	30.71	1992　　40.0
2002	111.94	80.60	2002　　27.0
2010	921.70	88.8	2010　　688.1
截至 2010 年	4329.41	735.70	截至 2010 年　　3172.1

注：* 合同利用外资额为 1979~2005 年的累计额。
资料来源：《中国统计年鉴》相关年份，商务部网站。

（三）对外开放的总体水平与国际比较

开放条件下的加速工业化使中国在全球工业生产和世界制成品贸易中扮演着越来越重要的角色。仅仅在 30 余年的时间里，中国的国际分工地位发生了重大变化，已经由玩具、纺织品、服装、鞋帽等轻纺产品的提供者，迅速成长为大规模输出门类齐全工业制成品的"世界制造基地"。目前，中国已成为国际市场主要的参与者。

表 18-2　2010 年部分国家（地区）货物贸易依存度的比较

国家（地区）	货物贸易额占GDP 比重（%）	国家（地区）	货物贸易额占GDP 比重（%）	国家（地区）	货物贸易额占GDP 比重（%）
中国	50.6	美国	22.3	中国香港	630.5
俄罗斯	42.4	德国	67.7	韩国	87.9
印度	31.3	日本	26.6	新加坡	297.6
巴西	18.8	英国	43.3	泰国	119.1
南非	72.7	法国	39.8	世界平均	37.2

资料来源：http://web.worldbank.org/WBSITE/EXTERNAL/DATASTATISTICS；UNcomtrade.

一国（地区）对外贸易依存度是反映该国对外开放程度和经济外部依存关系的重要指标。中国对外贸易依存度由 1985 年的 22.7% 上升到 2010 年的 50.6%，而同期美国和日本的对外贸易依存度变化不大，保持在 20%~30% 的水平，这表明过去 30 余年是中国对外开放水平快速上升的时期，涉外经济在国民经济中的地位显著提高。从国际比较的结果来看，作为大国经济体，中国对外贸易依存度已处于较高的水平。来自世界银行的数据显示，2010 年，我国贸易依存度高于37.2% 的世界平均水平，同时也高于美国、日本、法国等发达贸易大国以及巴西、俄罗斯、印度等新兴经济国家的水平，但低于新加坡、韩国、中国香港、泰国等亚太开放国家和地区的水平（见表 18-2）。①考虑到各国资源禀赋、经济实力和发展模式的差距，无论在理论上还是政策上，迄今尚难以确定对外开放的"合理水平"。虽然外贸依存度指标并不能全面体现中国经济的对外开放水平，但较高的外贸依存度还是能够说明中国已经高度融入世界经济体系，中国经济特别是制造业领域的外部联系日趋广泛和紧密，经济增长需要外部资源和市场的支撑，并形成了一定的路径依赖。

（四）对外开放与工业体制改革

1978 年开始的对外开放是中国历史上真正意义的主动对外开放，是"以开放促改革、促发展"战略指导思想的集中体现。中国对外开放的历程是一个渐进式、由点到面、梯度推进的加速过程，从沿海地区和开放城市逐步辐射到全国，从制造业到服务业再到国际经济的主要领域，从对外贸易、利用外资再到各个层面的国际经济合作。短短 30 余年时间，中国经济从高度封闭转向高度开放，对外开放的总体水平甚至超过了一些发达国家，这在人类发展史上很少见。在对内改革和对外开放的共同推动下，中国经济迅速崛起，逐步成为国际社会中举足轻重的一员。

对于中国工业来说，对外开放对工业发展的突出作用表现为：对外开放推动了工业体制改革，加快了工业领域的市场化进程。在工业领域，对外开放的市场化操作与改革的市场化方向相互促动，突破了工业发展的体制障碍，促进了工业领域竞争主体的多元化，加快了要素流动和配置的市场化。以设立经济特区的政策为例。在兴办经济特区过程中，计划经济下的外贸、外汇、价格等管理体制很快变成特区企业生产和出口快速发展的障碍，原有的政企关系、企业所有制结构等方面的矛盾集中暴露出来，体制改革和制度创新的需求不断增强。在这种情况下，下放外贸经营权和管理权、理顺价格机制等一系列以市场化为导向的开放和改革措施不仅使特区的企业受益，而且经济特区和外经贸领域市场化改革的成功

---

① 一些学者认为，外贸依存度指标不能准确衡量中国对外开放的水平。扣除汇率、加工贸易、外资企业进出口等因素，中国的外贸依存度并没有名义上那么高。而且由于中国服务业不发达，服务贸易规模较小，货物贸易占 GDP 的比重相对较高。因此，如果计入服务贸易，中国对外贸易依存度低于美国、英国等发达国家。另外，近年来，随着人民币汇率升高，中国对外贸易依存度有所下降，但实际上中国进出口规模仍在不断扩大。

经验，为工业乃至国民经济各个领域的改革确立了正确的方向。

　　大规模引进外资给工业领域的体制改革带来了更多的需求和动力。外资企业进入中国，增加了中国市场的竞争主体，外资企业之间以及外资企业与内资企业之间的竞争为中国市场注入活力。一方面，外商投资企业先进的治理结构和丰富的竞争策略起到了示范作用，产生了学习效应，加快了中国企业特别是国有企业经营管理机制和治理结构的改革；另一方面，巨大竞争压力促使内资企业通过各种形式进行资产重组，低效率的内资企业被迫退出市场，从而完善了我国部分行业的退出机制。从法规层面来看，竞争主体的多元化对市场规范提出了更高的要求，《反不正当竞争法》、《反垄断法》、《并购法》等一系列法律法规的制定实施，大大提高了我国市场规范的立法水平，"两税并轨"的实行则使我国在维护公平竞争方面迈出了重要一步。而对地方政府来说，不断简化审批权、提高行政效率，以优化投资环境，为外商投资企业提供更好的服务，也成为政府体制改革的重要内容。

　　加入世界贸易组织是我国对外开放全面升级的重大举措，加入世界贸易组织谈判和履行承诺创造了新的体制供给，按照WTO要求，我国经济体制的框架逐步与国际接轨，"公平、透明、非歧视"等WTO原则成为外经贸立法和执法的依据。据统计，"入世"十年中，我国修改清理的各类法规和政府规章达19万件，在完善社会主义市场经济体制方面取得了重大进展。同时，加入世界贸易组织带来的外部压力成为国有企业以及汽车、银行、电信等领域扫除体制沉疴、加快自身改革的重要契机，极大地带动了这些行业的市场化发展。

二、开放条件下中国工业国际竞争力的变化

　　中国对外开放很好地契合了要素全球配置和国际产业转移的趋势，对外开放成为促进中国工业国际竞争力不断提升的重要因素。这种促进作用主要表现在以下方面：首先，对外开放扩大了中国工业的发展空间。国际国内两个市场的需求共同支撑了中国工业生产和出口在较短时间内飞跃式的发展，由此带来的规模效应成为中国工业由大转强、提升国际竞争力的基础。其次，对外开放拓宽了中国工业发展的要素利用范围。中国曾经是工业基础薄弱、资金短缺、技术落后、人均资源占有量较少的发展中大国，对外开放丰富了中国工业的要素利用渠道，这种外部资源既包括能源矿产，也包括国外资本、先进技术以及符合市场经济运行的制度体制等，有效缓解了中国加快工业化发展的要素瓶颈。再次，从微观层面来看，企业竞争力是产业竞争力和国家竞争力的基石。对外开放使中国企业直面

国内外的各种风险和激烈竞争，塑造了一批熟悉市场经济运行规律、具备自我积累和发展能力的企业群体，这不仅是中国工业体系中宝贵的财富，而且也是中国工业实现可持续发展的源泉。最后，对外开放使中国制造的比较优势充分释放，大量农业劳动力由农业部门转向工业领域，在这些农民工一定程度分享工业化成果的同时，也使中国工业增长获得了巨大的人口红利。在此基础上，中国工业逐步形成了一定的竞争优势。中国工业国际竞争力的提升主要表现在出口规模急剧扩大、贸易结构逐步优化、国际市场占有率不断提高等方面。

（一）中国工业品出口的增长实绩与结构变化

1. 出口规模迅速扩大

改革开放以来，中国进入了加速工业化的历史阶段。制造业领域大量利用外部资源，带动了我国工业制成品生产和出口的快速增长，使中国制造业的国际分工地位不断提高，逐步成为"世界制造中心"。总体来看，我国工业制成品出口保持着较高的增长速度。1981~2010 年间，工业制成品的年平均增长率达到了17.5%，远远超过了同期世界制成品出口 4.9%的年平均增长速度。特别是加入WTO 后的 2002~2010 年，我国工业制成品出口年均增长率高达 20.3%，表现出显著的开放效应。在工业制成品内部，机电产品的出口增长速度最快。1986~2010 年间，我国机电产品出口年平均增长率达到了 30.7%，有力地推动了中国出口商品结构的优化升级（见图 18-1）。

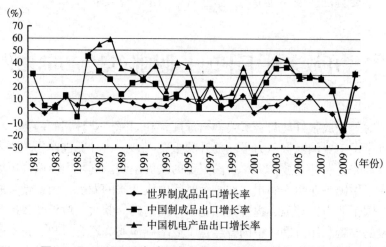

图 18-1 1981~2010 年中国与世界工业制成品的出口增长率

资料来源：机电产品出口数据来自商务部网站，其他数据来自 WTO：《International Trade Statistics》相关年份。

在工业品出口快速增长的促动下，我国出口规模持续扩大。由 1978 年的
206.4 亿美元扩大到 2010 年的 15777.5 亿美元，贸易差额升至 1815.1 亿美元，出
口成为拉动经济增长真正意义上的"三驾马车"之一。同时，我国在国际贸易中
地位也不断提高。自 2004 年起，中国贸易额的世界排名连续 5 年居于第 3 位，
2009 年和 2010 年出口连续居世界第 1 位，中国作为世界贸易大国的地位日益巩
固提高（见表 18-3）。

表 18-3　2010 年世界货物贸易前 15 位的国家和地区

| | 出口 | | | | 进口 | | |
排名	国家/地区	占世界比重（%）	增长率（%）	排名	国家/地区	占世界比重（%）	增长率（%）
1	中国	10.4	31	1	美国	12.8	23
2	美国	8.4	21	2	中国	9.1	39
3	德国	8.3	13	3	德国	6.9	15
4	日本	5.1	33	4	日本	4.5	26
5	荷兰	3.8	15	5	法国	3.9	8
6	法国	3.4	7	6	英国	3.6	16
7	韩国	3.1	28	7	荷兰	3.4	17
8	意大利	2.9	10	8	意大利	3.1	17
9	比利时	2.7	11	9	中国香港	2.9	25
10	英国	2.7	15	10	韩国	2.8	32
11	中国香港	2.6	22	11	加拿大	2.6	22
12	俄罗斯	2.6	32	12	比利时	2.5	11
13	加拿大	2.5	23	13	印度	2.1	27
14	新加坡	2.3	30	14	西班牙	2.0	7
15	墨西哥	2.0	30	15	墨西哥	2.0	29

　　资料来源：WTO：《International Trade Statistics》（2011）。

2. 出口商品结构优化升级

　　工业制成品特别是机电产品出口的高速增长直接带动了我国出口结构的升级
优化，我国工业制成品出口额占出口总额的比重大幅上升。20 世纪 80 年代中期
以前，我国出口以农产品、矿产品等初级产品为主。1980 年，我国初级产品的
出口比重为 50.3%，超过工业制成品的出口比重。2010 年，初级产品的出口仅占
我国出口总额的 5.1%，而工业制成品出口额占出口总额的比重则上升到 94.9%，
比 1980 年提高 45.2 个百分点，高出当年世界制成品出口比重 29.5 个百分点。[①]

---

　　① 1980 年中国的数据来自商务部网站，2010 年中国和世界的数据来自 WTO：《International Trade
Statistics》（2011）。

随着对外开放进程加快，我国工业发展的外向程度不断提高。1980年，我国工业对外贸易依存度（工业制成品出口额占工业增加值的比重）仅为18.8%，工业制成品出口额占当年工业增加值的比重仅为7.7%。2010年，工业对外贸易依存度（工业品进出口额/当年工业增加值）达到了98.6%，工业制成品出口额占当年工业增加值的比重上升到61.8%，高于同年我国外贸总依存度50.6%和出口占GDP比重26.7%的水平。

随着工业技术进步和工业内部的优化，纺织、服装、玩具等劳动密集型产品的出口比重不断下降，而机电产品、高技术产品的出口规模持续扩大。1995年，机电产品取代纺织品成为我国第一大出口产品，标志着我国出口商品结构发生了重大变化。2010年，机电产品出口额占出口总额的比重达到了59.2%，而1980年这一比重仅为6.7%。到2010年，机电产品已经连续18年成为我国第一大出口产品。同时，国内技术创新实力的增强以及外商投资企业技术转让的加快直接带动了我国高技术产品出口快速增长，高技术产品的出口比重由1995年的6.8%上升到2010年的31.2%（见表18-4）。

表18-4　1980~2010年我国出口商品结构的变化

单位：%

年份	初级产品出口比重	工业制成品出口比重	机电产品出口比重	高技术产品出口比重
1980	50.3	49.7	6.7	—
1985	50.5	49.5	6.1	—
1990	25.6	74.4	17.9	—
1995	14.4	85.6	29.5	6.8
2000	10.2	89.8	42.3	14.9
2002	8.7	91.3	48.2	20.8
2004	6.8	93.2	51.9	27.9
2006	5.5	94.5	56.7	29.1
2007	6.8	93.2	57.6	28.6
2008	6.9	93.1	57.6	29.1
2010	6.4	93.6	59.2	31.2

资料来源：商务部和WTO：《International Trade Statistics》相关年份。

目前，在劳动密集型产品出口仍保持一定竞争优势的同时，我国机电产品特别是自主设计、研发、制造的机械装备的国际市场份额迅速扩大，逐步成为全球机电产品和高技术产品的主要生产和提供者。机电产品和高技术产品出口规模的扩大有效地提高了中国工业品出口的技术含量。对1992~2007年中国出口产品显示性技术水平指标的计算结果显示，中国出口的技术结构明显改善。1992年，低技术和中低技术产品出口额在中国出口总额中所占的比重分别为56.3%和

24.8%，到 2007 年，这两类产品的出口比重分别下降为 24.9% 和 14.2%，而同期中高技术和高技术产品出口额占中国出口总额的比重则分别由 5.9% 和 3.3% 上升至 21.3% 和 13.0%，出口产品技术结构的显著改善表明中国出口产品的技术含量不断提高，中高技术和高技术产品逐步取代低技术和中低技术产品的出口市场。[①]

　　同时，中国出口增长不仅对全球贸易增量的贡献十分突出，而且直接改变了世界贸易格局。来自世界贸易组织的数据显示，1978 年，中国占世界出口总额的比重仅为 0.75%，美国、日本和德国所占比重分别为 11%、10.8% 和 7.4%；而到 2010 年，中国出口份额上升为 10.4%，美、日、德三国的比重分别为 8.4%、5.1% 和 8.3%。应该看到，中国在国际市场中的地位显著上升，在相当大的程度上是承接发达国家制造业转移的结果。随着利用外资规模扩大，我国出口主体结构也发生了明显变化。从图 18-2 可以看出，尽管 2005 年以来，外商投资企业出口额占出口总额的比重略有下降，但仍维持在 55% 左右的水平，超过内资企业出口占比，外商投资企业成为中国出口的主力军。

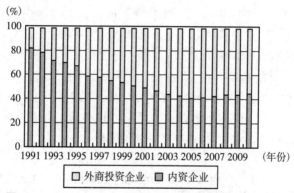

图 18-2　1991~2010 年我国出口主体结构的变化

资料来源：商务部网站。

　　大量外资进入对我国工业品出口的影响还表现为贸易方式结构的变化。由于外商投资企业出口主要采取加工贸易方式，外商投资企业出口增长直接带动了加工贸易发展，并成为我国参与国际分工的主要方式。近年来，国家不断出台政策措施，限制高污染、高耗能加工贸易发展，加工贸易的增长速度放缓，低于一般贸易增长率。2010 年，加工贸易出口额占出口总额的比重为 46.9%，比 2001 年大幅下降了 8.5 个百分点，但这一比值仍然超过了当年一般贸易出口比重 45.7% 的水平。同时，随着为外商投资企业产品出口的国内配套能力不断增强，加之国家促进加工贸易转型升级政策的实施，我国加工贸易的整体效益显著提高。2010

---

① 郑昭阳、孟猛：《中国对外贸易技术水平变化分析》，《国际贸易论坛》，2009 年秋季号。

年，加工贸易增值比达到了 179.4，分别比 1994 年和 2000 年上升 80.4 和 30.4 个百分点。加工贸易的发展是国际产业转移和我国加工工业快速发展的结果。加工贸易促进了我国制成品出口总量的扩张，拓宽了我国参与国际分工的渠道，并为加工贸易发达的沿海地区创造了大量就业机会，为地方经济发展做出了不可忽视的贡献。然而，加工贸易的发展也反映出，在全球价值链上我国仍主要处在加工组装环节。由于加工贸易大量依赖进口料件，这种"两头在外"的贸易模式一定程度上抑制了出口企业对国内设备、原料的需求，不利于提高与国内产业的关联度和出口附加值，改善出口的整体效益。

（二）工业品出口竞争力的提升

在承接国际产业转移过程中，日益完善的投资环境与中国拥有的比较优势和后发优势相结合，固化为不断增强的综合区位优势，而这种区位优势在整合全球生产要素方面得以充分发挥和显现，进而推动中国出口由规模效应逐步提升为现实的国际竞争力，中国出口"由大转强"的步伐明显加快。从国际市场占有率、贸易竞争指数（净出口指数）和显示性比较优势指数（RCA）三项衡量出口竞争力的主要指标变动情况来看，改革开放 30 多年来，我国工业制成品的国际竞争力总体上呈上升的趋势（见表 18-5）。其中，中国工业品的国际市场占有率由 1980 年的 0.8% 大幅上升到 2010 年的 14.8%，工业品出口顺差扩大使出口贸易竞争指数由负转正，自 1990 年以来，显示性比较优势指数大于 1，这些指标均表明中国工业品出口已经形成了一定的竞争优势。

表 18-5 1980~2010 年中国工业制成品出口竞争力的变化

年份	国际市场占有率（出口，%）	贸易竞争指数	显示性比较优势指数
1980	0.8	−0.1837	0.936
1985	1.5	−0.464	0.812
1990	1.9	0.030	1.073
1995	3.3	0.084	1.139
2000	4.7	0.113	1.185
2005	9.6	0.164	1.282
2010	14.8	0.246	1.431

资料来源：根据《中国统计年鉴》和 WTO：《International Trade Statistics》相关年份、商务部网站的数据计算。

再从主要工业品的出口竞争力来看，我国纺织、服装等具有传统优势的劳动密集型产品和办公与通信设备等加工贸易集中的行业出口竞争力较强，钢铁、交通设备等行业的出口竞争力则提升较快。2000~2010 年间，钢铁、化学制品、办公与通信设备、交通设备、纺织、服装的国际市场占有率均呈明显上升趋势，其中，2010 年办公与通信设备、纺织、服装的国际市场占有率超过 20%，而且在 2006~2010 年间，钢铁、办公与通信设备、纺织、服装等产品的国际市场占有率均有较大幅度提高（见表 18-6）。2010 年与 2000 年相比，化学制品、纺织品、服装的贸易竞争指数均有所提高，而从显示性比较优势指数的变化来看，钢铁、办公与通信设备、交通设备、纺织品的 RCA 指数有较大幅度的上升，化学制品、服装则有所下降，这正是这一时期我国出口结构变化的反映（见表 18-7）。

表 18-6　1980~2010 年中国主要工业品国际市场占有率的变化

单位：%

项目	1980 年	1990 年	2000 年	2006 年	2008 年	2010 年
钢铁	0.3	1.2	3.1	8.7	12.1	9.4
化学制品	0.8	1.3	2.1	3.6	5.1	5.1
办公与通信设备	0.1	1.0	4.5	19.8	24.5	28.0
交通设备	0.0	0.1	0.3	1.4	2.3	2.6
纺织	4.6	6.9	10.3	22.2	26.1	30.7
服装	4.0	8.9	18.2	30.7	33.2	36.9

注：国际市场占有率为某一产品出口额占当年世界该类产品出口总额的比重。
资料来源：根据 WTO：《International Trade Statistics》相关年份计算。

表 18-7　2000~2010 年中国主要工业品贸易的变化

项目	贸易竞争指数			显示性比较优势指数		
	2000 年	2008 年	2010 年	2000 年	2008 年	2010 年
钢铁	-0.376	0.447	0.216	0.756	1.136	0.980
化学制品	-0.428	-0.175	0.148	0.523	0.482	0.067
办公与通信设备	-0.011	0.246	0.220	1.148	2.230	2.704
交通设备	-0.510	-0.007	-0.309	0.131[*]	0.219	0.248
纺织品	0.114	0.602	0.621	2.551	2.452	2.962
服装	0.139	0.962	0.955	4.498	3.115	3.477

注：* 为 2006 年的数据。
资料来源：根据 WTO：《International Trade Statistics》相关年份计算。

尽管中国工业已经具备了一定的竞争优势，然而，在全球价值链分工的条件下，中国凭借劳动力和制造成本优势，依靠大规模引进外资、高资源消耗和高环境成本获得的处于价值链中低端的竞争力，其实际水平及其可持续性受到了很多质疑（刘林青等，2009）。不可否认，现阶段中国工业的国际竞争力仍主要表现在"量"的方面，而且作为对外开放的结果，这种竞争力很大程度上是在利用了大量外部资本等生产要素的基础上形成的，这意味着"中国制造"虽然在全球价值链中的参与度较高，但对全球价值链的实际控制程度和能力却仍然相对较低，特别是自主创新对国际竞争力的提升作用有待提高，竞争力形成和提升的内在机制还比较脆弱。

三、技术引进、外商投资及对中国工业的影响

（一）工业技术引进和利用外资的政策调整

改革开放初期，我国经济发展面临着技术和资金的巨大缺口。1977~1978年，国家及领导初步了解到世界范围内出现了产业结构调整和产业转移的趋势以及国际上各类资本意欲进入中国的迫切需求。在当时特定的历史条件下，中央适时提出了"借钱搞建设"的思路，旨在通过长期、大规模地吸收国外的先进技术、资金和管理经验，使中国经济增长真正利用国内外"两种资源、两个市场"，追赶世界技术进步和产业结构升级的步伐。

1978年末，中共中央政治局会议提出采取减少粮食、化肥进口；增加原油、原煤和有色金属出口；发展旅游业、手工业和来料加工业；积极吸收侨汇等措施，解决技术引进的资金问题。然而，以当时我国的外汇储备水平和出口创汇能力，无法满足国内技术及大型成套设备引进的需要。针对当时的国情国力，邓小平同志主张通过建立中外合资企业的方式，加快技术引进，解决资本缺口，减少利用国外借款的还本付息压力。他的这种观点符合国际直接投资的性质。相对于国外借款，利用外商直接投资带来的技术转让及各种溢出效应无疑更有利于加快我国产业技术进步和结构升级。

然而，改革开放初期，由于政策以及国内市场环境的限制，外商投资并未大量进入制造业领域，而是主要以华人资本的形式在国内从事旅游、宾馆、饭店等传统服务业。这一时期我国仍利用国外借款引进了大量成套设备和生产线，尽管当时一些技术和设备引进有一定的盲目性，但仍是我国利用外部技术资源、扩大生产能力的重要手段。1992年邓小平南方谈话进一步肯定了利用外资的积极意义，以南方谈话为契机，我国吸收外商投资掀起了高潮。为配合外商投资发展的新形势，国家对外商投资企业的政策优惠明显增多，并提出了"以市场换技术"的策略。1995年，我国颁布了《指导外商投资方向暂行规定》和《外商投资产业指导目录》，将外商投资项目划分为鼓励、允许、限制和禁止四大类，在外资政策与产业政策综合运用方面迈出了可喜的一步。

进入20世纪90年代中期，外资在我国经济生活中的角色日益重要。外资企业大规模进入我国工业领域，并开始由参股外销转向控股控市。为规范外资企业

的生产经营活动，自 1997 年 1 月 1 日起，国家开始对外商投资企业进行联合年检。1998 年，国家对《外商投资产业指导目录》做了进一步调整。这一系列政策使外商投资企业基本保持了平稳发展，外商投资领域继续扩大。除少数涉及国家安全的部门外，这一时期我国对外商投资已鲜有禁区。为配合加入世界贸易组织，2001 年九届人大五次会议通过了对《中外合作经营企业法》和《外资企业法》的修订，进一步放宽了外商投资企业的进出口要求和限制。

加入世界贸易组织后，为适应对外开放的新形势，我国相关部门调整、制定了一系列政策法规，为跨国公司进入中国市场提供了更加宽松、透明的政策环境。这些政策变化主要体现在：放宽了外商投资企业的内销比例，取消了其外汇平衡要求；再次修改了《外商投资产业指导目录》；出台了包括《利用外资改组国有企业暂行规定》、《外国投资者并购境内企业暂行条例》在内的多项涉及外资并购的法规，进一步规范了跨国公司在中国市场上的并购活动，促进了我国利用外资方式的多元化；金融、电信、铁路等行业相继颁布实施了行业利用外资的新政策，为服务业领域扩大利用外资创造了有利条件。同时，为配合跨国公司制造业向中国转移、迎接"中国制造"时代的到来，各地引资优惠政策的比拼也出现了逐步升级的态势。

随着我国劳动力、能源和原材料成本上升，在产业升级和节能减排的压力下，东部沿海地区对待外商投资的态度开始发生转变，长三角和珠三角地区政府由招商引资转为"招商选资"，对外资项目的技术含量、环保标准提出了更高要求，并在土地、用工等方面实行限制。同时，围绕"两税并轨"和对"自主创新"回归以及外资并购的新趋势，国内对"中国吸收的外资是否过多了"、"外资并购危及产业安全"等问题产生了争论，中央也明确提出了我国利用外资要由注重数量转向提升质量。这一系列政策信号昭示了中国投资环境的变化，中国已不再是那些追求低成本和优惠政策、无视环境保护和劳工权益的投资者的天堂，一些技术含量较低、投资规模较小的外商开始酝酿向中心部的内陆地区转移，甚至从中国撤资，把投资转移到越南、印度等周边国家和地区，而由于服务业开放进程的滞后，服务业利用外资的进展相对迟缓，这些因素直接造成中国在全球直接资本流动中地位的相对下降。2010 年，我国尽管仍是吸收 FDI 最多的发展中国家，但 FDI 流入量占当年全球 FDI 流入总量的比重由 2002 年最高时期的 15%下降到了 8.55%。同时，随着国内积累扩大，"两缺口"约束明显缓解，外商投资对资本形成作用弱化。实际使用外资金额占全社会固定资产投资的比重由 1980 年的 0.09%上升到 1994 年的 17.54%，回落至 2010 年的 2.52%，仅略高于 1985 年 2.29%的水平。

尽管受到人民币升值、劳动力成本上升以及金融危机等因素的影响，中国外资流入的增速趋缓，外商投资在资本形成和固定资产投资中所占的比重回落，但从图 18-3 可以看出，实际使用外资仍保持增长，中国仍然是世界最具吸引力的投资目的地之一。随着投资环境不断改善，我国吸收外商投资仍有一定的空间。如何在保持外商投资稳定增长的前提下，提高利用外资质量、优化利用外资结构，迫切需要新思路和新政策。

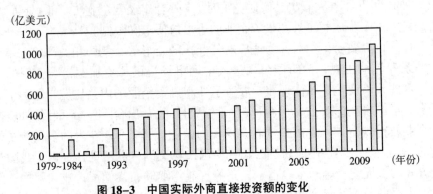

图 18-3　中国实际外商直接投资额的变化

资料来源：《中国统计年鉴》相关年份。

（二）技术引进与工业利用外资的特点

1. 工业技术引进情况

20 世纪 70 年代末到 80 年代中期，工业领域对外商投资的开放程度较低，技术引进主要通过引进生产线和生产设备的方式。引进国外先进技术和生产线填补了我国装备制造和耐用消费品等行业的技术空白，促进了工业整体技术水平的提高。然而，这种技术引进方式虽然在短期内扩大了我国工业品，特别是电视机、冰箱、洗衣机等耐用消费品的生产能力，但当时有限的出口创汇能力难以弥补技术设备引进的外汇缺口。同时，由于整体工艺和管理水平落后，不少企业用引进设备和生产线制造出的产品质次价高，无法满足消费结构升级带来的巨大市场需求。在这种情况下，顺应世界范围内产业结构调整和产业转移的趋势，政策导向转为主要通过利用外商直接投资，扩大生产能力，提高工业技术水平。总体来看，目前工业仍是我国引进国外技术和利用外资最多的领域。2010 年前三季度，我国技术引进前 10 位的行业有 9 个行业集中在工业领域（见表 18-8）。

2. 工业利用外资的特点

20 世纪 90 年代中期以来，在世界新一轮产业结构调整的推动下，跨国公司通过对华投资，将全球制造业生产能力大量向我国转移。在这一大背景下，我国工业部门对外资开放程度显著提高，工业内部对外资开放的领域不断扩大，工业成为利用外资最集中的领域（见图 18-4）。在工业内部，制造业是我国利用外资

表 18-8 2010 年前三季度我国技术引进前 10 位的行业

单位：百万美元

序号	行业	数量（家）	金额	技术费	金额占比（%）
	总计	8103	1912123.41	1618051.87	100
1	通信设备、计算机及其他电子设备制造业	719	478114.18	469742.38	25
2	交通运输设备制造业	1490	250422.93	246554.66	13.1
3	电力、热力的生产和供应业	73	205854.06	32698.2	10.77
4	化学原料及化学制品制造业	345	104871.12	85212.91	5.48
5	专用设备制造业	441	86541.38	84202.4	4.53
6	房地产业	1003	75692.84	75584.19	3.96
7	工艺品及其他制造业	384	72683.95	72683.95	3.8
8	计算机服务业	225	68058.5	68058.5	3.56
9	通用设备制造业	383	59975.75	57881.97	3.14
10	废弃资源和废旧材料回收加工业	36	39042.52	38310.97	2.04

资料来源：商务部网站。

的主导领域。2010 年，制造业实际外商投资额占当年全国实际外商投资总额和第二产业实际外资额的比重分别为 46.9% 和 88.4%。这一方面是由我国固有的产业结构和国际产业转移规律决定的。我国制造业具备较完整的内部结构和较强的产业配套能力，产品市场容量较大，市场机制发育较完善，具备承接国际产业转移的客观条件。同时，我国劳动力丰富，改革开放后农业部门转移出大量劳动力，为跨国公司向中国转移劳动密集型加工组装环节生产能力提供了充足、低成本的劳动力。另一方面，外资大量进入制造业也与我国对外开放的政策导向有关。相对于其他产业，我国制造业对外资依赖程度较高，对外资进入方式和股权比例的限制较少。在制造业内部，通信设备、计算机及其他电子设备制造业在我国各行业利用外资中居第一位，2006 年其实际使用外资额占同期全国实际使用外资总额的 11.75%；交通运输设备制造业、电气机械及器材制造业、化学原料及化工制品业、专用设备制造和通用设备制造利用外资的规模也比较大，这 6 个行业实际使用外资占全国实际使用外资总额的比重接近 30%，占制造业实际使用外资的比重约为 50%。这些行业属于重化工业和高技术行业，跨国公司向中国大规模转移这些行业的生产能力，一定程度上促进了我国工业内部结构升级，增强了中国工业重化工业化倾向，带动了机电产品和高技术产品出口规模扩大。加入世界贸易组织后，我国服务业对外开放程度不断提高，2002~2010 年，服务业实际使用外资占实际使用外资总额的比重由 23.3% 大幅上升到 45.1%。同期，第二产业利用外资的比重则由 74.8% 下降到 53.1%。

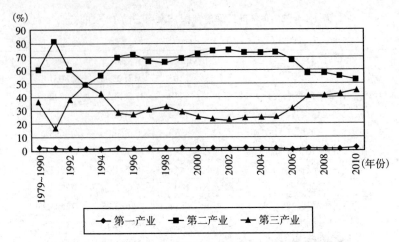

图 18-4　1979~2010 年中国外商直接投资产业构成的变化

（三次产业实际使用外商投资额占当年全国实际使用外商投资总额的比重）

资料来源：《中国统计年鉴》相关年份。

（三）跨国公司技术转让及其影响

1. 跨国公司技术转让及其溢出效应

长期以来，国家一直将获得先进技术作为引进外商投资的主要目的。于 20 世纪 80 年代中后期提出了"以市场换技术"的策略，旨在通过有条件地对外商出让国内市场，换取跨国公司的技术转让，以提高产业的整体技术水平、优化产业结构。从理论上讲，外资进入将从两个方面影响东道国的技术水平和创新能力：一是直接的技术转让和研发活动；二是由跨国公司技术转让和研发活动产生的各种溢出效应。关于国际产业转移是否促进了我国技术水平和创新能力的提高，目前学术界仍有较大争议。其中，对于外商投资的溢出效应，学者们大都持肯定态度，认为这些技术溢出效应主要表现在以下方面：①跨国公司进入使国内企业和消费者有更多的机会接触先进技术、设备和产品，增加了国内消费者、企业及相关研发人员对新技术、新产品、新管理方式的学习机会，提高了模仿能力。②面对跨国公司投资企业的竞争压力，国内企业纷纷加紧技术追赶，一些企业技术创新步伐加快。③带动了为跨国公司配套的国内企业技术水平的提高。④跨国公司的人员培训、技术创新的组织管理经验、各种层面的技术合作以及集群式研发等活动有利于我国创新体系的完善，促进了技术和人才市场的成熟发展。从外商投资企业技术转让的实际效果来看，外资进入产生的溢出效应主要体现在四个方面（见表 18-9）。

对于跨国公司技术转让和研发活动的直接影响，学术研究则出现了较大分歧。一些研究认为通过承接国际产业转移，增强了国内企业与外资企业的配套能

表18-9　外商投资企业技术转让及其溢出效应：方式与途径

技术溢出类型	溢出途径	溢出效应的主要表现
技术应用推广效应	提供核心零部件及软件、图纸等	在独资或合资企业采用核心零部件及相关技术 在配套的本土企业应用推广新技术，开展技术服务
示范效应	技术与产品示范 引导研究开发 管理示范	中方企业及相关人员的观察学习机会 内资企业的模仿与赶超 借鉴跨国公司的研发与创新管理制度和体系
竞争效应	技术竞争 成本与管理竞争	外资进入迫使内资企业加快产品开发和技术创新 促使内资企业加快体制和管理模式创新
要素配置与资源整合效应	境内外人才流动 分工与合作效应 开拓新市场效应	为本土企业提供更多高质量的研发和技术管理人才 通过合资、并购、战略联盟等方式，本土企业与跨国公司联合研发，共享创新成果，提高创新效率 外资企业凭借新技术、新产品开辟新市场，本土企业通过跟进，扩大市场份额

资料来源：根据江小涓主编：《中国开放30年：增长、结构与体制变迁》，第102页相关内容改制。

力和产业关联度，刺激了我国的自主研发。[①]另一些学者提出了相反的观点，认为外资进入挤占了我国的创新资源，控制了行业的技术主导权，进而质疑我国"以市场换技术"的利用外资策略。还有一些研究得出了折中性的结论，认为国际产业转移是"双刃剑"，对我国技术进步既有积极作用，也产生了负面影响。[②]一方面，跨国公司进入带来先进技术和研发资金，提高了工业制成品的总体技术含量；另一方面，跨国公司技术转让的水平仍然偏低，而且以生产设备等硬件技术为主，跨国公司在我国主要从事最终产品的加工组装，组装环节一般增值幅度小，技术含量低，不利于我国全面掌握技术、形成完整的生产和研发体系。

2. 跨国公司对华技术转让的新动向

随着对外开放进程的加快，中国作为世界制造中心的地位凸显，国内市场竞争加剧，跨国公司对华投资和技术转移掀起了新高潮，其技术转让的动机和方式发生了一些新的变化。

（1）跨国公司技术转让步伐加快，成为我国技术引进的主要力量。跨国公司进入中国市场初期，一般只进行试探性投资，其技术转让多采用渐进式策略。为了应对来自其他跨国公司投资企业和迅速成长的中国企业的竞争，跨国公司调整了技术转让策略，将其对中国的技术投入与中国市场的开拓同步进行。目前，约有60%的跨国公司投资企业在中国采用了最近3年内的创新技术。技术转移步伐

① 江小涓：《中国的外资经济增长、结构升级和竞争力的贡献》，《中国社会科学》，2002年第6期；王红领、李稻葵、冯俊新：《FDI与自主研发：基于行业数据的经验研究》，《经济研究》，2006年第2期。
② 董书礼：《跨国公司在华设立研发机构与我国产业技术进步》，《中国科技论坛》，2004年第4期；杨丹辉：《全球竞争——FDI与中国产业国际竞争力》，中国社会科学出版社，2004年版。

加快促进了跨国公司投资企业的技术引进规模持续扩大，进而带动了我国技术引进的发展。2003~2007 年，我国共签订技术引进合同 45948 项，技术引进金额 938.0 亿美元。其中，2007 年，外资企业引进技术金额为 120.5 亿美元，同比占全国技术引进总额的 47.4%，居各类企业的首位。随着中国国内市场竞争加剧，跨国公司技术转让力度加大。2010 年前三季度，外商投资企业引进技术金额为 115.4 亿美元，同比增长 23.0%，占全国技术引进总金额的 60.4%。这表明外商投资企业成为我国技术引进的主力军，跨国公司的技术引进安排成为影响我国技术引进整体发展的重要因素。

（2）跨国公司投资企业由被动的技术转让转向自觉的技术投入。以往我国对外资企业的技术转让实行了一些强制性措施。2000 年修改前的《中华人民共和国外资企业法》规定，设立外资企业必须"采用先进的技术和设备"。同时，国家给予使用先进技术的外资企业设备进口免征进口环节税等优惠待遇。但受制于国内市场发育状况及竞争环境，这些措施并未达到预期效果，技术转让成为引进跨国公司投资项目谈判中最大的难题之一。加入世界贸易组织后，根据相关承诺，我国取消了对外资企业技术转让的硬性要求，相应放宽了专利保护期，加强了知识产权保护，从而为跨国公司技术投入营造了良好的外部环境，加之国内市场竞争的压力，这些因素促使跨国公司投资企业由原有保守、审慎的技术转让观念逐步转向自觉的、系统性的技术投入方略。

（3）跨国公司在华的研发活动日趋活跃。20 世纪 90 年代末以来，随着中国在全球制造业分工地位的提高以及国内市场竞争加剧，跨国公司掀起了在我国进行研发投资的高潮。微软、摩托罗拉、宝洁、联合利华、杜邦、英特尔、诺基亚、爱立信、松下、富士通等世界 500 强跨国公司相继在华成立了研发中心或宣布了大型的研发投资计划。从研发机构的行业构成来看，跨国公司在华的研发活动主要涉及信息技术、商务技术、化工、医药、汽车、家电等行业。跨国公司在华研发结构的这种行业分布格局与跨国公司海外研发活动的行业特征基本一致，同时也与我国各行业的人才储备以及知识产权保护现状有直接的关系。现阶段，跨国公司在我国进行的研发活动仍侧重于适应型和专用技术的开发。

（4）跨国公司与内资企业的技术交流合作不断扩大。随着内资企业竞争力的不断增强，跨国公司不仅将内资企业视为竞争对手，而且开始积极谋求与内资企业开展全方位的合作，与其建立长期的战略伙伴关系。在技术合作领域，近年来跨国公司与内资企业结成了各种形式的战略联盟。通过技术合作，跨国公司与内资企业实现了资源共享和优势互补，有助于内资企业加入跨国公司全球研发体系，实现研发的规模效应。同时，跨国公司将技术投入与中国相关配套能力的发展紧密结合起来，加大了对配套企业的技术支持力度。

3. 跨国公司技术转让的影响

跨国公司对华技术转移这些新变化直接影响其技术转让及其溢出效应的作用范围与方式。外商投资企业技术转让既有积极作用，也有负面影响，主要表现在：

首先，承接国际产业转移使我国工业生产能力得以大幅度提高，工业生产规模持续扩大，带动了我国产业结构升级及工业经济效益的改善。从全球范围来看，跨国公司在高新技术领域具有突出的技术优势。目前，我国约八成的高技术产品出口由外商投资企业完成，跨国公司投资已成为推动我国高新技术产业迅速扩张的主要力量，进而带动了我国对外贸易结构及产业结构的改善和升级。

其次，丰富了先进技术来源，加快了我国技术进步的步伐，一定程度上提高了我国制造业的整体技术水平。大跨国公司投资企业具有先进的技术水平和管理经验，其技术转移效果更为显著。在汽车、家用电器、计算机、通信器材、数控机床、仪器仪表、医疗器械、食品加工等领域，跨国公司投资企业或直接转让了技术，或带来了新产品和新工艺，促进了引进技术的消化吸收，使我国这些行业的技术和工艺在较短时间内缩小了与国外先进水平的差距。跨国公司除了转让先进生产设备等"硬技术"外，还带来了诸如图纸、操作方法、技术诀窍、专利、商标、技术规程、产品标准和管理模式等"软技术"。近年来，越来越多的大跨国公司在华设立研发中心和地区总部，中国逐步成为跨国公司最青睐海外研发目的地之一。这些研发中心的建立及其技术开发活动有助于提高我国产业技术的整体水平，提高了我国创新体系的对外开放程度，但也将进一步拉大内外资企业之间在技术创新和研发能力等方面的差距。

尽管跨国公司技术转让及其溢出效应对我国工业国际竞争力的提升起到了一定的促进作用，但跨国公司对我国的产业转移和技术转让具有特定的局限性。由于外商投资大量投向了我国的加工工业，因而，外资进入加剧了我国加工工业的膨胀，一定程度上造成我国产业结构调整的路径偏差和外部依赖。部分行业"以市场换技术"的效果并不理想，外商投资的技术溢出范围有限，挤占了国内有限的创新资源和人才，而对外部技术和资本的倚赖也使中国工业结构调整和技术进步面临一定的路径限制。这一问题在我国高技术产业中尤为突出。电子、通信设备制造、电气机械、办公设备等行业外商投资的比重较高，外资企业掌握了行业的技术主导权，致使这些行业的发展长期被锁定在全球价值链低端的最终产品制造环节。目前，接近80%的高技术产品出口是由外商投资企业采取加工贸易方式，资源消耗多，环境成本高，出口附加值低。面对激烈的国际竞争，中国的高技术行业由于未能掌握核心技术和价值链的关键环节，在国际金融危机等外部因素引发的市场波动中受到的冲击较大。

四、跨国公司与产业安全

随着我国利用外资规模持续扩大，外商投资企业在我国经济生活中的地位不断提高，跨国公司对部分产业的控制增强，大量外资进入是否危及我国产业安全的问题成为各界关注的热点问题。

（一）开放条件下产业安全的界定及其影响因素

迄今，学术界对产业安全的含义尚未形成一致的认识，主要有三种观点：一是产业控制力说。持这种观点的学者比较多，认为外国资本控制了国内关键性企业或战略产业，就会对国家产业构成威胁[①]。二是产业竞争力说。这种观点主要从产业竞争力的角度来理解产业安全，认为一国的产业竞争力是决定其在国际竞争中是否安全的重要条件[②]。三是产业权益说。持这种观点的学者认为"国民"是产业安全中的权益主体，因而，本国国民在国界之内有明确的排他性经济主权，外国国民在东道国内取得的任何产业权益都威胁产业安全[③]。

很多研究都认为在开放条件下，外资进入是影响一国产业安全的主要因素[④]。直接投资（FDI）对产业安全的影响主要表现在对东道国的产业控制上，包括市场控制、股权控制、技术控制、品牌控制、经营决策权控制等[⑤]。一些学者尝试构建开放条件下产业安全的指标体系，并把外资的产业控制力作为判断产业安全的重要指标[⑥]。外资对产业的控制程度越高，对一国产业安全的影响越大[⑦]。依据这一逻辑，外资对产业控制力增强似乎并不必然会对一国产业安全产生威胁。一些研究指出大规模的外资进入在某些方面有助于增进我国的产业安全。随着大跨国公司在我国投资的增多，在跨国公司全球战略中，中国市场的地位日益凸显，而良好的国际环境无疑有助于跨国公司在中国发展。在这种情况下，一些跨国公司通过各种"院外活动"在改善中国与其母国经贸关系方面发挥了一定的积

① 张碧琼：《国际资本扩张与经济安全》，《中国经贸导刊》，2003 年第 6 期；李孟刚：《中国外资产业控制报告》，《中国国情国力》，2006 年第 6 期。

② 金碚：《产业竞争力与产业安全》，《财经界》，2006 年第 9 期。

③ 赵世洪：《国民产业安全概念初探》，《经济改革与发展》，1998 年第 3 期。

④ 李孟刚：《中国外资产业控制报告》，《中国国情国力》，2006 年第 6 期；纪宝成、刘元春：《对我国产业安全若干问题的看法》，《经济理论与经济管理》，2006 年第 9 期。

⑤⑦ 李孟刚：《中国外资产业控制报告》，《中国国情国力》，2006 年第 6 期。

⑥ 朱钟棣、孙瑞华：《入世后评价产业安全的指标体系》，《国际贸易论坛》，2007 年第 1 期。

极作用。[1]另一些学者认为尽管跨国公司通过市场挤占、技术控制等方式对我国产业安全构成了威胁，但不能否认其对我国产业发展的正面影响，而应用辩证的方法认识利用外资与产业安全的关系。[2]

从国内相关研究的进展情况来看，目前对产业安全的研究主要基于产业经济学和制度经济学的理论，尚未形成统一的理论分析框架和指标体系。毋庸置疑，大跨国公司拥有较强的市场渗透和产业控制能力。随着经济全球化程度提高，大跨国公司不仅凭借雄厚的资本实力、创新成果积累占据着价值链的关键环节，而且利用海外直接投资、离岸外包、战略联盟以及其他形式的研发合作和制造合同等组织架构，在全球范围内不断扩展其战略资源的边界，并采取截断价值链、技术转移片段化等方式，牢牢掌控产业价值链的全球治理和整合。在中国市场上，跨国公司也通过各种手段和方式，试图占据或保持行业领导者的地位。

同时，跨国公司产业控制的背后，存在着一些固有的制度因素。长期对外资实行税收等优惠政策导致了我国竞争规则体系扭曲，在规则存在严重差别的市场上共同竞争，外商投资企业固有的优势被进一步强化，而国内企业竞争力则很难提高。尽管面对中国这样庞大的产业体系，跨国公司的威胁尚未使中国的产业安全出现十分严峻的形势，但如果不能建立公平的竞争规则体系，形成合理竞争格局，中国的产业安全必然缺乏有效的屏障。从我国利用外资的政策环境来看，企业、地方与中央的利益矛盾成为引发产业安全事件的重要制度诱因（纪宝成，2006）。一些行为主体为了满足局部利益，如地方政府为了追求GDP、企业为了套现减负，主动迎合跨国公司的"恶意收购"，无视国家产业安全问题，把大量核心产业的龙头企业卖给跨国公司，对本土企业成长和产业安全构成直接危害。

（二）跨国公司的产业控制方式及其影响

1. 外资并购趋势增强

随着我国投资环境逐步完善，市场前景看好，外商的增资扩股和独资倾向明显增强，跨国公司越来越多地采用并购方式迅速进入中国市场。外资并购直接改变了企业的股权结构，外商对行业的控制力随之增强，特别是2004年以来跨国公司加快了对我国装备制造业等重要领域行业排头兵的并购，引起了广泛的关注。

早在20世纪80年代，国外的研究就得出了外资并购会危及国家产业安全的结论。Ellison等（1988）的一项研究认为如果一个企业因并购受到外国资本的控制，且该企业又具备足够的市场支配力，这种并购行为势必对美国的产业安全构

---

① 冼国明、张岸元：《跨国公司与美国国会对华政治》，《世界经济》，2004年第4期。

② 黄志勇、王玉宝：《FDI与我国产业安全的辩证分析》，《世界经济研究》，2004年第6期。

成威胁，建议美国政府加强对外资并购的监管①。近年来，全球跨国并购出现了一些新趋势，FDI间接化的动向增强，即越来越多的间接资本（私募基金等财务资本）大规模参与跨国并购。传统意义上的FDI以产业资本投资为主，而由于全球范围利率的水平下降，金融领域的整合力度加大，私募基金开始在全球选择并购目标，待到并购对象升值之后再转手出售。与产业资本投资项目的20~30年相比，这类并购在东道国的经营周期大大缩短，一般仅为5~10年，因而很难给东道国带来技术、管理等"一揽子"资源，并对东道国的相关政策和监管水平提出了更高的要求。实际上，"凯雷并购徐工"、"高盛收购双汇"等在国内引起很多争议的外资并购都属于这类并购的典型案例，反映出财务资本参与跨国并购的这一新趋势。

与来自实体经济的跨国公司相比，私募基金本身并不掌握先进的生产技术。由于私募基金追求套利的本质注定其并不会关注被收购企业的长远发展，私募基金并购后往往通过大规模削减非核心业务等手段，在短期内改善被并购财务报表的指标，提高企业的市值，再借机高价卖给其他企业或通过IPO公开上市套现，这种短期行为难以保障企业的长期发展。对于国内一些创新型的中小企业，私募基金注资虽然为其规模扩张提供了资金支持，但私募基金的套利倾向有可能诱使这些企业偏离创业方向，一旦企业创始人也参与套现，将损害企业创新资源的积累，甚至导致企业"夭折"。

在外资并购主体多元化的情况下，仅从企业股权变化或并购对象产业地位的角度来解读外资并购现象，很难客观判断外资并购的动机及其对产业安全的影响。尽管一些跨国公司通过并购获得了国内企业的控制权，但在全球化和市场经济条件下，资本、股权和所有权都是流动的，并购也是相互的，而且通过有效监管，外资并购的风险也是可控的。

2. 跨国公司采取多种方式，强化技术控制

尽管近年来跨国公司对华技术转移的速度和力度不断增强，但跨国公司技术控制的动机并未减弱。在进行大规模技术投入和研究开发的同时，跨国公司的技术控制方式呈现出多元化的态势：一是设立独资企业，或通过增资扩股加强对合资企业的控制，以便于实行技术内部化策略。随着我国外资政策的放宽，跨国公司进入中国市场越来越倾向于采取独资的方式。2002年以来，独资项目在各种利用外资方式中一直居于首位。另外，在合资企业中，部分合资企业的外方通过增资控股等手段，取消中方原有的研发机构，或把中方的相关机构置于附属地位，使中方技术发展受制于外方。二是再从研发机构的投资方式和股权结构来

---

① Ellison, J., J. W. Frumlin, T. W. Staley. Moblizing U.S. Industry: A Vanishing Opening of National Security, Westview Press, 1988.

看，跨国公司在华设立的研发机构主要采取独资形式，如摩托罗拉在中国的100多家研究中心都是独资设立的，IBM、富士通、拜尔、英特尔、西门子、爱立信、朗讯等跨国公司在中国也设立了独资研发机构。跨国公司设立独资研发机构主要是出于防止技术外溢、延长技术收益期以及强化总公司对全球研发活动的控制等战略考虑。跨国公司在华研发机构的另一种重要形式是与我国的大学或科研机构进行合作开发，但跨国公司对合作的最终成果一般都提出了知识产权要求。三是加大了专利保护力度。跨国公司为了在中国市场上保持长期的技术领先优势，十分注重对专利的保护。四是跨国公司加快在中国的业务整合，并通过向产业上下游延伸，将其在华投资项目纳入其全球生产体系。尽管跨国公司的重组活动有利于优化在中国市场上的资源配置，提高本土化程度，但同时跨国公司以此加强对中国产业的整体控制，一定程度上加深了中国相关产业对跨国公司技术转移的依赖。

跨国公司通过技术控制，掌握了一些行业的技术主导权，特别是高技术加工贸易企业，核心技术基本由外方提供。技术密集型产业自主创新能力不强、核心技术依赖跨国公司、在国际分工中处于劣势地位，成为当前我国产业安全面临的突出问题。应该看到，在经济全球化条件下，由于国家利益仍然存在，技术主导权的归属直接影响产业安全，关键技术和核心技术不可能依靠外部获得，创新能力只能是内生的。因而，增强产业安全的主要途径是提高自主创新能力，改变技术密集型产业受制于人的局面。当然，在科技创新和经济发展日益全球化的今天，我国创新能力的提高不可能靠闭门造车，而是要实行开放式创新，充分利用国内外各种创新资源，以提高自主创新的效率，减少创新的盲目性。

3. 外商投资企业的市场地位有所提升

我国工业生产能力的提高、出口规模的扩大以及国际竞争力的提升很大程度上是承接国际产业转移和利用外商投资的结果。随着利用外资规模扩大，外商投资企业在我国工业经济中的地位不断增强。从工业增加值、资产总值、产品销售收入、利税总额四项广义市场份额的指标来看，外商投资企业的市场份额总体有所上升。市场份额的变化是企业之间竞争的结果，也是企业竞争力的主要显示性指标之一。外商投资企业市场份额的扩大表明外资对我国产业的总体控制力增强。但是，由于这些市场份额并非由单个外资企业占有，而是分散在多个外资企业之间，它们彼此的竞争相当激烈，因而，总体市场份额扩大并不意味着跨国公司在中国工业领域形成了实质性的垄断。同时，2005年之后，外商投资企业市场份额上升趋势放缓（见表18-10）。这在一定程度上反映出跨国公司在国内市场上面临着来自各种竞争主体日益加剧的竞争，本土企业快速成长对跨国公司的市场地位构成了一定压力和冲击。

表18-10　1995~2010年外商投资工业企业主要经济指标占全国的比重

单位：%

年份	工业增加值	资产总额	产品销售收入	利税总额
1995	16.74	16.85	19.11	15.68
1997	17.86	17.53	20.52	17.28
1999	22.49	19.68	25.71	24.93
2001	25.16	20.94	27.76	25.50
2003	27.62	23.28	30.46	27.57
2005	28.35	26.27	31.61	25.52
2007	28.96	28.12	32.03	26.44
2008	29.21	28.37	31.82	25.78
2010	—	25.13	27.05	28.31

注：2005年的销售收入为主营业务收入。
资料来源：根据《中国统计年鉴》相关年份计算。

（三）"FDI偏好"及变化趋向

随着中国利用外资规模扩大以及跨国公司对部分行业市场控制力增强，外资进入的一些制度效应逐步强化和固化。近年来，国内外一些学者注意到中国利用外资的制度依赖现象，认为从中央到地方，甚至部分内资企业都不同程度地存在"FDI偏好"，并尝试运用经济学理论工具解读中国的"FDI偏好"现象（黄亚生，2005；胡立法、唐海燕，2007；梅松、李稻葵，2008）。这些研究普遍认为根植于中国经济政治体制中的制度扭曲导致FDI在中国不仅扮演着实体资本跨国配置载体的角色，带动技术进步、产业结构升级、扩大出口和就业，而且还发挥了"体制纠偏"和推动制度变革的作用，而这种作用不断被放大，则有可能导致中国经济对利用外资产生一定的路径依赖。

制度经济学认为，政府与个人同样具有特殊的偏好，这种偏好的形成往往基于那些能使政府以较低成本获得利益"最大化"的制度安排。FDI之所以成为中国各级政府和国内企业的"偏好"恰恰是因为凭借自身的制度知识，在改革开放的特定环境下，FDI有助于突破传统体制的制度扭曲。这些制度扭曲主要表现在三个方面：一是中国金融资源是按照政治上而非经济上的层级进行分配，民营企业特别是在其初创期从国有银行获得信贷支持的难度很大。二是中国法律对私人投资和私有财产的保护力度不够。融资约束以及产权缺乏法律保障，使得民营企业愿意吸收FDI成为合资公司，从而在一定程度上缓解上述两种扭曲。三是行政分割及地方政府之间相互竞争的格局，导致各级政府对 FDI 有很强的追逐动力。[①]

　　随着国内"两缺口"矛盾缓解，高储蓄率和不断扩大的外汇储备规模本应使我国吸收外资的动力减弱，但"由于政府和企业由于正规制度（Formal Institution）不健全导致政府与企业之间广泛地存在着双重道德风险，政府和国内企业都不能相互兑现自己的承诺，最终形成了低水平均衡。而 FDI 由于其流动性和全球影响力，与中国政府互为'绑定'，在很大程度上降低了双方的道德风险，弥补了正规制度的缺陷，由此形成了高水平的均衡"。[②] 实际上，在一个制度健全、产权明晰的国家，政府与企业之间的道德风险即政府和企业违背承诺的风险是可以用法律等正规制度加以约束和限制的，而对于中国这样法制基础相对薄弱的发展中国家而言，政府和企业诚信缺失使得双重道德风险广泛存在，并损害经济运行的正常秩序。在这种情况下，为了实现经济增长的短期目标，就有必要寻求一些暂时性的、次优的制度安排方法，而 FDI 进入恰恰为解决双重道德风险提供了途径。这既是由于 FDI 的流动性使其对东道国政府信誉形成了某种全球化的评价标准，同时跨国公司拥有的国际化诚信体系使其比一般国内企业更倾向于践行对东道国制度的承诺。"在这一均衡下，外资企业更愿意进入中国，同时中国政府也欢迎外资企业的进入。这种相互'绑定'的机制，相比政府与国有企业以及政府与民营企业之间的机制更有优势。"[③]

　　具体而言，FDI 偏好在企业和政府行为中的表现有所不同。对于国有企业来说，即使不缺乏资金，也希望通过合资外资提升技术和管理水平；对于民营企业来说，与跨国公司合作，不仅解决了资本来源，而且身份的转换使其降低了税负，摆脱了各种歧视待遇；而对于地方政府，尽管越来越多的地方已不再把"招商引资"作为评价官员业绩的指标，但在微观层面改革推进遭遇诸多困难，制度创新缺乏新思路，特别是企业跨地区重组障碍重重的情况下，扩大"招商引资"的规模成为地方政府保持经济增长、实现企业改制、增加就业为数不多的政策选择。

　　应该看到，即使在特定的制度环境中，FDI 偏好也只是一种次优的制度安

[①] 黄亚生在《改革时期的外国直接投资》（2005）一书中指出，中国固有的制度扭曲是造成 FDI 超常增长的重要原因。该书在美国出版时的英文书名为 "Selling China"。作者试图用这一耸人听闻的书名警示中国经济发展模式中存在的"外资依赖症"及其背后潜在的危机。他认为，中国大量引进外国直接投资是其经济自身存在某些本质性弱点的标志。种种外资优惠政策损害了公平竞争的市场氛围，而外商投资企业也挤压了内资企业的出口机会，特别是国有企业与外商合资过程中，往往忽略合资中的合作和隐性技术（Tacit Knowledge）等企业制度建设与长期技术升级，这是"政府官员与国有企业管理者对经营指标的偏执"和长官主义的表现（第 250 页）。尽管该书的研究结论值得商榷，但笔者认为其研究视角仍然具有较高的学术价值，特别是其将 FDI 这一微观现象放置到中国制度变革的宏观背景中观察分析，对研究外资进入在发展中东道国产生的制度效应颇具启发性。

[②③] 梅松、李稻葵：《中国经济的 FDI 偏好——克服双重道德风险的创新机制》，《国际经济合作》，2008 年第 2 期。

排，因为 FDI 并不具备推动东道国技术进步和制度创新的天然动机，其制度效应的形成是以东道国让渡部分利益为前提的，也势必以部分要素价格新的扭曲为代价。同时，在 FDI 偏好驱动下，地方政府对局部利益的追求不断强化。主要表现在强调行政效益甚于强调市场效益，将利用外资作为一项政治任务、政绩指标加以对待，政府直接出面招商引资，进一步增强了地方政府公司化的趋势。这一点在各级开发区政府中表现得尤为突出。然而，具有公司特征的开发区体制，比较适应外资数量扩张为主的要求，并不适应有选择地、比较自觉地吸收外资项目的要求。另外，FDI 偏好还在一定程度上加深了中国的二元经济结构。一是跨国公司提供的产品以城市居民消费为主，且跨国公司的产品一般价格和档次较高，跨国公司的这种投资结构和市场取向将拉大我国市场结构的二元级差，加剧市场分割。[1] 二是 FDI 在促进中国经济非农化的过程中有可能加大农业与非农业的技术与就业差距，从而加深了二元经济程度。[2]

　　一个值得关注的现象是，近年来政府和企业具有的 FDI 偏好出现了不同程度的弱化迹象。特别是部分沿海发达地区的地方政府和开发区，迫于日益增大的产业转型升级压力，在当地外资存量已经较大、地方政府外资政策空间被压缩的情况下，近年来这些地方政府不断细化外商投资的进入条件，越来越多的政府设立了更为严格、全面的"招商选资"标准，特别是以长三角地区、珠三角地区为代表的东部沿海地区逐步提高了外资项目的门槛，设立了更高的技术、环境和土地标准。尽管我国的投资环境总体上不断优化，但这些政策调整一定程度上影响着外商的投资预期，特别是一些技术含量较低、投资规模较小的外商体味到"由座上宾"到被下"逐客令"的巨大心理落差，开始向内陆地区转移，甚至从中国撤资。其中，一些投资规模小、技术含量低、污染严重的劳动密集型加工类的外商投资企业很难在经济较发达的沿海地区继续生存，加快向中西部地区或周边国家转移。

　　同时，随着国民待遇的落实，改革开放初期外商投资推动制度变革的环境发生了很大变化，在日益开放完善的市场经济条件下，外商投资通过突破制度扭曲形成的创新效应有所削弱。与之形成鲜明对照，国有企业特别是大型央企不论资本实力、技术水平还是其更为紧密的政企关系、银企关系，都对地方政府具有更大的吸引力，而且尽管央企的分配机制并不比外企规范、收入水平也不必然高于外企，但其稳定性和灵活性要超出外资企业，成为越来越多高素质人才理想的就业选择。对于地方政府来说，国有企业的优势还表现在便于沟通、税收实惠、地

---

① 杨丹辉：《全球竞争——FDI 与中国产业国际竞争力》，中国社会科学出版社，2004 年版。
② 王海军：《FDI 与中国二元经济结构演化：一个动态实证分析的考量》，《技术经济与管理研究》，2010 年第 6 期。

方带动效应快等方面。① 随着国有企业和民营企业竞争力不断提升，将与外资展开更为激烈的资源和市场争夺，进而进一步扭转所谓的 FDI 偏好。

"FDI 偏好"弱化并不必然导致跨国公司对部分行业和中国整体市场控制力下降，相反，这一趋势恰恰反映出外商投资企业技术转让、税收和就业贡献的局限性，而这种局限性使得一些外商投资企业难以满足地方政府对外来投资者拉动当地经济增长的诉求。当然，在国有企业改革并不彻底，体制机制仍存在一些沉疴痼疾，而民营企业道德风险未被完全消除的情况下，地方政府由 FDI 偏好转向央企偏好，对中国产业转型升级和可持续发展并不见得就是福音，毕竟其转而追逐央企投资项目的动机仍有很深的制度扭曲背景，包括金融体系扭曲的顽症。

---

① 笔者在对广东、山东等地调研中发现，目前地方地府对投资规模大、利税高国企项目的兴趣甚至超过了外资项目，大型央企成为各地新一轮招商引资的首选。特别是重化工业的国有大项目对地方政府的吸引力很大。

第十九章　全球化、要素流动与中国新型工业化

随着国际分工地位提高和市场竞争加剧，中国工业发展的内部条件和外部环境发生了一系列新的变化。国际金融危机对中国工业特别是工业品出口造成了严重冲击，同时金融危机中也酝酿着全球经济增长模式和国际竞争格局调整的重大机遇。目前，世界经济复苏仍面临诸多不确定因素，金融危机引发的全球经济调整还需时日。全面、深入分析"危机后期"以及"后危机时期"全球要素流动和国际分工的新趋势、新特点，探讨新形势下中国工业参与国际分工的条件和方式，有利于更好地把握机遇，加快推进新型工业化，全面提升中国工业的国际竞争力。

一、全球要素流动与国际分工的新趋势

（一）制造业服务化与产业融合趋势

知识经济发展加快了世界范围内制造业价值链向产业的上游和下游延展，当今制造业价值链的环节覆盖产品的整个生命周期。同时，在网络技术应用和要素跨国流动的共同支撑下，价值链各个环节的可分解性、中间品（或服务）的可贸易性以及要素配置的分散程度不断提高。如史蒂芬·罗奇所言："在越来越多被最终分裂的科技所控制的时代里，可贸易与不可贸易之间的界定线越来越模糊了。"[①]为适应这一发展趋势，更多制造业企业特别是高技术企业广泛参与各种"技术支持"和"信息服务"，使其业务发展呈现出服务化的态势，服务环节在制造业价值链中的地位不断凸显。这种态势主要表现在以下方面：

---

① http://www.theglobalist.com/StoryId.aspx?StoryId=4964.

1. 信息和网络技术成为制造业和服务业的共同技术平台

信息化使得产业边界模糊，产业之间的重叠性强，一些产业本身就跨越制造业和服务业两大部门，这些领域高技术企业的经营范围也涉及制造和服务两大类业务，特别是在软件、网络、新能源等高技术产业中，制造和服务业务逐渐融为一体，相互关联程度很高。同时，制造与服务共用信息与网络技术带动了"柔性制造"的发展。"柔性制造"主要采用计算机辅助设计与制造技术、模糊控制技术、人工智能、专家系统及智能传感技术、人工神经网络技术等技术以及数控机床、计算机、仓储物流等设备，这些技术和设备都离不开信息、自动化、软件、电子商务等先进制造业和生产性服务业的支持。目前，"柔性制造"已成为汽车、服装、钢铁等传统制造业信息化改造和生产方式变革的方向。

众所周知，大规模、流水线生产方式曾经极大地促进了现代大工业的发展，而且至今仍是被广泛采用的生产方式，这种生产方式所产生的规模经济也是制造业盈利的基础和扩张的动力。"柔性制造"虽然在制造技术及生产组织布局等方面有别于流水线生产方式，但它绝不是低效率的倒退。相反，"柔性制造"通过制造技术和服务技术的集成，增强了制造业服务化的趋势，不仅大大降低了人工和存货成本，而且有助于企业实行市场细分化策略，确立合理的产品和市场定位。

2. 制造企业的服务业务需求不断扩大

首先，由于技术更新步伐加快，产品生命周期缩短，产品标准化程度提高，对于很多行业来说，"快速交货"已超乎质量和价格之上，成为决定企业经营绩效的关键因素。在这种情况下，越来越多的企业开展产品的全寿命周期服务，积极推进网络订货、网络销售等新型服务，并通过外包方式，把部分业务分解转包给专业公司。随着制造业服务化趋势增强，许多企业销售额中服务的比重不断提高，服务对公司盈利水平的影响更加显著。

其次，随着工业自动化水平提高，一些大型成套设备的安置、调试、检修、保养等技术支持的工作量大大增加，对设备供应商技术服务的需求随之扩大。同时，客户需求进入"多样化"阶段以后，也要求企业由单一的生产厂商向具有综合工程能力（产品+服务）的经营方式转变。目前，装备制造的各个行业涌现出一批专业和兼业的工程技术服务企业，逐步形成制造业中的服务企业群。这些企业通过专业化服务，深入了解用户对技术和工艺的要求，更加主动、有针对性地开发用户所需要的新工艺、新产品、新装备。另外，一些企业不仅提供与产品有关的各种技术服务，而且其服务还向研发、金融、网络等领域渗透，对产业链上游有市场潜力的研发项目以及产业链终端的销售服务提供信贷支持，这类服务已被发达国家的大汽车厂商广泛应用。

当前，制造业服务化已成为发达国家制造业发展的重要特征，而且这一趋势进入了较为稳定的状态。高技术领域的大跨国公司把服务视为创造新价值的主要来源，其服务的内涵和外延不断变化。在产品价格竞争激烈、利润空间缩小的形势下，强大的服务功能为企业扩大增值空间提供了有效手段。在由制造向服务升级转型方面，IBM无疑是先行者和佼佼者。IBM自20世纪80年代末90年代初就开始重大战略调整，由IT领域的硬件制造加快向系统服务转型。由于准确把握住了制造业服务化的方向，IBM从竞争激烈、利润微薄的PC制造中成功脱身，逐步发展为全球最大的信息技术和业务解决方案提供商。在制造高端服务器的同时，系统集成、解决方案等服务业务为IBM带来了丰厚的利润。2007年，IBM在全球信息服务市场中所占份额达到了25%。2008年，在金融危机影响已开始显现的情况下，IBM仍实现全球营业收入1036亿美元，税前利润达到167亿美元，而这些利润主要来自于IBM的服务部门。惠普、西门子等全球制造巨头同样也在积极升级转型为服务提供商。

3. 产业融合趋势增强

制造业服务化、服务全球化共同推动了世界范围内产业融合化的新趋势。产业融合化是指在知识分解和融合基础上，建立在新技术上的知识产业群以及由新技术实施改造的传统产业，由于技术趋同性增强，使这些产业的边界趋于模糊，产业之间的技术和市场重叠程度增强。产业融合化趋势是高技术应用及其向传统领域扩散的必然结果。一方面，高技术产业发展使产业结构加速分化，形成了核心技术趋同的新兴产业群。高技术具有较强的渗透性和衍生性，这就为高技术产业的延展、分解打下了基础。如随着生物工程技术的创新及其产业化发展，使原有的生物产业分离出生物农业、生物化工、生物材料、生物信息等十余个新兴的产业部门，这些部门的核心知识与核心技术都以生物工程技术为基础，它们彼此之间的产业界限不像传统产业那么明晰，一旦其中的关键领域实现突破，就有可能引领整个产业群的跨越式发展。同时，掌握某一共性技术或专利的企业可以承接来自不同行业的外包业务，服务于多个相关行业或整个产业群。另一方面，产业技术的融合化使原有的以单一知识及其技术作为产业的划分标准受到了挑战，而且技术创新虽然刺激了产业群外延的扩大，但也使产业群内部一些产业的生命周期缩短。为了应对快速变化的产业发展氛围，企业更加专注于核心业务，以提高战略资源的掌控能力。

制造业服务化以及产业融合化不仅带动了全球生产性服务业快速发展，而且全球化和信息化促使世界各国产业结构的关联度大大提高，开放效应日益凸现。同时，这一趋势与我国推进新型工业化提出的"以信息化带动工业化，以工业化促进信息化"的要求非常吻合。在开放效应的带动下，中国工业逐步成为世界产业大系统的重要组成部分。新型工业化发展必然要中国与世界其他国家产业加强分工协作，作为一个开放系统，中国工业将在与其他国家产业的互动中，实现转型升级的目标。

(二) 国际分工深化及方式演变

1. 产品内分工的发展

在科技革命和经济全球化的共同作用下，跨国公司通过直接投资和业务发包实现全球布点。传统意义上以商品贸易为基础的国际分工格局正被打破，国际分工逐步深入到了产品内部。产品内分工是指参与分工的国家与地区根据自身的比较优势和客观条件在一个产品内部的不同生产阶段和价值链层面上展开的国际分工形态。产品内国际分工有三层含义：第一，一个产品在两个或两个以上的国家进行生产；第二，一个国家生产的产品中至少有部分中间产品来自于另一国；第三，一国利用他国提供的中间产品生产的产品中又会有部分或全部用于出口。产品内国际分工所依据比较优势仍主要由要素禀赋构成，而产品内分工应具备的客观条件则是指包括地理因素在内的各种经济、社会条件。[①]

在国际分工的方式由产业间分工向产业内部产品分工和要素分工延伸过程中，呈现出产业间分工、产业内产品分工、产品内分工、要素分工并存的全新模式。其中，产业间分工与产业内产品分工都是建立在要素同质且在地区之间不流动基础上的分工方式，而产品内分工和要素分工则是在资本等要素可流动条件下，基于价值链各环节的分工。在产品内部分工和要素分工方式下，价值链中的每个环节都被配置到最有利于获得竞争优势的区位，国际分工的接点由产品扩展为工序、业务流程或生产要素。"过去几十年国际分工发展的显著特征，在于分工基本层面从行业间、产品间深入到产品内部不同工序、区段、环节和流程，由此带来的国际分工可能的革命性拓展构成当代经济全球化的重要微观基础"。[②]

分工接点增多及其多样化一方面为后起国家参与国际分工提供了更多的机会和选择；另一方面，多数发展中国家的企业在产品内分工体系中仍处在被动地位，往往处于价值链低端的制造或服务环节。如果后起国家不能主动建立有效的学习机制和自主创新体系，将有可能导致其技术成长路线被锁定，落入"跟随式"的发展陷阱。

2. 生产组织方式变革与价值链的全球治理

全球价值链（Global Value Chain，GVC）是指为实现商品或服务而连接生产、销售、回收处理等过程的全球性跨企业网络组织，涉及从原料采集和运输、半成品和成品的生产和销售，直至最终消费和回收处理的整个过程，包括所有参与者和生产销售等活动的组织及其价值、利润分配。当前，散布于全球的、处于全球价值链上的企业进行着从设计、产品开发、生产制造、营销、出售、消费、

---

① 徐康宁、王剑：《要素禀赋、地理因素与新国际分工》，《中国社会科学》，2006 年第 6 期。

② 卢锋：《服务外包的经济学分析：产品内部分工的视角》，北京大学出版社，2007 年版。

售后服务、最后循环利用等各种增值活动。①

Gereffi 首次提出了"价值链"治理的概念，用以描述价值链上的权利分配关系。② Gereffi、Humphrey 和 Sturgeon 根据价值链上主导企业与供应商之间的关系及其分工方式，将全球价值链的治理模式分为五种类型：市场型、模块型、关系型、领导型、层级型（见图 19-1）。③ 基于全球价值链的企业或产品内部分工使企业组织方式发生了重大变化，导致不同全球价值链类型呈现出动态变化的趋势，这主要表现为价值链各环节高度的空间离散化，即片段化（Fragmentation）。20世纪 90 年代中后期以来，为应对日益加剧的国际竞争，跨国公司加快了业务整合和组织结构调整。大跨国公司在建立全球一体化生产体系的过程中，纷纷对传统制造业务实行剥离，并将一些特定的服务环节转包给专业公司，以进一步强化自身的核心竞争力，从而牢牢控制高技术领域的关键技术和创新环节，占据高技术产业国际竞争的制高点。

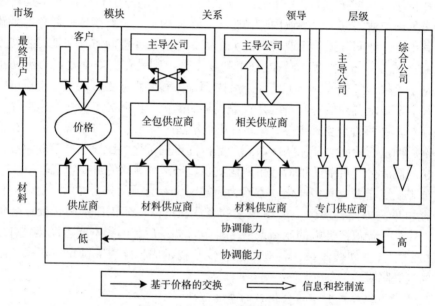

图 19-1 全球价值链的治理模式

资料来源：根据 Gereffi, G., Humphrey, J., Sturgeon, T. The Governance of Global Value Chains, Review of International Political Economy（2003），第 5~11 页内容改制。

① United Nations Industrial Organization. Competing through Innovation and Learning-the Focus of UNIDO's Industrial Development 2002/2003, Vienna, 2002.

② Gereffi, G. International Trade and Industrial Upgrading in the Apparel Commodity Chain, Journal of International Economics, 1999 (48).

③ Gereffi, G., Humphrey, J., Sturgeon, T. The Governance of Global Value Chains, Review of International Political Economy, 2003, 11 (4).

3. 非股权投资与国际生产的新趋势

20 世纪 60~70 年代，在发展中国家的国有化浪潮中，跨国公司广泛采用特许经营、许可证交易、技术合同等非股权投资方式进入发展中国家市场。从严格意义上来讲，非股权安排不属于直接投资范畴。但在发展中国家市场机制发育不完善、政府政策变动频繁的情况下，非股权安排形式多样，应用灵活，风险较小，一般不会因东道国投资环境变动产生大量沉没成本，因而成为当时跨国公司在发展中国家进行经济渗透更为可靠的途径。自 20 世纪 80 年代以来，随着全球投资自由化趋势增强，跨国公司更倾向于通过大规模直接投资方式（FDI）进行全球布点，特许经营和许可证安排等非股权投资方式在国际生产中的地位有所削弱。

然而，这种情况正在发生改变。近年来，跨国公司在操控全球价值链治理的基础上，对国际生产方式的安排更加灵活。一方面，国际金融危机爆发后，跨国公司不仅资金来源受限，而且面临更大的经营风险，业务波动较大，对外直接投资能力下降。为将有限资源集中投入到维护核心业务，降低全球采购成本，跨国公司转而大量采取非股权投资方式安排国际生产。另一方面，技术片段化进一步加深了全球价值链的分解程度，跨国公司有必要运用多样化的方式治理更加分散的国际生产体系。同时，随着越来越多发展中国家企业加入国际分工，这些企业承接合同制造和服务外包的能力和经验不断提升和积累，与跨国公司的供货关系更加稳定，能够为跨国公司提供可靠的外协服务。

国际生产的这一新趋势引起了有关机构和学者的关注。联合国发布的 2011 年度《世界投资报告》就以"非股权的国际生产方式"（No-euity Mode，NEM）为主题，深入分析非股权模式对国际投资和要素流动以及全球价值链分工的影响。该报告指出，2010 年，全球范围内 NEM 产生了 2 万亿美元的销售额[①]，而 NEM 的商业模式也不断创新和多样化。对于全球价值链上任一环节或片段上究竟采取何种国际生产模式，跨国公司需要在直接投资与合同制造、服务外包、合同农业、特许经营、许可证安排、合同管理以及其他合同关系之间进行选择，而其决策通常取决于自身经营战略、成本收益、相关风险以及不同生产模式的可行性。在某些情况下，非股权模式与 FDI 具有替代关系，而在另一些项目中二者有可能是互补的。这种新型国际生产方式无疑更适合当下比较敏感的国际经济形势，其优势主要体现在以下四个方面：一是前期投资少；二是风险小；三是可根据经济周期和需求变化灵活调整；四是可以较低的成本将非核心业务外部化。非股权不

---

① 据《世界投资报告》（2011），这一数据仅包括非股权安排比较多的行业，如汽车业，其非股权制造占全球汽车业出口的 30%，且仅涵盖合同制造、服务外包、特许经营和许可证交易等非股权安排的模式。据估计，2010 年全球非股权模式生产和商业活动产生的实际销售额要远远超过 2 万亿美元。

仅影响跨国公司价值链的全球治理，而且也给发展中国家带来了新的机遇，为发展中国家企业嵌入全球价值链提供了更多的渠道，并为发展中国家创造了工作岗位。据统计，跨国公司非股权采购创造的就业岗位中有 80% 的就业流向了发展中国家和转轨国家，2010 年达到了约 2000 万个。快速发展的非股权安排要求东道国政府对其外资政策做出新的调整，以适应非股权投资的发展。①

尽管全球生产体系中分工方式更加灵活、多样化，但从目前价值链分工的地位来看，全球价值链的推动者仍主要是行业中处于领导地位的大跨国公司，在国际分工新模式中，跨国公司扮演着全球生产和交换的"组织者"的角色。通过构建外围企业网络，大跨国公司与各种类型的供应商之间形成了新型的战略分工关系，包括长期外包合同、战略联盟等。这表明在全球竞争日趋激烈、国际分工不断深化的今天，跨国公司除了掌握传统意义上的核心能力，还需要建立广泛的伙伴关系，只有将拥有不同竞争优势的合作者组合在一起，构建核心能力共享的企业网络，才能长期维持、提升企业的竞争地位和领先优势。

4. 要素禀赋的动态化与一国的国际分工地位

经验研究表明，各国要素禀赋在分工格局演变过程中起到了至关重要的作用。处在国际分工金字塔上层的发达国家具有相对丰裕的资本技术要素和稀缺的劳动力资源，表现在国际贸易流向上，发达国家成为零部件产品的供应方，而劳动要素充裕国则成为制成品的制造和输出方。基于要素禀赋的分工促使发达国家加强劳动密集型生产环节的转移，同时在国内更多地开展资本技术密集型的核心业务，从而使产品内分工体系得以进一步巩固。②

从目前国际分工格局来看，发达国家拥有的先进技术、高素质劳动力等要素在世界范围内仍将在相当长的时期内具有相对稀缺性。随着要素分工的深化，发达国家凭借技术优势以及完善的创新体系，在国际分工格局中掌握着主动，而发展中国家仍主要以低价的劳动或资源要素参与国际分工，致使其对外来资本和技术产生一定的依附性。当然，在当今国际分工方式下，要素禀赋的这种决定作用有别于传统的比较优势原则。在全球化使资本和技术的流动性大大提高的情况下，一国的要素总量和结构并不是静态的，而是处于持续变动之中。发展中国家在承接国际产业转移过程中，可以获得更多的资本支持和技术外溢效应，从而一定程度上改变其固有的要素禀赋结构。即便如此，要素分工方式造成发展中国家所获得的分工利益仍然主要集中在劳动要素的报酬，发展中国家在当今国际分工体系中的劣势地位短期内很难有根本性的改变。

---

① UN："World Investment Report"（2011），xviii-xx.
② 徐康宁、王剑：《要素禀赋、地理因素与新国际分工》，《中国社会科学》，2006 年第 6 期。

（三）新一轮产业升级启动，国际产业转移向纵深发展

发达国家较长时期的"去工业化"发展以及在缺乏有效监管条件下其虚拟经济的过度膨胀被视为导致国际金融危机的重要原因之一。随着经济危机向实体经济不断渗透，发达国家开始重新审视工业部门在财富形成和积累中的重要作用，反思其产业发展和结构调整的目标，美国等发达国家相继提出了"再次工业化"的思路。由于目前绝大多数现有产业已经完成全球产业布局，而且发达国家居高不下的劳动成本使其在传统产业已不具有竞争力，因而，跨国公司不可能把转移出去的生产活动大规模重新收回本土。在这种情况下，发达国家将重振制造业的重点放在了新能源、新材料、航空航天、生物医药等战略性新兴产业，并将掀起新一轮制造业投资和转移的高潮。一方面，这将加剧制造业特别是高技术制造业和战略性新兴产业的国际竞争；另一方面，也将促使国际产业转移继续向纵深发展。

同时，国际金融危机爆发后，全球化进程遇到了一些阻碍，全球贸易与国际直接投资规模出现了阶段性的萎缩。据国际货币基金组织统计，2009 年世界贸易额将下降 11.9%，超过全球经济增长下降的幅度，致使国际贸易发展暂时偏离了贸易增长速度高于经济增长速度的这一长期基本态势。来自联合国贸发会议的数据显示，金融危机极大地抑制了国际资本流动。根据联合国发布的《世界投资报告》，2008 年，国际直接投资（FDI）流入规模为 1.7 万亿美元，同比下降14%。2009 年第一季度，全球 FDI 流入量同比下降 44%，2010 年 FDI 回升至1.24 万亿美元。尽管金融危机使全球贸易与投资遭受重创，但商品和生产要素在全球范围内大规模流动，跨越国界的生产组织已成为世界范围内工业生产的常态，贸易与投资自由化仍是主流方向。全球经济增长模式的调整将刺激新一轮跨国并购，进而带动全球要素流动和配置向纵深发展。此外，制造业服务化以及服务的可贸易性提高使得国际产业转移逐步向软件、信息、金融、保险等服务领域渗透。在服务外包推动下，国际产业转移的领域持续扩大。

改革开放以来，中国工业发展很好地契合了要素全球配置和产业转移的趋势，"中国制造"成为要素全球配置的重要一环。应该看到，现阶段要素的全球配置有一定的局限性。相对于商品和其他生产要素，劳动力在各国之间流动仍存在很多限制和障碍，因而，资源配置全球化并不彻底。在这种情况下，工业生产能力必然大量向中国这样劳动力丰富且成本较低的国家和地区转移，产业梯次转移和国际分工深化的进程仍将持续，中国承接新一轮国际产业转移和参与全球要素分工仍有较大空间。

二、全球经济增长模式与贸易环境的变化：
国际金融危机的影响

2008 年下半年爆发的国际金融危机虽然发端于金融领域，但在危机演化的过程中，世界实体经济受到了严重冲击。总体来看，世界范围内贸易与投资发展以及全球要素配置的长期趋势并未改变，但金融危机对全球增长方式、产业投资方向以及国际竞争格局的影响不容忽视，这些影响在未来一段时间内仍将持续甚至加深，这既给我国新型工业化发展带来了有利机遇，也使我国工业发展面临新的挑战。

（一）世界经济增长模式面临重大调整

1. 全球生产消费模式的调整

过去 20 多年中，在全球化和信息革命共同推动下，发达国家将制造业生产能力大规模向低成本国家和地区转移，中国等发展中国家通过承接国际产业转移，制造业生产和出口能力大幅提高，向发达国家出口了大量价格低廉的工业品，一定程度上刺激了发达国家消费需求的扩张，而发达国家虚拟经济膨胀以及金融过度创新则为当地消费者更多地超前消费廉价进口商品提供了信用支持，需求扩张成为这一时期世界经济增长的重要动力。

国际金融危机爆发后，以资源消耗和需求拉动为支撑的经济增长模式受到了巨大冲击，世界经济增长模式面临新的调整。从生产和投入的角度来看，以减少温室气体排放为核心的可持续发展模式及低碳经济理念被越来越多的国家和地区所接受，工业生产技术和组织方式围绕着节能减排、绿色环保的原则加快创新和优化。再从消费的角度来看，金融危机使发达国家的私人消费出现不同程度的萎缩，家庭储蓄率有所上升。2009 年 11 月，美国家庭储蓄率达到了 4.0%，大大超过了危机前 1%左右的水平。储蓄增长使由信用支持的超前消费受到一定程度的抑制，从而导致短期内总需求对世界经济增长的拉动作用呈现弱化的态势。

世界经济增长模式的调整给我国出口产业的发展带来了压力和挑战，但同时也成为我国加快转变发展方式、由追求出口的低水平、"量"的扩张，转向主要通过内需拉动经济增长的重要契机。为应对国际金融危机，中国政府采取了一系列扩大内需的政策措施，这些政策措施的效果逐步显现。尽管在拉动经济增长的投资、消费、出口三大因素中，以消费为主导的格局尚未形成，中国建立内需型消费社会仍需时日，而且培育新的消费热点也有一定的难度，但随着中国经济增长、居民消费水平进一步提高以及社会保障体系不断完善，在全球经济增长模式调整的促动下，国内需求特别是消费作为经济增长主要动力的作用将不断增强，中国也将逐步进入大众高消费的时代，并由"世界生产者"向"世界消费者"转变，内需型产业将获得更大的发展空间。

2. 全球经济调整的不确定性

尽管金融危机爆发后各国政府采取了种种措施救助银行业和实体经济，但长期失衡的世界经济积重难返。目前，部分国家经济形势好转在很大程度上是其政府投入和政策刺激的结果，而这些政策不仅会增加各国政府的财政赤字，而且其中一些政策如各国普遍实行的超低利率政策本身并不具备可持续性。由于受危机影响的程度不同，各国政策刺激的侧重点存在差别，而经济复苏进程不一则导致各国对经济刺激政策退出的时间表以及未来政策的方向存在明显分歧。更值得关注的是，不论在金融领域还是实体经济部门，导致危机爆发的主要矛盾和制度性障碍并未彻底解决和根除，产能闲置、消费不振以及严峻的就业形势仍在阻碍发达国家经济全面复苏的步伐。这意味着在世界经济复苏过程中将出现一些反复和波动，外需低迷的局面短期内很难根本扭转。进入 2011 年，欧债危机不断发酵，美国就业形势恢复迟缓，日本经济受到强烈冲击，新兴经济体和发展中国家普遍遭受通货膨胀困扰，这一系列不利因素进一步加剧了世界经济运行的不确定性，全球经济存在"二次探底"的风险。

同时，这一轮全球经济调整并不是局部或个别层面的修补或微调，而是需要对全球经济结构及其运行机制做大手术，进行全面、深入调整，世界范围内消费方式、经济增长方式和人类生活方式面临一次全新变革。尽管国际上基本认同低碳经济将成为后危机时代实体经济发展方向的观点，但对新能源等战略性新兴产业的盈利能力能否支撑全球经济新一轮增长、填补虚拟经济泡沫破裂后出现的投资空白等问题，仍有争议，而且目前新能源领域的产业化模式也存在一定的局限性，在很大程度上依靠政府补贴与传统能源竞争，其技术和生产组织方式突变的可能性依然存在。在这种情况下，未来全球经济增长模式调整及结构升级必将是漫长而曲折的过程。

全球经济复苏过程中的反复和波动一方面将直接影响我国外需型产业的恢复发展，出口对工业增长的拉动作用减弱，出口增长方式转变的压力增大；另一方面，随着我国产业转型升级与全球结构变化互动性增强，世界经济增长模式调整的不确定性，也将在一定程度上增加未来我国主导产业选择的难度和盲目性。

（二）全球产业发展迎来新的增长点，低碳经济成为未来国际竞争的重要领域

1. 发达国家加快推进战略新兴产业发展

金融危机促使世界各国在实体经济领域寻找突破和发展，为新的繁荣周期确立核心产业、储备技术实力成为欧美国家加快经济复苏、应对全球经济深度调整的战略重点。发达国家政府纷纷加大财政支持力度，鼓励本国企业产业探求核心技术的新方向，发掘新的经济增长点，以期在新兴领域中占据制高点。

从未来全球经济增长方式演变趋势、技术变革方向以及国际竞争的焦点来看，围绕节能减排、发展低碳经济所形成的产业群将成为下一轮经济周期性增长的支撑点。这种判断基于以下依据：一是传统化石能源的稀缺性日益突出，传统能源供求关系紧张及其价格频繁波动对世界经济稳定运行的危害不断增大。二是通过低能耗、低污染、低排放的技术创新，低碳经济能够催生新的能源技术和新兴产业群。围绕着低碳技术开发及相关产业发展，人类有可能进行新的技术革命和第四次工业革命。三是目前低碳技术及相关产业仍是发达国家的优势领域，发达国家推进这一新兴领域发展和国际协调的主动性很强。金融危机爆发后，发达国家抓住"气候变暖"、"低碳经济"等概念，加强政策刺激和国际协调的力度，"低碳经济"开始由科学家、政治家和非政府组织推动的理念，逐步进入各国产业领域实质性竞争的阶段，预示着低碳技术水平以及低碳经济发展状况将成为未来国家竞争力和产业竞争力的重要体现，与低碳经济相关的战略性新兴产业将吸引更多投资，并将成为新的经济增长点。世界经济在历经工业化、信息化之后，正在走向低碳化。

另外，从技术创新的深度和广度来看，信息技术革命并未终止，新一代网络和信息技术的创新应用将促使信息化与工业化的深度融合，信息技术对工业生产技术和组织方式变革的影响将更为广泛、深入。目前，跨国公司开始推行"智慧地球"等概念，并将相关技术突破作为加快全球生产组织方式变革的重要动力，与信息技术有关的制造业和服务业仍将是世界范围内投资和创新最为活跃的领域之一。

尽管目前我国在低碳经济和新一代网络开发应用等领域尚不具备显著的技术优势，但世界经济新增长点的出现及其衍生，为推动我国新型工业化发展、加快产业结构调整和优化升级确立了更高的战略方向，提供了更多的选择。同时，这些新增长点的出现也将拓展我国产业转型升级的思路，促进我国新型工业化发展方式创新。

2. 发达国家在新兴领域占据先机，中国节能减排以及参与相关国际协调的压力增大

目前，低碳经济的理念及其发展模式主要是由欧美发达国家倡导和推动的，这些国家不仅在技术上具备领先优势，而且其产业化发展时间较长，制度建设比较完善。国际金融危机爆发后，发达国家更是加紧宣传"气候变暖"的危害，着力推动"碳交易"、"碳关税"的全球规则和技术标准，试图在这些新兴领域占得先机，控制国际规则制定的主导权，从而主宰战略性新兴产业的全球治理，为本国产业振兴调整提供新的市场空间。

我国正处在工业化中后期和城市化快速发展的中期阶段，在传统粗放式发展方式的影响下，尽管人均排放水平仍然较低，但我国碳排放总量却呈快速增长的态势，甚至有国际机构认为，中国已经超过了美国，成为全球第一大碳排放国。如果不采取有力的减排措施，到 2050 年，我国的二氧化碳排放量将达到 120 亿吨。[1] 可以预见，未来一段时间，中国在节能减排、发展低碳经济方面将面临越来越大的压力。从国内情况来看，我们既要保持经济平稳较快增长，加快实现工业化和现代化，又要应对资源短缺、环境恶化、自然灾害频发等气候变化带来的严峻挑战，节能环保、实现工业可持续发展的内在要求不断增强。同时，由于现阶段我国不掌握新能源等战略性新兴产业的核心技术，随着各地对多晶硅、太阳能电池板、风能机组等新能源领域投资规模的急剧扩张，我国这些领域的制造环节已经出现了阶段性的产能过剩和出口低价竞争的问题，这有可能导致战略性新兴产业发展走"低水平重复建设"的老路，失去借助战略性新兴产业发展推动节能减排、加快转变发展方式的战略机遇。

再从国际层面来看，目前我国低碳经济等新兴领域的技术水平和产业化发展仍与发达国家有明显差距，一旦由发达国家主宰的"碳交易"和"碳关税"等全球机制确定并运行，将对我国依靠高能耗、高排放、总量扩张的工业品出口增长模式造成重大冲击，进而制约我国工业国际竞争力的提升。同时，随着我国经济实力增强和排放总量扩大，国际上对我国在应对全球气候变化、节能减排全球机制中的角色提出了更高的要求。尽管我国工业化和经济发展与美国、日本、欧盟等主要发达国家并不处于相同的发展阶段，我们也不可能与主要工业国平摊减排责任，但发达国家不断要求我国在全球减排中承担更多的义务，并逐渐形成了一定的国际舆论导向。

面对国内外的种种压力，如何在维护节能减排和产业结构调整自主性的前提下，更好地处理国家利益与全球利益的关系，并以发展中大国的身份，更加积

---

[1] 这一预测值由中国科学院可持续发展战略研究组于 2009 年提出，而一些国际机构的预测值远高于国内机构，如麦肯锡 2009 年预测，到 2030 年中国二氧化碳排放量就将达到 150 亿吨。

极、主动、有效地参与应对全球气候变暖等议题的全球协调与合作，在相关国际规则制定中争取更多的话语权，成为我国能否在世界经济新一轮调整中继续保持工业发展活力、实现转型升级的重要战略要求。如果不能在这一新兴领域掌握核心技术、占据有利位置，即使在金融危机中受到的冲击较小，但在未来国际竞争中，我们仍会在新技术、新产业中陷入落后局面，甚至受制于人。

（三）世界竞争格局的演变：中国国际影响力不断提升

过去 20 余年中，要素全球配置以及"全球化红利"的持续释放创造了新的财富，而这些"全球化红利"不断被更多主体分享，从而在一定程度上改变了全球财富的分配格局。尤其是那些积极参与全球分工并拥有大量低成本、受过一定教育劳动力的新兴市场国家（如中国、印度）以及石油、天然气、矿产品、粮食、饲料等大宗商品的主要生产和出口国（如俄罗斯、澳大利亚、欧佩克国家和拉美一些国家和地区），其在全球财富中的份额有所增加。[1] 近年来，新兴经济国家的快速发展推动了世界经济格局的演变。国际货币基金组织的统计显示，高收入国家和地区在世界 GDP 中所占的比重由 1961 年的 85.3%下降到 2009 年的75.5%，而同期中低收入国家和地区占世界 GDP 的比重则由 14.7%上升为 24.5%，其中，作为新兴经济代表的"金砖国家"（中国、巴西、印度、俄罗斯、南非）在全球 GDP 中的份额由 3.6%提高到 13.3%。国际金融危机的爆发进一步加快了国际竞争格局的调整。金融危机发端于发达国家，对发达国家经济增长造成的危害相对更大，而新兴市场受到的冲击相对较小。2007~2009 年，高收入国家占世界 GDP 的比重下降了 2.0 个百分点，而 1961~1990 年的 30 年中，这一比值的降幅仅为 1.9 个百分点（见表 19-1）。

表 19-1　1961~2009 年世界经济总量的构成

占世界经济总量的比重（%）	1961 年	1970 年	1980 年	1990 年	2000 年	2005 年	2006 年	2007 年	2008 年	2009 年
高收入国家和地区	85.3	85.0	83.3	83.4	81.8	79.3	78.5	77.5	76.6	75.5
中低收入国家和地区	14.7	14.5	16.7	16.6	18.2	20.7	21.5	22.5	23.4	24.5
中国、印度、巴西、俄罗斯、南非五国	3.6	3.9	4.9	7.1	8.4	10.4	10.9	11.7	12.3	13.3

资料来源：www.ifm.org.

再从增长趋势来看，新兴经济体凭借着更具活力的经济体系，成为全球经济增长和复苏中的重要力量，表现为新兴经济体对世界经济增长的贡献增大，发达国家对世界经济增长的贡献相对弱化。高收入国家对世界经济增长的贡献率由

---

① 王庆：《"全球化红利"终结》，《财经》，2008 年第 6 期。

1961 年的 92.4%大幅下降到 2007 年金融危机爆发前的 53.1%，危机影响最严重的 2009 年，高收入国家的贡献率更是跌至-133.1%，而"金砖国家"对世界经济增长的贡献率则由 1961 年的-1.3%上升为 2007 年的 30.5%，到 2008 年进一步升至 52.1%。另据 IMF 预测，2009~2012 年，新兴市场和发展中国家的经济和贸易增长速度均较大幅度超过发达国家（见表 19-2）。这意味着，长期以来由发达国家引领全球经济增长的局面正逐步被打破，新兴经济体的力量进一步显现。

表 19-2　世界经济和国际贸易增长的预测

单位：%

年份	2009	2010	2011	2012
世界经济增长（按市场汇率计算）	-2.1	3.9	3.5	3.6
世界贸易总量（货物和服务）	-10.7	12	7.1	6.8
进口				
发达经济体	-12.4	11.1	5.5	5.2
新兴和发展中经济体	-8	13.8	9.3	9.2
出口				
发达经济体	-11.9	11.4	6.2	5.8
新兴和发展中经济体	-7.5	12.8	9.2	8.8

资料来源：www.ifm.org.

在相对平稳且效果显著的制度变革进程中，中国经济发展的独特模式赢得了国际社会的广泛关注和普遍认可。尽管中国经济和社会发展仍面临着一些深层次的矛盾和问题，而且在国际金融危机冲击下，中国经济增长也遇到了前所未有的困难，但与美国、日本和欧盟等世界主要经济体相比，在政府及时有效的经济刺激计划作用下，中国经济不仅未陷入严重衰退，而且还在全球经济复苏过程中，扮演着更为积极和重要的角色。从法国、德国等与中国在制造业有着较为紧密的分工和贸易关系的国家（地区）的经济复苏情况来看，中国加大基础设施建设和产业调整振兴等措施，开始在更大范围内产生积极影响，对世界经济复苏具有重要的拉动作用。金融危机爆发之后，中国的经济表现无疑令西方世界对中国更加刮目相看。如果说在 1997 年亚洲金融危机中，中国的作用仍局限在地区层面，那么，在这一轮危机引发的国际关系格局调整中，中国的影响力将超越亚洲，并对全球经济复苏发挥积极的作用。尽管世界仍有人质疑中国经济增长及其发展模式的可持续性，但应对危机的能力和成效进一步提升了中国的影响力。日益增强的国家实力和国际影响力，将使中国在未来的全球竞争和国际经济协调中获得更多话语权，从而为中国工业发展营造更有利的外部环境，并为产业转型升级提供强有力的支持。

（四）国际贸易环境的变化：全球贸易保护主义加剧

全球需求下滑使国际贸易成为金融危机中的重灾区。迫于日益加剧的国内就业压力以及政府援助计划支出的要求，美国、法国等发达国家相继发出了明确的保护主义信号，印度、巴西、俄罗斯等新兴经济国家的贸易政策也出现了收紧的动向。尽管欧盟、20国集团（G20）等组织在危机爆发后频繁接触，协调成员国的立场，并明确表示反对任何形式的保护主义，但贸易保护主义和经济利己主义仍然呈泛滥之势。据 WTO 测算，2009 年全球发起反倾销数量达 437 起，是历史上世界发起反倾销数量最多的一年。其他贸易保护措施主要包括提高关税、贸易禁令、出口补贴以及多种形式的非关税贸易壁垒。发达国家的保护措施主要采取补贴方式，而发展中国家则更多采取提高关税等传统保护工具，而且很多保护手段比以往更直接、力度更大。从历史经验来看，经济危机往往会导致各国贸易政策转向，人们对 20 世纪 30 年代"大萧条"引发的贸易保护主义记忆犹新。尽管在 WTO 框架下，各国已经形成了协调贸易立场的多边机制，这有可能减轻保护主义对世界贸易体系的损害，但目前贸易保护主义风潮并未随着全球经济艰难复苏而有所减退，从各种数据和历史经验来看，这股强劲的保护态势还将持续蔓延一段时间。英国贸易问题研究机构（GTA）统计的数据显示，2009 年全球歧视性贸易法案的数量远远超过自由贸易法案，呈 6∶1 的一边倒态势。各国政府以每季度 60 项的速度推出贸易保护措施，全球逾 90% 的贸易商品在不同程度上受到贸易保护措施的影响。

在金融危机催生的贸易保护主义中，"中国制造"成为最大受害者。进入2009 年，美国、欧盟、印度、巴西等国家和地区对中国出口产品发起了前所未有、高度密集的贸易救济。同时，我国出口刺激和拉动产业的政策也一再为美国等国家所指责。从轮胎特保案到无缝钢的反倾销和反补贴税调查，美国对中国的贸易制裁明显升温。2009 年 11 月 24 日美国商务部做出终裁，以中国油井管存在补贴为由，将对相关产品实施 10.36%~15.78% 的反补贴关税制裁。该案涉及金额约 27 亿美元，是迄今为止美国对华贸易制裁的最大一起案件。2011 年 11 月，美国又对中国光伏企业发起"双反"（反补贴、反倾销）调查，这是美国首次针对中国新能源产品实施贸易保护措施，双方贸易摩擦开始向战略性新兴产业渗透。上述贸易摩擦使中美贸易关系紧张，由此在全球引发的贸易保护示范作用给中国工业品出口构成严重威胁。据商务部统计，2009 年 1~8 月，共有 17 个国家（地区）对中国发起 79 起贸易救济调查，涉案总额约 100.35 亿美元，同比分别增长 16.2% 和 121.2%，而 2008 年 11 月至 2009 年 11 月，全球贸易保护措施的1/3 都指向中国出口产品。贸易保护主义加剧使我国出口面临更多的贸易壁垒，一些进口商甚至以"出口退税提高"为借口给我国出口企业施压，要求降低价格，致使出口企业的利润被进一步挤压，直接威胁到中国工业品出口的恢复增长，我国出口企业遭遇了严重的经营困境，并对其关联产业的发展造成不利影响。

目前，保护主义开始向贸易之外的其他领域蔓延。各国出台的行业救援计划、限制资本外流及雇用外国劳工等政策措施，均不同程度地带有保护色彩，并导致全球就业市场上出现了"排外风潮"。2009 年 10 月，联合国国际劳工组织（ILO）发布了国际金融危机对外派劳务市场影响的报告。报告指出，受危机影响，各国失业人数持续增加，发达国家就业形势持续恶化。为保护本国市场，西欧、北美等部分国家和地区相继推出限制外籍工人在本国就业的政策，韩国、俄罗斯、印度也加入到国际劳工市场的"排外风"中，使中国、菲律宾等国家和地区的劳务输出受到了抑制。如近些年大量吸纳外籍劳工的英国，工会组织提出了把"英国人的工作还给英国人"的口号；宝马、西门子等德国公司已着手裁掉外籍员工；意大利劳工部出台新的限制劳工移民政策；美国参议院 2009 年 2 月通过议案，要求接受政府救助的银行等金融机构在招聘时，首先考虑美国国籍的申请者，而外国雇员不得超过总员工的 15%，并禁止让持有 H-1B 临时工作签证的外国人取代美国人的工作；而仅 2009 年上半年，俄罗斯已驱逐 6000 多名外国人，这一数目是 2008 年同期的 155%。

日益严峻的外部环境使中国工业发展面临巨大挑战。随着中国经济日益融入全球经济体系，中国工业与发达国家已经形成了较为紧密的分工和依赖关系，外部因素对中国工业增长的影响进一步凸显。中国经济的崛起对全球利益格局的冲击在所难免。目前，贸易摩擦已经演变为中国工业品出口面临的常态贸易环境，而且贸易领域的争端开始向汇率、金融体制等宏观层面渗透，并导致"中国威胁论"泛滥。这种利益对立无疑不利于我国制造业的长期、稳定和可持续发展，并增加了我国经济运行风险和国际协调的难度。

（五）全球资源领域竞争加剧，中国能源、原材料供应关系趋紧

近年来，国际市场上石油、粮食、棉花、食用油、铁矿石、有色金属等大宗商品的价格持续波动，世界各国特别是以"金砖国家"为代表的新兴经济体对初级产品出现强劲需求（见表 19-3）。尽管国际金融危机拉低了总需求，使国际初级产品价格出现了短暂回调，同时，各国政府能源和环境政策的变革也将对国际市场的供求关系产生重大影响，有可能降低对化石能源的依赖程度，但从长远来看，全球能源和初级产品市场将长期处于供给偏紧的状态。

在需求保持刚性的情况下，日益脆弱的供给体系将使资源性产品的国际市场价格继续走高，地区安全、自然灾害等因素则将进一步抬高全球初级产品的供给成本，使未来资源性产品的供给弹性缩小。为应对传统能源价格攀升，在各国政府扶持政策的激励下，全球将掀起新能源和可再生能源开发利用的高潮。然而，

表 19-3　全球及新兴市场资源商品需求的增长情况

	2002~2008 年平均增长率（%）		市场份额（%）		
	新兴市场	全球	1993 年	2002 年	2008 年
石油	24.8	10.8	43.1	45.8	51.8
铝	88.8	48.4	32.4	42.8	59.2
铜	53.0	21.4	35.2	49.3	61.7
小麦	7.7	7.8	76.9	70.5	70.7

资料来源：IMF. World Economic Outlook, 2009（10）.

一个不可忽视的事实是，在现有技术条件和产业发展模式下，新能源和可再生能源的开发利用仍大量倚重不可再生的资源，如多晶硅、稀土、水资源等，从而必将带动这些要素及其上游产品价格的上升。根据初级产品的供求规律，国际市场能源和初级产品价格的波动虽然具有一定的周期性特征，而且也不排除重大技术突破对资源性产品产生的替代效应以及资源利用效率的显著提高，但总体来看，资源性产品不可再生的特点决定了其稀缺性将长期存在，未来资源性产品的价格将呈螺旋式上升趋势，并将在高位持续频繁波动。

能源和资源性产品价格走高一方面将刺激世界范围内新能源、新技术的开发应用，迫使更多国家和地区加快转变发展方式和消费模式；另一方面，对于发展中国家来说，食品和能源价格大幅攀升将部分抵消其经济快速增长带来的福利，加剧其宏观调控和社会保障的难度。经济增长和加速工业化、城市化造成能源、原材料需求膨胀与初级产品价格上涨、供求关系波动之间矛盾，给我国未来产业转型升级带来了更大的压力。另外，高价位、频繁波动的能源和初级产品价格也将进一步加剧相关领域的国际竞争，新兴经济体对分享世界资源提出了更多的要求，不断加大海外资源的开拓力度，对国际资源市场的原有供求格局造成一定的冲击，而这一领域矛盾的激化将直接危及我国能源保障和产业安全。

（六）全球资产价格调整，为中国企业加快国际化发展创造了有利条件

国际金融危机爆发后，一些国家的采掘、汽车、钢铁、机械制造、化工等行业遭受重创，部分企业陷入严重的经营困境，相继破产或走到了破产的边缘，其资产价格大幅缩水，重组愿望十分迫切。其中一些企业仍拥有技术、品牌、营销渠道等优质资产，并在研发、管理、人才储备等方面有优势，这为我国企业开展跨国并购、加快"走出去"的步伐、提高国际化经营水平提供了有利的契机。

从人均 GDP 水平来看，我国已经开始由单纯吸收外资流入进入资本双向流动的阶段，国内企业境外投资的条件日趋成熟。一方面，纺织、服装等劳动密集型行业以及家电、通信设备制造等技术密集型行业，我国已形成了一定的国际竞

争力，境外投资设厂可以绕过贸易壁垒、降低出口成本、减少贸易摩擦，拓展国际市场；另一方面，随着我国能源、原材料进口规模不断扩大，迫切需要直接参与海外资源开发。

近年来，我国企业国际化进程明显提速，跨国并购、建立海外市场战略联盟等国际化活动日益频繁，并成为中国企业在国际市场拓展竞争优势、获取关键竞争性资产的重要战略。随着中国企业国际竞争力不断提高，企业国际化发展将进一步加快，参与全球资产整合的方式更加多元化。金融危机导致全球资产价格下降为我国企业获取优质资产、提高国际竞争力带来了难得的机遇，但这种机遇稍纵即逝。随着全球经济回暖，跨国并购活动很快会由低潮转为活跃，全球资产也将逐步回归合理价位。这对我国企业的决策能力和效率提出了更高的要求，并将促使我国企业创新海外并购方式，充分利用我国外汇储备丰厚和人民币升值的条件，与国外投资机构开展多种形式的合作，收购价格缩水、有市场前景、掌握创新资源和先进技术的海外资产，提高海外并购的成功率，推动中国企业成功"走出去"。

三、全球化与中国工业参与国际分工的方式

（一）后发优势、学习机会与分工收益

改革开放以来，中国工业化发展很好地契合了要素配置全球的新趋势，使中国的比较优势与后发优势在开放条件下得以较为充分地释放。在过去相当长的时期内，中国的比较优势主要体现在低成本劳动力和自然资源等方面。经过 30 余年的开放发展，中国的要素总量和结构处于不断调整变化之中，原有的比较优势正在发生改变，主要表现为：一是经济高速持续增长大大促进了国内积累，原本相对稀缺的资金和技术等要素的供给状况明显改善；二是随着劳动力受教育水平提高，中国劳动力供给结构不断升级，劳动力成本上升，传统劳动密集型产业吸纳就业的能力减弱；三是在快速、大规模工业化的条件下，原本相对充裕的土地、能源和矿产资源等要素供求矛盾日益突出，资源短缺与环境污染成为今后中国新型工业化发展的主要瓶颈；四是与改革开放初期相比，体制改革和制度创新所激发出的要素转移效应有所弱化，生产要素由农业部门转向非农部门带动要素产出能力提高的作用，即国内"通过要素产业间转移提高资源使用效率的空间在

减少"。①

从现阶段要素禀赋条件来看，中国的比较优势面临着调整，而要想使我们的比较优势获得动态化、可持续的升级，则必须在进一步扩大对外开放中，更好地发挥后发优势，充分利用全球资源配置中蕴含的学习和赶超机会，而这些学习和模仿机会源自世界范围内的创新资源和制度建设，是人类共同的财富和积累。

众所周知，商品和服务的国际交换总是伴随着知识传播和技术转移，而在贸易过程中产生的学习和模仿则是知识扩散的重要方式，后起国家和地区通过学习和模仿能够改善自身的交换条件。G.M.格罗斯曼和E.赫尔普曼的研究发现，国际交流渠道的开放加快了各国技术创新和经济增长。原因在于：在开放条件下，任何一国的研发活动都为世界知识存量做出贡献，而这种开放的创新积累效果要高出处于封闭状态的各国本地知识存量的加总。同时，技术信息在国际溢出过程中能够产生共用的"知识资本库"，从而使全球的创新者和模仿者获得更高的技术能力，即"一国参与国际经济所能得到的最重要的好处可能就是，经济一体化使得一国能够有机会接触整个世界已有的知识基础。在世界市场上做生意的国家无一例外地总会见识到各式各样的创新产品以及生产其他产品的新奇的生产技术……在商业往来中建立起来的联系对于知识和观念的国际传播来说作用更为重要。至少，一国参与国际市场能够大大加速该国获取外国知识"。②

毋庸置疑，借助后发优势，通过参与全球分工体系，中国在新型工业化发展中可以获得更多的分工收益。首先，全球化为知识的传播和扩散提供了便利，刺激跨国公司技术转移。同时，随着更多的创新第三方加入全球知识体系，中国获取创新成果的渠道增多，范围扩大，从而加快知识积累。其次，作为后起国家，一方面，中国分享了国际分工和全球要素配置中形成的学习机会；另一方面，中国工业快速成长也产生了一定的竞争效应，并通过国际贸易，提高全球创新的效率。最后，经济一体化进程直接带动了全球市场规模的扩大，这有助于高度开放的中国工业实现规模效应，中国的工业大国优势将进一步得以强化。

（二）中国在全球价值链分工中的地位及参与方式的变化

中国通过大规模承接国际产业转移，工业领域吸收了大量外资。随着出口总量增长和工业体系的不断完善，近年来，在国家加强自主创新政策导向的引领下，我国在装备制造、电子信息、资源综合开发利用等领域涌现了一批达到国际先进水平的自主创新成果，并在技术创新和规模扩张的共同带动下，逐步向价值

---

① 江小涓：《中国开放30年：增长、结构与体制变迁》，人民出版社，2008年版。

② ［美］G.M.格罗斯曼、E.赫尔普曼：《全球经济中的创新与增长》，人民大学出版社，2005年版。

链附加值更高、战略地位更重要的环节攀升，从而使"中国制造"在全球价值链的参与度不断加深。尽管中国不少产业仍处在全球价值链的低附加值环节，但中国在世界分工体系中的角色已经发生了变化。中国正在由全球化的被动接受者向全球化的推动者转化，"中国制造"成为要素全球配置的重要一环。

　　然而，全球价值链毕竟不同于一国的国内价值链。由于要素在一国国内流动更为顺畅，国内产业价值链上不同环节的资本回报率和工资水平差异相对较小，因而，从价值链各环节的附加值来看，国内产业价值链较为平缓。相比之下，在要素特别是劳动力跨国流动仍存在障碍的条件下，全球价值链则表现为一条更为凹陷的"U"形曲线。在全球价值链上，劳动密集型加工组装环节的收益和附加值比国内产业价值链同类环节还要低。同时，过去30余年中，制造业"两头在外"的外向型发展模式不仅造成中国装备工业缺乏国内需求的有效支撑，而且在一定程度上抑制了国内生产性服务业的发展。尽管中国在装备制造、电子信息、资源综合开发利用等领域具备了一定的国际竞争力，但在这些领域，发达国家并不会轻易放弃其优势，而将在技术升级、产品创新等方面与我国展开更为激烈的竞争。总体来看，由于我国工业技术水平、生产方式和组织结构长期落后于发达国家，目前，在全球价值链分工体系中，我国处于中低端环节的产业和产品居多，产品附加值低、劳动生产率低、资源消耗高、环境成本高的工业发展模式仍占据主导。另外，自20世纪80年代以来，利用外资过程中采取了"市场换技术"的方针，导致我国部分高技术产业发展对外部技术产生了一定的依赖，一些企业长期被"锁定"在低水平的加工环节，削弱了其升级发展自主性。

　　另一个值得关注的问题是，中国传统优势领域面临的国际竞争呈加剧之势。随着各国对外开放水平的提高，越来越多的发展中国家采取鼓励外资进入的政策，加快工业化发展。在全球价值链分工体系中，劳动密集型产业以及高技术行业中低端制造环节的国际竞争日趋激烈。尽管我国在工业体系、基础设施、国内市场等方面仍有较大优势，但在土地供应、劳动力成本、政策优惠等方面，中国传统制造业的优势正逐步弱化，印度、越南、土耳其、罗马尼亚等国家和地区对中国低技能产品出口已经形成了一定的竞争压力。对于中国这样一个劳动力丰富的人口大国来说，迄今为止，工业化道路远未走完，仍有大量农业人口未能充分享受工业化发展的成果。传统劳动密集型产业仍是保持我国工业稳定增长的基础和提供就业岗位的重要部门，也是我国应长期发展的产业，新型工业化在很大程度上也需要新型劳动密集型产业的发展。但从世界范围内劳动密集型产业的竞争态势来看，我国传统产业同样面临着巩固提升优势、加快调整升级的挑战。

四、开放条件下的中国新型工业化：
战略思路与政策建议

30 余年对外开放的实践表明，我国工业国际竞争力的提高是在开放条件下实现的，对外开放是工业增长、竞争力提升最重要的助推力之一。作为我国一项长期基本国策，对外开放既符合我国经济发展的客观要求，也顺应了经济全球化条件下国际分工深化、国际竞争加剧、国际经济合作日益紧密的历史潮流。在中国经济加速与国际接轨的进程中，全球化和外部因素对中国经济的影响日渐显现，使中国对外开放和工业发展呈现出一系列新特征：一是跨国公司大规模进入使资源的全球配置程度不断提高；二是中国对外开放从自主选择的局部开放转向国际选择的全面开放；三是国内政策与国际规则共同作用于经济发展。尽管中国在融入世界的过程中还会遇到一些波折甚至是各种敌对势力的严重干扰，但与改革开放初期相比，外部环境已经发生了实质性的变化，可以肯定的是：当今世界已没有哪个国家和国际组织能够切断中国融入世界的步伐以及世界接纳中国的历史进程。

在未来相当长的时期内，中国工业仍具有巨大的市场需求和发展空间，工业生产仍将是中国经济增长的根本动力。从改革开放的实践经验来看，新型工业化发展必将在更高层次的对外开放中实现。这既是中国工业全面融入国际分工体系的必由之路，也是应对全球化的理性选择。面对国际环境和国内形势的变化，特别是国际金融危机带来的冲击和蕴含的机遇，应深入思考开放条件下中国新型工业化的发展道路，树立旨在协调内需与外需、维护公平竞争、促进互利共赢的指导思想，积极探索对外开放的新模式，拓宽对外开放领域，提高对外开放的整体水平，从而满足新型工业化发展的开放政策需求。

为此，应把握全球化条件下中国工业开放发展的规律，采取以下措施，建立完善全面参与全球经济、更加开放、更具竞争力的工业发展体系，实现中国工业可持续发展。

1. 逐步确立对外贸易均衡发展的政策目标，完善对外贸易管理体制

随着我国贸易顺差存量以及外汇储备增加，我国贸易政策的目标应由单纯追求出口规模扩大和贸易盈余增加，转变为优化对外贸易结构与效益，并由现行的非均衡发展逐步向均衡发展过渡。这不仅有利于增加国内消费者福利，而且还可以一定程度上减轻外部经济压力，缓和与主要贸易伙伴的摩擦。要实现对外贸易集约、均衡发展，仅对现行贸易政策进出口体制做局部或临时性的修补是远远不够的，而必须对我国的进出口制度进行全面整合，构建与 WTO 规则相吻合的新

型外贸体制，以适应经济全球化时代国际竞争发展的新形势。

为此，应着眼于形成动态比较优势和提高产业国际竞争力，在 WTO 规则下，实施有管理的贸易自由化战略，将低调合理的产业保护、灵活规范的进口限制、温和切实的出口鼓励政策以及及时适度的贸易救济相结合，综合运用 WTO 允许的关税、反倾销与反补贴、保障机制、政府采购、合理补贴、国内竞争法规等一系列政策手段，使我国贸易制度的总体定位趋向中性化，具体政策手段趋向弹性化、柔性化，从而带动产业成长和竞争力提升。

2. 加强自主创新，促进出口结构进一步优化

从全球产业技术发展的新趋势来看，一方面，新能源、新材料等新兴产业的战略地位显著提升，开始进入实质性竞争阶段；另一方面，传统技术密集行业的产业链条较长，产业内部分工的全球化程度较高，其全球价值链的分解不断深化。现阶段，中国战略性新兴产业尚未形成优势，而传统技术密集型产业主要还处在产业价值链的劳动密集环节，虽已形成出口规模和一定的价格优势，但并未掌控产业的技术主导权和高附加值环节，很多机电产品和高技术产品不具备自主品牌和自主技术。从长远来看，无论是战略性新兴产业，还是传统技术密集型产业，竞争力提升的关键要依靠强大的自主创新能力，掌握产业发展的核心技术。在研发创新活动日益全球化的条件下，中国应实行开放、集成的创新模式，充分利用科技要素全球流动的机遇，有效吸纳、利用、整合国际创新资源，逐步增强引进消化吸收再创新能力和系统集成创新能力。

为此，一是国家应加大基础研发和战略性新兴产业的投入，实施国家重大创新工程，并采取扶持措施，鼓励各类资本进入新能源、新材料、航空航天、节能环保、生物工程等战略性新兴产业，在这些领域尽快形成自主技术和产业化发展能力。二是支持企业自主技术创新和自主品牌培育，改进完善技术标准体系。同时，综合运用出口退税、进出口信贷、信用担保等政策工具，在 WTO 允许的范围内，加大对自主创新产品出口的政策和资金支持力度。三是加快推进服务业的全面开放，大力发展生产性服务业和服务贸易，发掘对外贸易新的增长点，增加与全球价值链的接点，巩固提升中国在国际分工体系中的地位，为工业提供更大的发展空间。

3. 积极推进外向型产业向中西部的有序转移

20 世纪 90 年代末以来，国家为平衡对外开放的地区格局做出了种种积极努力，也取得了一定的成效，但并未从根本上扭转对外开放的地区性矛盾。诚然，我国中西部地区的自然条件和地理位置决定了其在对外开放中处于劣势，但这些先天性的区位劣势恰恰需要有效的政策弥补。国家应完善促进西部大开发、中部崛起、振兴东北等老工业基地以及各项区域开发战略的配套政策体系，从而进一步拓展我国对外开放的空间，协调地区之间的对外开放进程，缩小对外开放成果

分配的差距，缓解新型工业化发展中的地区不平衡矛盾。

同时，近年来，人民币升值、劳动力成本上升、土地资源紧张等因素严重制约了东部地区外向型工业，特别是劳动密集型出口产业的发展。针对区位条件的变化，一些地方政府也采取了"腾笼换鸟"等措施，加快产业跨省以及省内各地区之间的转移。国际金融危机一方面使劳动密集型出口产业在东部沿海的生存发展条件进一步恶化，产业转移的压力明显增大；另一方面，大量农民工返乡为中西部承接东部地区产业转移创造了条件。应该看到，传统劳动密集型产业仍是保持中国工业稳定增长的基础和提供就业岗位的重要部门，是我国在新型工业化中应长期发展的产业。通过有序的产业转移，我国传统产业仍将会在扩大出口和就业等方面发挥积极作用。因此，在产业转移过程中，首先，要总结东部对外开放的经验教训，因地制宜，有的放矢，激发地方政策制度创新的积极性和主动性，扫除要素跨地区流动的障碍。综合分析中西部地区的区位优势和劣势，结合产业发展和转移的规律，确定合理的转移半径和投资模式。其次，产业向中西部转移要与创新利用外资方式紧密结合起来，改变单纯以优惠条件吸引外资的指导思想，为外资企业、民营企业提供公平的进入条件和竞争环境。最后，东部地区应抓住产业转移的机遇，利用产业转移置换出来的发展空间，在积极培育本土新兴产业和市场主体的同时，创造条件，承接战略性新兴产业、现代服务业等高层级的国际产业转移，实现产业有序升级，避免产业空心化以及由此引发的地方经济停滞。此外，要继续采取法律和行政手段，严控高耗能、高污染的加工贸易项目，控制低水平的项目向中西部地区转移，防止中西部地区出口产业发展重复东部"低水平、量的扩展"的老路。

4. 促进中国企业对外投资，实现资本双向流动

目前，我国已进入资本双向流动阶段，利用外资处于平稳发展的态势。无论从新型工业化发展的现实需要还是从政策的连续性、稳定性出发，我国都有必要继续积极利用外资，但应将提高利用外资的质量作为首要目标，顺应国际直接投资方式的变化，继续优化环境，改善利用外资的结构。加强对外资并购的监管，规范外资并购活动，引导外资并购向优化企业治理结构、促进产业升级的方向发展。鼓励国内企业与外资开展多种形式的联合开发，在合作中改善创新机制，提升国内企业创新能力。同时，国家应完善《反垄断法》、《反不正当竞争法》和《并购法》，加强《商标法》、《专利法》、《知识产权保护法》的执法力度，维护外商投资的合法权益，有效遏止跨国公司在中国的违规并购和不正当竞争活动，督促跨国公司实践其应尽的社会责任。

尽管我国境外投资规模迅速扩大，但我国企业的国际化经营仍处于起步阶段，对外投资存在诸多的风险和障碍。近年来，国家出台了一系列鼓励企业走出去的政策措施，但在宏观层面上，特别是利用外交手段为中国企业铺路方面，政

府的一些做法还缺乏针对性和灵活性。在境外投资项目管理方面，重审批，轻服务和监管，主管部门的事后监管普遍缺位。针对国际金融危机后世界经济调整深化的有利时机，有关部门要充分利用经济、政治和外交手段，为中国企业海外发展营造良好的外部环境，帮助企业预判和扫除国际关系中的不确定因素，加快促进资本双向流动，全面提升国内企业的国际竞争力及其在国际产业转移中的地位，增强中国企业的国际竞争优势。为此，一要加快制造业"走出去"的步伐，促进市场多元化，提高自主品牌的影响力，减少贸易摩擦。二要鼓励资源类企业建立海外生产和供应基地，提高资源供应保障能力，降低资源使用成本。三要鼓励有条件的企业参与全球资源和价值链的整合，加快培育具有国际影响力和真正意义上的中国跨国公司。四要创新海外并购方式，有实力的国内企业和投资机构应充分利用我国外汇储备丰厚和人民币升值的条件，创新投资方式，与国外私募基金、投资银行等投资机构开展多种形式的合作，提高海外并购的成功率，增强企业资本运作能力。

5. 积极稳步推进人民币国际化进程

目前，中国金融领域的市场化程度以及对外开放程度相对滞后于贸易、投资等领域。随着中国贸易规模扩大和综合国力的增强，人民币需要在国际货币体系中获得与之相对应的地位。国际金融危机爆发后，以美元主导的现行国际货币体系暴露出诸多矛盾。在这种情况下，人民币国际化是大势所趋，金融危机也将成为加快人民币国际化的催化剂。人民币国际化不仅在微观上将减弱我国企业和居民的汇率风险，降低交易成本，而且在宏观上，有利于提高我国宏观调控能力，提升我国的国际地位和影响力。为此，应加快国有金融机构改革，促进各种类型金融机构之间开展有效竞争，提高金融机构特别是国有商业银行自我发展、抵御风险的能力。进一步完善金融监管机制，加强风险预警和控制，建立高效、稳健的监管体系。确立人民币汇率制度调整的短期、中期和长期目标，逐步增强汇率制度的弹性。提高国际收支管理能力，通过货币互换协议等方式，逐步扩大人民币的有效流通范围。人民币的国际化不仅是未来对外开放和金融改革的重点领域，而且也对中国宏观调控能力和金融体系的稳定提出了更高的要求。但即使面临诸多困难与挑战，人民币国际化应始终坚持清晰、稳健的战略。要采取积极而审慎的态度，兼顾政策的自主性与开放性，既要考虑到自身的发展目标和承受能力，又要充分了解国际上方方面面对中国的要求与期望。在顶住各种不合理压力的同时，广泛吸纳有益的建议和经验，少走弯路，尽量减少人民币国际化带来的震荡与冲击。

6. 完善预警机制，有效防范对外开放的风险

中国经济在走向高度开放过程中，更多地分享了全球化的利益，而并未引发剧烈的经济社会震荡，这无疑创造了人类开放的奇迹。然而，中国对外开放的初

始条件已经发生了根本性变化，开放的制度效应有所减弱，与全球经济体系日益紧密的联系也为经济发展带来了更多的风险。这些风险存在于宏观经济运行、金融体系、资源利用、产业安全、贸易争端、海外并购、市场规范等各个方面。国际金融危机爆发使我们更清楚地看到了经济全球化的破坏性一面，促使我们加强预警和监管。在全面分析判断对外开放面临的各类风险基础上，要逐步建立完善既相对独立又开放兼容、层次分明、操作性强的预警机制。同时，坚持深化改革，集中解决国有企业、产业进入和退出机制、公司治理等工业领域的改革难点，提高中国工业抵御外部风险的整体能力。

7. 全面参与国际经济协调

综合国力增强以及国际分工角色的转变对我国处理国际经济关系提出了更高的要求，金融危机后全球经济增长模式和国际竞争战略重点的变化也使中国参与国际经济协调的重要性进一步凸显。为此，应明确开放条件下国家利益的战略层次以及参与国际经济协调的次序。从长远来看，中国参与国际经济协调应以区域关系为战略重点，在亚太地区国际经济合作中充分发挥大国的作用，并以渐进的方式，争取成为国际规则的制定者和国际协调机制的核心成员，打造发展中大国积极、负责任和建设性的形象。近期，国际经济协调的主要任务则是围绕着应对国际金融危机，应与相关国家及国际组织保持密切接触，协调彼此的立场，积极主动参与经济救助的全球行动，共同抵制贸易保护主义。同时，本着"共同但有区别责任"的原则，积极参与应对气候变化、节能减排等重大国际协调活动，推动"绿色经济"全球合作机制的建立和完善。

另外，国际金融危机也暴露出了现行多边贸易体制的局限性，推进双边自由贸易安排的现实意义进一步凸显。为此，应及时调整 FTA 战略和谈判次序，为海外资源收储和开拓新兴市场创造条件。从目前的进展状况来看，东亚及泛太平洋地区的区域经济合作具有显著的多元性和广泛性特征，合作格局复杂，话语权和主导权的争夺十分激烈，这种复杂局面随着美国力推 TPP 而变得更加难以掌控。面对复杂多变的区域经济一体化形势，我国应坚持积极推进地区合作的战略方针，着手构建区域全面合作的制度框架，增强地缘经济的协同效应和塑造能力。保障"中国—东盟自由贸易协定"和"CEPA"的顺利实施，以巩固区域合作的初步成果。在此基础上，从建立更广泛的 FTA 入手，合理确定 FTA 谈判的战略次序，以双边 FTA 带动区域一体化。同时，实行有别于其他区域一体化组织的渐进、叠加的模式，稳步推进合作进程，实现地区资源整合和利益共享。推进区域经贸整合不仅将增强我国的地区影响力，而且有助于我国进一步加入国际经济规则制定以及国际事务的议程设计，从而为我国全面参与各种形式、各个层面的国际经济协调积累经验，进而为我国新型工业化发展营造更有利的外部环境。

参考文献

［1］Adler, P. Interdepartmental Interdependence and Coordination: The Case of the Design/manufacturing Interface, Organization Science, 1995, 6 (2).

［2］Arrow, K., Bolin, B., Costanza, R. Economic Growth, Carrying Capacity, and the Environment, 1995.

［3］Arrow, Kenneth. Economic Welfare and the Allocation of Resources for Invention, in Nelson, R. (ed.), The Rate and Direction of Economic Activity, Princeton University Press, 1962.

［4］Athukorala, Yamashita. Production Fragmentation and Trade Integration: East Asia in a Global Context, Australian National University Working Paper, 2005.

［5］Bain. Industrial Organization, John Wiley, 1959.

［6］Bishop, A., Fullerton, Crawford. Carrying Capacity in Regional Environment Management. Washington: Government Printing Office, 1974.

［7］Bresnahan, Timothy. General Purpose Technologies, in B. H. Hall and N. Rosenberg (eds.), Handbook of Economics of Innovation, Elsevier, 2010 (2).

［8］Buckley, P. J., Chengqi Wang. The Impact of Inward FDI on the Performance of Chinese Manufacturing Firms, Journal of International Business Studies, 2002, 33 (4).

［9］Caves, R. E. Industrial Organization and New Finding on the Turnover and Mobility of Firms, Journal of Economic Literature, 1998, 6 (4).

［10］Caves, R. E., M. E. Poter. From Entry Barriers to Mobility Barriers, Quarterly Journal of Economics, 1977 (2).

［11］Clark J. M. Toward a Concept of Workable Competition, American Economic Review, 1940 (555).

［12］Cohen Wesley, Levinthal Daniel. Absorptive Capacity: A New Perspective on Learning and Innovation, Administrative Science Quarterly, 1990 (35).

［13］Crespo, N., Fontoura, M. P. Determinant Factors of FDI Spillovers–what do We Really Know? World Development, 2007 (35).

［14］Dani Rodrik. Industrial Policy in the Twenty–first Century. Paper Prepared for UNIDO.

[15] Daniel Bell. The Coming of Postindustrial Society, Heinemann Educational Books Ltd., 1974.

[16] Dosi, G. Technological Paradigms and Technological Trajectories: A Suggested Interrelation of the Determinents and Directions of Technical Change, Research Policy, 1982 (2).

[17] Ellison, J., J. W. Frumlin, T. W. Staley. Moblizing U.S. Industry: A Vanishing Opening of National Security, Westview Press, 1988.

[18] F. A. Hayek. The Use of Knowledge in Society, The American Economic Review, 1945, 35 (4).

[19] Friedman, T. L. The World is Flat: A Brief History of the Twenty-first Century. Farrar, Straus and Giroux, New York, 2005.

[20] Fujimoto, Takahiro. Architecture-based Comparative Advantage in Japan and Asia, in Manufacturing Systems and Technologies for The New Frontier, Part 1, 7-10, Springer, 2008.

[21] Gereffi, G. International Trade and Industrial Upgrading in the Apparel Commodity Chain, Journal of International Economics, 1999 (48).

[22] Gereffi, G. The Organization of Buyer-Driven Global Commodity Chains: How US Retailers Shape Overseas Production Networks, in Gereffi, G., M. Korzeniewicz, Commodity Chains and Global Capitalism, London: Praeger, 1994.

[23] Gereffi, G., Humphrey, J., Sturgeon, T. The Governance of Global Value Chains, Review of International Political Economy, 2003, 11 (4).

[24] Gilbert, R. J. Mobility Barriers and the Value of Incumbency. Handbook of Industrial Organization, Amsterdam: North-Holland Publishing, 1989.

[25] Griffith, R., Rupert Harrison, John Van Reenen. How Special is the Special Relationship? Using the Impact of US R&D Spillovers on UK Firms as a Test of Technology Sourcing, The American Economic Review, 2006, 96 (5).

[26] Grossman, Alan B. Krueger. Economic Growth and the Environment, Quarterly Journal of Economics, May, 1995.

[27] Humphrey, J., Schmitz, H. Developing Country Firms in the World Economy: Governance and Upgrading in Global Value Chains, INEF Report, No.61. http://www.ids.ac.uk/ids/global/vwpap.html, 2002.

[28] Humphrey, J., H. Schmitz. Globalized Localities: Introduction, in Schmitz, H. (ed.), Local Enterprise in the Global Economy, Cheltenham and Northampton: Edward Elgar, 2004.

[29] Jin, Hehui, Yingyi Qian, Berry Weingast. Regional Decentralization and Fiscal Incentive: Federalism, Chinese Style, Journal of Public Economics, 2005.

[30] Joehong Kim. Inefficiency of Subgame Optimal Entry Regulation, The RAND Journal of Economics, 1997 (1).

[31] Jomo, K. S. Manufacturing Competitiveness in Asia, Routkedge, New York, 2003.

[32] Kotabe Masaaki, Denise Dunlap-Hinkler, Ronaldo Parente, Harsh A. Mishra. Determinants of Cross-National Knowledge Transfer and Its Effect on Firm Innovation, Journal of International Business Studies, 2007, 38 (2).

[33] Lazonick, William. The Innovative Firm, in Jan Fagerberg, David Mowery, Richard Nelson (eds.), The Oxford Handbook of Innovation, Oxford University Press, 2005.

[34] Lemoine, F., Deniz Unal-Kesenci. China in the International Segmentation of Production Processes, CEP Working Paper, 2002.

[35] Lim Chaisung, Lee Keun. Technological Regimes, Catching-up and Leapfrogging: Findings from the Korean Industries, Research Policy, 2001 (30).

[36] Liu, Z. Foreign Direct Investment and Technology Spillovers Evidence From China, Journal of Comparative Economics, 2002, 30 (4).

[37] Marsili, Orietta. The Anatomy and Evolution of Industries: Technological Change and Industry Dynamics, MA: Edward Elgar, 2001.

[38] OECD. Main Science and Technology Indicators Volume 2010, 2010.

[39] Perez, Soete. Catching up in Technology: Entry Barriers and Windows of Opportunity, in G. Dosi et al. (eds.), Technical Change and Economic Theory, Pinter, London, 1988.

[40] Pisano Gary, Shih Willy. Restoring American Competitiveness, Harvard Business Review, July-August, 2009.

[41] Porter, M. E. Clusters and the New Economics of Competition, Harvard Business Review, 1998 (6).

[42] Porter, M. E. The Competitive Advantage of Nations, NY: the Free Press, 1990.

[43] Qian, Y., G. Roland. Federalism and the Soft Budget Constrain, American Economic Review, 1998 (5).

[44] Schaaper, Martin. Measuring China's Innovation System: National Specificities and International Comparisons, OECD Working Paper, http://www.oecd.org/dataoecd/15/55/42003188.pdf, 2009.

［45］ Schott, P. K. The Relative Sophistication of Chinese Exports, NBER Working Paper, No.12173, 2006.

［46］ Ulrich Karl, Ellison David. Beyond Make－Buy: Internalization and Integration of Design and Production, Production and Operations Management, 2005, 14（3）.

［47］ Ulrich Karl, Eppinger Steven. Product Design and Development（4th Edition）, McGraw-Hill, 2008.

［48］ Ulrich Karl. The Role of Product Architecture in the Manufacturing Firm, Research Policy, 1995（24）.

［49］ UNCTAD. World Investment Report 2011.

［50］ UNIDO. Industrial Development Report 2009: Breaking In and Moving Up: New Industrial Challenges for the Bottom Billion and the Middle－Income Countries.

［51］ United Nations Industrial Organization. Competing through Innovation and Learning-the Focus of UNIDO's Industrial Development 2002/2003, Vienna, 2002.

［52］ Utterback, James. Mastering the Dynamics of Innovation, Boston: Harvard Business School Press, 1994.

［53］ W. W. Rostow. The Stages of Economic Growth, Cambridge University Press, 1960.

［54］ Wong, J., S. Chan. China's Emergence as a Global Manufacturing Centre: Implications for ASEAN, Asia Pacific Business Review, 2002, 9（1）.

［55］ John F. www.ksg.harvard.edu/rodrik/, Kennedy School of Government, Boston, September.

［56］ E.赫尔普曼:《经济增长的秘密》,中国人民大学出版社,2007 年版。

［57］ H.钱纳里、S.鲁滨逊、M.塞尔奎因:《工业化和经济增长的比较研究》,上海三联书店、上海人民出版社,1995 年版。

［58］ Rodrik, D.:《中国的出口有何独到之处》,《世界经济》,2006 年第 3 期。

［59］ T. 佩尔森、G.塔贝里尼:《政治经济学:对经济政策的解释》,中国人民大学出版社,2007 年版。

［60］ 詹姆斯·A.道,史迪夫·H.汉科,阿兰·A.瓦尔特斯:《发展经济学的革命》,上海人民出版社,2000 年版。

［61］ G. M. 格罗斯曼、E.赫尔普曼:《全球经济中的创新与增长》,中国人民大学出版社,2005 年版。

［62］ 黄亚生:《改革时期的外国直接投资》,新星出版社,2005 年版。

［63］ 罗伯托·马佐莱尼:《机床业的创新:对比较优势动态性的历史考察》,载大卫·C.莫厄里、理查德·R.纳尔逊:《领先之源——七个行业的分析》,人民邮

电出版社，2003 年版。

[64] 渡边利夫：《中国制造业崛起与东亚的回应》，经济管理出版社，2003 年版。

[65]《炼油设计》杂志编辑部：《石油石化工业的 50 年巨变》，《炼油设计》，1999 年第 9 期。

[66] 白永秀：《中国经济改革 30 年：资源环境卷》，重庆大学出版社，2008 年版。

[67] 北京大学中国经济研究中心宏观组：《产权约束、投资低效与通货紧缩》，《经济研究》，2004 年第 9 期。

[68] 才庆祥、徐志远、常华敏、尚涛：《我国煤炭资源开发存在的若干问题及对策》，《露天采矿技术》，2005 年第 5 期。

[69] 蔡昉、王德文等：《WTO 框架下中国工业竞争力研究》，中国社会科学出版社，2008 年版。

[70] 蔡昉、王美艳、曲玥：《中国工业重新配置与劳动力流动趋势》，《中国工业经济》，2009 年第 8 期。

[71] 蔡昉：《"民工荒"现象：成因及政策涵义分析》，《开发导刊》，2010 年第 4 期。

[72] 蔡昉：《坚持在结构调整中扩大就业》，《求是》，2009 年第 5 期。

[73] 蔡莉等：《高技术产业的规模发展变化规律初探》，《技术经济》，1998 年第 5 期。

[74] 曹建海、李海舰：《论新型工业化的道路》，《中国工业经济》，2003 年第 1 期。

[75] 曹建海：《对我国工业中过度竞争的实证分析》，《改革》，1999 年第 4 期。

[76] 曹建海：《论我国土地管理制度与重复建设之关联》，《中国土地》，2004 年第 11 期。

[77] 曹建海：《中国产业过度竞争的制度分析》，《上海社会科学院学术季刊》，2001 年第 1 期。

[78] 陈栋生：《论构建协调发展的区域经济新格局》，《当代财经》，2008 年第 3 期。

[79] 陈菲琼、王丹霞：《全球价值链的动态性与企业升级》，《科研管理》，2007 年第 5 期。

[80] 陈佳贵、黄群慧、王延中、刘刚等：《中国工业现代化问题研究》，中国社会科学出版社，2004 年版。

[81] 陈佳贵、黄群慧、钟宏武、王延中：《中国地区工业化进程报告（1995~2005)》，社会科学文献出版社，2007 年版。

[82] 陈佳贵、黄群慧、钟宏武：《中国地区工业化进程的综合评价和特征分析》，《经济研究》，2006 年第 6 期。

[83] 陈佳贵、黄群慧：《工业发展、国情变化与经济现代化战略——中国成为工业大国的国情分析》，《中国社会科学》，2005 年第 4 期。

[84] 陈劲、柳卸林：《自主创新与国家强盛》，科学出版社，2008 年版。

[85] 陈霖、郑乐：《警惕贸易顺差背后的"生态逆差"现象——从内涵能源视角看我国的贸易结构调整》，《国际贸易》，2008 年第 11 期。

[86] 陈清泰：《中国应该如何走出"世界工厂"误区》，《瞭望》，2007 年第 29 期。

[87] 陈涛涛、陈娇：《构建外商直接投资行业内溢出效应双机制双因素分析模型》，《中国软科学》，2005 年第 10 期。

[88] 陈涛涛、陈娇：《行业增长因素与我国 FDI 行业内溢出效应》，《经济研究》，2006 年第 6 期。

[89] 陈涛涛：《影响中国外商直接投资溢出效应的行业特征》，《中国社会科学》，2003 年第 4 期。

[90] 陈迎、潘家华、谢来辉：《中国外贸进出口商品中的内涵能源及其政策含义》，《经济研究》，2008 年第 7 期。

[91] 陈勇兵：《FDI 偏好、国内储蓄与中国经济增长——基于内生金融控制视角的一个解释》，《改革与战略》，2009 年第 6 期。

[92] 程瑞华：《资本积累价值化影响中国经济几何》，《金融时报》，2007 年 10 月 31 日。

[93] 崔民选、郭焦峰、陈吉乐：《中国能源报告 2008》，社会科学文献出版社，2008 年版。

[94] 崔万田、周晔馨、李进伟：《沈阳与大连装备制造业创新能力的比较研究》，《财经问题研究》，2009 年第 4 期。

[95] 道格拉斯·诺思等：《制度、制度变迁与经济绩效》（中译本），上海三联书店，1994 年版。

[96] 丁守海：《农民工工资上涨会威胁工业资本积累吗》，《数量经济技术经济研究》，2008 年第 8 期。

[97] 董书礼：《跨国公司在华设立研发机构与我国产业技术进步》，《中国科技论坛》，2004 年第 4 期。

[98] 樊纲、关志雄、姚仲枝：《国际贸易结构分析：贸易品的技术分布》，《经济研究》，2006 年第 8 期。

[99] 范剑平：《国际竞争力与中国新型工业化之路》，《上海证券报》，2002 年 11 月 21 日。

[100] 傅家骥：《技术创新学》，清华大学出版社，1998 年版。

[101] 傅自应：《中国对外贸易三十年》，中国财政经济出版社，2008 年版。

[102] 高建、董秀成：《基于民本和谐观的中国能源战略研究》，《中国能源》，2007 年第 3 期。

[103] 高有福：《环境保护中政府行为的经济学分析与对策研究》，吉林大学博士学位论文，2006 年。

[104] 顾晨洁、李海涛：《基于资源环境承载力的区域产业适宜规模初探》，《国土与自然资源研究》，2010 年第 2 期。

[105] 顾伟：《山区资源环境承载力研究现状与关键问题》，《地理研究》，2010 年第 6 期。

[106] 郭斌：《中国国有工业部门绩效及其变动：1993~1997》，《中国社会科学》，2004 年第 3 期。

[107] 郭金喜：《传统产业集群升级：路径依赖和蝴蝶效应耦合分析》，《经济学家》，2007 年第 3 期。

[108] 郭克莎、王延中：《中国产业结构变动趋势及政策研究》，经济管理出版社，1999 年版。

[109] 郭克莎：《工业化与城市化关系的经济学分析》，《中国社会科学》，2002 年第 2 期。

[110] 郭克莎：《中国工业化的进程、问题与出路》，《中国社会科学》，2004 年第 1 期。

[111] 郭庆旺、贾俊雪：《地方政府行为、投资冲动与宏观经济稳定》，《管理世界》，2006 年第 5 期。

[112] 郭万达、郑宇劫：《低碳经济：未来四十年我国面临的机遇与挑战》，《开放导报》，2009 年第 4 期。

[113] 郭万达、朱文晖：《中国制造："世界工厂"正转向中国》，江苏人民出版社，2003 年版。

[114] 国家发展改革委高技术司：《2005 年我国高技术产业发展报告》，《中国经贸导刊》，2006 年第 8 期。

[115] 国家统计局课题组：《积极缓解能源约束努力实现有序发展》，《统计研究》，2005 年第 6 期。

[116] 韩文科、刘强、姜克隽：《中国进出口贸易产品的载能量及碳排放量分析》，中国计划出版社，2009 年版。

[117] 何国勇、徐长生：《比较优势、后发优势与中国新型工业化道路》，《经济学家》，2004 年第 5 期。

[118] 贺俊：《科学的生产与转化：制度分析》，经济管理出版社，2010 年版。

[119] 亨利·切萨布鲁夫：《开放式创新——进行技术创新并从中赢利的新规则》，清华大学出版社，2005 年版。

[120] 洪世勤：《高技术产业技术溢出效应分析与传统产业的对策》，《中国科技论坛》，2007 年第 10 期。

[121] 洪银兴：《新型工业化道路的经济学分析》，《贵州财经学院学报》，2003 年第 1 期。

[122] 胡鞍钢：《城市与乡村——中国城乡矛盾与协调发展研究》，科学出版社，1996 年版。

[123] 胡春力：《我国产业结构升级的原因与实质》，《中国投资》，2009 年第 11 期。

[124] 胡国良：《国外现代服务业与先进制造业融合发展的现状、模式和趋势》，《新华日报》，2009 年 3 月 10 日。

[125] 胡立法、唐海燕：《政府因素与中国对 FDI 的需求偏好》，《世界经济研究》，2007 年第 11 期。

[126] 胡萌：《我国经济增长与能源需求》，《中国国土资源经济》，2006 年第 9 期。

[127] 黄亮雄：《资本积累下的动态关税模型——基于互补品贸易的分析》，《南方经济》，2008 年第 9 期。

[128] 黄志勇、王玉宝：《FDI 与我国产业安全的辨证分析》，《世界经济研究》，2004 年第 6 期。

[129] 吉利斯·波金斯、罗默·斯诺德格拉斯：《发展经济学》，中国人民大学出版社，1998 年版。

[130] 纪宝成、刘元春：《对我国产业安全若干问题的看法》，《经济理论与经济管理》，2006 年第 9 期。

[131] 简泽：《技术创新、资本积累与工业化的增长和就业效果》，《经济经纬》，2007 年第 1 期。

[132] 江飞涛、曹建海：《市场失灵还是体制扭曲？——重复建设形成机理研究中的争论、缺陷与新的进展》，《中国工业经济》，2009 年第 1 期。

[133] 江飞涛、陈伟刚等：《投资规制政策的缺陷与不良效应——基于中国钢铁工业的考察》，《中国工业经济》，2007 年第 6 期。

[134] 江静、刘志彪：《全球化进程中的收益分配不均与中国产业升级：基于商品价值链视角的分析》，《经济理论与经济管理》，2007 年第 7 期。

[135] 江小涓、李蕊：《FDI 对中国工业增长和技术进步的贡献》，《中国工业经济》，2002 年第 7 期。

[136] 江小涓：《提高自主创新能力，推进结构优化升级》，《人民日报》，2005

年 3 月 28 日。

[137] 江小涓：《我国产业结构及其政策选择》，《中国工业经济》，1999 年第 6 期。

[138] 江小涓：《中国的外资经济增长、结构升级和竞争力的贡献》，《中国社会科学》，2002 年第 6 期。

[139] 江小涓：《中国工业发展与对外贸易关系的研究》，经济管理出版社，1993 年版。

[140] 江小涓：《中国吸收外资 30 年：利用全球资源促进增长与升级》，《经济与管理研究》，2008 年第 12 期。

[141] 江小涓：《中国开放 30 年：增长、结构与体制变迁》，人民出版社，2008 年版。

[142] 蒋建国：《新型工业化发展战略》，湖南人民出版社，2006 年版。

[143] 蒋泽敏、唐松、宋宗宏：《金融危机背景下产业升级的思考》，www.cnitdc.com，2009 年 9 月 18 日。

[144] 金碚：《产业竞争力与产业安全》，《财经界》，2006 年第 9 期。

[145] 金碚：《高技术在中国产业发展中的地位和作用》，《中国工业经济》，2003 年第 12 期。

[146] 金碚：《工业改革开放 30 年实践对中国特色社会主义的理论贡献》，《社会科学管理与评论》，2009 年第 1 期。

[147] 金碚：《世界工业化历史中的中国改革开放 30 年》，《财贸经济》，2008 年第 11 期。

[148] 金碚：《中国工业的技术创新》，《中国工业经济》，2004 年第 5 期。

[149] 金碚：《中国工业化的资源路线与资源供求》，《中国工业经济》，2008 年第 2 期。

[150] 金碚：《中国工业化经济分析》，中国人民大学出版社，1994 年版。

[151] 金碚：《资源环境管制与工业竞争力关系的理论研究》，《中国工业经济》，2009 年第 3 期。

[152] 金碚：《资源与环境约束下的中国工业发展》，《中国工业经济》，2005 年第 4 期。

[153] 金碚等：《资源与增长》，经济管理出版社，2009 年版。

[154] 金三林：《能源约束对我国潜在产出的影响及对策》，《改革》，2006 年第 10 期。

[155] 金晓彤：《人力资本的测度与企业人才流失的调控》，《数量经济技术经济研究》，2002 年第 1 期。

[156] 景体华、陈孟平：《2006~2007 年：中国区域经济发展报告》，社会科

学文献出版社，2007 年版。

[157] 康虎彪等：《能源产业基地综合环境承载力评价研究——以内蒙古锡林郭勒盟煤炭资源开发为例》，《中国能源》，2010 年第 3 期。

[158] 科尔奈：《短缺经济学》，经济科学出版社，1986 年版。

[159] 科尔奈：《社会主义体制——共产主义政治经济学》，中央编译出版社，2007 年版。

[160] 科斯、阿尔钦等：《财产权利与制度变迁——产权学派与新制度学派译文》，上海三联书店，1991 年版。

[161] 寇宗来：《通往创新国家之路》，上海人民出版社，2008 年版。

[162] 来有为：《全球生产性服务业的产业发展趋势》，《对外经贸实务》，2009 年第 4 期。

[163] 李钢、陈志、金碚、崔云：《矿产资源对中国经济增长约束的估计》，《财贸经济》，2008 年第 7 期。

[164] 李海舰：《关于高技术产业化问题的几点认识》，《中国工业经济》，2000 年第 10 期。

[165] 李江帆：《国外生产性服务业研究述评》，《外国经济与管理》，2004 年第 11 期。

[166] 李京文：《现代服务业的发展要与城市化互动共进》，《理论与现代化》，2005 年第 4 期。

[167] 李京文：《中国区域经济发展的回顾与展望》，《中国城市经济》，2008 年第 1 期。

[168] 李军、杨学儒：《全球价值链形态与国际竞争力》，《经济研究导刊》，2008 年第 4 期。

[169] 李军杰、钟君：《中国地方政府经济行为分析——基于公共选择视角》，《中国工业经济》，2004 年第 4 期。

[170] 李军杰：《经济转型中的地方政府经济行为变异分析》，《中国工业经济》，2005 年第 1 期。

[171] 李孟刚：《中国外资产业控制报告》，《中国国情国力》，2006 年第 6 期。

[172] 李寿生：《专家谈走新型工业化道路》，经济科学出版社，2003 年版。

[173] 李松龄、杜彦瑾：《论推进和发展新型工业化的路径选择与政府作为》，《现代财经》，2007 年第 7 期。

[174] 李武：《关于最优积累率的探索》，《四川大学学报》，1983 年第 2 期。

[175] 李向阳：《国际金融危机与世界经济前景》，《财贸经济》，2009 年第 1 期。

[176] 李晓西、师贸平：《中国经济市场化进程分析》，《经济日报》，2002 年

11 月 25 日。

[177] 李兴江、唐志强：《论区域协调发展的评价标准及实现机制》，《甘肃社会科学》，2007 年第 6 期。

[178] 李艳梅：《中国城市化进程中的能源需求及保障研究》，北京交通大学博士学位论文，2007 年。

[179] 李扬等：《中国城市金融生态环境评价》，人民出版社，2005 年版。

[180] 李毅中：《我国工业和信息化发展的现状与展望》，《科技日报》，2009 年 10 月 11 日。

[181] 李治国、唐国兴：《资本形成路径与资本存量调整模型——基于中国转型时期的分析》，《经济研究》，2003 年第 2 期。

[182] 理查德·施马伦西：《产业组织》，载《新帕尔格雷夫经济学大辞典》（Ⅲ），经济科学出版社，1996 年版。

[183] 林毅夫、蔡昉、李周：《充分信息与国有企业改革》，上海人民出版社、上海三联出版社，1997 年版。

[184] 林毅夫、蔡昉、李周：《中国的奇迹：发展战略与经济改革》（增订版），上海三联书店、上海人民出版社，1999 年版。

[185] 林毅夫、刘明兴：《经济发展战略与中国的工业化》，《经济研究》，2004 年第 7 期。

[186] 林毅夫、刘培林：《经济发展战略对劳均资本积累和技术进步的影响——基于中国经验的实证研究》，《中国社会科学》，2003 年第 4 期。

[187] 林毅夫：《发展战略、自生能力和经济收敛》，《经济学（季刊）》，2002 年第 1 卷第 2 期。

[188] 林毅夫：《进一步提高宏观调控的科学性和有效性——投资"潮涌现象"与宏观治理理论创新》，《人民日报》，2007 年 6 月 11 日。

[189] 林兆木：《关于新型工业化道路问题》，《工业经济》，2003 年第 2 期。

[190] 刘秉镰、支燕：《论工业化与服务业发展的互动性》，《天津社会科学》，2003 年第 6 期。

[191] 刘畅、孔宪丽、高铁梅：《中国工业行业能源强度变动及影响因素的实证分析》，《资源科学》，2008 年第 9 期。

[192] 刘国光：《社会主义再生产问题》，三联书店，1979 年版。

[193] 刘景义：《最佳积累率的估计》，载乌家培等：《数量经济理论、模型与预测》，能源出版社，1983 年版。

[194] 刘军：《传统产业高技术化的生态运行机理理论与实证研究》，《经济管理》，2007 年第 4 期。

[195] 刘立峰：《消费与投资关系的国际经验比较》，《经济研究参考》，2004

年第 72 期。

[196] 刘溶沧、马拴友：《论税收与经济增长——对中国劳动、资本和消费征税的效应分析》，《中国社会科学》，2002 年第 1 期。

[197] 刘世锦、王旭、石耀东：《中国政府职能转变的近期重点与远景展望》，《经济学动态》，2002 年第 10 期。

[198] 刘世锦：《市场开放、竞争与产业进步》，《管理世界》，2008 年第 12 期。

[199] 刘世锦等：《传统和现代之间——增长模式转型与新型工业化道路的选择》，中国人民大学出版社，2006 年版。

[200] 刘伟：《工业化进程中的产业结构研究》，中国人民大学出版社，1995 年版。

[201] 刘永中、金才兵：《英汉人力资源管理核心词汇手册》，广东经济出版社，2005 年版。

[202] 刘志彪：《我国产业结构调整升级的理论与政策取向》，《国民经济管理》，2005 年第 4 期。

[203] 柳旭波：《产业融合对产业结构理论的新发展》，《长白学刊》，2006 年第 2 期。

[204] 隆国强：《全球化下的中国产业如何升级》，《中国投资》，2007 年第 10 期。

[205] 卢锋：《不恰当干预无助于治理产能过剩》，《金融事务》，2010 年第 1 期。

[206] 卢锋：《服务外包的经济学分析：产品内分工的视角》，北京大学出版社，2007 年版。

[207] 卢中原：《关于投资和消费若干比例关系的探讨》，《财贸经济》，2003 年第 4 期。

[208] 卢中原：《世界产业结构变动趋势和我国的战略抉择》，人民出版社，2009 年版。

[209] 路风：《走向自主创新》，广西师范大学出版社，2006 年版。

[210] 罗斯托：《经济成长的阶段》，商务印书馆，1962 年版。

[211] 罗云辉：《过度竞争：经济学分析与治理》，上海财经大学出版社，2004 年版。

[212] 罗云毅：《低消费、高投资是现阶段我国经济运行的常态》，《宏观经济研究》，2004 年第 5 期。

[213] 罗智慧、龙新峰：《槽式太阳能热发电技术研究现状与发展》，《电力设备》，2006 年第 11 期。

[214] 骆建华：《跨越重化工阶段——中国节能减排挑战与应战》，《绿叶》，

2008 年第 11 期。

[215] 吕冰洋：《中国资本积累：路径、效率和制度供给》，中国人民大学出版社，2007 年版。

[216] 吕政、郭克莎、张其仔：《论我国传统工业化道路的经验与教训》，《中国工业经济》，2003 年第 1 期。

[217] 吕政、刘勇、王钦：《中国生产性服务业发展的战略选择》，《中国工业经济》，2006 年第 8 期。

[218] 吕政：《"十二五"时期我国经济发展若干问题探讨》，《国家行政学院学报》，2010 年第 6 期。

[219] 吕政：《当前经济发展条件与环境的新变化》，《经济与管理研究》，2008 年第 8 期。

[220] 吕政：《工业化进程中的五大主要矛盾》，《中国改革》，2006 年第 2 期。

[221] 吕政：《工业结构调整任务的变化》，《经济理论与经济管理》，2000 年第 1 期。

[222] 吕政：《努力探索新型工业化道路》，《经济日报》，2002 年 11 月 25 日。

[223] 吕政：《我国工业化进程中面临的主要矛盾》，《社会科学管理与评论》，2005 年第 4 期。

[224] 吕政：《自主创新与产业安全》，《中国国情国力》，2006 年第 8 期。

[225] 吕政：《国际产业转移与中国制造业发展》，经济管理出版社，2006 年版。

[226] 吕政：《中国能成为世界工厂吗》，经济管理出版社，2003 年版。

[227] 马洪、周叔莲、汪海波：《中国工业经济效益问题研究》（上），中国社会科学出版社，1994 年版。

[228] 马建明、崔荣国：《中国能源和资源效率低下的原因浅析》，中宏数据库，2008 年 9 月 3 日。

[229] 马建堂：《结构与行为——中国产业组织研究》，中国人民大学出版社，1993 年版。

[230] 马晓河、赵淑芳：《我国产业结构演变 30 年》，载《中国经济发展和体制改革报告 No.1——中国改革开放 30 年（1978~2008）》，社会科学文献出版社，2008 年版。

[231] 曼弗里德·诺依曼：《竞争政策——历史、理论与实践》，北京大学出版社，2003 年版。

[232] 毛泽东：《同民建和工商联负责人的谈话》（1956 年 12 月 7 日），《毛泽东文集》第七卷，人民出版社，1999 年版。

[233] 毛泽东：《论十大关系》（1956 年 4 月 25 日），《毛泽东文集》第七卷，

人民出版社，1999年版。

[234] 梅松、李稻葵：《中国经济的FDI偏好——克服双重道德风险的创新机制》，《国际经济合作》，2008年第2期。

[235] 莫虹频、温宗国、陈吉宁：《在土地资源和环境承载力约束下的城市工业发展》，《清华大学学报》（自然科学版），2008年第12期。

[236] 涅姆钦诺夫：《数学经济方法与模型》，商务印书馆，1980年版。

[237] 牛桂敏：《从过度竞争到有效竞争：我国产业组织发展的必然选择》，《天津社会科学》，2001年第3期。

[238] 农业部：《农业和农村节能减排十大技术：节能减排篇》，中国农业出版社，2007年版。

[239] 潘石、王艺瑾：《我国高新技术产业发展的制度条件分析》，《工业技术经济》，2008年第12期。

[240] 潘岳：《直面中国资源环境危机》，《环球日报》，2004年2月6日。

[241] 皮建才：《中国地方政府重复建设的内在机制研究》，《经济理论与经济管理》，2008年第4期。

[242] 戚聿东：《中国经济运行中的垄断与竞争》，人民出版社，2004年版。

[243] 戚聿东：《中国现代垄断经济研究》，经济科学出版社，1999年版。

[244] 齐兰：《垄断资本全球化对中国产业发展的影响》，《中国社会科学》，2009年第2期。

[245] 齐志新、陈文颖：《结构调整还是技术进步——改革开放后我国能源效率提高的因素分析》，《上海经济研究》，2006年第6期。

[246] 秦鹏：《论资源安全及我国相关制度的重构》，《中国软科学》，2005年第7期。

[247] 邱鹏：《西部资源环境承载力的评价》，《统计与决策》，2009年第19期。

[248] 任保平：《中国21世纪的新型工业化道路》，中国经济科学出版社，2005年版。

[249] 任保平：《资源环境约束下的新型工业化及其制度供给》，《经济学研究》，2004年第2期。

[250] 沈利生、王恒：《增加值率下降意味着什么》，《经济研究》，2006年第3期。

[251] 盛世豪：《经济全球化背景下传统产业集群核心竞争力分析——兼论温州区域产业结构的"代际锁定"》，《中国软科学》，2004年第9期。

[252] 施炳展、李坤望：《中国制造业国际分工地位研究——基于产业内贸易形态的跨国比较》，《世界经济研究》，2008年第10期。

[253] 施东晖：《证券市场层次化：国际经验和我国的选择》，《改革》，2001

年第 10 期。

[254] 史丹、李晓斌:《高技术产业发展的影响因素及其数据检验》,《中国工业经济》,2004 年第 12 期。

[255] 世界银行:《2009 年全球经济展望:处于十字路口的商品》,中国财政经济出版社,2009 年版。

[256] 宋泓:《未来 10 年中国贸易的发展空间》,《国际经济评论》,2010 年第 4 期。

[257] 宋玲、姜奇平:《信息化水平的测度理论和方法》,经济科学出版社,2001 年版。

[258] 宋希平:《发展中国家实现技术跨越的条件》,《中国创业投资与高科技》,2004 年第 8 期。

[259] 苏东斌、钟若愚:《激励》,北京大学出版社,2002 年版。

[260] 孙彩虹:《我国高技术产业发展的若干问题分析》,《生产力研究》,2005 年第 6 期。

[261] 孙立成、周德群、李群:《能源利用效率动态变化的中外比较研究》,《数量经济技术经济研究》,2008 年第 8 期。

[262] 孙亚忠、郭建平:《国外传统产业集群高端化对我国的启示》,《科技进步与对策》,2007 年第 6 期。

[263] 孙永波、王道平:《产业融合及如何促进我国产业融合的发展》,《北京工商大学学报 (社会科学版)》,2009 年第 1 期。

[264] 唐海燕、张会清:《中国在新型国际分工体系中的地位——基于价值链视角的分析》,《国际贸易问题》,2009 年第 2 期。

[265] 佟家栋、彭支伟:《从“干中学”到“加工中学”—— 经济全球化背景下的国际分工、技术外溢与自主创新》,《南开学报》(哲学社会科学版),2007 年第 6 期。

[266] 汪海波:《新中国工业经济史》,经济管理出版社,1987 年版。

[267] 汪向东:《信息化:中国 21 世纪的选择》,社会科学文献出版社,1998 年版。

[268] 汪永平、赵守峰、袁玉俊、饶爽、刘群、丁睿洁:《2020 年中国核能发展战略研究》,中国核科技信息与经济研究院研究报告,2006 年版。

[269] 王爱国:《高技术企业战略思维模式的创新研究》,《科学学研究》,2005 年第 23 期。

[270] 王安建、王高尚、陈其慎、于汶加:《能源与国家经济发展》,地质出版社,2008 年版。

[271] 王安建、王高尚、张建华:《矿产资源与国家经济发展》,地震出版社,

2002 年版。

[272] 王安建、王高尚、陈其慎、于汶加：《矿产资源需求理论与模型预测》，《地球学报》，2010 年第 2 期。

[273] 王安建、王高尚等：《能源与国家经济发展》，地质出版社，2008 年版。

[274] 王海军：《FDI 与中国二元经济结构演化：一个动态实证分析的考量》，《技术经济与管理研究》，2010 年第 6 期。

[275] 王红领、李稻葵、冯俊新：《FDI 与自主研发：基于行业数据的经验研究》，《经济研究》，2006 年第 2 期。

[276] 王慧炯等：《产业组织及有效竞争——中国产业组织的初步研究》，中国经济出版社，1991 年版。

[277] 王金杰、董永凯：《我国信息化工业化融合的实现途径及对策选择》，《西安邮电学院学报》，2008 年第 4 期。

[278] 王靖、蔡永民：《跨国并购对中国产业安全的影响及对策研究》，《江海学刊》，2007 年第 6 期。

[279] 王维兴：《关于钢铁企业降低 CO_2 排放的探讨》，《中国钢铁业》，2009 年第 6 期。

[280] 王小马、赵鹏大：《我国矿产资源禀赋、国家安全以及解决之道》，《中国矿业》，2007 年第 16 期。

[281] 王燕梅：《西部地区高新技术产业发展》，《宏观经济研究》，2003 年第 2 期。

[282] 王玉平、卜善祥：《中国矿产资源经济承载力研究》，《煤炭经济研究》，1998 年第 12 期。

[283] 王育宝、胡芳肖：《国外运用高新技术改造传统产业的经验》，《科学学与科学技术管理》，2007 年第 2 期。

[284] 王志伟等：《开发区资源环境承载力评价方法初探》，《价值工程》，2010 年第 26 期。

[285] 魏后凯：《市场竞争、经济绩效与产业集中》，经济管理出版社，2003 年版。

[286] 魏后凯：《我国工业重复建设辨析》，《经济管理》，2001 年第 5 期。

[287] 沃尔特·亚当斯：《美国产业结构》，中国人民大学出版社，2003 年版。

[288] 巫文强：《中国社会主义资本积累方式变革的历史回顾及制度建设》，《改革与战略》，2008 年第 9 期。

[289] 吴德进、陈捷：《东亚与拉美经济增长的动力机制比较——基于资本积累的视角》，《江西社会科学》，2009 年第 9 期。

[290] 吴贵生等：《技术引进与自主创新》，知识产权出版社，2010 年版。

［291］吴敬琏：《转轨中国》，四川人民出版社，2002 年版。

［292］吴敬琏：《当代中国经济改革》，上海远东出版社，1999 年版。

［293］吴敬琏：《制度重于技术——论发展我国高新技术产业》，《中国科技产业》，1999 年第 10 期。

［294］吴敬琏：《中国增长模式抉择》，上海远东出版社，2009 年版。

［295］吴巧生、成金华：《中国能源消耗强度变动及因素分解 1980~2004》，《经济理论与经济管理》，2006 年第 10 期。

［296］伍华佳、苏东水：《开放经济条件下中国产业结构的演化研究》，上海财经大学出版社，2007 年版。

［297］武力：《论八大对前苏联工业化模式认识的深化及其历史局限》，《教学与研究》，1996 年第 6 期。

［298］武力：《中国工业化路径转换的历史分析》，《中国经济史研究》，2005 年第 4 期。

［299］西蒙·库兹涅茨：《各国的经济增长》，常勋等译，商务印书馆，2005 年版。

［300］夏若江、胡振红：《基于价值链治理模式的传统产业集群升级路径的研究》，《管理科学文摘》，2008 年第 1 期。

［301］冼国明、张岸元：《跨国公司与美国国会对华政治》，《世界经济》，2004 年第 4 期。

［302］小宫隆太郎、奥野正宽等：《日本的产业政策》，国际文化出版公司，1988 年版。

［303］谢康、肖静华、乌家培：《中国工业化与信息化融合的环境、基础和道路》，《经济学动态》，2009 年第 3 期。

［304］熊艳：《矿产资源产权认识的进展》，《科技进步与对策》，2000 年第 2 期。

［305］徐康宁、王剑：《要素禀赋、地理因素与新国际分工》，《中国社会科学》，2006 年第 6 期。

［306］徐顽强、李华君：《高技术产业对传统产业的技术外溢运行过程研究》，《科技管理研究》，2008 年第 7 期。

［307］亚当·斯密：《国民财富的性质和原因的研究》（上卷），商务印书馆，1972 年版。

［308］亚诺什·科尔内：《突进与和谐的增长》，经济科学出版社，1988 年版。

［309］杨春学、朱立：《关于积累与消费比例问题的主要理论框架》，《经济学动态》，2004 年第 8 期。

［310］杨丹辉：《全球竞争——FDI 与中国产业国际竞争力》，中国社会科学

出版社，2004 年版。

　　[311] 杨丹辉：《世界经济发展趋势与我国对外开放的新思路》，《中央党校学报》，2008 年第 4 期。

　　[312] 杨丹辉：《中国成为世界工厂的国际影响》，《中国工业经济》，2005 年第 5 期。

　　[313] 杨海生、陈少凌、周永章：《地方政府竞争与环境政策——来自中国省份数据的证据》，《南方经济》，2008 年第 6 期。

　　[314] 杨蕙馨、王军：《高技术产业与新型工业互动发展的演化路径》，《科技管理研究》，2005 年第 2 期。

　　[315] 杨蕙馨：《从进入退出角度看中国产业组织的合理化》，《东南大学学报(社科版)》，2000 年第 4 期。

　　[316] 杨蕙馨：《中国企业的进入退出：1985~2000 年汽车与电冰箱产业的案例研究》，《中国工业经济》，2004 年第 3 期。

　　[317] 杨培鸿：《重复建设的政治经济学分析：一个基于委托代理框架的模型》，《经济学季刊》，2006 年第 1 期。

　　[318] 姚洋、张晔：《中国出口品国内技术含量升级的动态研究——来自全国及江苏省、广东省的证据》，《中国社会科学》，2008 年第 2 期。

　　[319] 易先忠、欧阳峣：《中国贸易增长的大国效应与"合成谬误"》，《中国工业经济》，2009 年第 10 期。

　　[320] 余东华：《双重转型下的中国产业组织优化研究》，经济管理出版社，2009 年版。

　　[321] 袁东：《政府主导的过去、现在与未来》，《上海证券报》，2007 年 8 月 24 日。

　　[322] 原振雷、冯进城、薛良伟：《矿产资源开发利用的经济学特性及其优化配置》，《中国矿业》，2006 年第 15 期。

　　[323] 约翰·科迪、海伦·休斯、戴维·沃尔：《发展中国家的工业发展政策》，经济科学出版社，1990 年版。

　　[324] 岳芳敏：《集群企业创新机制与路径研究——以广东传统产业集群为例》，《学术研究》，2007 年第 7 期。

　　[325] 张保胜：《基于技术链的装备制造业共同创造与创新能力提升》，《技术经济与管理研究》，2009 年第 5 期。

　　[326] 张碧琼：《国际资本扩张与经济安全》，《中国经贸导刊》，2003 年第 6 期。

　　[327] 张春霖等：《中国：促进以企业为主体的创新》，中信出版社，2009 年版。

[328] 张二震、方勇：《经济全球化与中国对外开放的基本经验》，《南京大学学报》（哲学人文社科版），2008 年第 4 期。

[329] 张复明、景普秋：《资源型经济及其转型研究述评》，《中国社会科学》，2006 年第 6 期。

[330] 张国宝：《科学发展是电力工业赢得挑战的根本路径》，《求是》，2009 年第 7 期。

[331] 张久铭：《中国矿产资源安全及其战略对策》，《市场透视》，2007 年第 10 期。

[332] 张军：《邓小平的工业化思想》，《改革与战略》，2001 年第 3 期。

[333] 张军：《中国的工业改革与经济增长问题与解释》，上海人民出版社，2003 年版。

[334] 张军：《转轨经济中的"过度进入"问题——对"重复建设"的经济学分析》，《复旦学报》（社会科学版），1998 年第 1 期。

[335] 张军：《资本形成、工业化与经济增长：中国的转轨特征》，《经济研究》，2002 年第 6 期。

[336] 张可云：《论区域和谐的战略意义和实现途径》，《改革》，2007 年第 8 期。

[337] 张雷等：《中国城市化进程中的资源环境基础》，科学出版社，2009 年版。

[338] 张米尔：《创新互动与装备制造业结构升级》，《科学学与科学技术管理》，2004 年第 10 期。

[339] 张明之、徐增文：《论高新技术产业化生成和运行机制》，《现代经济探讨》，2001 年第 9 期。

[340] 张培刚：《新发展经济学》，河南人民出版社，1993 年版。

[341] 张培刚：《农业与工业化》，曾启贤译，华中工学院出版社，1984 年版。

[342] 张少军、刘志彪：《全球价值链模式的产业转移——动力、响应与对中国产业升级和区域协调发展的启示》，《中国工业经济》，2009 年第 11 期。

[343] 张世奎：《我国煤炭资源保障程度与合理开发利用》，《中国国土资源报》，2004 年 2 月 25 日。

[344] 张守一：《积累与消费比例及其优化问题》，载杨坚白主编：《社会主义国民收入的若干问题》，中国社会科学出版社，1983 年版。

[345] 张寿荣：《钢铁工业的发展趋势与中国钢铁工业 21 世纪应对挑战的策略》，《宏观经济研究》，2007 年第 2 期。

[346] 张维迎、马捷：《恶性竞争的产权基础》，《经济研究》，1999 年第 6 期。

[347] 张晓华、刘滨、张阿玲：《中国未来能源需求趋势分析》，《清华大学学

报》（自然科学版），2006 年第 6 期。

[348] 张幼文：《要素的国际流动与开放型发展战略——经济全球化的核心与走向》，《世界经济与政治论坛》，2008 年第 3 期。

[349] 赵世洪：《国民产业安全概念初探》，《经济改革与发展》，1998 年第 3 期。

[350] 赵玉林、魏芳：《高技术产业发展对经济增长带动作用的实证分析》，《数量经济技术经济研究》，2006 年第 6 期。

[351] 赵志耘等：《资本积累与技术进步的动态融合：中国经济增长的一个典型事实》，《经济研究》，2007 年第 11 期。

[352] 郑吉昌：《服务业与工业化互动关系研究》，《经济学动态》，2004 年第 12 期。

[353] 郑永年：《金融危机对中国模式是机遇也是挑战》，http://www.wyzxsx.com/Article/Class4/200910/107627.htm。

[354] 郑毓盛、李崇高：《中国地方分割的效率损失》，《中国社会科学》，2003 年第 1 期。

[355] 郑昭阳、孟猛：《中国对外贸易技术水平变化分析》，《国际贸易论坛》，2009 年秋季号。

[356] 植草益：《日本的产业组织：理论与实证前沿》，经济管理出版社，2000 年版。

[357] 中国科技发展战略研究小组：《中国科技发展研究报告（2005~2006）》，科学出版社，2006 年版。

[358] 中国科学院可持续发展战略研究组：《中国可持续发展战略报道（2009）》，科学出版社，2009 年版。

[359] 中国社会科学院工业经济研究所：《国际金融危机冲击下中国工业的反应》，《中国工业经济》，2009 年第 4 期。

[360] 中国社会科学院工业经济研究所：《中国工业发展报告（2000）》，经济管理出版社，2000 年版。

[361] 中国社科院工业经济研究所课题组：《加入世界贸易组织六年来中国产业安全状况评估》，2007 年第 12 期。

[362] 周凤起：《21 世纪中国能源工业面临的挑战》，《中国能源》，1999 年第 12 期。

[363] 周静：《关于我国区域经济协调发展问题的几点思考》，《改革与战略》，2009 年第 8 期。

[364] 周黎安、李宏彬、陈烨：《相对绩效考核：关于中国地方晋升的一项经验研究》，《经济学报》，2005 年第 1 期。

[365] 周黎安：《晋升博弈中政府官员的激励与合作——兼论我国地方保护主义和重复建设问题长期存在的原因》，《经济研究》，2004 年第 6 期。

[366] 周黎安：《中国地方官员的晋升锦标赛模式研究》，《经济研究》，2007 年第 7 期。

[367] 周其仁：《"产能过剩"的原因》，《经济观察报》，2005 年 12 月 12 日。

[368] 周叔莲、刘戒骄：《如何认识和实现经济发展方式转变》，《理论前沿》，2008 年第 6 期。

[369] 周叔莲、吕铁、贺俊：《新时期我国高增长行业的产业政策分析》，《中国工业经济》，2008 年第 9 期。

[370] 周叔莲、裴叔平、陈树勋：《中国产业政策研究》，经济管理出版社，1990 年版。

[371] 周天勇、胡锋：《中国未来就业严峻形势会缓解吗——质疑社科院人口所研究报告》，《中国经济时报》，2007 年 5 月 28 日。

[372] 朱佳木：《陈云与中国工业化起步过程中若干基本问题的解决》，《当代中国史》，1995 年第 3 期。

[373] 朱南、刘一：《中国地区新型工业化发展模式与路径选择》，《数量经济技术经济研究》，2009 年第 5 期。

[374] 朱森第：《我国装备制造业的发展与提升》，《开发研究》，2009 年第 1 期。

[375] 朱彤：《中国石油产业组织改革研究》，中国社会科学院工业经济所研究报告，2008 年版。

[376] 朱钟棣、孙瑞华：《入世后评价产业安全的指标体系》，《国际贸易论坛》，2007 年第 1 期。

[377] 祝慈寿：《中国现代工业史》，重庆出版社，1990 年版。

[378] 邹薇、代谦：《技术模仿、人力资本积累与经济赶超》，《中国社会科学》，2003 年第 10 期。

后　记

　　经过改革开放以来30多年的持续快速增长，我国已经成为世界第二大经济体。进入21世纪以来，我国经济发展的条件和环境已经发生变化。一是资源短缺的矛盾日益突出，环境保护的要求不断提高，拼资源的粗放型增长方式已不可持续。二是生产要素成本大幅度上涨，人民币持续升值，劳动力无限供给的格局发生逆转，基于低要素成本的价格优势正在逐步削弱。三是中国经济高速增长的阶段已经结束，经济进入增长速度换挡期，中高速增长成为工业发展的"新常态"。四是以制造业的数字化为特征的第三次工业革命正在兴起，信息技术与工业的融合日益紧密。为了在新的条件下促进工业的持续和升级发展，就必须以科学发展观为指导，走新型工业化道路，调整和优化产业结构，转变经济增长方式，建立现代产业体系。

　　本书紧紧围绕我国工业发展实践，结合理论与实际探讨了走新型工业化道路的重大现实问题，包括新型工业化的要求是什么，工业结构特别是工业的各个具体领域（传统产业、高技术产业、装备制造业等）如何实现产业结构升级，技术创新、信息化与服务业发展如何服务于新型工业化和产业升级，如何调整工业化过程中投资与消费的关系，如何解决产能过剩问题，如何在全球化的背景下提高对外开放水平。2002年，党的十六大明确提出了走新型工业化道路，但从近些年我国经济发展和运行的实际情况看，盲目追求GDP的增长速度，以大量消耗资源、污染环境和牺牲农民利益为代价的粗放式增长模式并没有根本改变。其原因既有理论认识上的不足，也有体制、机制和政策上的局限。因此，探讨新型工业化与工业结构优化升级问题仍具有重要的意义。我们期待该书的研究成果能够为中央和各级地方政府制定工业发展与结构调整政策提供理论支持，对全面建设小康社会和到2020年基本实现工业化的实践提供有益参考。

　　本书是国家社会科学基金重大项目"新型工业化道路与推进工业结构优化升级"的最终研究成果，也包括研究过程中在一些核心期刊与报纸发表的阶段性成果。服务于政策制定是本课题的另一个重要目标，课题组提出的一些政策建议被国务院有关领导批示，一些观点和政策被中央和地方政府的工业发展政策、"十二五"规划等文件所采纳。

　　本书是在中国社会科学院工业经济研究所多位科研人员的共同努力下完成

的。具体写作分工如下：第一章吕政，第二章冯超，第三章周维富，第四章吴利学，第五章朱彤，第六章白玫，第七章曹建海，第八章曹建海、叶娇，第九章江飞涛，第十章李晓华，第十一章邓洲，第十二章王燕梅，第十三章王松，第十四章吕铁、贺俊，第十五章李鹏飞，第十六章朱孝忠，第十七章刘勇，第十八章和第十九章杨丹辉。初稿完成后，吕铁、杨丹辉、李晓华、贺俊、李鹏飞、江飞涛进行了审稿，各章作者根据审改意见形成最终稿。吕政在各章研究成果的基础上撰写了总报告。

课题在立项、写作过程中得到中国社会科学院工业经济研究所领导一如既往的关心与帮助，得到所办公室、科研处、资料室同志的大力支持。在课题研究过程中，课题组成员参与了大量的政府座谈和企业考察活动，无论来自理论界的思想还是来自一线的实践智慧，都使我们的研究受益匪浅，在此向对课题研究提供过帮助的人们表示诚挚的谢意！经济管理出版社的申桂萍女士对书稿进行了细致、认真的编辑工作，感谢她为本书付梓所付出的辛勤劳动！此外，本书在写作过程中参阅了大量的中外文文献，在此向这些文献的作者表示感谢！